KB148146

법학적성시험 문제 해설

문제 해설

언어이해 Ⅰ

2024~2020
학년도

법학전문대학원협의회 엮음

Legal Education Eligibility Test

에피스테메
EPISTEME

법학적성시험 문제 해설

LEET 언어이해 I (2024~2020학년도)

ⓒ법학전문대학원협의회, 2023

제1판 1쇄 펴낸 날 2011년 4월 1일
제14판 1쇄 펴낸 날 2023년 11월 30일

엮은이 법학전문대학원협의회
펴낸이 고성환
펴낸곳 (사) 한국방송통신대학교출판문화원
　　　　우03088 서울시 종로구 이화장길 54
　　　　전화 | 02-3668-4764
　　　　팩스 | 02-742-0956
　　　　출판등록 | 1982년 6월 7일 제1-491호
　　　　홈페이지 | press.knou.ac.kr

출판위원장 박지호
편집 박혜원·김양형
본문디자인 한진인쇄공사
표지디자인 김민정

ISBN　978-89-20-04874-6 13360
값　22,000원

머리말

　법학적성시험은 법학전문대학원에서 학습할 수 있는 수학 능력을 평가하기 위한 시험입니다. 2009학년도부터 2024학년도까지 총 16회의 시험이 치러졌으며, 출제의 전문성과 시행의 안정성이란 측면에서 신뢰를 받고 있습니다.

　시험은 언어이해, 추리논증, 논술의 세 영역으로 이루어져 있습니다. 언어이해 영역은 비교적 긴 분량의 글을 읽고 분석하여 이해하는 능력을, 추리논증 영역은 주어진 정보를 바탕으로 새로운 정보를 추리해 내는 능력과 제시된 논증을 분석하고 비판하는 능력을 측정합니다. 논술 영역은 논증적인 글쓰기 능력을 평가합니다.

　법학적성평가연구원은 시험을 안정적으로 출제하고 시행하는 데 그치지 않고 법조인으로서의 자질 및 적성을 효과적으로 측정하는 시험이 될 수 있도록 꾸준히 노력해 왔으며, 시험의 타당도와 신뢰도 제고를 위해 앞으로도 문항에 대한 연구를 신행하여 이를 시험에 반영할 것입니다.

　이 책은 최근 5년간(2020~2024학년도까지) 출제된 법학적성시험 문제와 이에 대한 해설을 담고 있습니다. 다양한 학문 분야의 많은 교수님께서 바쁜 일정에도 불구하고 출제에 참여하여 해설까지 해 주셨습니다. 기출문제를 혼자 힘으로 풀어 본 후 자신의 풀이와 이 책의 해설을 비교하면서 학습하는 것은 법학적성시험을 효과적으로 준비하는 일인 동시에 그 자체로서 지적 흥미와 만족을 주리라 기대합니다.

　끝으로 법학적성시험 출제에 참여하셨던 교수님들, 법학적성평가연구원의 연구위원님들께 깊은 감사의 말씀을 드립니다. 시험을 준비하는 여러분들이 미래 법률가를 향한 원대한 목표를 이루어 나가시기를 기원합니다.

법학전문대학원협의회 법학적성평가연구원장
정병호

CONTENTS

법학적성시험 개요

1. 시험의 성격 및 목적

■ 법학적성시험은 법학전문대학원 교육을 이수하는 데 필요한 수학 능력과 법조인으로서 지녀야 할 기본적 소양 및 잠재적인 적성을 가지고 있는지를 측정하는 시험이다. 법학전문대학원 입학 전형에서 적격자 선발 기능을 제고하고, 법학교육 발전을 도모하는 데 목적이 있다.

2. 법학전문대학원 입학 자격

■ 법학전문대학원 입학 자격은 「법학전문대학원 설치·운영에 관한 법률」 제22조에 따라 '학사 학위를 가지고 있는 자 또는 법령에 의하여 이와 동등 학력이 있다고 인정된 자'와 '해당 연도 졸업 예정자(학위 취득 예정자 포함)'이다.

3. 시험 영역 및 시험 시간

■ 법학적성시험은 언어이해 영역, 추리논증 영역, 논술 영역으로 구성된다. 언어이해 영역과 추리논증 영역은 5지선다형이고, 논술 영역은 서답형이다.

■ 영역별 문항 수 및 시험 시간

교시	시험 영역	문항 수	시험 시간	문항 형태
1	언어이해	30	09:00∼10:10(70분)	5지선다형
2	추리논증	40	10:45∼12:50(125분)	5지선다형
	점심시간		12:50∼13:50	
3	논술	2	14:00∼15:50(110분)	서답형
계	3개 영역	72문항	305분	

4. 출제의 기본 방향 및 범위

가. 공통 사항

■ 특정 전공 영역에 대한 세부 지식이 없더라도 대학 교육과정을 정상적으로 마쳤거나 마칠 예정인 수험생이면 주어진 자료에 제공된 정보와 종합적 사고력을 활용하여 문제를 해결할 수 있도록 문항을 구성한다.

나. 언어이해 영역

■ 법학전문대학원 교육에 필요한 독해 능력, 의사소통 능력 및 종합적인 사고력을 측정한다.

■ 평가 틀

〈언어이해 영역 문항 분류표〉

문항 유형 내용 영역	주제, 구조, 관점 파악	정보의 확인과 재구성	정보의 추론과 해석	정보의 평가와 적용
인문				
사회				
과학기술				
규범				

(1) 내용 영역

인문, 사회, 과학기술, 규범 영역

1) 인문 : 인간의 본질과 문화에 대한 탐구와 설명을 목적으로 하는 텍스트

2) 사회 : 사회 현상에 대한 탐구와 설명을 목적으로 하는 텍스트

3) 과학기술 : 자연 현상, 기술 공학에 대한 탐구와 설명을 목적으로 하는 텍스트

4) 규범 : 법과 윤리에 대한 탐구와 설명을 목적으로 하는 텍스트

(2) 문항 유형

1) 주제, 구조, 관점 파악 : 제시문의 주제나 구조와 전개 방식 또는 제시문에 소개된 인물(글쓴이 포함)이나 이론의 관점을 파악한다.

2) 정보의 확인과 재구성 : 제시문에 나타난 정보 및 정보의 관계를 정확히 파악하여 다른 표현으로 재구성한다.

3) 정보의 추론과 해석 : 제시문에 제시된 정보를 바탕으로 새로운 정보를 추론한다. 맥락을 고려한 해석을 통하여 정보가 가지는 적합한 의미를 밝혀낸다.

4) 정보의 평가와 적용 : 제시문에 주어진 논증이나 설명의 타당성을 평가한다. 제시문에 소개된 원리를 새로운 사례나 상황에 적용한다.

다. 추리논증 영역

■ 사실, 주장, 이론, 해석 또는 정책이나 실천적 의사결정 등을 다루는 다양한 분야의 소재를 활용하여 법학전문대학원 교육에 필요한 추리(reasoning) 능력과 논증(argumentation) 능력을 측정한다.

■ 평가 틀

〈추리논증 영역 문항 분류표〉

문항 유형 / 내용 영역	추리		논증		
	언어 추리	모형 추리	논증 분석	논쟁 및 반론	논증 평가 및 문제해결
논리학·수학					
인문					
사회					
과학기술					
규범					

가) 추리

(1) 내용 영역

논리학·수학, 인문, 사회, 과학기술, 규범 영역

(2) 문항 유형

1) 언어 추리 : 일상어를 통하여 이루어지는 추리

2) 모형 추리 : 도형, 표, 그래프, 수, 기호 등과 같은 비언어적 표상(모형)을 이용하여 이루어지는 추리(형식적 추리, 논리 게임, 수리 추리로 구성됨)

① 형식적 추리 : 형식적으로 타당한 추론 규칙을 이용하여 이루어지는 추리

② 논리 게임 : 연역적인 추리 능력을 검사하는 전형적인 논리 퍼즐

③ 수리 추리 : 수리적인 자료로부터 수리적으로 이루어지는 계산이나 추리

나) 논증

(1) 내용 영역

인문, 사회, 과학기술, 규범 영역

(2) 문항 유형

1) 논증 분석 : 논증의 주장과 제시된 근거 파악하기, 논증이 기반하고 있는 원리나 가정 등 파악하기, 논증에서 생략된 전제 찾기, 논증의 구조를 분석하거나 논증 유형 비교하기 등

2) 논쟁 및 반론 : 논쟁의 쟁점을 파악하거나 공통의 가정 내지 전제 파악하기, 주어진 논증에 대하여 반론 제기하기, 비판이나 반론에 대하여 논증을 수정·보완하거나 재구성할 방안 찾기, 논증이 범하고 있는 오류 파악하기 등

3) 논증 평가 및 문제해결 : 논증에서 결론의 정당성을 강화하거나 약화하는 사례 내지 조건 파악하기, 논증에 대하여 종합적으로 평가하기, 갈등이나 역설의 논리적 기반을 파악하거나 그 해소 방안 찾기 등

라. 논술 영역

■ 법학전문대학원 교육 및 법조 현장에서 필요한 논증적 글쓰기 능력을 측정한다.

■ 평가 틀

〈논술 영역 평가 목표 분류표〉

내용 영역 \ 인지 활동 유형	분석		구성			
	논제 분석	제시문 분석	논증	비판	전개	표현
인문						
사회						
과학기술						
규범						
복합						

(1) 내용 영역

인문, 사회, 과학기술, 규범 및 이들의 복합 영역

(2) 인지 활동 유형

1) 분석 : 텍스트를 분석하고 이해하는 능력

• 논제 분석 : 주어진 논제의 의도와 그것이 요구하는 과제의 성격을 정확히 파악
 할 수 있는 능력

• 제시문 분석 : 주어진 제시문을 이해하고 그것이 조직되어 있는 방식을 발견해
 내는 능력

2) 구성 : 사고를 구성하여 글로 완성하는 능력

• 논증 : 논리적으로 사고를 구성하는 능력

• 비판 : 타당한 근거를 바탕으로 한 평가 및 판단 능력

• 전개 : 심층적 및 독창적 사고를 구성하는 능력

• 표현 : 적절한 언어를 사용하여 글로 표현하는 능력

(3) 문항 유형

• 사례형 : 주어진 사례의 문제 상황을 해결하는 방안과 그 논거를 논리적으로 구
 성하고, 이를 설득력 있게 표현할 수 있는지를 평가하는 유형

5. 법학적성시험 언어이해 및 추리논증 영역 점수 체제

■ 채점 및 점수 체제

• 언어이해 영역, 추리논증 영역의 정답 문항은 1점, 오답 문항은 0점으로 채점한다.

• 언어이해 영역은 평균 45, 표준편차 9인 표준점수를 사용한다.

• 추리논증 영역은 평균 60, 표준편차 12인 표준점수를 사용한다.

〈법학적성시험의 영역별 문항 수 및 표준점수〉

영역	문항 수	표준점수		
		평균	표준편차	범위
언어이해	30	45	9	0~90
추리논증	40	60	12	0~120

6. 법학적성시험 성적의 활용

■ 법학적성시험 성적은 당해 학년도에 한하여 유효하며, 개별 법학전문대학원의
 결정에 따라 학부 성적, (심층)면접, 자기소개서, 어학 성적 등과 함께 법학전문

대학원 입학 전형 요소의 하나로 활용된다.

－「법학전문대학원 설치·운영에 관한 법률」제23조(학생 선발)

7. 장애인 수험생 편의 지원

- 원서접수자 중 신체장애로 인해 시험 응시에 현실적인 어려움이 있는 자
- 「장애인복지법 시행령」제2조에 의한 등록 장애인 : 시각장애인, 뇌병변장애인, 지체장애인 등
- 임신부 등 편의지원 제공이 필요한 자

8. 응시수수료 면제

- 취지
- 저소득 가구 수험생의 응시수수료 면제를 통해 서민의 법조계 진입장벽 완화에 기여
- 대상
- 「국민기초생활보장법」제2조 제1호의 수급권자,「국민기초생활보장법」제2조 제 10호의 차상위계층 또는 「한부모가족지원법」제5조 및 제5조의2에 따른 지원대 상자로 「법학전문대학원 적성시험의 응시수수료 및 반환금액, 절차·방법 등에 관한 고시」의 증빙서류를 지정된 기간에 제출한 자

9. 기타 사항

- 자세한 사항은 법학적성시험 홈페이지(http://www.leet.or.kr)를 참조하기 바란다.

법학적성시험
언어이해 영역

2024

2024학년도 언어이해 영역 출제 방향

1. 출제의 기본 방향

언어이해 영역은 법학전문대학원 지원자들의 언어적 소양과 통합적 의사소통 능력을 평가하는 것을 목표로 삼는다. 2024학년도 언어이해 영역은 여러 분야의 고차적이고도 다층적인 텍스트를 제시하고 이에 대한 수험생의 사실 이해와 재구성 능력, 그리고 추론과 비판 및 적용 능력의 정도를 평가하는 데 출제의 기본 방향을 두었다. 이번 시험의 출제 원칙은 다음과 같다.

- 내용 및 표현에서 모범이 되는 다양한 글, 특히 법조인으로서 갖추어야 할 기본 소양과 연관된 글을 제시문으로 활용한다.
- 제시문의 대의를 파악하고 정보들을 이해하며, 정보들 간의 유기적 관련성을 분석·종합할 수 있는 능력을 갖추었는지 평가한다.
- 제시문의 정보를 바탕으로 합리적인 결론을 이끌어 내고, 특정 정보를 다른 문제 상황에 적용하거나 비판할 수 있는 능력을 갖추었는지 평가한다.

2. 출제 범위

언어이해 영역에서는 여러 분야의 고차적이고도 다층적인 글을 통해, 제시된 정보들을 이해하는 능력, 제시된 정보를 재구성 또는 종합하여 주제를 파악하는 능력, 제시된 정보를 바탕으로 적절한 추론이나 비판을 이끌어 내는 능력, 글의 정보를 관련 상황에 적용하는 능력 등을 평가한다. 이를 위해 이번 시험에서는 다양한 학문 분야의 근본적이면서도 심화된 주제나 최신 연구 동향을 기본으로 삼되, 각 학문의 전문적인 배경적 지식이 없어도 문제를 풀 수 있도록 출제하였다.

이번 시험의 출제는 다음 사항을 고려하여 진행하였다.

- 여러 학문 분야의 기본 개념이나 범주들을 활용하되, 최신 이론의 동향, 시의성 있는 문제 상황 등을 중심으로 제시문을 작성한다.

- 표준화된 모델들을 기반으로 문항 세트를 설계함으로써 제시문에 사용된 개념이나 범주들을 이해하고 활용할 수 있는지 평가한다.
- 특정 전공, 특히 법학 전공의 배경적 지식이 없어도 제시문에 주어진 정보만으로 문제를 풀 수 있게 제시문과 문항을 구성한다.

3. 문항 구성

언어이해 영역의 목표를 달성하기 위해 제시문은 가독성이 높고 정보 전달이 분명하며 논지를 선명히 하여 완결성을 갖추도록 해야 한다. 이번 출제에서는 이러한 제시문의 조건들을 지키면서도 다양한 주제와 심도 있는 논의를 다룬 제시문들을 개발하였다.

그리고 각 제시문에 따른 문항들은 '주제, 구조, 관점 파악', '정보의 확인과 재구성', '정보의 추론과 해석', '정보의 평가와 적용' 등 여러 독해 능력을 균형 있게 평가하도록 설계하였다. 이와 함께 제시문과 〈보기〉를 연결하는 문항을 다수 출제하여 비판 및 추론, 적용 능력을 종합적으로 평가하고자 하였다.

이번 시험의 내용 영역은 '인문', '사회', '과학기술', '규범'의 4개 영역이며, 문항은 각 세트당 3문항, 총 10세트 30문항이다. 각 내용 영역별로 제시문에서 다루고 있는 주제는 다음과 같다.

'인문' 분야에서는 철학 관련 주제로 플라톤과 토마스 아퀴나스의 '진리론'을 중심으로 이와 연관된 '오르토테스', '알레테이아', '베리타스' 등의 개념이 서로 어떤 관계를 맺고 있는지를 다루고 있는 제시문이 주어졌다. 사학 관련 주제로는 조선 시대에 효종이 사망하자 벌어진 상복을 둘러싼 '예송(禮訟)'에서 제기된 여러 견해를 소개하고 이에 대해 평가하고 있는 박세당의 글이 제시문으로 주어졌다. 문학 관련 주제로는 문학을 역사, 과학 등과 비교하면서 문학적 언어의 대표적 특징이라고 할 수 있는 '역설'이나 '시적 진실'이 어떤 의미를 담고 있는지를 밝히는 평론이 제시문으로 주어졌다.

'사회' 분야에서는 정치학 관련 주제로 '날씨가 투표율에 미치는 영향'을 유권자의 투표 참여 비용의 측면에서 다각적으로 분석하고 있는 제시문이 주어졌다. 경제학 관련 주제로는 시장실패로 인해 발생한 사회적 문제를 해결하기 위해 제안된 '사회적 가치' 개념을 설명하고 나아가 '사회 성과'를 측정하는 방법을 보여 주는 제시문이 주어졌다.

'과학기술' 분야에서는 생물학 주제와 관련하여 '광역학 치료'에서 빛, 감광제, 활성 산소종이 서로 영향을 주면서 어떻게 기능하는지를 설명하고 있는 제시문이 주어졌다. 기술 주제와 관련해서는 데이터를 처리할 때 민감한 정보가 노출되지 않도록 하는 '비식별화 기술'이 무엇인지, 그 기술이 어떻게 적용되는지를 설명하고 있는 제시문이 주어졌다.

'규범' 분야에서는 법철학 주제와 관련하여 '법학의 학문성'에 대한 알베르트의 비판적 합리주의 입장과 이를 비판하는 사비니의 입장을 소개하는 글이 제시문으로 주어졌다. 법제도 주제와 관련해서는 이혼 가정에서 양육권을 갖지 않은 비양육친이 양육친의 동의를 받지 않고 자녀를 데리고 외국으로 나갈 때 발생하는 '자녀에 대한 위법한 국제적 이동'의 문제와 이를 처리하기 위한 '국제 협약'에 대해 다루고 있는 제시문이 주어졌다. 윤리학 주제와 관련해서는 '당위 명제와 존재 명제에 대한 흄의 주장'을 둘러싼 논쟁과 관련하여 몇 가지 견해를 소개하는 글이 제시문으로 주어졌다.

이번 시험의 제시문들은 전반적으로 우리 사회와 세계에 대해 시의성 있으면서도 깊이 있는 이해를 유도하는 내용으로 구성되어 있어서 법학전문대학원 지원자들의 수학 능력을 평가하는 데 기여할 뿐만 아니라 향후 수험생들이 예비 법조인으로서 교양을 쌓는 데도 도움이 될 것으로 본다.

4. 난이도

2024학년도 언어이해 영역 시험에서는 난삽한 제시문이나 모호한 문항을 통해 난이도를 확보하는 것을 지양하고 명료하고 논리적인 제시문을 통해 실질적인 독해 능력을 측정할 수 있도록 문항을 구성함으로써 적정 난이도를 확보하려고 하였다. 이에 따라 제시문의 가독성은 최대한 높이되, 제시문을 깊게 이해하고 이를 새로운 문제 상황에 적용하거나 이에 대해 비판하는 능력을 측정하는 방향으로 문항들을 설계하였다.

5. 출제 시 유의점

• 기출 문제나 사설 학원 문제를 접한 경험만으로는 쉽게 풀 수 없는 문제를 출제

하였으며, 특정 전공에 따른 유·불리 현상도 최소화하도록 하였다.

- 출제의 의도를 감추거나 오해하게 하는 문두를 피하고, 평가하려는 의도나 내용을 분명하고 정확하게 드러내는 문두 형식을 취하였다.
- 다른 문항과의 간섭이나 답지 간의 간섭을 최소화하고 적절한 변별력을 확보하도록 문항과 답지를 설계하였다.

규범교의적 학문을 자처하는 법학은 학문성에 관한 논쟁에 시달려 왔다. 입법자의 권력 행사로 법전의 한마디가 바뀌면, 오랫동안 가꾼 해석의 축적이 순식간에 무용지물이 되기 때문이다. 이에 대한 도전으로서 알베르트는 경험적 반증가능성을 강조하는 비판적 합리주의에 입각하여 법학의 학문성을 새롭게 이해하고자 한다.

알베르트는 우선 법학의 은폐된 특징을 신학과의 비교를 통해 문제 삼는다. 법학은 당국의 고시(告示)에서 진리를 얻어내는 점에서 신학과 구조적 유사성을 가지기 때문이다. 신학이 경전의 해석을 통해 권위를 확보하듯, 법학은 법전을 확인하고 문제 해결과 관련하여 이를 해석한다. 이때 경전이나 법전은 학문적 비판이나 성찰의 대상이 아니라 해석적 권위의 원천이자 근거가 될 따름이다. 그가 보기에 법학이 신학과의 구조적 유사성을 탈피하려면, 해석에서 자연법이냐 사회학이냐의 양자택일을 감수해야 한다. 선택의 결과는 자명하다. 절대성을 가진 규범적 현실에 의해 실정법이 구성되고 또 구속된다고 보는 견해는 신적인 힘으로 설립된 세계를 믿는 관점에 의해서만 유지될 수 있기 때문이다. 알베르트는 법을 인간의 문화적 성취로 간주하고, 사회적 삶의 사실 중 사회 구성원의 상호 행위 조종의 영역에 속하는 것으로 본다.

물론 이 경우에도 법을 현실주의적으로 보느냐, 규범주의적으로 보느냐의 문제는 남는다. 알베르트는 법을 사회적 사실로, 법학을 경험과학으로 볼 것을 주장한다. 그에 따르면 규범에 관한 법학적 언명은 규범 자체와 다르게 규범성이 없으며, 이 구별을 무시한다면 규범의 인식적 파악이라는 이념은 사라지게 된다. 그는 법률 문언의 규범성은 인정하지만, 그 문언에 관하여 의미를 밝히는 법학은 다르다고 말한다.

법학에 대한 알베르트의 현실주의적 파악에는 곤란해 보이는 점도 있다. 예컨대, 법률 문언에 흠결이 존재하여 적극적으로 법을 형성하는 것이 불가피할 때가 그렇다. 이처럼 법형성의 과제를 앞에 두고 알베르트는 법형성의 실태에 주의를 기울인다. 법형성에서 규범주의자들이 법해석이 따라야 할 목적을 가리키면서 가치적 관점을 내세울 때, 그는 이를 반대하지 않는다. 하지만 알베르트는 그 목적이나 가치적 관점은 일반적인 평가가 가능하도록 명시되어야 한다고 요구한다. 적용될 규범이나 제안될 해석이 사회생활에 미칠 작용에 관한 고려에 대해서도 마찬가지이다. 법률이나 그 해석은 규범 체계에 작용하기에 법형성 과정에는 규범 체계의 논리적 지식도 동원해야 한다고 알베르트는 본다.

결국 알베르트가 제안하는 법학은 ㉠일정한 가치적 관점에 정향된 사회공학이다. 이는 가설적으로 전제된 관점 밑에서, 현행법에서 승인된 규범 명제에 대한 해석 제안, 규범 충돌의 제거를 위한 현행법 체계의 변형 제안, 입법을 통한 새로운 규범 체계의 형성 제안을 합리적으로 작성하는 것을 목표로 삼는다.

이상과 같은 알베르트의 도전에 대하여 사비니는 여전히 규범교의적 학문으로서 법학을 정당화하고자 한다. 그에 따르면, 규범적 교의는 법률의 해석을 위해서 결정의 근거지움에 사용하는 법률 바깥의 법명제이며, 법률과 함께 법체계를 형성한다. 이러한 법체계 속에서 법률 문언은 정당한 법명제로 인식되고, 법률 바깥의 법명제 역시 정당한 것으로 추정된다. 요컨대 규범적 교의는 법체계 수립에 필수적이며 이를 다루는 법학도 전통적이고 직관적인 학문 개념을 충족시킨다고 사비니는 주장한다.

이러한 입장에서 사비니는 알베르트의 주장을 반박한다. 법학의 계시모델성에 관해서는 법학이 규범적 교의를 가지고 어떻게 하면 최선에 이를 수 있을지를 모색하면서 비판적 검토를 법체계 안으로 수용한다고 해명한다. 자연법과 사회학의 해석적 양자택일에 관해서는 법학의 모든 논의가 자연법적인 것도 아니고, 모든 자연법적 논의가 비합리적인 것도 아니라고 응수한다. 법학적 언명의 권위성에 관해서도 법률에 관련된 메타 언명으로부터 규범성을 완전히 박탈하는 것이 가능한지에 의문을 표하는 동시에 도대체 왜 법학으로부터 수락할 만한 해석의 제안권을 박탈해야 하느냐고 반문한다.

사비니는 경험적 인식만을 과학적 인식으로 보면서 규범적 인식을 학문 세계에서 배척하는 태도를 문제로 지적하고, '규범적/경험적'의 구분을 '비학문적/학문적'의 구분과 동일시해서는 안 된다고 주장한다. 이는 규범교의적 학문으로서 법학의 토대를 확보하는 차원을 넘어 비판적 합리주의에 대하여 성찰을 요구하는 것이기도 하다.

01.

윗글을 바탕으로 ㉠을 이해할 때, 적절하지 <u>않은</u> 것은?

① 법학은 법전의 의심할 수 없는 권위를 인정하는 한 규범교의적 학문에서 벗어나지 못한다고 비판한다.

② 법을 인간의 문화적 성취로 간주하고 사회적 삶의 사실 중 사회 구성원의 상호 행위 조종의 영역에서 바라본다.

③ 법의 해석·변형·형성에 관한 제안을 법체계에 제도화된 가치적 관점에서 합리적으로 작성하는 것을 목표로 삼는다.

④ 법형성 과정에서 목적이나 가치적 관점에 반대하지 않지만, 이를 반드시 명시하여 일반적 판단을 가능하게 한다.

⑤ 현실주의적 관점에서 법을 사회적 사실로 법학을 경험과학으로 보고, 규범 자체와 규범에 관한 법학적 언명을 구분한다.

| 문항 성격 | 문항유형 : 주제, 구조, 관점 파악 |
| | 내용영역 : 규범 |

문항 성격　문항유형 : 주제, 구조, 관점 파악
　　　　　　내용영역 : 규범

평가 목표　이 문항에서는 제시문에서 가장 중점적으로 설명되고 있는 한스 알베르트의 사회공학적 법학론을 전통적인 규범교의학적 법학론과의 관계에서 적절하게 이해하고 있는지를 평가하고자 한다.

문제 풀이　정답 : ③

규범교의적 학문을 자처하는 전통적인 법학에 대하여 알베르트는 논리적·경험적 반증가능성을 학문의 움직일 수 없는 전제로 내세우는 비판적 합리주의의 관점에서 새로운 법학이론을 제시함으로써 법학의 학문성을 논증하고자 한다. 이 문항의 해결을 위해서는 알베르트의 입론을 축약하고 있는 '일정한 가치적 관점에 정향된 사회공학'의 의미를 제시문에서 적절하게 찾아낼 수 있어야 한다.

정답 해설　③ 제시문 다섯 번째 단락에서 알베르트의 사회공학으로서의 법학을 설명하면서 "이는 가설적으로 전제된 관점 밑에서, 현행법에서 승인된 규범 명제에 대한 해석 제안, 규범 충돌의 제거를 위한 현행법 체계의 변형 제안, 입법을 통한 새로운 규범 체계의 형성 제안을 합리적으로 작성하는 것을 목표로 삼는다."고 정리한다. 여기서 핵심은 사회공학으로서의 법학이 일정한 관점을 내세우기는 하지만, 이 관점은 언제나 논리적·경험적 반증가능성 앞에 명시적으로 노출되어 있으며, 따라서 언제나 합리적 비판의 대상이 될 수 있다는 점이다. 따라서 사회공학으로서의 법학은 어디까지나 가설적으로 전제된 관점 밑에서 수행되는 것으로서, 이 선택지에서 제시된 '법체계에 제도화된 가치적 관점'과 근본적으로 구분된다.

오답 해설　① 제시문 두 번째 단락에 따르면, 알베르트는 법학의 은폐된 특징을 신학과의 비교를 통해 문제 삼으면서, 양자가 "당국의 고시(告示)에서 진리를 얻어내는 점에서" 유사하다고 말한다. "신학이 경전의 해석을 통해 권위를 확보하듯, 법학은 법전을 확인하고 문제 해결과 관련하여 이를 해석"하면서, 법전을 "학문적 비판이나 성찰의 대상이 아니라 해석적 권위의 원천이자 근거"로 받아들인다는 것이다. 그가 보기에 법학이 신학과의 구조적 유사성을 탈피하여 학문으로서 바로 서려면, 해석의 전제로서 법전의 의심할 수 없는 권위를 논리적·경험적으로 반증이 가능한 대상으로 내놓아야 한다. 이는 비판적 합리주의의 핵심 주장이다.

② 제시문 두 번째 단락에 따르면, 알베르트는 법해석에서 "자연법이냐 사회학이냐의 양자택일"이 불가피하다고 보면서도 자신의 새로운 법학론이 이 가운데 전자를 선택할 수 없다고 말한다. 그 이유는 "절대성을 가진 규범적 현실에 의해 실정법이 구성되고 또 구속된다고 보는 견해는 신적인 힘으로 설립된 세계를 믿는 관점에 의해서만 유지될 수 있기 때문이다." 이리하여 알베르트는 "법을 인간의 문화적 성취로 간주하고, 사회적 삶의 사실 중 사회 구성원의 상호 행위 조종의 영역에 속하는 것으로 본다."

④ 제시문 네 번째 단락에 따르면, "법률 문언에 흠결이 존재하여 적극적으로 법을 형성하는 것이 불가피할 때" 알베르트는 "법형성에서 규범주의자들이 법해석이 따라야 할 목적을 가리키면서 가치적 관점을 내세"우는 것을 반대하지 않는다. 하지만 그는 "그 목적이나 가치적 관점은 일반적인 평가가 가능하도록 명시되어야 한다고 요구한다." 이는 법형성 과정에서 규범주의가 등장하는 경우에도 비판적 합리주의의 관점에서 다른 사람들의 논리적·경험적 반증이 가능하도록 해야 한다는 의미이다.

⑤ 제시문 세 번째 단락에서 알베르트는 법학이 신학과의 유사성 및 자연법적 패러다임을 탈피하더라도 여전히 "법을 현실주의적으로 보느냐, 규범주의적으로 보느냐의 문제는 남는다."고 보면서, "법을 사회적 사실로, 법학을 경험과학으로 볼 것을 주장한다." 이는 법률 문언의 규범성은 사회적 사실로서 인정하더라도 그에 대한 법학적 언명에는 규범성을 인정하지 않는 태도로서 현실주의와 규범주의 가운데 현실주의의 관점에 선 것으로 볼 수 있다.

02.

'알베르트'와 '사비니'에 대한 설명으로 적절하지 <u>않은</u> 것은?

① 알베르트는 법학과 신학의 구조적 유사성은 법전과 경전이 학문적 비판이나 성찰의 대상이 아니라 해석의 근거와 원천이 된다는 점에서 찾을 수 있다고 본다.

② 알베르트는 법의 해석에서 자연법 대신 사회학을 선택하더라도 법을 현실주의적으로 볼 것인지 규범주의적으로 볼 것인지의 문제는 여전히 남는다고 본다.

③ 알베르트는 법률이나 그 해석은 규범 체계에 작용하여 변화를 가져오기 때문에 법형성 과정에는 규범 체계의 논리적 지식도 동원해야 한다고 본다.

④ 사비니는 법률 문언에 흠결이 존재하여 이를 보완하기 위한 적극적인 법형성이 불가피

할 때, 법학은 부득이 규범주의를 포기할 수밖에 없다고 본다.

⑤ 사비니는 자연법의 이념에 따라 법을 해석하더라도, 이에 관한 법학의 모든 논의가 자연법적인 것은 아니며, 모든 자연법적 논의가 비합리적인 것도 아니라고 본다.

문항 성격	문항유형 : 정보의 확인과 재구성
	내용영역 : 규범
평가 목표	이 문항에서는 제시문에서 설명되고 있는 한스 알베르트의 사회공학적 법학론과 아이케 폰 사비니의 규범교의학적 법학 옹호론의 내용을 각기 적절하게 이해하고 있는지를 확인하면서, 양자의 논쟁에서 핵심 논점을 제대로 짚을 수 있는지를 평가하고자 한다.
문제 풀이	정답 : ④

제시문은 규범교의적 학문을 자처하는 전통적인 법학에 대하여 한스 알베르트가 대안으로 제시하는 사회공학적 법학론을 설명하고, 나아가 이에 대하여 다시 규범교의적 법학을 옹호하는 아이케 폰 사비니의 주장을 비판과 반박의 구조 속에서 소개하고 있다. 이 문항의 해결을 위해서는 알베르트와 사비니의 입론 내용을 적절하게 파악하고 이해해야 한다.

정답 해설	④ 제시문 네 번째 단락에 따르면, "법률 문언에 흠결이 존재하여 적극적으로 법을 형성하는 것이 불가피할 때" 알베르트는 "법형성에서 규범주의자들이 법해석이 따라야 할 목적을 가리키면서 가치적 관점을 내세"우는 것을 반대하지 않는다. 하지만 그는 "그 목적이나 가치적 관점은 일반적인 평가가 가능하도록 명시되어야 한다고 요구한다." 이에 비하여 법형성의 경우에 대한 사비니의 입장은 제시문에 직접적으로 나타나 있지 않으나, 알베르트가 비판하는 규범주의자들의 관점으로 상정하는 것이 가능하며, 그 경우에는 법해석이 따라야 할 목적을 가리키면서 법형성에서도 이를 가치적 관점으로 내세우는 것으로 이해할 수 있다. 하지만 이렇게 보더라도 사비니가 법률 문언에 흠결이 존재하여 이를 보완하기 위한 적극적인 법형성이 불가피할 때, 법학은 부득이 규범주의를 포기할 수밖에 없다고 추론하는 것은 불가능하다.
오답 해설	① 제시문 두 번째 단락에 따르면, 알베르트는 법학과 신학의 구조적 유사성을 "당국의 고시(告示)에서 진리를 얻어내는 점", 즉 경전이나 법전을 "학문적 비판이나 성찰의 대상이 아니라 해석적 권위의 원천이자 근거"로 받아들인다는 점에서 찾을 수 있는 것으로 보고 있다.

② 제시문 세 번째 단락에 따르면, 알베르트는 법학이 신학과의 유사성 및 자연법
   적 패러다임을 탈피하더라도 여전히 "법을 현실주의적으로 보느냐, 규범주의적
   으로 보느냐의 문제는 남는다."고 보면서, "법을 사회적 사실로, 법학을 경험과
   학으로 볼 것을 주장한다."
③ 제시문 네 번째 단락에 따르면, 알베르트는 "법률이나 그 해석은 규범 체계에 작
   용하기에 법형성 과정에는 규범 체계의 논리적 지식도 동원해야 한다"고 본다.
⑤ 제시문 일곱 번째 단락에 따르면, 사비니는 알베르트의 주장을 반박하면서, 자연
   법과 사회학의 해석적 양자택일에 관하여 "법학의 모든 논의가 자연법적인 것도
   아니고, 모든 자연법적 논의가 비합리적인 것도 아니라고 응수한다."

03.

윗글을 바탕으로 '사비니'의 입장에 대해 추론한 것으로 적절한 것만을 〈보
기〉에서 있는 대로 고른 것은?

ㄱ. 전통적이고 지관적인 학문이론의 관점에서 규범교의적 법학의 학문성을 옹호하
   면서, 경험적 인식만을 과학적 인식으로 보는 비판적 합리주의에 대하여 성찰을
   요구한다.
ㄴ. 법률의 해석을 위해서 결정의 근거지움에 사용하는 법률 바깥의 법명제로 규범적
   교의를 이해하면서, 이를 통해 법학이 법체계 바깥에서 비판적 검토를 수행한다
   고 본다.
ㄷ. 법률만이 아니라 규범적 교의도 법체계의 필수적 구성 요소로 인정하면서, 법률
   에 관한 메타 언명으로서 법학적 언명에는 법률에 관한 수락할 만한 해석의 제안
   권이 있다고 주장한다.

① ㄱ   ② ㄴ   ③ ㄱ, ㄷ
④ ㄴ, ㄷ   ⑤ ㄱ, ㄴ, ㄷ

문항 성격	문항유형 : 정보의 추론과 해석
	내용영역 : 규범
평가 목표	이 문항에서는 한스 알베르트의 사회공학적 법학론에 맞서서 규범교의학적 법학을 옹호하는 아이케 폰 사비니의 입론을 입론의 자세한 주장 내용과 사회공학적 법학론에 대한 반박 내용을 통하여 입체적으로 이해하고 있는지를 평가하고자 한다.
문제 풀이	정답 : ③

제시문의 후반부는 한스 알베르트가 대안으로 제시하는 사회공학적 법학론에 대하여 다시 규범교의적 법학을 옹호하는 아이케 폰 사비니의 반론을 입론과 반박의 구조 속에서 소개하고 있다. 이 문항의 해결을 위해서는 사비니의 주장을 이해한 후 〈보기〉에서 사비니의 입장을 추론한 것으로 적절한 것을 가려내야 한다.

〈보기〉해설 ㄱ. 제시문 여섯 번째 단락에서 사비니는 규범적 교의를 다루는 규범교의적 법학도 "전통적이고 직관적인 학문 개념을 충족시킨다"고 주장하고, 마지막 단락에서는 "경험적 인식만을 과학적 인식으로 보면서 규범적 인식을 학문 세계에서 배척하는 태도를 문제로 지적하고, '규범적/경험적'의 구분을 '비학문적/학문적'의 구분과 동일시해서는 안 된다고 주장"하면서 "비판적 합리주의에 대하여 성찰"을 요구한다. 이 선택지는 사비니의 입장을 적절하게 추론한 것이다.

ㄴ. 제시문 여섯 번째 단락에서 사비니는 규범적 교의를 "법률의 해석을 위해서 결정의 근거지움에 사용하는 법률 바깥의 법명제"로 이해하면서, 이어서 일곱 번째 단락에서 법학의 계시모델설에 관하여 알베르트의 견해를 비판하면서, 법학은 "규범적 교의를 가지고 어떻게 하면 최선에 이를 수 있을지를 모색하면서 비판적 검토를 법체계 안으로 수용한다고 해명한다." 이 선택지는 이 가운데 후자의 입장을 "법학이 법체계 바깥에서 비판적 검토를 수행한다"고 잘못 추론하고 있다. 따라서 사비니의 입장을 추론한 것으로 적절치 않다.

ㄷ. 제시문 여섯 번째 단락에서 사비니는 법률만이 아니라 규범적 교의도 법체계의 필수적 구성 요소라고 인정하면서, 이어서 일곱 번째 단락에서 법학적 언명의 권위성에 관하여 "법률에 관련된 메타 언명으로부터 규범성을 완전히 박탈하는 것이 가능한지에 의문을 표하는 동시에 도대체 왜 법학으로부터 수락할 만한 해석의 제안권을 박탈해야 하느냐고 반문한다." 이 선택지는 사비니의 입장을 적절하게 추론한 것이다.

〈보기〉에서 ㄱ과 ㄷ만이 적절한 추론이므로 ③이 정답이다.

금융, 마케팅, 의료 등 다양한 분야에서 생성되는 빅데이터는 많은 경우 개인정보를 포함하고 있어 데이터를 활용하는 과정에서 민감한 개인정보가 유출될 가능성이 있다. 따라서 빅데이터 구축 과정에서 개인정보의 전부 또는 일부를 삭제하거나 대체함으로써 개인의 신원이 드러나지 않도록 하면서도 해당 데이터의 활용성을 최대한 유지할 수 있도록 하는 개인정보 비식별화 기술을 사용한다.

데이터 집합에서 정보를 표현하는 최소 단위를 속성이라고 하고 다양한 속성들의 조합으로 표현된 하나의 정보를 레코드라고 한다. 데이터 집합은 이 레코드들의 집합이다. 비식별화 기술은 속성을 식별자, 준식별자, 일반속성, 민감속성으로 구분한다. 주민번호와 같이 그 자체만으로도 누구인지 식별 가능한 속성이 식별자이다. 반면에 성별, 연령, 주소와 같이 개인에 대한 직접적인 식별은 불가능하지만 이들 속성이 결합하면 개인에 대한 식별이 가능해지는 속성을 준식별자라고 한다. 성별, 이름, 연령으로 구성되어 있는 원본 데이터 집합이 있을 때, 이름에서 성씨만을 남겨 비식별 데이터 집합을 만들었다고 하자. 비록 이름은 성만 남기고 가려져 있지만 '남성'이 유일하거나, 성이 '이씨'이면서 '35세'인 사람이 유일하다면, 원본에 이 두 사람이 포함된 사실을 알면서 이들 각자의 유일한 속성값 조합을 미리 알고 있는 사람은 특정 개인을 재식별할 수 있다. 일반적으로 개인정보는 개인의 여러 속성과 결합하여 사용된다. 익명 데이터라도 여러 속성과 결합하면 유일한 속성값 조합이 새로 생기게 되며 이에 따라 특정 개인이 재식별되는 불완전한 비식별 데이터 집합이 된다.

k-익명성 은 특정 개인을 추정할 가능성을 1/k 이하로 낮추는 비식별화 기술로 원본 데이터 집합의 식별자나 준식별자 속성에 대해서만 마스킹, 범주화 등을 수행하여 유사한 준식별자 속성값들을 동일하게 만드는 작업을 수행한다. 마스킹은 '홍길동'을 '홍**'로 바꾸는 것이고 범주화는 '35세'를 '30대'로 바꾸는 식이다. 이렇게 만든 비식별 데이터 집합에서 준식별자 속성값들이 모두 동일한 레코드들의 집합을 동질집합이라고 하며 이때 레코드들의 수를 동질집합의 크기라고 한다. k-익명성은 비식별 처리로 만들어진 동질집합의 크기가 k개 미만인 동질집합을 모두 삭제하여 동질집합의 크기가 k개 이상 될 수 있도록 만든다. k≥2일 때 원본 데이터 집합에 있는 특정 개인의 준식별자를 미리 알고 있어도 비식별 데이터 집합만을 보고 원본의 특정 개인을 재식별하는 것은 불가능하다. 그러나 개인 추정 가능성은 존재한다. 즉 특정하고자 하는 개인이 속한 동질집합의 크기가 k일 때 이 특정 개인이 k명 중의 한 명임을 추정할 수 있으므로 1/k의 확률로 개인 추정이 가능하다.

k-익명성은 한 동질집합에 속하는 모든 레코드에서 준식별자 속성이 아닌 민감속성의 값이 모두 동일할 경우 해당 정보가 유출되는 단점이 있다. 민감속성은 병명, 수입 등 개인의 사생활과 관련된 속성을 의미한다. 예를 들어 동질집합이 3명의 레코드를 갖고 있고 이 3명이 모두 위암이라면, 홍길동이 동질집합의 3명 중 한 명이라는 사실을 아는 사람은 그중 누가 홍길동인지는 몰라도 홍길동이 위암이라는 사실을 정확히 알 수 있다. 이러한 k-익명성의 단점을 보완하기 위해 ℓ-다양성을 추가로 적용한다.

ℓ-다양성은 동질집합에서 민감속성이 최소 ℓ개의 서로 다른 속성값들을 갖도록 한다. 이 조건을 만족하지 못하는 동질집합은 비식별 데이터 집합에서 삭제한다. 앞의 예에서 동질집합의 병명 속성은 모두 '위암' 값만을 가지므로 ℓ-다양성을 만족하지 못하기 때문에 이 동질집합은 삭제된다.

비식별화 기술은 개인 식별 가능성은 낮출 수 있지만 정보 손실을 유발하기 때문에 구축된 빅데이터를 활용하는 측에서는 데이터의 가치가 낮아진다. 원본 유사도는 비식별 데이터 집합의 활용성을 나타내는 지표이며 원본 데이터 집합과 이를 비식별 처리한 비식별 데이터 집합이 얼마나 유사한지를 나타낸다. 이 지표는 레코드 잔존율과 레코드 유사도로 측정한다. 레코드 잔존율은 원본 데이터 집합의 총 레코드 수 대비 비식별 데이터 집합의 총 레코드 수를 백분율로 나타낸 지표이다. 한편 레코드 유사도는 원본 데이터 집합의 한 원본 레코드가 비식별 데이터 집합에 남아 있을 경우 원본 레코드와 비식별 레코드 쌍 간의 통계적 유사성을 0과 1 사이의 값으로 표현한 지표이다.

04.

윗글의 내용과 일치하지 <u>않는</u> 것은?

① 휴대전화 번호는 일반적으로 식별자에 해당한다.
② 민감속성은 범주화와 마스킹으로 비식별 처리를 한다.
③ 레코드 유사도가 높을수록 개인정보 식별 가능성은 커진다.
④ 준식별자들의 조합만으로도 특정 개인이 식별되는 경우가 있다.
⑤ 레코드는 식별자와 준식별자 이외에도 다양한 속성으로 구성된다.

제시문 첫 번째 단락에서 개인정보 비식별화 기술의 목적을 정의한 후, 두 번째 단락부터 비식별화 기술의 개념 및 구체적인 방법에 대해 설명하고 있다. 비식별화 기술에서 사용되는 용어인 식별자, 준식별자, 민감속성, 레코드 유사도 등을 정확히 이해하고 각 선택지의 진위 여부를 제시문 내용과 대조하여 판단하도록 한다.

정답 해설 ② 제시문 두 번째 단락 "비식별화 기술은 속성을 식별자, 준식별자, 일반속성, 민감속성으로 구분한다."와 세 번째 단락 "원본 데이터 집합의 식별자나 준식별자 속성에 대해서만 마스킹, 범주화 등을 수행하여 유사한 준식별자 속성값들을 동일하게 만드는 작업을 수행한다."로부터 민감속성에 대해서는 비식별 처리를 하지 않음을 알 수 있다.

오답 해설 ① 제시문 두 번째 단락 "주민번호와 같이 그 자체만으로도 누구인지 식별 가능한 속성이 식별자이다."로부터 휴대전화 번호 역시 식별자에 해당함을 알 수 있다.

③ 제시문 마지막 단락 "비식별화 기술은 개인 식별 가능성은 낮출 수 있지만"과 "원본 유사도는 비식별 데이터 집합의 활용성을 나타내는 지표이며 원본 데이터 집합과 이를 비식별 처리한 비식별 데이터 집합이 얼마나 유사한지를 나타낸다. 이 지표는 레코드 잔존율과 레코드 유사도로 측정한다."로부터 레코드 유사도가 높을수록 원본 유사도가 높아지고 개인 식별 가능성은 커짐을 알 수 있다.

④ 제시문 두 번째 단락 "성별, 연령, 주소와 같이 개인에 대한 직접적인 식별은 불가능하지만 이들 속성이 결합하면 개인에 대한 식별이 가능해지는 속성을 준식별자라고 한다."로부터 준식별자들의 조합만으로도 특정 개인이 식별되는 경우가 있음을 알 수 있다.

⑤ 제시문 두 번째 단락 "다양한 속성들의 조합으로 표현된 하나의 정보를 레코드라고 한다."와 "비식별화 기술은 속성을 식별자, 준식별자, 일반속성, 민감속성으로 구분한다."로부터 레코드는 식별자와 준식별자 이외에도 일반속성, 민감속성 등 다양한 속성으로 구성됨을 알 수 있다.

05.

k-익명성 에 대한 추론으로 가장 적절한 것은?

① k를 낮추면 재식별 가능성과 레코드 잔존율 모두 감소한다.
② k를 낮추면 동질집합의 수는 증가하고 동질집합은 서로 크기가 같아진다.
③ k를 높이면 재식별 가능성은 증가하고 동질집합의 레코드 수는 감소한다.
④ k를 높이면 동질집합의 수는 감소하고 동질집합의 민감속성값은 모두 같아진다.
⑤ k를 변경했더니 레코드 잔존율이 증가했다면 동질집합의 크기들 중 최솟값은 작아진다.

문항 성격	문항유형 : 정보의 추론과 해석
	내용영역 : 과학기술
평가 목표	이 문항은 'k-익명성'의 개념과 방식에 관한 정보를 정확히 해석하고 있는지 묻는 문항이다.
문제 풀이	정답 : ⑤

개인정보 비식별화 기술인 k-익명성에서 k 값과 동질집합의 의미를 정확히 이해하고 k 값의 변화에 따른 동질집합의 크기, 동질집합의 수, 레코드 잔존율, 재식별 가능성의 변화를 정확히 추론하여 각 선택지의 진위 여부를 확인하도록 한다.

정답 해설 ⑤ 제시문 세 번째 단락 "k-익명성은 비식별 처리로 만들어진 동질집합의 크기가 k개 미만인 동질집합을 모두 삭제하여 동질집합의 크기가 k개 이상 될 수 있도록 만든다."와 마지막 단락 "레코드 잔존율은 원본 데이터 집합의 총 레코드 수 대비 비식별 데이터 집합의 총 레코드 수를 백분율로 나타낸 지표이다."로부터 레코드 잔존율이 증가했다는 것은 k 값이 낮아졌음을 알 수 있다. k-익명성은 동질집합의 크기가 k개 이상 될 수 있도록 만드는 것이므로 k 값이 낮아짐에 따라 동질집합의 크기들 중 최솟값도 작아짐을 알 수 있다.

오답 해설 ① 제시문 세 번째 단락 "k-익명성은 비식별 처리로 만들어진 동질집합의 크기가 k개 미만인 동질집합을 모두 삭제하여 동질집합의 크기가 k개 이상 될 수 있도록 만든다."와 마지막 단락 "레코드 잔존율은 원본 데이터 집합의 총 레코드 수 대비 비식별 데이터 집합의 총 레코드 수를 백분율로 나타낸 지표이다."로부터 k를 낮추면 삭제되는 레코드가 줄어들거나 유지되므로 재식별 가능성과 레코드 잔존율이 증가하거나 유지됨을 알 수 있다.

② k를 낮추면 동질집합의 수가 증가하거나 유지되지만 동질집합의 크기가 같아지
지는 않는다.

③ k를 높이면 동질집합의 크기가 커지므로 재식별 가능성은 감소하고 동질집합의
레코드 수는 증가한다.

④ k를 높이면 동질집합의 크기가 커지므로 동질집합의 수는 감소하거나 유지된다.
그러나 "비식별 데이터 집합에서 준식별자 속성값들이 모두 동일한 레코드들의
집합을 동질집합"이므로 동질집합은 민감속성과는 관련이 없다.

06.

윗글을 바탕으로 〈보기〉의 사례를 이해할 때, ㄱ～ㄷ 중 맞는 것만을 있는 대
로 고른 것은?

보기

다음 표는 한 쇼핑몰의 고객 관리 원본 데이터 집합이다. 여기서 우편번호, 연령, 성
별은 준식별자이고, 구매 수준은 민감속성이다. (a)와 (b) 방식으로 각각 비식별화 기술
을 적용하고자 한다.

No.	우편번호	연령	성별	구매 수준
1	15093	25	남	상
2	15002	28	남	상
3	15000	21	여	중
4	15090	22	남	중
5	13851	45	여	하
6	13852	42	남	상

(a) 우편번호를 1509*, 1385*, 1500*로 표시하고, 연령은 40세 미만과 40세 이상으로
나누고, 성별은 마스킹한 후 k-익명성과 ℓ-다양성을 적용한다.

(b) 우편번호를 150**, 138**로 표시하고, 연령은 40세 미만과 40세 이상으로 나누
고, 성별은 마스킹한 후 k-익명성과 ℓ-다양성을 적용한다.

ㄱ. (a)보다 (b)의 레코드 잔존율이 크고 (a)와 (b)의 k 값이 같고 (a)와 (b)의 ℓ 값도 같
다면, (a)의 동질집합의 수는 0이다.

ㄴ. (a)와 (b)의 레코드 잔존율이 100%라면, (a)와 (b)는 k 값이 같고 ℓ 값도 같으며 동
질집합의 수도 같다.
ㄷ. 레코드 잔존율이 (a)는 100%이고 (b)는 50% 이상 100% 미만이라면, (a)의 k 값이
(b)의 k 값보다 작고, (a)와 (b)의 ℓ 값은 서로 같다.

① ㄱ
② ㄴ
③ ㄱ, ㄷ
④ ㄴ, ㄷ
⑤ ㄱ, ㄴ, ㄷ

문항 성격 　문항유형 : 정보의 평가와 적용
　　　　　내용영역 : 과학기술
평가 목표 　이 문항은 비식별화 기술 중 k−익명성과 ℓ−다양성의 원리를 구체적인 예에 적절히
　　　　　적용할 수 있는지를 묻는 문항이다.
문제 풀이 　정답 : ③
k−익명성과 ℓ−다양성의 원리를 구체적인 사례에 적용해 보고, 주어진 조건이나 상황에 따라 결
과를 정확하게 해석하여 각 선택지의 진위 여부를 확인하도록 한다.

〈보기〉 해설 　ㄱ. (a)의 레코드 잔존율은 k=2, ℓ =2일 때만 100%이고, 나머지 모든 경우에 대해
　　　　　　 0%이다. 한편 (b)의 레코드 잔존율은 k=2, ℓ =2일 때 100%, k=3 또는 4, ℓ
　　　　　　 =2일 때 4/6=66.67%, 나머지 모든 경우에 대해 0%이다. 따라서 (a)보다 (b)의
　　　　　　 레코드 잔존율이 크려면 (a)의 레코드 잔존율이 0%이고 (b)의 레코드 잔존율은
　　　　　　 66.67%인 경우이다. (b)의 레코드 잔존율이 100%인 경우는 (a)의 레코드 잔존
　　　　　　 율도 100%이므로 제외된다. 조건에 따라 (a)와 (b)의 k 값이 같고 ℓ 값이 같은
　　　　　　 경우는 k 값은 3 또는 4이고 ℓ 값은 2인 경우이다. 이때 (a)의 모든 레코드는 삭
　　　　　　 제되므로 (a)의 동질집합의 수는 0이다.
　　　　　 ㄴ. (a)와 (b)의 레코드 잔존율이 100%라면 k=2, ℓ =2이고, 이때 (a)의 동질집합의
　　　　　　 수는 3이고 (b)의 동질집합의 수는 2이므로 동질집합의 수는 서로 다르다.
　　　　　 ㄷ. (a)의 레코드 잔존율이 100%가 되는 경우는 k=2, ℓ =2일 때이다. 한편 (b)의
　　　　　　 레코드 잔존율이 50% 이상 100% 미만이 되는 경우는 (b)의 레코드 잔존율이
　　　　　　 4/6=66.67%가 되는 k=3 또는 4이고 ℓ =2일 때이다. 따라서 (a)의 k 값은 (b)
　　　　　　 의 k 값보다 작고, (a)와 (b)의 ℓ 값은 서로 같다.

　　　　　 〈보기〉에서 ㄱ과 ㄷ만이 맞는 것이므로 ③이 정답이다.

투표 참여에 대한 설명은 유권자가 투표에 참여하기 위해 치르는 비용에 주목한다. 예를 들어 투표소가 거주지와 가깝거나 이동하기 쉬운 곳에 있을수록 유권자들이 더 쉽게 투표할 수 있다. 또한 투표 참여 비용의 큰 부분을 차지하는 것이 ⓐ선거와 후보에 대한 정보를 획득하고 처리하는 비용이다. 일반적으로 사회경제적 지위가 높은 유권자들이 그렇지 않은 유권자들에 비해 더 열심히 투표에 참여하는 이유는 전자가 이러한 비용을 더 낮게 체감하기 때문이다.

선거일 날씨도 투표 참여를 결정하는 데 있어 비용의 구성 요소가 될 수 있다. 비가 오는 날에는 투표소에 가거나 줄을 서서 차례를 기다리는 것이 불편한 일이기 때문이다. 따라서 기존 연구들은 궂은 날씨가 유권자가 투표하러 가는 것을 망설이게 한다는 데 동의한다. 다만 지금까지 학문적 관심의 초점은 궂은 날씨로 인한 비용 증가가 실제로 투표율을 낮출 만큼 큰 문제인가에 맞춰져 왔다. 어떤 학자들은 날씨가 유발하는 비용 증가는 미미하다고 주장하지만, 다른 학자들은 작은 불편으로 인한 추가 비용도 상당수 유권자 사이에서 투표와 기권의 선택을 뒤바꿀 수 있다고 본다.

미국 대통령선거를 대상으로 한 최근 연구에 따르면 주 단위에서 강수량과 투표율을 비교했을 때, 강수량이 평년보다 1인치 증가할 때 투표율은 약 2.4% 포인트 감소했다. 다만 이 연구는 ⓑ주별 강수량을 측정하기 위해 그 주에서 가장 큰 도시의 선거 당일 강수량을 대리지표(proxy)로 활용했다는 점에서 비판의 대상이 되었다. 그러나 이러한 문제를 교정한 다른 연구에서도 강수량의 증가가 투표율 감소를 가져온다는 증거가 제시되었다.

그런데 투표와 관련된 비용에는 투표에 참여하는 데 필요한 직접비용뿐 아니라, ⓒ투표에 참여하느라 다른 선택을 포기하는 데서 오는 기회비용도 포함된다. 예를 들어 투표 참여를 위해 근무 중 자리를 비워야 한다면, 근무하지 못하는 데서 발생하는 손해가 투표의 기회비용이 된다. 따라서 선거일이 공휴일로 지정된 한국과 비교할 때, 미국 유권자들은 투표 참여를 위해 대체로 더 높은 기회비용을 지불하는 셈이다. 선거일을 공휴일로 지정하거나 사전투표제를 도입하는 것은 이러한 비용을 낮춰 투표율을 진작하려는 대표적인 제도이다.

투표 참여에 따르는 기회비용을 고려한다면, 날씨가 투표율에 미치는 영향력은 한국과 미국 사이에서 다르게 나타날 수 있다. 미국처럼 선거일이 공휴일이 아닌 경우 근무 시간 중에 투표해야 하는 직장인들이 치르는 기회비용은 비가 오건 오지 않건 유사하다. 만약 비가 와서 투표에 소요되는 시간이 늘어난다면, 기회비용 역시 증가하기 때문에 직접비용과 기회비용을 구분하는 것이 중요하지 않을 수 있다. 반면에 선거일이 공휴일로 지정된 한국에서는 날씨에 따라 선택 가능한 대안이 달라질 수 있다. 날씨가 맑을 경우 야외 여가 활동을 계획하고 있는 유권자를 생각해 보자. 이들에게는 투표 참여로 인해 여가 활동에 제약을 받을수록 투표의 기회비용이 증가하게 된다. 반면에 투표 당일 비가 와서 여가 활동 대신 집에 머물게 될 경우, 투표의 기회비용은 날씨가 맑을 때보다 작아진다. 결과적으로 이런 유권자들은 맑을 때보다는 흐릴 때 오히려 투표 참여 가능성이 높아지는 것이다.

투표율에 관심을 두는 이유는 누가 투표하는가에 따라 선거 결과가 달라질 수 있기 때문이다. 공화당과 민주당이 경쟁하는 미국 선거에서 "공화당원은 선거일에 비가 내리게 기도해야 한다."는 말이 종종 언급되곤 한다. 선거일에 비가 내리면 전체 투표율이 하락하는데, 이러한 참여 감소가 주로 주변부 유권자들(peripheral voters)의 기권에 기인하기 때문이다. 즉 선거일의 우천은 청년층, 유색 인종, 저소득층 등과 같이 애초에 투표 참여를 위한 비용을 지불할 의지와 능력이 약한 주변부 유권자들의 투표 장벽을 높이는 경향이 있다.

세대에 따라 정치적 지지가 엇갈리는 최근 한국의 선거에서는 연령대에 따라 선거 당일 날씨에 대한 반응이 다를 수 있다. 우선 궂은 날씨로 인한 투표의 직접비용 증가는 나이 든 유권자에게 더 큰 영향을 미칠 가능성이 크다. 나이 든 유권자일수록 젊은 유권자에 비해 이동에 더 큰 제약을 받기 때문이다. 날씨가 기회비용 구조에 미치는 영향력도 연령대에 따라 다를 수 있다. 나이 든 유권자보다는 젊은 유권자가 여가 활동에 대한 선호도가 높다는 점을 고려하면, 궂은 날씨로 인한 투표의 기회비용 감소는 젊은 세대에서 투표율의 증가로 나타날 가능성이 크다.

07.

윗글의 내용에 대한 이해로 적절하지 <u>않은</u> 것은?

① 미국 선거에서 투표율이 상승할수록 민주당의 득표율이 증가할 수 있다.
② 고소득층 유권자일수록 저소득층 유권자에 비해 투표율이 높은 경향이 있다.
③ 한국 선거에서 선거일에 비가 오면 특정 정당에 불리하게 작용할 수 있다.
④ 언론이 주요 후보의 공약을 비교하여 공개하는 것은 투표율 상승에 기여할 수 있다.
⑤ 사전투표제를 도입한 취지는 투표 참여에 소요되는 직접비용을 절감하려는 데에 있다.

문항 성격	문항유형 : 정보의 확인과 재구성
	내용영역 : 사회
평가 목표	이 문항은 제시문에서 설명된, 투표율에 영향을 미치는 다양한 요인들을 이해하고 있는지 평가하기 위한 문항이다.

제시문은 투표율에 영향을 미치는 다양한 요인들을 설명하고 있다. 그 중에서도 특히 선거 당일의 날씨가 투표율에 미치는 영향력에 초점을 맞추어 설명하고 있다. 문제 해결을 위해서는 이러한 내용을 정확하게 이해해야 한다.

정답 해설　⑤ 제시문 네 번째 단락 "그런데 투표와 관련된 비용에는 투표에 참여하는 데 필요한 직접비용뿐 아니라, 투표에 참여하느라 다른 선택을 포기하는 데서 오는 기회비용도 포함된다. … 선거일을 공휴일로 지정하거나 사전투표제를 도입하는 것은 이러한 비용을 낮춰 투표율을 진작하려는 대표적인 제도이다."로부터 사전투표제 도입의 취지가 투표 참여의 직접비용보다는 기회비용을 절감하려는 데에 있다는 점을 알 수 있다.

오답 해설　① 제시문 여섯 번째 단락 "선거일에 비가 내리면 전체 투표율이 하락하는데, 이러한 참여 감소가 주로 주변부 유권자들(peripheral voters)의 기권에 기인하기 때문이다. 즉 선거일의 우천은 청년층, 유색 인종, 저소득층 등과 같이 애초에 투표 참여를 위한 비용을 지불할 의지와 능력이 약한 주변부 유권자들의 투표 장벽을 높이는 경향이 있다."로부터 높은 투표율은 주변부 유권자들의 적극적인 참여를 의미하며 이는 민주당에 유리하게 작용할 수 있다는 점을 알 수 있다.

② 제시문 첫 번째 단락 "일반적으로 사회경제적 지위가 높은 유권자들이 그렇지 않은 유권자들에 비해 더 열심히 투표에 참여하는 이유는 전자가 이러한 비용(선거와 후보에 대한 정보를 획득하고 처리하는 비용)을 더 낮게 체감하기 때문이다."로부터 고소득층 유권자일수록 저소득층 유권자에 비해 더 적극적으로 투표에 참여하는 경향이 있다는 점을 알 수 있다.

③ 제시문 마지막 단락 "세대에 따라 정치적 지지가 엇갈리는 최근 한국의 선거에서는 연령대에 따라 선거 당일 날씨에 대한 반응이 다를 수 있다. 우선 궂은 날씨로 인한 투표의 직접비용 증가는 나이 든 유권자에게 더 큰 영향을 미칠 가능성이 크다. … 날씨가 기회비용 구조에 미치는 영향력도 연령대에 따라 다를 수 있다."로부터 선거일에 비가 와서 세대별 투표율이 달라지면 정당별로 유·불리가 생길 수 있다는 점을 알 수 있다.

④ 제시문 첫 번째 단락 "투표 참여 비용의 큰 부분을 차지하는 것이 선거와 후보에 대한 정보를 획득하고 처리하는 비용이다."로부터 투표 참여 비용이 감소하면 투표율이 증가한다는 점을 알 수 있다. 언론이 주요 후보의 공약을 비교하여 공개하는 것은 유권자 입장에서 선거와 후보에 대한 정보를 획득하고 처리하는 것을 쉽게 만들어줌으로써 투표 참여 비용을 낮출 수 있다.

08.

⊙~ⓒ에 대한 평가로 적절한 것만을 〈보기〉에서 있는 대로 고른 것은?

보기

ㄱ. 다른 조건이 같다면, 현역 의원이 같은 지역구에서 재선에 도전할 때에는 처음 출마했을 때에 비해 ⊙의 감소로 인해 투표율이 높아질 수 있다.

ㄴ. 지리적으로 큰 주일수록 ⓒ은 날씨의 영향력에 대한 예측에 더 큰 왜곡을 가져올 수 있다.

ㄷ. 직장인들의 투표율과 시간당 임금 사이에 음의 상관관계가 발견된다면 투표율 예측에서 ⓒ을 고려할 필요가 줄어든다.

① ㄴ   ② ㄱ, ㄴ   ③ ㄱ, ㄷ

④ ㄴ, ㄷ   ⑤ ㄱ, ㄴ, ㄷ

문항 성격   문항유형 : 정보의 추론과 해석

내용영역 : 사회

평가 목표   이 문항은 투표율 증감과 관련한 제시문 내용을 바탕으로 〈보기〉를 통해 구제적으로 주어진 요인이 투표율에 미칠 수 있는 영향을 추론할 수 있는지 평가하기 위한 문항이다.

문제 풀이   정답 : ②

제시문에 따르면 개별 유권자의 투표 참여 여부에는 그가 투표에 참여하기 위해 필요한 비용을 부담할 능력과 의지를 가지느냐가 중요한 영향을 미친다. 따라서 이러한 비용이 늘어나느냐 줄어드느냐에 따라 투표율이 증가할 것인지 감소할 것인지 추론해야 한다.

〈보기〉 해설   ㄱ. 현역 의원에 대해서는 임기 동안의 활동을 통해 지역구 유권자들이 후보에 대한 정보를 자연스럽게 축적하였을 것이라고 추론할 수 있다. 따라서 현역 의원이 재선에 도전한 경우 그렇지 않은 경우에 비해 유권자들에게는 ⊙이 감소할 것이며, 그 결과 투표율이 높아질 것이라고 추론할 수 있다.

ㄴ. "주별 강수량을 측정하기 위해 그 주에서 가장 큰 도시 지역의 선거 당일 강수량을 대리지표로 활용"하는 것은 주의 가장 큰 도시 지역의 날씨가 주 전체의 날씨를 대표하지 못할수록 추정치의 왜곡을 가져오게 된다. 그런데 지리적으로 큰 주일수록 주 내 지역 간 날씨의 편차가 커질 수 있으므로, 가장 큰 도시 지역

의 날씨가 주 전체의 날씨를 대표하지 못할 가능성을 증가시킬 수 있다.

ㄷ. 직장인들의 시간당 임금이 높다는 것은 근무를 포기하고 투표에 참여하기 위해 치러야 하는 기회비용이 그만큼 크다는 것을 의미한다. 그런데 투표율과 시간당 임금 사이에 음의 상관관계가 크다는 것은 시간당 임금이 증가할수록 투표하려는 동기가 약화된다는 것을 의미하며, 이는 투표의 기회비용이 작용하고 있다는 간접적인 증거가 될 수 있다. 따라서 투표율과 시간당 임금 사이의 음의 상관관계는 투표율 예측을 위해 기회비용을 고려할 필요성이 더 크다는 것을 의미한다. 따라서 이 선택지는 ⓒ에 대한 평가로 적절하지 않다.

〈보기〉에서 ㄱ과 ㄴ만이 적절한 평가이므로 ②가 정답이다.

09.

윗글을 바탕으로 〈보기〉를 이해한 내용으로 적절하지 <u>않은</u> 것은?

> **보 기**
>
> $R_{맑음}$과 $R_{비}$는 각각 날씨가 맑을 때와 비가 올 때 개인이 투표 참여로부터 얻을 수 있는 보상, B는 유권자의 지지 후보가 당선되었을 경우 얻을 수 있는 혜택, P는 유권자 자신의 투표로 인해 지지하는 후보가 선거에서 승리할 확률, S는 투표 행위 자체가 가져올 수 있는 만족감(심리적 효용)을 각각 의미한다. 그리고 DC와 OC는 각각 유권자가 투표하기 위해 부담하는 직접비용과 기회비용을 뜻한다. 결과적으로 R이 증가할수록 투표할 확률이 증가한다.
>
> $R_{맑음} = P \times B + S - (DC_{맑음} + OC_{맑음})$
>
> $R_{비} = P \times B + S - (DC_{비} + OC_{비})$
>
> $R_{맑음} - R_{비} = (DC_{비} - DC_{맑음}) + (OC_{비} - OC_{맑음})$

① 기존 연구에 따르면 $DC_{비} - DC_{맑음}$은 양(+)의 값을 갖는다.

② 거주지 근처에 투표소가 추가로 설치된다면 $DC_{비}$는 감소한다.

③ $R_{맑음} - R_{비} > 0$이라면 선거일에 비가 올 때에는 투표할 가능성이 낮아진다.

④ 선거일이 공휴일로 지정되면 $OC_{비} - OC_{맑음}$은 음(−)의 값을 가질 수 있다.

⑤ 일반적으로 미국에서 $DC_{비} - DC_{맑음}$은 흑인 유권자가 백인 유권자보다 작게 느낀다.

문항 성격	문항유형 : 정보의 평가와 적용
	내용영역 : 사회
평가 목표	이 문항은 제시문에 설명된 날씨와 투표율 사이의 관계 정보를 〈보기〉의 수식에 적절하게 적용하여 이해할 수 있는지 평가하기 위한 문항이다.
문제 풀이	정답 : ⑤

R은 투표 참여를 통해 얻을 수 있는 혜택과 참여를 위해 지불해야 하는 비용 사이의 차이로 혜택이 비용에 비해 클수록 유권자가 투표에 참여할 가능성이 높아진다는 사실을 의미한다. 문제 해결을 위해서는 직접비용과 기회비용을 구분할 수 있어야 하고, 날씨에 따라 두 가지 비용 사이의 상대적 크기가 달라질 수 있다는 점을 이해해야 한다.

정답 해설 ⑤ 선거일에 비가 내리면 전체 투표율이 하락하는데, 이러한 참여 감소는 유색인종을 비롯한 주로 주변부 유권자들의 기권에 기인한다. 제시문 여섯 번째 단락에 따르면, "애초에 투표 참여를 위한 비용을 지불할 의지와 능력이 약한 주변부 유권자들의 투표 장벽을 높이는 경향이 있다." 따라서 선거일이 공휴일이 아닌 미국에서 선거일에 비가 오면 흑인 유권자는 투표 참여 비용이 백인 유권자에 비해 더 크게 증가하거나, 최소한 동일한 정도의 비용 증가를 경험하게 된다. 따라서 $DC_\text{비}-DC_\text{맑음}$은 흑인 유권자가 백인 유권자보다 더 작게 느낀다는 것은 〈보기〉를 이해한 내용으로 적절하지 않다.

오답 해설 ① 기존 연구들은 선거일 날씨가 맑은 경우에 비해 비가 오는 경우 투표에 참여하기 위한 직접비용이 증가하여 결과적으로 투표율이 하락한다는 점에 동의한다. 따라서 비가 오는 날의 직접비용을 의미하는 $DC_\text{비}$는 맑은 날의 직접비용을 의미하는 $DC_\text{맑음}$보다 크다. 즉 $DC_\text{비}-DC_\text{맑음}>0$이다.

② 거주지 근처에 투표소가 추가로 설치된다면, 유권자가 그만큼 쉽게 투표에 참여할 수 있다. 즉 투표소의 추가 설치는 투표에 참여하기 위한 직접비용의 감소를 의미하며 이는 날씨와 무관하다. 따라서 $DC_\text{비}$가 감소한다.

③ $R_\text{맑음}$과 $R_\text{비}$는 각각 날씨가 맑을 때와 비가 올 때 개인이 투표 참여로부터 얻을 수 있는 보상이므로 $R_\text{맑음}$이 $R_\text{비}$보다 크다는 것은 맑은 날 유권자가 투표할 가능성이 비가 오는 날 투표할 가능성보다 더 높다는 것을 의미한다. 따라서 $R_\text{맑음}-R_\text{비}>0$이라면 선거일에 비가 올 때에는 투표할 가능성이 낮아진다.

④ 날씨가 투표율에 미치는 영향은 선거일의 공휴일 여부에 따라서도 달라질 수 있다. 선거일이 공휴일로 지정되면 비가 올 때 투표에 참여하기 위해 지불하는 기회비용이 야외에서 여가 활동을 계획하는 맑을 때에 비해 오히려 작아질 수 있기 때문이다. 따라서 선거일이 공휴일로 지정되면 $OC_\text{비}-OC_\text{맑음}$이 0보다 작을 수 있다.

[10~12] 다음 글을 읽고 물음에 답하시오.

　　토마스 아퀴나스를 통해 보편화된 고전적 정식에 따르면 '진리'는 '사물과 지성의 일치'인데, 그 맹아는 이미 플라톤에게서 보인다. 그런데 진리를 가리키는 플라톤의 용어 '오르토테스'와 '알레테이아', 그리고 토마스 아퀴나스의 '베리타스' 사이에는 중요한 유사점과 차이점이 있다. 명제뿐 아니라 하나의 단어도 이미 참 또는 거짓일 수 있다고 한 『크라튈로스』에서와 달리 『소피스테스』에서 플라톤은 말은 그것이 명제일 때, 즉 주어-술어 연결을 통해 사실성을 주장하는 언표일 때 비로소 진릿값을 가질 수 있다고 본다. 먼저 '테아이테토스는 앉는다.'와 같은 참 명제에서는 ('테아이테토스'와 '앉는다'의) 존재하는 연결이 존재하는 것으로, 또는 존재하지 않는 연결이 존재하지 않는 것으로 언표된다. 반면 '테아이테토스는 난다.'와 같은 거짓 명제에서는 ('테아이테토스'와 '난다'의) 존재하지 않는 연결이 존재하는 것으로, 또는 존재하는 연결이 존재하지 않는 것으로 언표된다. 오르토테스란 명제가 참임으로써 성립하는 진리를 가리킨다.

　　『국가』에서 플라톤은 알레테이아 곧 '비은폐성'을 진리의 또 다른 국면으로 제시한다. 태양 없이는 가시계의 사물들은 비가시적이고 감추어져 있어서 우리는 아무것도 볼 수 없다. 태양 덕분에 비로소 사물들은 보일 수 있다. 이와 유사하게 '좋음의 이데아' 없이는 가지계(可知界)의 이데아들은 인식될 수 없고 감추어져 있어서 우리 이성은 그것들을 인식할 수 없다. 좋음의 이데아 덕분에 비로소 이데아들은 인식될 수 있다. 태양 빛이 사물들의 가시성과 우리의 시각을 연결하듯, 좋음의 이데아는 이데아들의 가지성과 우리의 인식 능력을 연결한다. 즉 좋음의 이데아는 이데아들의 알레테이아와 그것들에 대한 우리 인식의 오르토테스를 가능케 한다.

　　이후 토마스 아퀴나스가 제시한 '사물과 지성의 일치'로서의 베리타스는 '지성에 사물이 일치함'과 '사물에 지성이 일치함', 즉 서로 대칭적 방향성을 지닌 사태적 진리와 명제적 진리로 나뉘는데, 존재론적 차원의 진리와 인식론적 차원의 진리가 함께 거론된다는 점에서 그의 진리론은 플라톤의 관점을 계승했다고 할 수 있다. 그러나 진리가 '본래적으로'는 인간이 명제 형식으로 수행하는 인식에서 성립한다고 보는 점에서 유의미한 편차를 보이는 것도 사실이다. 이는 사물이 신의 지성의 실천적 현시이기에 원칙적으로 이 세계에서 참되지 못한 것은 없으며, 참과 거짓의 문제가 발생하는 장은 주로 인간 지성의 영역이기에 진리는 결국 인간의 참 인식에서 완전히 성취된다는 세계관에서 기인하는 것이다. 이후의 철학사에서는 베리타스의 두 차원 중 명제적 진리가 담론의 주된 논제가 되는 경향이 종종 보인다. 이에 대해서는, 철학의 과제가 세계에 대한 '참인' 인식뿐 아니라 세계를 '참된' 것으로 이끄는 것에도 있는데 진리의 그러한 의미 한정은 철학 본연의 향도적 기능의 제한으로 이어진다는 비판이 제기될 수 있다.

　　그런데 진리 담론의 범위를 명제 차원에 한정하더라도 고전적 정식에서는 중대한 구조적 난점이 발견된다. 칸트에 따르면 어떤 명제 즉 인식의 참 또는 거짓을 따지려면 그 명제와 객관적 사실을 비교하여 일치 여부를 판별해야 하는데, 이때 불가피한 무한소급이 발생한다. 진위 판단의 기준인 사실을 '알고' 있어야 어떤 인식과 사실을 비교할 수 있는데, 그렇다면 인식–사실의 비교는 기실 인식–인식의 비교가 되며, 두 번째 인식은 또 다른 사실과 비교되어야 한다. 그러나 또 다른 사실 또한 필연적으로 또 다른 인식이며, 이에 진리의 기준으로서의 '객관적 사실'에는 영원히 다다를 수 없다. 칸트는 이 무한소급의 근원을 우리 인식의 불가피한 순환 구조, 즉 주관성으로부터의 이탈 불가능성에서 찾는다. 우리가 '사물'이라고 부르는 모든 것은 '우리'가 경험하는 바의 사물, 즉 '현상'일 뿐, 결코 존재하는 그대로의 '사물 자체'가 아니며, 따라서 과학이 밝히는 자연법칙도 자연 자체의 법칙이 아니라 경험의 조건으로서의 우리 심성의 내적 구조일 뿐이라는 것이다.

10.

윗글에 대한 이해로 가장 적절한 것은?

① 진리에 관한 고전적 정식은 토마스 아퀴나스에 의해 그 최초의 맹아가 마련되었다.
② 말의 진위 여부는 명제의 차원에 한정된 문제라는 것이 플라톤의 일관된 입장이었다.
③ 플라톤의 진리관에서 좋음의 이데아는 이데아들과 인간의 인식 능력이 일치한 결과로 여겨진다.
④ 고전적 정식에서, 진리의 존재론적 차원에서 판정 기준이 되는 것이 인식론적 차원에서는 판정 대상이 된다.
⑤ 사태적 진리가 진리 담론에서 경시되는 철학사적 과정은 철학의 향도적 기능이 점차 강조되어 왔음을 보여 준다.

문항 성격	문항유형 : 정보의 확인과 재구성
	내용영역 : 인문
평가 목표	이 문항은 제시문에서 설명되고 있는, 진리에 대한 고전적 정식과 관련한 긴 철학사적 흐름을 전체적으로 파악하고 이해하고 있는지 묻는 문항이다.
문제 풀이	정답 : ④

진리에 대한 고전적 정식에서 '진리'가 어떤 구체적 구조 및 방향성에 따라 규정되는지, 이 정식

의 철학사적 맹아라 할 수 있는 플라톤의 진리관에서 어떤 특징들이 발견되는지, 그의 진리관이 이후의 철학사에서 어떤 변화를 거치는지, 그리고 이 정식이 명제론적 진리에 상대적으로 더 경도되는 과정에 대해 어떤 비판적 성찰이 수행될 수 있는지를 제시문을 통해 파악해야 한다.

정답 해설　④ 제시문 세 번째 단락에 따르면, 고전적 정식에서 사태적 진리, 즉 존재론적 차원의 진리는 "지성에 사물이 일치함"으로, 그리고 명제적 진리, 즉 인식론적 차원의 진리는 "사물에 지성이 일치함"으로 규정되어 있다. 즉 전자의 진리에서 판정의 기준이 되는 '지성'이 후자의 진리에서는 기준인 '사물'에 일치하는지 아닌지를 따지는 대상으로 규정되어 있다. 이 선택지는 이러한 구조를 정확하게 기술하고 있다.

오답 해설　① 제시문 첫 번째 단락에 따르면, 진리에 대한 고전적 정식을 "보편화"시킨 사람은 토마스 아퀴나스이며, 이 정식의 "맹아"는 플라톤에게서 보인다고 진술되어 있다. 그런데 이 선택지는 최초의 맹아를 마련한 사람이 토마스 아퀴나스라고 말하고 있으므로 제시문의 내용에 맞지 않는 진술이다.

② 제시문 첫 번째 단락에 따르면, 플라톤은 『크라튈로스』에서는 "명제뿐 아니라 하나의 단어도 이미 참 또는 거짓일 수 있다."고 보았지만 『소피스테스』에서는 "말은 그것이 명제일 때, 즉 주어-술어 연결을 통해 사실성을 주장하는 언표일 때 비로소 진릿값을 가질 수 있다."는 입장을 보인다. 즉 말의 진위 여부에 대한 플라톤의 입장에는 변화가 있는데, 이 선택지는 플라톤의 입장이 일관되게 "말의 진위 여부는 명제의 차원에 한정된 문제"라고 진술하고 있다.

③ 제시문 두 번째 단락에 따르면, 플라톤이 말하는 '좋음의 이데아'는 "이데아들의 가지성과 우리의 인식 능력을 연결"하는 것으로서 "이데아들의 알레테이아와 그것들에 대한 우리 인식의 오르토테스를 가능케 한다." 이는 좋음의 이데아가 이데아들과 인간의 인식 능력이 일치를 이룰 수 있게 하는 조건이 된다는 말이다. 그런데 이 선택지는 좋음의 이데아가 그러한 일치를 이룬 "결과로 규정된다."고 함으로써 좋음의 이데아의 위상에 대해 반대의 진술을 하고 있다.

⑤ 제시문 세 번째 단락에는 "이후의 철학사에서 베리타스의 두 차원 중 명제적 진리가 담론의 주된 논제가 되는 경향이" 종종 보인다고 기술되어 있고, 이를 진리에 대한 "의미 한정"이라고 설명되어 있다. 이어서 이러한 의미 한정은 "철학 본연의 향도적 기능의 제한으로 이어진다는 비판"의 대상이 된다는 진술이 뒤따른다. 이는 철학사의 과정에서 진리 담론이 향도적 기능을 점차 경시해 왔음에 대한 비판인데, 이 선택지는 이와는 정반대로 "철학의 향도적 기능이 점차 강조되어 왔음"이 철학사적 과정이라고 진술하고 있다.

11.

'오르토테스', '알레테이아' 및 '베리타스'를 설명한 것으로 가장 적절한 것은?

① '지성에 사물이 일치함'을 성취하지 못하는 사물도 오르토테스를 성취하는 명제의 주어일 수 있다.
② '국가의 이데아'는 우리의 이성 자체의 힘만으로 인식될 수 있으므로 알레테이아를 성취할 수 있다.
③ '삼각형의 꼭짓점은 네 개이다.'라는 말은 존재하는 연결을 존재하지 않는 것으로 언표하므로 오르토테스일 수 없다.
④ '이 몸이 새라면 어떻게 될까.'라는 말은 주어와 술어의 연결을 포함하므로 오르토테스 여부를 판별하는 대상일 수 있다.
⑤ '지고의 신적 지성의 설계에 따라 만들어진 완벽한 이 세계'는 '사물에 지성이 일치함'의 경우가 아니므로 베리타스를 성취할 수 없다.

문항 성격	문항유형 : 정보의 추론과 해석
	내용영역 : 인문
평가 목표	이 문항은, 제시문에 소개된 '오르토테스', '알레테이아' 및 '베리타스'와 같은 특화된 개념어가 구체적으로 어떤 특징들을 가지고 있는지를 이해하고, 이를 바탕으로 제시문에 직접 등장하지는 않지만 이 세 개념과 연관된 픽픽의 진술 또는 예시가 적질한지의 여부를 잘 판별하는지를 평가하는 것을 목표로 한다.
문제 풀이	정답 : ①

플라톤이 말하는 '오르토테스'는 명제적 진리를 가리키는 것, 즉 주어와 술어의 존재하는 연결을 존재하는 것으로 주장하거나 존재하지 않는 연결을 존재하지 않는 것으로서 주장할 때 성립한다. '알레테이아'는 우리 인식에 대해 이데아들이 비은폐적일 때, 즉 드러날 때 성립하는 진리이다. 그리고 토마스 아퀴나스가 말하는 '베리타스'는 두 차원에서 말해질 수 있는 것으로서, 한편으로는 '지성에 사물이 일치함'에서, 다른 한편으로는 '사물에 지성이 일치함'에서 성립한다. 이를 바탕으로 오르토테스, 알레테이아, 베리타스에 대한 각각의 선택지의 진술은 그 개념들의 의미와 구조에 들어맞거나 들어맞지 않도록 구성되어 있다. 이 문항을 해결하기 위해서는 그러한 선택지들의 적절성을 제대로 분별할 수 있어야 한다.

| 정답 해설 | ① 제시문 세 번째 단락의 설명을 바탕으로 하면, '지성에 사물이 일치함'을 성취하지 못하는 사물은 지성에 일치하지 못하는 사물, 즉 참되지 못한 사물이다. 한편 |

'오르토테스'는 어떤 주어에 대해 술어가 올바로 연결됨으로써 성립하는 명제이다. 이 둘을 종합하면 지성에 일치하지 못하는 사물에 대한 명제는 그것에 연결될 수 있는 술어를 연결하거나 그것에 연결될 수 없는 술어를 연결하지 않으면 참값을 지닐 수 있으며, 따라서 '오르토테스'를 성취한다. 이 경우의 주어가 바로 '지성에 사물이 일치함'을 성취하지 못하는 사물인데, 이 선택지는 이를 정확히 기술하고 있다.

오답 해설 ② '국가의 이데아'는 제시문 두 번째 단락에서 알레테이아를 성취할 수 있는 '이데아들'에 속한다. 그리고 같은 단락에서 이러한 이데아들은 오로지 '좋음의 이데아'를 통해야 비로소 우리 인식 능력에 그 모습을 드러낼 수 있다고 설명되어 있다. 그런데 이 선택지는 그러한 이데아들 중 하나인 국가의 이데아가 "우리의 이성 자체의 힘만으로 인식될 수" 있다고 함으로써 인식의 필수 매개항이자 조건으로서의 좋음의 이데아의 위상에 대한 플라톤의 생각에 배치되는 진술을 하고 있다. 따라서 이 선택지는 적절하지 않다.

③ '삼각형의 꼭짓점은 네 개이다.'라는 명제의 주어는 '삼각형의 꼭짓점'이고 이것에 연결된 술어는 '네 개이다'이다. 실제의 삼각형의 꼭짓점은 네 개가 아니라 세 개이다. 이 명제는 존재하지 않는 연결을 존재하는 것으로서 언표하므로 오르토테스일 수 없다. 이 선택지에는 이 명제가 오르토테스일 수 없다는 점에 대해서는 옳은 진술을 하고 있으나, 그 이유로서 '존재하는 연결을 존재하지 않는 것으로 언표'한다고 함으로써 옳은 근거와는 반대되는 상황을 근거로 제시하고 있다. 따라서 이 선택지는 적절하지 않다.

④ 제시문 첫 번째 단락에 따르면, 오르토테스는 "명제가 참임으로써 성립하는 진리"이고 명제는 "주어–술어의 연결을 통해 사실성을 주장하는 언표"를 의미한다. 즉 주어와 술어의 단순 연결만으로는 참 또는 거짓을 판별하는 대상이 될 수 없고, 그 연결을 통한 '주장'만이 그 판별의 대상으로서 오르토테스이거나 아닐 수 있다. 그런데 이 선택지에 등장하는 '이 몸이 새라면 어떻게 될까.'라는 말은 문법적으로 주어와 술어의 연결을 부분적으로 포함하고 있음에도 어떤 사실성을 주장하는 명제가 아니라 가정과 질문의 성격을 지니므로 오르토테스 여부를 판별할 수 있는 대상이 아니다. 따라서 이와는 반대의 진술을 하고 있는 이 선택지는 적절하지 않다.

⑤ 토마스 아퀴나스의 고전적 정식을 적용하면 '지고의 신적 지성의 설계에 따라 만들어진 완벽한 이 세계'는 '신적 지성'에 '이 세계'가 일치하는 것을 가리키므로 '지성에 사물이 일치함'의 이라는 조건을 충족시키는 것이 되며, 사태적 진리에 해당하는 베리타스이다. 그런데 이 선택지의 진술은 베리타스를 '사물에 지성

42

이 일치함', 즉 명제적 진리에만 한정함으로써 이 사태적 진리를 베리타스의 범주에서 배제하고 있다. 따라서 이 선택지는 적절하지 않다.

12.

윗글에 따라 칸트의 입장을 추론한 것으로 가장 적절한 것은?

① 『국가』에서 플라톤이 제시한 '진리의 또 다른 국면'에 대해서는 진위 판별이 가능하다고 생각할 것이다.
② 토마스 아퀴나스의 정식에 대해 '사물에 지성이 일치함'으로서의 진리만이 그 성취 여부를 판별할 수 있다고 여길 것이다.
③ 『소피스테스』에서 개진된 플라톤의 진리관에 대해 인식과 사물의 비교에서 나타나는 필연적 결과가 발견되는 경우라고 판단할 것이다.
④ 고전적 정식의 중대한 구조적 난점은 자연법칙에 대한 부단한 탐구를 통해 더 이상 반박할 수 없는 최종 근거가 제시될 때 해결될 것이라고 기대할 것이다.
⑤ 인간과는 다른 감각 능력을 지닌 생명체에게는 동일한 사물이 전혀 다른 방식으로 지각된다는 사실은 인식의 순환 구조에 대한 주장을 약화시킨다고 평가할 것이다.

문항 성격	문항유형 : 정보의 평가와 적용
	내용영역 : 인문
평가 목표	이 문항은 명제적 진리에 대한 고전적 정식이 절대 불가피한 무한소급 및 순환 구조의 문제를 안고 있다는 칸트의 관점을 이해하고 이를 바탕으로 주어진 사례에 제대로 적용할 수 있는지를 평가하는 것을 목표로 한다.
문제 풀이	정답 : ③

칸트에 따르면 고전적 정식 중 '사물에 지성이 일치함'으로써 성립하는 명제적 진리 내지 참인 인식은 어떤 것이건 필연적인 무한소급과 순환 구조의 문제로 인해 원천적으로 그 진위 여부 판별이 불가능하다. 인간에게 모든 인식은 사실 그 자체에 대한 객관적 인식이 아니라 자신의 주관성에 의거하는 '경험'일 뿐이며, 이러한 판단은 모든 이론과 주장에 대해 타당하다는 것이 그의 생각이다. 이 문항의 해결을 위해서는 이러한 칸트의 생각을 제대로 이해하고 적용할 수 있어야 한다.

③ 『소피스테스』에서 보이는 플라톤의 진리관 역시 사실에 근거하여 주어와 술어를 올바르게 연결한 명제에 대해 오르토테스의 자격을 부여하고 있는데, 사실에 근거한 진위 판단 기준 제시라는 행위 자체가 무한소급 및 순환 구조를 원천적으로 지니므로, 플라톤의 설명도 결코 예외가 될 수 없다. 즉 『소피스테스』에서의 플라톤의 진리관 역시 인식과 사물의 비교에서 나타나는 필연적 결과인 무한소급과 순환 구조를 보여 준다는 것이 칸트의 생각이다. 따라서 이 점을 정확히 추론한 이 선택지는 적절하다.

① 이 선택지에서 언급되는 '진리의 또 다른 국면'은 알레테이아이고, 알레테이아는 '비은폐성. 즉 대상 내지 사물의 참모습이 우리에게 온전히 드러났음을 뜻한다. 그런데 칸트에 의하면 그 어떤 객관적 사실, 즉 '사물 자체'도 인식 가능한 대상이 아니며, 더욱이 명제적 진리와는 다른 범주의 진리이므로, 칸트가 말하는 진위 판별이 가능한 대상이 아니다. 그런데 이 선택지는 이와 반대되는 그릇된 진술을 하고 있다. 따라서 이 선택지는 부적절한 추론이다.

② '사물에 지성이 일치함'은 바로 명제적 진리. 즉 참인 인식을 성립시키는 조건이다. 칸트에 따르면 그러한 일치는 불가피한 무한소급 및 순환 구조로 인해 그 여부를 영원히 확인할 수 없는데, 이 선택지는 그 판별이 가능하다고 진술하고 있다. 따라서 이 선택지는 부적절한 추론이다.

④ 자연법칙에 대한 그 어떤 이론도 결코 자연 자체의 법칙이 아니라 우리 심성의 내적 구조에 바탕을 둔 경험일 뿐이라는 것이 칸트의 생각이다. 따라서 명제의 객관성을 궁극석으로 확인할 수 있는 최종 근거는 원천적으로 제시될 수 없는데, 이 선택지는 그러한 근거의 제시가 가능할 것이라고 칸트가 기대한다고 진술하고 있다. 원천적으로 불가능한 것에 대해서는 어떤 기대도 불가능하다. 따라서 이 선택지는 부적절한 추론이다.

⑤ 인식의 순환 구조에 대한 칸트의 생각은, 우리 인간은 '우리'의 심성의 내적 구조에 따라 대상을 경험한다는 것이다. 이 점으로부터 추론하자면, 우리와 다른 방식으로 지각하는 생명체 역시 '그것'의 내적인 지각 구조에 따라 경험을 할 뿐이기에, 그것 역시 그것 나름의 순환 구조에 빠질 수밖에 없을 것이라는 것이 칸트의 생각과 상통한다. 따라서 이 사실은 인식의 순환 구조에 대한 칸트의 주장을 강화할 수는 있어도 약화할 수는 없다. 그런데 이 선택지는 그 반대의 진술을 하고 있다. 따라서 이 선택지는 부적절한 추론이다.

[13~15] 다음 글을 읽고 물음에 답하시오.

　고전학파 경제학자들은 재화 생산에 투입된 노동량에 의해 가격이 결정된다는 '객관적 가치론'을 주창했다. 이러한 가치론은 노동의 존엄과 생산적 활동을 중시하는 당대의 가치 규범 위에 세워졌다. 그러나 오늘날에는 가치의 핵심을 소비자의 욕구 충족에서 찾고, 재화의 유용성에 관한 각자의 판단을 중시하는 '주관적 가치론'이 대세가 되었다. 이는 시장에 의해 수요자의 욕구 및 공급자의 비용에 관한 정보가 가격으로 표출되고, 시장 참여자들이 이를 신호등 삼아 의사결정을 하는 과정에서 각자의 욕구가 충족되고 자원이 효율적으로 배분되는 현상에 주목한다.

　그러나 가격기구(price mechanism)에 의한 자원배분에는 한계도 있다. 시장 거래 과정에는 거래 쌍방의 편익과 비용에 더해 제3자의 편익과 비용도 발생하는 '외부성'이 존재한다. 그리고 공급자가 요구하는 가격을 지불할 능력이 없는 사람은 시장에서 배제되는 현상도 발생한다. 이러한 시장실패에 더해 시장의 힘이 커지면서 가격이 가치 규범과 괴리를 보이고 그 규범에 부정적 영향을 미치는 현상까지 빚어진다. 투기적 활동이 높은 가격을 부여받는다면 사람들은 생산적 기여 없이 돈을 버는 행위를 꺼리지 않게 되고 가격이 매겨지지 않는 덕목들을 무가치한 것으로 인식하게 될 것이다. 미국발 금융위기를 전후로 '사회적 가치'에 대한 관심이 전세계적으로 커지고 있는 것도 이러한 맥락에서 이해될 수 있다.

　그런데 사회적 가치에 대해서는 서로 다른 관점이 존재한다. '사회학적 관점'에서는 가치를 인간의 삶에서 궁극적으로 바람직한 것으로 이해하며 규범으로서의 가치를 강조한다. 이 관점에서는 공정·평등·삶의 질·지속가능성 등의 가치 규범에 비춰 시장이 필요한 사회 현상을 사회 문제로 규정하고, 이를 해결해 다수가 바람직하다고 판단하는 결과를 낳는 것을 사회적 가치로 이해하는 흐름을 보인다. 반면, '경제학적 관점'에서는 시장실패 현상에 주목해, 외부성으로 인해 누군가의 욕구를 충족시켰으나 그 비용이 회수되지 못한 편익과 지불 능력 부족으로 인해 기존의 시장을 통해서는 채워지지 못했던 편익을 사회적 가치로 이해하는 흐름을 보인다.

　최근에는 사회 문제 해결을 촉진하고 시장실패를 교정해 자원배분의 효율성을 높이기 위한 노력이 사회성과(social impact)라는 개념을 중심으로 펼쳐지고 있다. 사회성과 란 기업 활동의 경제적 결과인 '재무성과'에 상응해 기업이 창출한 사회적 가치를 측정하기 위한 개념이다. 이때, 사회성과는 사회 문제를 해결하려 한다는 점에서 '사회학적 관점'을 반영하고, 시장의 가격기구에 반영되지 않거나 비용이 회수되지 못한 편익에 초점을 맞추고 화폐 단위로 측정가능한 결과와 인센티브를 강조한다는 점에서 '경제학적 관점'을 반영한다.

사회성과의 구체적인 측정 방법에는 기업 활동으로부터 편익을 제공받거나 그 활동 비용을 부담한 이해관계자별로 계정을 만든 후, 각자의 편익과 비용을 기입하고 합산하는 방법이 있다. 이에 따르면 정부·공익재단·시민 등이 사회 문제를 해결하는 다양한 형태의 경제 활동 조직에 제공한 지원금은 이들 조직의 비용을 보전시켜 주므로 해당 이해관계자 계정에서 비용으로 처리해 사회성과 계산에서 차감한다. 사회적 가치 창출에 적극적인 기업 조직 중 하나인 사회적기업을 대상으로 사회성과가 어떻게 측정되는지 살펴보자. 사회적기업이 취약계층을 고용해 근로소득 150만 원을 제공하고 정부로부터 50만 원의 고용지원금을 받는다면, 먼저 취약계층 계정에서 150만 원의 편익이 발생한다. 이는 근로자의 삶의 질이 개선된 효과를 나타낸다. 다음으로 정부는 50만 원의 지원금을 지불하므로 정부 계정에 비용으로 50만 원이 기입된다. 이때 사회성과는 두 이해관계자의 비용과 편익을 합산한 순편익으로 그 측정값은 100만 원이다.

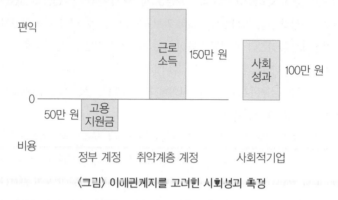

〈그림〉 이해관계자를 고려한 사회성과 측정

사회 문제 해결 활동과 관련한 편익과 비용을 실제로 측정하는 데는 한계도 적지 않다. 그렇지만 그 편익을 화폐 단위로 환산하고 화폐화된 성과에 대한 평가를 토대로 기존 이해관계자들을 통해 회수되지 못한 부분에 대한 금전적 보상, 곧 '사회성과 보상'이 다양한 수단들로 활성화된다면, 사회적 가치를 달성하는 활동들은 가격을 본격적으로 부여받게 된다. 이 과정에서 기업과 비영리조직으로 더 많은 자금이 유입되고, 이들 조직이 효율적인 경영을 통해 더 높은 성과를 거두도록 동기가 부여되며, 가격과 사회의 가치 규범도 다시 정렬될 것이다. 이러한 흐름은 오늘날 사회공헌채권이나 임팩트투자 등으로 구체화되고 있다.

13.

윗글에 대한 이해로 가장 적절한 것은?

① '객관적 가치론'은 가격에 의한 가치 규범의 변화에 대해 비판적 입장을 취할 것이다.

② '주관적 가치론'은 소비자의 욕구를 중시한 결과 공급자의 비용을 부차적인 문제로 취급할 것이다.

③ '사회학적 관점'은 가치의 문제를 사람들의 욕구 충족이라는 측면에서 판단할 것이다.

④ '경제학적 관점'은 가치와 가격의 괴리 현상이 존재하지 않는다고 볼 것이다.

⑤ 취약계층을 고용하는 기업에 제공되는 고용지원금은 '외부성'을 강화해 '사회적 가치'를 제고할 것이다.

문항 성격	문항유형 : 정보의 확인과 재구성
	내용영역 : 사회
평가 목표	이 문항은 제시문에 등장하는 주요 입장과 관련한 다양한 내용들을 이해하고 있는지 평가하는 문항이다.
문제 풀이	정답 : ①

이 문항의 해결을 위해서는 '객관적 가치론'과 '주관적 가치론', 그리고 '사회적 가치'에 관한 '경제학적 관점'과 '사회학적 관점'에 대한 논의를 제시문을 통해 정확하게 파악해야 한다.

정답 해설 ① 제시문 첫 번째 단락 "고전학파 경제학자들은 재화 생산에 투입된 노동량에 의해 가격이 결정된다는 '객관적 가치론'을 주창했다. 이러한 가치론은 노동의 존엄과 생산적 활동을 중시하는 당대의 가치 규범 위에 세워졌다."와, 두 번째 단락 "… 시장의 힘이 커지면서 가격이 가치 규범과 괴리를 보이고 그 규범에 부정적 영향을 미치는 현상까지 빚어진다. 투기적 활동이 높은 가격을 부여받는다면 사람들은 생산적 기여 없이 돈을 버는 행위를 꺼리지 않게 되고 가격이 매겨지지 않는 덕목들을 무가치한 것으로 인식하게 될 것이다."를 대조하면, '객관적 가치론'은 가격에 의한 가치 규범의 변화에 대해 비판적 입장을 취할 것이라고 이해할 수 있다.

오답 해설 ② 제시문 첫 번째 단락 "그러나 오늘날에는 가치의 핵심을 소비자의 욕구 충족에서 찾고, 재화의 유용성에 관한 각자의 판단을 중시하는 '주관적 가치론'이 대세가 되었다. 이는 시장에 의해 수요자의 욕구 및 공급자의 비용에 관한 정보가 가격으로 표출되고, 시장 참여자들이 이를 신호등 삼아 의사결정을 하는 과정에서 각자의 욕구가 충족되고 자원이 효율적으로 배분되는 현상에 주목한다."로부터 '주관적 가치론'은 소비자의 욕구를 중시하는 만큼이나 공급자의 비용도 중요하게 취급한다는 것을 확인할 수 있으므로, 이 선택지는 윗글에 대한 이해로 적절하지 않다.

③ 제시문 첫 번째 단락 "… 가치의 핵심을 소비자의 욕구 충족에서 찾고, 재화의 유용성에 관한 각자의 판단을 중시하는 '주관적 가치론'이 대세가 되었다."와 세 번째 단락 "'사회학적 관점'에서는 가치를 인간의 삶에서 궁극적으로 바람직한 것으로 이해하며 규범으로서의 가치를 강조한다."로부터 가치의 문제를 사람들의 욕구 충족이라는 측면에서 판단하는 것은 '사회학적 관점'이 아니라 '주관적 가치론'임을 확인할 수 있다.

④ 제시문 세 번째 단락 "'경제학적 관점'에서는 시장실패 현상에 주목해"와 두 번째 단락 "시장 거래 과정에는 거래 쌍방의 편익과 비용에 더해 제3자의 편익과 비용도 발생하는 '외부성'이 존재한다. 그리고 공급자가 요구하는 가격을 지불할 능력이 없는 사람은 시장에서 배제되는 현상도 발생한다. 이러한 시장실패에 더해", 그리고 네 번째 단락 "… 시장의 가격기구에 반영되지 않거나 비용이 회수되지 못한 편익에 초점을 맞추고 화폐 단위로 측정가능한 결과와 인센티브를 강조한다는 점에서 '경제학적 관점'을 반영한다."로부터 '경제학적 관점'이 가치를 의미하는 욕구 충족 또는 편익과 가격의 괴리 현상에 주목하고 있음을 확인할 수 있다.

⑤ 제시문 세 번째 단락 "'경제학적 관점'에서는 시장실패 현상에 주목해, 외부성으로 인해 누군가의 욕구를 충족시켰으나 그 비용이 회수되지 못한 편익과 지불 능력 부족으로 인해 기존의 시장을 통해서는 채워지지 못했던 편익을 사회적 가치로 이해하는 흐름을 보인다."와 다섯 번째 단락 "… 정부로부터 50만 원의 고용지원금을 받는다면, 먼저 취약계층 계정에서 150만 원의 편익이 발생한다."로부터 고용지원금은 외부성의 강화가 아니라 시장을 통해서는 채워지지 못했던 편익의 새로운 창출을 통해 '사회적 가치'를 제고한다는 점을 통해 확인할 수 있다. 한편, 시장을 통해서는 채워지지 못했던 편익의 새로운 창출도 아주 넓게 보아 외부성에 포함된다는 제시문에서 설명된 것과는 다른 이견을 제시하더라도 이때의 외부성은 경제학적 개념상 강화되는 것이 아니라 해소되는 것으로 보아야 한다는 점에서도, "취약계층을 고용하는 기업에 제공되는 고용지원금은 '외부성'을 강화해 '사회적 가치'를 제고할 것"이라는 진술은 적절하지 않다.

14.

[사회성과] 와 관련한 다음의 추론 중 가장 적절한 것은?

① 정부 지원금은 기업의 사회적 가치 창출에 대한 보상의 성격이 있으므로 사회성과 보상에 포함되어야 할 것이다.

② 영리기업은 기업 활동의 결과로 발생한 이윤을 주주에게 배당하므로 사회성과 보상의 대상이 될 수 없을 것이다.

③ '경제학적 관점'에서는 사회성과 보상이 가격기구에 영향을 주지 않으면서 사회 문제를 해결하려는 시도이므로 사회성과 측정에 찬성할 것이다.

④ 사회성과 보상이 사회적 가치 제고라는 본연의 목적에 충실하기 위해서는 화폐화된 성과로 측정할 수 없는 편익도 평가할 수 있는 보완책이 필요할 것이다.

⑤ '사회학적 관점'에서는 사회성과 측정이 사회구성원들이 중요시하는 가치 규범을 반영할 수 없다고 여겨 사회성과 측정에 기초한 사회적 가치 촉진 정책에 반대할 것이다.

문항 성격	문항유형 : 정보의 추론과 해석
	내용영역 : 사회
평가 목표	이 문항은 사회성과 개념에 관한 정확한 이해를 바탕으로 사회성과와 관련해 적절하게 추론할 수 있는지 평가하기 위한 문항이다.
문제 풀이	정답 : ④

사회 문제 해결을 촉진하고 시장실패를 교정해 자원배분의 효율성을 높이며 사회적 가치를 제고하기 위한 노력인 사회성과에 대한 제시문의 내용에 대한 이해를 바탕으로 선택지들의 적절성을 판단하도록 한다.

정답 해설	④ 제시문 두 번째 단락에서 "'사회적 가치'에 대한 관심이 전세계적으로 커지고 있"다고 서술하고 이어지는 세 번째 단락에서 "공정·평등·삶의 질·지속가능성 등의 가치 규범에 비춰 시정이 필요한 사회 현상을 사회 문제로 규정하고, 이를 해결해 다수가 바람직하다고 판단하는 결과를 낳는 것을 사회적 가치로 이해"한다고 명시하였으며, 마지막 단락에서 "'사회성과 보상'이 다양한 수단들로 활성화된다면, 사회적 가치를 달성하는 활동들"이 활성화된다고 하였으므로, 사회성과 보상 본연의 목적이 사회적 가치 제고임을 판단할 수 있다. 그리고 네 번째 단락에서 사회성과가 "시장의 가격기구에 반영되지 않거나 비용이 회수되지 못한 편익에 초점을 맞추고 화폐 단위로 측정가능한 결과와 인센티브를 강조"하는

특성이 있다는 점을 언급하고 마지막 단락에서 "사회 문제 해결 활동과 관련한 편익과 비용을 실제로 측정하는 데는 한계도 적지 않다."고 하여 "화폐화된 성과에 대한 평가"를 토대로 한 금전적 보상인 사회성과 보상이 화폐화된 편익에 초점을 맞춤으로써 한계가 크다는 점을 확인할 수 있다. 이 둘을 종합하면, "사회성과 보상이 사회적 가치 제고라는 본연의 목적에 충실하기 위해서는 화폐화된 성과로 측정할 수 없는 편익도 평가할 수 있는 보완책이 필요할 것"이라는 추론은 적절하다.

① 제시문 마지막 단락에서 사회성과 보상을 "편익을 화폐 단위로 환산하고 화폐화된 성과에 대한 평가를 토대로 기존 이해관계자들을 통해 회수되지 못한 부분에 대한 금전적 보상"으로 정의하고 있으므로, 이미 제공된 고용지원금은 사회성과 보상에 포함되지 않는다는 점을 확인할 수 있다. 따라서 "정부 지원금은 기업의 사회적 가치 창출에 대한 보상의 성격이 있으므로 사회성과 보상에 포함되어야 할 것"이라는 추론은 적절하지 않다.

② 제시문 다섯 번째 단락과 여섯 번째 단락의 "사회 문제를 해결하는 다양한 형태의 경제 활동 조직"과 "이 과정에서 기업과 비영리조직으로 더 많은 자금이 유입되고" 등의 문장을 통해 사회성과 보상의 핵심이 사회 문제 해결에 있지 특정한 기업 조직 형태가 아님을 확인할 수 있으므로, "영리기업은 기업 활동의 결과로 발생한 이윤을 주주에게 배당하므로 사회성과 보상의 대상이 될 수 없을 것"이라는 추론은 적절하지 않다.

③ 제시문 마지막 단락 "화폐화된 성과에 대한 평가를 토대로 기존 이해관계자들을 통해 회수되지 못한 부분에 대한 금전적 보상, 곧 '사회성과 보상'이 다양한 수단들로 활성화된다면, 사회적 가치를 달성하는 활동들은 가격을 본격적으로 부여받게 된다."로부터 사회성과 보상은 수요자의 편익과 공급자의 비용을 변화시킴으로써 가격기구에 영향을 미치고 가격도 변화시킨다는 점을 확인할 수 있으며, 따라서 "'경제학적 관점'에서는 사회성과 보상이 가격기구에 영향을 주지 않으면서 사회 문제를 해결하려는 시도이므로 사회성과 측정에 찬성할 것"이라는 추론은 적절하지 않다.

⑤ 제시문 세 번째 단락 "공정·평등·삶의 질·지속가능성 등의 가치 규범에 비춰 시정이 필요한 사회 현상을 사회 문제로 규정하고"와 다섯 번째 단락 "이는 근로자의 삶의 질이 개선된 효과를 나타낸다."를 통해 사회성과 측정에 가치 규범이 반영됨으로 확인할 수 있고, 다섯 번째 단락 "사회성과의 구체적인 측정 방법에는 기업 활동으로부터 편익을 제공받거나 그 활동 비용을 부담한 이해관계자별로 계정을 만든 후, 각자의 편익과 비용을 기입하고 합산하는 방법이 있다."와

마지막 단락 "그 편익을 화폐 단위로 환산하고 화폐화된 성과에 대한 평가를 토대로 기존 이해관계자들을 통해 회수되지 못한 부분에 대한 금전적 보상, 곧 '사회성과 보상'이. 다양한 수단들로 활성화된다면, 사회적 가치를 달성하는 활동들은 가격을 본격적으로 부여받게"되고 "가격과 사회의 가치 규범도 다시 정렬될 것"을 통해 사회성과 측정이 '사회학적 관점'이 기대하는 결과를 낳는다는 점을 확인할 수 있으므로, "'사회학적 관점'에서는 사회성과 측정이 사회구성원들이 중요시하는 가치 규범을 반영할 수 없다고 여겨 사회성과 측정에 기초한 사회적 가치 촉진 정책에 반대할 것"이라는 추론은 적절하지 않다.

15.

윗글을 바탕으로 〈보기〉의 병원 활동을 설명한 것으로 적절하지 <u>않은</u> 것은?

    A병원은 2021년에 취약계층의 삶의 질 개선을 목적으로, 일반 환자에게 10만 원에 제공하는 진료 서비스를 지역 거주 취약계층 노인들에게는 회당 2만 원을 받고 총 100회를 제공하였다. 이때 지방자치단체는 회당 3만 원을 지원하였다. 한편, 2022년에는 이 병원의 사회 공헌 활동이 널리 알려지면서 지역의 뜻있는 주민들과 기업들도 동참해, 각각 회당 1만 원과 3만 원의 후원금을 지원했고, 이 병원의 취약계층 노인 대상 진료 서비스는 총 150회로 늘어났다. (단, 다른 조건에는 변화가 없다.)

① 2022년에 취약계층 노인들이 이 병원을 통해 얻은 편익은 전년도에 비해 500만 원 증가했다.

② 2022년에 이 병원이 취약계층 노인을 위해 창출한 편익 중 가격기구를 통해 그 비용을 회수한 금액은 전년도에 비해 100만 원 증가했다.

③ 2021년부터 2년 동안 이해관계자 계정의 비용 총액은 1350만 원이다.

④ 2022년에 이 병원이 창출한 사회성과는 전년도에 비해 350만 원 감소했다.

⑤ 2021년의 사회성과를 보상하기 위해서는 500만 원이 필요하다.

문항 성격	문항유형 : 정보의 평가와 적용
	내용영역 : 사회
평가 목표	이 문항은 제시문에서 소개한 사회성과 측정 방법에 대한 정확한 이해 위에 이를 단
	순화된 구체적인 현실 상황 속에 적용할 수 있는지를 평가하기 위한 문항이다.
문제 풀이	정답 : ③

〈보기〉에는 병원의 사회적 가치 창출 활동 사례가 구체적인 상황으로 제시되어 있다. 사회성과 측정과 관련한 주요 개념 및 절차를 이러한 구체적인 사례 속에서 찾아낼 수 있도록 한다.

정답 해설 ③ 2021년의 이해관계자는 취약계층 노인, 지방자치단체이다. 이때 취약계층 노인들에게 발생한 편익은 1000만 원(10만 원×100회), 취약계층 노인들이 부담한 비용은 200만 원(2만 원×100회)이다. 지방자치단체가 부담한 비용은 300만 원(3만원×100회)이다. 2022년의 이해관계자는 취약계층 노인, 지방자치단체, 지역 주민, 지역 기업이다. 이때 취약계층 노인들에게 발생한 편익은 1500만 원(10만 원×150회), 취약계층 노인들이 부담한 비용은 300만 원(2만 원×150회)이다. 지방자치단체가 부담한 비용은 450만 원(3만 원×150회), 지역 주민들이 부담한 비용은 150만 원(1만 원×150회), 지역 기업들이 부담한 비용은 450만 원(3만 원×150회)이다. 2021년 이해관계자 계정의 비용 총액은 500만 원(200만 원+300만 원)이고, 2022년 이해관계자 계정의 비용 총액은 1350만 원(300만 원+450만 원+150만 원+450만 원)이다. 따라서 2021년부터 2년 동안 이해관계자 계정의 비용 총액은 1850만 원이다.

오답 해설 ① 2021년 취약계층 노인들이 이 병원을 통해 얻은 편익은 1000만 원(10만 원×100회)이고, 2022년 취약계층 노인들이 이 병원을 통해 얻은 편익은 1500만 원이므로, 2022년에 취약계층 노인들이 이 병원을 통해 얻은 편익은 전년도에 비해 500만 원 증가했다.

② 2021년 취약계층 노인들은 회당 10만 원의 진료 서비스를 할인된 가격 2만원에 100회 이용했으므로 2021년에 이 병원이 취약계층 노인을 위해 창출한 편익 중 가격기구를 통해 그 비용을 회수한 금액은 200만 원이다. 같은 논리로 2022년에 이 병원이 취약계층 노인을 위해 창출한 편익 중 가격기구를 통해 그 비용을 회수한 금액은 300만 원이다. 따라서 2022년에 이 병원이 취약계층 노인을 위해 창출한 편익 중 가격기구를 통해 그 비용을 회수한 금액은 전년도에 비해 100만 원 증가했다.

④ 사회성과는 창출한 편익 중 회수한 비용을 차감한 금액, 곧 회수하지 못한 편익이므로, 2021년에는 500만 원(1000만 원−500만 원), 2022년에는 150만 원

(1500만 원−1350만 원)이다. 따라서 2022년에 이 병원이 창출한 사회성과는 전년도에 비해 350만 원 감소했다.

⑤ 2021년에 창출된 사회성과는 500만 원이므로, 이를 보상하기 위해서는 500만 원이 필요하다.

[16~18] 다음 글을 읽고 물음에 답하시오.

문학은 개연성을 가진 사건, 즉 세상의 이치에 따라 일어날 법한 일을 그리지만, 역사는 우연적이고 일회적으로 일어난 사실을 다룬다. 따라서 문학이 역사보다 더 보편적인 진실을 이야기한다는 것은 문학의 허구성에 대한 비판에 맞서 시적 진실을 옹호하는 고전적 관점이다. 그럼에도 작가들은 오랫동안 역사가들 앞에서 ㉠자격지심을 느끼곤 했었던 것 같다. 실제 일어난 사실과 들어맞지 않는 것은 진실일 수 없다는 통념이 여전했기 때문이다. 유럽의 초기 근대소설 작가들이 자기들의 작품을 실화나 역사라고 주장하곤 했던 사실은 이 통념이 얼마나 뿌리 깊었는지를 잘 보여 준다.

20세기에 들어와 시적 진실의 개념은 실증주의 추종자들에게 다시 의심을 받았다. 이들은 명제의 진위는 논리 법칙에 의한 증명 또는 경험적 검증으로 판단될 수 있으며, 판단 가능성을 가지지 못한 명제는 의미가 없다고 보았다. 이 입장에서 문학적 진술은 대개 거짓이거나 무의미한 진술에 불과하다. 이를테면 이육사의 「절정」에 나오는 "겨울은 강철로 된 무지개"는 같을 수 없는 것을 같다고 우기는 거짓말이거나, 보여 주지도 못하면서 그저 있다고 우겨대는 ㉡헛소리에 가깝다.

리처즈는 이에 맞서 시적 진실을 변호했다. 그는 언어의 '과학적 사용'과 '정서적 사용'을 구분한다. 이때 과학적으로 사용된 언어의 진실성은 증명이나 검증을 통해 판정되지만, 정서적으로 사용된 언어의 진실성은 수용자의 주관적 정서와 태도에 미치는 효과에 의해 결정된다. 리처즈는 시의 언어는 정서적 사용의 언어이며, 시의 진술은 '우리의 충동과 태도를 방출하거나 조직함에 있어 그 효과에 의해 정당화되는 말의 형태'로서의 의사(疑似) 진술이라고 말한다.

리처즈의 견해는 시적 진실을 주관적 효과의 문제로 환원하는 한계가 있지만, 문학 언어의 특수성에 주목하여 시적 진실에 대한 ㉢알리바이를 제공한다. 실제로 서양의 고전 운문에서 통용되었던 시적 허용은 일반적 언어관습이나 사실에서 일탈할 수 있는 창조적 자유를 작가에게 부여했다. 시적 허용은 운율과 같은 특정한 미적 효과를 위해 규범적 어법으로부터의 일탈을 허용하는 것으로 알려졌지만, 실은 보다 넓게 역사적·지리적 사실에도 적용되었다. 작가는 악의 없는 거짓말에 대한 일종의 ㉣면책특권을 누렸던 셈이다.

신비평 이론가들이 시 언어의 근본적 속성으로 강조하는 역설 또한 문학 언어의 진실성이 논리적 언어와는 다른 방식으로 인정될 수 있음을 보여 준다. 역설은 표면적으로 모순적인 것처럼 보이지만 실은 진실을 새롭게 드러내는 진술이다. 이를테면 김소월의 「진달래꽃」의 화자가 떠나는 님에게 자신이 뿌린 꽃을 "사뿐히 즈려밟고" 가라고 말하는 것은 얼핏 모순적으로 보인다. 하지만 이별의 순간에 종종 느끼는 원망과 자책, 미련과 체념의 복합된 감정은 바로 이런 역설을 통해서만 드러나기도 한다. 우리의 복잡다단한 경험과 거기서 말미암은 인식과 감정이 때때로 논리적 규범을 넘어선 역설을 통해서만 드러날 수 있음은 시적 진실의 또 다른 가능성을 잘 보여 준다.

그렇다고 사실과의 불일치나 논리적 모순이 늘 시적 진실로 용인되는 것은 아니다. 중요한 것은 작품 전체의 맥락에서 이런 진술들이 무리 없이 받아들여질 수 있는가의 문제이다. 「절정」에서 "겨울은 강철로 된 무지개"가 진실로 받아들여지는 것은 "매운 계절의 채찍에 갈겨/마침내 북방으로 휩쓸려" 온 뒤, "하늘도 그만 지쳐 끝난 고원" 위에 "한발 재겨 디딜 곳조차" 없이 선 화자의 절박한 상황이 이미 제시되었기 때문이다. 시적 진실은 일종의 맥락적 진실이며, 문학적 진술의 진실성은 작품 전체의 맥락에서 가지는 일관성과 설득력에 의해 판단된다. 이렇게 보면 순전한 상상이나 환상에 대해서도 그 진실성을 이야기할 수 있는 길이 열린다.

이러한 관점은 다시금 시적 진실에 대한 고전적 관점을 떠올리게 한다. 맥락적 진실이 세상의 이치와 곧바로 이어지는지 쉽게 단언할 수 없지만, 두 관점이 각각 추려내는 좋은 작품의 목록은 상당히 큰 ⓔ교집합을 이루기 때문이다. 이 안의 작품들은 최소한 작품이 제시하는 허구적인 세계의 내적 정합성이라는 맥락 아래 승인되는 맥락적 진실을 획득할 것이다.

16.

윗글의 내용과 일치하지 <u>않는</u> 것은?

① 과학적으로 사용된 언어의 진실성은 실증주의와 유사한 방법으로 판단될 수 있다.
② 신비평 이론가들은 문학의 언어를 통해서만 표현할 수 있는 진실이 있다고 생각했다.
③ 근대 초기 유럽소설은 허구에 대한 통념을 비판하기 위해 사실적인 요소를 강조하였다.
④ 허구적인 문학은 오랜 기간 역사와 대비되었지만 근대 이후에는 과학과도 대비되고 있다.
⑤ 문학의 허구성에 대한 고전적 옹호론과 비판적 통념 모두 허구와 사실을 대립시켜 주장을 펼친다.

문항 성격	문항유형 : 정보의 확인과 재구성
	내용영역 : 인문
평가 목표	이 문항은 제시문의 세부 내용을 정확히 이해하고 있는지를 묻고 있는 문항이다.
문제 풀이	정답 : ③

문학이 그 허구성에도 불구하고 진실을 담지할 수 있다는 생각에 대한 찬반 양쪽의 다양한 관점들이 가지는 핵심적 주장과 근거를 정확히 이해하고, 각각의 입장들이 가지는 공통점과 차이점, 이와 관련하여 나타난 문화사적 현상의 의미를 정확히 파악하도록 한다.

정답 해설 ③ 제시문 첫 번째 단락 "실제 일어난 사실과 들어맞지 않는 것은 진실일 수 없다는 통념이 여전했기 때문이다."를 통해 선택지에서 제시하고 있는 "허구에 대한 통념"의 내용을 알 수 있다. 같은 단락 "유럽의 초기 근대소설 작가들이 자기들의 작품을 실화나 역사라고 주장하곤 했던 사실은 이러한 통념이 얼마나 뿌리 깊었는지를 잘 보여 준다."에서 근대 초기 유럽소설의 작가들이 자신들의 작품이 가진 사실적 요소를 강조하거나 과장함으로써 이에 대응했음을 알 수 있다. 하지만 이는 작품 내용과 실제 사실이 동일하다는 것을 강조하는 것이라는 점에서, 허구에 대한 통념을 비판하기 위한 것이라 볼 수 없다. 따라서 이 선택지는 제시문의 내용과 일치하지 않는다.

오답 해설 ① 제시문 세 번째 단락 "과학적으로 사용된 언어의 진실성은 증명이나 검증을 통해 판정되지만"으로부터 이 선택지에서 제시된 "과학적으로 사용된 언어의 진실성 를 판단할 수 있는 방법은 증명이나 심증이라는 것을 알 수 있다. 이때 두 번째 단락 "이들은 명제의 진위는 논리 법칙에 의한 증명 또는 경험적 검증으로 판단될 수 있으며, 판단 가능성을 가지지 못한 명제는 의미가 없다고 보았다."를 통해 실증주의의 경우 명제의 진실성에 대한 판단을 논리 법칙에 의한 증명 또는 경험적 증명이라고 보았다는 점을 알 수 있다.

② 제시문 다섯 번째 단락 "신비평 이론가들이 시 언어의 근본적 속성으로 강조하는 역설 또한 문학 언어의 진실성이 논리적 언어와 다른 방식으로 인정될 수 있음을 보여 준다."로부터 신비평 이론가들이 역설을 시 언어를 다른 종류의 언어와 구별할 수 있는 시 언어의 특성으로 생각했다는 점을 알 수 있다. 이때 같은 단락 "우리의 복잡다단한 경험과 거기서 말미암은 인식과 감정이 때때로 논리적 규범을 넘어선 역설을 통해서만 드러날 수 있음은 시적 진실의 또 다른 가능성을 잘 보여 준다."를 통해 역설은 그 모순성에도 불구하고 우리의 경험과 일치하는 진실을 제시할 수 있음을 알 수 있다. 또한 같은 단락 "하지만 우리가 이별의 순간에 종종 느끼는 원망과 자책, 미련과 체념의 복합된 감정은 바로 이런 역설

을 통해서만 드러나기도 한다."라는 진술을 통해 역설을 통해서만 표현할 수 있는 진실이 있을 수 있다는 점이 암시된다.

④ 제시문 첫 번째 단락 "문학은 개연성을 가진 사건, 즉 세상의 이치에 따라 일어날 법한 일을 그리지만, 역사는 우연적이고 일회적으로 일어난 사실을 다룬다. 따라서 문학이 역사보다 더 보편적인 진실을 이야기한다는 것은 문학의 허구성에 대한 비판에 맞서 시적 진실을 옹호하는 고전적 관점이다."로부터 문학의 허구성이 오랜 기간 역사의 사실성과 대비되었음을 알 수 있다. 또한 세 번째 단락의 내용을 통해 리처즈는 20세기 이후의 실증주의적 경향에 맞서 과학과 문학을 대비함으로써 문학적 진술의 진실성을 옹호했음을 알 수 있다.

⑤ 제시문 첫 번째 단락 "문학은 개연성을 가진 사건, 즉 세상의 이치에 따라 일어날 법한 일을 그리지만, 역사는 우연적이고 일회적으로 일어난 사실을 다룬다."로부터 시적 진실에 대한 고전적 옹호론은 허구와 사실을 대립시켜 자신의 주장을 펼치고 있다는 점을 알 수 있다. 같은 단락 "실제 일어난 사실과 들어맞지 않는 것은 진실일 수 없다는 통념이 여전했기 때문이다."를 통해 문학의 허구성에 대한 비판적 통념 또한 사실과 사실이 아닌 것으로서의 허구를 대립시켜 자신의 주장을 펼치고 있다는 점을 알 수 있다.

17.

㉠~㉤에 대한 이해로 적절하지 <u>않은</u> 것은?

① ㉠은 허구를 역사보다 열등한 것으로 여기는 풍조 속에서 시적 진실에 대한 자기 확신을 가지지 못했던 작가들의 태도를 나타낸다.

② ㉡은 경험적으로 반증할 수 있는 사례를 찾을 수 있기 때문에 무의미한 것으로 여겨지는 진술을 의미한다.

③ ㉢은 문학적 진술이 과학적 진술과는 다른 방법으로 진실성을 인정받을 근거가 있음을 비유하는 말이다.

④ ㉣은 분명한 예술적 효과를 가진 경우, 문학작품과 역사적 사실의 불일치가 용인될 수 있음을 말한다.

⑤ ㉤은 진술이나 사건들이 작품의 전체적인 구조 속에서 충분한 개연성을 가지고 제시되는 작품들로 구성된다.

문항 성격	문항유형 : 정보의 추론과 해석
	내용영역 : 인문
평가 목표	이 문항은 제시문에서 사용된 비유적 표현의 의미를 정확히 해석하고 있는지를 묻는 문항이다.
문제 풀이	정답 : ②

제시문은 내용을 강조하거나 압축적으로 표현하기 위해 글의 곳곳에서 비유적 표현을 활용하고 있다. 문제 해결을 위해서는 이러한 비유적 표현의 의미를 글의 맥락을 통해 정확하게 해석할 수 있어야 한다.

정답 해설 ② 제시문 두 번째 단락 "이들은 명제의 진위는 논리 법칙에 의한 증명 또는 경험적 검증으로 판단될 수 있으며, 판단 가능성을 가지지 못한 명제는 의미가 없다고 보았다. 이러한 입장에서 문학적 진술은 대개 거짓이거나 무의미한 진술에 불과하다."로부터 실증주의의 입장에서 문학적 진술은 대부분 논리적 증명이나 경험적 검증의 결과 거짓으로 판명되는 진술이거나 증명이나 검증의 가능성을 가지지 못한 무의미한 진술로 간주된다는 것을 알 수 있다. 이때 같은 단락 "보여 주지도 못하면서 그저 있다고 우겨대는"이라는 기술을 통해 ⓒ은 검증의 가능성을 갖추지 못한 진술을 의미한다는 점을 알 수 있다. 따라서 이 선택지에서 ⓒ이 "경험적으로 반증할 수 있는 사례를 찾을 수 있기 때문에 무의미한 것으로 여겨지는 진술"이라는 해석은 잘못된 진술이다. 경험적으로 반증할 수 있다면 경험적 검증 결과 거짓으로 판명되는 것이기 때문이다.

오답 해설 ① 제시문 첫 번째 단락의 ㉠ 바로 앞에 놓인 "역사가들 앞에서"라는 표현을 통해 ㉠이 역사가들과 관계된 것이라는 점을 알 수 있다. 이때 "실제 일어난 사실과 들어맞지 않는 것은 진실일 수 없다는 통념이 여전했기 때문이다."라는 기술을 같이 고려할 때 ㉠은 허구적 문학이 역사보다 열등한 것으로 여기는 통념 때문에 작가들 스스로가 허구의 시적 진실을 확신하지 못했던 태도를 의미한다.

③ 제시문 세 번째 단락 "과학적으로 사용된 언어의 진실성은 증명이나 검증을 통해 판정되지만, 정서적으로 사용된 언어의 진실성은 수용자의 주관적 정서와 태도에 미치는 효과에 의해 결정된다. 리처즈는 시의 언어는 정서적 사용의 언어이며, 시의 진술은 '우리의 충동과 태도를 방출하거나 조직함에 있어 그 효과에 의해 정당화되는 말의 형태'로서의 의사(疑似) 진술이라고 말한다."로부터 리처즈는 문학적 진술이 과학적 진술과 다른 방법으로 진실성을 인정받을 근거가 있음을 이야기하고 있다. 이때 네 번째 단락은 문학적 진술이 사실과 부합하지 않더라도 승인받을 수 있는 사례로서 '시적 허용'을 제시하고 있다. 이 점에서 ⓒ은

문학적 진술이 과학적 진술과는 다른 방법이나 원리를 통해 인정받을 수 있다는 것을 비유하는 표현이다.

④ 제시문 네 번째 단락 "실제로 서양의 고전 운문에서 통용되었던 시적 허용은 일반적 언어관습이나 사실에서 일탈할 수 있는 창조적 자유를 작가에게 부여했다. 시적 허용은 운율과 같은 특정한 미적 효과를 위해 규범적 어법으로부터의 일탈을 허용하는 것으로 알려졌지만, 실은 보다 넓게 역사적·지리적 사실에도 적용되었다."로부터 시적 허용의 관습 아래에서 특정한 예술적 효과가 있을 경우 작가가 사실과 어긋나는 문학적 진술을 하더라도 용인하는 관습이 있었다는 것을 알 수 있다. 이 점에서 ⓔ 앞에 있는 "악의 없는 거짓말"은 예술적 효과를 가진 진술을 의미한다고 추측 가능하다.

⑤ 제시문 일곱 번째 단락 "이러한 관점은 다시금 시적 진실에 대한 고전적 관점을 떠올리게 한다. 맥락적 진실이 세상의 이치와 곧바로 이어지는지 쉽게 단언할 수 없지만, 두 관점이 각각 추려내는 좋은 작품의 목록은 상당히 큰 ⓜ교집합을 이루기 때문이다."와 첫 번째 단락 "문학은 개연성을 가진 사건, 즉 세상의 이치에 따라 일어날 법한 일을 그리는 반면, 역사는 우연적이고 일회적으로 일어난 사실을 다룬다.", 그리고 여섯 번째 단락 "시적 진실은 일종의 맥락적 진실이며, 문학적 진술의 진실성은 작품 전체의 맥락에서 가지는 일관성과 설득력에 의해 판단된다."로부터 두 관점, 즉 '맥락적 진실'을 강조하는 입장과 '시적 진실을 옹호하는 고전적 관점'이 가지고 있는 공통적인 작품 비평의 원리가 작품의 전체적인 구조 속에서 작품의 구성 요소들이 개연성를 가지고 제시되어야 한다는 것이라는 점을 추론할 수 있다.

18.
윗글을 바탕으로 〈보기〉를 평가한 것으로 적절하지 <u>않은</u> 것은?

> **보기**
>
> 「메밀꽃 필 무렵」은 장돌뱅이 허 생원과 그가 우연히 마주친 동이가 사실 부자 관계라는 점을 서사 진행을 통해 조금씩 암시한다. 두 사람이 서로의 처지를 이해하며 동질감을 느끼는 과정은 작품 전체의 치밀한 구성을 통해 드러난다. 특히 작품 후반부에서 섬세한 문체로 묘사되는 메밀꽃 핀 달밤의 서정적 풍경은 허 생원의 스산한 삶을 아름다운 것으로 재발견하는 동시에 두 인물의 관계를 밝히기 위한 적절한 배경으로서 기능한

다. 작품의 결말은 동이가 허 생원과 마찬가지로 왼손잡이임을 드러내어 둘의 관계를 분명히 한다. 이러한 결말은 왼손잡이의 유전 여부와 관련하여 약간의 논란이 있지만, 헤어진 아들과의 상봉을 감동적으로 그려내는 한편 벗어나기 어려운 혈연적 숙명이라는 인간적 진실을 형상화한다.

① 두 인물이 '부자 관계'라는 예상할 수 없는 결말로 독자의 놀라움을 유발하도록 했다는 점에서 작품의 결말을 일종의 의사 진술로 파악할 수 있겠군.
② '왼손잡이의 유전'은 과학적 사실과 맞지 않더라도 '헤어진 아들과의 상봉'으로 독자에게 감동을 불러일으킨다면 시적 허용의 대상이 될 수 있겠군.
③ '달밤의 서정적 풍경'은 '허 생원의 스산한 삶'을 역설적인 아름다움으로 드러낸다는 점에서 시적 진실의 가능성을 보여주는 사례라고 할 수 있겠군.
④ '치밀한 구성'과 '섬세한 묘사'가 작품 전체의 맥락에서 효과적으로 결합되었다는 점에서 작가가 창조한 세계의 내적 정합성이 확인된다고 할 수 있겠군.
⑤ 장돌뱅이 허 생원의 삶에 대한 허구적 이야기를 통해 '혈연적 숙명'이라는 보편적 주제를 제시했다는 점에서 작가가 추구한 시적 진실을 짐작할 수 있겠군.

문항 성격	문항유형 : 정보의 평기와 적용
	내용영역 : 인문
평가 목표	이 문항은 제시문의 내용을 실제 사례에 적절하게 적용할 수 있는지를 묻는 문항이다.
문제 풀이	정답 : ①

제시문에 나타난 문학 비평의 다양한 관점 및 문학 비평을 위한 개념들을 〈보기〉에 소개된 작품의 주요 내용 및 특징에 적용하여 적절한 평가를 할 수 있어야 한다.

정답 해설   ① 제시문 세 번째 단락 "이때 과학적으로 사용된 언어의 진실성은 증명이나 검증을 통해 판정되지만, 정서적으로 사용된 언어의 진실성은 수용자의 주관적 정서와 태도에 미치는 효과에 의해 결정된다. 리처즈는 시의 언어는 정서적 사용의 언어이며, 시의 진술은 '우리의 충동과 태도를 방출하거나 조직함에 있어 그 효과에 의해 정당화되는 말의 형태'로서의 의사(疑似) 진술이라고 말한다."로부터 작품의 결말이 독자에게 특정한 정서나 태도를 유발한다면 일종의 의사 진술로 바라볼 수 있다고 할 수 있다. 하지만 〈보기〉의 「메밀꽃 필 무렵」은 장돌뱅이 허 생원과 그가 우연히 마주친 동이가 사실 부자 관계라는 점을 서사 진행을 통해 조금씩 암시한다."를 통해 작품을 읽어나가는 독자의 입장에서 이 작품의 결말에 암시된 허 생원과 동이의 '부자 관계'는 예상할 수 없는 결말이라고 하기는 어렵다. 따라서 이 선택지에서 작품이 '독자의 놀라움을 유발'한다는 표현은 적절하지 않다.

② 제시문 네 번째 단락 "시적 허용은 운율과 같은 특정한 미적 효과를 위해 규범적 어법으로부터의 일탈을 허용하는 것으로 알려졌지만, 실은 보다 넓게 역사적·지리적 사실에도 적용되었다."로부터 시적 허용의 관습은 분명한 예술적 효과가 있을 때 작품의 내용이 사실과 일치하지 않는 것을 용인한다. 또한 〈보기〉의 "이러한 결말은 왼손잡이의 유전 여부와 관련하여 약간의 논란이 있지만, 헤어진 아들과의 상봉을 감동적으로 그려내는 한편 벗어나기 어려운 혈연적 숙명이라는 인간적 진실을 형상화한다."를 통해 작품의 결말이 독자의 감동을 유발하는 미적 효과를 가질 수 있음을 알 수 있다.

③ 제시문 다섯 번째 단락 "우리의 복잡다단한 경험과 거기서 말미암은 인식과 감정이 때때로 논리적 규범을 넘어선 역설을 통해 드러날 수 있다는 점은 시적 진실의 또 다른 가능성을 잘 보여 준다."로부터 복잡한 진실을 역설적으로 드러내는 것이 시적 진실이 가진 중요한 특성이라는 점을 알 수 있다. 또한 〈보기〉의 "작품 후반부에서 섬세한 문체로 묘사되는 메밀꽃 핀 달밤의 서정적 풍경은 허 생원의 스산한 삶을 아름다운 것으로 재발견하는 동시에 두 인물의 관계를 밝히기 위한 적절한 배경으로서 기능한다."를 통해 작품 후반부에 나오는 '달밤의 서정적 풍경'은 '허 생원의 스산한 삶'에서 '아름다움'을 발견하는 역설을 가능하게 하는 문학적 장치라는 점을 알 수 있다.

④ 제시문 여섯 번째 단락 "시적 진실은 일종의 맥락적 진실이며, 문학적 진술의 진실성은 작품 전체의 맥락에서 가지는 일관성과 설득력에 의해 판단된다."로부터 맥락적 진실로서의 시적 진실은 작품 전체의 맥락에서 각각의 진술 및 요소들이 긴밀하게 결합하여 한다는 점을 알 수 있고, 일곱 번째 단락 "이 안의 작품들은 최소한 허구적 세계의 내적 정합성이라는 맥락 아래 승인되는 맥락적 진실을 획득할 것이다."에서 이러한 긴밀한 결합이 '내적 정합성'이라는 용어를 사용하여 평가될 수 있음을 알 수 있다. 이때 〈보기〉의 내용에 의하면 이 작품은 작품 전체의 맥락에서 "치밀한 구성"을 가지고 있는데, 특히 후반부의 "섬세한 문체"로 기술되는 풍경은 "두 인물의 관계를 밝히기 위한 적절한 배경으로서 기능"한다는 점에서 이러한 치밀한 구성과 긴밀하게 결합되어 있다는 점을 확인할 수 있다.

⑤ 제시문 첫 번째 단락 "문학은 개연성을 가진 사건, 즉 세상의 이치에 따라 일어날 법한 일을 그리는 반면, 역사는 우연적이고 일회적으로 일어난 사실을 다룬다. 따라서 문학이 역사보다 더 보편적인 진실을 이야기한다는 것은 문학의 허구성에 대한 비판에 맞서 시적 진실을 옹호하는 고전적 관점이다."로부터 시적 진술을 옹호하는 고전적 관점에서는 허구적 문학이 일회적이고 개별적인 것이 아니라 보편적인 성격을 가지는 진실을 제시할 수 있다고 본다는 것을 알 수 있다. 이때 〈보기〉의 "이러한 결말은 왼손잡이의 유전 여부와 관련하여 약간의 논란이 있지만, 헤어진 아들과의 상봉을 감동적으로 그려내는 한편 벗어나기 어려운 혈연적 숙명이라는 인간적 진실을 형상화한다."를 통해 이 작품이 장돌뱅이의 삶에 대한 허구적인 재현을 넘어 "벗어나기 어려운 혈연적 숙명"이라는 보다 보편적인 주제로서의 시적 진실을 제시하고자 했다는 점을 확인할 수 있다.

[19~21] 다음 글을 읽고 물음에 답하시오.

인조의 비(妃) 인열왕후가 낳은 첫째 아들이 소현세자요, 효종이 둘째 아들이다. 적자(嫡子)로서 종통(宗統)을 잇는 맏아들이 장자(長子)이니 효종은 차자여서 차장자(次長子)라고들 한다. 장자였던 소현세자가 갑자기 죽자, 인조는 중자(衆子) 가운데 어진 이를 택하고자 효종을 세자로 세웠으니, 그 신중함과 지식을 알아보는 밝음은 종묘사직이 억만년 무궁히게 이어갈 터를 이룬 것이다. 그리하지 않았다면 어찌 이 나라가 오늘날 안팎으로 우환이 없고 위아래로 편안할 수 있겠는가. 더구나 신성한 왕손들이 보위를 계승하여 찬란한 광채가 이처럼 성대할 수 있겠는가.

효종이 세상을 떠나니 당시 대왕대비인 인조의 계비(繼妃) 자의대비는 어머니로서의 상복을 입어야 했다. 이에 논자들은 저마다 주장을 펼치며 치열하게 다투었다. ⓐ갑설은 "차장자라 함은, 비록 애초에는 장자가 아니었으나 장자의 죽음으로 말미암아 차자가 후사를 이어 장자가 됨으로써 그 명칭이 붙은 것이니, 삼년복(三年服)을 입어야 한다."라고 하였다. ⓑ을설은 "차장자가 중자라는 사실은 어쩔 수 없으니, 비록 장자가 죽어 차자가 후사를 이은 것이라 해도 원래 장자가 아니므로, 중자의 기년복(朞年服)을 입어야 한다."라고 하였다. 이처럼 하나의 설을 같이하면서 특별히 복제에서만 두 설로 갈라져 시끄러이 다투며 서로 끊임없이 배척하니 ⓒ내 생각으로는 사뭇 괴이하다.

복(服)을 올리고 내리고가 어찌 종통에 영향이 있겠는가. 효종은 인조의 차자로서 적통을 이어 만백성에 군림하고 온 세대에 종통을 드리웠으니, 효종을 인조의 장자라 한다고 해서 어찌 선왕의 빛을 더하겠으며, 효종을 인조의 중자라 한다고 해서 또 어찌 선왕의 덕이 바래겠는가. 지금은 그저 효종이 인조의 차자라는 이유로 이렇듯 어지러이 다투는 결론 없는 분쟁이 있는 것이다. 이미 대통(大統)을 이었으면 둘째 아들인지 넷째나 다섯째 아들인지는 전혀 구별할 것 없는 일이다.

옛날 한(漢)의 문제(文帝)가 궁 밖에서 미앙궁으로 들어가 제위(帝位)를 받았다. 이때 스스로가 "짐은 황제의 측실에서 난 아들이다."라고 말하였고, 가의(賈誼)가 문제에게 "참여시킬 만한 측실의 인맥이 있지 않다."라고 말한 적도 있다. 당시에는 위에서도 스스로 서자(庶子)였던 사실을 숨기지 않았고 아래에서도 임금을 위해 숨기려 하지 않았다. 하물며 문제는 그 후사가 수십 대에 이어졌고 당 태종처럼 지금까지도 성군으로 칭송되는데, 누가 그런 것을 문제 삼는가. 더욱이 우리 효종과 인조는 주(周)의 ㉠무왕과 문왕에 비견되는데, 무왕이 문왕의 장자가 아니라는 것은 어린 아이들도 안다. 그리하여 후세 사람들은, 문왕은 자식을 가리는 밝음이 있고 무왕은 뜻을 잇는 효가 있어서 주나라 팔백 년을 여는 대업을 이루고 대통을 전하였다고 여긴다. 이런 일은 무왕과 달리 적자였던 백읍고가 이었으면 못 했을 것이라고 모두가 한결같이 말한다. 광명이 빛나고 만세를 비추는 이 사실은 어인 일이란 말인가.

무왕이 붕어하고 그 어머니인 태사가 아직 살아 있다고 가정할 때 무왕을 위해 상복을 꼭 3년 입었을지 2년도 안 입었을지는 아무도 모른다. 그러나 복을 입지 않았다고 해서 무왕을 깎아 먹겠으며 복을 입었다고 해서 그 빛을 더하겠는가. 당시에 종통이 불명하다는 따위의 이야기가 있었을까. 똑똑한 사람은 판단할 수 있을 것이다. 무릇 인조가 효종에게 물려주고 효종이 인조를 이은 것은 충분히 주나라 무왕과 문왕의 경우와 같으니, 복제가 오르고 내리거나 가볍고 무겁거나 하는 것은 무슨 상관이겠는가. 차장자도 장자라는 이름이 붙으니 올려서 삼년복을 입어야 한다는 것도 하나의 주장이고, 차장자도 중자일 수밖에 없으니 내려서 1년의 기년복을 입어야 한다는 것도 하나의 주장이다. 고례(古禮)에도 그에 관한 정문(正文)이 없어서 주석들도 같고 다름이 있으니, 한때의 예(禮)는 실정을 참작하여 정하면 된다. 갑설을 따라도 을설을 적용해도 되는 것이다.

복을 올리고 내리고가 종통이 밝아지고 않고에 관계된다고는 인정할 수 없다. 왜냐하면 대왕대비가 기년복을 입어도 효종은 결국 인조의 종통을 이은 것이고, 대왕대비가 삼년복을 입어도 효종은 역시 결국 인조의 종통을 이은 것이기 때문이다. 종통이 여기에 있는데 어디로 가겠는가. 위로 삼백 년의 터전을 이어받고 아래로 몇천 년의 토대를 전할 명철한 일대 중흥 군주로 우뚝 섰으며 종묘가 인정하고 자손이 지키는데도, 복을 올리고 내리는 것을 가지고 종통이 밝아지지 않는다고 간주하려는가. 그러니 오늘날 전례(典禮)를 다투면서 종통이 뚜렷하지 못하다는 주장을 고집하는 것은 매우 어질지 못하다. 그것은 또한 흥분하여 일부러 빌려 온 주장이다. 그것은 또한 공격을 위해 꾸어 온 명분이다. 그 마음이야말로 위태롭고 위험하도다.

– 박세당, 「예송변」 –

19.

윗글의 내용과 일치하는 것은?

① 장자가 아니면서 종통을 계승할 수 있는지에 대하여 찬반이 갈린다.
② 전해 오는 예법에 규정된 차장자 관련 복제에 대한 해석에 논란이 있다.
③ 장자가 사망하였을 때 그 어머니의 상복은 삼년복이라는 데 대해 다툼이 있다.
④ 측실 소생이라는 사실은 황제로서의 종통 승계에 흠이 되는 요소라서 가려야 한다.
⑤ 대왕대비는 자신이 낳은 아들이 죽으면 종통에 상관없이 1년 이상 상복을 입어야
한다.

문항 성격	문항유형 : 정보의 확인과 재구성
	내용영역 : 인문
평가 목표	이 문항은 제시문에 등장하는 논변과 그 비판의 기초에 관하여 이해하는지 평가하는 문항이다.
문제 풀이	정답 : ⑤

잘 알려져 있으면서도 그 내용을 이해하기 어려운 면이 있는 이른바 예송 논쟁에 관하여 박세당
이 비판적인 시각에서 서술한 논설이다. 효종이 죽었을 때 계모인 자의대비가 어떤 상복을 입어
야 할지가 격렬하게 다투어졌는데, 여기에는 차자로서 적통을 이은 효종을 차장자라 부르며 장자
로 볼 것인지의 문제가 기초가 된다.

정답 해설	⑤ 제시문 두 번째 단락에서 "효종이 세상을 떠나니 당시 대왕대비인 인조의 계비 (繼妃) 자의대비는 어머니로서의 상복을 입어야 했다."로부터 어머니가 죽은 아들을 위해 입어야 하는 상복이 논의되는 것을 알 수 있다. 이에 대하여 3년을 입어야 한다는 주장과 1년이어야 한다는 주장이 대립한다. 어느 쪽이든 1년 이상의 상복이라는 데에는 공통된다. 글쓴이의 입장 또한 갑설이 "삼년복을 입어야 한다는 것도 하나의 주장"이고, 을설이 "1년의 기년복을 입어야 한다는 것도 하나의 주장"이라면서, "실정을 참작하여 정하면 된다. 갑설을 따라도 을설을 적용해도 되는 것이다."라고 하여 어느 쪽도 무방하다는 입장이다.
오답 해설	① 종통의 계승 문제에 대해서는 이견이 없다. 논쟁은 차자로서 계승한 데 대하여 차장자로 부르면서 장자로 볼 것인지 중자로 볼 것인지에 관한 다툼이다.

② 제시문에서는 "차장자도 장자라는 이름이 붙으니 올려서 삼년복을 입어야 한다는 것도 하나의 주장이고, 차장자도 중자일 수밖에 없으니 내려서 1년의 기년복을 입어야 한다는 것도 하나의 주장이다."라고 하여 차장자에 관한 다툼은 주장들에 지나지 않는다고 말한다. 그에 이어 "고례(古禮)에도 그에 관한 정문(正文)이 없어서 주석들도 같고 다름이 있으니, 한때의 예(禮)는 실정을 참작하여 정하면 된다. 갑설을 따라도 을설을 적용해도 되는 것이다."라고 하여 차장자에 관하여는 고례, 곧 예부터 전해 오는 예법에도 관련 규정이 없어서 그 주석들도 일치하지 않는다고 하여, 주장들이 갈리는 까닭을 설명한다.

③ 장자가 사망하였을 때 어머니로서 입는 상복이 삼년복이라는 데 대하여는 이견이 없고, 차장자를 장자로 보아야 할지 말지가 논란이다.

④ 제시문 네 번째 단락에서 "이때 스스로가 '짐은 황제의 측실에서 난 아들이다.'라고 말하였고, 가의(賈誼)가 문제에게 '참여시킬 만한 측실의 인맥이 있지 않다.'라고 말한 적도 있다. 당시에는 위에서도 스스로 서자(庶子)였던 사실을 숨기지 않았고 아래에서도 임금을 위해 숨기려 하지 않았다."라고 한 문제의 사례를 들어 측실 소생인 사실을 숨기지 않는 모습을 설명한다.

20.

㉠의 사례를 인용한 글쓴이의 의도로 볼 수 있는 것은?

① 국왕이 된 이상 장자의 지위는 자연스럽게 따라붙게 된다는 원리를 예를 들어 설명한다.

② 무왕의 어머니인 태사의 복제를 따짐으로써 효종의 어머니가 입을 상복의 종류를 결정한다.

③ 효종을 주의 문왕에 견줌으로써 효종이 적자가 되어 적법하게 종통을 계승하였다는 것을 밝힌다.

④ 인조가 밝은 덕으로 보위를 튼튼히 하고 후대에 이어가도록 한 것을 강조하여 종통의 본질을 환기한다.

⑤ 차장자로서 종묘사직의 기초를 닦은 중국의 실례를 들어 국가의 종통을 확고히 해야 한다는 지향을 드러낸다.

문항유형 : 주제, 구조, 관점 파악

내용영역 : 인문

이 문항은 글쓴이가 자기 주장을 뒷받침하기 위한 논거로 드는 사례에서 글쓴이의 의
도를 세심하게 읽어내도록 하여 글의 맥락을 잘 파악하는지 평가하는 문항이다.

정답 : ④

제시문은 인조에서 효종으로 이어지는 종통을 중요하게 보아야 한다는 점을 강조하기 위하여, 서
자로서 문왕을 계승한 무왕이 찬란한 주나라의 기업을 이루었다는 사례를 들어 비유한다. 그리하
여 장자, 차장자 논의는 종통에 영향을 미치지 못하는 무의미한 논쟁이고, 종통을 확고히 하여 나
라를 튼튼히 이어가는 데에 핵심을 두어야 한다는 취지를 더욱 부각한다.

④ 제시문에서 "인조는 중자(衆子) 가운데 어진 이를 택하고자 효종을 세자로 세웠
으니, 그 신성함과 자식을 알아보는 밝음은 종묘사직이 억만년 무궁하게 이어갈
터를 이룬 것"이라 평가하면서, "후세 사람들은, 문왕은 자식을 가리는 밝음이
있고 무왕은 뜻을 잇는 효가 있어서 주나라 팔백 년을 여는 대업을 이루고 대통
을 전하였다고 여긴다."는 문왕에 대한 세상의 평가에 견준다. 이를 통해 종통을
튼튼히 하여 후세에 전한 뜻을 환기하려는 글쓴이의 의도를 뚜렷이 볼 수 있다.

① 제시문에서 "복제가 오르고 내리거나 가볍고 무겁거나 하는 것은 무슨 상관이겠
는가."라고 하여, 복제를 장자에 맞출 것인지 중자로 기준을 삼을지는 문제 되지
않는다는 입장을 뚜렷이 한다. 나아가 이를 따지는 갑설, 을설은 하나의 주장에
지니지 않는다고 밀린다.

② 제시문 다섯 번째 단락에서 "무왕이 붕어하고 그 어머니인 태사가 아직 살아 있
다고 가정할 때 무왕을 위해 상복을 꼭 3년 입었을지 2년도 안 입었을지는 아무
도 모른다. 그러나 복을 입지 않았다고 해서 무왕을 깎아 먹겠으며 복을 입었다
고 해서 그 빛을 더하겠는가. 당시에 종통이 불명하다는 따위의 이야기가 있었
을까."라고 하여 효종의 어머니가 입을 상복은 아무래도 좋다는 입장을 보인다.
태사의 사례로써 복제의 종류를 정하려는 의도는 나타나지 않는다.

③ 인조를 문왕에, 효종을 무왕에 견주고 있으며, 효종은 애초부터 적자로서 적자의
지위를 얻어야 하는 따위의 문제는 없다.

⑤ 차장자는 적자로서 종통을 이었으나 첫째 아들이 아니라 둘째 아들인 경우인데,
무왕은 "무왕과 달리 적자였던 백읍고"라는 기술에서 서자라는 것을 알 수 있고,
차장자의 개념은 이를 포섭하지 않는다. 따라서 차장자에 관한 중국 사례라 할
수 없다.

21.

윗글과 비교하여 〈보기〉를 이해한 것으로 적절하지 <u>않은</u> 것은?

보기

　집안의 적자 가운데 첫째 아들로서 종통을 이어받을 사람만을 장자라 하는 것은 변함 없는 원칙입니다. 그가 죽었을 때 부모가 삼년복을 입는 것은 종통을 잇는 뜻을 중히 여 기기 때문입니다. 장자가 종통을 계승할 자격을 잃거나 중자 중에서 종통을 잇도록 정 한 경우에는, 이들이 죽었을 때 아버지나 어머니는 삼년복을 입지 않습니다. 왕가에서 는 서자라도 세자로 책봉되면 임금이 될 때까지는 장자와 같이 대우해야 마땅합니다. 고례에서 말하는 장자란 종통을 계승하지 못한 경우에 따져 보도록 하는 것입니다. 마 침내 대통을 계승하는 보위에 올랐다면, 그때에도 여전히 어머니가 있다고 하여 그저 아들일 뿐 임금이 아니라고야 할 수 있겠습니까.

① 효종에 대한 상복은 종통 승계를 우선하는 원칙으로 결정해야 하고 그에 따라 정해지 는 기준은 나라 안 모든 질서에서 일관된다고 보는 점에서는 ⓐ와 일치한다.

② 효종은 중자로서 세자가 되었다는 사실이 바뀔 수 없는 것이라서 어찌해도 장자일 수 없다고 보는 점에서는 ⓑ와 일치한다.

③ 임금이 된 효종에 대해서는 장자인지를 문제 삼을 필요가 없다고 보는 점에서는 ⓒ와 일치한다.

④ 세자 시절의 효종이 장자의 대우를 받아야 한다고 보는 점에서는 ⓐ와 일치하고, 장자 는 첫째 아들이어야 한다고 보는 점에서는 ⓑ와 일치한다.

⑤ 효종이 적실의 소생이 아니라면 차장자라 할 여지가 없다고 보는 점에서는 ⓐ, ⓑ, ⓒ 와 일치한다.

문항 성격	문항유형 : 정보의 평가와 적용
	내용영역 : 인문
평가 목표	이 문항은 제시문에 나오는 견해들의 공통 전제와 차이점을 정확하게 파악하고 있는 지 〈보기〉의 견해와의 비교를 통해 확인하고자 하는 문항이다.
문제 풀이	정답 : ①

제시문에서 박세당은 복제에 관한 갑설과 을설을 비교하고 자기의 입장을 밝힌다. 〈보기〉는 이들 과 차이가 있는 나름의 주장을 펼친다. 이들을 비교하는 선택지 각각이 적절한지 여부를 꼼꼼하 게 검토하도록 한다.

① 〈보기〉의 입장은 효종의 경우에 종통을 중시하여 그것을 기준으로 복제를 정해야 한다는 취지를 읽을 수 있어서 ⓐ와 일치하는 점이 있다. 그러면서 〈보기〉는 왕가의 예와 사가의 예를 구별하여, 일반 집안에서 첫째 아들만이 장자가 되어 그 대우를 받을 수 있다는 것은 변함없는 원칙이지만, 왕가에서는 달리 효종처럼 둘째 아들이라도 종통을 잇는 세자로 책봉되었으면 장자로 대우받아야 한다고 주장한다. 따라서 왕가의 기준을 나라 안의 모든 질서에 적용하여야 한다는 진술은 〈보기〉의 입장이라 보기 어렵다.

② 〈보기〉에서는 "적자 가운데 첫째 아들로서 종통을 이어받을 사람만을 장자라 하는 것은 변함없는 원칙입니다."라고 하면서, 다만 왕가에서 장자가 될 수 없는 중자가 종통을 이었다면 종통을 중시하는 취지에서 대우는 장자와 똑같이 하여야 한다는 입장을 보인다. 따라서 이 부분만 놓고 볼 때는, 중자는 장자일 수 없기에 임금이 되어도 장자가 될 수 없다는 ⓑ와는 상통한다.

③ 〈보기〉에서는 "고례에서 말하는 장자란 종통을 계승하지 못한 경우에 따져 보도록 하는 것입니다."라고 하여 임금이 되기 전까지만 장자를 따져야 한다는 입장을 보인다. 따라서 장자인지 아닌지가 국왕의 종통에 영향을 끼치는 것이 아니라면서, 효종이 임금이 되어 종통을 계승한 이상 그에 관련된 상복을 장자인지 여부에 따라 정하는 것은 문제 삼을 일이 아니고, 어느 쪽으로 해도 괜찮다는 ⓒ와 상통한다.

④ 〈보기〉는 효종이 장자의 대우를 받아야 한다는 취지여서, 효종은 장자로서 그와 관련된 복제 또한 장자의 대우에 걸맞게 정해야 한다는 ⓐ와 상통한다. 그리고 첫째 아들만이 장자이어야 한다는 〈보기〉의 견해는, 효종이 종통을 이었지만 둘째 아들이라서 장자일 수 없다는 ⓑ의 입장과 상응한다.

⑤ 제시문에서 차장자는 적자로서 종통을 이었으나 첫째 아들이 아니라 둘째 아들이라서 장자라는 이름 대신 붙여진 낱말이다. 논의의 대립은 이 전제를 공통으로 하면서 벌어지고 있다. 이에 대해 글쓴이는 "하나의 설을 같이하면서 특별히 복제에서만 두 설로 갈라져 시끄러이 다투"는 "사뭇 괴이"한 상황이라 평가하면서, 이 공통된 전제에 관하여는 문제 삼지 않고, 갈라진 입장들에 대해서 따져 보고 있다. 〈보기〉 또한 "적자 가운데 첫째 아들로서 종통을 이어받을 사람만을 장자"라 한다고 하여, 적자이어야만 장자라 한다. 차장자는 종통을 이은 적자인 장자의 개념을 전제로 하면서, 다만 첫째 아들이 아니라 둘째라는 차이를 어떻게 이해하고 적용할 것인가 논의하기 위해 차장자라는 개념을 만들어낸 것이다. 따라서 ⓐ, ⓑ, ⓒ, 〈보기〉 모두 장자에 대해 적자로서 종통을 계승한다는 개념을 공통의 전제로 하면서 논쟁을 벌이기 때문에, 이들 입장에서는 측실에서 난 이

상 장자가 될 여지가 없고, 장자의 개념에서 맏아들인지 여부로 논의가 전개되는 차장자 문제까지는 나아갈 거리조차 없게 된다.

[22~24] 다음 글을 읽고 물음에 답하시오.

　20세기 초에 약학자 타파이너는 ㉠아크리딘 색소가 침착된 원생동물이 번개에 노출되자 죽는 현상을 우연히 관찰했고, 이어 피부 종양에 형광물질의 하나인 에오신을 바르고 빛을 쪼여 종양에 반응이 있음을 확인했다. 이후 연구자들은 빛과 화학물질 및 산소의 상호작용으로 세포가 죽는다는 것을 보였고, 타파이너는 이 현상을 산소 의존성 광반응 현상이라고 보고하면서 광역학 치료라는 용어를 최초로 사용하였다.

　광역학 치료에는 빛 에너지, 감광제, 산소가 필수적이다. 외부에서 특정 파장의 빛을 쪼이면 감광제가 세포 및 조직 주변에 존재하는 산소와 반응하여 활성산소종을 짧은 시간 안에 국소적으로 발생시키고, 이들은 생체분자들을 산화시켜 기능을 파괴함으로써 세포를 사멸시킨다. 여기서 감광제의 종류에 따라 활성산소종을 최대로 발생시키는 빛의 파장, 즉 색깔이 다르다는 것이 주목된다. 특정 감광제는 특정 파장의 빛에 가장 효율적으로 반응하기 때문이다. 감광제가 어떤 파장의 빛에 의해 활성화되면 주변 산소에 전자 혹은 에너지를 전달하여 활성산소종을 생성시킨다. 활성산소종은 세포의 대사 과정에서도 일부 발생하는 것으로, 극소량으로 존재할 때는 생화학 반응에 도움을 주기도 하지만 과량으로 생성된 활성산소종이 오랫동안 지속될 경우 독성이 있어 활성산소종을 제거하는 항산화제의 투여가 필요한 경우도 있다. 감광제에 빛을 쪼여 발생한 활성산소종은 반감기가 약 0.05㎲ 이하이기 때문에 생성 후 빨리 소멸되고, 그 영향이 미치는 유효거리는 발생점에서 약 20nm까지여서 감광제와 매우 가까운 주변부에서만 국소적 반응을 일으킨다.

　광역학 치료에 사용하는 감광제는 포르피린계 화합물과 기타 형광 염색 시약으로 나눌 수 있다. 여드름균은 포르피린을 스스로 합성하는데 이 때문에 특정 파장의 빛을 쪼이면 여드름균만 사멸되어 효과적인 치료를 할 수 있다. 많은 형광 염색 시약들도 활성산소종 방출 능력을 가지고 있어 감광제로 사용할 수 있지만, 광 노출 시 활성산소종이 충분히 방출되어야 하고, 빛이 없을 경우에는 독성이 낮아야 하며, 생체 외부로 배출되는 능력도 커야 한다. 광역학 치료는 외부 빛이 체내 깊숙이 투과하지 못 할 경우 치료 효과의 제한이 있으며, 감광제의 농도, 빛의 세기와 노출 시간, 조직 내 산소 농도 등에 의해 치료 효율이 다르다. 또한 세포 안에는 특정 파장의 빛을 받고 그보다 긴 파장의 빛을 내어 놓는 형광물질이 존재할 수 있으므로, 이들에 의한 간섭효과를 감안하여 감광제와 이를 활성화하는 빛의 파장의 선택도 고려해야 한다. 높은 농도의 감광제를 주입할 경우 알레르기를 유발할 수 있고 완전히 분해 혹은 배출되지 않은 감광제가 잔류되었을 경우 햇빛 노출에 의해 피부세포가 손상될 수 있기 때문에, 잔류 감광제가 완전 분해되기까지 빛 차단을 위한 관리가 필요하다.

　광역학 치료는 현재 각종 피부질환 치료에 널리 사용되고 있으며, 암 치료에도 효과가 있는 것으로 알려져 있다. 암 치료 시에는 감광제가 암 조직에 선택적으로 축적되는 기전을 이용한다. 정맥주사로 투여되는 감광제는 대부분 물에 녹지 않기 때문에 혈액의 저밀도 지질단백질(LDL)과 강하게 결합한다. 암세포의 세포막에는 LDL과 결합하는 LDL 수용체가 많이 존재하기 때문에 정상세포에 비해 암세포에 감광제가 다량으로 축적된다. 광역학 치료 과정에서 암 조직에 손상을 주어 염증을 유발하면 암세포에 대한 면역반응을 활성화할 수 있어 치료 효율을 높일 수 있다. 항암제와 방사선 치료는 강한 독성 때문에 심각한 부작용을 초래하지만 감광제는 암 조직에만 선택적으로 축적되고 빛을 쪼여 준 부위에서만 국소적인 독성을 나타내므로 대안적 암 치료법으로 고려되고 있다.

22.
윗글의 내용에 대한 이해로 가장 적절한 것은?

① 포르피린을 합성하는 여드름균 때문에 생긴 여드름을 치료하려면 빛의 차단이 필요하다.
② 빛이 없이 세포독성을 유발하는 형광시약은 면역반응을 활성화하기 때문에 광역학 치료에 사용한다.
③ 감광제가 정상 피부 조직에 잔류하였을 경우 외부 빛이 체내 깊숙이 투과되지 않으면 알레르기가 발생하지 않는다.
④ 광역학 치료 시 발생하는 활성산소종은 반감기와 유효거리가 짧아, 암세포에서 멀리 떨어져 위치한 정상세포에 미치는 영향이 적다.
⑤ 감광제를 이용한 암 치료 시 감광제는 산소가 부족한 암 조직에 선택적으로 축적되므로 LDL과 결합할 수 있는 항산화제의 병행 투여가 필요하다.

문항 성격	문항유형 : 정보의 확인과 재구성
	내용영역 : 과학기술
평가 목표	이 문항은 제시문의 주제인 광역학 치료에 대한 내용을 이해하고 있는지 묻는 문항이다.
문제 풀이	정답 : ④

빛과 산소가 존재할 때 활성산소종을 배출시켜 세포사멸 및 치료 효과를 나타내는 감광제의 작용 원리에 대해 제시문을 통해 정확히 이해하도록 한다.

정답 해설 ④ 제시문 두 번째 단락 "감광제에 빛을 쪼여 발생한 활성산소종은 반감기가 약 0.05μs 이하이기 때문에 생성 후 빨리 소멸되고, 그 영향이 미치는 유효거리는 발생점에서 약 20nm까지여서 감광제와 매우 가까운 주변부에서만 국소적 반응을 일으킨다."와 마지막 단락 "정맥주사로 투여되는 감광제는 대부분 물에 녹지 않기 때문에 혈액의 저밀도 지질단백질(LDL)과 강하게 결합한다. 암세포의 세포막에는 LDL과 결합하는 LDL 수용체가 많이 존재하기 때문에 정상세포에 비해 암세포에 감광제가 다량으로 축적된다.", 그리고 "감광제는 암 조직에만 선택적으로 축적되고 빛을 쪼여 준 부위에서만 국소적인 독성을 나타내므로 대안적 암 치료법으로 고려되고 있다."로부터 암세포에 축적되는 감광제에 의해 발생하는 활성산소종은 암세포에서 멀리 떨어져 있는 정상세포에는 미치는 영향이 상대적으로 적다는 것을 알 수 있다.

오답 해설 ① 제시문 두 번째 단락 "감광제가 어떤 파장의 빛에 의해 활성화되면 주변 산소에 전지 혹은 에너지를 전달하여 활성산소종을 생성시킨다."와 세 번째 단락 "여드름균은 포르피린을 스스로 합성하는데 이 때문에 특정 파장의 빛을 쪼이면 여드름균만 사멸되어 효과적인 치료를 할 수 있다."로부터 포르피린을 합성하는 여드름균 때문에 생긴 여드름을 치료하려면 빛의 차단이 아닌 빛의 조사가 필요하다는 것을 알 수 있다.

② 제시문 세 번째 단락 "많은 형광 염색 시약들도 활성산소종 방출 능력을 가지고 있어 감광제로 사용할 수 있지만, 광 노출 시 활성산소종이 충분히 방출되어야 하고, 빛이 없을 경우에는 독성이 낮아야 하며, 생체 외부로 배출되는 능력도 커야 한다."로부터 형광시약을 광역학 치료에 사용하려면 빛이 없을 경우에 독성이 낮아야 한다는 것을 알 수 있다.

③ 제시문 세 번째 단락 "높은 농도의 감광제를 주입할 경우 알레르기를 유발할 수 있고 완전히 분해 혹은 배출되지 않은 감광제가 잔류되었을 경우 햇빛 노출에 의해 피부세포가 손상될 수 있기 때문에, 잔류 감광제가 완전 분해되기까지 빛

차단을 위한 관리가 필요하다."에서 감광제는 빛의 존재 여부와 관계없이 알레르기를 유발할 수 있다는 것을 알 수 있다.

⑤ 제시문 두 번째 단락 "활성산소종은 세포의 대사 과정에서도 일부 발생하는 것으로, 극소량으로 존재할 때는 생화학 반응에 도움을 주기도 하지만 과량으로 생성된 활성산소종이 오랫동안 지속될 경우 독성이 있어 활성산소종을 제거하는 항산화제의 투여가 필요한 경우도 있다."로부터 항산화제의 투여는 활성산소종을 제거한다는 것을 알 수 있으므로 활성산소종에 의해 암세포를 사멸시키는 감광제를 이용한 암 치료 시에는 항산화제의 투여가 필요하지 않다는 것을 알 수 있다.

23.

㉠을 바탕으로 수행한 〈보기〉의 실험 결과에 대해 평가한 것으로 적절하지 <u>않</u>은 것은?

보 기

어떤 원생동물을 빛이 차단된 조건에서 충분한 산소를 공급하면서 배양한 후 다음과 같은 처리를 하고 일정 시간 후 원생동물의 생존율을 조사하였다. (−는 없음, +는 있음을 뜻한다.)

광원	감광제	항산화제	생존율(%)
−	−	−	100
		+	100
	A	−	80
		+	80
	B	−	100
		+	100
자외선	−	−	0
		+	40
	A	−	0
		+	32
	B	−	0
		+	40

녹색 빛	−	−	100
		+	100
	A	−	0
		+	80
	B	−	70
		+	100
적색 빛	−	−	100
		+	100
	A	−	80
		+	80
	B	−	0
		+	100

① A는 활성산소종의 생성과는 무관한 독성을 가지고 있다.

② A는 적색 빛보다 녹색 빛에 의해 더 적은 양의 활성산소종을 발생시킨다.

③ B는 적색 빛뿐 아니라 녹색 빛에 의해서도 활성산소종을 발생시킨다.

④ A와 B는 빛이 존재하지 않으면 활성산소종을 발생시키지 않는다.

⑤ 자외선에 의하여 유발되는 활성산소종은 A나 B로부터 발생한 것은 아니다.

문항 성격　문항유형 : 정보의 추론과 해석

내용영역 : 과학기술

평가 목표　이 문항에서는 주어진 자료를 분석하여 자외선 및 감광제 A와 B가 어떠한 기전으로 원생동물의 사멸을 일으켰는지 추론할 수 있는 능력을 평가하고자 한다.

문제 풀이　정답 : ②

〈보기〉에 주어진 표의 데이터를 분석하여 자외선 및 감광제 A와 B가 어떠한 기전으로 원생동물의 사멸을 유발하는지 파악한 후, 각각의 선택지들이 〈보기〉의 실험 결과에 대한 평가로 적절한지 여부를 따져보도록 한다.

정답 해설　② 〈보기〉 표의 데이터로부터 감광제 A를 원생동물에 가하고 녹색 빛을 쪼여주었을 경우 항산화제가 없을 경우 0%의 생존율을 보이고 항산화제가 있을 경우 80% 까지 생존율이 증가하는 것을 알 수 있다. 또한 감광제 A를 원생동물에 가하고 적색 빛을 쪼여주었을 경우 항산화제의 존재 여부와 무관하게 80%의 생존율을 보이는 것을 알 수 있다. 이로부터 감광제 A는 빛과 관계없이 20%의 원생동물을 사멸시킨다는 것을 알 수 있고, 녹색 빛에 의해 활성산소종을 발생시켜 추가로 80%의 원생동물을 사멸시켜 생존율을 0%로 만든다는 것을 도출할 수 있다. 적색 빛을 쪼였을 경우 항산화제의 존재 여부에 따라 생존율이 변화하지 않으므로 감광제 A는 적색 빛에 의해 활성산소종을 만들지 않는다는 것도 알 수 있다. 그러므로 이 선택지는 〈보기〉의 실험 결과에 대해 평가한 것으로 적절하지 않다.

오답 해설

① 〈보기〉표의 데이터로부터 감광제 A를 원생동물에 가하고 아무 빛도 쪼여주지 않았을 경우 항산화제의 존재 여부와 무관하게 80%의 생존율을 보이는 것을 알 수 있고 이것은 감광제를 처리하지 않은 경우와 감광제 B를 처리한 경우 보여주는 100%의 생존율에 비해 적은 값이므로 감광제 A는 빛에 의한 활성산소종의 생성과 무관한 독성을 일부 가지고 있는 것으로 추론할 수 있다.

③ 〈보기〉표의 데이터로부터 감광제 B를 원생동물에 가하고 녹색 빛을 쪼여주었을 경우 항산화제가 없을 경우 70%의 생존율을 보이고 항산화제가 있을 경우 100%까지 생존율이 증가하는 것을 알 수 있다. 또한 감광제 B를 원생동물에 가하고 적색 빛을 쪼여주었을 경우 항산화제가 없을 경우 0%의 생존율을 보이고 항산화제가 있을 경우 100%까지 생존율이 증가하는 것을 알 수 있다. 이로부터 적색 빛에 의해서 감광제 B에서 발생한 활성산소종은 원생동물을 모두 사멸시키고 녹색 빛에 의해서 감광제 B에서 발생한 활성산소종은 30%의 원생동물을 사멸시킨다는 것을 추론할 수 있으므로 감광제 B는 적색 빛뿐 아니라 녹색 빛에 의해서도 활성산소종을 만들어낸다는 것을 알 수 있다.

④ 〈보기〉표의 데이터로부터 A와 B는 빛이 존재하지 않을 경우 항산화제의 존재 여부와 무관하게 각각 80%와 100%의 생존율을 보인다는 것을 알 수 있다. 빛이 없을 경우 항산화제의 첨가가 생존율에 영향을 미치지 않았으므로 감광제 A는 활성산소종과 무관한 독성을 일부 가지고 있고 감광제 A와 B는 빛이 없을 경우 활성산소종을 만들지 않는다는 것을 알 수 있다.

⑤ 〈보기〉표의 데이터로부터 자외선을 쪼이면 항산화제가 없을 경우 0%의 생존율, 항산화제가 있을 경우 40%의 생존율을 보이는 것을 알 수 있다. 이는 자외선을 쪼인 경우 40%의 원생동물이 자외선을 쪼여서 발생하는 활성산소종에 의해 사멸하고 60%의 원생동물 사멸은 활성산소종과 무관한 자외선의 독성에 의한 것임을 추론할 수 있다. 그런데 같은 조건에서 감광제 A를 추가하였을 경우 항산화제가 있을 경우 32%의 생존율이 나타나는데, 이는 감광제 A가 활성산소종의 생성과는 무관한 독성을 가지고 있어 A의 첨가만으로도 20%의 원생동물이 사멸하기 때문이다. (자외선과 A, 항산화제를 같이 처리한 경우 자외선이 가

지고 있는 활성산소종과 무관한 독성에 의해 40%만이 살아남고 추가로 A의 독성에 의해 40% 중 20%가 사멸하므로 최종적인 생존율은 40%×80%=32%로 계산된다.) 자외선과 B를 같이 가한 경우도 항산화제가 있을 경우에는 B가 없이 자외선만 쪼인 경우와 마찬가지로 40%의 생존율을 보였으므로 A와 마찬가지로 B의 경우도 자외선을 쪼인다고 추가로 활성산소종을 생성하지는 않는 것으로 추론할 수 있다.

24.

윗글을 바탕으로 신물질 X, Y, Z를 이용한 〈보기〉의 실험 결과에 대해 추론한 것으로 가장 적절한 것은? (단, 실험에 사용된 X, Y, Z의 양은 모든 실험에서 동일하다.)

> **보기**
>
> • X가 있는 용액에 녹색 빛을 쪼이면 활성산소종이 발생하지 않았으나 강한 적색 형광의 방출이 관찰되었고 적색 빛을 쪼이는 것은 아무 영향이 없었다.
> • Y가 있는 용액에 적색 빛을 쪼이면 형광의 방출이 관찰되지 않았으나 활성산소종이 발생했고 녹색 빛을 쪼이는 것은 아무 영향이 없었다.
> • X는 쪼이는 빛의 유무나 빛의 색깔과 무관하게 암세포를 100% 사멸시켰고, Y는 적색 빛을 쪼인 경우에만 암세포를 100% 사멸시켰다.
> • Z가 감광제에 의해 발생한 활성산소종 용액에 존재하는 경우, Z는 활성산소종을 50% 제거했다.
> • X, Y, Z 사이에 빛, 활성산소종, 항산화제를 매개하지 않는 직접적인 상호작용은 없었다.

① X, Z 혼합용액에 녹색 빛을 쪼이면 Y, Z 혼합용액에 적색 빛을 쪼인 경우보다 적색 형광이 많이 방출되고 활성산소종도 많이 발생하겠군.
② Y, Z 혼합용액에 녹색 빛을 쪼이면 X, Y, Z 혼합용액에 녹색 빛을 쪼인 경우보다 적색 형광이 적게 방출되고 활성산소종도 적게 발생하겠군.
③ X, Z 혼합용액에 녹색 빛을 쪼이면 X, Y, Z 혼합용액에 적색 빛을 쪼인 경우보다 적색 형광이 적게 방출되고 활성산소종은 많이 발생하겠군.
④ X, Z를 동시에 암세포에 가하고 녹색 빛을 쪼이면 Y, Z를 동시에 가하고 녹색 빛을 쪼

인 경우보다 적색 형광이 많이 방출되고 암세포가 적게 사멸하겠군.

⑤ Y, Z를 동시에 암세포에 가하고 적색 빛을 쪼이면 X, Z를 동시에 가하고 녹색 빛을 쪼인 경우보다 적색 형광이 적게 방출되고 암세포가 많이 사멸하겠군.

문항 성격 문항유형 : 정보의 평가와 적용
　　　　　　　내용영역 : 과학기술

평가 목표 이 문항은 주어진 데이터를 바탕으로 X, Y, Z가 암세포의 사멸에 미치는 영향을 추론할 수 있는지 묻는 문항이다.

문제 풀이 정답 : ②

신물질 X, Y, Z를 이용한 실험 결과를 바탕으로 이들이 발생시키는 형광, 활성산소종, 항산화제로서의 능력 등이 암세포의 생존에 미치는 영향을 분석하고 각 신물질의 작용 메커니즘을 정확히 추론하도록 한다.

정답 해설 ② "Y가 있는 용액에 적색 빛을 쪼이면 형광의 방출이 관찰되지 않았으나 활성산소종이 발생했고 녹색 빛을 쪼이는 것은 아무 영향이 없었다." 와 "X, Y, Z 사이에 빛, 활성산소종, 항산화제를 매개하지 않는 직접적인 상호작용은 없었다."로부터 Y, Z 혼합용액에 녹색 빛을 쪼이면 형광과 활성산소종을 모두 발생시키지 않는다는 것을 알 수 있다. 반면 "X가 있는 용액에 녹색 빛을 쪼이면 활성산소종이 발생하지 않았으나 강한 적색 형광의 방출이 관찰되었고 적색 빛을 쪼이는 것은 아무 영향이 없었다."와 "Y가 있는 용액에 적색 빛을 쪼이면 형광의 방출이 관찰되지 않았으나 활성산소종이 발생했고 녹색 빛을 쪼이는 것은 아무 영향이 없었다.", 그리고 "Z가 감광제에 의해 발생한 활성산소종 용액에 존재하는 경우, Z는 활성산소종을 50% 제거했다."로부터 X, Y, Z 혼합용액에 녹색 빛을 쪼이면 적색 형광이 방출되고 이 적색 형광에 의해 Y로부터 활성산소종이 발생하고 발생한 활성산소종의 50%는 Z에 의해 제거되었지만 50%는 남아있다는 것을 추론할 수 있다.

한편 제시문 세 번째 단락 "또한 세포 안에는 특정 파장의 빛을 받고 그보다 긴 파장의 빛을 내어 놓는 형광물질이 존재할 수 있으므로, 이들에 의한 간섭효과를 감안하여 감광제와 이를 활성화하는 빛의 파장의 선택도 고려해야 한다."로부터 X에서 발생하는 적색 형광이 Y를 활성화시켜 활성산소종을 배출시킬 수 있다는 것을 확인할 수 있다.

① "X가 있는 용액에 녹색 빛을 쪼이면 활성산소종이 발생하지 않았으나 강한 적색 형광의 방출이 관찰되었고 적색 빛을 쪼이는 것은 아무 영향이 없었다."와 "Y가 있는 용액에 적색 빛을 쪼이면 형광의 방출이 관찰되지 않았으나 활성산소종이 발생했고 녹색 빛을 쪼이는 것은 아무 영향이 없었다.", 그리고 "Z가 감광제에 의해 발생한 활성산소종 용액에 존재하는 경우, Z는 활성산소종을 50% 제거했다."로부터 X, Z 혼합용액에 녹색 빛을 쪼이면 Y, Z 혼합용액에 적색 빛을 쪼인 경우보다 적색 형광이 많이 방출되지만 활성산소종은 적게 발생하는 것을 알 수 있다.

③ "X가 있는 용액에 녹색 빛을 쪼이면 활성산소종이 발생하지 않았으나 강한 적색 형광의 방출이 관찰되었고 적색 빛을 쪼이는 것은 아무 영향이 없었다."와 "Y가 있는 용액에 적색 빛을 쪼이면 형광의 방출이 관찰되지 않았으나 활성산소종이 발생했고 녹색 빛을 쪼이는 것은 아무 영향이 없었다."로부터 X, Z 혼합용액에 녹색 빛을 쪼이면 X, Y, Z 혼합용액에 적색 빛을 쪼인 경우보다 적색 형광이 많이 방출되고 활성산소종은 적게 발생하는 것을 알 수 있다.

④ "X가 있는 용액에 녹색 빛을 쪼이면 활성산소종이 발생하지 않았으나 강한 적색 형광의 방출이 관찰되었고 적색 빛을 쪼이는 것은 아무 영향이 없었다."와 "Y가 있는 용액에 적색 빛을 쪼이면 형광의 방출이 관찰되지 않았으나 활성산소종이 발생했고 녹색 빛을 쪼이는 것은 아무 영향이 없었다.", 그리고 "X는 쪼이는 빛의 유무나 빛의 색깔과 무관하게 암세포를 100% 사멸시켰고, Y는 적색 빛을 쪼인 경우에만 암세포를 100% 사멸시켰다."로부터 X, Z를 동시에 암세포에 가하고 녹색 빛을 쪼이면 적색 형광이 방출되고 암세포가 100% 사멸하는 것을 알 수 있고 Y, Z를 동시에 가하고 녹색 빛을 쪼이면 암세포가 사멸하지 않는 것을 추론 할 수 있다. 그러므로 X, Z를 동시에 암세포에 가하고 녹색 빛을 쪼이면 Y, Z를 동시에 가하고 녹색 빛을 쪼인 경우보다 적색 형광이 많이 방출되지만 암세포도 많이 사멸한다.

⑤ "Y가 있는 용액에 적색 빛을 쪼이면 형광의 방출이 관찰되지 않았으나 활성산소종이 발생했고 녹색 빛을 쪼이는 것은 아무 영향이 없었다."와 "Z가 감광제에 의해 발생한 활성산소종 용액에 존재하는 경우, Z는 활성산소종을 50% 제거했다.", 그리고 "X는 쪼이는 빛의 유무나 빛의 색깔과 무관하게 암세포를 100% 사멸시켰고, Y는 적색 빛을 쪼인 경우에만 암세포를 100% 사멸시켰다."로부터 Y, Z를 동시에 암세포에 가하고 적색 빛을 쪼이면 적색 형광이 방출하지 않으나 암세포가 50% 사멸한다는 것을 추론할 수 있다. "X가 있는 용액에 녹색 빛을 쪼이면 활성산소종이 발생하지 않았으나 강한 적색 형광의 방출이 관찰되었고 적

색 빛을 쪼이는 것은 아무 영향이 없었다."와 "X는 쪼이는 빛의 유무나 빛의 색깔과 무관하게 암세포를 100% 사멸시켰고, Y는 적색 빛을 쪼인 경우에만 암세포를 100% 사멸시켰다."로부터 X, Z를 동시에 가하고 녹색 빛을 쪼이면 적색 형광이 방출되고 100%의 암세포가 사멸한다는 것을 추론할 수 있다. 그러므로 Y, Z를 동시에 암세포에 가하고 적색 빛을 쪼이면 X, Z를 동시에 가하고 녹색 빛을 쪼인 경우보다 적색 형광이 적게 방출되고 암세포가 적게 사멸한다.

[25~27] 다음 글을 읽고 물음에 답하시오.

당위 명제는 존재 명제에서 도출될 수 없다는 흄의 주장은 현대 도덕철학에 큰 영향을 미쳤다. 도덕 판단이 사실에 관한 참/거짓인 명제임을 부정하며 도덕적 지식은 존재할 수 없다고 주장하는 도덕철학자들에게 흄의 주장은 성서처럼 여겨진다. 하지만 흄의 주장이 진정으로 의미하는 바가 무엇인지에 대해서는 논쟁이 이어지고 있다.

매킨타이어는 흄의 주장이 모든 존재 명제가 아니라 일부의 존재 명제만을 겨냥하고 있다고 본다. 흄은 도덕 판단이 영원한 합목적성이나 신의 의지에 대한 신학적 명제에서 도출되는 것에 대해서만 그 불가능성을 인정한다는 것이다. 신학적 명제는 인간의 필요나 이익과 무관해서 신학적 명제와 도덕적 명제 간에는 간격이 있을 수밖에 없기 때문이다. 결국 매킨타이어는 인간의 필요나 이익과 진정으로 관련되는 존재 명제에서만 당위 명제를 도출할 수 있다고 보는 것이 흄의 진의라고 생각했다. 이런 생각은 흄이 도덕성을 인간에게 정념이나 정서를 불러일으키는 필요나 이익과 관련된 자연적 현상이라고 확신했다는 점에서 도출된다. 매킨타이어는 그 근거로, 흄이 정서에 관해 논의할 때 사회적 규칙이 어떻게 공공의 이익을 증진하는가의 문제와 관련해서 수많은 인류학적, 사회학적 사실을 인용했던 점을 제시한다.

이런 맥락에서 매킨타이어는 '연결 개념'을 제안한다. 이 개념에는 욕구와 필요, 쾌락 등이 포함되는데, 이것들은 사실적인 것인 동시에 도덕적 개념과 밀접하게 연결된 인간 본성의 여러 측면과도 관련된다. 매킨타이어는 연결 개념이 사실들을 그것들과 관련된 도덕적 요구에 연결한다고 보고, 이것이 곧 흄이 실제로 행한 바라고 주장한다.

헌터도 흄이 존재 명제에서의 당위 명제 도출을 전적으로 부정하지는 않았다고 해석한다. 흄은 도덕 판단을 존재 명제처럼 사실적 주장으로 인식했고 따라서 사실적 주장으로서의 도덕 판단은 다른 사실적 주장에서 도출될 수 있다고 생각했다는 것이다. 헌터는 "당신이 어떤 행위나 특성을 사악하다고 말할 때, 이는 당신이 당신의 본성에 의해 그것에 대한 비난 또는 경멸의 느낌이나 정서를 가지게 된다는 사실을 의미할 뿐이다."라는 흄의 언급에 주목한다. 흄의 이 언급은 인간 정서의 사실적 진술에 관한 것이며, 이 사실적 진술은 어떤 행위나 특성에 대한 관찰과 그것에 대한 느낌 간의 인과적 연결을 기술하는 것이다.

결국 헌터의 해석에 따르면, 흄의 당위 명제는 특정한 존재 명제, 즉 이성의 관계들이나 독립적인 외부의 대상들에 관한 명제에서는 도출될 수 없지만, 인간 정서와 관련된 사실적 진술로서의 존재 명제에서는 도출될 수 있다. 이 입장에서는 만일 도덕 판단이 정서의 기술이라면, 그것은 참이거나 거짓이 되며 도덕적 지식을 산출할 수 있을 것이라고 볼 수 있다. 이러한 지식의 내용이 주관적인 것이라 해도 그렇다.

플류와 허드슨은 매킨타이어와 헌터의 흄 해석을 비판하면서, 흄은 도덕 판단을 인간 정서에 관한 사실적 진술이 아니라 정서의 표현으로 보았다고 주장한다. 만일 플류와 허드슨의 주장이 옳다면, 흄은 정서주의의 직접적인 선구자가 될 것이다. 정서주의에서는 흄처럼 사실의 기술과 정서의 표현을 구별하며, 도덕 판단을 시인과 부인의 표현으로 간주하기 때문이다. 이 입장에서 도덕 판단은 정서적 의미를 지닐 뿐이고 단지 발화자의 태도를 표현하는 것에 불과하며, 사실의 기술에서 도출될 수 없다. 따라서 정서주의는 도덕적 논증의 타당성이나 도덕적 지식이 존재할 수 없다고 주장한다. 도덕 판단이 정서의 표현이라면, 그 판단은 참이거나 거짓일 수는 없고 기껏 해야 솔직하거나 솔직하지 않은 것일 뿐이기 때문이다. 결국 플류와 허드슨에 따르면, 흄은 존재 명제에서의 당위 명제 도출을 부정하고 도덕적 지식의 불가능성을 주장하는 정서주의자로 해석될 수 있다.

25.

윗글의 내용과 일치하지 <u>않는</u> 것은?

① 도덕철학에서 흄의 주장은 도덕적 지식의 불가능성을 주장하는 철학자들에게 주된 근거로 활용되고 있다.

② 매킨타이어는 흄이 영원한 합목적성이나 신의 의지에 대한 신학적 명제를 존재 명제로 보았다고 해석한다.

③ 헌터는 흄이 존재 명제와 당위 명제를 모두 사실적 주장으로 보았다고 이해한다.

④ 플류와 허드슨은 흄이 인간 정서를 사실적 진술의 대상이 아니라고 보았다고 해석한다.

⑤ 정서주의는 인간 정서가 솔직하게 표현된다면 이를 근거로 존재 명제에서 당위 명제를 이끌어낼 수 있다고 본다.

문항 성격	문항유형 : 주제, 구조, 관점 파악
	내용영역 : 규범
평가 목표	이 문항은 흄의 논쟁적 주장에 대한 현대 도덕철학의 다양한 해석을 제대로 이해하고 있는지 묻는 문항이다.
문제 풀이	정답 : ⑤

이 문항의 해결을 위해서는 존재 명제에서 당위 명제를 도출해 낼 수 없다는 흄의 논쟁적 주장에 대한 현대 도덕철학의 다양한 관점을 제시문을 통해 정확히 파악해야 한다.

정답 해설 ⑤ 제시문 마지막 단락 "따라서 정서주의는 도덕적 논증의 타당성이나 도덕적 지식이 존재할 수 없다고 주장한다. 도덕 판단이 정서의 표현이라면, 그 판단은 참이거나 거짓일 수는 없고 기껏해야 솔직하거나 솔직하지 않은 것일 뿐이기 때문이다. 결국 플류와 허드슨에 따르면, 흄은 존재 명제에서의 당위 명제 도출을 부정하고 도덕적 지식의 불가능성을 주장하는 정서주의자로 해석될 수 있다."로부터 정서주의는 인간 정서가 솔직하게 표현되든 그렇지 않든 간에 존재 명제에서 당위 명제를 이끌어낼 수 있음을 부정한다는 것을 알 수 있다.

오답 해설 ① 제시문 첫 번째 단락 "닝위 밍세는 존재 명제에서 도출된 수 없다는 흄의 주장은 현대 도덕철학에 큰 영향을 미쳤다. 도덕 판단이 사실에 대한 참/거짓인 명제임을 부정하며 도덕적 지식은 존재할 수 없다고 주장하는 도덕철학자들에게 흄의 주장은 성서처럼 여겨진다."로부터 도덕철학에서 흄의 주장은 도덕적 지식의 불가능성을 주장하는 철학자들에게 주된 근거로 활용되고 있음을 알 수 있다.

② 제시문 두 번째 단락 "매킨타이어는 흄의 주장이 모든 존재 명제가 아니라 일부의 존재 명제만을 겨냥하고 있다고 본다. 흄은 도덕 판단이 영원한 합목적성이나 신의 의지에 대한 신학적 명제에서 도출되는 것에 대해서만 그 불가능성을 인정한다는 것이다."로부터 매킨타이어는 흄이 영원한 합목적성이나 신의 의지에 대한 신학적 명제를 존재 명제로 보았다고 해석하고 있음을 알 수 있다.

③ 제시문 첫 번째 단락에 따르면, '당위 명제'는 '도덕 판단'에, '존재 명제'는 '사실에 관한 참/거짓인 명제'에 대응한다. 네 번째 단락에서 헌터는 흄이 "도덕 판단을 존재 명제처럼 사실적 주장으로 인식했"다고 해석하고 있음을 알 수 있다. 따라서 헌터는 흄이 존재 명제와 당위 명제 모두 사실적 주장으로 보았다고 이해한다는 것을 알 수 있다.

④ 제시문 마지막 단락에서 플류와 허드슨은 흄이 인간 정서를 사실적 진술의 대상이 아니라 정서의 표현으로 보았다고 해석하고 있음을 알 수 있다.

26.

윗글을 바탕으로 철학자들의 판단을 이해한 것으로 적절한 것만을 있는 대로 고른 것은?

> **보 기**
>
> ㄱ. 매킨타이어에 따르면, 공익을 증진하는 사회적 규칙은 우리에게 쾌락을 유발한다면 도덕성을 지닌다는 것이 흄의 생각이다.
> ㄴ. 헌터에 따르면, 인간 정서는 주관적이기 때문에 인간 정서에 대한 사실적 진술에서 도출된 도덕 판단은 도덕적 지식이 될 수 없다는 것이 흄의 생각이다.
> ㄷ. 플류와 허드슨에 따르면, 도덕 판단은 정서의 표현이기 때문에 도덕적 지식이 될 수 없다는 것이 흄의 생각이다.

① ㄴ   ② ㄷ   ③ ㄱ, ㄴ
④ ㄱ, ㄷ   ⑤ ㄱ, ㄴ, ㄷ

문항 성격	문항유형 : 정보의 확인과 재구성
	내용영역 : 규범
평가 목표	이 문항은 존재 명제에서 당위 명제를 도출해 낼 수 없다는 흄의 논쟁적 주장을 제시문에 등장한 철학자들의 관점에서 올바르게 이해하고 있는지 평가하기 위한 문항이다.
문제 풀이	정답 : ④

이 문항의 해결을 위해서는 철학자들에 대한 정보를 제시문에서 찾아서 재구성해야 한다. 〈보기〉 선택지에서 주어진 철학자들의 순서가 제시문 전개 순서와 일치하기 때문에 제시문 내용을 이해할 수만 있다면 해결이 어렵지 않다.

〈보기〉 해설   ㄱ. 제시문 두 번째 단락 마지막 문장 "… 흄이 정서에 관해 논의할 때 사회적 규칙이 어떻게 공공의 이익을 증진하는가의 문제와 관련해서 수많은 인류학적, 사회학적 사실을 인용했던 점을 제시한다."와 세 번째 단락에서 소개된 '연결 개념'(욕구와 필요, 쾌락 등)으로부터 이 선택지는 매킨타이어의 판단을 이해한 것으로 적절한 것임을 알 수 있다.

ㄴ. 제시문 다섯 번째 단락으로부터 헌터에 따르면 인간 정서에 대한 사실적 진술에서 도출된 도덕 판단이 도덕적 지식이 될 수 있다는 것이 흄의 생각이라는 것을 확인할 수 있다. 따라서 이 선택지는 헌터의 판단을 이해한 것으로 적절하지 않다.

ㄷ. 제시문 마지막 단락에서 플류와 허드슨은 흄의 주장을, 도덕 판단을 인간 정서의 표현으로 보고 이를 근거로 도덕 판단이 도덕적 지식이 될 수 없다고 보는 정서주의로 해석하고 있음을 알 수 있다. 따라서 이 선택지는 플류와 허드슨의 판단을 이해한 것으로 적절하다.

〈보기〉에서 ㄱ과 ㄷ만이 적절한 것이므로 ④가 정답이다.

27.

윗글을 바탕으로 〈보기〉를 해석할 때, 가장 적절한 것은?

> **보기**
>
> 사악한 것으로 인정된 행위, 예를 들면 고의적 살인을 생각해 보자. 이 행위를 모든 측면에서 검토해 보라. 그리고 여기서 당신이 악덕이라고 부를 수 있는 어떤 사실 또는 진정한 존재를 발견할 수 있는지를 살펴보라. 당신이 그 행위를 어떤 방식으로 검토하든 간에 당신은 오직 어떤 정념과 동기, 의욕과 사고를 발견할 뿐이다. 당신이 그 행위를 대상으로 생각하는 한 그러한 행위에서는 악덕을 전혀 포착할 수 없을 것이다. 당신이 그 행위를 당신의 가슴으로 느껴서 그 행위에 대해 당신 안에 생겨나는 거부의 감정을 발견하기 이전에는 당신은 악덕을 발견할 수 없다. 이때 하나의 사실이 생기는데, 이것은 이성의 대상이 아니라 느낌의 대상이다. 그리고 이것은 당신 자신 안에 있는 것이지 대상에 있는 것이 아니다.
>
> ─ 흄, 『인간 본성에 관한 논고』 ─

① 헌터는 '고의적 살인'에 대한 도덕 판단이 사람들에게 불러일으킨 부정적 정서의 진술에서 도출된 것이라고 생각하겠군.

② '악덕'이라는 도덕 판단의 근거를 매킨타이어는 인간의 타고난 성질에서 찾겠지만, 헌터는 시인과 부인의 표현에서 찾겠군.

③ 플류와 허드슨은 '악덕'에 대해 '고의적 살인'이 어떤 사람에게 유발한 불쾌감을 기술한 것으로 간주하겠군.

④ 매킨타이어와 달리 헌터는 '거부의 감정'이 사실적 측면과 도덕적 요구를 연결하는 개념이라고 생각하겠군.

⑤ 매킨타이어는 '당신 자신 안에 있는 것'을, 플류와 허드슨은 '대상에 있는 것'을 도덕 판단으로 간주하겠군.

문항 성격	문항유형 : 정보의 추론과 해석
	내용영역 : 규범
평가 목표	이 문항은 흄의 논쟁적 주장에 대한 현대 도덕철학의 다양한 입장을 흄의 원 글에 다시 적용하여 적절하게 해석할 수 있는지 확인하기 위한 문항이다.
문제 풀이	정답 : ①

〈보기〉를 꼼꼼히 읽고 선택지에 등장한 주요 어구들의 의미를 매킨타이어, 헌터, 플류와 허드슨의 입장에서 해석하여 선택지들의 적절성 여부를 판단하도록 한다.

정답 해설 ① 〈보기〉에서 '고의적 살인'은 '사악한 것으로 인정된 행위'의 예로 들고 있기 때문에, '고의적 살인'은 도덕 판단의 대상임을 알 수 있다. 제시문 다섯 번째 단락 "결국 헌터의 해석에 따르면, 흄의 당위 명제는 특정한 존재 명제, 즉 이성의 관계들이나 독립적인 외부의 대상들에 관한 명제에서는 도출될 수 없지만, 인간 정서와 관련된 사실적 진술로서의 존재 명제에서는 도출될 수 있다."와 네 번째 단락 "흄의 이 언급은 인간 정서의 사실적 진술에 관한 것이며, 이 사실적 진술은 어떤 행위나 특성에 대한 관찰과 그것에 대한 느낌 간의 인과적 연결을 기술하는 것이다."로부터 헌터는 '고의적 살인'에 대한 도덕 판단이 사람들에게 불러일으킨 부정적 정서의 진술에서 도출된 것이라고 생각했음을 알 수 있다.

오답 해설 ② 제시문 두 번째와 세 번째 단락을 통해 볼 때, 매킨타이어가 '악덕'이라는 도덕 판단의 근거를 인간의 타고난 성질인 인간 본성에서 찾는다는 해석은 적절하다. 그러나 도덕 판단을 시인과 부인의 표현으로 간주한 철학자는 헌터가 아니라 플류와 허드슨이다. 따라서 헌터가 '악덕'이라는 도덕 판단의 근거를 시인과 부인의 표현에서 찾을 것이라는 해석은 적절하지 않다.

③ 제시문 마지막 단락에서 플류와 허드슨은 어떤 행위에 대한 도덕 판단을 그 행위가 불러일으킨 정서의 기술이 아니라 표현으로 간주한다는 것을 알 수 있다. 따라서 플류와 허드슨에 따를 때, '고의적 살인'이 '악덕'이라는 도덕 판단을 이 행위가 어떤 사람에게 유발한 불쾌감을 표현한 것이 아니라 불쾌감을 기술한 것으로 간주할 것이라는 해석은 적절하지 않다.

④ 제시문 세 번째 단락에서 "이런 맥락에서 매킨타이어는 '연결 개념'을 제안한다. 이 개념에는 욕구와 필요, 쾌락 등이 포함되는데, 이것들은 사실적인 것인 동시에 도덕적 개념과 밀접하게 연결된 인간 본성의 여러 측면과도 관련된다. 매킨타이어는 연결 개념이 사실들을 그것들과 관련된 도덕적 요구에 연결한다고 보고, 이것이 곧 흄이 실제로 행한 바라고 주장한다."로부터 매킨타이어가 '거부의 감정'을 연결 개념으로 생각하고 있음을 보여 준다. 한편 헌터도 "흄의 이 언급은 인간 정서의 사실적 진술에 관한 것이며, 이 사실적 진술은 어떤 행위나 특성에 대한 관찰과 그것에 대한 느낌 간의 인과적 연결을 기술하는 것이다."(네 번째 단락)라고 보고, "흄의 당위 명제는 … 인간 정서와 관련된 사실적 진술로서의 존재 명제에서는 도출될 수 있다."(다섯 번째 단락)라고 해석한다. 따라서 매킨타이어와 헌터는 모두 동일하게 '거부의 감정'과 같은 인간 정서를 연결 개념으로 보고 있음을 알 수 있다.

⑤ 〈보기〉의 가장 마지막 문장에서 '당신 자신 안에 있는 것'은 어떤 행위에서 유발된 "인가 정서"를, '대상에 있는 것'은 "독립적인 외부의 대상"을 가리킨다. 제시문 두 번째 단락에서 매킨타이어가 '당신 자신 안에 있는 것'으로서의 "인간 정서"를 도덕 판단으로 해석했다고 볼 여지는 있다. 그러나 플류와 허드슨의 경우 어떤 행위에 대한 도덕 판단을 그 행위가 불러일으킨 정서의 표현으로 간주하기 때문에 도덕 판단은 '대상에 있는 것', 즉 "독립적인 외부의 대상"과는 무관하다.

[28~30] 다음 글을 읽고 물음에 답하시오.

부부가 이혼할 때 한쪽이 양육친으로서 미성년 자녀에 대한 양육권을 행사하면 다른 쪽은 비양육친으로서 면접교섭권을 가진다. 양육권자는 합의로 정하며 합의가 되지 않은 때에는 법원의 재판으로 정한다. 부부의 국적이 다른 경우, 이 재판은 자녀가 생활하던 나라의 법원에서 진행되고, 대개 그 나라 국민인 사람이 양육친으로 지정된다. 자녀가 원래 살던 나라에서 그대로 살 수 있게 해 주는 것이 '자녀의 복리 원칙'에 부합하기 때문이다.

비양육친은 양육권을 가져오기 위해 자녀를 데리고 다른 나라에 가서 다시 재판을 받으려 할 수 있다. 이런 상황에 대처하기 위해 국제 협약이 마련되었다. 이 협약은 양육친과 비양육친의 국적이 같은 경우나 비양육친이 자신의 본국 아닌 제3국으로 자녀를 데려간 경우에도 적용되는데, 자녀의 생활환경 급변을 방지하는 한편 비양육친이 유리한 재판을 받을 때까지 자녀를 데리고 국제적 이동을 반복하는 것을 억제하기 위해서이다.

협약은 16세 미만인 자녀에 대한 위법한 국제적 이동이 발생한 경우에 자녀를 신속하게 반환시키는 것을 목적으로 한다. 양육친의 의사에 반해 자녀를 다른 나라로 이동시키면 양육권을 침해하여 위법한 행위가 된다. 비양육친이 양육친의 동의하에 귀국을 전제로 자녀를 국제적으로 이동시킨 후 자녀를 반환하기를 거부하는 경우 위법성이 인정된다. 이 협약에 특유한 전담기관 제도와 반환재판 제도가 모두 효과적으로 작동하므로 이 협약은 성공적으로 운영되고 있다고 평가된다. 다만 양육친과 비양육친의 본국이 모두 협약 가입국이어야만 적용되며, 면접교섭권이 침해되는 경우에는 전담기관의 지원을 받을 수 있을 뿐 그 구제를 위한 재판제도를 두지 않았다는 한계가 있다.

위법한 국제적 이동이 발생한 경우, 자녀를 반환시키려면 양육친은 재판에서 승소하여 강제집행 절차까지 마쳐야 한다. 양육친이 외국에서 이 절차를 진행하는 데 곤란을 겪을 경우, 전담기관의 지원을 받을 수 있다. 협약 가입국은 하나 이상의 전담기관을 지정해야 한다. 전담기관은 자녀의 소재 탐지, 반환재판 진행, 승소 후의 강제집행 절차에 이르는 전반적인 과정에서 양육친을 지원한다. 또한 양육친과 비양육친이 합의로 자녀의 반환 방법을 결정하도록 주선하고, 합의가 성립하면 그 실행을 지원한다. 협약에는 가입국들의 전담기관들 간 공조 체계도 마련되어 있어서 양육친은 자국 전담기관을 매개로 비양육친과 자녀가 머무는 외국의 전담기관의 지원을 받거나 외국 전담기관에 직접 지원을 신청할 수 있다. 물론 직접 외국의 법원에 반환재판을 청구할 수도 있다.

협약에 따르면, 자녀에 대한 위법한 국제적 이동 사실이 인정되면 법원은 자녀를 돌려보내도록 결정한다. 이때 부모 중 누가 양육권자로서 더 적합한지는 판단하지 못하도록 하고 있다. 이는 반환재판의 지연을 방지하고 자녀가 원래 살던 나라에서 양육권자를 정하는 재판을 하도록 하기 위해서이다. 다만 반환 예외 사유가 인정되면 법원은 반환청구를 받아들이지 않을 수 있다. 자녀가 1년 이상 체류 중인 나라에서의 생활에 적응한 경우나 자녀에게 위해가 발생할 중대한 위험이 있는 경우가 그 예이다. 위해에는 신체적 위해뿐 아니라 정신적 위해도 포함되므로 양육친이 비양육친에게만 폭력을 행사해도 자녀에게 정신적 위해가 발생한다고 볼 수 있다.

반환재판 사례가 축적되면서 협약 제정 당시 예상하지 못했던 현상이 나타났다. 비양육친이 양육친의 가정폭력으로 인해 양육친 몰래 자녀를 데리고 외국으로 도피하는 사례가 많아졌다. 이 경우 법원은 중대한 위험이 인정됨을 이유로 반환청구를 받아들이지 않을 수 있지만, 협약의 입법 취지가 무의미해지는 것을 방지하기 위해 자녀 보호에 필요한 조치를 명하면서 반환청구를 인용할 수도 있다.

28.

윗글에 대한 이해로 가장 적절한 것은?

① 전담기관 제도는 반환재판 제도와는 달리 효과적으로 작동하고 있다.
② 양육친이 반환재판에서 승소하더라도 그것만으로는 자녀의 반환이 실현되지 않는다.
③ 법원의 재판으로 양육권자가 정해지면 그 나라의 재판으로는 이를 번복할 수 없다.
④ 양육친과 비양육친의 합의로 반환 방법이 정해지면 전담기관은 더 이상 상황에 개입할 수 없다.
⑤ 양육친과 비양육친의 국적이 서로 다르면 전담기관은 타국 국민에 대해서는 지원을 제공하지 않아도 된다.

문항 성격	문항유형 : 정보의 확인과 재구성
	내용영역 : 규범
평가 목표	이 문항은 제시문에 등장하는 법해석과 관련한 다양한 입장들을 이해하고 있는지 묻는 문항이다.
문제 풀이	정답 : ②

제시문의 제재인 협약의 주요 제도와 내용을 정확하게 파악하도록 한다.

정답 해설	② 제시문 네 번째 단락 "… 자녀를 반환시키려면 양육친은 재판에서 승소하여 강제집행 절차까지 마쳐야 한다."로부터 반환재판 승소 후 강제집행 절차라는 별도의 절차를 마쳐야 자녀의 반환이 실현됨을 알 수 있다.
오답 해설	① 제시문 세 번째 단락 "이 협약에 특유한 전담기관 제도와 반환재판 제도가 모두 효과적으로 작동"이라는 기술에서, 전담기관 제도뿐 아니라 반환재판 제도도 효과적으로 작동하고 있음을 알 수 있다.
	③ 제시문 첫 번째 단락에서 "양육권자는 합의로 정하며 합의가 되지 않은 때에는

법원의 재판으로 정한다. 부부의 국적이 다른 경우, 이 재판은 자녀가 생활하던 나라의 법원에서 진행"된다고 했으므로 이 선택지의 '그 나라'는 양육권자를 정하는 재판을 한 나라인 자녀가 원래 살던 나라임을 알 수 있다. 제시문 다섯 번째 단락 "… 자녀가 원래 살던 나라에서 양육권자를 정하는 재판을 하도록 하기 위해서이다."로부터, 협약의 목적은 양육권자를 다시 정할 필요가 있어도 일단 반환재판으로 자녀를 원래 살던 나라로 돌려보낸 후 그 나라의 재판으로 양육권자를 다시 정하게 하는 것임을 알 수 있다. 따라서 '그 나라'인 원래 살던 나라의 재판으로 양육권자를 다시 정할 수 있음을 알 수 있다.

④ 제시문 네 번째 단락에서 "… 양육친과 비양육친이 합의로 자녀의 반환 방법을 결정하도록 주선하고, 합의가 성립하면 그 실행을 지원한다."라고 했으므로 전담기관은 양육친과 비양육친이 반환 방법에 관한 합의 후에도 계속 상황에 개입할 수 있음을 알 수 있다.

⑤ 제시문 네 번째 단락에서 "양육친은 … 외국 전담기관에 직접 지원을 신청할 수 있다."라고 했으므로 이 선택지는 윗글에 대한 이해로 적절하지 않다.

29.

윗글에서 추론한 내용으로 가장 적절한 것은?

① 협약의 목적은 양육권자 결정에 관한 재판이 자녀가 현재 머무는 나라에서 진행되게 하는 것이다.

② 협약 제정 당시의 예상과 달리, 신속한 반환이 자녀의 복리에 부합한다고 보기 어려운 사례가 늘고 있다.

③ 양육친과 비양육친의 국적이 같으면 비양육친이 위법하게 자녀를 국제적으로 이동시켜도 협약이 적용되지 않는다.

④ 비양육친의 본국만 협약에 가입한 경우에도 양육친은 비양육친의 본국에서 협약상의 지원 신청과 반환재판 청구를 할 수 있다.

⑤ 비양육친이 양육친의 동의하에 자녀를 외국으로 데려간 경우라면 이후의 상황 변화와 상관없이 적법한 국제적 이동으로 인정된다.

내용영역 : 규범

평가 목표 이 문항은 자녀에 대한 위법한 국제적 이동의 문제 및 이를 처리하기 위한 협약과 관련하여 제시문에 명시적으로 드러나지 않은 정보를 추론할 수 있는지 확인하기 위한 문항이다.

문제 풀이 정답 : ②

국제 협약의 제정 배경과 적용 메커니즘에 대하여 제시문의 정보로부터 추론하여 각 선택지의 진위 여부를 확인하도록 한다.

정답 해설 ② 제시문 첫 번째 단락에서 "자녀가 원래 살던 나라에서 그대로 살 수 있게 해 주는 것이 '자녀의 복리 원칙'에 부합"함이 협약 제정 당시에 예상했던 상황임을 알 수 있다. 마지막 단락에서 "협약 제정 당시 예상하지 못했던 현상"은 "비양육친이 양육친의 가정폭력으로 인해 양육친 몰래 자녀를 데리고 외국으로 도피하는 사례"임을 알 수 있고, 다섯 번째 단락에서는 "양육친이 비양육친에게만 폭력을 행사해도 자녀에게 정신적 위해가 발생"함을 알 수 있다. 따라서 협약 제정 당시 예상과는 달리 신속한 반환으로 자녀에게 위해가 발생하는 사례가 늘고 있음을 추론할 수 있다.

오답 해설 ① 제시문 다섯 번째 단락 "… 자녀가 원래 살던 나라에서 양육권자를 정하는 재판을 하도록 하기 위해서이다."로부터 협약의 목적은 자녀가 머무는 나라에서 양육권자를 정하는 재판을 하게 하는 것이 아님을 추론할 수 있다.

③ 제시문 두 번째 단락에서 "양육친과 비양육친의 국적이 같은 경우"에도 협약이 적용된다고 했고 세 번째 단락에서 "협약은 16세 미만인 자녀에 대한 위법한 국제적 이동이 발생한 경우"에 적용된다고 했으므로, 양육친과 비양육친의 국적이 같아도 위법한 국제적 이동이 발생하면 협약이 적용됨을 추론할 수 있다.

④ 제시문 세 번째 단락에서 "양육친과 비양육친의 본국이 모두 협약 가입국이어야만 적용"된다는 것과 전담기관 제도와 반환재판 제도는 "협약에 특유한" 것임을 알 수 있다. 따라서 비양육친의 본국만 협약에 가입한 경우 협약상의 지원 신청과 반환재판 청구를 할 수 있다는 것은 적절하지 않은 추론임을 알 수 있다.

⑤ 제시문 세 번째 단락 "비양육친이 양육친의 동의하에 귀국을 전제로 자녀를 국제적으로 이동시킨 후 자녀를 반환하기를 거부하는 경우 위법성이 인정된다."라고 했으므로 이 선택지는 제시문에서 추론한 내용으로 적절하지 않음을 알 수 있다.

30.

윗글을 바탕으로 〈보기〉를 평가한 것으로 적절하지 <u>않은</u> 것은?

> **보기**
>
> X국 국적자인 갑과 Y국 국적자인 을이 X국에서 함께 살던 중 이들 사이에서 자녀 병이 태어났다. 갑과 을은 병이 8세 되던 해 이혼하였다. 그때 갑과 을이 병의 양육권에 관하여 합의에 이르지 못하여 X국 법원은 갑을 양육권자로 지정하고 을이 면접교섭권을 행사하여 병을 방학 기간 동안 Y국으로 데려갈 수 있도록 하였다. 현재 병의 나이는 10세이고 을은 병을 데리고 출국하려고 한다. X국과 Y국은 모두 협약 가입국이다.

① 을이 갑의 동의 없이 병을 협약 가입국인 Z국으로 데려간 직후 갑이 Z국에서 반환재판을 청구하는 경우, Z국 법원은 병을 X국으로 돌려보낼 수 있다.

② 을이 갑의 동의 없이 병을 Y국으로 데려간 직후 갑이 Y국에서 반환재판을 청구하는 경우, 을이 양육권자 변경을 주장하더라도 Y국 법원은 을의 주장을 판단할 권한이 없다.

③ 을이 갑의 동의 없이 병을 Y국으로 데려간 후 3년이 지나도 병이 생활 적응에 실패한 상황에서 갑이 곧바로 Y국 법원에 반환청구를 하는 경우, Y국 법원은 갑의 반환청구를 받아들일 수 있다.

④ 을이 방학을 맞은 병을 Y국으로 데려가려 했으나 갑이 병의 소재를 알려주지 않는 경우, 을은 면접교섭권 행사에 대해 Y국에서 선남기관의 지원을 받을 수 없다.

⑤ 갑의 폭력 성향 때문에 을이 병을 Y국으로 데려간 직후 갑이 Y국에서 반환재판을 청구하는 경우, 병에 대한 위해가 발생할 중대한 위험이 인정되어도 Y국 법원은 갑의 반환청구를 받아들일 수 있다.

문항 성격	문항유형 : 정보의 평가와 적용 내용영역 : 규범
평가 목표	이 문항은 협약에 고유한 전담기관에 의한 면접교섭 지원 제도, 반환재판 제도를 실제 사안에 적용할 수 있는지를 묻는 문항이다.
문제 풀이	정답 : ④

X국과 Y국이 모두 협약 가입국이고, 병은 10세로서 16세 미만이기 때문에, 면접교섭권 침해나 위법한 국제적 이동이 인정되면 〈보기〉의 사안에는 협약이 적용된다.

정답 해설 ④ 〈보기〉에서 을이 병을 병의 방학 기간 동안 Y국으로 데려가는 것은 을의 면접교섭권의 내용임을 알 수 있다. 제시문 세 번째 단락에서 "면접교섭권이 침해되는 경우에는 전담기관의 지원을 받을 수 있을 뿐"이라고 했으므로, "을은 면접교섭권 행사에 대해 Y국에서 전담기관의 지원을 받을 수 없다."는 적절하지 않은 평가이다.

오답 해설 ① 을이 갑의 동의 없이 병을 출국시키면 위법한 국제적 이동으로 인정된다. 제시문 두 번째 단락에서 협약은 "비양육친이 자신의 본국 아닌 제3국으로 자녀를 데려간 경우에도 적용"된다고 했고 Z국도 협약 가입국이므로, 결국 이 경우 협약이 적용된다. 다섯 번째 단락에서 "… 자녀에 대한 위법한 국제적 이동 사실이 인정되면 법원은 자녀를 돌려보내도록 결정한다."고 했으므로 "Z국 법원은 병을 X국으로 돌려보낼 수 있다."는 적절한 평가이다.

② 을이 갑의 동의 없이 병을 출국시키면 위법한 국제적 이동으로 인정되는데, 제시문 다섯 번째 단락에서, 반환재판을 하는 법원은 "부모 중 누가 양육권자로서 더 적합한지는 판단하지 못하도록 하고 있다."는 것을 알 수 있다.

③ 을이 갑의 동의 없이 병을 출국시키면 위법한 국제적 이동으로 인정된다. 제시문 다섯 번째 단락에서 자녀가 "체류 중인 나라에서의 생활에 적응한 경우"가 반환 예외 사유라고 했는데, 병이 생활 적응에 실패했다고 했으므로 반환 예외 사유는 인정되지 않는다. 같은 단락에서, 반환 예외 사유가 없으면 반환재판을 담당한 법원은 "자녀에 대한 위법한 국제적 이동 사실이 인정되면 법원은 자녀를 돌려보내도록 결정"할 권한이 있음을 알 수 있다. 따라서 "Y국 법원은 갑의 반환청구를 받아들일 수 있다."는 적절한 평가이다.

⑤ 제시문 다섯 번째 단락에서 "자녀에게 위해가 발생할 중대한 위험이 있는 경우"가 반환 예외 사유임을 알 수 있고, "다만 반환 예외 사유가 인정되면 법원은 반환청구를 받아들이지 않을 수 있다."로부터 반환 예외 사유가 인정되더라도 반환청구가 받아들여질 수 있음을 알 수 있다. 따라서 '갑의 폭력 성향'은 반환 예외 사유로 인정될 수 있으나, 이 경우에도 Y국 법원은 갑의 반환청구를 받아들일 수 있다.

법학적성시험
언어이해 영역

2023

2023학년도 언어이해 영역 출제 방향

1. 출제의 기본 방향

언어이해 영역은 법학전문대학원 지원자들의 언어적 소양과 통합적 의사소통 능력을 평가하는 것을 목표로 삼는다. 2023학년도 언어이해 영역은 여러 분야의 고차적이고도 다층적인 텍스트를 제시하고 이에 대한 수험생의 사실 이해와 재구성 능력, 그리고 추론과 비판 및 적용 능력의 정도를 평가하는 데 출제의 기본 방향을 두었다. 이번 시험의 출제 원칙은 다음과 같다.

- 내용 및 표현에서 모범이 되는 다양한 글, 특히 법조인으로서 갖추어야 할 기본 소양과 연관된 글을 제시문으로 활용한다.
- 제시문의 대의를 파악하고 정보들을 이해하며, 정보들 간의 유기적 관련성을 분석·종합할 수 있는 능력을 갖추었는지 평가한다.
- 제시문의 정보를 바탕으로 합리적인 결론을 이끌어 내고, 특정 정보를 다른 문제 상황에 적용하거나 비판할 수 있는 능력을 갖추었는지 평가한다.

2. 출제 범위

언어이해 영역에서는 여러 분야의 고차적이고도 다층적인 글을 통해, 제시된 정보들을 이해하는 능력, 제시된 정보를 재구성 또는 종합하여 주제를 파악하는 능력, 제시된 정보를 바탕으로 적절한 추론이나 비판을 이끌어 내는 능력, 글의 정보를 관련 상황에 적용하는 능력 등을 평가한다. 이를 위해 이번 시험에서는 다양한 학문 분야의 근본적이면서도 심화된 주제나 최신 연구 동향을 기본으로 삼되, 각 학문의 전문적인 배경적 지식이 없어도 문제를 풀 수 있도록 출제하였다.

이번 시험의 출제는 다음 사항을 고려하여 진행하였다.

- 여러 학문 분야의 기본 개념이나 범주들을 활용하되, 최신 이론의 동향, 시의성 있는 문제 상황 등을 중심으로 제시문을 작성한다.

• 표준화된 모델들을 기반으로 문항 세트를 설계함으로써 제시문에 사용된 개념이나 범주들을 이해하고 활용할 수 있는지 평가한다.
• 특정 전공, 특히 법학 전공의 배경적 지식이 없어도 제시문에 주어진 정보만으로 문제를 풀 수 있게 제시문과 문항을 구성한다.

3. 문항 구성

언어이해 영역의 목표를 달성하기 위해 제시문은 가독성이 높고 정보 전달이 분명하며 논지를 선명히 하여 완결성을 갖추도록 해야 한다. 이번 출제에서는 이러한 제시문의 조건들을 지키면서도 다양한 주제와 심도 있는 논의를 다룬 제시문들을 개발하였다.

그리고 각 제시문에 따른 문항들은 '주제, 구조, 관점 파악', '정보의 확인과 재구성', '정보의 추론과 해석', '정보의 평가와 적용' 등 여러 독해 능력을 균형 있게 평가하도록 설계하였다. 이와 함께 제시문과 〈보기〉를 연결하는 문항을 다수 출제하여 비판 및 추론, 적용 능력을 종합적으로 평가하고자 하였다.

이번 시험의 내용 영역은 '인문', '사회', '과학기술', '규범'의 4개 영역이며, 문항은 각 세트당 3문항, 총 10세트 30문항이다. 각 내용 영역별로 제시문에서 다루고 있는 주제는 다음과 같다.

'인문' 분야에서는 철학 관련 주제로 헤겔의 '낭만' 개념을 중심으로 이와 연관된 '낭만주의', '낭만적인 것', '예술', '철학' 등의 개념이 서로 어떤 관계를 맺고 있는지를 다루고 있는 제시문이 주어졌다. 사학 관련 주제로는 미국 역사학의 전개 과정과 관련하여 혁신주의 역사학, 합의사학, 신좌파 역사학의 기본 입장과 그 특징을 다루고 있는 제시문이 주어졌다. 문학 관련 주제로는 김자림의 희곡 「이민선」(1964)과 더불어 여기에 나오는 등장인물들의 성격과 행동, 극작가의 관점 등을 해석하는 평론이 제시문으로 주어졌다.

'사회' 분야에서는 정치학 관련 주제로 세대 간의 의식, 특히 정치의식의 차이를 생애주기 효과, 기간 효과, 코호트 효과 개념을 통해 분석하고 측정하는 내용의 제시문이 주어졌다. 경제학 관련 주제로는 각 사회에서 효율적인 제도가 어떻게 선택되는지를 설명하는 '제도가능곡선 모델'과 관련된 내용의 제시문으로 주어졌다.

'과학기술' 분야에서는 물리학 주제와 관련하여 우주에서 발생한 중력파를 간섭계를 활용하여 어떻게 측정하는지를 다루는 제시문이 주어졌다. 생물학 주제와 관련해서는 세포에 있는 단백질이 특정한 장소로 이동하는 데 신호서열이 어떻게 기능하는지를 다루는 제시문이 주어졌다.

'규범' 분야에서는 법철학 주제와 관련하여 판사의 판결에 진솔함이 요구되는 이유와 관련된 논의를 다루는 제시문이 주어졌다. 법사회학 주제와 관련해서는 법과 폭력의 관계에 대해 근본적인 물음을 던지고 있는 벤야민, 데리다의 입장을 소개하는 제시문이 주어졌다. 윤리학 주제와 관련해서는 식물인간이 도덕적 지위를 갖는지의 문제에 대해 감응력, 현상적 의식 등의 개념을 바탕으로 접근하는 제시문이 주어졌다.

이번 시험의 제시문들은 전반적으로 우리 사회와 세계에 대해 시의성 있으면서도 깊이 있는 이해를 유도하는 내용으로 구성되어 있어서 법학전문대학원 지원자들의 수학 능력을 평가하는 데 기여할 뿐만 아니라 향후 수험생들이 예비 법조인으로서 교양을 쌓는 데도 도움이 될 것으로 본다.

4. 난이도

2023학년도 언어이해 영역 시험에서는 난삽한 제시문이나 모호한 문항을 통해 난이도를 확보하는 것을 지양하고, 명료하고 논리적인 제시문을 통해 실질적인 독해 능력을 측정할 수 있도록 문항을 구성함으로써 적정 난이도를 확보하려고 하였다. 이에 따라 제시문의 가독성은 최대한 높이되, 제시문을 깊게 이해하고 이를 새로운 문제 상황에 적용하거나 이에 대해 비판하는 능력을 측정하는 방향으로 문항들을 설계하였다.

5. 출제 시 유의점

• 기출 문제나 사설 학원 문제를 접한 경험만으로는 쉽게 풀 수 없는 문제를 출제하였으며, 특정 전공에 따른 유·불리 현상도 최소화하도록 하였다.
• 출제의 의도를 감추거나 오해하게 하는 문두를 피하고, 평가하려는 의도나 내용을 분명하고 정확하게 드러내는 문두 형식을 취하였다.
• 다른 문항과의 간섭이나 답지 간의 간섭을 최소화하고 적절한 변별력을 확보하도록 문항과 답지를 설계하였다.

[01~03] 다음 글을 읽고 물음에 답하시오.

　　판사에게 진솔함이 요구되는가 하는 문제가 논의되고 있다. 현대의 민주국가는 판사가 내리는 판결에 강제력을 부여하지만, 사법권의 행사에 민주적 통제가 미치도록 판결에 이유를 밝힐 것을 요구한다. 이때 판사는 판결의 핵심적인 근거에 관해 허위나 감춤 없이 자신이 믿는 바와 판단 과정을 분명히 드러내야 한다. 이에 대해서는 '반대론'이 있다. 법원은 사회적 갈등과 긴장의 해소를 임무로 하므로 사형이나 낙태 문제와 같이 논란이 큰 사안을 다룰 때는 판사들의 의견이 일치된 것처럼 보이는 편이 바람직하며, 필요하면 내심의 근거와 다른 것을 판결 이유로 들거나 모호하게 핵심을 회피하는 편이 낫다는 견해가 대표적이다. 이런 반대론은 시민들이 진실을 다룰 능력이 부족하다고 전제하고 있어 민주주의 원리에 반하므로 동의하기 어렵다. 다만 판사도 거짓말을 선택해야 할 예외 상황이 존재한다는 주장은 검토해 볼 만하다.

　　법과 양심에 따라 재판해야 하는 판사에게 양심은 곧 법적 양심을 의미하므로 법과 양심이 충돌할 일은 거의 없다. 하지만 노예제도가 인정되던 시절에 노예제를 허용하지 않는 주(州)로 탈출한 노예에 대해 소유주가 소유권을 주장하는 것처럼 법적 권리와 도덕적 권리가 충돌할 뿐 아니라 법적 결론이 지극히 부정의한 결과를 초래하는 상황에서는 사정이 다르다. 이런 사안에서는 법적 권리를 무효로 할 근거는 찾기 어렵고, 그렇다고 법을 그대로 적용하는 것은 도덕적으로 옳지 않다. 판사는 도덕적 양심에 반해 법률을 적용하거나 도덕적 양심을 우선해 법률을 적용하지 않을 수 있을 것이다. 그러나 전자는 판사의 양심을 부정하고, 후자는 판사의 직업상 의무를 위반한다. 사임하는 것은 누구에게도 도움이 되지 않으므로 도덕적 권리를 지지하는 판사에게 남은 선택은 그 법적 권리를 자신이 믿는 바와 다르게 당사자에게 표명하는 것밖에 없다. 즉, 판사는 법적으로 인정되는 권리임을 부인할 수 없음에도 다른 합법적인 법해석을 만들어내고는 그런 법해석의 결과로 법적 권리가 부정되는 것처럼 판결함으로써 은밀하게 곤경에서 벗어나는 것이다.

　　하지만 이런 논의가 판사의 진솔 의무를 부정하지는 못한다. 오늘날 법과 도덕의 극단적인 괴리 현상은 드물며, 진실을 분별하고 지지하는 민주사회라면 판사가 묘책을 찾아야 하는 상황을 만들어내지 않을 것이다. 하지만 법–도덕의 딜레마와 진솔 의무는 노예제와 함께 완전히 사라지지 않았다. 판사가 특정 법률에 도덕적 저항감을 느끼는 일은 현대에도 계속되고 있다. 여기서 판사의 선택은 정의와 민주주의, 사법의 정당성에 지속적으로 영향을 미친다.

　　진솔함의 중요성은 최근에는 다른 차원에서 제기되고 있다. 먼저 판사의 진솔함은 사법의 정당성을 수호하는 중요한 방책이 된다. ㉠어떤 판사는 법이 모호하고 선례도 없어 판단이 매우 어려운 사안에서 창의적인 법해석을 한 경우에도 그런 사정을 감춘다. 이때 판사는 자신이 진정으로 믿는 법해석을 근거로 판결한 것이지만, 패소한 당사자를 설득하기 위해 판사들 사이의 상투적 표현법을 써서 이렇게 말하는 편이 더 좋다고 생각한다. "판사는 법을 만들지 않으며, 법을 발견하고, 법률을 기계적으로 적용할 뿐이다." 더 심각한 것은 판사가 법 외적인 사정에 무관심하고 오직 법의 문언에 충실한 결과인 듯 판결 이유를 제시하지만, 실제로는 어떤 결과를 도출할 것인지 먼저 선택한 다음에 자신이 선호하는 결과를 보장하는 해석론을 개발해 제시하는 경우이다. 이때도 판사는 으레 동일한 표현법을 활용한다.

하지만 이런 방편에는 큰 위험이 도사리고 있다. 판사의 거짓말은 국민을 자율적 판단 능력을 갖춘 시민으로 존중하지 않음을 의미하며, 사법적 판단 과정의 실상이 드러나는 순간 사법의 권위와 정당성은 실추될 것이다. 법원이 이런 위험에서 벗어나는 길은 진솔함으로 국민을 대하는 것이다. 이런 인식을 바탕으로 법-도덕 딜레마 상황에서 거짓이 정당화된다는 견해도 재검토되고 있다. 거짓으로 이룰 수 있는 것은 진솔함으로도 이룰 수 있다.

01.

윗글의 내용과 일치하지 <u>않는</u> 것은?

① 판사의 진솔함은 법-도덕 딜레마와 민주주의를 서로 연결 짓는다.

② 판사의 진술 의무를 지지하는 견해는 판사가 판결에 이르는 과정에서 법 외적인 요소들을 고려하는 것을 허용한다.

③ 법-도덕 딜레마 상황에서 거짓말하기를 선택한 판사는 정의를 위해 행동하는 듯하지만, 사실은 법을 위해 법에 더 충실한 선택을 한다.

④ 판사의 진솔함이 사법의 정당성을 뒷받침한다는 견해에 의하면 법-도덕 딜레마 사안에서 판사는 더 이상 거짓말하기를 선택해서는 안 된다.

⑤ 판사가 판결 이유를 밝혀야 한다는 것과 판결 이유를 진술하게 작성해야 한다는 것은 별개이지만 모두 민주주의 원리에서 공통의 근거를 찾을 수 있다.

문항 성격	문항유형 : 주제, 구조, 관점 파악
	내용영역 : 규범
평가 목표	이 문항은 제시문에서 법관의 진술 의무의 의미, 법-도덕 딜레마 상황에서 거짓말하기를 선택하는 판사의 논리, 진술 의무와 정의 및 민주주의, 진술 의무의 현대적 문제로 사법의 정당성과 관계된 두 사례의 검토 등 관련 내용을 종합하여 전체 글을 정확하게 파악하고 있는지 평가하는 문항이다.

정답 : ③

제시문은 크게 다섯 단락으로 구성되어 있다. 첫 번째 단락은 현대 민주사회의 사법 영역에서 판사에게 진솔 의무를 인정할 수 있는지를 논점으로 제시하고 찬성론의 기본적인 근거와 내용, 반대론의 한 예를 소개한 다음 반대론을 민주주의 원리로써 반박한다. 두 번째 단락은 노예제가 인정되던 시절에 노예제가 허용되지 않는 자유로운 주로 도주한 노예에 대해 소유자가 소유권을 주장하는 경우를 예를 들어 법-도덕 딜레마 상황에서 판사가 불가피하게 거짓을 선택해야 한다는 내용의 논의를 소개한다. 이어서 세 번째 단락에서는 현대 사회에 법-도덕 딜레마 상황이 드문 점, 진리를 추구하는 사회에서라면 판사가 불가피하게 거짓을 선택해야 할 일은 생겨나지 않을 것임에도 불구하고 판사의 진솔함이 개별 법률에 대한 도덕적 저항감과 이에 대한 판사의 선택 문제로 남아 있어 정의와 민주주의, 사법의 정당성에 지속적인 영향을 미친다고 논의했다. 네 번째 단락에서는 최근에 판사의 진솔함이 사법의 민주적 정당성 문제와 연결되어 제기되는 문제 상황, 즉 창의적 법해석을 한 판사와 결과를 우선시하는 해석법을 채택한 판사가 자신의 사법적 판단 과정에 관해 사실대로 말하지 않고 판사들 사이의 상투적인 표현법을 사용하는 문제점을 제기했다. 마지막 단락에서는 판사가 자신의 사법적 판단 과정에 관해 진솔하게 밝히지 않으면 사법의 신뢰 위기와 정당성 위기를 부를 위험이 있음을 지적하고 이런 위험에서 벗어나는 방안이 국민을 진솔함으로 대하는 것에 있다고 했다. 아울러 진솔함의 중요성에 대한 재인식에서 국민을 자율적 판단 능력을 갖춘 주체로 재발견하면서 법관이 법-도덕 딜레마에 처한 상황에서 종래의 대처방식에 대한 재검토로 이어지는 점을 지적하고, 특히 거짓으로 이룰 수 있는 것은 진실로도 이룰 수 있다고 함으로써 종전처럼 법-도덕 딜레마 상황에서 거짓을 선택하는 일은 없어야 한다는 취지로 끝맺고 있다. 제시문의 전체 취지를 파악한 다음 내용과 일치하지 않는 것을 골라야 한다.

정답 해설 ③ 제시문 두 번째 단락은 법-도덕 딜레마 상황에 관해 노예제가 인정되던 시절에 노예가 허용되지 않는 주로 도망한 노예에 대해 소유자가 소유권을 주장하는 경우 판결을 내려야 하는 판사를 예를 들어 설명했다. 이러한 경우에 판사는 법적 권리의 정당함을 완전히 인식하고 있음에도 불구하고 이를 그대로 관철하는 것이 지극히 부정의한 결과를 초래한다는 이유로 법적 권리를 그대로 인정하지 않으려 한다. 여기서 도덕적 권리를 지지하는 판사는 법적 권리가 법적으로는 완전한 권리로서 관철될 자격이 있다는 것을 알고 있지만, 법적 권리를 인정할 경우 초래될 부정의를 회피하기 위해 그 법적 권리에 관해 마치 다른 합법적인 해석법을 믿고 있는 것처럼 사람들에게 표명하기로 선택한다. 달리 말해 판사는 법적 권리가 정당하다는 점을 부인할 수 없지만, 지극한 부정의를 회피하기 위해 법적 권리에 관해 다른 해석법을 믿고 있는 것처럼 외관을 취하고 그런 해석의 결과 법적 권리가 부정되는 것처럼 판결한다는 것이다. 이는 사안의 지극히 부정의함을 회피하기 위한 수단이므로 판사는 외관은 법을 위해 법에 대해 충실한 듯하지만 실질은 정의에 더 충실함을 알 수 있다. 버틀러(Paul Butler)는 이런 판사는 '이중간첩(double agent)'과 같다고 했다. 만약 법을 위해 법에 더 충실한 판사라면 이런 식으로 거짓을 선택한 다음 위장하는 방식이 아니라 자신의 도덕적 양심을 누르고 정의가 희생되더라도 법적 권리를 그대로 인정할 것이다. 따라서 ③은 제시문의 내용과 일치하지 않는다.

오답 해설 ① 판사의 진솔함이라는 문제는 과거에는 도망 노예에 대한 소유권 주장과 같이 이전에는 법−도덕 딜레마 상황과 관련되어 논의되었다. 제시문 네 번째 단락에서는 판사의 진술 의무가 최근에는 사법의 정당성을 수호하는 중요한 방책이라는 점을 두 판사를 예로 들어 논증하고 있다. 세 번째 단락 끝부분에서는 현대에도 특정 법률에 대한 도덕적 저항감이 법−도덕 딜레마 문제로 제기되고 있다고 하고, 이러한 문제 상황에서 판사의 선택이 정의와 민주주의, 사법의 정당성에 영향을 미치고 있다고 한다. 따라서 판사의 진솔함이 법−도덕 딜레마 문제와 민주주의를 연결 짓는다는 것은 제시문의 내용과 일치한다.

② 법−도덕 딜레마 상황에서 판사가 거짓을 선택한 이유는 법적 권리를 인정할 경우 초래될 지극한 부정의를 피하고 도덕과 정의를 실현하기 위한 것이었다. 제시문의 끝 문장에서 판사의 진술 의무를 지지하는 견해는 거짓으로 이룰 수 있는 것은 진솔함으로도 이룰 수 있다고 한다. 거짓으로 얻는 것은 도덕과 도덕적 양심, 지극한 부정의의 회피 등, 즉 법 외적인 고려들이므로 진솔함을 지지하는 견해는 판사가 판결에 이르는 과정에서 도덕과 도덕적 양심 등 법 외적인 요소들을 고려하는 것을 인정하고, 대신 이를 대중에게 진솔하게 공개해야 한다고 주장하는 것이다. 따라서 ②는 제시문의 내용과 일치한다.

④ 제시문 네 번째와 다섯 번째 단락은 판사의 진솔함이 사법의 정당성을 수호하는 방책이 된다는 입장에서 왜 그렇다고 볼 수 있는지를 설명한다. 판사들이 사법적 판단 과정에 관해 묘사할 때 흔히 사용하는 화법, 즉 판사는 법을 만들지 않고 있는 법을 찾아 기계적으로 적용한다는 표현이 방편상 사용하는 것일 뿐 실제 판사가 판결에 이르게 된 사법적 판단 과정을 사실대로 표현하지 않은 점에서 진솔하지 않은 것이고, 그런 실상이 드러날 때 국민에게 정당한 이유 없이 사법적 판단 과정에 관해 거짓을 말했다는 점에서 사법의 권위가 실추되는 정당성 위기가 발생한다고 하고, 그 극복 방안으로 판사가 국민을 진솔함으로 대할 것을 강조한다. 그리고 이러한 인식에 기초해 거짓으로 이룰 수 있는 것은 진실로도 이룰 수 있다는 전제에서 법−도덕 딜레마 상황에서 판사가 거짓을 선택한 방책은 재검토되어야 한다고 했다. 따라서 판사의 진솔함이 사법의 정당성을 수호

하는 방책이 된다는 입장에서는 법-도덕 딜레마 상황에서 판사는 더 이상 거짓을 선택해서는 안 된다고 볼 것이다. ④는 제시문의 내용과 일치한다.

⑤ 판사가 판결 이유를 작성해야 할 의무와 판결 이유를 진솔하게 작성해야 할 의무는 개념상 별개이다. 그러나 판사가 판결 이유를 작성해야 한다는 것이나 판결 이유를 진솔하게 작성해야 한다는 것은 모두 민주주의 원리에서 공통의 근거를 찾을 수 있다. 먼저 제시문 첫 번째 단락에서 판사가 판결 이유를 밝혀야 하는 이유가 사법권 행사에 민주적 통제가 미치게 하기 위함이라 지적하고 있다. 사법권 행사에 대한 민주적 통제란 곧 민주주의 원리의 한 내용이므로 판사의 판결 이유를 밝혀야 한다는 의무가 민주주의 원리에서 생겨난 것임을 알 수 있다. 다음으로 진솔 의무는 판사는 단지 판결 이유를 밝히는 것에 그칠 것이 아니라 판결의 핵심적 근거에 대해 허위나 감춤 없이 자신이 믿는 바와 판단 과정을 분명히 드러내야 한다는 것을 말한다. 마지막 단락에서 사법적 판단 과정에 관해 사실과 다르게 표명하는 판사들이 편의상 사용하는 표현법이 사법의 정당성을 위협한다는 점에서 진솔 의무의 근거를 찾을 수 있다고 하고, 국민을 자율적 판단 능력을 가진 주체로 인정하고 진솔함으로 대하는 것을 극복 방안으로 제시하고 있다. 판사가 국민을 자율적 판단 능력을 가진 주체로 인정하고 진솔함으로 대해야 한다는 것도 민주주의 원리에 해당한다. 그러므로 판사가 판결 이유를 밝혀야 한다는 것이나 판결 이유를 진솔하게 작성해야 한다는 것은 모두 민주주의 원리에서 공통의 근거를 찾을 수 있다. 따라서 ⑤는 제시문의 내용과 일치한다.

02.

⊙에 대한 설명으로 가장 적절한 것은?

① 판사의 법해석은 법적 판단이 어렵다는 사정 때문에 상당한 재량이 행사된 결과이지만, 판사는 공식적으로는 그렇게 말하지 않을 것이다.

② 판사의 법해석은 기존 판례의 답습이 아니라 새로운 해석을 통한 것이며, 또한 판사도 공식적으로 그렇게 말할 것이다.

③ 판사의 법해석은 합법적인 해석 권한을 벗어난 것이지만, 판사는 공식적으로는 벗어나지 않았다고 말할 것이다.

④ 판사의 법해석은 선례의 도움 없이도 충분히 가능한 법 발견이었으며, 또한 판사도 그

렇게 말할 것이다.

⑤ 판사의 법해석은 법률을 기계적으로 적용한 결과이며, 또한 판사도 공식적으로 그렇게 말할 것이다.

이 문항에 등장하는 판사는 법이 모호하고 선례도 없어 판단이 매우 어려운 사안에서 창의적인 법해석을 했다. 하지만 판사는 패소한 당사자를 설득하기 위한 방편으로 당사자들에게는 자신은 법을 만들지 않았고, 기존에 이미 존재하고 있던 법을 발견해 기계적으로 적용했다는 관례적인 표현을 사용해 자신의 사법적 판단 과정을 표현했다. 여기서 판사가 올바른 법해석을 했고 또 판사 본인이 이를 진정으로 믿는 법해석을 근거로 판결했다 할지라도 당사자에게 사법적 판단 과정의 실제를 감춘 것이므로 판사는 사법적 판단 과정에 관해 거짓말한 것이다. 여기서 구체적으로 판사가 무엇에 관해 거짓말한다는 것인지를 확인하는 것이 이 문항의 의도이다. 판사의 사법적 판단 과정에서 판사가 상당한 재량을 행사했는지 아닌지, 기존 선례를 답습한 해석인지 아니면 창조적 재해석인지, 법해석 권한을 벗어난 것인지 아닌지, 선례 도움 없이 충분히 가능한 법 '발견'인지 아니면 법 '창조'인지, 법률의 기계적 적용인지 아닌지 등에 관해 정확하게 이해해야 하고, 또 그와 관련해 대외적으로 당사자에 대한 공식적인 언명에서 어떻게 진술한다는 것인지를 판단해야 한다.

정답 해설   ① ㉠에서 법이 모호하고 선례도 없어 법적 판단이 매우 어려웠다는 사정은 판사에게 법해석에 상당한 재량을 부여한다. 이는 그와 반대되는 사안, 즉 법이 명확하고 선례가 분명한 경우에는 판사가 있는 법을 발견해 법률을 기계적으로 적용해야 할 것이라는 점에서 쉽게 알 수 있다. 법을 기계적으로 적용한다는 것은 판사에게 법해석상 재량이 없다는 의미이므로 이에 반대되는 창의적 해석은 판사가 법해석에서 상당한 재량을 행사했다는 것을 의미한다. 다만 판사는 패소한 당사자를 설득하기에 용이하다는 이유로 당사자에게는 자신이 재량 없이 단순히 있는 법을 발견하여 법률을 기계적으로 적용한 것이라고 말했다. 즉 판사는 공식적으로는 자신의 법해석이 상당한 재량을 행사한 결과라고 말하지 않는다. 따라서 ①은 전반부 판사의 사법적 판단 과정의 실제와 후반부 그에 대한 판사의 공식적 언명이 모두 옳으므로 ㉠에 대한 적절한 설명이다.

오답 해설 ② 제시문 내용에 의하면 ㉠에서 판사는 창의적인 법해석을 통해 사안을 해결했다. 이런 경우에 판사는 기존 판례의 답습이 아니라 새로운 재해석을 통해 도움을 받았을 것이므로 ②의 전반부에서 사법적 판단 과정의 실제에 대한 진술 부분은 타당하다. 그러나 판사는 당사자에 대한 공식적 언명에서는 있는 법을 발견해 그대로 적용한 것이라고 말했으므로 공식적으로는 새로운 재해석이 있었음을 부정해야 한다. ②의 후반부는 판사가 공식적으로도 새로운 재해석을 통해 도움을 받았다고 진술할 것이라 서술했는데 이 부분은 적절하지 않다. 따라서 ②는 ㉠에 대한 적절한 설명이 될 수 없다.

③ ㉠에서 법이 모호하고 선례도 없어 법적 판단이 매우 어려운 사안에서 판사가 창의적인 법해석을 한 것은 판사가 합법적인 법해석 권한 내에서 한 것이다. 제시문 첫 번째 단락에서 현대 민주국가에서 판사의 판결에 강제력을 부여하되 민주적 통제를 위해 판결 이유를 밝힐 것을 요구한다고 했다. 판사의 진솔 의무를 주장하는 견해는 여기서 더 나아가 판사가 판결 이유를 밝힌 경우에도 그 이유가 진솔하지 않은 경우에 제기되는 문제를 지적하면서 이제는 사법의 권위와 정당성을 수호하기 위해서라도 판사가 판결 이유를 진솔하게 작성해야 한다는 점을 주장한다. 따라서 판사가 창의적인 법해석을 했으나 그 사실을 감춘 경우에는 비록 진솔 의무 위반은 있어도 판사의 법해석 자체는 판결 이유를 밝힌 한 합법적 권한 내의 것임을 추론할 수 있다. ③의 전반부는 판사의 창의적 법해석이 합법적 해석 권한을 벗어났다고 하였으므로 사법적 판단 과정에 대한 진술 부분이 부적절하다. 따라서 ③은 ㉠에 대한 적절한 설명이 될 수 없다.

④ ㉠에서 판사는 선례의 도움을 받을 수 없었다. 선례가 존재하지 않았기 때문이다. 그 결과 판단이 매우 어려웠는데, 판사는 창의적인 법해석으로 사안을 해결했다. 하지만 ④의 전반부는 판사의 사법적 판단 과정에 관해 선례의 도움 없이도 충분히 법을 발견할 수 있었다고 했는데, 이 부분의 진술은 적절하지 않다. 선례의 도움 없이 충분히 가능한 법 발견이란 있는 법을 찾아 기계적으로 적용하는 것(법 '발견')에 그치는 것이며, 이를 창의적인 법해석이라 할 수 없기 때문이다. 한편 ④의 후반부는 판사가 당사자에 대한 공식적인 언명에서 선례의 도움 없이도 충분히 가능한 법 발견이었다고 말한다고 했는데, 판사는 패소한 당사자 설득을 위해 자신의 법해석이 창의적인 것임을 감추기 위해 그렇게 말한 것이다. ④는 전반부 사법적 판단 과정의 실제에 관한 설명 부분이 적절하지 않다. 따라서 ④는 ㉠에 대한 적절한 설명이 될 수 없다.

⑤ ㉠에서 판사는 법률을 기계적으로 적용할 수 없었다. 법률이 모호하고 선례도 없어 판단이 매우 어려운 사안이었으며, 창의적인 법해석으로, 즉 새로운 법을 만들어내 적용함으로써 대처했기 때문이다. 그러나 판사는 사법적 판단 과정을 사실대로 말하는 것보다 패소한 당사자를 설득하기 더 용이하다는 이유로 있는 법을 발견해서, 즉 자신이 만든 법이 아니라 이미 있는 법을 단순히 찾아내서 기계적으로 법률을 적용했다고 말했다. 판사가 공식적으로 자신의 법해석은 법률을 기계적으로 적용한 결과라고 말해도 이는 판사의 사법적 판단 과정의 실제와 일치하지 않는 언명이다. ⑤의 후반부 공식적 언명 부분에 대한 진술은 적절하나 전반부 판사의 사법적 판단 과정의 실제에 대한 진술이 적절하지 않다. 따라서 ⑤는 ㉠에 대한 적절한 설명이 될 수 없다.

03.

〈보기〉의 입장에서 윗글에 대해 추론한 것으로 적절하지 않은 것은?

> **보기**
>
> 미국의 사법적 판단 과정을 설명하는 대표적인 이론으로 '법형식주의'와 '법현실주의'가 거론된다. 전자에 의하면 판사는 중립적 심판자로서 사안에 법을 그대로 적용할 뿐이다. 여기에는 어떤 정치적 고려의 여지가 없으며, 판사에게는 엄격하게 법을 적용할 의무만 있다. 후자에 의하면 법은 곧 정치이고 판사는 법복 입은 정치인이다. 판사는 재판 중에 법 외적 고려에 따라 자신이 만든 법을 적용한다. 하지만 이런 표현은 판사가 판결에 이르기까지 실제 사법적 판단 과정의 양면을 극단적으로 단순화한 것이며, 실제의 과정을 제대로 설명할 수 없다. 문제는 판사들이 사법의 권위와 정당성을 중립적 재판기구라는 점에서 찾으면서 단순화된 이론이 표방하는 문구를 그대로 사용한다는 점이다. 판사의 진술함이 판사의 권력 남용을 저지하는 필수불가결한 요소라고 보는 '비판론자'는 판사들이 실제 사법적 판단 과정을 사실대로 말한 것이 아니라는 점을 지적하기 위해 그런 문구를 '고상한 거짓말'이라고 비판한다.

① 사법적 판단 과정도 민주적 통제의 대상이 된다고 보는 입장에서는 대중이 사법적 판단 과정의 실제를 정확하게 알아야 한다고 볼 것이다.

② 법현실주의자는 특정한 정치적 성향이 밝혀진 판사가 특정한 사건에서 어떤 판결을 내릴지 예상되는 것을 자연스럽게 여길 것이다.

③ 법형식주의자는 판사의 기본적 역할이자 임무는 도덕의 지배가 아닌 법의 지배를 관철하는 것이라고 보는 견해를 지지할 것이다.

④ 비판론자는 결과를 먼저 선택한 다음 이를 지지하는 법해석을 찾아내는 판사가 사용한 표현 문구에 대해 '고상한 거짓말'이라고 비판할 것이다.

⑤ 비판론자는 타당한 결과를 도출했더라도 이를 감추기 위해 거짓을 선택하는 것을 법의 왜곡과 법 발전의 정체가 초래되지는 않는다는 이유로 수긍할 것이다.

문항 성격	문항유형 : 정보의 추론과 해석
	내용영역 : 규범
평가 목표	이 문항은 〈보기〉를 통해 미국의 사법적 판단 과정에 민주적 통제가 미쳐야 한다고 보는 주장과 법형식주의 및 법현실주의의 입장, 비판론의 논지를 이해하고 이를 바탕으로 제시문 내용에 대해 추론하고 해석할 수 있는지 평가하기 위해 설계된 것이다.
문제 풀이	정답 : ⑤

이 문항에서 〈보기〉 부분은 미국에서 사법적 판단 과정을 설명하는 대표적인 두 이론의 개요를 소개하면서, 다만 그 내용이 극단적으로 단순화된 점에서 실제 사법적 판단 과정을 올바로 설명할 수 없다는 문제점이 있다고 지적한다. 이어 판사의 진솔함이라는 문제가 제기되는 맥락을 소개하는데, 판사들이 자신의 사법적 판단 과정의 실제와 일치하지 않음에도 사법의 권위나 정당성을 확보하기 위한 방편으로 대외적으로는 극단적으로 단순화된 이론이 표명하는 표현들을 사용하는 문제를 지적한다. 이어 판사의 진솔 의무가 판사의 권력 남용을 저지하는 불가결한 요소라 믿는 비판론자가 이러한 언명을 '고상한 거짓말'이라 비난한다는 내용을 담고 있다. 이러한 이해를 윗글 제시문에 적용해서 추론을 통해 옳은 선택지를 선택해야 한다.

정답 해설 ⑤ 〈보기〉에서 비판론자는 판사가 사법적 판단 과정의 실제에 관해 진솔하게 말하지 않는 것을 비판하므로, 판사가 타당한 결과를 도출했더라도 이를 감추기 위해 거짓을 선택하는 것을 기본적으로 진솔 의무 위반에 해당한다고 볼 것이다. 또한 비판론자가 판사에게 단순히 판결 이유를 공개해야 할 의무 외에도 진솔 의무가 있다고 주장하는 이유는 진솔 의무가 판사의 권력에 대한 남용 방지, 즉 민주적 통제에 불가결하다고 보기 때문이다. 법–도덕의 딜레마 상황에서 판사가 거짓말을 통해 '은밀하게' 곤경에서 벗어나는 것에서 볼 수 있듯이, 판사가 판결 이유를 진솔하게 밝히지 않으면 사람들은 판사가 진정하다고 믿는 법해석과 그가 표면적으로 내놓은 합법적인 법해석을 구분할 수 없고, 사실은 판사가 진정한 법해석이라고 여기지도 않는 법해석을 그대로 받아들일 수밖에 없다. 이로 인해 판사의 법해석에 대한 민주적 통제가 불가능하게 된다. 또한 판사의 진술 의무를 지지하는 견해는 판사가 이런 식으로 사람들을 속이는 것을 가리켜 판사가 자율적 판단 능력을 갖춘 시민을 존중하지 않는다고 말한다. 일상생활에서 거짓 이유를 제시하면 그 이유를 진정한 것으로 믿는 바람에 잘못된 오해가 발생하게 되듯이 판사가 진술 의무를 위반하면 자율적인 판단 능력을 가진 시민이라도 판사가 겪은 법해석상의 난점이라든지, 그런 난점이 제기하는 법적·도덕적 문제에 관해 제대로 접근할 수 없다. 법–도덕 딜레마에서 노예 소유주는 정당한 법적 권리가 부정되는 이유를 판사가 제시한, 그 판사도 믿지 않는 판결 이유에서 찾아야 하고, 창의적 법해석이 법의 발견으로 포장된 사례에서 패소한 당사자는 패소한 이유를 제대로 알기 어려워진다. 또한 시민들은 판사가 허위로 표명한 판결 이유를 진정한 것으로 놓고 토론을 벌이거나 학문적 연구를 할 수밖에 없을 것이다. 그 결과 진술 의무 위반은 판사가 아는 진정한 법과 시민들이 아는 가장된 법 사이의 괴리는 물론, 가장된 법이 진정한 법으로 통용되는 법의 왜곡을 부를 것이다. 이는 또한 법의 발전에도 정체를 초래할 것이다. 결국 판사의 진술 의무 위반은 사법권 남용은 물론 법의 왜곡과 그로 인한 법 발전의 정체를 초래할 것임을 추론할 수 있다. ⑤에서는 이와 반대로 비판론자는 판사가 진술 의무를 위반하더라도 법의 왜곡과 법 발전의 정체를 초래하지 않는다는 이유로 수긍한다고 했는데 타당하지 않다. 따라서 ⑤는 〈보기〉의 입장에서 윗글에 대해 추론한 것으로 적절하지 않다.

오답 해설 ① 〈보기〉에서 판사의 진술함이 판사의 권력 남용을 서시하는 필수불가결한 요소라고 믿는 입장은 제시문 첫 부분에서 사법권 행사가 민주적 통제의 대상이 된다고 보아 판사가 판결 이유를 허위나 감춤 없이 자신이 믿는 바와 판단 과정을 모두 분명히 드러내야 한다는 입장과 동일하다. 판사의 진술 의무를 주장하면서 판사의 사법권 행사가 민주적 통제의 대상이 된다고 보는 견해가 사법적 판단 과정의 실제를 대중이 정확하게 알아야 한다고 볼 것은 당연하다. 따라서 ①은 〈보기〉의 입장에서 윗글에 대해 추론한 것으로 적절하다.

② 〈보기〉의 법현실주의 입장에 따르면 법은 정치이고 판사는 법복 입은 정치가이다. 법현실주의자는 판사가 법을 다루는 것을 정치와 구분하지 않으므로 특정한 정치적 성향이 밝혀진 판사가 특정한 사건에서 어떤 판결을 내릴 것인지 예상되는 것을 자연스럽게 여길 것이다. 따라서 ②는 〈보기〉의 입장에서 윗글에 대해 추론한 것으로 적절하다.

③ 〈보기〉에 의하면 법형식주의는 사법적 판단 과정이 어떤 법 외적인 고려 없이 법의 기계적 적용에 있다고 이해한다. 이는 판사의 기본적 임무가 판사마다 상

이할 수 있는 도덕을 강제하는 것이 아니라 법의 지배를 관철하는 것에 있다고 보는 견해를 지지할 것이다. 먼저 법형식주의자는 법관의 법해석을 법의 기계적 적용으로 보는데, 이는 법해석에서 법 외적인 도덕적 고려를 배제하고 엄격하게 법을 적용한다는 것이므로 곧 법의 지배를 관철하는 것을 판사의 기본적 역할이자 임무로 본다는 것을 말한다. 또한 제시문에서 사회적 논란이 있는 대표적인 사례로 사형이나 낙태 문제를 들었는데, 이는 사형이나 낙태 문제와 같이 사회의 의견이 일치하지 않고 크게 나누어진다는 것, 즉 도덕 문제는 속성상 사람마다 각기 상이할 수밖에 없는 것임을 보여준다. 따라서 판사가 도덕의 지배를 자신의 임무로 본다는 것은 판사가 이와 같이 사회적으로 의견이 크게 나누어지는 도덕 문제에 관해 판결을 통해 자신의 입장을 강제한다는 것, 자신의 법해석에 정치적 당파성을 회피하지 않고 정면으로 수용한다는 것을 의미한다. 〈보기〉에 의하면 이는 법형식주의가 아니라 법현실주의에 해당한다. 따라서 ③은 〈보기〉의 입장에서 윗글에 대해 추론한 것으로 적절하다.

④ 비판론자는 판사가 자신의 사법적 판단 과정에 관해 실제와 상이하게 판사들 사이의 흔한 표현을 사용해 말하는 것을 '고상한 거짓말'이라고 비판하고 있다. 제시문에서 결과를 먼저 선택한 다음에 이를 지지하는 법해석을 찾아낸 판사도 "판사는 법을 만들지 않으며, 법을 발견하고, 법률을 기계적으로 적용할 뿐이다."라고 말한다고 했는데, 그 판사도 자신의 사법적 판단 과정의 실제를 사실대로 말하지 않은 것이다. 따라서 비판론자는 이 판사가 사용한 표현 문구에 대해서도 '고상한 거짓말'이라 비판할 것이다. 따라서 ④는 〈보기〉의 입장에서 윗글에 대해 추론한 것으로 적절하다.

[04~06] 다음 글을 읽고 물음에 답하시오.

도덕 공동체의 구성원은 도덕적 고려의 대상이 되는 존재로서 도덕 행위자와 도덕 피동자로 구분된다. 도덕 행위자는 도덕 행위의 주체로서 자신의 행위에 따른 결과에 대해 책임질 수 있는 존재이다. 반면에 도덕 피동자는 영유아처럼 이성이나 자의식 등이 없기에 도덕적 행동을 할 수 없는 존재이다. 그럼에도 영유아는 도덕적 고려의 대상이라는 것이 우리의 상식인데, 영유아라고 해도 쾌락이나 고통을 느끼는 감응력이 있기 때문이다. 쾌락이나 고통을 느끼기에 그것을 좇거나 피하려고 한다는 도덕적 이익을 가지고 있으므로 도덕적 고려의 대상이 되어야 한다는 것이다.

싱어와 커루더스를 비롯한 많은 철학자들은 이러한 이유로 감응력을 도덕적 고려의 기준으로 삼는다. 싱어는 영유아뿐만 아니라 동물도 감응력이 있으므로 동물도 도덕 공동체에 포함해야 한다고 주장한다. 반면에 커루더스는 고차원적 의식을 감응력의 기준으로 보아 동물을 도덕 공동체에서 제외하는데, 이 주장을 따르게 되면 영유아도 도덕적 고려의 대상에서 제외되고 만다. 영유아는 언젠가 그런 의식이 나타날 것이므로 잠재적 구성원이라고 주장할 수도 있다. 그러나 문제는 그런 잠재성도 없는 지속적이고 비가역적인 식물인간의 경우이다. 식물인간은 고차원적 의식은 물론이고 감응력도 없다고 생각되는데 그렇다면 도덕적 공동체에서 제외되어야 하는가?

식물인간을 흔히 의식이 없는 상태라고 판단하는 것은 식물인간이 어떤 자극에도 반응하지 못한다는 행동주의적 관찰 때문이다. 이런 관찰은 식물인간이 그 자극에 대한 질적 느낌, 곧 현상적 의식을 가지지 않는다고 결론 내린다. 어떤 사람이 현상적 의식이 없는 경우 그는 감응력이 없을 것이다. 그런데 거꾸로 감응력이 없다고 해서 꼭 현상적 의식을 가지지 못하는 것은 아니다. 즉, 현상적 의식 과 감응력 의 개념은 일치하지 않는다. 외부 자극에 좋고 싫은 적극적인 의미가 없어도 어떠한 감각 정보가 접수된다는 수동적인 질적 느낌을 가질 수 있기 때문이다. 반면 감응력은 수동적인 측면을 넘어서 그런 정보를 바라거나 피하고 싶다는 능동적인 측면을 포함한다. 이것은 자신이 어떻게 취급받는지에 신경 쓸 수 있다는 뜻이므로, 감응력을 도덕적 고려의 기준으로 삼는 철학자들은 여기에 도덕적 고려를 해야 한다고 생각하는 것이다. 행동주의적 기준으로 포착되지 않는 심적 상태는 도덕적 고려의 대상으로 여기지 않는 것이다.

그렇다면 감응력이 없고 현상적 의식만 있는 식물인간은 도덕적 고려의 대상이 아닐까? 도덕적 고려는 어떤 존재가 가지고 있는 도덕적 속성으로 결정되는 것이 아니라, 도덕적 행위자가 그 존재와 맺는 구체적 관계에 의해 결정된다는 주장도 있다. 다양한 존재들은 일상에서 상호작용하는데, 도덕 공동체의 가입 여부는 그러한 관계에 따라 정해진다는 것이다. 그러나 이런 관계론적 접근은 우리와 더 밀접한 관계를 갖는 인종이나 성별을 우선해서 대우하는 차별주의를 옹호할 수 있다. 그리고 똑같은 식물인간이 구체적 관계의 여부에 따라 도덕 공동체에 속하기도 하고 속하지 않기도 하는 문제도 생긴다. 결국 식물인간을 도덕적으로 고려하려면 식물인간에게서 도덕적으로 의미 있는 속성을 찾아야 한다.

감응력이 전혀 없이 오직 현상적 의식의 수동적 측면만을 가진 사람, 즉 '감응력 마비자'를 상상해 보자. 그는 현상적 의식을 가지고 있기는 하지만 못에 발을 찔렸을 때 괴로워하거나 비명을 지르지는 않는다. 그러나 안전한 상황에서 걸을 때와는 달리 발에 무언가가 발생했다는 정보는 접수할 것이다. 이런 상태는 얼핏 도덕적 고려의 대상이 되기에 무언가 부족해 보인다. 하지만 감응력 마비자는 사실상 감응력이 있는 인간의 일상생활의 모습을 보여 준다. 예컨대 컴퓨터 자판을 오래 사용한 사람은 어느 자판에 어느 글자가 있는지를 보지 않고도 문서를 작성할 수 있다. 이 사람은 특별한 능동적인 주의력이 필요한 의식적 상태는 아니지만, 외부의 자극에 대한 정보가 최소한 접수되는 정도의 수동적인 의식적 상태에 있다고 해야 할 것이다. 정도가 미약하다는 이유만으로는 그 상태를 도덕적으로 고려할 수 없다는 주장은 설득력이 부족하다. ㉠이와 마찬가지로 식물인간이 고통은 느끼지 못하지만 여전히 주관적 의식 상태를 가질 수 있다면, 이는 도덕 공동체에 받아들일 수 있는 여지가 있다는 것을 보여 준다.

04.

윗글에 대한 이해로 적절하지 <u>않은</u> 것은?

① 도덕적 행위를 할 수 없는 존재도 도덕 공동체에 들어올 수 있다.
② 도덕 피동자는 능동적인 주의력은 없지만 수동적인 의식적 상태는 있다.
③ 관계론적 접근에서는 동물이 도덕적 고려의 대상이 아닐 수도 있다.
④ 식물인간이 고통을 느끼지 못한다고 판단하는 것은 자극에 반응이 없기 때문이다.
⑤ 식물인간은 도덕 공동체의 구성원이 되어도 스스로 책임질 수 있는 존재는 아니다.

문항 성격	문항유형 : 정보의 확인과 재구성
	내용영역 : 규범
평가 목표	이 문항은 제시문에 등장하는 도덕 공동체 개념을 이해하고 있는지 묻는 문항이다.
문제 풀이	정답 : ②

도덕 행위자와 도덕 피동자로 구성되는 도덕 공동체에 어떤 존재가 속하는지는 윤리학에서 중요한 주제이다. 제시문은 감응력이 없고 현상적 의식만 있는 식물인간도 도덕적 고려의 대상이라고 주장하고 있다. 이 문항은 이런 주장을 펼치기 위한 기본적 전제들을 이해하고 있는지 묻고 있다.

정답 해설	② 제시문 첫 번째 단락에서 도덕 피동자는 "도덕적 행동을 할 수 없는 존재"이지만 "도덕적 고려의 대상"으로 정의하고 있다. 그런데 세 번째 단락에서 식물인간은 "수동적인 질적 느낌"은 가질 수 있지만 "능동적인 측면"은 없다고 말하고, 네 번째 단락에서 그런 "식물인간은 도덕적 고려의 대상이 아닐까?"라고 묻고 있다. 즉 "능동적인 주의력은 없지만 수동적인 의식적 상태는 있"는 존재는 도덕 피동자의 정의는 아니며, 이러한 존재인 식물인간이 도덕 피동자인가는 이 제시문에서 다루어지는 주제이다.

① 제시문 첫 번째 단락에서 "도덕 공동체의 구성원은 … 도덕 행위자와 도덕 피동자로 구분된다."고 말하고 있으며, 도덕 피동자는 "도덕적 행동을 할 수 없는 존재"이지만, "도덕적 고려의 대상"으로 정의하고 있다. 따라서 도덕적 행위를 할 수 없는 존재도 도덕 공동체에 들어올 수 있다는 진술은 적절하다.

③ 제시문 네 번째 단락에 따르면 관계론적 접근은 "도덕적 고려는 … 도덕적 행위자가 그 존재와 맺는 구체적 관계에 의해 결정된다."는 입장이다. 그리고 이 접근에서는 "똑같은 식물인간이 구체적 관계의 여부에 따라 도덕 공동체에 속하기도 하고 속하지 않기도" 한다고 말한다. 따라서 동물이 도덕적 고려의 대상일 수도 있고 아닐 수도 있다는 진술은 적절하다.

④ 제시문 세 번째 단락에서 "식물인간을 흔히 의식이 없는 상태라고 판단하는 것은 식물인간이 어떤 자극에도 반응하지 못한다는 행동주의적 관찰 때문이다."라고 말하고 있다. 따라서 식물인간이 고통을 느끼지 못한다고 판단하는 것은 자극에 반응이 없기 때문이라는 진술은 적절하다.

⑤ 제시문 첫 번째 단락에서 "도덕 공동체의 구성원은 … 도덕 행위자와 도덕 피동자로 구분된다."고 말하고 있으며, "도덕 행위자는 도덕 행위의 주체로서 자신의 행위에 따른 결과에 대해 책임질 수 있는 존재"이지만 도덕 피동자는 "도덕적 행동을 할 수 없는 존재"라고 말하고 있다. 따라서 식물인간이 도덕 공동체의 구성원, 곧 도덕 피동자가 되어도 스스로 책임질 수 있는 존재는 아니라는 진술은 적절하다.

05.

현상적 의식 과 감응력 에 대해 추론한 것으로 가장 적절한 것은?

① '감응력 마비자'는 현상적 의식을 가지고 있지 못하다.

② 감응력은 정보 접수적 측면은 없지만 능동적 측면은 있다.

③ 현상적 의식과 달리 감응력은 행동주의적 기준으로 포착되지 않는다.

④ 커루더스는 현상적 의식이 있지만 감응력이 없는 존재를 고차원적 의식이 없다고 생각한다.

⑤ 싱어는 감응력 없이 현상적 의식의 상태에 있는 대상에게 위해를 가하는 것을 비윤리적이라고 주장할 것이다.

문항 성격	문항유형 : 정보의 추론과 해석
	내용영역 : 규범
평가 목표	이 문항은 제시문에 등장하는 '현상적 의식'과 '감응력'의 개념과 그 관계를 정확히 이
	해하고 있는지를 묻는 문항이다.
문제 풀이	정답 : ④

제시문 세 번째 단락에서 "어떤 사람이 현상적 의식이 없는 경우 그는 감응력이 없을 것이다. 그런데 거꾸로 감응력이 없다고 해서 꼭 현상적 의식을 가지지 못하는 것은 아니다."라고 말하고 있고, "감응력은 수동적인 측면을 넘어서 그런 정보를 바라거나 피하고 싶다는 능동적인 측면을 포함한다."라고 말하고 있다. 이로 보아 감응력은 현상적 의식의 일부 개념이고, 현상적 의식은 감응력이 있는 현상적 의식과 감응력이 없는 현상적 의식으로 나뉘는 것을 알 수 있다.

정답 해설	④ 제시문 두 번째 단락에서 "커루더스는 고차원적 의식을 감응력의 기준으로" 본다고 말하고 있다. 따라서 커루더스가 현상적 의식이 있지만 감응력이 없는 존재를 고차원적 의식이 없다고 생각한다는 진술은 적절하다.
오답 해설	① 제시문 다섯 번째 단락에서 '감응력 마비자'는 오직 현상적 의식의 수동적 측면만을 가진 사람으로 정의하고 있다. 다시 말해서 감응력은 없지만 현상적 의식은 가지고 있다. 따라서 '감응력 마비자'는 현상적 의식을 가지고 있지 못하다는 진술은 적절하지 않다.
	② 제시문 세 번째 단락에서 "감응력은 수동적인 측면을 넘어서 그런 정보를 바라거나 피하고 싶은 능동적인 측면을 포함한다."라고 말하고 있다. 따라서 감응력은 정보 접수적 측면은 없지만 능동적 측면은 있다는 진술은 적절하지 않다.
	③ 제시문 세 번째 단락에서 감응력이 없이 현상적 의식만 있는 식물인간을 "의식이 없는 상태라고 판단하는 것은 어떤 자극에도 반응하지 못한다는 행동주의적 관찰 때문이다."라고 말하고 있다. 반면에 "감응력은 수동적인 측면을 넘어서 그런 정보를 바라거나 피하고 싶다는 능동적인 측면을 포함한다."라고 말한다. 그리고 "행동주의적 기준으로 포착되지 않는 심적 상태는 도덕적 고려의 대상으로 여기지 않는 것이다."라고 말한다. 이로 보아 감응력이 없는 현상적 의식과 달리 감응력은 행동주의적 기준으로 포착된다. 따라서 "현상적 의식과 달리 감응력은 행동주의적 기준으로 포착되지 않는다."라는 진술은 적절하지 않다.
	⑤ 제시문 두 번째 단락에서 싱어는 "감응력을 도덕적 고려의 기준으로 삼는다."라고 말하고 있다. 따라서 싱어는 감응력 없이 현상적 의식의 상태에 있는 대상은 도덕적 고려의 대상이 아니라고 본다. 그러므로 그 대상에게 위해를 가하는 것을 비윤리적이라고 주장할 것이라는 진술은 적절하지 않다.

06.

⊙에 대한 비판으로 가장 적절한 것은?

① 감응력이 있는 현상적 의식을 가진 존재만을 도덕적으로 고려하면 고통과 쾌락을 덜 느끼는 사람을 차별하게 되지 않을까?

② 도덕 피동자가 책임질 수 있는 도덕적 행동을 할 수 없더라도 도덕 행위자는 도덕 피동자에게 도덕적 의무를 져야 하는 것 아닐까?

③ 외부의 자극에 대한 수동적인 의식적 상태는 자신이 어떻게 취급받는지에 신경 쓰지 않는다는 뜻인데 여기에 도덕적 고려를 할 필요가 있을까?

④ 식물인간의 도덕적 고려 여부는 식물인간이 누구와 어떤 관계를 맺느냐가 아니라 어떤 도덕적 속성을 가지고 있느냐를 보고 판단해야 하지 않을까?

⑤ 일상에서 특별한 능동적인 주의력이 필요한 의식 상태라고 하는 것도 알고 보면 외부 자극에 대한 정보가 최소한 접수되는 정도의 의식적 상태가 아닐까?

문항 성격	문항유형 : 정보의 평가와 적용
	내용영역 : 규범
평가 목표	이 문항은 식물인간을 도덕적 고려의 대상으로 삼아야 한다는 제시문의 주장을 적절하게 비판할 수 있는지 묻는 문항이다.
문제 풀이	정답 : ③

제시문의 필자는 현상적 의식은 있지만 감응력은 없는 식물인간은 도덕적 고려의 대상이 아니라는 주장에 대해, 식물인간이 능동적인 의식은 없어도 수동적인 의식은 있으므로 이를 존중해 주어야 하고, 그러므로 도덕적 고려의 대상이라고 주장한다. 이 주장에 대한 비판으로는 왜 수동적인 의식만 있으면 도덕적 고려의 대상이 되지 않는지 주장하는 방법이 있을 것이다.

정답 해설　③ 제시문 첫 번째 단락에서 감응력이 있는 영유아는 "쾌락이나 고통을 느끼기에 그것을 좇거나 피하려고 한다는 도덕적 이익을 가지고 있으므로 도덕적 고려의 대상이 되어야 한다는 것이다."라고 말하고, 세 번째 단락에서 감응력이 수동적 측면을 넘어서 능동적 측면을 포함한다는 것은 "자신이 어떻게 취급받는지에 신경 쓸 수 있다는 뜻이므로, 감응력을 도덕적 고려의 기준으로 삼는 철학자들은 여기에 도덕적 고려를 해야 한다고 생각하는 것이다."라고 말한다. 이로 보아 누군가를 도덕적으로 고려하는 이유는 자신이 취급받는 것에 대해 신경 쓸 수 있기 때문이다. 따라서 이것을 근거로 자신이 어떻게 취급받는지에 신경 쓰지 않는 수동적인 의식적 상태에 있는 대상에 대해 도덕적 고려를 할 필요가 없다고 비판할 수 있다.

오답 해설 ① 제시문 두 번째 단락에서 "싱어와 커루더스를 비롯한 많은 철학자들은 이러한 이유로 감응력을 도덕적 고려의 기준으로 삼는다."라고 말하고, 네 번째 단락에서 "결국 식물인간을 도덕적으로 고려하려면 식물인간에게서 도덕적으로 의미 있는 속성을 찾아야 한다."라고 말한다. 이로 보아 제시문의 필자는 감응력 없는 현상적 의식을 도덕적으로 의미 있는 속성으로 판단함을 알 수 있다. 그런데 감응력이 있는 현상적 의식을 가진 존재만을 도덕적으로 고려를 하면 고통과 쾌락을 덜 느끼는 사람을 차별하게 된다는 비판은 감응력을 도덕적 고려의 기준으로 삼는 철학자들에 대한 비판은 되지만, 식물인간을 도덕적 고려의 대상으로 삼아야 한다는 주장에 대한 비판은 아니다.

② 제시문 첫 번째 단락을 통해 볼 때, 필자는 도덕 행위자와 도덕 피동자의 구분과 정의를 받아들이고 있다. 다만 필자의 주된 관심은 식물인간이 도덕 공동체에서 받아들일 수 있는 도덕 피동자인지에 있는 것이다. 그러므로 도덕 피동자가 책임질 수 있는 도덕적 행동을 할 수 없더라도 도덕 행위자는 도덕 피동자에게 도덕적 의무를 져야 한다는 것은 필자도 받아들이는 전제이므로, 적절한 비판이 아니다.

④ 제시문 네 번째 단락에서 관계적 접근을 소개하고 그것의 문제점을 지적하고 있다. 그래서 "결국 식물인간을 도덕적으로 고려하려면 식물인간에게서 도덕적으로 의미 있는 속성을 찾아야 한다."라고 말하고 나서 필자는 수동적 의식이 그 속성이라고 주장한다. 따라서 식물인간의 도덕적 고려 여부는 식물인간이 누구와 어떤 관계를 맺느냐가 아니라 어떤 도덕적 속성을 가지고 있느냐를 보고 판단해야 한다는 것은 필자도 받아들이는 전제이므로, 적절한 비판이 아니다.

⑤ 제시문 다섯 번째 단락에서 "감응력 마비는 사실상 감응력이 있는 인간의 일상생활의 모습을 보여 준다."라고 말하고 있다. 따라서 일상에서 특별한 능동적인 주의력이 필요한 의식 상태라고 하는 것도 알고 보면 외부 자극에 대한 정보가 최소한 접수되는 정도의 의식적 상태라고 한다면, 제시문의 필자의 입장은 더 강화될 것이다. 따라서 이 진술은 적절한 비판이 아니다.

[07~09] 다음 글을 읽고 물음에 답하시오.

세포는 현미경으로 관찰하면 작은 물방울처럼 보이지만 세포 내부는 기름 성분으로 이루어진 칸막이에 의해 여러 구획으로 나누어져 있다. 서랍 속의 칸막이가 없으면 물건이 뒤섞여 원하는 것을 찾기 힘들어지듯이 세포 안의 구획이 없으면 세포 안의 구성물, 특히 단백질이 마구 섞이게 되어 세포의 기능에 이상이 생길 수 있다. 그러므로 각각의 단백질은 저마다의 기능에 따라 세포 내 소기관들, 세포질, 세포 외부나 세포막 중 필요한 장소로 수송되어야 한다.

세포 외부로 분비된 단백질은 호르몬처럼 다른 세포에 신호를 전달하는 역할을 하고, 세포막에 고정되어 위치하는 단백질은 외부의 신호를 안테나처럼 받아들이는 수용체 역할을 하거나 물질을 세포 내부로 받아들이는 통로 역할을 수행한다. 반면 세포 내 소기관으로 수송되는 단백질이나 세포질에 존재하는 단백질은 각각 세포 내 소기관 또는 세포질에서 수행되는 생화학 반응을 빠르게 진행하도록 하는 촉매 역할을 주로 수행한다.

단백질은 mRNA의 정보에 의해 리보솜에서 합성된다. 리보솜은 세포 내부를 채우고 있는 세포질에 독립적으로 존재하다가 mRNA와 결합하여 단백질 합성이 개시되면 세포질에 머물면서 계속 단백질 합성을 진행하거나 세포 내부의 소기관인 소포체로 이동하여 소포체 위에 부착하여 단백질 합성을 계속한다. 리보솜이 이렇게 서로 다른 세포 내 두 장소에서 단백질 합성을 수행하는 이유는 합성이 끝난 단백질을 그 기능에 따라 서로 다른 곳으로 보내야 하기 때문이다. 세포질에서 독립적으로 존재하는 리보솜에서 완성된 단백질은 주로 세포질, 세포핵·미토콘드리아와 같은 세포 내 소기관으로 이동하여 기능을 수행한다. 반면 소포체 위의 리보솜에서 합성이 끝난 단백질은 세포 밖으로 분비되든지, 세포막에 위치하든지, 또는 세포 내 소기관들인 소포체나 골지체나 리소솜으로 이동하기도 한다. 소포체·골지체·리소솜은 모두 물리적으로 연결되어 있으므로 소포체 위의 리보솜에서 만들어진 단백질의 이동이 용이하다. 또한 세포막에 고정되어 위치하거나 세포막을 뚫고 분비되는 단백질은 소포체와 골지체를 거쳐 소낭에 싸여 세포막 쪽으로 이동한다.

소포체 위의 리보솜에서 완성된 단백질은 소포체와 근접한 거리에 있는 또 다른 세포 내 소기관인 골지체로 이동하여 골지체에서 추가로 변형된 후 최종 목적지로 향하기도 한다. 이 단백질 합성 후 추가 변형 과정은 아미노산이 연결되어서 만들어진 단백질에 탄수화물이나 지질 분자를 붙이는 과정으로서 아미노산만으로는 이루기 힘든 단백질의 독특한 기능을 부여해준다. 일부 소포체에서 기능하는 효소는 소포체 위의 리보솜에서 단백질 합성을 완료한 후 골지체로 이동하여 변형된 다음 소포체로 되돌아온 단백질이다.

과연 단백질은 어떻게 자기가 있어야 할 세포 내 위치를 찾아갈 수 있을까? 그것을 설명하는 것이 '신호서열 이론'이다. 어떤 단백질은 자기가 배송되어야 할 세포 내 위치를 나타내는 짧은 아미노산 서열로 이루어진 신호서열을 가지고 있다. 예를 들어 KDEL 신호서열은 소포체 위의 리보솜에서 합성된 후 골지체를 거쳐 추가 변형 과정을 거친 다음 소포체로 되돌아오는 단백질이 가지고 있는 신호서열이다. 또한 NLS는 세포질에 독립적으로 존재하는 리보솜에서 합성되어 세포핵으로 들어가는 단백질이 가지고 있는 신호서열이고 NES는 반대로 세포핵 안에 존재하다가 세포질로 나오는 단백질이 가지고 있는 신호서열이다. 그리고 세포질에 독립적으로 존재하는 리보솜에서 만들어진 단백질을 미토콘드리아로 수송하기 위한 신호서열인 MTS도 있다.

이러한 신호서열 이론을 증명하는 여러 실험이 수행되었다. ㉠KDEL 신호서열을 인위적으로 붙여준 단백질은 원래 있어야 할 곳 대신 소포체에 위치하는 것으로 관찰되어 KDEL이 소포체로의 단백질 수송을 결정하는 신호서열이라는 결론이 내려졌다. ㉡소포체에 부착한 리보솜에서 만들어진 어떤 단백질이 특정한 신호서열이 있어서 세포 밖으로 분비되는 것인지, 아니면 그 단백질이 신호서열을 전혀 가지고 있지 않아서 세포 밖으로 분비되는 것인지 확인하는 실험도 수행되었는데 세포의 종류에 따라 각기 다르다는 결론이 내려졌다. ㉢세포 내 특정 장소로 가기 위한 신호서열을 가지고 있지 않은 단백질이 어떻게 특정 장소로 이동하는지를 확인하는 실험을 한 결과 특정 장소로 수송하기 위한 신호서열을 가지고 있는 단백질과의 결합을 통해 신호서열이 지정하는 특정 장소로 이동할 수 있다는 결론을 얻었다.

07.

윗글의 내용과 일치하지 <u>않는</u> 것은?

① 세포막에서 수용체 역할을 하는 단백질은 소포체 위의 리보솜에서 합성된 것이다.
② 세포질 안에서 사용되는 단백질은 세포질에 독립적으로 존재하는 리보솜에서 합성된 것이다.
③ 골지체에서 변형된 후 소포체로 돌아온 단백질은 소포체 위의 리보솜에서 합성된 것이다.
④ 세포핵으로 수송되는 단백질은 세포 밖으로 분비되는 단백질과 다른 곳에 위치한 리보솜에서 합성된 것이다.
⑤ 미토콘드리아로 수송되는 단백질과 세포막에 위치하는 단백질은 같은 곳에 위치한 리보솜에서 합성된 것이다.

제시문에 주어진 정보를 바탕으로 세포 내 단백질 합성 장소에 따라 정해지는 최종 단백질 수송 장소를 정확히 파악해야 한다. 특히 정보 조회 지점이 두 군데일 경우 독해에 더욱 신중을 기해야 한다.

정답 해설 ⑤ 제시문 세 번째 단락 "세포질에서 독립적으로 존재하는 리보솜에서 완성된 단백질은 주로 세포질, 세포핵·미토콘드리아와 같은 세포 내 소기관으로 이동하여 기능을 수행한다. 반면 소포체 위의 리보솜에서 합성이 끝난 단백질은 세포 밖으로 분비되든지, 세포막에 위치하든지, 또는 세포 내 소기관들인 소포체나 골지체나 리소솜으로 이동하기도 한다."로부터 미토콘드리아로 수송되는 단백질은 세포질에서 독립적으로 존재하는 리보솜에서, 세포막에 위치하는 단백질은 소포체 위의 리보솜에서 합성된다는 사실을 확인할 수 있다. 즉 이 두 단백질은 서로 다른 곳에서 합성된 것이다.

오답 해설 ① 제시문 세 번째 단락 "반면 소포체 위의 리보솜에서 합성이 끝난 단백질은 세포 밖으로 분비되든지, 세포막에 위치하든지, 또는 세포 내 소기관들인 소포체나 골지체나 리소솜으로 이동하기도 한다."와 두 번째 단락 "… 세포막에 고정되어 위치하는 단백질은 외부의 신호를 안테나처럼 받아들이는 수용체 역할을 하거나 … "로부터 세포막에서 수용체 역할을 하는 단백질은 소포체 위의 리보솜에서 합성된 것임을 알 수 있다.

② 제시문 세 번째 단락 "세포질에서 독립적으로 존재하는 리보솜에서 완성된 단백질은 주로 세포질, 세포핵·미토콘드리아와 같은 세포 내 소기관으로 이동하여 기능을 수행한다."로부터 알 수 있다.

③ 제시문 세 번째 단락 "반면 소포체 위의 리보솜에서 합성이 끝난 단백질은 세포 밖으로 분비되든지, 세포막에 위치하든지, 또는 세포 내 소기관들인 소포체나 골지체나 리소솜으로 이동하기도 한다."와 네 번째 단락 "일부 소포체에서 기능하는 효소는 소포체 위의 리보솜에서 단백질 합성을 완료한 후 골지체로 이동하여 변형된 다음 소포체로 되돌아온 단백질이다."로부터 골지체에서 변형된 후 소포체로 돌아온 단백질은 소포체 위의 리보솜에서 합성된 것임을 알 수 있다.

④ 제시문 세 번째 단락 "세포질에서 독립적으로 존재하는 리보솜에서 완성된 단백질은 주로 세포질, 세포핵·미토콘드리아와 같은 세포 내 소기관으로 이동하여 기능을 수행한다. 반면 소포체 위의 리보솜에서 합성이 끝난 단백질은 세포 밖으로 분비되든지, 세포막에 위치하든지, 또는 세포 내 소기관들인 소포체나 골지체나 리소솜으로 이동하기도 한다."로부터 세포핵으로 수송되는 단백질은 세포 밖으로 분비되는 단백질과 다른 곳에 위치한 리보솜에서 합성된 것임을 확인할 수 있다.

08.

윗글을 바탕으로 추론한 것으로 적절하지 <u>않은</u> 것은?

① KDEL 신호서열을 가지고 있는 단백질은 NLS가 없을 것이다.
② KDEL 신호서열을 가지고 있는 소포체로 최종 수송된 단백질은 골지체에서 변형을 거쳤을 것이다.
③ NLS가 없는 세포핵 안에 존재하는 단백질은 NLS가 있는 다른 단백질과 결합하여 세포핵 안으로 수송되었을 것이다.
④ NLS가 있으나 NES가 없는 단백질은 합성 후 세포핵에 위치한 다음 NES가 있는 단백질과 결합하면 다시 세포핵 밖으로 나간 수 있을 것이다.
⑤ NLS와 NES를 모두 가졌으나 세포 외부에서 발견되는 단백질은 세포질에 독립적으로 존재하는 리보솜에서 합성된 단백질과 결합하여 세포 외부로 이동하였을 것이다.

문항 성격	문항유형 : 정보의 추론과 해석
	내용영역 : 과학기술
평가 목표	이 문항은 제시문에 주어진 정보를 바탕으로 단백질이 합성되는 장소와 최종 수송 장소, 그리고 단백질에 존재하는 신호서열 사이의 관계를 정확히 추론할 수 있는지 확인하기 위한 문항이다.
문제 풀이	정답 : ⑤

KDEL 신호서열은 소포체 위의 리보솜에서 합성되는 단백질 중 골지체로 갔다가 다시 소포체로 돌아오는 단백질이 가지고 있는 신호서열이고, NLS나 NES는 세포질에 독립적으로 존재하는 리보솜에서 합성되는 단백질의 세포핵 출입에 관여하는 신호서열이라는 것을 추론할 수 있어야 한다.

⑤ 제시문 다섯 번째 단락 "또한 NLS는 세포질에 독립적으로 존재하는 리보솜에서 합성되어 세포핵으로 들어가는 단백질이 가지고 있는 신호서열이고 NES는 반대로 세포핵 안에 존재하다가 세포질로 나오는 단백질이 가지고 있는 신호서열이다."와 여섯 번째 단락 "세포 내 특정 장소로 가기 위한 신호서열을 가지고 있지 않은 단백질이 어떻게 특정 장소로 이동하는지를 확인하는 실험을 한 결과 특정 장소로 수송하기 위한 신호서열을 가지고 있는 단백질과의 결합을 통해 신호서열이 지정하는 특정 장소로 이동할 수 있다는 결론을 얻었다."로부터 NLS와 NES를 모두 가진 단백질도 세포 밖으로 이동하기 위한 신호서열을 가진 단백질과 결합하면 세포 외부로 이동할 수 있다는 것을 알 수 있다. 또한 여섯 번째 단락 "소포체에 부착한 리보솜에서 만들어진 어떤 단백질이 특정한 신호서열이 있어서 세포 밖으로 분비되는 것인지, 아니면 그 단백질이 신호서열을 전혀 가지고 있지 않아서 세포 밖으로 분비되는 것인지 확인하는 실험도 수행되었는데 세포의 종류에 따라 각기 다르다는 결론이 내려졌다."로부터 세포 밖으로 이동하기 위한 신호서열이 존재할 수 있다는 사실 또한 확인할 수 있으므로 NLS와 NES를 모두 가진 단백질도 세포 밖으로 이동하기 위한 신호서열을 가진 단백질과 결합하면 세포 밖으로 이동할 수 있다고 생각할 수 있다. 그러나 세 번째 단락 "세포질에서 독립적으로 존재하는 리보솜에서 완성된 단백질은 … 세포 내 소기관으로 이동하여 기능을 수행한다. 반면 소포체 위의 리보솜에서 합성이 끝난 단백질은 세포 밖으로 분비되든지 …"로부터 세포질에 독립적으로 존재하는 리보솜에서 합성된 단백질은 세포 외부로 이동할 수 없다는 것을 확인할 수 있으므로, 이 선택지의 추론은 적절하지 않다.

① 제시문 다섯 번째 단락으로부터 KDEL 신호서열은 소포체 위의 리보솜에서 합성된 단백질이 가지고 있는 신호서열이고 NLS는 세포질에 독립적으로 존재하는 리보솜에서 합성된 단백질이 가지고 있는 신호서열이라는 사실을 알 수 있다. 서로 다른 곳에서 합성된 단백질이 가지고 있는 신호서열을 어떤 단백질이 동시에 가질 수 없으므로 KDEL 신호서열을 가지고 있는 단백질은 NLS가 없을 것이라고 추론할 수 있다.

② 제시문 다섯 번째 단락 "KDEL 신호서열은 소포체 위의 리보솜에서 합성된 후 골지체를 거쳐 추가 변형 과정을 거친 다음 소포체로 되돌아오는 단백질이 가지고 있는 신호서열이다."로부터 소포체의 단백질 중 KDEL 신호서열을 가진 단백질은 모두 골지체에서 변형을 거치고 다시 소포체로 돌아온 단백질이라는 사실을 추론할 수 있다.

③ 제시문 다섯 번째 단락 "NLS는 세포질에 독립적으로 존재하는 리보솜에서 합성되어 세포핵으로 들어가는 단백질이 가지고 있는 신호서열 …"과 여섯 번째 단락 "세포 내 특정 장소로 가기 위한 신호서열을 가지고 있지 않은 단백질이 어떻게 특정 장소로 이동하는지를 확인하는 실험을 한 결과 특정 장소로 수송하기 위한 신호서열을 가지고 있는 단백질과의 결합을 통해 신호서열이 지정하는 특정 장소로 이동할 수 있다는 결론을 얻었다."로부터 NLS가 없는 세포핵 안에 존재하는 단백질은 NLS가 있는 다른 단백질과 결합하여 세포핵 안으로 수송되었을 것이라고 추론할 수 있다.

④ 제시문 다섯 번째 단락 "NLS는 세포질에 독립적으로 존재하는 리보솜에서 합성되어 세포핵으로 들어가는 단백질이 가지고 있는 신호서열이고 NES는 반대로 세포핵 안에 존재하다가 세포질로 나오는 단백질이 가지고 있는 신호서열이다."와 여섯 번째 단락 "세포 내 특정 장소로 가기 위한 신호서열을 가지고 있지 않은 단백질이 어떻게 특정 장소로 이동하는지를 확인하는 실험을 한 결과 특정 장소로 수송하기 위한 신호서열을 가지고 있는 단백질과의 결합을 통해 신호서열이 지정하는 특정 장소로 이동할 수 있다는 결론을 얻었다."로부터 NLS가 있으나 NES가 없는 단백질은 합성 후 NLS를 이용하여 세포핵에 위치한 다음 NES가 있는 단백질과 결합하면 다시 세포핵 밖으로 나갈 수 있을 것이라고 추론할 수 있다.

09.

㉠~㉢에 대한 평가로 적절한 것만을 〈보기〉에서 있는 대로 고른 것은?

> [보기]
>
> a. KDEL 신호서열이 있는 어떤 단백질의 KDEL 신호서열을 인위적으로 제거하면 소포체로 이동하지 않는다는 실험 결과는 ㉠의 결론을 강화한다.
> b. NLS를 가진 어떤 단백질의 NLS를 인위적으로 제거하면 세포 밖으로 분비된다는 실험 결과는 ㉡의 결론을 강화한다.
> c. MTS가 없는 어떤 단백질이 MTS가 있는 단백질과 결합하여 미토콘드리아에서 발견된다는 실험 결과는 ㉢의 결론을 강화한다.

① a   ② b   ③ a, c
④ b, c   ⑤ a, b, c

문항 성격 문항유형 : 정보의 평가와 적용

내용영역 : 과학기술

평가 목표 이 문항은 신호서열 이론을 증명하기 위한 실험 세 가지의 결론을 이해하고 〈보기〉로 주어진 추가 실험 결과가 제시문에 나온 실험 결론을 강화하는지 여부를 판단할 수 있는지 알아보기 위한 문항이다.

문제 풀이 정답 : ③

제시문에 소개된 실험과 결론, 그리고 〈보기〉로 주어진 실험 결과를 주의 깊게 독해하고 이를 통합적으로 이해하여 해석하고 판단해야 한다.

〈보기〉 해설 a. ㉠에서는 KDEL 서열을 인위적으로 붙여준 단백질은 원래 있어야 할 곳 대신 소포체에 위치하는 것으로 관찰되어 KDEL이 소포체로의 단백질 수송을 결정하는 신호서열이라는 결론을 얻었다. a에서는 KDEL 신호서열을 인위적으로 제거하여 소포체로 이동하지 않는다는 결과를 얻었으므로 ㉠의 결론을 반대 방향으로 다시 한 번 검증한 것이다.

b. ㉡은 소포체에 부착한 리보솜에서 만들어진 어떤 단백질이 특정한 신호서열이 있어서 세포 밖으로 분비되는 것인지, 아니면 그 단백질이 신호서열을 전혀 가지고 있지 않아서 세포 밖으로 분비되는 것인지 확인하는 실험이다. 그러나 b는 NLS를 가진 단백질을 대상으로 하는 실험인데, NLS는 세포질에 독립적으로 존재하는 리보솜에서 합성되어 세포핵으로 들어가는 단백질이 가지고 있는 신호서열이므로 소포체에 부착한 리보솜에서 만들어진 단백질의 세포 외부로의 수송 기전을 알아보려는 실험과는 무관하다.

c. ㉢을 통해 특정 장소로 가기 위한 신호서열을 가지고 있지 않은 단백질이 특정 장소로 수송하기 위한 신호서열을 가지고 있는 단백질과의 결합을 통해 신호서열이 지정하는 특정 장소로 이동할 수 있다는 결론을 얻었으므로, MTS가 없는 어떤 단백질이 MTS가 있는 단백질과 결합하여 미토콘드리아에서 발견된다는 실험 결과는 ㉢의 결론을 강화한다.

〈보기〉에서 a와 c만이 적절한 평가이므로 ③이 정답이다.

[10~12] 다음 글을 읽고 물음에 답하시오.

　　농업 중심의 사회를 벗어나면서 급속한 산업화와 도시화에 따른 갈등이 나타나고 있던 19세기 말 미국에서는 터너가 이끌었던 혁신주의 역사학 이 대두했다. 혁신주의 역사학의 특징은 역사의 핵심을 갈등이라고 본 점에 있다. 예컨대, 야만과 문명이 공존하는 프런티어야말로 미국 발전의 근원이라고 주장한 터너는 산업이 발달한 북부와 농업이 지배적인 남부 사이의 갈등을 강조했다. 혁신주의 역사가 베커는 미국혁명이 과세를 둘러싼 아메리카 식민지와 모국 간의 투쟁임과 동시에 상층 상인과 지주를 비롯한 보수적이고 봉건적인 식민지 유력자와 하층 수공업자 및 노동자 사이에서 벌어진 권력 다툼이었다는 사실을 밝혀냄으로써 이중혁명론을 제시했다. 혁신주의 역사학은 헌법을 금융업자, 상인 등으로 구성된 동산소유집단과 채무에 시달리던 소농 출신의 부동산소유집단 사이의 싸움에서 전자가 승리하면서 만들어진 비민주적 문서로 파악하였다. 혁신주의 역사학은 1940년대까지 미국 역사학의 주류를 이루었다.

　　제2차 세계대전 이후에 나치 독일의 인권 탄압과 공산주의의 팽창에 놀란 보수적 미국인들은 혁신주의 역사학이 비판했던 미국적 가치, 즉 사유재산의 신성시, 개인주의, 경제적 자유주의에 대해 재평가하기 시작했다. 게다가 냉전질서에서 미국의 정체성을 보존하기 위해서는 국민적 단결이 필요했다. 이러한 배경에서 합의사학 이 등장했는데, 그것의 특징은 미국사를 합의와 연속성의 시각에서 이해했다는 점이다. 혁신주의 역사가는 보수적인 유산자들과 하층민 간의 극적인 투쟁으로 미국혁명을 파악했으나, 합의사학을 대변하는 호프스태터는 미국적 가치를 공동이념으로 삼은 미국인들은 사회적 동질성을 유지하면서 갈등을 극소화했다고 주장했다. 이처럼 미국사는 기본적으로 혁명으로 인한 단절이나 중단 없이 연속성을 보여주었다는 데 합의사학은 주목하였다. 그러므로 미국혁명은 상당히 제한적인 것이라고 평가되었다. 하츠가 미국에는 봉건적 과거가 없다는 토크빌의 지적에 공감하면서 주장하듯이, 구세계의 봉건적 압제로부터 도피한 사람들은 자유롭게 태어난 사람들이기에 자유로운 세계를 만들기 위해 굳이 혁명을 일으킬 필요는 없었기 때문이다. 비어드와 같은 혁신주의 역사가가 헌법의 제정을 계급적인 갈등으로 파악했다면, 합의사학은 헌법 제정이 중산층의 합의를 통해 이루어졌다는 데 보다 많은 주의를 기울였다. 합의사학은 제헌의회에 참가한 대표들의 경제적 이해관계보다는 그들의 합의를 강조한 셈이다. 부어스틴은 미국인의 관대함과 타협의 정신을 프런티어에서 찾기도 했다. 개혁 사상에 대해 비판적인 태도를 유지하면서 미국의 자유주의적 전통과 국민적 합의를 강조한 합의사학은 50~60년대 미국 사학계를 주도했다.

　　1960년대 중반 이후 미국은 베트남전쟁과 민권운동으로 대변되는 이념적 격동기를 맞이했다. 이 같은 현실은 합의사학이 제시했던 미국의 밝은 과거상과 현재상에 대해 회의심을 갖게 했다.

합의사학과는 달리, 하지만 혁신주의 역사학과 마찬가지로 갈등과 빈곤에 주목한 경향이 등장했는데, 이를 신좌파 역사학 이라고 한다. 이러한 움직임을 선도한 역사가로는 외교사가 윌리엄스를 꼽을 수 있다. 합의사학은 정책 결정자들이 19세기 말엽 이후에는 제국주의적 팽창정책으로부터 거리를 두었다고 보면서 1898년 식민지를 둘러싼 미국-스페인 전쟁을 "거대한 일탈"이라고 규정했다. 윌리엄스는 이런 해석을 비판하며 정치인들이 국내의 분열을 호도하기 위해 혹은 자본의 이익을 위해 문호개방이라는 이름으로 해외 팽창정책을 주도했다고 주장했다. 하워드 진과 같은 신좌파 역사가는 혁신주의 역사학에 동조하면서 역사학을 이데올로기적 요구에도 부응해야 하는 학문으로 보았다. 하지만 혁신주의 역사학과 달리 신좌파 역사학은 역사를 물질적인 조건이나 계급 갈등으로 환원시키지는 않았다. 미국혁명과 헌법에 대한 연구에서 다수의 신좌파 역사가들은 유산계급과 무산계급 사이의 갈등 이외에도 민중의 역사와 권력관계에 주목했다. 흑인들의 민권운동과 소수민족인 아메리카 원주민, 여성, 빈민들의 운동을 배경으로 태동했던 신좌파 역사학은 이러한 피지배집단이 혁명전쟁과 헌법 제정 과정에서 행한 능동적인 행위를 복원하는 데 주의를 기울였다.

10.

윗글의 내용과 일치하지 않는 것은?

① 19세기 후반 미국은 농업 중심의 사회에서 산업화 사회로의 이행이 진행되고 있었다.
② 19세기 말 국외로 세력을 확장하려는 미국의 정책은 스페인과 무력 충돌을 일으켰다.
③ 제2차 세계대전 직후에 보수 성향의 미국인들은 미국의 전통적 가치를 부활시키고자 했다.
④ 베트남전쟁은 미국인들이 경제적 자유주의에 대한 보편적 합의를 이루는 역사적 계기가 되었다.
⑤ 1960년대 이후 미국에서는 다양한 소수집단과 관련된 연구가 대두하였다.

문항 성격	문항유형 : 정보의 확인과 재구성
	내용영역 : 인문
평가 목표	이 문항은 제시문에서 소개된 역사적 사실과 해석을 정확히 이해하고 있는지 확인하기 위한 문항이다.

정답 : ④

19세기 말부터 1960년대 후반까지 미국사 연구의 주요 경향은 혁신주의 역사학, 합의사학, 신좌파 역사학이다. 이 문항의 해결을 위해서는 세 가지 사학사적 움직임이 등장한 시기와 등장하게 되었던 역사적 배경을 파악하고 이해해야 한다.

정답 해설 ④ 제시문 세 번째 단락 "1960년대 중반 이후 미국은 베트남전쟁과 민권운동으로 대변되는 이념적 격동기를 맞이했다."에서 알 수 있듯이 베트남전쟁 이후 미국에서는 다양한 이데올로기적 갈등이 대두하였다. 여기서 '이념적 격동기'라는 표현은 선택지의 '보편적 합의'와 양립할 수 없다. 그뿐만 아니라 두 번째 단락에 나오듯 보수적 미국인들과 합의사학이 '경제적 자유주의'를 재평가하고 옹호했지만, 그것은 제2차 세계대전과 냉전 이후의 현상으로 봐야 한다. 따라서 베트남전쟁을 계기로 미국인들이 경제적 자유주의에 대해 보편적 합의를 했다는 이 선택지는 제시문의 내용과 일치하지 않는다.

오답 해설 ① 제시문 첫 번째 단락에 따르면 미국은 19세기 말 "농업 중심의 사회를 벗어나면서 급속한 산업화와 도시화에 따른 갈등"을 경험하였다.

② 제시문 세 번째 단락에서는 미국의 제국주의적 팽창정책과 더불어 "1898년 식민지를 둘러싼 미국-스페인 전쟁"이 언급되고 있다.

③ 제시문 두 번째 단락에 따르면 "사유재산의 신성시, 개인주의, 경제적 자유주의"는 혁신주의 역사학이 비판했던 미국의 전통적 가치였다. 보수적 미국인들과 합의사학은 이러한 미국식 가치를 재평가하면서 '미국의 자유주의적 전통'을 강조한 것이다.

⑤ 제시문 세 번째 단락에서는 "흑인들의 민권운동과 소수민족인 아메리카 원주민, 여성, 빈민"에 대해 언급하면서 역사에서 비가시적이었던 이들 피지배집단에 주목한 것이 신좌파 역사학이라고 밝히고 있다.

11.

윗글을 바탕으로 추론한 것으로 가장 적절한 것은?

① 터너는 부어스틴과 마찬가지로 프런티어가 미국 역사 발전에서 긍정적인 역할을 하였다고 볼 것이다.

② 베커는 하츠와 달리, 혁신주의적 개혁을 위한 국민적 합의가 미국사의 원동력이라고

볼 것이다.

③ 호프스태터는 유력 세력이 혁명에서 승리함으로써 갈등이 극소화되었다고 볼 것이다.

④ 윌리엄스는 19세기 말 미국의 국제적 영향력 행사를 예외적 현상으로 파악할 것이다.

⑤ 하워드 진은 윌리엄스와 마찬가지로 역사적 분석범위를 넓히면서 역사학의 정치화를 경계했을 것이다.

문항 성격 문항유형 : 정보의 추론과 해석

내용영역 : 인문

평가 목표 이 문항은 제시문에서 소개된 역사학자들의 주장 사이에 존재하는 공통점과 차이점을 추론할 수 있는지 측정하기 위한 문항이다.

문제 풀이 정답 : ①

제시문은 혁신주의 역사학, 합의사학, 신좌파 역사학을 대변하는 역사가들의 주장을 담고 있다. 역사학은 해석의 학문이라고 하는 만큼, 각각의 사학사적 흐름은 동일한 역사적 사실에 대해 서로 구별되는 해석을 주장해 왔다. 제시문에는 다수의 역사학자들이 소개되고 있으므로 각각의 학자가 혁신주의 역사가, 합의사학자, 신좌파 역사가 중 어디에 해당하는지 파악해 놓는다면, 문제 풀이 시 혼란을 최소화할 수 있다.

정답 해설 ① 터너는 혁신주의 역사가, 부어스틴은 합의사학자이다. 따라서 겉보기엔 양자가 다른 주장을 했으리리고 생각할 수 있다. 그러나 제시문 첫 번째 단락에 터너는 "프런티어야말로 미국 발전의 근원이라고 주장"했다고 나와 있고, 두 번째 단락에 부어스틴은 "미국인의 관대함과 타협의 정신을 프런티어에서 찾기도 했다."고 나와 있다. 따라서 이 선택지는 윗글을 바탕으로 추론한 것으로 적절하다.

오답 해설 ② 베커는 혁신주의 역사가, 하츠는 합의사학자이다. 문제는 '혁신주의적 개혁을 위한 국민적 합의'이다. 베커는 '혁신주의적 개혁'을 주장했으리라 충분히 추론할 수 있으나, '국민적 합의'가 미국사의 원동력이라고 볼 것이라는 추론은 적절하지 않다. 혁신주의 역사가인 베커는 갈등을 미국사의 핵심 동력으로 인식했기 때문이다.

③ 제시문 두 번째 단락에 따르면 호프스태터는 유력 세력이 혁명에서 승리했기 때문이 아니라 "미국적 가치를 공동이념으로 삼은 미국인들은 사회적 동질성을 유지하면서 갈등을 극소화했다고 주장했다."

④ 제시문 세 번째 단락에서 알 수 있듯이 미국-스페인 전쟁과 같은 19세기 말 미국의 국제적 영향력 행사를 예외적 현상으로 파악한 것은 합의사학이다. 신좌파

역사가인 윌리엄스는 이러한 해석을 비판하며 "정치인들이 … 문호개방이라는 이름으로 해외 팽창정책을 주도했다고 주장했다."

⑤ 하워드 진과 윌리엄스는 모두 신좌파 역사가이다. 따라서 여기서 쟁점은 두 역사가 사이의 공통점 혹은 차이점이 아니라 '역사학의 정치화'이다. 제시문 세 번째 단락에 따르면 "하워드 진과 같은 신좌파 역사가는 혁신주의 역사학에 동조하면서 역사학을 이데올로기적 요구에도 부응해야 하는 학문으로 보았다." 이는 역사학을 정치적인 목적으로 연구하는 데 적극적이었음을 의미한다.

12.

윗글을 바탕으로 〈보기〉를 평가한 것으로 적절하지 않은 것은?

> **보기**
>
> 영국이 시행한 인지세법 등에 맞서 1774년 식민지 대표들이 필라델피아에 모여 제1차 대륙회의를 개최하면서 영국에 대한 조직적인 저항이 시작되었다. 당시 식민지 뉴욕의 정치는 상층 상인과 지주들과 같은 유력자들이 장악하고 있었는데, 독립전쟁은 하층 수공업자와 노동자 출신의 급진주의자들이 정치의 장으로 들어가도록 문을 열어 주었다. 독립전쟁은 1781년 뉴욕 요크타운 전투에서 영국군이 패배하면서 막을 내리게 되었다. 전쟁 이후 미국은 1787년 필라델피아에 모여 헌법의 제정을 논의하기에 이르렀다. 당시 가장 중요한 전제는, 강력하지만 동시에 주정부의 권리를 침해하지 않는 연방정부를 수립하는 것이었다. 필라델피아 제헌의회에는 해밀턴, 매디슨 등 소위 연방주의자와 제퍼슨 등의 반연방주의자 간의 대립이 있었고, 현상적으로는 연방주의자들의 승리로 볼 만했다.

① 혁신주의 역사학자라면, 필라델피아 제헌의회는 새로운 헌법에 의해 경제적 이익을 받을 수 있는 집단이 지배하고 있었다는 사실을 덧붙이려 하겠군.

② 합의사학자라면, 제1차 대륙회의와 요크타운 전투에 대해 봉건적 체제를 타파하는 시민혁명에서 미국의 가치와 동질성이 실현되는 과정이었다고 파악하겠군.

③ 합의사학자라면, 제퍼슨, 매디슨, 해밀턴 사이의 차이를 과장하지 않고, 헌법 제정에 대하여 연방주의자들의 승리라기보다는 정치적 합의를 도출한 사건으로 보겠군.

④ 신좌파 역사학자라면, 독립전쟁 당시 하층민들의 급진주의적 정치에서 여성이 차지한 역할을 새롭게 규명할 필요성을 제기하겠군.

⑤ 혁신주의 역사학자나 신좌파 역사학자라면, 독립혁명에서 식민지 뉴욕의 상층 부르주아지와 하층 수공업자들의 대립을 주요하게 취급하는 데 대하여 반대하지 않겠군.

〈보기〉는 미국혁명에 관한 서술이다. 혁신주의 역사학, 합의사학, 신좌파 역사학 사이의 공통점과 차이점을 기반으로 주어진 각각의 선택지의 평가가 적절한지 확인하도록 한다.

정답 해설 ② 합의사학은 '미국의 가치와 동질성'에 주목하는 것은 옳지만, 또한 합의사학에 따르면 미국에는 봉건적인 과거가 존재하지 않았다. 따라서 합의사학은 제1차 대륙회의와 뉴욕 요크타운 전투를 '봉건적 체제를 타파하려는 시민혁명'이라고 볼 리가 없다.

오답 해설 ① 제시문 첫 번째 단락과 두 번째 단락에 따르면 혁신주의 역사학은 제헌의회를 계급적인 갈등으로 파악했다. 따라서 혁신주의 역사학자라면 헌법 제정을 위한 필라델피아 제헌의회를 분석할 때 어떤 사람들이 의회에서 지배적인 집단인지, 의회의 구성원 가운데 어떤 집단이 헌법 제정으로 가장 커다란 이득을 얻는지 등에 주목할 것이다.

③ 제시문 두 번째 단락에 따르면 합의사학자는 헌법 제정을 계급 갈등이 아니라 합의의 측면에서 고찰했다. 따라서 연방주의자와 반연방주의자 사이의 대립과 연방주의자의 승리를 언급하는 〈보기〉에 대해 합의사학자는 차이와 대립이 과장되었다고 판단할 것이다. 또한 합의사학자라면 어느 한 정파의 승리를 강조하지 않고 제헌의회를 합의가 이루어지는 과정이었다고 평가할 것이다.

④ 제시문 세 번째 단락에 따르면 신좌파 역사가들은 여성과 같은 피지배 소수집단이 행했던 적극적 행위에 주목한다. 따라서 신좌파 역사가라면 〈보기〉에서 언급하고 있는 뉴욕의 급진주의자들 가운데 여성이 포함되어 있는지, 그들의 역할은 무엇이었는지를 분석하고자 할 것이다.

⑤ 제시문 첫 번째 단락에 따르면 혁신주의 역사학은 계급 갈등에 주목하고 있기에 '뉴욕의 상층 부르주아지와 하층 수공업자들' 사이의 대립을 중요한 사건으로 다룰 것이다. 제시문 세 번째 단락에 따르면 신좌파 역사학은 "역사를 물질적인 조

건이나 계급 갈등으로 환원"하지는 않았지만, 그렇다고 해서 "유산계급과 무산계급 사이의 갈등"을 간과하지도 않았다. 따라서 뉴욕의 계급적 대립과 갈등을 주요하게 취급하는 데 대하여 신좌파 역사학 역시 반대하지 않았을 것이라 판단할 수 있다.

[13~15] 다음 글을 읽고 물음에 답하시오.

나이의 정치적 효과를 분석하는 데 있어 가장 중요한 쟁점은 생애주기 효과(A), 기간 효과(P), 코호트 효과(C)를 구분하는 것이다. APC 효과의 관점에서 보면, 개인이 특정 시점에 갖는 정치 성향은 그가 속한 코호트, 조사 시점의 정치 사회 환경, 그리고 나이가 들며 변화해 가는 생애주기 효과에 의해 종합적으로 구성된다.

우선 생애주기 효과는 "나이가 들수록 보수화된다."는 가설에 기반한다. 생애주기 효과가 말하는 보수화에는 비단 정치적 보수화뿐만 아니라 인지적 경직성과 권위주의적 성향의 증가도 포함된다. 트루엣은 약 30,000명의 버지니아 주민들을 대상으로 생애주기별 보수주의 점수를 측정하면서 50세 이후에는 보수화 성향이 지속되는 것을 확인하였다. 그에 따르면 성별, 거주지별, 교육수준별로 약간의 차이는 있지만 20~30대에는 낮은 보수주의 점수가 안정적으로 이어지는 반면, 30~40대를 거치면서 이 점수가 급격히 높아지며, 50세 이후부터 생애주기의 끝까지 높은 보수주의 점수가 유지된다.

다음으로 기간 효과는 특정 조사 시점의 영향을 받아 나타나는 차이를 의미한다. 즉, 특정 시점에 발생한 역사적 사건이나 급격한 사회변동이 전 연령 집단의 사고방식이나 인식에 포괄적, 보편적 영향을 미치는 효과이다. 특정 시기의 사회화 과정이나 일부 세대에서 나타나는 효과가 아니라, 1987년 민주화나 1997년 IMF 구제금융 사례처럼 전 세대가 공유하는 경험에 따른 태도 변화를 지칭한다.

그리고 코호트 효과는 정치사회화가 주로 이루어지는 청년기에 유권자들이 특정한 역사적 경험을 공유하면서 유사한 정치적 성향을 형성하고 그 독특성이 해당 연령 집단을 중심으로 이후에도 유지되는 현상을 의미한다. 이렇게 형성된 정치 세대, 즉 코호트란 유사한 정치적 태도를 보이고 이념 성향을 공유하는 연령 집단을 의미한다. 정치사회화 과정에서 형성된 정치적 세대 의식은 나이가 들면서 완고성이 증가하여 큰 변화 없이 지속되게 된다. 이는 중장년기보다 성년 초기 시점이 사회 변화나 역사적 사건들로부터 영향을 받기 더 쉽다는 사실을 전제로 한다. 예컨대, 영국에서 2차 세계대전 이후 노동당 지지 성향이 강한 진보적 코호트가 등장하였다면 1980년대에는 대처 총리 집권기의 영향을 받아 보수적 코호트가 형성되었다는 연구들이 존재한다. 한편 국내 선행 연구에 따르면, 한국전쟁 직후 등장한 소위 전후세대는 여타 코호트 집단에 비해 권위주의적 성향과 보수적 정치 성향이 더 강하다고 알려져 있으며, 한국 민주화 운동의 대명사라 할 수 있는 86세대나 탈권위를 유행시켰던 X세대의 경우 나이가 들어서도 보수화되는 경향이 상대적으로 완만한 것으로 나타났다.

이 세 효과는 개념적으로는 쉽게 구분되지만, 경험적으로는 이들을 구별하기 어렵다. 세 개념 자체가 밀접하게 연관되어 있고, 독립적으로 개별 효과를 측정할 지표 역시 충분히 갖고 있지 않기 때문이다. 이러한 근본적 제약 속에서 나이 관련 변수들이 만들어내는 합성 효과를 구별하는 것이 지금까지 사회과학적 세대 연구의 핵심 과제였고 이를 해결하기 위한 다양한 연구 방법들이 고안되었다. APC의 합성 효과를 구분해 개별 효과를 비교하기 위해서는 동일 코호트의 시간 흐름에 따른 태도 차이를 측정하는 종단면 디자인, 동일 시점에서 정치 세대 간의 태도 차이를 측정하는 횡단면 디자인, 다른 시점의 동일 연령대 집단의 태도 차이를 측정하는 시차 연구 디자인의 조합이 필요하다.

일반적으로 연령 집단은 조사 당시 나이, 기간 효과는 조사 연도, 코호트는 출생 연도와 같은 변수들로 측정된다. 그러나 연구의 난관은 우리가 혼재된 나이 효과를 구별하는 데 있어 식별 문제에 직면하게 된다는 것이다. 즉, 셋 중 두 정보로부터 다른 항의 값이 자동 도출되므로, 3개의 미지수(효괏값)와 3개의 정보(변수)가 있는 듯 보이지만, 실제로는 정보 하나가 부족한 셈이 된다. 위의 연구 디자인을 적용하여 APC 효과를 통제된 하나의 개별 효과와 나머지 두 개가 이루는 합성 효과로 나누어 파악할 수는 있지만, 3개의 개별 효괏값으로 명확하게 구분해 내기 어렵다. 이러한 한계가 나이와 정치 성향의 관계에 대한 경험적 연구를 오랜 기간 가로막아 왔다. 기술적으로 완전한 극복 방안은 없으며, 불완전하나마 여러 가지 수단을 통해 이 관계를 엿볼 수 있었을 뿐이다. 대부분 추정 모형에 일정한 제약을 가해서 문제를 피해 갔다. 부가정보를 이용해 세 효과 중 하나를 제외하거나, 아니면 한 효과가 고정되도록 설정하여 개입을 통제하는 방식으로 이 문제에서 벗어날 수 있다. 그 밖에도 세 변수 중 하나를 다른 대리변수로 대체하는 방법도 있다. 하지만 이러한 방법 모두 임기응변일 뿐이고, 매우 특수한 조건에서만 활용 가능해 주의가 필요하다.

126

13.

윗글의 내용과 일치하지 <u>않는</u> 것은?

① 조사 시기와 조사 당시 연령을 알면 코호트 집단을 특정할 수 있다.
② 트루엣의 연구에 따르면 생애주기 효과는 개인의 사회경제적 배경과는 무관하다.
③ 식별 문제의 해결을 위한 방편으로 추정 모형에 제약 조건을 적용하기도 한다.
④ 문제 해결을 위해 세 변수 중 하나를 다른 대리변수로 대체하는 방법을 사용하기도 한다.
⑤ 나이와 정치 성향과의 관계 연구에서 APC의 개별 효과를 각각 구분해 내는 방법은 아직 없다.

문항 성격 　문항유형 : 정보의 확인과 재구성

　　　　　　　내용영역 : 사회

평가 목표 　이 문항은 제시문에서 설명하고 있는 APC 효과의 개념과 정의, 그리고 APC 효과의 측정과 분석을 위한 연구 방법론을 이해하고 있는지 묻는 문항이다.

문제 풀이 　정답 : ②

코호트 효과(C), 생애주기 효과(A), 기간 효과(P)의 주요 내용과 개념을 이해하고, APC 효과가 실제 연구에서 어떻게 측정되는지 설명하는 제시문의 내용에 부합하는 선택지를 골라야 한다. 특히 이 문항은 3개의 효과가 경험적으로 어떠한 변수들로 측정되는지, 그렇게 사용되는 세 변수(조사 당시 나이, 조사 연도, 출생 연도)가 서로 어떤 연관성을 갖고 있는지, APC 효과를 3개의 효괏값으로 구분해 내는 데 있어 어떤 방법론적 한계가 존재하는지 이해해야 한다.

정답 해설 　② 제시문 두 번째 단락 "트루엣은 약 30,000명의 버지니아 주민들을 대상으로 생애주기별 보수주의 점수를 측정하면서 50세 이후에는 보수화 성향이 지속되는 것을 확인하였다. 그에 따르면 성별, 거주지별, 교육수준별로 약간의 차이는 있지만 20~30대에는 낮은 보수주의 점수가 안정적으로 이어지는 반면, 30~40대를 거치면서 이 점수가 급격히 높아지며, 50세 이후부터 생애주기의 끝까지 높은 보수주의 점수가 유지된다."로부터 생애주기 효과는 개인의 성별, 거주지별, 교육수준별에 따라 차이가 있다는 것을 알 수 있다. 따라서 트루엣의 연구에 따르면 생애주기 효과는 개인의 사회경제적 배경과 유관하다.

오답 해설 　① 제시문 마지막 단락 "일반적으로 연령 집단은 조사 당시 나이, 기간 효과는 조사 연도, 코호트는 출생 연도와 같은 변수들로 측정된다. … 셋 중 두 정보로부터 다른 항의 값이 자동 도출되므로…"로부터 주어진 두 정보로부터 다른 하나의 정보가 도출된다는 것을 알 수 있다. 따라서 코호트 측정을 위해 사용하는 변수인 출생 연도는 나머지 두 변수, 즉 조사 당시 나이와 조사 연도로부터 도출된다는 것은 윗글의 내용과 일치한다.

③ 제시문 마지막 단락 "기술적으로 완전한 극복 방안은 없으며, 불완전하나마 여러 가지 수단을 통해 이 관계를 엿볼 수 있었을 뿐이다. 대부분 추정 모형에 일정한 제약을 가해서 문제를 피해 갔다. 부가정보를 이용해 세 효과 중 하나를 제외하거나, 아니면 한 효과가 고정되도록 설정하여 개입을 통제하는 방식으로 이 문제에서 벗어날 수 있다. 그 밖에도 세 변수 중 하나를 다른 대리변수로 대체하는 방법도 있다. 하지만 이러한 방법 모두 임기응변일 뿐이고, 매우 특수한 조건에서만 활용 가능해 주의가 필요하다."로부터 식별 문제 해결을 위해 추정 모형에 제약을 가하는 방식이 사용되고 있음을 알 수 있다.

④ 제시문 마지막 단락 "기술적으로 완전한 극복 방안은 없으며, 불완전하나마 여러 가지 수단을 통해 이 관계를 엿볼 수 있었을 뿐이다. 대부분 추정 모형에 일정한 제약을 가해서 문제를 피해 갔다. 부가정보를 이용해 세 효과 중 하나를 제외하거나, 아니면 한 효과가 고정되도록 설정하여 개입을 통제하는 방식으로 이 문제에서 벗어날 수 있다. 그 밖에도 세 변수 중 하나를 다른 대리변수로 대체하는 방법도 있다. 하지만 이러한 방법 모두 임기응변일 뿐이고, 매우 특수한 조건에서만 활용 가능해 주의가 필요하다."로부터 식별 문제 해결을 위해 세 변수 중 하나를 다른 대리변수로 대체하는 방법이 사용된다는 것을 알 수 있다.

⑤ 제시문 마지막 단락 "기술적으로 완전한 극복 방안은 없으며, 불완전하나마 여러 가지 수단을 통해 이 관계를 엿볼 수 있었을 뿐이다. 대부분 추정 모형에 일정한 제약을 가해서 문제를 피해 갔다. 부가정보를 이용해 세 효과 중 하나를 제외하거나, 아니면 한 효과가 고정되도록 설정하여 개입을 통제하는 방식으로 이 문제에서 벗어날 수 있다. 그 밖에도 세 변수 중 하나를 다른 대리변수로 대체하는 방법도 있다. 하지만 이러한 방법 모두 임기응변일 뿐이고, 매우 특수한 조건에서만 활용 가능해 주의가 필요하다."라는 부분을 맥락을 고려하여 엄밀하게 읽으면 다음과 같다. "기술적으로 완전한 극복 방안은 (현재까지) 없으며, 불완전하나마 여러 가지 (보완적) 수단들이 사용되고" 있고, 또한 "이러한 방법 모두 임기응변일 뿐이고, 매우 특수한 조건에서만 (제한적으로) 활용 가능"할 뿐이다. 따라서 이 선택지는 윗글의 내용과 일치한다.

14.

윗글을 바탕으로 추론한 것으로 적절한 것만을 〈보기〉에서 있는 대로 고른 것은?

보기

ㄱ. 한국 유권자들을 대상으로 2022년 7월 24일에 정치의식 조사를 실시한다면, X세대의 권위주의 성향 점수가 한국 전후 세대보다 평균적으로 낮게 나올 것이다.

ㄴ. 1980년대에 50대였던 영국 전후 세대와 비교해 2010년대에 같은 50대가 된 대처 세대가 평균적으로 더 진보적 정치 성향을 드러내는 조사 결과가 존재한다면, 기간 효과가 주요하게 작용했다고 판단해 볼 수 있다.

ㄷ. 영국의 대처 세대가 30대 때였던 1990년도 조사에서보다 50대가 되어서인 2010년 조사에서 이념적으로 덜 보수적이라는 결과가 나왔다면, 2010년 조사 당시 영국의 다른 정치 코호트들 또한 진보적 분위기의 시대적 영향을 받았을 수 있다.

① ㄱ   ② ㄷ   ③ ㄱ, ㄴ
④ ㄴ, ㄷ   ⑤ ㄱ, ㄴ, ㄷ

문항 성격	문항유형 : 정보의 추론과 해석
	내용영역 : 사회
평가 목표	이 문항은 APC 효과 모델을 현실 혹은 가상의 사례에 적용하여 생애주기 효과, 기간 효과, 그리고 코호트 효과의 작용 결과를 추론할 수 있는지 묻는 문항이다.
문제 풀이	정답 : ⑤

제시문을 통해 APC 효과, 즉 생애주기 효과, 기간 효과, 코호트 효과의 개념을 이해하고, 나아가 코호트 효과를 설명하기 위해 언급된 진보적 코호트(영국 전후 세대, 한국 X세대)와 보수적 코호트(한국 전후 세대, 영국 대처 세대)의 이념 성향 및 정치 성향의 특징을 파악해야 한다. 그리고 주어진 정보를 바탕으로 한 국가 내에서 시기적으로 어느 코호트가 선행하는지 파악한 후, 생애주기 효과와 기간 효과의 작용 가운데서 코호트 간 비교를 통해 코호트들의 상대적 정치 성향을 추론할 수 있어야 한다.

〈보기〉 해설 ㄱ. 이 조사는 횡단면 연구 디자인에 해당하는 사례다. 조사 시점은 2022년 7월 24일로 모든 연령 코호트에 동일하게 적용된다. 제시문 세 번째 단락 내용으로부터 조사 시점이 동일할 때 기간 효과는 코호트별로 차별적으로 작용하지 않고

"전 연령 집단의 사고방식이나 인식에 포괄적, 보편적 영향"을 미친다. 한편 제시문 네 번째 단락으로부터 한국 전후 세대 코호트는 "권위주의적 성향과 보수적 정치 성향"이 상대적으로 강하다고 알려져 있다는 것과 "탈권위를 유행시켰던 X세대의 경우 나이가 들어서도 보수화되는 경향이 상대적으로 완만한 것으로 나타났다."는 것을 알 수 있다. 따라서 "나이가 들수록 보수화된다."는 생애주기 효과를 고려할 때, 탈권위적 성향을 특징으로 하는 X세대가 본래 보수적이고 권위주의적 성향을 특징으로 하는 한국 전후 세대보다 2022년 조사 시점에서 권위주의 성향 점수가 평균적으로 더 낮게 나올 것이라는 것을 추론할 수 있다.

ㄴ. 이 조사는 시차 연구 디자인에 해당하는 사례. 비교 대상이 되는 코호트 그룹의 경우 서로 다른 코호트지만 동일하게 50대로 연령대를 고정하여 나이가 들며 보수화되어 간다는 생애주기 효과의 개입을 통제하려는 연구 디자인을 적용한 것이다. 여기서 비교 대상이 되는 두 코호트는 각각 진보적 성격의 코호트(영국 전후 세대)와 보수적 성격의 코호트(영국 대처 세대)이다. "나이가 들면서 완고성이 증가하여 큰 변화 없이 지속"되는 코호트 효과의 관점에서 볼 때, 본래 보수적 성격이 강한 대처 세대는 같은 연령대(50대 기준) 기준으로 본래 진보적 성격이 강한 영국 전후 세대보다 더 보수적인 정치 성향을 가져야 한다. 그런데 대처 세대가 영국 전후 세대보다 더 진보적인 성향을 갖게 되는 조사 결과가 나왔다면, 이러한 조사 결과에 영향을 준 주요 원인은 기간 효과라고 추론할 수 있다. 기간 효과란 "특정 조사 시점의 영향을 받아 나타나는" 효과로 "전 연령 집단의 사고방식이나 인식에 포괄적, 보편적 영향을 미친다. 따라서 영국 전후 세대가 50대가 된 1980년대의 조사 시점에 사회적 분위기가 보수적이었거나 또는 대처 세대가 50대가 된 2010년 조사 시점에 사회적 분위기가 진보적이었기 때문에 그러한 조사 결과가 나왔다고 볼 수 있다. 기간 효과가 주요하게 작용했다는 추론은 적절하다.

ㄷ. 이 조사는 종단면 연구 디자인에 해당하는 사례. 영국의 대표적인 보수적 정치 코호트인 대처 세대를 동일 코호트로 고정(코호트 효과 통제)하여 시간의 흐름에 따라 정치 성향의 변화를 측정하고 있다. 보수적 정치 성향을 특징으로 형성된 대처 세대가 1990년도 조사에서보다 2010년 조사에서, 생애주기 효과에 따른 보수화 성향 기대에도 불구하고 과거 30대 때보다 이념적으로 덜 보수적이라는 결과가 나왔다면, 이는 2010년 조사 시점의 진보적인 시대적 트렌드의 영향이 기간 효과로서 작용했을 수 있다는 합리적 추론을 가능하게 한다. 나아가 대처 세대뿐만 아니라 영국의 다른 정치 코호트들 또한 2010년 같은 조사에서 진보적 분위기의 시대적 영향을 받았을 수 있다고 추론할 수 있다.

〈보기〉에서 적절한 추론 ㄱ, ㄴ, ㄷ을 모두 포함한 ⑤가 정답이다.

15.

윗글을 바탕으로 〈보기〉의 내용을 이해한 것으로 가장 적절한 것은?

보 기

아래 그림은 나이의 정치적 효과를 측정하기 위한 연구 디자인을 도식화한 것이다. 조사는 t1, t2의 시점에 이루어졌다. A(t1)와 B(t1)는 각각 t1 기준 청년 코호트와 중년 코호트를 나타내며, 시간이 경과한 t2에는 각각 중년기와 노년기에 이르게 된다.

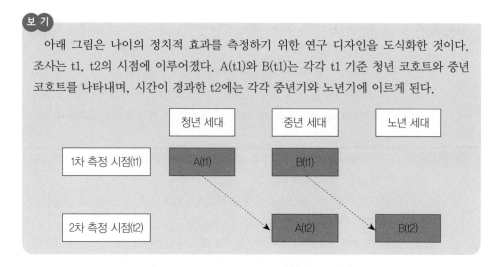

① A(t1)와 A(t2)의 차이는 코호트를 고정한 채 도출해 낸, 기간 효과와 코호트 효과의 합성 효과이다.

② A(t1)와 B(t1)의 차이는 동일 시간대의 다른 코호트 간 차이를 측정하는 종단면적 연구 디자인을 적용하여 알 수 있다.

③ A(t2)와 B(t2)의 차이는 조사 시점을 고정하여 얻은 코호트 간 차이로서 생애주기 효과의 개입이 통제되고 있다.

④ B(t1)와 A(t2)의 차이는 다른 시점의 동일 연령대 집단의 태도 차이를 비교하는 시차 연구 디자인을 적용하여 알 수 있지만, 기간 효과와 코호트 효과를 구분하기 어렵다.

⑤ B(t1)와 B(t2)의 차이는 동일 연령대 집단의 태도 차이를 측정하는 시차 연구 디자인을 적용하여 알 수 있다.

문항 성격	문항유형 : 정보의 평가와 적용
	내용영역 : 사회
평가 목표	이 문항은 제시문에서 설명된 종단면 디자인, 횡단면 디자인, 시차 연구 디자인을 생애주기 효과, 기간 효과, 코호트 효과와 연결하여 이해할 수 있는지 평가하기 위해 설계되었다.

종단면 디자인, 횡단면 디자인, 시차 연구 디자인을 이해하고, 이를 〈보기〉의 도식에 적용하여 각각의 선택지를 평가할 수 있어야 한다.

정답 해설 ④ B(t1)와 A(t2)의 차이는 다른 시점의 동일 연령대(중년 세대) 집단의 태도 차이를 비교하는 연구를 통해 알 수 있다. 그런데 이렇게 시차 연구 디자인을 적용하게 되면, 연령대가 동일하게 고정되어 생애주기 효과가 통제되지만, 그 차이 효과는 나머지 두 개의 효과, 즉 코호트 효과(A와 B 차이)와 기간 효과(t1과 t2의 차이)의 합성 효과이다. 따라서 B(t1)와 A(t2)의 비교를 통해 기간 효과와 코호트 효과를 구분하기 어렵다.

오답 해설 ① A(t1)와 A(t2)의 차이는 코호트를 고정한 채 도출해 낸 생애주기 효과와 기간 효과의 합성 효과의 결과이다.

② A(t1)와 B(t1)의 차이는 t1이라는 동일 시간대의 다른 코호트 간 차이를 측정하는 횡단면적 연구 디자인을 적용하여 알 수 있다.

③ A(t2)와 B(t2)의 차이는 조사 시점을 t2로 고정하여 얻은 코호트 간 차이로, 이 차이는 기간 효과의 개입이 통제된 상태에서 코호트 효과와 생애주기 효과의 합성 효과의 결과이다. 따라서 생애주기 효과의 개입이 통제되고 있다는 것은 적절하지 않다.

⑤ B(t1)와 B(t2)의 차이는 동일 코호트의 시간 흐름에 따른 태도 차이를 측정하는 종단면 디자인을 적용하여 알 수 있다.

[16~18] 다음 글을 읽고 물음에 답하시오.

(가)

　1960년대 근대화 담론은 해방과 분단으로 공고화된 민족주의를 경제성장의 동력으로 동원한다. 민족주의에 기반한 근대화를 비판하는 것이 용인되지 않았던 분위기에서, 김자림의 희곡 「이민선」(1964)은 이민과 여성을 매개로 시대의 단층을 드러낸다.

　당시 브라질 영농 이민은 경제성장뿐 아니라 인구 억제를 위해 산업화 과정에서 도태된 국민들을 겨냥하고 있었다. 「이민선」의 중심 서사를 이루는 창수네 일가를 살펴보자. 창수에게 브라질은 사탕무를 심어 부를 일구는 미래다. 해방을 맞아 귀국하던 감격을 잊지 못하는 창수댁은 이민으로 고향을 떠나야 하는 회한에서 쉽게 벗어나지 못한다. 아들 만세는 농업에는 관심이 없고 이민을 통해 예술로 "세계 속에 한국을 이해시키는 정신적 지주"가 되기를 바란다. 딸 소라는 성인임에도 원숭이 인형을 들고 다니며 유년기의 감상에서 벗어나지 못한 인물로, 이민을 '속일 줄도 속을 줄도 모르는 그대로의' 존재인 인형의 고향에 가는 여정으로 생각한다. 창수의 처남 덕보는 제대 후 실업자로 있다가 속이고 미워하는 아수라장 같은 이 땅에 지쳐 이민을 결심한다. 이민단의 다른 가족도 사정이 있다. 득찬은 실업 상태를 견디다 못해 아내와 자식, 아버지와 동생까지 데리고 왔다. 월남민 피양댁은 이민을 위해 깡패 물개와 복덕방 영감을 끌어들여 가족을 급조하고 돈으로 좌지우지한다. 피양댁의 친딸 보비도 이민단에 동참하나 조국에서 추방되는 듯하여 소극적이다.

세 일가가 부산에 도착해 이민을 축하하는 파티까지 열었지만, 창수네 일가는 빚보증 때문에, 피양댁 일가는 물개에 얽힌 투서 때문에 이민선을 타지 못하고 보름 가량을 보낸다. 그동안 보비는 만세의 포부에 감동하고 그의 연인이자 이민의 지지자가 된다. 창수는 피양댁의 요구대로 헐값에 땅을 팔려 하나 무산되었다. 이민선이 출항하기 전날, 창수는 다른 해결의 실마리를 찾았고, 소라는 그녀를 백치로 여기던 물개에게 겁탈당한 뒤 바다에 투신한다. 이에 이민을 포기하려 했던 만세는 이상을 포기하지 말라는 보비의 독려로 의지를 회복하지만, 창수댁은 이민선 탑승 직전 소라의 버려진 인형을 발견하고 착란을 일으켜 지금을 해방 후 귀국하던 날로 안다. 애국가의 주악 소리를 배경으로 창수 일가는 착란 상태의 창수댁을 부축하여 승선한다.

「이민선」은 근대화를 이민으로 은유하면서도 여성에 대한 억압과 배제의 모습을 출항하는 이민선의 얼룩처럼 남겨둔다. 개인들의 합의를 유보한 채 미래의 환상을 내세워 이민을 이끌어가는 남성들의 강박이 암시되는 것이다. 여성인물들은 전쟁을 거치며 요구되었던 가정과 국가에 헌신하는 '좋은' 여성의 상과, 비난의 대상이던 성적 만족과 이익을 좇다 파멸하는 '나쁜' 여성의 상 사이의 다양한 빛깔로 남아 있다. 그럼에도 작품에서 여성인물들은 자기 안에 잠재된 사회·역사적 비판의 가능성을 충분히 펼치지는 못했다. 창수댁의 정신 착란이나 소라의 인형 등이 얼룩처럼 남지만 이민선은 가족을 태우고 출항한다. 바로 여기에서 여성인물을 통해 당대를 문제시하면서도, 한편으로 그에 대한 회의를 접어두고 근대화 논리에 수긍하는 여성 극작가의 모순된 정체성을 읽을 수 있다.

(나)
[부산에 도착한 첫날 밤 세 가족은 파티를 연다.]
창수댁 : (한쪽이 터진 트렁크를 들고) 여보, 이것 좀 보세요. 뚜껑을 덮으니까 또 터지겠죠. (돌아
보지 않는 창수를 보고) 아니 여보, 당신은 남의 것을 보듯 거들떠보지도 않는구려. (창
수, 외면하고 서 있다.)

창 수 : 인젠 제에발 그 구질구질한 짐짝을 끌구 다니지 말자구 했잖소. [……] 바다 깊이 때 묻
은 과거를 수장해 버리란 말요. 새로운 옷을 입으려거든 낡은 것을 미련 없이 벗어 버려
야 하는 거야.

창수댁 : (트렁크를 뺏으며) 안 돼요. 하나두 버릴 수 없어요. 이것들은 지난 세월을 말해 주는 웃
음과 울음과 한숨이 섞여 부서진 감정의 파편들이에요.

창 수 : (끌어 올리며) 지지리 못난 여편네야. (점점 흥분된 어조로) 우리는 내일 새벽 떠나는 거
야. 우리의 이민선 쨍카호를 타고 신천지를 향해 저 푸른 바다를 뚫구 나가는 거야. 예수
가 죽음에서 부활하듯이 우리도 다시 사는 거야. (돌아보며) 그러니 그 구질구질한 과거
는 저 바다에 처넣으란 말이야. (광적인 몸부림으로) 자 여러분 술, (컵을 들고) 이 번쩍이
는 소망에 행운이 있으라.

모 두 : (술잔을 쳐들고) 브라보!

창수댁 : 만세야, 이 노끈으로 같이 얽어매 보자. 손을 빌어라.

득 찬 : 자 누구든지 나와 춤을 춰요. 소리두 하구.

영 찬 : 내 소리 한 마디 하겠어요.

모 두 : 여—(좋아라 박수를 친다.)

　영찬, 장타령*을 하며 신나게 엉덩이춤을 춘다. 모두들 손뼉으로 박자를 맞춘다.

창 수 : 여보게들, 우리 이다음엔 상파울루 제일가는 호텔에서 만나세. 거기서 우린 샴페인을 펑
펑 터뜨리구 갓 구운 칠면조 고기를 뜯으면시 우리들의 성공담을 신나게 지껄여 부세나.
하하…….

　일동, 왁자지껄 웃어 댄다.

덕 보 : (불쑥 튀어나오더니 목멘 소리로) 그, 그만들 하슈, 그만. (괴로운 듯 머리를 움켜쥐며) 제
에발 부탁이오. [……] 그렇지 않아도 우린 거, 거지 떼……. (영찬, 천천히 일어선다.)

모 두 : 뭐?

덕 보 : (고개를 쳐들며) 유쾌한 거지 떼지 뭡니까?

－ 김자림, 「이민선」 －

*장타령 : 동냥하는 사람이 돌아다니며 구걸을 할 때 부르는 노래

16.

윗글의 내용에 대한 이해로 적절하지 <u>않은</u> 것은?

① 만세는 이민선에 오를 때까지 적극적인 이민 의지로 일관한 반면, 보비는 이민에 소극적인 태도를 지녔다가 변화한다.
② 창수는 브라질에 대한 환상을 바탕으로 이민의 현실을 낙관하는 반면, 덕보는 이민의 현실을 비판적으로 본다.
③ 덕보는 사회의 비정함을 비관하며 이민에 접근하는 반면, 소라는 순수함을 동경하며 이민에 접근한다.
④ 창수는 경제적인 성공이 이민의 목표인 반면, 만세는 예술을 통한 국위 선양이 이민의 목표이다.
⑤ 피양댁은 이민을 위해 가족을 새로 구성하는 반면, 득찬은 기존의 가족 관계를 유지한다.

문항 성격	문항유형 : 정보의 확인과 재구성
	내용영역 : 인문
평가 목표	이 문항은 제시문에 등장하는 작품 속 인물들의 성격을 이해하고 있는지 묻는 문항이다.
문제 풀이	정답 : ①

제시문 (가)를 통해 설명된 김자림의 희곡 「이민선」의 줄거리를 이해하고 인물들 간 성격의 차이를 두 대상의 비교를 중심으로 파악해야 한다.

정답 해설	① 만세는 이민을 통해 예술로 "세계 속에 한국을 이해시키는 정신적 지주"가 되기를 바랐으나, 소라가 투신함에 따라 이민을 포기하려 했다. 이상을 포기하지 말라는 보비의 독려로 만세는 의지를 회복하지만, 만세가 적극적인 이민 의지를 일관적으로 유지하고 있었다고는 할 수 없다. 보비의 경우 제시문 (가)의 두 번째 단락 "피양댁의 친딸 보비도 이민단에 동참하나 조국에서 추방되는 듯하여 소극적이다."와 세 번째 단락 "그동안 보비는 만세의 포부에 감동하고 그의 연인이자 이민의 지지자가 된다."로부터 소극적인 상태에서 변화함을 알 수 있다.
오답 해설	② 제시문 (가)의 두 번째 단락 "창수에게 브라질은 사탕무를 심어 부를 일구는 미래다."와 제시문 (나)의 창수의 대사인 "우리의 이민선 쨍카호를 타고 신천지를 향해 저 푸른 바다를 뚫구 나가는 거야. 예수가 죽음에서 부활하듯이 우리도 다시 사는 거야.", "우리 이다음엔 상파울루 제일가는 호텔에서 만나세. 거기서 우린 샴페인을 펑펑 터뜨리구 갓 구운 칠면조 고기를 뜯으면서 우리들의 성공담을

신나게 지껄여 보세나."에서 창수가 '브라질에 대한 환상을 바탕으로 이민의 현실을 낙관'함을 알 수 있다. 또한 (가)의 두 번째 단락 "창수의 처남 덕보는 제대후 실업자로 있다가 … 이민을 결심한다."와 (나)에서 동냥하는 사람들이 부르는 노래인 장타령과 등장인물들의 반응을 보고 난 후 덕보의 대사인 "(불쑥 튀어나오더니 목멘 소리로) 그, 그만들 하슈, 그만. (괴로운 듯 머리를 움켜쥐며) 제에발 부탁이오. [……] 그렇지 않아도 우린 거, 거지 떼…….", "(고개를 쳐들며) 유쾌한 거지 떼지 뭡니까?"에서 덕보가 이민단에 참여하고 있으나 '이민의 현실을 비판적으로' 보고 있음을 알 수 있다.

③ 제시문 (가)의 두 번째 단락 "창수의 처남 덕보는 … 속이고 미워하는 아수라장 같은 이 땅에 지쳐 이민을 결심한다."와 "딸 소라는 성인임에도 원숭이 인형을 들고 다니며 유년기의 감상에서 벗어나지 못한 인물로, 이민을 '속일 줄도 속을 줄도 모르는 그대로의' 존재인 인형의 고향에 가는 여정으로 생각한다."에서 덕보는 '사회의 비정함을 비판'하고 소라는 '순수함을 동경'하며 이민에 접근하고 있음을 알 수 있다.

④ 제시문 (가)의 두 번째 단락 "창수에게 브라질은 사탕무를 심어 부를 일구는 미래다."와 "아들 만세는 농업에는 관심이 없고 이민을 통해 예술로 "세계 속에 한국을 이해시키는 정신적 지주"가 되기를 바란다."에서 창수는 '경제적인 성공'이, 만세는 '예술을 통한 국위 선양'이 이민의 목표임을 알 수 있다.

⑤ 제시문 (가)의 두 번째 단락 "득찬은 실업 상태를 견디다 못해 아내와 자식, 아버지와 동생까지 데리고 왔다. 월남민 피양댁은 이민을 위해 깡패 물개와 복덕방 영감을 끌어들여 가족을 급조하고 돈으로 좌지우지한다."에서 이 선택지가 윗글의 내용에 대한 이해로 적절함을 알 수 있다.

17.

여성인물을 형상화하는 극작가의 관점을 추론한 것으로 적절하지 <u>않은</u> 것은?

① 경제적 이해타산을 중시했던 피양댁을 통해 남성중심적 근대화가 요구하는 '좋은' 여성상을 형상화한다.

② 물개에게 폭력을 당한 소라를 통해 남성중심적 근대화에서 희생되는 전후 여성의 현실을 형상화한다.

③ 이민을 함께 하지 못하게 된 소라를 통해 성장 지향의 근대화에서 낙오된 전후 여성의

일면을 형상화한다.

④ 민족적 열정을 지닌 남성 주체와 관계를 맺고 있는 보비를 통해 근대화의 논리에 젖어 드는 전후 여성의 양상을 형상화한다.

⑤ 정신 착란에 빠진 채 이민선에 타게 되는 창수댁을 통해 근대화 과정에 강제로 참여할 수밖에 없었던 전후 여성의 모습을 형상화한다.

문항 성격 문항유형 : 정보의 추론과 해석

내용영역 : 인문

평가 목표 이 문항은 제시문에 등장하는 정보를 바탕으로 여성인물을 형상화하는 극작가의 관점을 추론할 수 있는지 묻는 문항이다.

문제 풀이 정답 : ①

여성 극작가 김자림의 「이민선」은 1960년대 민족주의를 기반한 근대화를 비판하는 것이 용인되지 않았던 분위기와는 다소 방향을 달리하고 있다. 제시문 (가)의 두 번째와 세 번째 단락은 인물과 줄거리 정보를 제시한다. '여성인물'의 경우, 소라와 창수댁의 형상화에서는 이민의 과정에서 발생한 폭력이나, 소라의 겁탈 및 투신 과정과 이 때문에 일어난 창수댁의 착란 과정이 드러나 있으며, 다른 여성인물들은 남성인물의 민족 이념에 '감동'하여 위기의 상황에서 의지를 북돋우거나, 이민 과정에서 경제적 이익을 추구하는 양상을 보인다. 결말에서 이민선은 착란 상태의 창수댁을 태운 채 출항한다. 이에 대하여 (가)의 네 번째 단락에서는 작품에서 이민은 근대화의 은유이며, '여성인물'을 통해 개인의 합의를 유보한 채 미래의 환상을 내세운 "남성들의 강박"을 드러내고 있음을 서술한다. 그리하여 '여성인물'을 통해 당대 근대화를 문제시하면서도, 전쟁을 거치며 요구되거나 비판된 여성의 상 사이의 다양한 면모를 보여주고 있으며 또 한편으로는 근대화에 대한 온전한 저항이나 회의만으로 볼 수 없는 면이 있어, 근대화의 논리에 수긍하는 작가의 "모순된 정체성"의 면모가 드러남을 서술한다. 이와 같은 내용을 바탕으로 여성인물을 형상화하는 극작가의 관점을 추론해야 한다.

정답 해설 ① 피양댁은 "이민을 위해 깡패 물개와 복덕방 영감을 끌어들여 가족을 급조하고 돈으로 좌지우지한다." 그리고 "창수는 피양댁의 요구대로 헐값에 땅을 팔려 하나 무산되었다." 이를 바탕으로 피양댁이 '경제적 이해타산'을 중시했음을 알 수 있다. 한편 제시문 (가)의 네 번째 단락에서 전쟁을 거치며 요구되었던 "가정과 국가에 헌신하는 '좋은' 여성의 상"이 제시된다.

피양댁이 경제적 이해타산에 관심을 기울인 점은 '남성중심적 근대화'와 유사한 점이 있다. 이민이 근대화의 은유라는 관점에서 "미래의 환상을 내세워 이민을 이끌어가는 남성들의 강박"을 '남성중심적 근대화'로 이해할 수 있기 때문이다. 그러나 '가족을 돈으로 급조하고 돈으로 좌지우지한 것'을 가족에 대한 헌신을 형상화한 것으로 해석할 수 없고, 이민단의 일원이었던 창수의 곤란을 이용하여 헐값에 땅을 팔려 하는 것을 집단에 대한 헌신의 면모로 해석할 수 없다. 그러므로 극작가가 피양댁을 통해 남성중심적 근대화가 요구하는 '좋은' 여성상을 형상화한다고 추론할 수는 없다.

오답 해설 ② 소라는 피양댁의 급조된 가족이 되어 이민단에 참여한 깡패 물개에게 "백치"로 여겨지고 겁탈을 당한다. 이는 제시문 (가)의 네 번째 단락에서 "개인들의 합의를 유보한 채 … 이민을 이끌어가는 남성들의 강박"으로 표현되는 '남성중심적 근대화'의 과정에서 발생한 전후 여성의 희생을 극작가가 형상화하는 것으로 추론할 수 있다.

③ 소라는 겁탈당한 뒤 "바다에 투신한다. 이에 이민을 포기하려 했던 만세는 이상을 포기하지 말라는 보비의 독려로 의지를 회복하지만, 창수댁은 이민선 탑승 직전 소라의 버려진 인형을 발견하고 착란을 일으켜 지금을 해방 후 귀국하던 날로 안다." 이로부터 소라가 '이민을 함께 하지 못하게 된' 것을 알 수 있다. 제시문 (가)의 두 번째 단락에서 영농 이민은 "경제성장뿐 아니라 인구 억제를 위해 산업화 과정에서 도태된 국민들을 겨냥하고 있었"으며 소라는 "유년기의 감상에서 벗어나지 못한 인물로, 이민을 '속일 줄도 속을 줄도 모르는 그대로의' 존재인 인형의 고향에 가는 여정으로 생각"하고 있었음을 알 수 있다. 따라서 소라의 이민은 성장 지향과 무관하지 않다. 이상의 내용을 종합하면 성장 지향의 '근대화 과정'에 부합하지 않는 전후 여성들이 낙오되는 일면을 극작가가 형상화하는 것으로 추론할 수 있다.

④ 만세는 "예술로 "세계 속에 한국을 이해시키는 정신적 지주"가 되기를" 바라는 인물인데, 보비는 이러한 "만세의 포부에 감동하고 그의 연인이자 이민의 지지자가 된다." 나아가 만세가 이민을 포기하려 하자 이상을 포기하지 말라 독려하기까지 한다. 이는 보비를 통해 민족주의를 동력으로 삼은 전후의 근대화 논리에 전후 여성들이 이끌리는 양상을 극작가가 형상화한 것으로 추론할 수 있다.

⑤ 창수댁은 "소라의 버려진 인형을 발견하고 착란을 일으켜 지금을 해방 후 귀국하던 날로 안다. 애국가의 주악 소리를 배경으로 창수 일가는 착란 상태의 창수댁을 부축하여 승선한다." 따라서 창수댁의 승선은 자발적인 것으로 볼 수 없으며, 이는 "개인들의 합의를 유보한 채 미래의 환상을 내세워 이민을 이끌어가는 남성들의 강박"과 이어진다. 이는 전후 여성들이 '근대화 과정에 강제로 참여할 수밖에 없었던' 모습을 극작가가 형상화하는 것으로 추론할 수 있다.

18.

(가)를 바탕으로 (나)를 감상할 때 가장 적절한 것은?

① '한쪽이 터진 트렁크'는 과거의 경험에 대한 등장인물들의 유사한 태도를 보여주는군.
② '바다'는 등장인물이 육체적 죽음을 극복하고 정신의 재생을 꿈꾸는 공간이군.
③ '이민선'은 격정적인 기억 속의 '신천지'로 등장인물을 인도하는 상징이군.
④ '노끈'은 등장인물의 파편화된 기억을 원래대로 복원하려는 의지를 보여주는군.
⑤ '장타령'은 낙관적인 기대에 부푼 등장인물들이 현재의 처지를 환기하도록 하는 계기이군.

문항 성격	문항유형 : 정보의 평가와 적용
	내용영역 : 인문
평가 목표	이 문항은 「이민선」에 대한 (가)의 정보와 입장을 (나)의 해석과 감상에 적절히 활용할 수 있는지를 묻는 문항이다.
문제 풀이	정답 : ⑤

제시문 (가)의 세 번째 단락에서 "세 일가가 부산에 도착해 이민을 축하하는 파티까지 열었지만, 창수네 일가는 빚보증 때문에, 피양댁 일가는 물개에 얽힌 투서 때문에 이민선을 타지 못하고 보름 가량을 부내다."와 (나)의 "부산에 도착한 첫날 밤 세 가족은 파티를 연다."를 통해 (나)의 장면이 창수네 가족의 위기가 닥치기 전의 사건임을 알 수 있다. (나)에서 '한쪽이 터진 트렁크', '이민선', '바다', '노끈', '장타령'을 (가)에서 제시되는 줄거리와 시대적 배경, 인물 정보, 이민의 비판적 형상화의 함의를 토대로 적절하게 감상할 수 있어야 한다.

| 정답 해설 | ⑤ 제시문 (나)에서 영찬이 벌이는 '장타령'은 파티에 참석한 등장인물들의 호응을 얻는다. 이는 등장인물들이 품은 브라질 이민에 대한 낙관적인 기대와 이어져 있으며, '장타령'을 들으며 이어지는 창수의 대사에서도 확인된다. 그러나 덕보는 '거지'를 연상시키는 '장타령'을 계기로 변화를 일으키는데, '장타령'이 이어지는 가운데 덕보는 "불쑥 튀어나오더니 목멘 소리로" "그, 그만들 하슈 … 우린 거, 거지 떼"라 한다. 이 장면에서 앞에서 이어진 '장타령'을 부르는 장면이 전환됨을 알 수 있다. '영찬, 천천히 일어선다'는 행동지시문 역시 이러한 사태를 보여준다. 이어지는 덕보의 "유쾌한 거지 떼"라는 대사는 세 일가가 이민을 결정할 수밖에 없었던 상황과 영농 이민이 "산업화 과정에서 도태된 국민들을 겨냥"하고 있었다는 정보를 토대로 그 의미가 파악된다. 이러한 관점에서 '장타령'은 낙 |

관적인 기대에 부푼 등장인물들이 현재의 처지를 환기하도록 하는 계기로 작용하는 것으로 감상할 수 있다.

오답 해설 ① 창수는 '한쪽이 터진 트렁크'를 "구질구질한 짐짝"이며, 이를 "끌구 다니지 말" 것을 지시한다. 반면 창수댁은 "트렁크를 뺏으며" "나두 버릴 수 없어요. 이것들은 지난 세월을 말해 주는 웃음과 울음과 한숨이 섞여 부서진 감정의 파편들이에요."라며 이에 항변한다. (가)의 두 번째 단락에서 창수는 "브라질은 … 부를 일구는 미래"로 보는 인물로, 창수댁은 '해방을 맞아 귀국하는 감격을 잊고 고향을 떠나는 회한'에 젖어 있는 인물로 설명된 점에서 볼 때, 위의 장면은 창수와 창수댁의 과거에 대한 유사한 태도를 보여주는 것으로 볼 수 없다.

② 제시문 (나)의 창수의 대사에서 등장하는 '바다'는 "때 묻은 과거를 수장"하는 공간이며, "신천지를 향해 … 뚫구 나가는" 공간으로, 그 과정에서 그는 "구질구질한 과거는 저 바다에 처넣"을 것을 명령한다. 그러므로 '바다'는 창수가 과거를 잊고 미래를 향해 나아가고자 하는 공간을 상징하는 것으로 볼 수 있다. 그런데 (나)는 소라의 투신이 일어나기 전의 장면이므로 바다에 처넣을 과거에 소라의 투신은 포함되어 있지 않다. 그러므로 '바다'에서 '육체적 죽음의 극복'과 같은 의미를 읽어내는 것은 적절하지 않은 감상이다.

③ 제시문 (나)의 창수의 대사 속 '이민선'은 창수를 비롯한 등장인물들을 '신천지'로 나아가도록 인도하는 상징이다. (가)에서 창수가 브라질을 "미래"로 보는 것 역시 이에 부합한다. 이를 상상하면서 창수는 격정적인 감정에 휩싸이지만, 신천지는 '기억 속'의 대상은 아니다. 이민선을 타고 도달하는 '신천지'는 '미래'를 향하는 환상을 상징하며, '과거'와는 대척점에 있다.

④ 제시문 (나)의 '노끈'은 창수댁이 '한쪽이 터진 트렁크'에 담겨 있는 "웃음과 울음과 한숨이 섞여 부서진 감정의 파편들"을 얽어 흩어지지 않고자 임시로 수리하는 도구다. (가)의 두 번째 단락 "해방을 맞아 귀국하던 감격을 잊지 못하는 창수댁은 이민으로 고향을 떠나야 하는 회한에서 쉽게 벗어나지 못한다."로부터 '노끈'을 창수댁의 기억의 보존 의지를 보여주는 것으로 감상할 수 있다. 그러나 이것이 창수댁의 파편화된 기억을 '원래대로 복원'하려는 의지를 보여준다는 것은 감상으로 적절하지 않다.

[19~21] 다음 글을 읽고 물음에 답하시오.

　　제도의 선택에 대한 설명에는, 합리적인 주체인 사회 구성원들이 사회 전체적으로 가장 이익이 되는 제도를 채택한다고 보는 효율성 시각과 이데올로기·경로의존성·정치적 과정 등으로 인해 효율적 제도의 선택이 일반적이지 않다고 보는 시각이 있다. 효율성 시각은 어떤 제도가 채택되고 지속될 때는 그만한 이유가 있을 것이라는 직관적 호소력을 갖지만, 전통적으로는 특정한 제도가 한 사회에 가장 이익이 되는 이유를 제시하는 설명에 그치고 체계적인 모델을 제시하지는 못했다고 할 수 있다. 이런 난점들을 극복하려는 제도가능곡선 모델 은, 해결하려는 문제에 따라 동일한 사회에서 다른 제도가 채택되거나 또는 동일한 문제를 해결하기 위해 사회에 따라 다른 제도가 선택되는 이유를 효율성 시각에서도 설명할 수 있게 해준다.

　　바람직한 제도에 대한 전통적인 생각은 시장과 정부 가운데 어느 것을 선택해야 할 것인가를 중심으로 이루어졌다. 그러나 제도가능곡선 모델은 자유방임에 따른 무질서의 비용과 국가 개입에 따른 독재의 비용을 통제하는 데에는 기본적으로 상충관계가 존재한다는 점에 착안한다. 힘세고 교활한 이웃이 개인의 안전과 재산권을 침해할 가능성을 줄이려면 국가 개입에 의한 개인의 자유 침해 가능성이 증가하는 것이 일반적이라는 것이다. 이런 상충관계에 주목하여 이 모델은 무질서로 인한 사회적 비용(무질서 비용)과 독재로 인한 사회적 비용(독재 비용)을 합한 총비용을 최소화하는 제도를 효율적 제도라고 본다.

　　가로축과 세로축이 각각 독재 비용과 무질서 비용을 나타내는 평면에서 특정한 하나의 문제를 해결하기 위한 여러 제도들을 국가 개입 정도 순으로 배열한 곡선을 생각해 보자. 이 곡선의 한 점은 어떤 제도를 국가 개입의 증가 없이 도달할 수 있는 최소한의 무질서 비용으로 나타낸 것이다. 이 곡선은 한 사회의 제도적 가능성, 즉 국가 개입을 점진적으로 증가시키는 제도의 변화를 통해 얼마나 많은 무질서를 감소시킬 수 있는지를 나타내므로 ㉠제도가능곡선이라 부를 수 있다. 이때 무질서 비용과 독재 비용을 합한 총비용의 일정한 수준을 나타내는 기울기 −1의 직선과 제도가능곡선의 접점에 해당하는 제도가 선택되는 것이 효율적 제도의 선택이다. 이 모델은 기본적으로 이 곡선이 원점 방향으로 볼록한 모양이라고 가정한다.

　　제도가능곡선 위의 점들 가운데 대표적인 제도들을 공적인 통제의 정도에 따라 순서대로 나열하자면 1) 각자의 이익을 추구하는 경제주체들의 동기, 즉 시장의 규율에 맡기는 사적 질서, 2) 피해자가 가해자에게 소(訴)를 제기하여 일반적인 민법 원칙에 따라 법원에서 문제를 해결하는 민사소송, 3) 경제주체들이 해서는 안 될 것과 해야 할 것, 위반 시 처벌을 구체적으로 명기한 규제법을 규제당국이 집행하는 정부 규제, 4) 민간 경제주체의 특정 행위를 금지하고 국가가 그 행위를 담당하는 국유화 등을 들 수 있다. 이 네 가지는 대표적인 제도들이고 현실적으로는 이들이 혼합된 제도도 가능하다.

무질서와 독재로 인한 사회적 총비용의 수준은 곡선의 모양보다 위치에 의해 더 크게 영향을 받는데, 그 위치를 결정하는 것은 구성원들 사이에 갈등을 해결하고 협력을 달성할 수 있는 한 사회의 능력, 즉 시민적 자본이다. 따라서 불평등이 강화되거나 갈등 해결 능력이 약화되는 역사적 변화를 경험하면 이 곡선이 원점에서 멀어지는 방향으로 이동한다. 이러한 능력이 일종의 제약 조건이라면, 어떤 제도가 효율적일 것인지는 제도가능곡선의 모양에 의해 결정된다. 그런데 동일한 문제를 해결하기 위한 제도가능곡선이라 하더라도 그 모양은 국가나 산업마다 다르기 때문에 같은 문제를 해결하기 위한 제도가 국가와 산업에 따라 다를 수 있다. 예컨대 국가 개입이 동일한 정도로 증가했을 때, 개입의 효과가 큰 정부를 가진 국가(A)는 그렇지 않은 국가(B)에 비해 무질서 비용이 더 많이 감소한다. 그러므로 전자가 후자에 비해 곡선의 모양이 더 가파르고 곡선상의 더 오른쪽에서 접점이 형성된다.

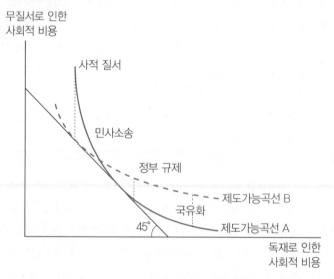

제도가능곡선 모델의 제안자들은 효율적 제도가 선택되지 않는 경우도 많다는 것을 인정한다. 그러나 자생적인 제도 변화의 이해를 위해서는 효율성의 개념을 재정립한 제도가능곡선 모델을 통해 효율성 시각에서 제도의 선택에 대해 체계적인 설명을 제시하는 것이 중요하다고 본다.

19.

윗글의 내용과 일치하는 것은?

① 제도가능곡선 모델은 시장과 정부를 이분법적으로 파악하는 전통에서 탈피하여 제도의 선택을 이해한다.
② 제도가능곡선 모델에 따르면 어떤 제도가 효율적인지는 문제의 특성이 아니라 사회의 특성에 의해 결정된다.
③ 제도가능곡선 모델 제안자들은 항상 효율적 제도가 선택된다고 보아 효율적 제도의 선택에 대한 설명에 집중한다.
④ 제도가능곡선 모델은 특정한 제도가 선택되는 이유를 설명하지만, 제도가 채택되는 일반적인 체계에 대한 설명을 제시하지는 않는다.
⑤ 제도가능곡선 모델은 효율성 시각에 속하지만, 사회 전체적으로 가장 이익이 되는 제도가 선택된다고 설명하지는 않는다는 점에서 효율성 개념을 재정립한다.

문항 성격 문항유형 : 정보의 확인과 재구성
내용영역 : 사회

평가 목표 이 문항은 제시문에 등장하는 제도가능곡선 모델의 다양한 측면을 이해하고 있는지 묻는 문항이다.

문제 풀이 정답 : ①

제시문을 통해 제도가능곡선 모델의 문제의식과 착안점, 견해, 설명력 등을 정확히 파악해야 한다.

정답 해설 ① 제시문 두 번째 단락의 "바람직한 제도에 대한 전통적인 생각은 시장과 정부 가운데 어느 것을 선택해야 할 것인가를 중심으로 이루어졌다. 그러나 제도가능곡선 모델은 자유방임에 따른 무질서의 비용과 국가 개입에 따른 독재의 비용을 통제하는 데에는 기본적으로 상충관계가 존재한다는 점에 착안한다."라는 기술과 세 번째 단락에서 제도가능곡선을 "특정한 하나의 문제를 해결하기 위한 여러 제도들을 국가 개입 정도 순으로 배열한 곡선"이라고 정의하고 "이 곡선은 한 사회의 제도적 가능성, 즉 국가 개입을 점진적으로 증가시키는 제도의 변화를 통해 얼마나 많은 무질서를 감소시킬 수 있는지를" 나타낸 곡선으로 설명한 부분, 그리고 네 번째 단락의 "제도가능곡선 위의 점들 가운데 대표적인 제도들을 공적인 통제의 정도에 따라 순서대로 나열"한 부분을 통해 제도가능곡선 모델은 시장과 정부를 이분법적으로 파악하는 전통에서 탈피하여 제도의 선택을 이해한다는 사실을 알 수 있다.

② 제시문 첫 번째 단락 "제도가능곡선 모델은, 해결하려는 문제에 따라 동일한 사회에서 다른 제도가 채택되거나 또는 동일한 문제를 해결하기 위해 사회에 따라 다른 제도가 선택되는 이유를 효율성 시각에서도 설명할 수 있게 해준다."를 통해 제도가능곡선 모델에 의하면 어떤 제도가 효율적인지는 문제의 특성과 사회의 특성에 따라 결정된다는 것을 알 수 있다.

③ 제시문 마지막 단락 "제도가능곡선 모델의 제안자들은 효율적 제도가 선택되지 않는 경우도 많다는 것을 인정한다. 그러나 자생적인 제도 변화의 이해를 위해서는 효율성의 개념을 재정립한 제도가능곡선 모델을 통해 효율성 시각에서 제도의 선택에 대해 체계적인 설명을 제시하는 것이 중요하다고 본다."를 통해 제도가능곡선 모델 제안자들이 항상 효율적 제도가 선택된다고 보지 않는다는 점을 알 수 있고 효율적 제도의 선택에 대한 설명에 집중하는 이유가 자생적인 제도 변화의 이해를 중시하기 때문임을 알 수 있다.

④ 제시문 마지막 단락 "제도가능곡선 모델의 제안자들은 … 효율성의 개념을 재정립한 제도가능곡선 모델을 통해 효율성 시각에서 제도의 선택에 대해 체계적인 설명을 제시하는 것이 중요하다고 본다."라는 기술, 그리고 제도가능곡선 모델에 대한 제시문의 전반적인 설명을 통해 이 모델이 제도의 선택을 무질서와 독재로 인한 사회적 총비용의 최소화라는 일반적인 원칙으로 이해하는 체계를 설명하고 있음을 알 수 있다. 그리고 첫 번째 단락 "효율성 시각은 … 전통적으로는 특정한 제도가 한 사회에 가장 이익이 되는 이유를 제시하는 설명에 그치고 체계적인 모델을 제시하지는 못했다고 할 수 있다."를 통해 이 선택지는 제도가능곡선 모델이 아니라 전통적인 효율성 시각에 대한 서술임을 알 수 있다.

⑤ 제시문 첫 번째 단락의 "합리적인 주체인 사회 구성원들이 사회 전체적으로 가장 이익이 되는 제도를 채택한다고 보는 효율성 시각"이라는 기술을 통해 효율성 시각은 사회 전체적으로 가장 이익이 되는 제도를 채택한다고 본다는 것을 알 수 있다. 그리고 "이런 난점들을 극복하려는 제도가능곡선 모델은, 해결하려는 문제에 따라 동일한 사회에서 다른 제도가 채택되거나 또는 동일한 문제를 해결하기 위해 사회에 따라 다른 제도가 선택되는 이유를 효율성 시각에서도 설명할 수 있게 해준다."라는 기술을 통해 제도가능곡선 모델이 효율성 시각에 속한다는 사실을 분명하게 알 수 있다. 그리고 두 번째 단락의 "이 모델은 무질서로 인한 사회적 비용(무질서 비용)과 독재로 인한 사회적 비용(독재 비용)을 합한 총비용을 최소화하는 제도를 효율적 제도라고 본다."라는 기술을 통해 이 모델은 사회 전체적으로 가장 이익이 되는 제도가 선택되는 것을 무질서와 독재로 인한 사회적 비용을 최소화하는 제도가 선택되는 것으로 설명한다는 것을 알

수 있다. 따라서 마지막 단락의 "효율성의 개념을 재정립한 제도가능곡선 모델을 통해 효율성 시각에서 제도의 선택에 대해 체계적인 설명을 제시"한다는 것은 무질서와 독재로 인한 사회적 비용을 최소화하는 것으로 효율성을 이해하는 제도가능곡선 모델이 효율성 시각에서 제도의 선택에 대한 체계적인 설명을 제시한 것임을 진술하고 있음을 알 수 있다.

20.

㉠에 대한 설명을 바탕으로 추론한 것으로 적절하지 <u>않은</u> 것은?

① 민사소송과 정부 규제가 혼합된 제도가 효율적 제도라면, 민사소송이나 정부 규제는 이 제도보다 무질서 비용과 독재 비용을 합한 값이 더 클 수밖에 없다.
② 시민적 자본이 풍부한 사회에서 비효율적인 제도보다 시민적 자본의 수준이 낮은 사회에서 효율적인 제도가 무질서와 독재로 인한 사회적 총비용이 더 클 수 있다.
③ 정부에 대한 언론의 감시 및 비판 기능이 잘 작동하여 개인의 자유에 대한 침해 가능성이 낮은 사회는 그렇지 않은 사회보다 곡선상의 더 왼쪽에 위치한 제도가 효율적이다.
④ 교도소 운영을 국가가 아니라 민간이 맡았을 때 재소자의 권리가 유린되거나 처우가 불공평해질 위험이 너무 커진다면 곡선이 기울어져서 접점이 곡선의 오른쪽에서 형성되기 쉽다.
⑤ 경제주체들이 교활하게 사적 이익을 추구함으로써 평판이 나빠져 장기적인 이익이 줄어들 것을 염려해 스스로 바람직한 행위를 선택할 가능성이 큰 산업의 경우에는 접점이 곡선의 왼쪽에서 형성되기 쉽다.

문항 성격	문항유형 : 정보의 추론과 해석
	내용영역 : 사회
평가 목표	이 문항은 제도가능곡선의 기울기나 위치와 관련한 상황을 추론할 수 있는지를 묻고 있다.
문제 풀이	정답 : ③

이 문항은 제도가능곡선에 대한 제시문의 설명을 바탕으로 이 곡선의 기울기나 위치에 관한 내용을 정확하게 이해한 후 각 선택지의 내용이 과연 적절한 추론인지 따져봐야 한다.

③ 제시문 다섯 번째 단락 "예컨대 국가 개입이 동일한 정도로 증가했을 때, 개입의 효과가 큰 정부를 가진 국가(A)는 그렇지 않은 국가(B)에 비해 무질서 비용이 더 많이 감소한다. 그러므로 전자가 후자에 비해 곡선의 모양이 더 가파르고 곡선상의 더 오른쪽에서 접점이 형성된다."로부터 정부에 대한 언론의 감시 및 비판 기능이 잘 작동하여 개인의 자유에 대한 침해 가능성이 낮은 사회는 그렇지 않은 사회에 비해 동일한 정도의 무질서 비용 감소를 위해 더 적은 독재 비용의 증가를 필요로 하므로 곡선이 더 가파르다는 사실을 추론할 수 있다. 따라서 후자에 비해 전자의 경우에 곡선상의 더 오른쪽에서 접점이 형성된다는 사실, 즉 더 오른쪽에 위치한 제도가 효율적임을 알 수 있다.

① 제시문 세 번째 단락 "이때 무질서 비용과 독재 비용을 합한 총비용의 일정한 수준을 나타내는 기울기 −1의 직선과 제도가능곡선의 접점에 해당하는 제도가 선택되는 것이 효율적 제도의 선택이다."로부터 접점 이외의 곡선상의 어떤 점도 무질서 비용과 독재 비용을 합한 총비용이 접점보다 크다는 것을 알 수 있다. 이는 접점 이외의 곡선상의 어떤 점을 통과하는 기울기 −1의 직선은 반드시 접선보다 원점에서 더 멀리 위치한다는 사실을 통해서도 확인할 수 있다. 따라서 민사소송과 정부 규제가 혼합된 제도가 효율적 제도라면, 이 제도가 아닌 민사소송이나 정부 규제는 이 제도보다 무질서 비용과 독재 비용을 합한 값이 더 클 수밖에 없다.

② 제시문 다섯 번째 단락 "무질서와 독재로 인한 사회적 총비용의 수준은 곡선의 모양보다 위치에 의해 더 크게 영향을 받는데, 그 위치를 결정하는 것은 구성원들 사이에 갈등을 해결하고 협력을 달성할 수 있는 한 사회의 능력, 즉 시민적 자본이다. 따라서 불평등이 강화되거나 갈등 해결 능력이 약화되는 역사적 변화를 경험하면 이 곡선이 원점에서 멀어지는 방향으로 이동한다."로부터 시민적 자본이 풍부한 사회의 제도가능곡선이 시민적 자본의 수준이 낮은 사회의 제도가능곡선보다 원점에 더 가까이 위치함을 알 수 있다. 따라서 전자의 제도가능곡선에서 접점이 아닌 점보다 후자의 제도가능곡선에서 접점이 무질서와 독재로 인한 사회적 총비용이 더 클 수 있다.

④ 제시문 다섯 번째 단락 "예컨대 국가 개입이 동일한 정도로 증가했을 때, 개입의 효과가 큰 정부를 가진 국가(A)는 그렇지 않은 국가(B)에 비해 무질서 비용이 더 많이 감소한다. 그러므로 전자가 후자에 비해 곡선의 모양이 더 가파르고 곡선상의 더 오른쪽에서 접점이 형성된다."로부터 "교도소 운영을 국가가 아니라 민간이 맡았을 때 재소자의 권리가 유린되거나 처우가 불공평해질 위험이 너무 커진다면" 독재 비용의 감소가 매우 큰 무질서 비용의 증가를 수반하여 곡선이 매

우 가파르기 때문에 접점이 곡선의 오른쪽에서 형성되기 쉽다는 사실을 추론할 수 있다.

⑤ 제시문 다섯 번째 단락 "예컨대 국가 개입이 동일한 정도로 증가했을 때, 개입의 효과가 큰 정부를 가진 국가(A)는 그렇지 않은 국가(B)에 비해 무질서 비용이 더 많이 감소한다. 그러므로 전자가 후자에 비해 곡선의 모양이 더 가파르고 곡선 상의 더 오른쪽에서 접점이 형성된다."로부터 "경제주체들이 교활하게 사적 이익을 추구함으로써 평판이 나빠져 장기적인 이익이 줄어들 것을 염려해 스스로 바람직한 행위를 선택할 가능성이 큰 산업의 경우"에는 독재 비용의 증가가 매우 적은 무질서 비용 감소를 수반하여 곡선이 매우 완만하기 때문에 접점이 곡선의 왼쪽에서 형성되기 쉽다는 사실을 추론할 수 있다.

21.

제도가능곡선 모델 을 바탕으로 〈보기〉에 대해 반응한 것으로 적절하지 <u>않은</u> 것은?

보 기

19세기 후반에 미국에서는 새롭게 발달한 철도회사와 대기업들이 고객과 노동자들에게 피해를 주고 경쟁자들의 진입을 막으며 소송이 일어나면 값비싼 변호사를 고용하거나 판사를 매수하는 일이 다반사로 일어났다. 이에 대한 대응으로 19세기 말~20세기 초에 진행된 진보주의 운동으로 인해 규제국가가 탄생하였다. 소송 당사자들 사이에 불평등이 심하지 않았던 때에는 민사소송이 담당했던 독과점, 철도 요금 책정, 작업장 안전, 식품 및 의약품의 안전성 등과 같은 많은 문제들에 대한 사회적 통제를, 연방정부와 주정부의 규제당국들이 담당하게 된 것이다.

① 철도회사와 대기업이 발달하면서 제도가능곡선이 원점에 더 가까워지는 방향으로 이동했군.

② 철도회사와 대기업이 발달하기 전에는 많은 문제의 해결을 민사소송에 의존하는 것이 효율적이었군.

③ 규제국가의 탄생으로 인해 무질서 비용과 독재 비용을 합한 사회적 총비용이 19세기 후반보다 줄었군.

④ 규제국가는 많은 문제에서 제도가능곡선의 모양과 위치가 변화한 것에 대응하여 효율

적 제도를 선택한 결과였군.

⑤ 철도회사와 대기업이 발달한 이후에 소송 당사자들 사이의 불평등과 사법부의 부패가 심해짐에 따라 제도가능곡선의 모양이 더욱 가팔라졌군.

문항 성격	문항유형 : 정보의 평가와 적용
	내용영역 : 사회
평가 목표	이 문항은 제도가능곡선 모델을 제도가능곡선이 이동한 상황인 〈보기〉에 적용할 수 있는지 확인하는 문항이다.
문제 풀이	정답 : ①

19세기 말~20세기 초 미국에서 규제국가가 탄생한 역사적 변화에 제시문에서 설명된 제도가능 곡선 모델을 적용한 후 각 선택지의 반응이 적절한 것인지 평가해 보도록 한다.

<table>
<tr>
<td>정답 해설</td>
<td>① 〈보기〉에서 철도회사와 대기업이 발달하면서 소송에서 불평등이 심해지고 사회의 갈등 해결 능력이 약화되었음을 알 수 있다. 따라서 제시문 다섯 번째 단락의 "불평등이 강화되거나 갈등 해결 능력이 약화되는 역사적 변화를 경험하면 이 곡선이 원점에서 멀어지는 방향으로 이동한다."라는 기술을 바탕으로, 제도가능 곡선이 원점에 더 가까워지는 방향으로 이동했다는 반응이 적절하지 않음을 알 수 있다.</td>
</tr>
<tr>
<td>오답 해설</td>
<td>② 제시문 마지막 단락의 "제도가능곡선 모델을 통해 효율성 시각에서 제도의 선택에 대해 체계적인 설명을 제시"라는 기술을 통해 제도가능곡선 모델에 따르면 효율적인 제도가 선택된다는 것을 알 수 있다. 따라서 〈보기〉의 "소송 당사자들 사이에 불평등이 심하지 않았던 때에는 민사소송이 담당했던 독과점, 철도 요금 책정, 작업장 안전, 식품 및 의약품의 안전성 등과 같은 많은 문제들"이라는 기술에서 철도회사와 대기업이 발달하기 전에는 많은 문제의 해결을 민사소송에 의존하는 것이 효율적이었음을 알 수 있다.</td>
</tr>
</table>

③ 제도가능곡선 모델에 따르면 효율적인 제도가 선택된다는 것을 알 수 있다. 그리고 〈보기〉에서 "19세기 후반에 미국에서는 새롭게 발달한 철도회사와 대기업들이 고객과 노동자들에게 피해를 주고 경쟁자들의 진입을 막으며 소송이 일어나면 값비싼 변호사를 고용하거나 판사를 매수하는 일이 다반사로 일어났다. 이에 대한 대응으로 19세기 말~20세기 초에 진행된 진보주의 운동으로 인해 규제국가가 탄생"한 것이 "민사소송이 담당했던 독과점, 철도 요금 책정, 작업장 안전, 식품 및 의약품의 안전성 등과 같은 많은 문제들에 대한 사회적 통제를, 연

방정부와 주정부의 규제당국들이 담당하게 된 것"임을 알 수 있다. 따라서 19세기 후반에 일어난 변화로 인해 제도가능곡선이 이동한 상황에서는 규제국가의 탄생으로 인해 무질서 비용과 독재 비용을 합한 사회적 총비용이 최소화되었음을 알 수 있다. 그러므로 규제국가의 탄생으로 인해 사회적 총비용은 19세기 후반보다 줄었음을 알 수 있다.

④ 위의 선택지 ③에 대한 설명과 같은 이유에서 규제국가가 19세기 후반에 일어난 변화로 인해 많은 문제에서 제도가능곡선의 모양과 위치가 변화한 것에 대응하여 효율적 제도 선택이 일어난 결과였음을 알 수 있다.

⑤ 철도회사와 대기업이 발달한 이후에 제도가능곡선의 위치가 이동함과 동시에, 소송 당사자들 사이의 불평등과 사법부의 부패가 심해짐에 따라 무질서 비용이 크게 늘어나 동일한 정도의 국가 개입 증가가 더 많은 무질서 비용의 감소를 수반하는 방향으로 곡선의 모양이 더욱 가팔라졌음을 알 수 있다. 그 결과로 접점이 민사소송에서 정부 규제로 변화한 것이다.

[22~24] 다음 글을 읽고 물음에 답하시오.

헤겔에게서 '낭만'은 일차적으로는 예술의 형식과 역사 및 장르를 유형학적으로 단계화하는 미학적 맥락에서 등장하지만, 그 실질적 내용 면에서는 ⓐ그의 정신철학 전체의 핵심을 적확하게 드러내는 개념이라 할 수 있다. 이 개념은 그 명칭이 주는 익숙함으로 인해 종종 오해를 불러일으킨다. 따라서 정확한 이해를 위해서는 이 개념을 '낭만적인 것'이라는 범주로 좀 더 엄밀하게 규정하고, 이것이 특히 예술적 내지 사상적 노선으로 공인된 '낭만주의'와 어떤 관계를 지니는지를 밝혀야 한다. 주목할 것은, '낭만적인 것'이 일차적으로 그 단어적 인접성에서 보이듯이 낭만주의를 하나의 하위범주로 포괄하지만, 궁극적으로는 낭만주의와 대립 관계를 보이기까지 한다는 점이다.

이성주의의 가장 강한 형태의 판본을 구축하려는 헤겔의 관점에서 볼 때 무한한 상상력과 감수성이 핵심인 낭만주의는 응당 극복되어야 할 전형적인 지적 미성숙의 상태이다. 그런데 흥미롭게도 그는 인간 지성이 정점에 이른 단계에 대해서도, 즉 엄밀한 개념에 의거하여 최고도의 사유를 수행하는 사변적 이성 및 그러한 이성의 활동장인 철학까지도 종종 '낭만적'이라고 부를 뿐 아니라, 사변적 이성과 철학을 가장 완전한 의미에서 '낭만적인 것'이라고 평가한다. '낭만적인 것'의 정점은 낭만주의의 대척인 이성적 사변인 반면, 낭만주의는 그 명칭이 무색하게 오히려 '낭만적인 것'의 저급한 미완 단계로 평가되는 것이다.

이러한 착종된 용어법을 이해하기 위해서는 그가 몇몇 지점에서 '낭만적인 것'을 '기독교적인 것'과 같은 의미로 사용하고 있다는 점에 유의해야 한다. '낭만적인 것'과 낭만주의의 관계에서와 유사하게, '기독교적인 것'은 비록 언어적으로 종교적 색채를 풍기기는 하지만, 제도화된 신앙 및 교리 체계로서의 기독교를 넘어서는 정신철학적 범주이다. 그에 따르면 정신의 가장 저급한 단계는 객체에 대한 주체의 의존성이 가장 지배적인 감각적 지각의 단계이며, 가장 고급한 단계는 그러한 대상 의존성을 완전히 극복한 정신적 주체의 순수하고 내면적인 재귀적 작동인 '반성', 즉 이성적 사유이다. 이는 절대자, 곧 '신'이 어떤 인격체가 아니라 세계의 근본적 존재 구조 내지 원리로서의 '이성'이라고 보는 그의 절대적 관념론에 의거한다. 절대자 그 자체가 완전한 이성적 구조, 즉 개념의 엄밀하고도 완전한 자기 운동 체계이므로, 그것에 호응하는 인간 지성의 형식 역시 개념적 사유 능력인 이성이어야 한다는 것이다. 여기서 '기독교적인 것'이란, 어떤 물리적 대상을 매개로 절대자와 만나려는 원시적 지성성을 극복하여 순수한 내면적 정신성을 성취하는 지성의 단계를 통칭한다. 따라서 가장 완전한 의미에서 '기독교적인 것'은 순수한 개념적 반성을 통해 진리를 인식하는 철학에서 달성된다. 반면 기독교는 자연적 대상의 숭배 또는 매개를 넘어섰다는 점에서 '기독교적인 것'이기는 하지만, 개념적 반성을 필요조건으로 하는 지성의 완전한 순수 내면성에는 미치지 못하기에, '기독교적인 것'의 불완전한 단계로 평가된다. 이상을 근거로 할 때 '기독교적인 것'은 '내면적 지성성'으로 바꾸어 부를 때 그 본질적 의미가 제대로 드러난다. 내면적 지성성에는 여러 단계가 있고 그 완전한 단계는 개념적 사유를 통한 철학인 한에서, '기독교적인 것'은 '기독교'와 단순 등치될 수 없는 것이다.

'기독교적인 것'을 이렇게 이해할 때 '낭만적인 것'과 낭만주의의 관계가 밝혀진다. 감성과 상상력의 무제한적 발산, 즉 '가슴속의 모든 것을 표출할 수 있는 자유'를 지향하는 낭만주의가 주어진 경험 세계를 넘어서는 지적 주체의 내면적 작동을 중심 원리로 하는 것은 분명하기에 낭만주의는 의심할 바 없이 '낭만적인 것'의 하나이다. 그러나 낭만주의가 달성하는 정신의 내면성은 개념적 반성성에 의거한 철학적 사유의 내면성에는 아직 이르지 못한 열등한 것이며, 이에 낭만주의는 '낭만적인 것'의 완전한 전형이 될 수 없다. 진정으로 '낭만적인 것'은 철학적 사유에서 비로소 성취된다.

22.

헤겔의 관점을 이해한 것으로 가장 적절한 것은?

① '낭만주의'와 '기독교'는 서로 바꾸어 쓸 수 있는 동의어이다.
② '기독교'는 정신적 작동 방식의 측면에서 '낭만적인 것'에 속한다.
③ '낭만주의'와 '기독교'는 모두 완전한 형태의 내면적 지성성을 획득한다.
④ 최고도의 '기독교적인 것'은 예술사조로서의 '낭만주의'를 통해 성취된다.
⑤ '낭만적인 것'과 '기독교적인 것'은 모든 단계에서 순수한 개념적 반성을 통해 수행된다.

문항 성격	문항유형 : 주제, 구조, 관점 파악
	내용영역 : 인문
평가 목표	이 문항은 제시문에 따라 '낭만적인 것', '낭만주의', '기독교적인 것', '기독교'에 대한 헤겔의 관점을 잘 이해했는지를 평가하기 위한 것이다.
문제 풀이	정답 : ②

헤겔에게서 '낭만적인 것'이라는 범주는 '기독교적인 것'이라는 범주와 동의적 개념으로 사용되고, 그 본질적 규정은 '내면적 지성성'으로 기술될 수 있다. 이에 근거하여 제시문은 이 두 범주 간의 관계 및 각각의 하위범주인 '낭만주의'와 '기독교'의 정신철학적 위상을 설명하고 있다. 이를 제대로 파악해야만 이 문항을 해결할 수 있다.

정답 해설	② 제시문 세 번째 단락 "그(헤겔)가 … '낭만적인 것'을 '기독교적인 것'과 같은 의미로 사용하고 있다."와 "'기독교적인 것'이란, 어떤 물리적 대상을 매개로 절대자와 만나려는 원시적 지성성을 극복하여 순수한 내면적 정신성을 성취하는 지성의 단계를 통칭한다."로부터 '낭만적인 것' 역시 순수한 내면적 정신성을 성취하는 지성의 단계를 통칭한다고 할 수 있다. 이에 따라 '기독교적인 것'으로 규정되는 '기독교'는 정신적 작동 방식의 측면에서 '기독교적인 것'과 같은 의미인 '낭만적인 것'에 속한다.
오답 해설	① 제시문 첫 번째 단락에서 '낭만주의'는 '낭만적인 것'의 "하나의 하위범주로 포괄"되고, 세 번째 단락에서 '기독교'는 '기독교적인 것'이라고 말하고 있지만, 서로 바꾸어 쓸 수 있는 동의어적 관계는 세 번째 단락에 나와 있듯이 상위범주인 '낭만적인 것'과 '기독교적인 것' 사이에서 성립하지, "예술적 내지 사상적 노선으로 공인된" '낭만주의'와 "제도화된 신앙 및 교리 체계로서의" '기독교'라는 하위범주 사이에서 성립하는 것은 아니다.

③ 제시문 세 번째 단락에 "'기독교적인 것'이란, 어떤 물리적 대상을 매개로 절대자와 만나려는 원시적 지성성을 극복하여 순수한 내면적 정신성을 성취하는 지성의 단계를 통칭한다. 따라서 가장 완전한 의미에서 '기독교적인 것'은 순수한 개념적 반성을 통해 진리를 인식하는 철학에서 달성된다."고 나와 있고, 네 번째 단락에는 "진정으로 '낭만적인 것'은 철학적 사유에서 비로소 성취된다."고 진술되어 있다. 즉 '낭만적인 것'과 '기독교적인 것'의 핵심인 '내면적 지성성'의 완전한 형태는 "개념적 반성성에 의거한 철학적 사유"에서 이루어지므로, '낭만주의'와 '기독교'는 "저급한 미완 단계"이자 "불완전한 단계"이다.

④ 제시문 세 번째 단락에 따르면, 최고도의 '기독교적인 것'은 "순수한 개념적 반성을 통해 진리를 인식하는 철학에서 달성된다." 반면 예술사조로서의 '낭만주의'는 '기독교적인 것'의 동의어인 '낭만적인 것'에 속하기는 하나 "저급한 미완단계"로 평가된다. 따라서 낭만주의가 최고도의 '기독교적인 것'을 성취한다고 말하는 것은 헤겔의 관점에 대한 이해로 적절하지 않다.

⑤ 제시문 세 번째 단락과 네 번째 단락에 따르면, 순수한 개념적 반성을 통해 수행되는 철학이 가장 완전한 의미에서 '기독교적인 것'이자 '낭만적인 것'이다. 그리고 '기독교적인 것'과 '낭만적인 것'은 각각 절대자, 곧 '신'을 "어떤 인격체"로 인식하는 종교로서의 '기독교'와 "'가슴속의 모든 것을 표출할 수 있는 자유'를 지향하는 낭만주의"를 불완전한 하위 단계로 포함한다. 즉, '낭만적인 것'과 '기독교적인 것'은 불완전한 미완 단계가 아닌, 오로지 최고의 완성 단계에서만 순수한 개념적 반성을 통해 수행된다. 모든 단계에서 순수한 개념적 반성을 통해 수행되는 것은 아니다.

23.

㉠에 대해 추론한 것으로 가장 적절한 것은?

① 정신의 재귀적 작동은 신앙과 예술의 영역에서 최고도로 이루어진다고 생각할 것이다.
② 참된 인식의 수행 방식은 인식의 궁극적 대상의 존재 구조에 대응해야 한다고 생각할 것이다.
③ 개념의 연쇄를 통한 논리적 추론보다는 구체적 현실에 대한 체험을 인식의 출처로 평가할 것이다.
④ 절대적 진리에 대한 최고의 인식은 인격화된 절대자의 존재를 증명하는 데서 이루어진

다고 여길 것이다.

⑤ 구체적 경험보다는 정신 내면의 자유로운 상상력의 작동에서 최고의 지적 탁월성이 달성된다고 여길 것이다.

문항 성격 　문항유형 : 정보의 추론과 해석

　　　　　　내용영역 : 인문

평가 목표 　이 문항은 '낭만적인 것'이라는 범주에 대한 규정을 통해 나타나는 헤겔의 '정신철학 전체의 핵심'을 제시문 전체의 문맥을 통해 적절하게 추론할 수 있는지 평가하고자 한다.

문제 풀이 　정답 : ②

헤겔이 '낭만적인 것'을 '기독교적인 것'과 같은 의미로 쓰고, 또한 이 두 범주의 좀 더 정확한 규정으로 '내면적 지성성'을 언급하는 것은 그의 절대적 관념론의 기본 입장을 토대로 한다. 헤겔에 따르면, 세계의 근본 존재 구조 자체가 '이성'이라 불리는 개념의 정합적 체계이므로, 그것을 인식하는 인간 지성의 형식 역시 이성일 때 참된 인식이 이루어질 수 있다는 것이다. 존재와 인식의 이러한 동구조적 대응 관계를 제시문을 바탕으로 제대로 추론할 수 있어야 한다.

정답 해설 　② 제시문 세 번째 단락에는 낭만주의 및 기독교가 각각 '낭만적인 것' 및 '기독교적인 것'의 완전한 단계로 볼 수 없는 이유가 명시되어 있다. 즉 "이는 절대자, 곧 '신'이 어떤 인격체가 아니라 세계의 근본적 존재 구조 내지 원리로서의 '이성'이라고 보는 그의 절대적 관념론에 의거한다. 절대자 그 자체가 완전한 이성적 구조, 즉 개념의 엄밀하고도 완전한 자기 운동 체계이므로, 그것에 호응하는 인간 지성의 형식 역시 개념적 사유 능력인 이성이어야 한다는 것이다." 이 선택지는 이 부분을 압축적으로 진술한 것이다.

오답 해설 　① 제시문 세 번째 단락에 "정신적 주체의 순수하고 내면적인 재귀적 작동인 '반성', 즉 이성적 사유"는 대상 의존성으로부터 완전히 벗어난 지성의 단계라고 설명되어 있다. 종교라는 '신앙'의 영역과 '예술'이라는 감성 영역은 이성적 사유가 아니므로 그러한 작동이 최고도로 이루어지는 것이라 볼 수 없다.

　　③ 헤겔이 지향하는 참된 인식은 이성을 통해 이루어지는데, '이성'은 단어의 의미상 이 선택지에서 언급된 "개념의 연쇄를 통한 논리적 추론"을 포함한다. 반면 "구체적 현실에 대한 체험"은 의미상 제시문 세 번째 단락에서 언급되는 "객체에 대한 주체의 의존성이 가장 지배적인 감각적 지각의 단계"에 해당한다. 따라서 이러한 우열 관계를 반대로 진술한 이 선택지는 적절한 추론이라 할 수 없다.

④ "인격화된 절대자의 존재"는 '기독교적인 것'의 불완전한 단계인 기독교를 포함한 종교의 대상인 반면, "절대적 진리에 대한 최고의 인식"은 이성적으로 수행되는 철학적 사변의 몫이다. 따라서 종교에서 최고의 인식이 이루어진다고 진술한 이 선택지는 헤겔의 정신철학적 핵심과는 반대의 주장이다.

⑤ "구체적 경험"이 기본적으로 물리적 대상에 대한 감각적 지각을 통해 이루어지고 "정신 내면의 자유로운 상상력"이 물리적 대상에 대한 주체의 의존성에서 벗어났다는 점에서 후자가 전자보다 고급한 것은 사실이지만, 그렇다고 해서 후자가 "최고의 지적 탁월성"을 달성하는 것은 아니다. 왜냐하면 헤겔에서 최고의 지성은 언제나 개념을 통한 이성적 사유이기 때문이다. 따라서 자유로운 상상력을 최고의 지성에 해당하는 것으로 설정하는 이 선택지는 적절한 추론이라 할수 없다.

24.

윗글을 바탕으로 〈보기〉를 해석한 것으로 가장 적절한 것은?

보기

헤겔은 회화를 '낭만적' 예술 장르로 분류한다. 이는 일반적 장르 구분 관행과 큰 차이를 보이는 것으로서, 동일 건축·조각과 함께 조형예술 영역에 편성되던 회화를 음악·시문학과 동일한 장르군으로 위치 이동시킨 것이다. 그는 특히 17세기의 네덜란드 장르화를 높이 평가한다. 장르화에는 위대한 정신성, 즉 자연의 위협을 극복하고 외세의 침공을 격퇴하고 종교와 사상의 자유를 위해 투쟁하는 등의 역사적 과정을 통해 형성되고 강화된 네덜란드인들 고유의 자기 확신과 자유 지향성이 평범한 일상의 사실적 묘사 속에 깊이 스며듦으로써 '인간적인 것 그 자체'가 형상화되고 있다고 보기 때문이다. 이에 따라 양식적으로 사실주의 미술의 하나로 분류되는 네덜란드 장르화가 그에게서는 '낭만적인 것'으로 기술된다.

① 어떤 예술 장르를 '낭만적'이라고 부르는 것은 예술이 철학적 사변의 한계를 넘어섬으로써 '낭만적인 것'을 더욱 높이 추동시킨다는 생각에서 비롯된다.

② 네덜란드 장르화에서 '인간적인 것 그 자체'가 형상화된다는 진술은 인간의 본질을 세속의 미시적 현실에서 찾아야 한다는 인식의 전환을 사상적 모태로 한다.

③ 양식상 사실주의로 분류되는 장르화를 '낭만적인 것'으로 부르는 것은 일상의 사실적

묘사 속에 기독교의 교리가 확고부동한 삶의 규범으로 함축되어 있다는 판단에서 비롯된다.

④ 회화를 '낭만적' 장르로 분류하는 방식은 회화적 표현이 근본적으로 주체의 정신적 내면성에 의거한다는 점에서 건축·조각보다는 음악·시문학과 더 동질적이라는 생각을 근거로 한다.

⑤ 네덜란드 장르화를 '낭만적인 것'으로 설명하는 것은 상상력의 무제한적 발산을 추구하는 낭만주의의 미적 전략이 이 부류의 회화 작품에 가장 모범적으로 작용하고 있다는 평가에 바탕을 둔다.

문항 성격	문항유형 : 정보의 평가와 적용
	내용영역 : 인문

평가 목표 이 문항은 제시문에서 설명된 범주인 '낭만적인 것'을 예술 장르에 대한 헤겔의 미학적 견해 및 장르화라는 구체적인 사례에 올바르게 적용할 수 있는지를 평가하고자 하는 취지에서 설계된 것이다.

문제 풀이 정답 : ④

헤겔의 '낭만적인 것'이라는 범주 내지 개념은 장르 이론에서는 회화·음악·시문학에 대응하며, 구체적인 작품에 대해서는 특히 17세기 네덜란드 장르화에 적용되는데, 이는 정신의 내면성을 중요시하는 그의 근본 입장의 연속이다. 이러한 내용이 반영된 〈보기〉를 제시문에 설명된 정신철학적 주요 범주를 적용하여 올바르게 해석할 수 있어야 한다.

정답 해설 ④ 헤겔에게서 '낭만적인 것'은 주체의 내면성이 정신의 정체성을 형성하는 것을 통칭하므로 그의 정신철학적 담론 전체를 지배하는 방향성을 나타낸다는 것이 제시문의 주요 내용이다. 예술 장르가 '낭만적'인 장르로 불린다는 것은 그 장르의 정체성이 겉으로 보이는 감각적 지각 방식과는 달리 본질적으로 정신적 내면성을 토대로 한다는 것을 뜻한다. 그러므로 일반적으로 건축·조각과 동일 장르에 속하는 것으로 거론되던 회화가 헤겔에게서 음악·시문학과 함께 '낭만적' 장르라 불린다는 것은 이 세 장르의 핵심이 정신의 내면성에 있음을 뜻한다.

오답 해설 ① 예술 장르가 '낭만적'이라고 불리는 것이 '낭만적인 것'을 추동하기 때문인 것은 맞지만, 그렇다고 해서 예술에 의한 '낭만적인 것'의 수행이 철학적 사변을 뛰어넘는 수준인 것은 아니다. 오히려 철학적 사변은 '낭만적인 것'의 궁극적 정점이다.

② 〈보기〉에서 '인간적인 것 그 자체'는 좀 더 앞에 언급된 "위대한 정신성", "자기 확신과 자유 지향성"과 대응한다. 따라서 네덜란드 장르화의 핵심인 '인간적인 것 그 자체'는 이 부류의 회화에서 겉으로 보이는 "세속의 미시적 현실"이 아니라, 그 속에 스며든 정신적인 내용을 의미한다. 이 선택지는 이 점을 제대로 진술하지 않고 있다.

③ '낭만적인 것'이 곧 '기독교적인 것'이므로 '낭만적인 것'의 하나인 장르화가 기독교 교리와 연관되어 있을 수 있다는 오해가 발생할 수 있다. 그러나 제시문에서 '낭만적인 것'의 본질은 내면적 정신성이라 규정되어 있고, 〈보기〉에서 장르화의 정체성을 이에 대응하는 '자유', '자기 확신' 등의 '인간적인 것 그 자체'라 진술된 것을 근거로 판단하면, 인격화된 신에 대한 신앙을 바탕으로 제도화된 종교인 기독교의 교리가 장르화에 규범으로 함축되어 있다고 판단할 수는 없다.

⑤ 제시문에는 '낭만적인 것'이 '낭만주의'와 단순 등치될 수 없는 훨씬 포괄적인 상위범주라는 취지의 진술이 일관되어 있다. 또한 〈보기〉에서는 장르화가 '낭만적'인 근거가 '자기 확신'과 '자유 지향성'과 같은 '위대한 정신성'에 있다고 설명되어 있다. 즉 장르화에서 나타나는 '낭만적인 것'은 낭만주의의 핵심인 무제한적 상상력과는 다른 것이다. 더욱이 장르화의 구체적인 묘사 대상은 상상의 대상이 아니라 구체적 현실이다. 이런 점을 종합해 볼 때, 이 선택지는 장르화에 대한 규정과 그 근거를 잘못 진술하고 있다.

블랙홀 쌍성계와 같은 천체에서 발생한 중력파가 지구를 지나가는 동안, 지구 위에서는 중력파의 진행 방향과 수직인 방향으로 공간이 수축 팽창하는 변형이 시간에 따라 반복적으로 일어난다.

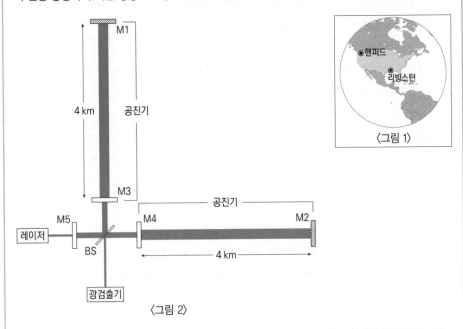

〈그림 2〉

최초로 중력파를 검출한 '라이고(LIGO)'는 〈그림 1〉과 같이 미국 핸퍼드와 리빙스턴에 위치하며, 〈그림 2〉와 같은 레이저 간섭계를 사용한다. 레이저에서 나온 빛은 빔가르개(BS)에 의해 두 개의 경로로 나뉘고 각 경로의 끝에 있는 거울(M1, M2)에 의해 반사되어 되돌아와 다시 BS에 의해 각각 두 갈래로 나뉘며 광검출기에서 서로 중첩된다. 두 경로 사이에 미세한 길이 차이가 발생하면 중첩된 빛의 세기에 차이가 발생하는데, 간섭계가 놓인 면을 중력파가 통과하며 공간의 수축과 팽창이 반복되면 빛이 지나는 두 경로의 길이 차가 시간에 따라 변화하고 광검출기에서 측정되는 빛의 세기가 그에 따라 변화한다. 이를 측정하면 중력파의 세기와 진동수를 알아낼 수 있다.

중력파는 공간을 일정한 비율로 변형시키므로 간섭계의 경로 길이를 되도록 크게 하는 것이 길이의 변화량을 크게 할 수 있어 유리하지만 약 4km가 건설할 수 있는 한계이다. 이를 극복하기 위해 라이고에서는 기본적인 간섭계에 두 개의 거울(M3, M4)을 추가하여 '공진기'를 구성하고 각 공진기의 두 거울 사이를 빛이 여러 번 왕복하도록 함으로써 유효 경로 길이를 늘리는 방법을 사용하였다. 〈그림 2〉에서 M1과 M3, M2와 M4 사이에 공진기가 형성되고, M1과 M2의 반사율은 100%인 반면 M3, M4는 약 1%의 투과율을 갖도록 하여 빛이 출입할 수 있도록 하였다. 이 경우 공진기 밖으로 나온 빛은 두 거울 사이를 수백 번 왕복한 셈이고 따라서 유효 길이가 1,000km 이상에 이른다. 하지만 유효 길이의 변화량은 여전히 원자 크기의 십만분의 일 정도에 불과한데, 어떻게 중력파의 검출이 가능하였던 것일까?

원자의 크기보다도 한참 작은 미세한 길이 변화의 측정이 가능한 이유는 여러 번 측정하여 평균을 취하면 측정값의 정확도를 향상할 수 있다는 사실에 있다. 간섭계는 결국 광검출기에서 빛의 세기를 측정하는 것인데 양자 물리에서 빛은 '광자'라고 부르는 입자로 여겨지며 이때 빛의 세기는 광자의 개수에 비례한다. 즉, 광검출기는 광자의 개수를 측정하는 것이며 측정할 때마다 무작위로 달라지는 광자 개수의 요동이 간섭신호의 잡음으로 나타나게 되는데 이를 '산탄 잡음'이라고 한다. 빛의 세기 측정에서 신호의 크기는 광자의 개수 N에 비례하고, 광자 개수의 요동에 의한 잡음은 N의 제곱근($\sqrt{N}$)에 비례한다. 따라서 '신호대잡음비(신호크기/잡음크기)'는 $\sqrt{N}$에 비례하여 증가한다. 예를 들어 광자의 개수가 1개일 때에 비해 100개일 때, 신호는 100배 증가하지만 잡음은 10배만 증가하므로 신호대잡음비는 10배 증가하게 된다. 따라서 광자의 개수를 늘리면 산탄 잡음에 의한 신호대잡음비를 증가시킬 수 있는데 공진기는 그 안에 레이저 빛을 가둠으로써 간섭계 내부의 광자 개수를 증가시키는 역할도 한다. 하지만 이 정도로는 원하는 신호대잡음비를 얻기에 부족하고 레이저의 출력을 높이는 데에 한계가 있다. 이를 해결하기 위해 〈그림 2〉에서와 같이 BS에서 레이저 쪽으로 되돌아가는 빛을 반사하여 다시 간섭계로 보내는 출력 재활용 거울(M5)을 설치하여 간섭계에 사용되는 유효 레이저 출력을 원하는 수준으로 높인다.

빛의 입자적 성질은 간섭신호에 '복사압 잡음'이라고 불리는 또 다른 잡음을 일으키는데 광자가 거울에 충돌하며 '복사압'이라는 힘을 작용하여 거울이 미세하게 움직이기 때문이다. 광자 개수의 요동이 거울의 요동과 그에 따른 간섭계 경로 길이의 요동을 유발하여 간섭신호의 잡음으로 나타나는데, 거울의 질량이 클수록 거울의 요동이 작아진다. 그러므로 복사압 잡음에 의한 신호대잡음비는 광자 개수의 요동이 작을수록, 거울의 질량이 클수록 커진다. 또한 거울의 요동은 힘이 작용하는 시간이 길수록 더 커지므로 복사압 잡음에 의한 신호대잡음비는 진동수가 작을수록 급격히 감소하며, 산탄 잡음에 의한 신호대잡음비는 진동수가 클수록 완만히 감소한다. 따라서 두 잡음의 합으로 결정되는 신호대잡음비가 가장 크게 되는 진동수 대역이 존재하며, 중력파의 진동수가 이 영역에 들어올 때 중력파가 검출될 확률이 가장 높다.

25.

윗글의 내용과 일치하지 <u>않는</u> 것은?

① 중력파는 레이저 간섭계의 경로 길이 변화로 감지한다.
② 공진기는 간섭계 내부에서 빛의 세기를 증가시키는 역할을 한다.
③ 산탄 잡음에 의한 신호대잡음비는 레이저 출력이 클수록 작아진다.
④ 복사압 잡음은 광자 개수의 요동 때문에 발생한다.
⑤ 복사압 잡음에 의한 신호대잡음비는 진동수가 클수록 커진다.

문항 성격	문항유형 : 정보의 확인과 재구성
	내용영역 : 과학기술
평가 목표	이 문항은 제시문에 등장하는 중력파 검출 과정과 측정 잡음에 관한 내용을 이해하고 있는지 묻는 문항이다.
문제 풀이	정답 : ③

중력파가 일으킨 공간의 수축과 팽창을 측정해 내는 방법으로 레이저 간섭계를 이용하며 빛의 경로 길이 변화를 측정해 내는 과정과 측정에서의 산탄 잡음과 복사압 잡음에 대해 정확하게 이해해야 한다.

정답 해설	③ 제시문 네 번째 단락 "광검출기는 광자의 개수를 측정하는 것이며 측정할 때마다 무작위로 달라지는 광자 개수의 요동이 간섭신호의 잡음으로 나타나게 되는데 이를 '산탄 잡음'이라고 한다. 빛의 세기 측정에서 신호의 크기는 광자의 개수 N에 비례하고, 광자 개수의 요동에 의한 잡음은 N의 제곱근($\sqrt{N}$)에 비례한다. 따라서 '신호대잡음비(신호크기/잡음크기)'는 $\sqrt{N}$에 비례하여 증가한다."를 통해 이 선택지는 제시문의 내용과 일치하지 않는다는 것을 알 수 있다.
오답 해설	① 제시문 두 번째 단락 "중력파가 통과하며 공간의 수축과 팽창이 반복되면 빛이 지나는 두 경로의 길이 차가 시간에 따라 변화하고 광검출기에서 측정되는 빛의 세기가 그에 따라 변화한다. 이를 측정하면 중력파의 세기와 진동수를 알아낼 수 있다."로부터 중력파는 레이저 간섭계의 경로 길이 변화로 감지함을 알 수 있다.
	② 제시문 네 번째 단락 "간섭계는 결국 광검출기에서 빛의 세기를 측정하는 것인데 양자 물리에서 빛은 '광자'라고 부르는 입자로 여겨지며 이때 빛의 세기는 광자의 개수에 비례한다."와 "광자의 개수를 늘리면 산탄 잡음에 의한 신호대잡음비를 증가시킬 수 있는데 공진기는 그 안에 레이저 빛을 가둠으로써 간섭계 내

부의 광자 개수를 증가시키는 역할도 한다."로부터 공진기가 간섭계 내부에서 빛의 세기를 증가시키는 역할을 한다는 것을 알 수 있다.

④ 제시문 다섯 번째 단락 "빛의 입자적 성질은 간섭신호에 '복사압 잡음'이라고 불리는 또 다른 잡음을 일으키는데"와 "광자 개수의 요동이 거울의 요동과 그에 따른 간섭계 경로 길이의 요동을 유발하여 간섭신호의 잡음으로 나타나는데"로부터 복사압 잡음이 광자 개수의 요동 때문에 발생한다는 것을 알 수 있다.

⑤ 제시문 다섯 번째 단락 "또한 거울의 요동은 힘이 작용하는 시간이 길수록 더 커지므로 복사압 잡음에 의한 신호대잡음비는 진동수가 작을수록 급격히 감소하며"로부터 복사압 잡음에 의한 신호대잡음비는 진동수가 클수록 커진다는 것을 알 수 있다.

26.

윗글을 바탕으로 추론한 것으로 적절한 것만을 〈보기〉에서 있는 대로 고른 것은?

<보 기>

ㄱ. 중력파가 검출될 때, 광검출기에서 측정되는 빛의 세기는 일정하다.
ㄴ. 출력 재활용 거울의 반사율을 감소시키면 간섭신호에서 복사압 잡음이 감소한다.
ㄷ. 각 공진기를 구성하는 두 거울 사이의 거리를 늘리면 중력파에 의한 경로 길이 변화량이 늘어난다.

① ㄱ   ② ㄴ   ③ ㄷ
④ ㄱ, ㄴ   ⑤ ㄴ, ㄷ

문항 성격	문항유형 : 정보의 추론과 해석
	내용영역 : 과학기술
평가 목표	이 문항은 제시문에 등장하는 중력파 검출 과정과 측정 잡음에 관한 내용을 이해하고 광검출기 신호의 변화 및 거울 반사율과 경로 길이 변화의 영향을 추론할 수 있는지 평가하기 위한 문항이다.

정답 : ⑤

중력파가 지나가며 공간의 변형이 빛의 경로 길이 변화를 일으킬 때 광검출기에 빛의 세기가 변화하며 이를 통해 중력파를 검출한다. 공진기 거울 사이의 거리가 유효 경로 길이와 관련되며, 거울의 반사율이 간섭계 내부의 빛의 세기와 연관되는데, 이들 사이의 관계를 제시문으로부터 판단하여 광검출기 신호의 변화 및 거울 반사율과 경로 길이 변화의 영향을 추론할 수 있어야 한다.

〈보기〉 해설

ㄱ. 제시문 두 번째 단락 "각각 두 갈래로 나뉘며 광검출기에서 서로 중첩된다. 두 경로 사이에 미세한 길이 차이가 발생하면 중첩된 빛의 세기에 차이가 발생하는데"와 "간섭계가 놓인 면을 중력파가 통과하며 공간의 수축과 팽창이 반복되면 빛이 지나는 두 경로의 길이 차가 시간에 따라 변화하고 광검출기에서 측정되는 빛의 세기가 그에 따라 변화한다."로부터 중력파가 지나가면 광검출기에 측정되는 빛의 세기가 변한다는 것을 추론할 수 있다.

ㄴ. 제시문 네 번째 단락 "광자 개수의 요동에 의한 잡음은 N의 제곱근($\sqrt{N}$)에 비례한다."와 "출력 재활용 거울(M5)을 설치하여 간섭계에 사용되는 유효 레이저 출력을 원하는 수준으로 높인다.", 그리고 다섯 번째 단락 "광자 개수의 요동이 거울의 요동과 그에 따른 간섭계 경로 길이의 요동을 유발하여 간섭신호의 잡음으로 나타나는데"로부터 출력 재활용 거울의 반사율이 감소하면 간섭계 내부 빛의 세기가 감소하고 광자의 요동이 줄어든다는 것을 알 수 있고 복사압 잡음이 감소함을 추론할 수 있다.

ㄷ. 제시문 세 번째 단락 "중력파는 공간을 일정한 비율로 변형시키므로 간섭계의 경로 길이를 되도록 크게 하는 것이 길이의 변화량을 크게 할 수 있어 유리하지만"과 "기본적인 간섭계에 두 개의 거울(M3, M4)을 추가하여 '공진기'를 구성하고 각 공진기의 두 거울 사이를 빛이 여러 번 왕복하도록 함으로써 유효 경로 길이를 늘리는 방법을 사용하였다."로부터 공진기의 두 거울 사이의 거리를 늘리면 빛이 왕복하는 거리가 늘어나고 따라서 중력파에 의해 공간이 일정 비율 변화할 때 길이 변화량이 늘어난다는 것을 추론할 수 있다.

〈보기〉에서 적절한 진술 ㄴ과 ㄷ을 모두 포함한 ⑤가 정답이다.

27.

〈보기〉에서 특정한 물리량 에 해당하는 것만을 있는 대로 고른 것은?

보 기

　다음 그래프는 어떤 중력파검출기의 민감도(1/신호대잡음비)를 진동수에 따라 나타
낸 것이다. 여기서 신호대잡음비는 산탄 잡음과 복사압 잡음 모두에 의한 것이다.
특정한 물리량 을 증가시킴으로써 현재 실선으로 나타난 민감도를 점선과 같은 민감도
로 개선하고자 한다.

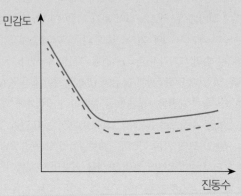

ㄱ. 거울의 질량
ㄴ. 레이저의 출력
ㄷ. 출력 재활용 거울의 투과율

① ㄱ　　　　　　　　　② ㄷ　　　　　　　　　③ ㄱ, ㄴ
④ ㄴ, ㄷ　　　　　　　⑤ ㄱ, ㄴ, ㄷ

문항 성격	문항유형 : 정보의 평가와 적용
	내용영역 : 과학기술
평가 목표	이 문항은 제시문에 등장하는 중력파 검출 과정과 측정 잡음에 관한 내용을 이해하고 실제 중력파 검출을 위한 간섭계에 적용하여 여러 물리량이 신호대잡음비에 미치는 영향을 평가할 수 있는지 확인하기 위한 문항이다.

정답 : ③

〈보기〉의 그래프에서 신호대잡음비에 반비례하는 민감도가 진동수가 큰 영역에서는 진동수에 따라 완만히 증가하고 작은 영역에서는 급격히 감소한다는 사실로부터 진동수가 큰 영역은 '산탄 잡음'이, 작은 영역은 '복사압 잡음'이 지배적이라는 것을 알 수 있다. 민감도가 실선에서 점선으로 이동하기 위해서는 신호대잡음비가 진동수가 큰 영역에서와 작은 영역에서 모두 증가하여야 한다. 산탄 잡음에 의한 신호대잡음비를 키우기 위해서는 간섭계 내부의 빛의 세기를 키워야 하는데, 이는 복사압 잡음에 의한 신호대잡음비의 감소를 가져오므로 거울의 질량도 동시에 증가시켜야 점선과 같은 민감도를 갖게 된다는 것을 알 수 있다. 레이저의 출력이 증가하거나 출력 재생 거울의 반사율이 증가하면 간섭계 내부 빛의 세기가 증가하여 산탄 잡음에 의한 신호대잡음비가 증가하고, 거울의 질량이 증가하면 복사압 잡음에 의한 신호대잡음비가 증가한다. 따라서 거울의 질량과 레이저의 출력은 증가시켜야 하고 출력 재생 거울의 투과율은 감소시켜야 한다.

〈보기〉 해설 　ㄱ. 거울의 질량을 키우면 복사압 잡음에 의한 신호대잡음비가 증가하므로 증가시켜야 할 물리량에 해당한다.

　ㄴ. 레이저의 출력을 키우면 간섭계 내부 빛의 세기가 증가하여 산탄 잡음에 의한 신호대잡음비가 증가하므로 증가시켜야 할 물리량에 해당한다.

　ㄷ. 출력 재활용 거울의 투과율을 키우면 공진기로 되돌아가는 빛의 양이 줄어 간섭계 내부 빛의 세기가 감소하고 산탄 잡음에 의한 신호대잡음비가 감소하므로 증가시켜야 할 물리량에 해당하지 않는다.

　〈보기〉에서 해당하는 물리량 ㄱ과 ㄴ을 모두 포함한 ③이 정답이다.

[28~30] 다음 글을 읽고 물음에 답하시오.

벤야민은 폭력이 모든 합법적 권력의 탄생과 구성 과정에 개입함을, 그리고 그것이 금지하고 처벌하는 방식뿐만 아니라 법 자체를 제정하고 부과하며 유지하는 방식으로도 작동함을 밝히고자 했다. 「폭력 비판을 위하여」에서 그는 목적의 정의로움과 수단의 정당성에 대한 ㉠자연법론과 ㉡법실증주의의 입장 차이를 논의의 출발점으로 삼았다.

벤야민에 따르면, 고전적인 자연법론은 법 창출과 존속의 근거를 신이나 자연, 혹은 이성과 같은 형이상학적이고 외부적인 실체의 권위로부터 구한다. 또한 합당한 자격을 부여받은 외적 실체의 정당한 목적을 위해 사용되는 폭력은 문제가 되지 않는다고 본다. 반면 법실증주의는 폭력을 수단으로 사용하기 위한 절차적 정당성이 확보되었는지 여부에 주목한다. 벤야민은 자연법론보다는 법실증주의가 폭력 비판의 가설적 토대로 더 적합하다고 판단했다. 근본규범으로 전제된 헌법으로부터 법 효력의 근거를 도출하는 법실증주의는 법체계의 자기정초적 성격을 강조함으로써 법 제정 과정의 폭력을 읽어낼 단서를 제공해 주어, 폭력 보존의 계보에 대한 비판적 탐색을 가능케 하기 때문이다.

그렇지만 벤야민은 법실증주의가 목적과 수단의 관계에 대한 잘못된 전제를 자연법론과 공유한다고 보았다. 정당화된 수단이 목적의 정당성을 보증한다고 보는 경우든 정당한 목적을 통해 수단이 정당화될 수 있다고 보는 경우든, 목적과 수단의 상호지지적 관계를 전제로 폭력의 정당성을 판단한다. 그러나 법의 관심은 이러저러한 목적 혹은 수단을 평가하는 데 있는 것이 아니라 법의 폭력 자체를 수호하는 데 있다고 파악했다. 또한 법이 스스로 저지르는 폭력만을 정당한 '강제력'으로 상정하고 다른 모든 형태의 폭력적인 것들은 '폭력'으로 치부하는 문제에 관해 양편 모두 충분한 관심을 두지 않아 왔음을 지적했다.

벤야민은 자연법과 법실증주의가 감추어 온 법의 내재적 폭력성을 설명하기 위해 법정립적 폭력과 법보존적 폭력을 새롭게 개념화했다. 전자의 사례로 무정부적 위력이나 전쟁 등을, 후자의 사례로 행형제도와 경찰제도 등을 제시한 점에서 이들이 각각 근대국가의 입법 권력과 행정 권력에 대응하는 한정된 개념으로 사용되었다고 보기 어렵다. 법정립적 폭력은 법 목적을 위한 강제력이 정당화된 폭력의 위치를 독점하는 과정을 보여준다. 여기서 폭력은 법 제정의 수단으로 복무하지만, 목적한 바가 법으로 정립되는 순간 퇴각하는 것이 아니라 자신의 도구적 성격을 넘어서 힘 자체가 된다. 그렇기에 법과 폭력의 관계는 목적과 수단의 관계 또는 선후관계로 편입될 수 없다. 한편 법보존적 폭력은 이미 만들어진 법을 확인하고 적용하고자 하는, 그리고 이로써 법의 규율 대상에 대한 구속력을 유지하고자 하는 반복적이고 제도화된 노력들이다. 법은 구속적인 것으로 확언됨으로써 보존되며, 그 보존을 통한 재확언이 다시금 법을 구속하는 것이다. 더 나아가 그는 법 정립과 법 보존의 이러한 순환 회로를 신화적 폭력이라 명명하면서 그것을 신적 폭력과 구별 짓는다. 신적 폭력은 법을 허물어뜨리는 순수하고 직접적인 폭력이다. 벤야민은 이것이 신화적 폭력의 순환 회로를 폭파하고 새로운 질서로 나아가게끔 하는 적극적 동력임을 주장한다.

출간 당시엔 크게 주목받지 못한 「폭력 비판을 위하여」가 반세기 넘게 지나 법과 폭력의 관계를 규명하려는 연구자들의 관심을 끌게 된 데에는 데리다의 비판적 독해가 주요한 계기를 제공했다. 데리다는 「법의 힘」에서 합법화된 폭력을 소급적으로 정립하는 법의 발화수반적 힘을 분석했다. 그는 법 언어 행위를 통해 적법한 권력과 부정의한 폭력 사이의 경계가 비로소 그어진다고 설명했다. 또한 법보존적 폭력은 법정립적 폭력에 이미 내재되어 있다고 보았다. 정립은 자기보존적인 반복에 대한 요구를 내포하며, 자신이 정립했다고 주장하는 것을 보존하기 위해 재정립되어야 하기 때문이다. 더 나아가 그는 법을 정립하고 보존하는 신화적 폭력과 법을 허물어뜨리는 신적 폭력이 뚜렷이 구분될 수 없으며, 만일 후자를 벤야민이 지지했던 방식으로 이해할 경우 자칫 메시아주의로 귀결되거나 전체주의에 복무하는 것으로 해석될 여지가 있음을 지적했다.

28.

윗글의 내용과 일치하는 것은?

① 벤야민은 법정립적 폭력을 신화적 폭력에, 법보존적 폭력을 신적 폭력에 각각 속하는 것으로 규정한다.

② 벤야민은 신적 폭력이 도래함으로써 법 정립과 법 보존의 순환 회로가 더 강고해질 수 있음을 우려한다.

③ 벤야민은 법의 수단으로 사용되는 폭력은 자신의 목적을 달성하는 순간 힘을 상실하여 소거된다고 주장한다.

④ 데리다는 폭력의 적법성이 법 언어 행위를 통해 사후적으로 정립되지 않는다고 본다.

⑤ 데리다는 법을 보존하기 위한 반복적이고 제도화된 폭력들이 법정립적 폭력에 포함되어 있다고 이해한다.

문항 성격	문항유형 : 정보의 확인과 재구성
	내용영역 : 규범
평가 목표	이 문항은 제시문에 등장하는 벤야민의 폭력 비판 논의와 이에 대한 데리다의 비판적 독해를 정확하게 이해하고 있는지 확인하는 것을 목표로 한다.
문제 풀이	정답 : ⑤

제시문은 벤야민의 폭력 비판 논의와 이에 대한 데리다의 비판적 독해를 다루고 있다. 이 문항은 적법한 강제력과 적법하지 않은 폭력의 관계, 법정립적 폭력과 법보존적 폭력의 관계, 신화적 폭력과 신적 폭력의 관계 등에 관한 제시문의 정보들을 정확하게 이해하고 있는지 묻는 문항이다.

정답 해설	⑤ 제시문 다섯 번째 단락 "법보존적 폭력은 법정립적 폭력에 이미 내재되어 있다고 보았다. 정립은 자기보존적인 반복에 대한 요구를 내포하며, 자신이 정립했다고 주장하는 것을 보존하기 위해 재정립되어야 하기 때문이다."는 해당 단락의 문맥상 데리다의 견해를 설명한 것임이 분명하게 확인된다. 따라서 데리다는 법

을 보존하기 위한 반복적이고 제도화된 폭력들이 법정립적 폭력에 포함된다고 이해하고 있음을 알 수 있다.

오답 해설 ① 제시문 네 번째 단락 "법정립적 폭력은 법 목적을 위한 강제력이 정당화된 폭력의 위치를 독점하는 과정을 보여준다."와 "법보존적 폭력은 이미 만들어진 법을 확인하고 적용하고자 하는, 그리고 이로써 법의 규율 대상에 대한 구속력을 유지하고자 하는 반복적이고 제도화된 노력들이다."로부터 법정립적 폭력과 법보존적 폭력의 개념을 확인할 수 있다. 또한 "법 정립과 법 보존의 이러한 순환 회로를 신화적 폭력이라 명명하면서"로부터 벤야민은 법정립적 폭력과 법보존적 폭력 모두 신화적 폭력에 속한다고 이해하고 있음을 알 수 있다.

② 제시문 네 번째 단락 "신적 폭력은 법을 허물어뜨리는 순수하고 직접적인 폭력이다."와 "벤야민은 이것이 신화적 폭력의 순환 회로를 폭파하고"로부터 벤야민은 신적 폭력이 법 정립과 법 보존의 순환 회로를 강고히 하는 것이 아니라 파괴하는 것으로 이해하고 있음을 알 수 있다.

③ 제시문 네 번째 단락 "폭력은 법 제정의 수단으로 복무하지만, 목적한 바가 법으로 정립되는 순간 퇴각하는 것이 아니라 자신의 도구적 성격을 넘어서 힘 자체가 된다. 그렇기에 법과 폭력의 관계는 목적과 수단의 관계 또는 선후관계로 편입될 수 없다."로부터 벤야민은 수단으로 사용되는 폭력은 그 도구적 기능이 달성되는 순간 힘을 상실하여 소거되는 것이 아니라 오히려 합법화된 힘 지체로 정립된다고 이해하고 있음을 알 수 있다.

④ 제시문 다섯 번째 단락 "합법화된 폭력을 소급적으로 정립하는 법의 발화수반적 힘을 분석했다."로부터 데리다는 폭력의 적법성이 법 언어의 수행성, 곧 법의 발화수반적 힘을 통해 사후적으로 정립된다고 이해하고 있음을 알 수 있다.

29.
윗글을 바탕으로 ㉠과 ㉡을 이해한 것으로 적절하지 **않은** 것은?

① ㉠은 정당성 판단의 준거가 될 법적 권위를 법 바깥에서 구한다.
② ㉡은 수단의 절차적 정당화 여부에 따라 법의 폭력성을 판단해야 한다고 주장한다.
③ ㉠과 ㉡은 목적이나 수단 중 어느 한쪽이 정당화되면 다른 쪽의 정당성도 보증된다고 전제한다.
④ ㉠보다 ㉡이 법의 정립과 보존 과정에 내재된 폭력을 발견하는 데 더 유용하다.

⑤ ㉠과 달리 ㉡은 법적으로 승인된 폭력이 자신을 법 바깥의 폭력들과 차등화하는 문제에 주목한다.

문항 성격	문항유형 : 정보의 추론과 해석
	내용영역 : 규범
평가 목표	이 문항은 자연법론 및 법실증주의와 관련하여 제시문에 주어진 정보를 옳게 해석하고 있는지 확인하는 문항이다.
문제 풀이	정답 : ⑤

제시문 두 번째 단락과 세 번째 단락은 벤야민이 자연법론과 법실증주의의 차이를 어떻게 이해하고 있는지, 이 둘 중 어느 쪽이 폭력 비판의 가설적 토대로서 더 적합하다고 판단하며 그 근거는 무엇인지, 자연법론과 법실증주의가 공유하는 전제 및 문제점이 무엇인지에 대해 서술하고 있다. 이 문항은 벤야민이 이해한 자연법론과 법실증주의의 특성과 한계를 주어진 정보에 따라 옳게 해석하고 있는지 묻는 문항이다.

정답 해설 ⑤ 제시문 세 번째 단락 "법이 스스로 저지르는 폭력만을 정당한 '강제력'으로 상정하고 다른 모든 형태의 폭력적인 것들은 '폭력'으로 치부하는 문제에 관해 양편 모두 충분한 관심을 두지 않아 왔음을 지적했다."로부터 법적으로 승인된 폭력으로서의 강제력이 스스로를 법 바깥의 폭력들과 차등화하는 문제에 자연법론과 법실증주의 모두 주목하고 있지 않음을 알 수 있다.

오답 해설 ① 제시문 두 번째 단락 "고전적인 자연법론은 법 창출과 존속의 근거를 신이나 자연, 혹은 이성과 같은 형이상학적이고 외부적인 실체의 권위로부터 구한다."로부터 자연법론은 정당성 판단의 준거가 될 법적 권위를 법 바깥으로부터 구할 것임을 알 수 있다.

② 제시문 두 번째 단락 "법실증주의는 폭력을 수단으로 사용하기 위한 절차적 정당성이 확보되었는지 여부에 주목한다."로부터 법실증주의는 수단의 절차적 정당성 여부에 따라 법의 폭력성을 판단해야 한다고 주장할 것임을 알 수 있다.

③ 제시문 세 번째 단락 "정당화된 수단이 목적의 정당성을 보증한다고 보는 경우든 정당한 목적을 통해 수단이 정당화될 수 있다고 보는 경우든, 목적과 수단의 상호지지적 관계를 전제로 폭력의 정당성을 판단한다."로부터 자연법론과 법실증주의는 목적과 수단 중 어느 한쪽이 정당화되면 다른 쪽의 정당성도 보증된다고 전제할 것임을 알 수 있다.

④ 제시문 두 번째 단락 "벤야민은 자연법론보다는 법실증주의가 폭력 비판의 가설적 토대로 더 적합하다고 판단했다."와 "근본규범으로 전제된 헌법으로부터 법효력의 근거를 도출하는 법실증주의는 법체계의 자기정초적 성격을 강조함으로써 법 제정 과정의 폭력을 읽어낼 단서를 제공해 주어, 폭력 보존의 계보에 대한 비판적 탐색을 가능케 하기 때문이다."로부터 자연법론보다 법실증주의가 법의 정립과 보존 과정에 내재된 폭력을 발견하는 데에 더 유용할 것임을 알 수 있다.

30.

윗글을 바탕으로 〈보기〉를 평가한 것으로 가장 적절한 것은?

> **보기**
>
> A : 민주적 정치체제에서 법 제정 권력을 다룰 때, 논의 대상은 의회의 입법권으로 좁혀져야 한다. 정치적 자유의 행사를 통해 구성된 권력이 아닌 강제적 힘에 의해 정초된 법은 처음부터 불법이다. 따라서 국가법이 제정되고 유지되는 과정에 폭력이 난입할 여지는 없다.
>
> B : 국가법은 불법체류자 등을 법적 보호로부터 배제하는 동시에 바로 그 배제를 통해 규율 대상으로 포획한다. 이때 법과 폭력은 안과 바깥이 구분되지 않는 '뫼비우스의 띠' 안에서 부단히 순환한다. 우리는 더 나은, 혹은 덜 나쁜 법의 정립을 입법권의 자장 안에서 고민하기보다는 신화적 폭력을 넘어서 국가법 자체를 탈정립할 신적 폭력을 지지할 필요가 있다.

① A는 법 정립 과정에 폭력이 개입하지 않는다고 본 데서, 벤야민과 관점을 같이한다.

② A는 적법한 강제력과 적법하지 않은 폭력이 처음부터 다른 기원을 가진다고 주장한 데서, 벤야민과는 견해를 달리하고 데리다와는 견해를 같이한다.

③ B는 법과 폭력의 순환 고리를 끊어낼 순수하고 직접적인 폭력을 지지한 데서, 벤야민과 입장을 같이한다.

④ B는 신적 폭력과 신화적 폭력의 구분을 전제한 데서, 벤야민과는 견해를 달리하고 데리다와는 견해를 같이한다.

⑤ A와 B는 모두 법 정립 권력을 입법 권력에만 한정 지은 데서, 벤야민과 입장을 같이한다.

문항 성격	문항유형 : 정보의 평가와 적용
	내용영역 : 규범
평가 목표	이 문항은 제시문에 나타난 벤야민과 데리다의 견해를 파악하여 〈보기〉의 두 입장을
	평가하는 데에 적절하게 활용할 수 있는지 확인하는 것을 목표로 한다.
문제 풀이	정답 : ③

〈보기〉에서 A는 법 제정 및 보존 과정에 폭력이 난입할 여지가 없다고 주장하며, 법 제정 권력이 제한적으로만 이해되어야 한다는 점, 그리고 적법한 권력과 비적법한 강제력은 처음부터 구분된다는 점을 그 근거로 제시하고 있다. 한편 B는 법이 누군가를 법의 보호로부터 배제하는 동시에 그 배제를 통해 규율 대상으로 포획하는 순환 구조를 취하고 있으며, 그 순환을 넘어서 국가법 자체를 탈정립할 필요가 있다고 주장한다. 이 문항은 제시문으로부터 벤야민의 견해와 데리다의 견해 사이의 공통점 및 차이점을 파악한 후 이를 〈보기〉의 두 입장을 평가하는 데에 적절하게 적용하고 있는지 묻는 문항이다.

정답 해설 ③ 제시문 네 번째 단락 "신적 폭력은 법을 허물어뜨리는 순수하고 직접적인 폭력이다. 벤야민은 이것이 신화적 폭력의 순환 회로를 폭파하고 새로운 질서로 나아가게끔 하는 적극적 동력임을 주장한다."로부터 벤야민은 법과 폭력의 순환 고리를 끊어낼 순수하고 직접적인 폭력으로서의 신적 폭력을 지지한 데서 B와 입장을 같이한다는 것을 알 수 있다.

오답 해설 ① 제시문 첫 번째 단락 "벤야민은 폭력이 모든 합법적 권력의 탄생과 구성 과정에 개입함을, 그리고 그것이 금지하고 처벌하는 방식뿐만 아니라 법 자체를 제정하고 부과하며 유지하는 방식으로도 작동함을 밝히고자 했다."로부터 벤야민은 법 정립 과정에 폭력이 개입하지 않는다고 본 A와 관점을 달리한다는 것을 알 수 있다.

② 제시문 네 번째 단락 "법정립적 폭력은 법 목적을 위한 강제력이 정당화된 폭력의 위치를 독점하는 과정을 보여준다."로부터 벤야민은 적법한 강제력과 적법하지 않은 폭력이 처음부터 구분되는 것이 아니라고 봄을 알 수 있다. 한편 다섯 번째 단락 "법 언어 행위를 통해 적법한 권력과 부정의한 폭력 사이의 경계가 비로소 그어진다."를 통해 데리다도 적법한 강제력과 적법하지 않은 폭력이 처음부터 다른 기원을 가진 것은 아니라고 판단함을 확인할 수 있다. 따라서 벤야민과 데리다는 둘 다 법과 폭력의 기원에 대해 A와 견해를 달리한다는 것을 알 수 있다.

④ 제시문 네 번째 단락 "그는 법 정립과 법 보존의 이러한 순환 회로를 신화적 폭력이라 명명하면서 그것을 신적 폭력과 구별 짓는다."로부터 벤야민은 신적 폭력과 신화적 폭력을 구분하여 개념화하고 있음을 알 수 있다. 한편 다섯 번째 단락 "법을 정립하고 보존하는 신화적 폭력과 법을 허물어뜨리는 신적 폭력이 뚜렷이 구분될 수 없으며"를 통해 데리다는 신적 폭력과 신화적 폭력의 구분에 비판적임을 알 수 있다. 따라서 신적 폭력과 신화적 폭력의 구분을 전제한 B는 벤야민과 견해를 같이하지만 데리다와는 견해를 달리함을 알 수 있다.

⑤ 제시문 네 번째 단락 "전자(법정립적 폭력)의 사례로 무정부적 위력이나 전쟁 등을, 후자(법보존적 폭력)의 사례로 행형제도와 경찰제도 등을 제시한 점에서 이들이 각각 근대국가의 입법 권력과 행정 권력에 대응하는 한정된 개념으로 사용되었다고 보기 어렵다."로부터 벤야민은 법 제정 권력의 논의 대상을 의회의 입법권으로 좁혀서 보아야 한다고 이해한 A와 입장을 달리함을 알 수 있다.

법학적성시험
언어이해 영역

2022

2022학년도 언어이해 영역 출제 방향

1. 출제의 기본 방향

언어이해 영역은 법학전문대학원 지원자들의 언어 소양과 통합적 언어 능력을 평가하는 것을 목표로 삼는다. 2022학년도 언어이해 영역은 여러 분야의 고차적이고도 다층적인 텍스트를 대상으로 수험생의 사실 이해와 재구성 능력, 그리고 추론과 적용 능력의 정도를 시험하는 데 출제의 기본 방향을 두었다. 이번 시험의 출제 원칙은 다음과 같다.

- 내용 및 표현에서 모범이 되는 제시문을 다양한 분야에 걸쳐 개발한다. 특히 법조인으로서 갖추어야 할 기본 소양과 연관된 제시문을 개발한다.
- 제시문의 대의를 파악하고 정보들을 이해하며, 정보들 간의 유기적 관련성을 분석 · 종합할 수 있는 능력을 갖추었는지 평가한다.
- 제시문의 정보를 바탕으로 합리적인 결론을 이끌어 내고, 특정 정보를 다른 문제 상황에 적용하는 능력을 갖추었는지 평가한다.

2. 출제 범위

언어이해 영역에서는 여러 분야의 고차적이고도 다층적인 글을 통해, 제시된 정보를 이해하는 능력, 제시된 정보를 재구성 또는 종합하여 주제를 파악하는 능력, 제시된 정보를 바탕으로 적절한 추론이나 비판을 이끌어 내는 능력, 글의 정보를 관련 상황에 적용하는 능력 등을 평가한다. 이를 위해 이번 시험에서는 다양한 학문 분야의 근본적이면서도 심화된 주제나 최신 연구 동향을 기본으로 삼되, 각 학문의 전문적인 지식 배경 없이도 풀 수 있는 범위에서 출제하였다.

이번 시험의 출제는 다음 사항을 고려하여 진행하였다.

- 여러 학문 분야의 기본 개념이나 범주들을 활용하되, 최신 이론의 동향, 시의성 있는 문제 상황 등을 중심으로 제시문을 작성한다.

- 표준화된 모델들을 기반으로 문항 세트를 설계함으로써 제시문에 사용된 개념이나 범주들을 이해하고 활용할 수 있는지 평가한다.
- 특정 전공, 특히 법학 전공의 배경지식 없이 제시문을 통한 정보만으로 풀 수 있게 제시문과 문항을 구성한다.

3. 문항 구성

언어이해 영역의 목표를 달성하기 위해 제시문은 가독성이 높고 정보 전달이 분명하며 논지를 선명히 하여 완결성을 갖추는 것이어야 한다. 이번 출제에서는 이러한 제시문의 조건을 지키면서도 다양한 주제와 심도 있는 논의를 다룬 제시문들을 개발하였다.

그리고 각 제시문에 따른 문항들은 '주제, 구조, 관점 파악', '정보의 확인과 재구성', '정보의 추론과 해석', '정보의 평가와 적용' 등 독해 능력을 균형 있게 평가하게 설계하였다. 이와 함께 제시문과 〈보기〉를 연결하는 문항을 다수 출제하여 비판 및 추론, 적용 능력을 종합적으로 평가하고자 하였다.

이번 시험의 내용 영역은 '인문', '사회', '과학기술', '규범'의 4개 영역이며, 문항은 각 세트당 3문항, 총 10세트 30문항이다. 각 내용 영역별로 제시문의 주안점을 제시하면 다음과 같다.

'인문' 분야에서는 먼저 '철학적 근대'의 전개 과정에서 객관적 관념론이 지니는 의미를 환경 위기와 연관 지어 논해 보았으며, 다음으로 소설의 화자에 대한 다양한 이론들을 소개하고 화자와 관련된 심화된 문제를 다루어 보았다. 그리고 인공 감정의 실현 가능성을 중심으로 윤리와 인공 감정의 대응 문제에 대해 파악해 보았다.

'사회' 분야에서는 먼저 파시즘에 대한 연구의 다양한 흐름을 소개하면서 파시즘 이해의 주요 논점을 다루어 보았으며, 다음으로 현대 기업 체제의 주요한 특징인 '소유와 지배의 분리'에 대한 이론적 원천과 개념의 주안점을 파악해 보았다.

'과학기술' 분야에서는 먼저 시각 정보 처리에 있어서 망막 자체의 정보 처리 과정과 그 기제에 대해 이해해 보았으며, 다음으로 기계학습의 기법인 클러스터링에 대해 분할법과 계층법을 중심으로 파악해 보았다.

'규범' 분야에서는 먼저 1960년대 이후 국가의 부랑인 정책 관련 법령과 그 시행 과정을 다루면서 비판적 논점을 제기해 보았으며, 다음으로 미국의 역사에서 민주주의 규범이 기여한 역할과 그 의의에 대해 살펴보았다. 그리고 법 규범에 대한 칸트의 설명을 소개하면서 '외면성 명제'와 관련된 딜레마를 논해 보았다.

이번 시험의 제시문들은 전반적으로 우리 사회와 세계에 대해 시의성 있으면서도 깊이 있는 이해를 유도하는 내용으로 구성되었으므로 이번 시험의 수험생들에게 시험이라는 목적 외에도 법조인으로서의 교양을 쌓는 좋은 경험이 되기를 기대한다.

4. 난이도 및 출제 시 유의점

2022학년도 언어이해 영역 시험에서는 난삽한 제시문이나 모호한 문항을 통한 난이도 확보를 지양하고 실질적인 독해 능력을 측정하는 제시문과 문항을 출제함으로써 적정 난이도를 확보하고자 하였다. 이에 따라 제시문의 가독성은 최대한 높이되, 제시문을 깊게 이해하고 새로운 상황에 적용하는 능력을 측정하는 방향으로 문항들을 설계하였다.

이번 시험에서 문항 출제 시 유의점은 다음과 같다.

- 기출 문제나 사설 문제를 푼 경험으로는 풀리지 않게 하였으며, 특정 전공에 따른 유·불리 현상도 나타나지 않게 하였다.
- 출제의 의도를 감추거나 오해하게 하는 질문의 선택을 피하고, 평가하고자 하는 능력을 정확히 평가하게끔 간명한 문두 형식을 취하였다.
- 다른 문항 및 답지 간의 간섭을 최소화하고, 답지 선택에서 능력에 따른 변별이 이루어지게 하였다.

[01~03] 다음 글을 읽고 물음에 답하시오.

  5·16 군사쿠데타 이후 집권세력은 '부랑인'을 일소하여 사회의 명랑화를 도모한다는 명분 아래 사회정화사업을 벌였다. 무직자와 무연고자를 '개조'하여 국토 건설에 동원하려는 목적으로 〈근로보도법〉과 〈재건국민운동에 관한 법률〉을 제정·공포했다. 부랑인에 대한 사회복지 법령들도 이 무렵 마련되기 시작했는데, 〈아동복리법〉에 '부랑아보호시설' 관련 규정이 포함되었고 〈생활보호법〉에도 '요보호자'를 국영 또는 사설 보호시설에 위탁할 수 있음이 명시되었다.

  실질적인 부랑인 정책은 명령과 규칙, 조례 형태의 각종 하위 법령에 의거하여 수행되었다. 특히 ㉠〈내무부훈령 제410호〉는 여러 법령에 흩어져있던 관련 규정들을 포괄하여 부랑인을 단속 및 수용하는 근거 조항으로 기능했다. 이는 걸인, 껌팔이, 앵벌이를 비롯하여 '기타 건전한 사회 및 도시 질서를 저해하는 자'를 모두 '부랑인'으로 규정했다. 헌법, 법률, 명령, 행정규칙으로 내려오는 위계에서 행정규칙에 속하는 훈령은 상급 행정기관이 하급 기관의 조직과 활동을 규율할 목적으로 발하는 것으로서, 원칙적으로는 대외적 구속력이 없으며 예외적인 경우에만 법률의 위임을 받아 상위법을 보충한다. 위 훈령은 복지 제공을 목적으로 한 〈사회복지사업법〉을 근거 법률로 하면서도 거기서 위임하고 있지 않은 치안 유지를 내용으로 한 단속 규범이다. 이를 통한 인신 구속은 국민의 자유와 권리를 필요한 경우 국회에서 제정한 법률로써 제한하도록 규정한 헌법에 위배되는 것이기도 하다.

  1961년 8월 200여 명의 '부랑아'가 황무지 개간 사업에 투입되었고, 곧이어 전국 곳곳에서 간척지를 일군 개척단이 꾸려졌다. 1950년대 부랑인 정책이 일제 단속과 시설 수용에 그쳤던 것과 달리, 이 시기부터 국가는 부랑인을 과포화 상태의 보호시설에 단순히 수용하기보다는 저렴한 노동력으로 개조하여 국토 개발에 활용하고자 했다. 1955년부터 통계 연표에 수록되었던 '부랑아 수용보호 수치 상황표'가 1962년에 '부랑아 단속 및 조치 상황표'로 대체된 사실은 이러한 변화를 시사한다.

  이 같은 정책 시행의 결과로 부랑인은 과연 '개조'되었는가? 개척의 터전으로 총진군했던 부랑인 가운데 상당수는 가혹한 노동조건이나 열악한 식량 배급, 고립된 생활 등을 이유로 중도에 탈출했다. 토지 개간과 간척으로 조성된 농지를 분배 받기를 희망하며 남아 있던 이들은 많은 경우 약속된 땅을 얻지 못했으며, 토지를 분배 받은 경우라도 부랑인 출신이라는 딱지 때문에 헐값에 땅을 팔고 해당 지역을 떠났다. 사회복지를 위한 제도적 기반이 충분히 갖추어져 있지 않은 상황에서 사회법적 '보호' 또한 구현되기 어려웠다. 〈아동복리법 시행령〉은 부랑아 보호시설의 목적을 '부랑아를 일정 기간 보호하면서 개인의 상황을 조사·감별하여 적절한 조치를 취함'이라 규정했으나, 전문적인 감별 작업이나 개별적 특성과 필요를 고려한 조치는 드물었고 규정된 보호 기간이 임의로 연장되기도 했다. 신원이 확실하지 않은 자들을 마구잡이로 잡아들임에 따라 수용자 수가 급증한 국영 또는 사설 복지기관들은 국가보조금과 민간 영역의 후원금으로 운영됨으로써 결국 유사 행정기구로 자리매김했다. 그중 일부는 국가보조금을 착복하는 일도 있었다.

국가는 〈근로보도법〉과 〈재건국민운동에 관한 법률〉 등을 제정하여 부랑인을 근대화 프로젝트에 활용할 생산적 주체로 개조하고자 하는 한편, 그러한 생산적 주체에 부합하지 못하는 이들은 〈아동복리법〉이나 〈생활보호법〉의 보호 대상으로 삼았다. 또한 각종 하위 법령을 통해 부랑인을 '예비 범죄자'나 '우범 소질자'로 규정지으며 인신 구속을 감행했다. 갱생과 보호를 지향하는 법체계 내부에 그 갱생과 보호의 대상을 배제하는 기제가 포함되어 있었던 것이다.

국가는 부랑인으로 규정된 개개의 국민을 경찰력을 동원해 단속·수용하고 복지기관을 통해 규율했을 뿐만 아니라, 국민의 인권과 복리를 보장할 국가적 책무를 상당 부분 민간 영역에 전가시킴으로써 비용 절감을 추구했다. 당시 행정당국의 관심은 부랑인 각각의 궁극적인 자활과 갱생보다는 그가 도시로부터 격리된 채 자활·갱생하고 있으리라고 여타 사회구성원이 믿게끔 하는 데에 집중되었던 것으로 보인다. 부랑인은 사회에 위협을 가하지 않을 주체로 길들여지는 한편, 국가가 일반 시민으로부터 치안 관리의 정당성을 획득하기 위한 명분을 제공했다.

01.

윗글의 내용과 일치하는 것은?

① 부랑인 정책은 갱생 중심에서 격리 중심으로 초점이 옮겨갔다.
② 부랑아의 시설 수용 기간에 한도를 두는 규정이 법령에 결여되어 있었다.
③ 부랑인의 수용에서 행정기관과 민간 복지기관은 상호 협력적인 관계였다.
④ 개척단원이 되어 도시를 떠난 부랑인은 대체로 개척지에 안착하여 살아갔다.
⑤ 부랑인 정책은 치안 유지를 목적으로 하여 사회복지 제공의 성격을 갖지 않았다.

문항 성격	문항유형 : 정보의 확인과 재구성
	내용영역 : 규범
평가 목표	이 문항은 제시문의 주요 키워드인 '부랑인'과 관련된 다양한 정보들을 이해하고 있는지 묻는 문항이다.

정답 : ③

부랑인 관련 정책이 '갱생' 및 '보호'를 지향하고 있었음에도 불구하고 하위 법령을 통해서는 여전히 인신 구속과 격리를 감행했던 점, 사회복지 법령들을 마련하였지만 제도적 기반이 충분치 않아 제대로 구현되지 못한 점 등을 정확하게 이해하도록 한다.

정답 해설 ③ 제시문 네 번째 단락 "신원이 확실하지 않은 자들을 마구잡이로 잡아들임에 따라 수용자 수가 급증한 국영 또는 사설 복지기관들은 국가보조금과 민간 영역의 후원금으로 운영됨으로써 결국 유사 행정기구로 자리매김했다. 그중 일부는 국가보조금을 착복하는 일도 있었다."와 여섯 번째 단락 "국민의 인권과 복리를 보장할 국가적 책무를 상당 부분 민간 영역에 전가시킴으로써 비용 절감을 추구했다."로부터 부랑인의 수용에서 행정기관과 민간 복지단체가 상호 협력적인 관계에 있었음을 알 수 있다. 즉 행정기관은 국가적 책무를 민간 복지기관에 전가시킬 수 있었고, 민간 복지기관은 국가보조금으로 운영되었다.

오답 해설 ① 제시문 세 번째 단락에서 부랑인 정책은 격리 중심에서 갱생 중심으로 초점이 옮겨갔음을 알 수 있다.

② 제시문 네 번째 단락 "〈아동복리법 시행령〉은 부랑아 보호시설의 목적을 '부랑아를 일정 기간 보호하면서 개인의 상황을 조사·감별하여 적절한 조치를 취함'이라 규정했으나, …"로부터 부랑아의 시설 수용 기간에 한도를 두는 규정이 법령에 존재했음을 알 수 있다.

④ 제시문 네 번째 단락 "개척의 터전으로 종신근했던 부랑인 가운데 싱딩부는 가혹한 노동조건이나 열악한 식량 배급, 고립된 생활 등을 이유로 중도에 탈출했다. 토지 개간과 간척으로 조성된 농지를 분배 받기를 희망하며 남아 있던 이들은 많은 경우 약속된 땅을 얻지 못했으며, 토지를 분배 받은 경우라도 부랑인 출신이라는 딱지 때문에 헐값에 땅을 팔고 해당 지역을 떠났다."로부터 개척단원이 되어 도시를 떠난 부랑인은 대부분 개척지에 안착하지 못했음을 알 수 있다.

⑤ 제시문 첫 번째 단락 "부랑인에 대한 사회복지 법령들도 이 무렵 마련되기 시작했는데, 〈아동복리법〉에 '부랑아보호시설' 관련 규정이 포함되었고 〈생활보호법〉에도 '요보호자'를 국영 또는 사설 보호시설에 위탁할 수 있음이 명시되었다."로부터 부랑인 정책은 사회복지 제공의 성격도 갖고 있었음을 알 수 있다. 물론 네 번째 단락 "사회복지를 위한 제도적 기반이 충분히 갖추어져 있지 않은 상황에서 사회법적 '보호' 또한 구현되기 어려웠다."에서 알 수 있듯 실질적으로 온전히 구현되지는 않았으나, 그렇다고 사회복지 제공의 성격 자체가 부재했다고 볼 수는 없다.

02.

⊙에 대한 비판으로 적절하지 <u>않은</u> 것은?

① 상위 규범과 하위 규범 사이의 위계를 교란시켰다.
② 근거 법령의 목적 범위를 벗어나는 사항을 규율했다.
③ 법률을 제정하는 국회의 입법권을 행정부에서 침해하는 결과를 초래했다.
④ 부랑인을 포괄적으로 정의함으로써 과잉 단속의 근거로 사용될 여지가 있었다.
⑤ 부랑인 단속을 담당하는 하급 행정기관이 훈령을 발한 상급 행정기관의 지침을 위반하도록 만들었다.

문항 성격 문항유형 : 정보의 추론과 해석
내용영역 : 규범
평가 목표 이 문항은 제시문에 등장한 정보들을 해석하여, 특정 하위 법령의 문제점을 파악할 수 있는지 묻는 문항이다.
문제 풀이 정답 : ⑤

부랑인 단속의 법적 근거로 사용된 〈내무부훈령 제410호〉가 법의 위계 안에서 근거 법령의 목적 범위를 넘어서는 사항을 규율함으로써 상위법과 하위 법령 사이의 위계 교란을 발생시킨 점, 그로 인해 의회의 입법권이 침해된 점, 무언의 포괄적 정의로 인해 적용 범위가 임의로 확장될 수 있는 점 등과 관련한 제시문의 정보들을 적절하게 해석할 수 있어야 한다.

정답 해설 ⑤ 제시문 두 번째 단락 "… 훈령은 상급 행정기관이 하급 기관의 조직과 활동을 규율할 목적으로 발하는 것으로서 …"로부터 〈내무부훈령 제410호〉는 상급 행정기관의 지침에 따라 만들어진 것임을 확인할 수 있다. 따라서 〈내무부훈령 제410호〉가 상급 행정기관인 내무부의 지침을 하급 행정기관이 위반하도록 만들었다고는 볼 수는 없다. 〈내무부훈령 제410호〉의 문제는 상급 행정기관과 하급 행정기관 사이의 문제가 아니라, 상위법과 하위 법령 사이의 문제이다.

오답 해설 ① 제시문 두 번째 단락 "헌법, 법률, 명령, 행정규칙으로 내려오는 위계에서 행정규칙에 속하는 훈령은 상급 행정기관이 하급 기관의 조직과 활동을 규율할 목적으로 발하는 것으로서, 원칙적으로는 대외적 구속력이 없으며 예외적인 경우에만 법률의 위임을 받아 상위법을 보충한다."로부터 〈내무부훈령 제410호〉가 상위법을 보충하는 하위 규범(법령)임을 알 수 있다. 아울러 "위 훈령은 복지 제공을 목적으로 한 〈사회복지사업법〉을 근거 법률로 하면서도 거기서 규정하고 있지 않은 치안 유지를 내용으로 한 단속 규범이다."로부터 하위 규범이 상위 규범에 규정하지 않은 내용까지 규정함으로써 상위 규범과 하위 규범 사이의 위계를 교란시켰음을 알 수 있다.

② 제시문 두 번째 단락 "위 훈령은 복지 제공을 목적으로 한 〈사회복지사업법〉을 근거 법률로 하면서도 거기서 위임하지 않은 치안 유지를 내용으로 한 단속 규범이다."로부터 〈내무부훈령 제410호〉가 근거 법령의 목적 범위를 벗어나는 사항을 규율했음을 확인할 수 있다.

③ 제시문 두 번째 단락의 "이를 통한 인신 구속은 국민의 자유와 권리를 필요한 경우 국회에서 제정한 법률로써 제한하도록 규정한 헌법에 위배되는 것이기도 하다."로부터 법률을 제정하는 국회의 입법권을 행정부에서 침해했음을 확인할 수 있다.

④ 제시문 두 번째 단락 "이는 걸인, 껌팔이, 앵벌이를 비롯하여 '기타 건전한 사회 및 도시 질서를 저해하는 자'를 모두 '부랑인'으로 규정했다."로부터 부랑인의 정의를 '기타 …하는 자'라고 포괄적으로 규정했음을 확인할 수 있다. 또한 네 번째 단락 "신원이 확실하지 않은 자들을 마구잡이로 잡아들임에 따라 수용자 수가 급증한 … "으로부터 〈내무부훈령 제410호〉에 부랑인이 포괄적으로 정의된 것이 과잉 단속의 근거로 사용되었을 수 있음을 알 수 있다.

03.
〈보기〉의 내용을 윗글에 적용한 것으로 적절하지 <u>않은</u> 것은?

보 기

국가는 방역과 예방 접종, 보험, 사회부조, 인구조사 등 각종 '안전장치'를 통해 인구의 위험을 계산하고 조절한다. 그 과정에서 삶을 길들이고 훈련시켜 효용성을 최적화함으로써 '순종적인 몸'을 만들어내는 기술이 동원된다. 이를 통해 정상과 비정상, 건전 시민과 비건전 시민의 구분과 위계화가 이루어지고 '건전 사회의 적'으로 상정된 존재는 사회로부터 배제된다. 이는 변형된 국가인종주의의 발현으로 이해할 수도 있다. 고전적인 국가인종주의가 선천적이거나 역사적으로 구별되는 인종을 기준으로 이원 사회로 분할하는 특징이 있다면, 변형된 국가인종주의는 단일 사회가 스스로의 산물과 대립하며 끊임없이 '자기정화'를 추구한다는 점에서 차이가 있다.

① 부랑인을 '우범 소질'을 지닌 잠재적 범죄자로 규정한 것은 한 사회의 '자기 정화'를 보여준다고 할 수 있다.

② 부랑인을 '개조'하여 국토 개발에 동원하고자 한 것은 삶을 길들이고 훈련시키는 기획을 보여준다고 할 수 있다.

③ 부랑인을 생산적 주체와 거기에 이르지 못한 주체로 구분 지은 것은 변형된 국가인종주의의 특징을 보여준다고 할 수 있다.

④ 치안관리라는 명분을 위해 부랑인의 존재를 이용한 것은 건전 시민과 비건전 시민의 구분과 위계화를 보여준다고 할 수 있다.

⑤ 부랑인의 갱생을 지향하는 법체계에 배제의 기제가 내재된 것은 '순종적인 몸'을 만들어내는 기술과 '안전장치'가 배척 관계임을 보여준다고 할 수 있다.

문항 성격	문항유형 : 정보의 평가와 적용
	내용영역 : 규범
평가 목표	이 문항은 〈보기〉를 통해 추가적으로 제공된 정보를 이해하여 이를 제시문 해석에 적절하게 적용할 수 있는지 묻는 문항이다.
문제 풀이	정답 : ⑤

〈보기〉는 국가기 '안전장치'를 통해 인구의 위험을 조절하고 계산하는 과정에 '순종적인 몸'을 만들어내는 기술이 어떻게 동원되는지, 이를 통해 어떻게 건전 시민과 비건전 시민의 구분과 위계화가 이루어지는지 보여주고, 또한 이 과정을 '국가인종주의' 개념을 통해 설명하고 있다.

정답 해설 ⑤ 제시문 다섯 번째 단락 "갱생과 보호를 지향하는 법체계 내부에 그 갱생과 보호의 대상을 배제하는 기제가 포함되어 있었던 것이다."로부터 부랑인의 갱생을 지향하는 법체계에 배제 기제가 들어있음을 확인할 수 있다. 부랑인은 '건전 사회의 적'이기에 사회로부터 배제되어야 마땅하기 때문이다. 〈보기〉에 따르면, 이는 '순종적인 몸'을 만들어내는 기술이 '안전장치'에 동원되는 양상이다. '순종적인 몸'을 만들어내는 기술과 '안전장치'는 배척 관계에 놓여 있지 않다.

오답 해설 ① 제시문 다섯 번째 단락 "각종 하위 법령을 통해 부랑인을 '예비 범죄자'나 '우범 소질자'로 규정지으며 인신 구속을 감행했다."로부터 부랑인을 '우범 소질'을 지닌 잠재적 범죄자로 이해한 것을 확인할 수 있으며, 이는 단일 사회가 스스로의 산물과 대립하며 끊임없이 '자기 정화'를 추구하는 모습에 해당한다고 볼 수 있다.

② 제시문 첫 번째 단락 "무직자와 무연고자를 '개조'하여 국토 건설에 동원하려는 목적으로 …"와 다섯 번째 단락 "… 부랑인을 근대화 프로젝트에 활용할 생산적 주체로 개조하고자 하는 한편, …"으로부터 부랑인을 '개조'하여 국토 개발에 동원하고자 한 것을 확인할 수 있으며, 이는 부랑인의 삶을 길들이고 훈련시키는 기획에 해당한다고 볼 수 있다.

③ 제시문 다섯 번째 단락 "국가는 〈근로보도법〉과 〈재건국민운동에 관한 법률〉 등을 제정하여 부랑인을 근대화 프로젝트에 활용할 생산적 주체로 개조하고자 하는 한편, 그러한 생산적 주체에 부합하지 못하는 이들은 〈아동복리법〉이나 〈생활보호법〉의 보호 대상으로 삼았다"로부터 부랑인을 생산적 주체와 거기에 이르지 못한 주체로 구분 지은 것을 확인할 수 있으며, 이는 변형된 국가인종주의의 특징, 즉 단일 사회가 스스로의 산물과 대립하며 '자기 정화'를 추구하는 특징을 보여준다고 할 수 있다.

④ 제시문 여섯 번째 단락 "당시 행정당국의 관심은 부랑인 각각의 궁극적인 자활과 갱생보다는 그가 도시로부터 격리된 채 자활·갱생하고 있으리라고 여타 사회구성원이 믿게끔 하는 데에 집중되었던 것으로 보인다. 부랑인은 사회에 위협을 가하지 않을 주체로 길들여지는 한편, 국가가 일반 시민으로부터 치안 관리의 정당성을 획득하기 위한 명분을 제공했다."로부터 여타 사회구성원, 즉 일반 시민으로부터 치안 관리의 명분을 얻기 위해 부랑인의 존재를 이용한 것을 확인할 수 있으며, 이는 건전 시민과 비건전 시민의 구분과 위계화를 보여준다고 할 수 있다.

[04~06] 다음 글을 읽고 물음에 답하시오.

현대의 환경 위기는 인류의 생존 문제일 뿐 아니라 근대 이후 구현되어 온 인본주의적 가치들을 위협할 수 있는 요인이기도 하다. 즉 그것은 '생존'을 빌미로 하는 신유형의 독재나 제국주의를 유발함으로써 자유, 인권, 평등의 가치에 근거한 민주주의나 세계시민주의 등의 이념들을 위기에 처하게 할 수 있다는 점에서도 문제인 것이다. 환경 위기는 특히 '철학적 근대'에 관한 담론에서 중요 주제로 부각된다. 이 위기는 자연과 인간을 근본적으로 차별하는 세계관을 사상적 토대로 하고, 또한 그러한 세계관은 인간의 이성적 주체성을 전면에 등장시킨 근대의 철학적 혁명에서 비롯되었기에, 사상사적 맥락에서 가장 큰 책임을 져야 하는 것이 바로 철학적 근대라고 지적되기 때문이다. 그러나 철학적 근대는 경시할 수 없는 미덕을 동시에 지니기 때문에, 그대로의 수용도 원천적 거부도 선택할 수 없는 딜레마적 문제이다. 저 숭고한 인본주의적 가치들은 무엇보다도 인간의 지성적·실천적 자율성을 주창한 철학적 근대를 통해 정초되었기 때문이다.

철학적 근대는 ⊙데카르트주의의 발흥 및 완성의 과정으로 이루어진다는 것이 일반적 통념이다. 이성적 사유 주체의 절대적 확실성을 철학의 제1 원리로 논증하는 이 사상 체계에서 자연은 주체에 대해 근본적 타자로서, 그 어떤 자기 목적이나 내면도 없는 단적인 물질적 실체, 즉 '길이, 넓이, 깊이로 연장된 것'이라는 열등한 존재로 인식된다. 인간과 자연의 이러한 위계적 이원화는 인간의 자연 지배를 정당화하는 토대가 되거니와, 기계론적으로 양화되는 연장의 영역으로 정위된 자연은 인간 마음대로 사용할 수 있는 유용한 자재 창고로 여겨지게 된 것이다.

자연과학적 실험의 보편화는 더욱 과격화된 철학적 자연관의 출현을 촉발한다. 자연은 '인식'과 '사용'의 대상이던 것에서 나아가 '제작'의 대상으로까지 여겨지게 된다. 진리를 발견되는 것이 아니라 만들어지는 것으로 보는 이러한 노선은 ⓒ칸트주의에서 특히 전형적으로 대두한다. 즉 의지의 규범인 도덕 준칙과 마찬가지로 지성의 대상인 자연 법칙 또한 그 입법권이 자율적 주체인 인간에게 부여되는 것이다. 자연은 한낱 조야한 질료로서 주어질 뿐, 그 구체적 존재 형식은 인식 주체로서의 인간의 지적 틀에 의해 결정된다는 것이다. 물론 이 사상에서 자연의 자기 목적이 중요한 화두로 제기되기도 하지만, 이 역시 세계를 대하는 인간의 심적 태도의 차원에서 상정될 뿐이다.

이러한 추이로부터 짐작하면, 철학적 근대의 완성판이라 불리는 ┃객관적 관념론┃은 어떤 노선보다도 강한 이성주의적 면모를 지니는 까닭에, 자연에 대한 억압적 지배를 정당화하는 궁극의 사조라는 죄명을 뒤집어쓸 개연성이 클 것이다. 하지만 이 철학 사조는 그러한 혐의가 근본적 몰이해에서 비롯된 것이라고 항변할 수 있는 상당한 근거를 지니는데, 흥미롭게도 그 근거는 이 사조가 철학적 근대의 핵심 원리인 '이성'의 위상을 극한으로 강화한다는 점에 있다. 객관적 관념론은 문자 그대로 관념의, 구체적으로는 이성의 객관적 진리치를 정당화하고자 한다. 중요한 것은 여기서 '이성'이 이전의 근대 철학에서와는 사뭇 다른 층위의 의미를 지닌다는 점이다. 즉 '이성'은 단지 지적 능력의 특정한 형식이나 단계를 지칭하는 것에서 나아가 근본적으로는 존재론적·형이상학적 위상까지 지니는 최상위의 범주 또는 섭리를 가리킨다. '모든 것은 개념, 판단, 추론이다'라는 헤겔의 말처럼, 이성은 '세계의 모든 것에 선행하면서 동시에 그 모든 것을 가능케 하는 조건', 즉 '삼라만상의 선험적인 논리적 구조 내지 원리'라는 절대적 위상을 지니며, 이에 모든 자연사와 인간사는 이러한 절대적 이성이 시공간의 차원으로 외화한 현상적 실재로 설명된다. 즉 자연은 절대적 이성에 따라 존재하고 변화하는 사물 양태의 이성이고, 지성적 주체인 인간은 절대적 이성에 따라 사유하고 성숙하여 절대적 이성의 인식에 도달해 가는 의식 양태의 이성이기에, 양자는 본질적으로 동근원적이라는 것이다.

객관적 관념론은 오히려 최고도로 강화된 이성주의를 통해 철학적 근대의 딜레마에 대한 해결을 모색할 수 있음을 보여준다. 그것은 이성적 주체의 위상을 정당화하면서도 동시에 무분별한 자연 지배를 경계할 수 있는 논거를 제시한다. 그 때문에 현대의 환경 철학 담론에서 근대를 원천적으로 거부하는 포스트모더니즘이 상당한 공감을 얻고 있는 와중에도 객관적 관념론에 기반을 둔 자연철학의 계발이 주목을 받는 것이다.

04.

윗글에 대한 이해로 가장 적절한 것은?

① 가장 강화된 이성주의는 인간에 대한 자연의 형이상학적 우위를 정초한다.
② 현대의 환경 위기는 새로운 억압적 정치 체제의 대두와 함께 도래한 것이다.
③ 포스트모더니즘은 철학적 근대의 딜레마를 이성에 근거하여 해소하고자 한다.
④ 인본주의적 이념들의 사상적 토대를 제공한 것은 철학적 근대의 주목할 만한 성과이다.
⑤ 인간의 이성적 주체성을 옹호하는 철학사적 흐름은 억압적 자연관으로 귀결될 수밖에 없다.

문항 성격	문항유형 : 주제, 구조, 관점 파악
	내용영역 : 인문
평가 목표	이 문항은 환경 위기 문제를 철학적 근대 및 객관적 관념론과 관련하여 설명하는 제시문의 주제와 관점을 올바르게 이해하고 있는지 묻는 문항이다.
문제 풀이	정답 : ④

현대의 환경 위기는 앞으로의 새로운 정치적 패러다임이 될 만큼 중요한 문제로서, 지난 수백 년간 인류 보편의 가치로서 추구되어 왔던 인본주의의 강령들을 무색케 할 정도이다. 즉 환경 위기는 모든 가치에 앞서는 것이 '생명'이므로 공동체 구성원의 생명을 보호하기 위해서는 구성원의 자유와 인권 등이 제한 또는 보류될 수 있다는 입장에서 저질러질 '생태 독재'를 유발할 위험이 있으며, 또한 강한 국가들이 약한 국가들에게 환경학적인 위험 요소들을 떠넘기는 형태의 '생태 제국주의'를 유발할 위험이 있다. 이렇게 보면 환경 보호는 필연적으로 인본주의적 가치의 훼손을 수반할 위험이 있는 것으로 보인다.

철학사적 맥락에서 우리는 인본주의적 가치의 추구와 더불어 자연에 대한 인간의 우월성을 주장한 철학적 근대에 특히 주목해야 한다. 중요한 것은, 철학적 근대에 속하는 사상들은 전반적으로 이성 지향적이지만, '이성'에 대한 입장은 판본별로 다르다는 점이다. 즉 철학적 근대에도 자연 친화적 세계관을 정초하는 입장이 가능한 것이다. 오늘날 이성에 대한 근본적 혐오 감정에 기초한 대표적인 사조가 포스트모더니즘인데, 앞의 진술에서 보이듯 이성주의도 버전에 따라서는 자연 친화적인 세계관을 충분히 내포할 수 있음을 염두에 두어야 한다.

정답 해설 ④ 제시문 첫 번째 단락에 따르면 "철학적 근대는 경시할 수 없는 미덕을 동시에 지니"는 것으로 평가되는데, 그 이유는 바로 "저 숭고한 인본주의적 가치들은 무엇보다도 인간의 지성적·실천적 자율성을 주창한 철학적 근대를 통해 정초되었기 때문"이다.

오답 해설 ① '가장 강화된 이성주의'란 '객관적 관념론'을 가리킨다. 이 사조는 절대적 이성이라는 하나의 동일한 근원에서 나온 것이 자연과 인간이라고 본다. 따라서 가장 강화된 이성주의는 자연에 대한 인간의 우위를 점차 강하게 주장해 온 이전까지의 흐름과 다른 점이 있지만, 그렇다고 인간 이성의 자율성의 위상을 부정하지도 않는다는 특징이 있다. 즉 인간과 자연의 동근원성을 말하는 것과 자연의 우위를 말하는 것은 전혀 다른 문제이다. 따라서 이 선택지는 제시문의 내용과 일치하지 않는다.

② 제시문 첫 번째 단락에서 환경 위기는 앞으로 "신유형의 독재나 제국주의를 유발"할 위험이 있다고 선명되어 있다. 즉 새로운 억압적 정치 체제는 앞으로 등장할지도 모를 체제이다. 그런데 이 선택지는 새로운 억압적 체제가 이미 형성되어 있고 그로 인해 환경 위기가 온 것이라고 말함으로써, 시제와 인과 관계 모두에서 제시문과 일치하지 않는다.

③ 제시문에 따르면 철학적 근대는 기본적으로 이성주의를 통해 진행되었다. 그런데 마지막 단락에는 "근대를 원천적으로 거부하는" 것이 포스트모더니즘이라고 나와 있다. 따라서 포스트모더니즘이 이성에 근거하는 태도를 취한다는 것은 적절하지 않다.

⑤ '인간의 주체성을 옹호하는 철학사적 흐름'이 바로 '철학적 근대'이다. 문제는 그러한 흐름의 끝자락에 위치하는 객관적 관념론은 자연에 대한 인간의 억압적 지배를 경계할 수 있는 논리를 마련하고 있다는 점이다. 이 선택지는 그 흐름이 필연적으로 억압적인 자연관으로 귀결된다는 취지의 주장을 하고 있으므로, 그 흐름의 중요한 지점을 제대로 보지 못한 그릇된 진술이다.

184

05.

㉠과 ㉡을 비교한 것으로 적절하지 <u>않은</u> 것은?

① ㉠은 ㉡과 달리 자연의 자기 목적을 이성적 인식의 기준으로 설정한다.
② ㉡은 ㉠과 달리 인간을 자연 법칙을 수립하는 주체로 승인한다.
③ ㉠과 ㉡은 모두 자연을 인식과 사용의 대상으로 생각한다.
④ ㉠과 ㉡은 모두 자연에 대한 인간 이성의 우위를 주장한다.
⑤ ㉠과 ㉡은 모두 환경 위기에 대한 철학적 책임이 있는 것으로 평가된다.

문항 성격 문항유형 : 정보의 확인과 재구성
　　　　　　내용영역 : 인문

평가 목표 이 문항은 철학사에 등장하는 두 가지 주요 사상, 즉 데카르트주의와 칸트주의의 공통점과 차이점을 잘 식별하고 있는지를 평가하는 문항이다.

문제 풀이 정답 : ①

㉠에서 출발하는 근대 이성주의는 ㉡에 가서 더욱 강화된다. 자연을 내면이 결여된 단순한 물질적 존재로 인식하고 이에 따라 마음대로 사용 가능한 것으로 보는 것이 ㉠이라면, ㉡은 더 나아가 자연 법칙까지 인간에 의해 만들어진다고 본다. 따라서 이 두 사상은 환경 위기의 사상적 요인인 이성주의를 지향하여 인간을 자연보다 우위에 둔다는 점에서 공통점을 지니며, 자연에 대한 인간의 간섭 범위를 인식, 사용, 제작 중 어디까지로 규정하는가에 있어서는 차이점을 지닌다.

정답 해설 ① 제시문 두 번째 단락에서 ㉠은 자연의 자기 목적을 원천적으로 부정하고 있다고 진술되어 있고, 세 번째 단락에서 ㉡은 자연의 자기 목적을 화두로 제기한다고 진술되어 있다. 그런데 이 선택지는 ㉠에 대한 완전히 틀린 진술과 ㉡에 대한 부정확한 진술을 연결하고 있으므로 적절하지 않다.

오답 해설 ② 제시문 두 번째 단락에서 ㉠은 자연을 연장으로 '인식'하고 '사용'의 대상으로 여긴다고 했고, 세 번째 문단에서는 이전까지 자연이 '인식'과 '사용'의 대상으로 여겨지다가 ㉡에 이르면 인간을 자연 법칙의 수립 주체라 여기는 입장에 이른다고 했다. 따라서 '인간을 자연 법칙을 수립하는 주체'를 ㉠이 아닌 ㉡에 한정하는 이 선택지는 적절하다.

③ 자연을 '법칙의 수립'을 비롯한 '제작'의 대상으로 여기는지 여부에 따라 ㉠과 ㉡의 차이점이 드러나는 반면, '인식'과 '사용'의 대상으로 여긴다는 점에서는 양자는 공통점을 지닌다. 따라서 양자의 공통점을 진술한 이 선택지는 적절하다.

④ 인식과 사용의 단순한 대상이 자연이고, 그것을 행하는 주체는 인간이라고 보는 것이 ㉠과 ㉡이다. 따라서 두 사상 모두 인간의 이성을 자연보다 우월한 것으로 본다는 이 선택지는 적절하다.

⑤ 환경 위기의 철학적 책임은 자연과 인간의 근본적 차별성, 나아가 자연에 대한 인간의 우월성을 주장하는 철학 사상에 있다. 따라서 자연에 대한 인간의 존재론적 우월성을 지지하는 ㉠과 ㉡에 환경 위기의 철학적 책임이 있다는 이 선택지는 적절하다.

06.

[객관적 관념론]에 대해 추론한 것으로 적절하지 않은 것은?

① 자연 법칙을 탐구하는 자연과학은 의식 양태의 이성이 사물 양태의 이성을 인식하는 것이라고 여길 수 있을 것이다.

② 이성의 위상을 지고의 형이상학적 차원까지 높임으로써 자연 법칙도 인간 의식의 투영을 통해 만들어지는 것으로 여길 것이다.

③ 삼라만상이 절대적 이성의 발현이므로 반이성으로 보이는 어떤 것도 궁극적으로는 이성 영역에 포섭된다고 설명할 수 있을 것이다.

④ 이성이 절대적 진리치를 지닌다는 관점에 의거하여 모든 역사적 사건도 이성의 법칙에 따라 진행되는 것으로 이해할 수 있을 것이다.

⑤ 억압적 자연 지배의 책임을 져야 한다는 비판이 제기된다면 자연과 인간의 동근원성을 강조하는 일원론적 관점을 근거로 반박할 수 있을 것이다.

문항 성격	문항유형 : 정보의 추론과 해석
	내용영역 : 인문
평가 목표	이 문항은 제시문에 소개되는 주요 사상인 객관적 관념론을 이해한 후, 그것이 취할 수 있는 입장을 적절하게 추론할 수 있는지 평가하는 문항이다.
문제 풀이	정답 : ②

객관적 관념론은 자연과 인간 모두를 조건 짓는 최고의 형이상학적 차원의 원리를 '이성'이라 부른다. 따라서 자연과 인간은 각각 사물 양태 및 의식 양태의 이성에 해당하고, 인간이 수행하는 자연과학은 인간이 자연을 인식하려는 활동이다. 그리고 자연 법칙은 이미 존재하고 작동하는 조

건으로서의 절대적 이성에 의거하므로, 칸트주의에서처럼 인간의 의식 작용을 통해 결정되는 것이 아니다. 또한 절대적 이성은 모든 것의 근원이므로 일견 그 대립물, 즉 이성에 대립하는 것으로 보이는 모든 것도 궁극적으로는 절대적 이성 아래에 포섭된다. 나아가 자연사와 인간사 모두가 이성의 발현이라면, 인간의 삶의 영역에서 벌어지는 모든 역사적 사건도 이성의 법칙에 따라 진행되는 것으로 보아야 한다. 이러한 관점에 의거할 때 자연에 대한 인간의 억압적 지배 태도로 인해 환경 파괴를 유발한 책임을 객관적 관념론에 지우는 입장이 대두할 때, 이 사조는 양자의 근원적 동일성을 설명하는 자신의 논리를 근거로 하여 그러한 비난에 대해 항변할 수 있다.

정답 해설 ② 인간의 의식을 투영하여 자연에게 그 법칙을 부과하는 것은 객관적 관념론이 아니라 칸트주의의 주된 요소에 해당한다. 따라서 이성의 위상을 지고의 형이상학적 차원으로 높이는 것을 인간 의식의 투영을 통한 자연 법칙의 수립 행위와 연결하는 이 선택지의 추론은 적절하지 않다.

오답 해설 ① 자연과학은 의식적 존재로서의 인간이 사물 영역인 자연의 법칙을 탐구하는 지식 활동이다. 이에 객관적 관념론이 자연과학을 의식 양태의 이성이 사물 양태의 이성을 인식하는 것으로 여길 것이라는 이 선택지는 적절한 추론이다.

③ '반이성'은 '이성에 맞서는 대립물'을 의미한다. 그런데 객관적 관념론이 제시하는 이성은 절대적인 것이므로 이러한 이성의 영역 안에 포함되지 않는 것은 없으며, 따라서 반이성으로 여겨지는 일체의 것도 궁극적으로는 이성 영역 안에 포섭된다고 설명할 것이라고 객관적 관념론의 입장을 추론한 이 선택지는 적절하다.

④ '모든 역사적 사건'은 범주적으로 '모든 인간사'에 포함된다. 모든 인간사가 절대적 진리치를 지니는 이성에 따라 이루어진다면, 모든 역사적 사건은 당연히 이성의 법칙에 따라 진행되는 것으로 보아야 한다. 따라서 이 선택지는 적절한 추론이다.

⑤ 억압적 자연 지배의 철학적 책임이 부과되는 대상은 인간과 자연이 근본적으로 구별된다는 입장에 의거하여 인간의 존재론적 우위를 지지하는 철학적 노선들이다. 그러나 객관적 관념론은 자연과 인간의 근본적 동근원성을 강조한다는 점에서 이전의 근대 철학과 달리 일원론적 입장을 취하기 때문에, 이를 근거로 환경 위기와 연관한 책임을 자신에게 부과하는 주장들에 대해 반박할 수 있다. 따라서 이 내용을 정확히 추론한 이 선택지는 적절하다.

[07~09] 다음 글을 읽고 물음에 답하시오.

　　소설을 읽는다는 것은 이야기를 하는 누군가의 목소리를 듣는다는 것을 뜻한다. 독자에게 특정한 배경 속에서 여러 인물들이 펼치는 사건에 대해 '말하는 주체'를 우리는 화자라고 부른다. 그래서 독자는 항상 화자의 목소리를 통해서 허구 세계에 대한 정보를 얻는다. 가령 등장인물의 대화가 직접화법으로 표현된 장면을 떠올려보자. 드라마가 화자 없이 등장인물의 대사로 진행된다는 점에서 이 장면도 드라마와 유사하게 느낄 수 있겠지만, 사실은 화자가 의도적으로 간접화법 대신 직접화법을 채택한 것이어서 독자에게 대화를 직접 듣는다는 착각을 이끌어내려는 책략이라고 보아야 한다. 독자는 화자가 자신의 말로 바꾸었는가 혹은 그렇지 않았는가 상관없이 언제나 그의 목소리를 들을 뿐이다.

　　화자가 사건에 대해 말하기 위해서는 먼저 사건을 보는 것이 필요하다. ⊙브룩스와 워렌은 순전히 화자가 보는 위치를 기준으로 일인칭과 삼인칭을 구분한 뒤, 목격자로서 사건을 관찰하는지 그렇지 않으면 탐구자로서 사건을 분석하는지에 따라 일인칭 주인공 시점과 일인칭 관찰자 시점, 작가 관찰자 시점과 전지적 작가 시점으로 구분한다. 그렇지만 이들의 논의는 삼인칭 시점에서 '화자'의 시점을 '작가'의 시점으로 치환하였고, 특정 인물의 내면을 그려내는 것과 모든 인물의 내면을 그려내는 것을 전지적 작가 시점으로 뭉뚱그렸다는 비판을 받았다.

　　'보는 주체'로서의 화자의 역할에 대한 또 다른 접근은 ⓒ랜서에 의해 이루어졌다. 그는 화자의 역할을 이야기의 내용이나 주제와 결합시켰다. 기존 논의가 '시점'이라는 말에서 짐작할 수 있듯이 사건을 보는 위치에 치중했던 것을 반성하고, 사건을 보는 입장도 고려하고자 했다. 화자가 다른 공간적 위치에 서거나 다른 이념적 입장을 가질 때, 같은 사건도 다르게 인식되어 다르게 재현된다는 것이다. 그래서 랜서는 화자를 작가가 창조한 세계를 보여주는 인식틀이라고 언급했다. 독자가 화자를 통해서 이야기를 접한다는 점을 고려할 때, 독자가 바라볼 수 있는 시선과 들을 수 있는 목소리는 항상 화자에 의존한다는 것을 알려준 셈이다.

　　이와 관련하여 화자가 작품에 개입하는 것과 독자에게 진실을 전달하는 방식을 둘러싼 ⓒ플라톤의 고전적인 문제제기는 흥미롭다. 그는 모방을 논하면서 영혼의 진정성 문제를 연결시킨다. 화자의 개입을 최소화하여 독자들이 실재와 가상을 착각하게 만들수록 진정성을 의심한 반면, 주관적인 논평을 섞는 방식으로 화자를 떠올리게 할수록 좀 더 진정성을 지닌 것으로 평가했던 것이다. 이러한 관점을 소설에 비추어 보면 화자를 이야기에 개입하여 객관성을 훼손하는 존재로 바라보던 태도에서 벗어나야 한다는 것을 시사한다. 즉 소설은 화자 때문에 객관성에 도달할 수 없는 것이 아니라 화자 덕분에 다른 양식과 구별되는 독자성을 획득할 수 있었던 것이다.

이렇듯 소설의 화자에 대해 지금까지 다양한 논의가 진행되었지만, 수많은 소설작품을 포괄할 만큼 충분히 정교하지 못한 것은 사실이다. 그리고 개별 작품의 경우에도 하나의 시점을 처음부터 끝까지 유지한 작품을 찾는 것이 쉽지 않다. 우리가 훌륭하다고 손꼽는 작품들 또한 그러하다. 따라서 화자의 위치나 입장, 역할 등을 이론적으로 따지기보다 구체적인 작품 감상과 결부시키는 편이 훨씬 현명하다. 작가 또한 메시지를 전달하는 데 가장 효과적인 방법이 무엇인지를 고민하는 것이다. 소설을 읽는 것을 등장인물, 화자, 독자가 정보량을 둘러싸고 벌이는 일종의 게임으로 바라보자는 견해가 바로 그것이다. 이 견해에 따르면 동일한 사건이라도 누가 정보를 더 많이 갖느냐에 따라 다른 이야기로 변주될 수 있다. 가령 화자가 등장인물이 모르는 정보를 독자에게 제공하는 경우, 자신이 처한 위기를 모르는 등장인물을 지켜보며 독자는 마음을 졸일 수밖에 없다. 하지만 등장인물과 독자가 동일한 정보를 공유하는 경우, 독자는 인물과 같은 수준으로 작중의 상황을 이해하고 함께 퍼즐을 풀어가는 기분으로 사건을 경험할 것이다. 그리고 등장인물이 독자에게 공개하지 않은 비밀을 숨기고 있는 경우, 독자는 결말에 이르러서야 사건의 전모를 파악하면서 반전의 효과를 체험할 수도 있다. 이처럼 어떤 메시지를 전달하는 데 어울리는 화자를 창조하는 일은 작품의 성공과 실패를 가르는 첫걸음이다.

07.
윗글의 내용과 일치하는 것은?

① 독자가 소설을 감상하고자 할 때, 독자와 접촉하며 정보를 제공하는 존재는 화자이다.
② 소설이 진행되는 동안 하나의 시점을 유지하는 것이 예술적으로 성공하는 지름길이다.
③ 소설에서 등장인물의 대화를 직접화법으로 묘사할 때에는 화자의 목소리가 개입하지 않는다.
④ 드라마에서는 통상 등장인물의 목소리뿐만 아니라 '말하는 주체'의 목소리도 관객에게 직접 들린다.
⑤ 이야기되는 사건이 같다면 작가가 화자의 위치나 입장, 독자와의 관계를 변화시켜도 다른 소설로 만들기 어렵다.

| | 내용영역 : 인문 |

소설은 '화자'의 존재가 있다는 점에서 드라마(연극)와는 구별되는 독특한 예술 양식으로 자리 잡을 수 있었다. 그래서 화자에 대한 연구는 소설론의 가장 핵심적인 부분을 차지한다. 전통적으로 화자에 대한 연구는 화자의 위치, 달리 말해 사건을 바라보는 시점(視點)에 관심을 집중해 왔다. 제시문에서는 그러한 공간적 위치에 대한 관심에서 한 걸음 더 나아가 시점을 이념적인 측면에서 연구한 랜서의 입장을 소개하고, 이를 플라톤이 제기한 '진정성'의 문제, 그리고 정보 제공 방식과 정보량을 연동시키는 최근의 이론까지 확장시켜 설명하고 있다. 이러한 제시문의 내용을 통해 소설의 화자의 의미를 정확히 파악해야 한다.

① 제시문 첫 번째 단락 "소설을 읽는다는 것은 이야기를 하는 누군가의 목소리를 듣는다는 것을 뜻한다."와 "독자는 화자가 자신의 말로 바꾸었는가 혹은 그렇지 않았는가 상관없이 언제나 그의 목소리를 들을 뿐이다."를 통해 독자와 접촉하며 독자에게 정보를 제공하는 존재가 허구 세계의 화자라는 사실을 알 수 있다.

② 제시문 다섯 번째 단락 "개별 작품의 경우에도 하나의 시점을 처음부터 끝까지 유지한 작품을 찾는 것이 쉽지 않다. 우리가 훌륭하다고 손꼽는 작품들 또한 그러하다."를 통해 소설이 예술적으로 성공하는 것이 시점의 일관성을 유지하는 것과 반드시 일치하지 않는다는 사실을 알 수 있다.

③ 제시문 첫 번째 단락을 통해 등장인물의 대화를 직접화법으로 묘사한 것은 화자가 "독자에게 대화를 직접 듣는다는 착각을 이끌어내려는 책략"을 써서 자신의 모습을 의도적으로 숨긴 것이며, 그러하더라도 등장인물의 대화를 말하는 것은 결국 (모습을 의도적으로 숨긴) 소설의 화자라는 점에서 그의 목소리가 개입하고 있음을 알 수 있다.

④ 드라마는 실제로 무대에서 공연되는 경우에는 배우의 연기와 결합된, 혹은 공연되기 이전에 읽히는 경우라면 지시문과 결합된 등장인물의 대사를 중심으로 펼쳐지는 예술 형태이다. 그래서 전자나 후자나 상관없이 화자가 존재하지 않고 등장인물들이 직접 관객/독자 앞에 등장한다. 설령 사건에 관한 정보를 제공하는 나레이터가 등장하더라도 그는 소설의 화자와는 달리 이야기 전달에 전반적으로 관여하지 않는 '등장인물'로서의 성격을 지닌다. 따라서 소설에서의 화자의 역할을 지시하는 '말하는 주체'로서의 성격을 지니지 않는다. 드라마에서는 소설

의 화자의 역할을 담당하는 존재가 없다. 제시문 첫 번째 단락 "드라마가 화자 없이 등장인물의 대사로 진행된다"는 구절에서도 이를 확인할 수 있다.

⑤ 제시문 세 번째 단락을 통해 랜서는 "화자가 다른 공간적 위치에 서거나 다른 이념적 입장을 가질 때, 같은 사건도 다르게 인식되어 다르게 재현된다"고 보고 있음을 알 수 있다. 제시문의 필자 역시 이러한 입장에서 "소설을 읽는 것을 등장인물, 작가, 독자 사이의 정보량을 둘러싸고 벌이는 일종의 게임으로 바라보자는 견해"를 제시하고 있다. 그러므로 동일한 사건을 공간적 위치나 이념적 입장, 혹은 정보량의 측면에서 다른 방식으로 본다면 소설 또한 달라질 수 있다.

08.

㉠~㉢에 대한 이해로 적절하지 <u>않은</u> 것은?

① ㉠은 현실에 존재하는 작가와 작가가 창조한 화자를 개념적으로 구분하지 않고 있다.
② ㉡은 화자에 대해 이야기를 수용하는 독자의 입장에 영향을 미치는 인식틀로 작용한다고 보고 있다.
③ ㉢은 독자들이 실재와 가상을 혼동하지 않도록 하는 것이 진정성 있는 태도라고 판단하고 있다.
④ ㉠과 ㉡은 '말하는 주체'에 선행하는 '보는 주체'로서의 화기가 여할을 소설의 내용적 측면에서 분석하고 있다.
⑤ ㉡과 ㉢은 화자를 통해서 작가의 입장이나 태도를 파악할 수 있다고 믿고 있다.

문항 성격 문항유형 : 정보의 추론과 해석
내용영역 : 인문

평가 목표 이 문항은 화자의 특성을 논했던 '브룩스와 워렌', '랜서', '플라톤'의 견해를 정확하게 이해하여 그들의 공통점과 차이점을 파악하고 있는지 묻는 문항이다.

문제 풀이 정답 : ④

소설의 화자에 대한 연구는 오랜 역사를 가지고 있다. 아직 소설이 등장하지 않았던 시절에도 서사 문학이 존재하고 있었기 때문에 플라톤이나 아리스토텔레스와 같은 고전적인 논의도 여전히 현대적인 의의를 지니고 있다. 대표적인 이론가들의 논의를 파악한다면, 화자에 대한 연구가 어떻게 발전해 왔는가를 알 수 있게 된다. 이를 위해 제시된 세 가지 논의의 가장 핵심적인 차이를 파악하고, 그 밑바탕에 놓여 있는 공통적인 차원을 파악해야 한다.

④ 제시문 두 번째 단락을 통해 ⊙은 "순전히 화자가 보는 위치"를 기준으로 시점 분류 기준을 삼고 있다는 점을 알 수 있고 세 번째 단락을 통해 ⓒ은 ⊙의 접근에 대해 반성하고, 화자가 "사건을 보는 위치"뿐만 아니라 "사건을 보는 입장"도 함께 고려하고 있다는 것을 알 수 있다. 그렇지만 ⊙과 달리 ⓒ은 "화자의 역할을 이야기의 내용이나 주제와 결합"시켰고 또한 여기에 '이념적 입장'도 포함시켰다. 따라서 ⊙과 ⓒ이 "화자의 역할을 소설의 내용적 측면에서 분석하고 있다."는 공통점을 지니고 있다는 것은 적절하지 않다.

① 제시문 두 번째 단락 "이들의 논의는 삼인칭 시점에서 '화자'의 시점을 '작가'의 시점으로 치환하였고"를 통해 현실에 존재하는 작가와 작가가 창조한 화자를 개념적으로 구분하지 않고 있다는 것을 알 수 있다.

② 제시문 세 번째 단락에서 ⓒ은 "화자를 작가가 창조한 세계를 보여주는 인식틀"이라고 언급하고 있다. 소설의 양식적 특성으로 인해 독자들은 화자의 말을 통해서만 허구 세계에 대한 정보를 받을 수 있기 때문에 화자는 이야기의 수용자인 독자에게 영향을 미친다는 것을 알 수 있다.

③ 제시문 네 번째 단락에서 플라톤은 이야기하는 사람의 '진정성'을 언급하면서, 주관적인 논평을 덧붙여 이야기에 이야기하는 사람의 흔적이 느껴지도록 하여 이야기되는 것이 실재가 아니라 가상이라는 사실을 잊지 않도록 하는 것이 진정성 있는 태도라고 판단하고 있다는 점을 알 수 있다.

⑤ 제시문 세 번째 단락을 통해 ⓒ은 화자가 "사건을 보는 위치"뿐만 아니라 "사건을 보는 입장"도 함께 고려하고 있다고 했는데, 여기에는 '이념적 입장'도 포함되어 있다. 따라서 ⓒ은 독자들이 화자의 이념적 입장을 통해 작가의 (이념적) 입장을 파악할 수 있다고 믿고 있음을 추론할 수 있다. 그리고 네 번째 단락을 통해 ⓒ은 이야기하는 사람이 이야기되는 내용을 실재인 것처럼 말하는가 그렇지 않은가를 두고 '진정성'을 언급했다는 점에서 화자를 통해서 작가의 태도를 파악할 수 있다고 믿고 있음을 알 수 있다.

192

09.

윗글을 바탕으로 〈보기〉를 평가한 것으로 적절하지 <u>않은</u> 것은?

보기

시내에 나갔다 왔다. 그사이 누군가가 집에 다녀간 흔적이 있다. 조심스러운 손길이었지만 분명히 집을 뒤졌다. 몇몇 물건들은 도저히 찾을 수가 없다. 가져간 것이 분명하다. 도둑일까? 집에 도둑이 든 일은 지금껏 없었다.

저녁에 퇴근한 은희에게 집에 도둑이 들었다고 말했다. 은희는 딱한 얼굴로 나를 바라보며 그런 일은 없었다고 한다. 뭐가 없어졌느냐고 묻는데 생각이 나지 않았다. 그러나 분명히 뭐가 없어졌다. 느낄 수 있다. 그런데 입 밖으로 꺼내 말할 수가 없다.

"치매에 걸리면 다들 그런대요. 며느리도 도둑이라고 하고 간호사도 도둑이라고 하고."

그래, 그걸 도둑망상이라고들 하지. 나도 그건 알아. 그런데 이건 망상이 아니야. 분명히 뭔가 없어졌다고. 일지와 녹음기는 몸에 지니고 있으니 무사했지만 다른 무언가가 사라졌다.

"그래, 개가 없어졌다. 개가 없어졌어."

"아빠, 우리 집에 개가 어디 있어요?"

이상하다. 분명히 개가 있었던 것 같은데.

– 김영하, 『살인자의 기억법』 –

① 화자가 주인공과 동일한 인물이기 때문에, 독자들은 주인공의 내면 변화를 파악할 수 있겠군.

② 화자가 다른 등장인물과 함께 허구 세계에 있기 때문에, 독자들은 사건의 전모를 모른 채 상황이 발생할 때마다 긴장감을 경험할 수 있겠군.

③ 주인공과 화자와 독자의 정보가 일치하기 때문에, 독자들은 주인공과 등장인물들에 대한 화자의 정보를 객관적 사실로 받아들일 수 있겠군.

④ 주인공인 화자가 다른 등장인물의 내면을 파악할 수 없기 때문에, 독자들은 자신의 상황을 정확히 알지 못하는 주인공을 안타깝게 느낄 수 있겠군.

⑤ 모든 등장인물에 대한 정보가 화자의 시선과 목소리로 전달되기 때문에, 독자들은 다른 등장인물의 진실이 뒤늦게 알려지면 이야기의 흐름이 달라지리라 기대할 수 있겠군.

제시문 마지막 단락에서 "이 견해에 따르면 동일한 사건이라도 누가 정보를 더 많이 갖느냐에 따라 다른 이야기로 변주될 수 있다."고 언급한 뒤 그 예를 들어 설명하고 있다. '가령' 이후 설명된 부분의 내용을 충분히 숙지한 후 이를 〈보기〉의 작품에 적절히 적용하고 평가하도록 한다.

정답 해설　③ 〈보기〉는 '나'가 주인공이자 화자로 등장하는 일인칭 소설이다. 따라서 주인공과 화자의 정보는 일치하며, 독자는 화자를 통해서만 정보를 제공받기 때문에 독자 역시 화자와 동일한 정보를 갖고 있다고 할 수 있다. 그렇지만 일인칭 화자가 정보를 제공하는 주체이기 때문에 독자들은 주인공을 비롯한 등장인물에 대한 정보가 모두 일인칭 화자의 시선에서 파악된 것임을 알 수 있다. 그러므로 '주인공=화자'가 제공하는 정보는 항상 주관적일 수밖에 없다.

오답 해설　① 〈보기〉는 '나'가 주인공이자 화자로 등장하는 일인칭 소설이다. 따라서 주인공과 화자의 정보는 일치한다. 그래서 독자는 '주인공=화자'를 통해서 주인공의 내면에 쉽게 접근할 수 있다. 대신 다른 등장인물에 대한 접근은 불가능하다.

② 〈보기〉는 '나'가 주인공이자 화자로 등장하는 일인칭 소설이다. 따라서 주인공과 화자는 다른 등장인물과 함께 허구 세계에 존재하고 있다. 이렇듯 일인칭 서술의 경우 화자가 등장인물과 동일한 세계에 속하기 때문에 삼인칭 서술과는 달리 허구 세계를 전체적으로 조망할 수 있는 능력을 갖지 못하고 있다. 따라서 '주인공=화자'의 제한된 시선으로 제공되는 제한된 정보만을 수용하는 독자는 '주인공'에게 사건이 발생할 때마다 '주인공'과 마찬가지로 아무런 예고 없이 사건을 마주치게 되어 긴장감을 경험할 수 있게 된다.

④ 〈보기〉는 '나'가 주인공이자 화자로 등장하는 일인칭 소설이다. 따라서 화자는 주인공의 내면에 쉽게 들어갈 수 있는 반면, 다른 등장인물에 대한 접근은 원천적으로 불가능하다. 그런데 〈보기〉를 읽는 독자들은 주인공이 어떤 상황에 놓여 있는지 스스로 정확하게 판단할 수 없다고 의심하게 된다. 예컨대 등장인물인 은희가 '딱한 얼굴'로 본다거나 "개가 없어졌어."라는 '주인공=화자'의 생각이 틀렸다고 말하는 것, 그리고 '치매'라는 단어를 사용하는 것 등을 통해 '주인공=화자'가 치매에 걸려 잘못된 판단을 하고 있는지도 모른다는 의심을 갖게 되는

것이다. 다시 말해, 독자들은 화자로부터 정보를 제공받지만, 바로 그 정보로부터 '주인공=화자'를 '신빙성 없는 화자'로 간주할 수 있게 된다. 이런 점에서 독자들은 자신의 생각이 옳다는 확신을 가진 '주인공=화자'를 보면서 치매 때문에 자신에 대한 상황을 정확히 알지 못하고 있다는 안타까움을 느낄 수 있다.

⑤ 〈보기〉는 '나'가 주인공이자 화자로 등장하는 일인칭 소설이다. 따라서 주인공뿐만 아니라 주변에 존재하는 모든 등장인물에 대한 정보 역시 '주인공=화자'의 시선과 목소리로 전달된다. 따라서 '주인공=화자'가 파악할 수 없는 다른 등장인물(〈보기〉의 경우 은희)의 진실이 뒤늦게 드러나면 이야기의 내용에 커다란 반전이 나타날 수 있다.

[10~12] 다음 글을 읽고 물음에 답하시오.

개체의 생존을 위해서는 움직이는 물체의 시각 정보를 효율적으로 처리하는 것이 중요하다. 예를 들어 숲 속을 걸을 때 특별한 주의를 기울이지 않았음에도 복잡한 형태의 나무들 사이에서 작은 동물의 움직임을 재빨리 알아챌 수 있다. 나무는 움직이지 않으므로 시간차를 두고 획득한 두 이미지의 차이를 통해 그 움직임을 간단히 알아챌 수 있을 것 같지만, 실제로는 가만히 한곳을 응시하더라도 안구가 끊임없이 움직이고 있어 망막에 맺히는 이미지 전체가 시간에 따라 변하므로 더 정교한 정보 처리가 필요하다. 최근 미세전극이 일정한 간격으로 촘촘히 배열된 마이크로칩을 이용하여 망막에서 발생하는 전기적 신호를 실시간으로 관찰할 수 있게 되면서 이러한 고차원 시각 정보 처리가 뇌에서 전적으로 이루어지는 것이 아니라 망막에서 시작된다는 증거들이 발견되었다.

망막은 어떻게 전체 이미지가 흔들리는 속에서 작은 동물의 움직임에 대한 정보를 골라내는 것일까? 망막에는 빛에 반응하는 광수용체세포와 일정한 영역에 분포한 여러 광수용체세포에 연결되어 최종 신호를 출력하는 신경절세포가 존재한다. 신경절세포 가운데 특정 종류는 각 세포가 감지하는 부분이 이미지 전체의 이동 경로와 같은 경로를 따라 움직일 때는 전기적 신호를 발생하지 않고 다른 경로를 따라 움직일 때만 신호를 발생한다. 안구의 움직임에 의한 상의 떨림은 망막 위에서 전체 이미지가 같은 방향으로 움직이는 변화를 만드는데, 작은 동물의 상은 이와는 이동 경로가 다르므로 그 부분에 분포한 특정 종류의 신경절세포만이 신호를 발생하게 되어 작은 움직임도 잘 볼 수 있게 된다.

망막의 또 다른 신호 처리의 예로 움직이는 테니스공을 치는 경우를 생각해 보자. 충분한 밝기의 빛이 도달하더라도 망막에서 시각 정보가 처리되는 데 수십 분의 1초가 걸린다. 강하게 친 테니스공은 이 시간 동안 약 2m를 이동할 수 있어서 라켓을 벗어나기에 충분한데도 어떻게 그 공을 정확히 쳐 낼 수 있을까?

이를 알아보기 위해 연구자들은 ㉠마이크로칩 위에 올려진 도롱뇽의 망막에 막대 모양의 상을 맺히게 하고 상의 밝기와 이동 속도 등을 변화시켜가며 망막에서 발생하는 신호를 측정하였다. 폭이 0.13mm인 막대 모양의 상을 1/60초 동안만 맺히게 한 후에 상 아래에 위치한 하나의 신경절세포에서 출력되는 신호를 측정한 실험의 경우, 광수용체에서 전기 신호가 발생하고 여러 신경세포를 거치는 과정에서 시간 지연이 일어나므로, 상이 맺힌 순간부터 약 1/20초 후에 신경절세포에서 신호가 발생하기 시작하여 약 1/20초 동안 지속되었다. 상을 일정한 속도로 움직이며 상의 이동 경로에 위치한 여러 신경절세포에서 발생하는 신호를 측정한 실험의 경우, 실제 상이 도달한 위치보다 더 앞에 위치한 신경절세포에서 신호가 발생하기 시작하여 상의 앞쪽 경계와 같은 위치 혹은 이보다 앞선 위치에서 신호가 최대가 되었다.

개별 신경절세포의 시간 지연에도 불구하고 상의 앞쪽 경계에서 최대가 되는 모양의 신호를 만들기 위해서는 특별한 기제가 필요하다. 첫째는 신경절세포 반응의 시간 의존성이다. 즉, 밝기가 변화한 직후 신경절세포의 출력 신호가 최대가 되고 이후 점차 작아진다. 둘째, 신경절세포 신호 증폭률의 동적 조절이다. 즉, 물체가 이동할 때 신경절세포는 물체의 이동 방향으로 가장 먼저 자극되는 광수용체의 신호를 크게 증폭하여 받아들이고 곧바로 증폭률을 떨어뜨려 신호의 세기를 줄여버린다. 상의 이동 경로에 위치한 신경절세포들에서 각각 이러한 기제에 따라 발생한 신호들이 합쳐져서 만들어지는 출력 신호는, 그 형태가 상의 앞쪽 경계면 혹은 그보다 앞선 지점에 대응하는 위치에서 그 세기가 최대가 되는 비대칭인 모양이 된다.

물체와 주변의 밝기 차이가 작거나 속력이 너무 커서 증폭률의 변화가 물체의 이동 속력에 맞추어 재빨리 이루어지지 못하면, 이러한 기제가 잘 작동하지 못하여 시간 지연에 대한 보상이 잘 이루어지지 않는다. 어두울수록, 그리고 테니스공이 빠르게 움직일수록 정확하게 맞히기 어려운 이유도 이와 관련이 있다.

10.

윗글의 내용과 일치하는 것은?

① 신경절세포는 광수용체에서 발생한 전기적 신호를 원래 세기대로 출력한다.
② 한곳을 가만히 응시할 때는 망막에 형성된 이미지의 떨림이 발생하지 않는다.
③ 정지한 물체의 상에 대해 전기적 신호를 출력하지 않는 신경절세포가 존재한다.
④ 마이크로칩은 망막에 도달한 빛을 전기적 신호로 변환시켜 관찰 가능하게 만든다.
⑤ 빛의 밝기가 일정할 때 하나의 신경절세포에서 발생하는 신호의 세기는 일정하다.

문항 성격	문항유형 : 정보의 확인과 재구성
	내용영역 : 과학기술
평가 목표	이 문항은 망막에서 일어나는 시각 정보 처리에 대한 내용을 이해하고 있는지 확인하는 문항이다.
문제 풀이	정답 : ③

제시문을 통해 망막에서 신호가 발생하는 과정, 마이크로칩을 이용한 신호 측정 방법, 안구 운동 및 시간 지연 보상 기제에 대한 내용을 정확히 파악하도록 한다.

정답 해설	③ 제시문 두 번째 단락 "신경절세포 가운데 특정 종류는 각 세포가 감지하는 부분이 이미지 전체의 이동 경로와 같은 경로를 따라 움직일 때는 선기석 신호를 발생하지 않고 다른 경로를 따라 움직일 때만 신호를 발생한다. 안구의 움직임에 의한 상의 떨림은 망막 위에서 전체 이미지가 같은 방향으로 움직이는 변화를 만드는데, …"로부터 정지한 물체는 안구의 움직임으로 인해 전체 이미지와 같이 움직이는 상을 맺는다는 것과 이 상에 대해 전기적 신호를 출력하지 않는 신경절세포가 존재한다는 것을 알 수 있다.
오답 해설	① 제시문 다섯 번째 단락 "개별 신경절세포의 시간 지연에도 불구하고 상의 앞쪽 경계에서 최대가 되는 모양의 신호를 만들기 위해서는 특별한 기제가 필요하다. 첫째는 신경절세포 반응의 시간 의존성이다. 즉, 밝기가 변화한 직후 신경절세포의 출력 신호가 최대가 되고 이후 점차 작아진다. 둘째, 신경절세포 신호증폭률의 동적 조절이다. 즉, 물체가 이동할 때 신경절세포는 물체의 이동 방향으로 가장 먼저 자극되는 광수용체의 신호를 크게 증폭하여 받아들이고 곧바로 증폭률을 떨어뜨려 신호의 세기를 줄여버린다."로부터 광수용체에서 발생한 전기적 신호가 신경절세포를 거쳐 출력될 때 그 세기가 변조됨을 알 수 있다.

② 제시문 첫 번째 단락 "실제로는 가만히 한곳을 응시하더라도 안구가 끊임없이 움직이고 있어 망막에 맺히는 이미지 전체가 시간에 따라 변하므로 더 정교한 정보 처리가 필요하다."로부터 한곳을 가만히 응시할 때에도 안구의 움직임 때문에 망막에 형성된 이미지의 떨림이 발생한다는 것을 알 수 있다.

④ 빛을 전기적 신호로 변환하는 것은 마이크로칩이 아니라 광수용체세포이다. 마이크로칩이 망막의 출력 신호, 즉 신경절세포에서 출력되는 최종적인 전기적 신호를 측정하는 기능만을 한다.

⑤ 제시문 다섯 번째 단락 "개별 신경절세포의 시간 지연에도 불구하고 상의 앞쪽 경계에서 최대가 되는 모양의 신호를 만들기 위해서는 특별한 기제가 필요하다. 첫째는 신경절세포 반응의 시간 의존성이다. 즉, 밝기가 변화한 직후 신경절세포의 출력 신호가 최대가 되고 이후 점차 작아진다. 둘째, 신경절세포 신호증폭률의 동적 조절이다. 즉, 물체가 이동할 때 신경절세포는 물체의 이동 방향으로 가장 먼저 자극되는 광수용체의 신호를 크게 증폭하여 받아들이고 곧바로 증폭률을 떨어뜨려 신호의 세기를 줄여버린다."로부터 빛의 밝기가 일정하더라도 신경절세포에서 출력되는 신호의 세기가 변화함을 알 수 있다.

11.

〈보기〉의 실험에 대한 설명으로 적절한 것만을 있는 대로 고른 것은?

> 보 기
>
> 다음 그림은 ㉠의 실험에서 어느 순간 망막에 형성된 빛의 밝기 분포와 신경절세포의 출력 신호를 위치에 따라 나타낸 것이다. 그래프 a, b, c는 각각 서로 다른 조건에서 측정한 결과로서, b와 c는 속력이 같고 상과 주변의 밝기 차가 다르고, a는 속력이 다르다. a, b, c 모두 상의 이동 방향은 같다.

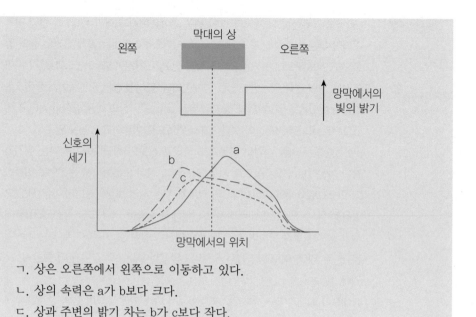

ㄱ. 상은 오른쪽에서 왼쪽으로 이동하고 있다.

ㄴ. 상의 속력은 a가 b보다 크다.

ㄷ. 상과 주변의 밝기 차는 b가 c보다 작다.

① ㄱ   ② ㄴ   ③ ㄷ

④ ㄱ, ㄴ   ⑤ ㄴ, ㄷ

문항 성격	문항유형 : 정보의 추론과 해석
	내용영역 : 과학기술
평가 목표	이 문항은 망막의 시간 지연 보상 기제에 대한 내용을 이해하고 망막 신호의 세기 자료를 해석할 수 있는지를 묻는 문항이다.
문제 풀이	정답 : ④

이동하는 물체에 대해 개별 신경절세포의 시간 지연에도 불구하고 망막에서는 시간 지연이 보상된 신호를 출력한다. 이것이 가능하도록 해 주는 핵심 기제는 신호의 증폭률을 물체의 이동과 그 속력에 맞추어 동적으로 조절하는 것이다. 이렇게 함으로써 원래 상의 위치보다 지연된 위치에서 발생하는 신호의 최댓값을 상의 앞쪽 경계 혹은 보다 앞선 위치에서 발생하도록 신호의 형태를 바꿀 수 있다. 이러한 기제가 완벽한 것은 아니며 상의 대비가 낮거나 이동 속력이 큰 경우는 신호증폭률의 동적 조절이 잘 작동하지 않는다.

ㄱ. b와 c의 경우 신호의 세기가 상의 왼쪽 경계면에서 최대가 된다. 네 번째 단락 마지막 부분과 다섯 번째 단락 마지막 부분에서 이동하는 물체의 경우 상의 앞쪽 경계면에서 최대가 되는 비대칭적인 신호가 출력된다고 하였으므로, 이 문항에서는 상의 왼쪽 경계면이 앞쪽 경계면이다. 따라서 상은 오른쪽에서 왼쪽으로 이동하고 있음을 알 수 있다. 문제에서 a, b, c 모두 상의 이동 방향이 같다고 하였으므로 a의 경우도 상이 오른쪽에서 왼쪽으로 이동하고 있음을 알 수 있다.

ㄴ. a는 b, c와는 이동 속력이 다르다고 하였고 신호의 최댓값이 나타나는 위치가 상의 가운데보다 오른쪽으로 치우쳐져 있다. 상이 오른쪽에서 왼쪽으로 이동하고 있으므로 b, c의 경우보다 a의 경우가 시간 지연 보상이 잘 이루어지지 않고 있음을 알 수 있고, 제시문 마지막 단락에서 속력이 너무 크면 동적 증폭률 기제가 잘 작동하지 못하여 시간 지연에 대한 보상이 잘 이루어지지 않는다는 것을 알 수 있다. 이로부터 상의 속력이 b의 경우보다 a의 경우가 더 큼을 알 수 있다.

ㄷ. 그래프가 최대가 되는 위치가 c보다 b에서 더 왼쪽에 있으며 상의 경계면에 더 가깝다. 상이 오른쪽에서 왼쪽으로 이동하고 있으므로 b가 c보다 시간 지연 보상이 잘 이루어진 경우라는 것을 알 수 있으며, 제시문 마지막 단락에서 물체와 주변의 밝기 차가 작으면 시간 지연에 대한 보상이 잘 이루어지지 않는다고 하였으므로 상과 주변의 밝기 차는 b가 c보다 더 큼을 알 수 있다.

〈보기〉의 ㄱ과 ㄴ만이 적절한 선택이므로 ④가 정답이다.

12.

윗글을 바탕으로 '도롱뇽이 파리를 응시하는 상황'을 이해한 것으로 가장 적절한 것은?

① 날아가는 파리가 속력을 줄이면 상이 맺힌 위치의 개별 신경절세포에서의 시간 지연이 감소한다.

② 아래위로 천천히 움직이는 물체 위에 앉아 있는 도롱뇽은 수평으로 날아가는 파리의 움직임을 알아채지 못한다.

③ 배경이 밝고 파리의 색이 어두울수록 상의 위치와 신경절세포의 출력 신호가 최대가 되는 위치 사이의 오차가 크다.

④ 망막에 맺힌 날아가는 파리의 상에서 머리 부분에서 발생하는 신호의 증폭률은 몸통 부분에서 발생하는 신호의 증폭률보다 작다.

⑤ 도롱뇽이 눈을 깜박일 때, 정지한 파리의 상이 1/60초 동안 사라지면 파리의 상이 있던 위치의 신경절세포에서는 1/60초보다 오래 신호가 지속된다.

문항 성격	문항유형 : 정보의 평가와 적용
	내용영역 : 과학기술
평가 목표	이 문항은 망막의 신호 처리에 관련된 내용을 이해하고 구체적인 사례인 '도롱뇽이 파리를 응시하는 상황'에 올바르게 적용할 수 있는지 묻는 문항이다.
문제 풀이	정답 : ⑤

망막의 신호 처리에 관련된 내용과 '도롱뇽이 파리를 응시하는 상황'을 연결하여 도롱뇽 안구의 움직임, 정지한 파리의 상이 사라질 때 개별 신경절세포 신호의 시간 지연, 파리의 상이 이동할 때 시간 지연 보상과 신호증폭률의 변화 등에 관한 진술의 진위를 추론하도록 한다.

정답 해설 ⑤ 제시문 네 번째 단락 "상 아래에 위치한 하나의 신경절세포에서 출력되는 신호를 측정한 실험의 경우, 광수용체에서 전기 신호가 발생하고 여러 신경세포를 거치는 과정에서 시간 지연이 일어나므로, 상이 맺힌 순간부터 약 1/20초 후에 신경절세포에서 신호가 발생하기 시작하여 약 1/20초 동안 지속되었다."로부터 정지한 파리의 상이 1/60초 동안 사라지더라도 파리의 상이 있던 위치의 신경절세포에서는 약 1/20초 동안 신호가 지속됨을 추론할 수 있다.

오답 해설 ① 제시문 네 번째 단락 "상 아래에 위치한 하나의 신경절세포에서 출력되는 신호를 측정한 실험의 경우, 광수용체에서 전기 신호가 발생하고 여러 신경세포를 거치는 과정에서 시간 지연이 일어나므로, 상이 맺힌 순간부터 약 1/20초 후에 신경절세포에서 신호가 발생하기 시작하여 약 1/20초 동안 지속되었다."와 다섯 번째 단락 "개별 신경절세포의 시간 지연에도 불구하고 상의 앞쪽 경계에서 최대가 되는 모양의 신호를 만들기 위해서는 특별한 기제가 필요하다."로부터 개별 신경절세포에서의 시간 지연은 상의 이동 속력과 무관하다는 것을 알 수 있다.

② 제시문 두 번째 단락 "망막은 어떻게 전체 이미지가 흔들리는 속에서 작은 동물의 움직임에 대한 정보를 골라내는 것일까? … 신경절세포 가운데 특정 종류는 각 세포가 감지하는 부분이 이미지 전체의 이동 경로와 같은 경로를 따라 움직일 때는 전기적 신호를 발생하지 않고 다른 경로를 따라 움직일 때만 신호를 발생한다."로부터 도롱뇽의 움직임에 따른 전체 이미지의 이동 방향과 파리의 상

의 이동 방향이 같지 않으므로 파리의 움직임에 따라 신호를 출력하는 신경절세포가 존재하고 도롱뇽이 그 움직임을 알아챌 수 있음을 추론할 수 있다.

③ 제시문 여섯 번째 단락 내용으로부터 배경이 밝고 파리의 색이 어두울수록 시간 지연 보상이 잘 이루어지므로 상의 위치와 신경절세포의 출력 신호가 최대가 되는 위치 사이의 오차가 줄어든다는 것을 추론할 수 있다.

④ 제시문 다섯 번째 단락 "둘째, 신경절세포 신호증폭률의 동적 조절이다. 즉, 물체가 이동할 때 신경절세포는 물체의 이동 방향으로 가장 먼저 자극되는 광수용체의 신호를 크게 증폭하여 받아들이고 곧바로 증폭률을 떨어뜨려 신호의 세기를 줄여버린다."로부터 날아가는 파리의 상의 앞쪽 경계면에 해당하는 머리 부분에서 발생하는 신호의 증폭률이 몸통 부분에서 발생하는 신호의 증폭률보다 크다는 것을 추론할 수 있다.

[13~15] 다음 글을 읽고 물음에 답하시오.

파시즘을 규정하기란 쉽지 않다. 본디 파시즘은 1919년에서 1945년까지 무솔리니가 이끈 정치 운동, 체제, 이념만을 지칭하는 용어였다. 그러나 얼마 후 히틀러의 나치즘 역시 파시즘의 하나로 취급되었고, 점차 그 용어가 가리키는 대상도 다양해져 갔다. 이에 따라 파시즘에 대한 해석 및 정의는 용어의 대상만큼이나 넓은 스펙트럼을 가지게 되었다.

비교적 일찍 나타난 것은 기본적으로 계급투쟁 개념에 바탕을 둔 마르크스주의적 해석인데, 대표적인 것은 '코민테른 테제'이다. 이에 따르면, 파시즘이란 "금융 자본의 가장 반동적이고 국수주의적이며 제국주의적인 분파의 공공연한 테러 독재"이다. 즉, 파시즘이 자본주의의 도구이며, 대자본의 대리인이라고 파악한 것이다. 하지만 모든 마르크스주의자들이 이 해석을 받아들인 것은 아니다. 톨리아티는 파시즘이 소부르주아적 성격의 대중적 기반 위에 있었다고 파악했으며, 나아가 탈하이머와 바이다는 파시즘이 계급으로부터 상대적으로 자유로운 현상이라고 보았다. 그들에 따르면, 자본과 노동이 대립하면서 어느 한쪽이 절대 우위를 갖추지 못하면 제3의 세력이 등장하는데, 파시즘이 그 예라는 것이다. 이러한 마르크스주의적 해석에 대해 오늘날의 연구는 대체로 파시즘과 거대 자본 사이의 조화와 협력보다는 긴장과 갈등 국면을 강조한다. 또한 코민테른 테제는 지나친 단순화의 산물이라는 비판도 제기되었다.

한편 2차 대전 이후에는 냉전의 분위기 속에서 이탈리아의 파시즘, 독일의 나치즘, 소련의 스탈린주의를 뭉뚱그려 전체주의로 범주화하는 경향이 나타났다. 이 경향을 '전체주의 이론'으로 칭할 수 있는데, 이 이론은 전체주의의 특징을 메시아 이데올로기, 유일 정당, 비밀경찰의 테러, 대중 매체의 독점, 무력 장악, 경제의 통제로 꼽았다. 이는 전체주의를 '문제화'하고 그 위험성을 경고했다는 점에서는 의미가 있었으나, 파시즘과 스탈린주의는 전혀 다른 계급적 토대 위에서 서로 다른 목표를 추구하므로 동일한 범주로 묶일 수 없다는 비판이 제기되었다.

이와 같은 연구사적 전통 속에서 1970년대 이후에는 파시즘을 아예 개별적 사례로만 미시적으로 연구하는 경향이 나타났다. 그러다가 1990년대 말, ㉠그리핀이 새로운 시각에서 일반화된 개념을 제시하여 각국의 유사한 사례들에 적용할 수 있게 했다. 그에 따르면, 파시즘은 근대적 대중 정치의 한 부류로서, 특정한 민족 혹은 종족공동체의 정치 문화와 사회 문화에 대한 혁명적인 변화를 목적으로 삼는다. 그리고 '신화'를 수단으로 삼아 내적 응집력과 대중의 지지라는 추동력을 얻어낸다. 그 '신화'란 자유주의 몰락 이후의 질서라는 고난 속에서 쇠퇴의 위기에 처한 민족공동체가 새로운 엘리트의 지도 아래 부활한다는 것이다. 파시스트는 이 신화의 틀 내에서 민족공동체의 구성원을 적대적인 세력과 구분하고, 후자에 대해 폭력을 행사하는 것을 의무로 믿었다. 그들에게 폭력은 곧 죽어가는 민족의 '치유'였기 때문이다. 그러나 '치유'만으로는 부족했고, 신화가 실현되기 위해서는 구성원이 오직 역동성과 민족에 대한 헌신으로만 무장한 '파시즘적 인간'으로 거듭 나는 것이 필요했다. 그는 또 신화의 궁극적인 실현, 즉 '민족의 유토피아'를 건설하기 위해 자본주의 경제 질서를 수용하고 과학 문명의 성과를 환영하는 근대적 성격을 보여준 것에 주목하여 파시즘을 일종의 '근대적 혁명'이라고 보았다.

물론 그리핀의 주장에 동의하지 않는 연구자들도 있다. 예를 들어 ㉡팩스턴은 파시즘이 근대적 혁명이라는 주장을 거부하면서, 파시즘을 전통적인 권위주의적 독재의 변종으로 규정한다. 그는 혁명으로 보이는 파시즘이 실은 기성 제도 및 전통적 엘리트 계층과 연합했다는 점을 중시하기 때문이다. 그는 '이중 국가' 개념을 파시즘 체제 분석에 적용시켰다. '이중 국가'는 합법성에 따라 관료적으로 움직이는 '표준 국가'가 당의 '동형 기구'로 만들어진 독단적 '특권 국가'와 갈등을 빚으면서도 협력 속에 공존한다는 개념이다. 이탈리아의 경우, 당 지부장은 임명직 시장에, 당 서기는 지사에, 파시스트 민병대는 군대에 해당했다. 팩스턴에 따르면, 파시즘 정권은 형식적 관료주의와 독단적 폭력이 혼합된 기묘한 형태였다. 세부적 차이가 있다면, 특권 국가가 결국 우위를 점한 나치와 달리 무솔리니는 표준 국가의 영역에 더 큰 권력을 허용하였다는 점이다. 최종적으로 1943년 7월 연합국의 진격으로 파시즘이 국가 이익에 더는 부합하지 않는다고 판단한 표준 국가는 '지도자' 무솔리니를 권좌에서 끌어내렸다.

13.

윗글의 내용과 일치하지 <u>않는</u> 것은?

① 마르크스주의자들의 해석 중에는 계급 간 대립을 부인하면서 파시즘을 해석하는 경우도 있다.

② 이탈리아와 독일, 소련의 억압적 체제들을 하나의 범주로 파악한 것은 냉전 상황을 배경으로 하고 있다.

③ 파시즘이라는 용어는 이탈리아에서 특정 시기에 있었던 정치 현상을 가리켰지만, 지시 대상이 점차 확장되었다.

④ 전체주의 이론은 파시즘과 스탈린주의의 서로 다른 기반과 목적을 간과하고 표면적 특징만을 추출했다는 비판을 받았다.

⑤ 파시즘을 국수주의적이며 제국주의적인 성향의 대자본이 폭력을 수단으로 정권을 유지하려 한 정치 체제로 보는 것이 마르크스주의의 대표적 해석이다.

문항 성격	문항유형 : 정보의 확인과 재구성
	내용영역 : 사회
평가 목표	이 문항은 제시문에 등장하는 파시즘에 관한 다양한 주장들을 이해하고 있는지 확인하는 문항이다.
문제 풀이	정답 : ①

제시문에 소개된 파시즘에 관한 여러 정의와 해석을 이해해야 한다. 특히 마르크스주의의 해석 및 전체주의 이론에서 바라보는 파시즘의 정의와 특징을 올바르게 파악하도록 한다.

정답 해설	① 제시문 두 번째 단락 "비교적 일찍 나타난 것은 기본적으로 계급투쟁 개념에 바탕을 둔 마르크스주의적 해석"이라는 기술로부터 마르크스주의자들의 해석은 기본적으로 '계급 간 대립', 즉 '계급투쟁'에 기반하고 있음을 알 수 있다.
오답 해설	② 제시문 세 번째 단락 "한편 2차 대전 이후에는 냉전의 분위기 속에서 이탈리아의 파시즘, 독일의 나치즘, 소련의 스탈린주의를 뭉뚱그려 전체주의로 범주화하는 경향이 나타났다."로부터 전체주의 이론에서는 냉전 상황 속에서 이탈리아와 독일, 소련의 억압적 체제들을 하나의 범주로 파악하고 있음을 확인할 수 있다.
	③ 제시문 첫 번째 단락을 통해 파시즘이라는 용어가 원래 이탈리아의 특정 시기 동안의 정치 현상을 가리켰지만, 점차 가리키는 대상이 다양해졌음을 알 수 있다.

④ 제시문 세 번째 단락으로부터 전체주의 이론에 대해 파시즘과 스탈린주의가 서로 다른 기반과 목적을 가졌음을 간과하고 표면적 특징만을 추출하여 하나의 범주로 묶었다는 비판이 제기되었음을 알 수 있다.

⑤ 제시문 두 번째 단락 "… 마르크스주의적 해석인데, 대표적인 것은 '코민테른 테제'이다. 이에 따르면, 파시즘이란 "금융 자본의 가장 반동적이고 국수주의적이며 제국주의적인 분파의 공공연한 테러 독재"이다. 즉, 파시즘이 자본주의의 도구이며, 대자본의 대리인이라고 파악한 것이다."로부터 마르크스주의의 대표적 해석이 '코민테른 테제'이고, 여기서는 파시즘을 국수주의적이며 제국주의적 성향의 대자본이 폭력을 수단으로 정권을 유지하려 한 정치 체제로 보고 있다는 것을 알 수 있다.

14.

㉠과 ㉡에 대한 설명으로 적절하지 <u>않은</u> 것은?

① ㉠은 파시즘의 최종 목표가 '파시즘적 인간'을 완성해 내는 것이고, 폭력의 사용 및 자본과의 협력은 이를 위한 도구였다고 보았다.

② ㉠은 파시즘이 역사적 상황의 변화로 인해 맞이한 민족적 고난을 지도적 엘리트에 의해 극복한다는 '신화'를 세력의 단결과 체세 유시의 수닌으로 심있다고 보았다.

③ ㉡은 독일 나치즘에서는 독단적 폭력이, 이탈리아 파시즘에서는 형식적 관료주의가 두드러졌다고 보았다.

④ ㉡은 파시즘 치하에서 이중적 권력 기구가 갈등 속에서도 병존하는 현상을 권위주의적 독재에서 파생한 것이라고 파악하였다.

⑤ ㉠은 파시즘에서 나타난 근대적 성격에 주목하여 혁명적 성격을 가졌다고 파악했고, ㉡은 기득권층과의 연합에 주목하여 혁명적 성격을 가지지 않았다고 파악했다.

문항 성격   문항유형 : 주제, 구조, 관점 파악

내용영역 : 사회

평가 목표   이 문항은 글의 주요 주제인 그리핀과 팩스턴의 파시즘 해석을 정확히 파악하고 있는지를 묻는 문항이다.

파시즘에 대한 근래 대표적인 연구자는 그리핀과 팩스턴이다. 그리핀은 역사적 상황의 변화 속에 맞이한 민족적 고난 속에서 나타난 파시즘이 '신화'를 바탕으로 삼아 대중을 응집하고 추동력을 얻어내는 역사적 현상이며, 이는 근대적 성격의 것이라고 보았다. 팩스턴은 '이중 국가'라는 개념으로 파시즘을 해석하면서 기성 제도 및 전통적 엘리트 계층과 연합한 것이 파시즘이며, 따라서 근대적 성격의 혁명이 아니라고 보았다.

정답 해설 ① 제시문 네 번째 단락 "그는 또 신화의 궁극적인 실현, 즉 '민족의 유토피아'를 건설"이라는 표현으로부터 그리핀은 파시즘의 최종 목표는 '민족의 유토피아를 건설'하는 것이며, '파시즘적 인간'의 완성은 최종 목표가 아닌 과정 혹은 수단이라고 보고 있음을 알 수 있다.

오답 해설 ② 제시문 네 번째 단락 "그에 따르면, 파시즘은 근대적 대중 정치의 한 부류로서, 특정한 민족 혹은 종족 공동체의 정치 문화와 사회 문화에 대한 혁명적인 변화를 목적으로 삼는다. 그리고 '신화'를 수단으로 삼아 내적 응집력과 대중의 지지라는 추동력을 얻어낸다."로부터 그리핀은 파시즘이 '신화'를 지지 세력의 단결과 체제 유지의 수단으로 삼았다고 보았음을 알 수 있다.

③ 제시문 다섯 번째 단락 "특권 국가가 결국 우위를 점한 나치와 달리 무솔리니는 표준 국가의 영역에 더 큰 권력을 허용하였다는 점이다."와 "'이중 국가'는 합법성에 따라 관료적으로 움직이는 '표준 국가'가 당의 '동형 기구'로 만들어진 독단적 '특권 국가'와 갈등을 빚으면서도 협력 속에 공존한다는 개념이다.", 그리고 "팩스턴에 따르면, 파시즘 정권은 형식적 관료주의와 독단적 폭력이 혼합된 기묘한 형태였다."를 종합해 보면, 팩스턴은 나치즘에서는 독단적 폭력, 즉 특권 국가가, 파시즘에서는 형식적 관료주의, 즉 표준 국가가 두드러졌다고 보았음을 알 수 있다.

④ 제시문 다섯 번째 단락 "그는 '이중 국가' 개념을 파시즘 체제 분석에 적용시켰다. '이중 국가'는 합법성에 따라 관료적으로 움직이는 '표준 국가'가 당의 '동형 기구'로 만들어진 독단적 '특권 국가'와 갈등을 빚으면서도 협력 속에 공존한다는 개념이다."와 "팩스턴은 파시즘이 근대적 혁명이라는 주장을 거부하면서, 파시즘을 전통적인 권위주의적 독재의 변종으로 규정한다."를 종합해 보면 팩스턴은 이중 국가가 권위주의적 독재에서 파생한 변종이라고 파악하고 있음을 알 수 있다. 따라서 오답이다.

⑤ 제시문 네 번째 단락 "그(그리핀)는 … 근대적 성격을 보여준 것에 주목하여 파시즘을 일종의 '근대적 혁명'이라고 보았다."와 다섯 번째 단락 "팩스턴은 파시즘이 근대적 혁명이라는 주장을 거부하면서, 파시즘을 전통적인 권위주의적 독재의 변종으로 규정한다. 그는 혁명으로 보이는 파시즘이 실은 기성 제도 및 전통적 엘리트 계층과 연합했다는 점을 중시하기 때문이다."로부터 파시즘 성격에 대한 두 사람의 입장 차이를 알 수 있다.

15.

윗글을 바탕으로 〈보기〉의 (가)~(다)의 입장을 추론한 것으로 가장 적절한 것은?

보기

(가) 이탈리아 파시즘 치하에서 소유 관계와 계급 구조는 바뀌지 않았다. 그렇기에 파시스트 '혁명'을 굳이 혁명이라고 한다면 아마 문화 혁명 정도가 될 것이다. 동시에 파시즘이 전통문화와 타협하며 대중의 수동적 동의를 확보하려고 한 점을 보면, 그 문화 혁명이라는 것의 한계도 분명했다.

(나) 무솔리니 내각을 통상의 다른 행정부처럼 분석하는 사람도 있다. 그러나 파시즘은 사회 개혁의 실패, 즉 이탈리아 고유의 민족적 모순의 발현이며, 따라서 '민족의 자서전'이다. 투쟁과 경쟁을 통한 진보가 아니라, 나태하게 계급 협력이 가능하다고 믿는 민족은 존중받을 수 없기 때문이다.

(다) 파시즘은 소부르주아의 '정치적 육화'이다. 소부르주아는 의회를 파괴한 후에 부르주아 국가도 파괴하고 있다. 그것은 항상 더 큰 규모로 법의 권위를 사적 폭력으로 대체하고, 이 폭력을 혼란스럽게, 더 난폭하게 행사한다.

① (가)는 '소유 관계'와 '계급 구조'에 주목하는 것으로 보아 탈하이머와 바이다의 주장에 동의하는 입장을 보일 것이다.

② (가)는 '전통문화와 타협'하는 대중의 '수동적 동의'를 강조하는 것으로 보아 그리핀의 주장을 비판하는 입장을 보일 것이다.

③ (나)는 '사회 개혁'을 중시하고 '민족적 모순'을 언급하는 것으로 보아 그리핀의 주장에 동의하는 입장을 보일 것이다.

④ (다)는 '의회'와 '부르주아 국가'를 파괴한다는 점에 주목하는 것으로 보아 팩스턴의 주

장에 동조하는 입장을 보일 것이다.

⑤ (다)는 '정치적 육화'라는 말로 '소부르주아'가 파시즘의 수단이라고 강조하는 것으로 보아 톨리아티의 주장을 비판하는 입장을 보일 것이다.

문항 성격 문항유형 : 정보의 평가와 적용
내용영역 : 사회
평가 목표 이 문항은 파시즘에 대해 추가로 제공되는 세 가지 해석을 제시문에서 소개된 해석들과 비교하여 적절하게 평가할 수 있는지 묻는 문항이다.
문제 풀이 정답 : ②

(가)는 로버트 수시의 해석으로 이탈리아 파시즘을 혁명적인 것이 아니라, 한계가 명확하다고 파악하고 있어서 그리핀의 입장과 상충된다. 또한 소유 관계와 계급 구조가 바뀌지 않았다고 보아 제3세력이 등장한다는 탈하이머와 바이다의 주장에 동의하지 않는 점을 밝히고 있다. (나)는 알베로 고베티의 해석이다. 그는 파시즘이 이탈리아 고유의 상황에서 나온 현상임을 주장하여 그리핀의 일반화와 다른 입장을 취한다. (다)는 안토니오 그람시의 해석으로 파시즘의 주축 세력이 소부르주아라고 파악하는 톨리아티와 같은 입장이다.

정답 해설 ② 그리핀은 파시즘을 '근대적 혁명'이라고 보았지만, (가)는 "문화 혁명 정도가 될 것"이며 "그 문화 혁명이라는 것의 한계도 분명"했다고 하여 비판적 자세를 취한다. 또한 그리핀은 '대중의 지지'를 언급하는 반면 (가)는 '대중의 수동적 동의'를 말하고 있다. 따라서 (가)는 그리핀의 주장을 비판하는 입장을 보일 것이다.

오답 해설 ① 탈하이머와 바이다는 "파시즘이 계급으로부터 상대적으로 자유로운 현상"이며 "자본과 노동이 대립하면서 어느 한쪽이 절대 우위를 갖추지 못하면 제3의 세력이 등장"한다고 보고 있지만, (가)는 "계급 구조는 바뀌지 않았다."고 보고 있다. 따라서 (가)는 탈하이머와 바이다의 주장에 동의하지 않을 것이다.

③ (나)는 파시즘을 "이탈리아 고유의 민족적 모순의 발현"으로 보고 있다. 반면 그리핀은 파시즘에 대한 "일반화된 개념을 제시하여 각국의 유사한 사례들에 적용할 수 있게 했다." 따라서 (나)는 그리핀의 주장에 동의하지 않을 것이다.

④ 팩스턴은 "파시즘이 실은 기성 제도 및 전통적 엘리트 계층과 연합했다는 점을 중시"했다고 보고 있고, (다)는 파시즘이 의회와 부르주아 국가를 파괴하고 있다고 보고 있다. 따라서 (다)는 팩스턴의 주장에 동조하지 않을 것이다.

⑤ 톨리아티는 "파시즘이 소부르주아적 성격의 대중적 기반 위에 있었다고 파악"하고 있고, (다)는 파시즘을 소부르주아의 '정치적 육화'로 보고 있다. 따라서 (다)는 톨리아티의 주장을 비판하는 입장이라고 할 수 없다.

대규모 데이터를 분석하여 데이터 속에 숨어 있는 유용한 패턴을 찾아내기 위해 다양한 기계학습 기법이 활용되고 있다. 기계학습을 위한 입력 자료를 데이터 세트라고 하며, 이를 분석하여 유용하고 가치 있는 정보를 추출할 수 있다. 데이터 세트의 각 행에는 개체에 대한 구체적인 정보가 저장되며, 각 열에는 개체의 특성이 기록된다. 개체의 특성은 범주형과 수치형으로 구분되는데, 예를 들어 '성별'은 범주형이며, '체중'은 수치형이다.

기계학습 기법의 하나인 클러스터링은 데이터의 특성에 따라 유사한 개체들을 묶는 기법이다. 클러스터링은 분할법과 계층법으로 나뉘는데, 이 둘은 모두 거리 개념에 기초하고 있다. 가장 많이 사용되는 거리 개념은 기하학적 거리이며, 두 개체 사이의 거리는 n차원으로 표현된 공간에서 두 개체를 점으로 표시할 때 두 점 사이의 직선거리이다. 거리를 계산할 때 특성들의 단위가 서로 다른 경우가 많은데, 이런 경우 특성 값을 정규화할 필요가 있다. 예를 들어 특정 과목의 학점과 출석 횟수를 기준으로 학생들을 묶을 경우 두 특성의 단위가 다르므로 두 특성 값을 모두 0과 1 사이의 값으로 정규화하여 클러스터링을 수행한다. 또한 범주형 특성에 거리 개념을 적용하려면 이를 수치형 특성으로 변환해야 한다.

분할법은 전체 데이터 개체를 사전에 정한 개수의 클러스터로 구분하는 기법으로, 모든 개체는 생성된 클러스터 가운데 어느 하나에 속한다. 〈그림 1〉에서 (b)는 (a)에 제시된 개체들을 분할법을 통해 세 개의 클러스터로 묶은 예이다. 분할법에서는 클러스터에 속한 개체들의 좌표 평균을 계산하여 클러스터 중심점을 구한다. 고전적인 분할법인 K-민즈 클러스터링(K-means clustering)에서는 거리 개념과 중심점에 기반하여 다음과 같은 과정으로 알고리즘이 진행된다.

1) 사전에 K개로 정한 클러스터 중심점을 임의의 위치에 배치하여 초기화한다.
2) 각 개체에 대해 K개의 중심점과의 거리를 계산한 후 가장 가까운 중심점에 해당 개체를 배정하여 클러스터를 구성한다.
3) 클러스터 별로 그에 속한 개체들의 좌표 평균을 계산하여 클러스터의 중심점을 다시 구한다.
4) 2)와 3)의 과정을 반복해서 수행하여 더 이상 변화가 없는 상태에 도달하면 알고리즘이 종료된다.

분할법에서는 이와 같이 개체와 중심점과의 거리를 계산하여 클러스터에 개체를 배정하므로 두 개체가 인접해 있더라도 가장 가까운 중심점이 서로 다르면 두 개체는 상이한 클러스터에 배정된다.

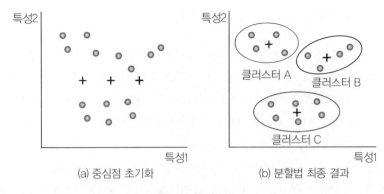

(a) 중심점 초기화　　　　　　　　(b) 분할법 최종 결과

〈그림 1〉 분할법의 예

　　클러스터링이 잘 수행되었는지 확인하려면 클러스터링 결과를 평가하는 품질 지표가 필요하다. K-민즈 클러스터링의 경우 품질 지표는 개체와 그 개체가 해당하는 클러스터의 중심점 간 거리의 평균이다. K-민즈 클러스터링에서 K가 정해졌을 때 개체와 해당 중심점 간 거리의 평균을 최소화하는 '전체 최적해'는 확정적으로 보장되지 않는다. 알고리즘의 첫 번째 단계인 초기화를 어떻게 하느냐에 따라 클러스터링 결과가 달라질 수 있으며, 경우에 따라 좋은 결과를 찾는 데 실패할 수도 있다. 따라서 전체 최적해를 얻을 확률을 높이기 위해, 서로 다른 초기화를 시작으로 클러스터링 알고리즘을 여러 번 수행하여 나온 결과 중에 좋은 해를 찾는 방법이 흔히 사용된다. 그런데 K-민즈 클러스터링 알고리즘의 한 가지 문제는 클러스터의 개수인 K를 미리 정해야 한다는 것이다. K가 커질수록 각 개체와 해당 중심점 간 거리의 평균은 감소한다. 극단적으로 모든 개체를 클러스터로 구분할 경우 개체가 곧 중심점이므로 이들 사이의 거리의 평균값은 0으로 최소화되지만, 클러스터링의 목적에 부합하는 유용한 결과라고 보기 어렵다. 따라서 작은 수의 K로 알고리즘을 시작하여 클러스터링 결과를 구한 다음 K를 점차 증가시키면서 유의미한 품질 향상이 있는지 확인하는 방법이 자주 사용된다.

　　한편, 계층법은 클러스터 개수를 사전에 정하지 않아도 되는 장점이 있다. 〈그림 2〉와 같이 개체들을 거리가 가까운 것들부터 차근차근 집단으로 묶어서 모든 개체가 하나로 묶일 때까지 추상화 수준을 높여가는 상향식으로 알고리즘이 진행되어 계통도를 산출한다. 따라서 계층법은 개체들 간에 위계 관계가 있는 경우에 효과적으로 적용될 수 있다. 계통도에서 점선으로 표시된 수평선을 아래위로 이동해 가면서 클러스터링의 추상화 수준을 변경할 수 있다.

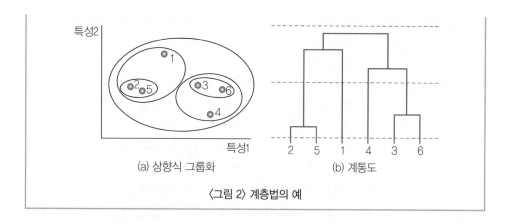

特성2

1

2 5

3 6

4

특성1

(a) 상향식 그룹화

2 5 1 4 3 6

(b) 계통도

〈그림 2〉 계층법의 예

16.

윗글의 내용과 일치하는 것은?

① 클러스터링은 개체들을 묶어서 한 개의 클러스터로 생성하는 기법이다.
② 분할법에서는 클러스터링 수행자가 정확한 계산을 통해 초기 중심점을 찾아낸다.
③ 분할법은 하향식 클러스터링 기법이므로 한 개체가 여러 클러스터에 속할 수 있다.
④ 계층법으로 계통도를 산출할 때 클러스터 개수는 미리 정하지 않는다.
⑤ 계층법의 계통도에서 수평선을 아래로 내릴 경우 추상화 수준이 높아진다.

문항 성격	문항유형 : 정보의 확인과 재구성
	내용영역 : 과학기술
평가 목표	이 문항은 제시문의 주제인 클러스터링의 두 가지 기법인 분할법과 계층법을 정확하게 이해하고 있는지 묻는 문항이다.
문제 풀이	정답 : ④

기계학습의 기법의 하나인 클러스터링은 다시 분할법과 계층법으로 나뉜다. 분할법은 전체 개체를 사전에 정한 개수의 클러스터로 구분하는 기법이고, 계층법은 거리가 가까운 것들부터 개체들을 상향식으로 묶어 가는 기법이다. 특히 K−민즈 클러스터링의 초기화 방식과 계통도의 추상화 수준에 대해 정확히 이해해야 한다.

④ 제시문 여섯 번째 단락 "한편, 계층법은 클러스터 개수를 사전에 정하지 않아도 되는 장점이 있다."로부터 계층법으로 계통도를 산출할 때 클러스터 개수는 미리 정하지 않는다는 것을 알 수 있다.

① 제시문 두 번째 단락 "기계학습 기법의 하나인 클러스터링은 데이터의 특성에 따라 유사한 개체를 묶는 기법이다. 클러스터링은 분할법과 계층법으로 나뉘는데, …"와 세 번째 단락 "분할법은 전체 데이터 개체를 사전에 정한 개수의 클러스터로 구분하는 기법으로, …", 그리고 다섯 번째 단락 "계통도에서 점선으로 표시된 수평선을 아래위로 이동해 가면서 클러스터링의 추상화 수준을 변경할 수 있다."를 종합하면, 분할법에서는 사전에 정한 개수의 클러스터가 생성되며, 계층법에서는 클러스터링을 통해 추상화 수준이 가변적인 계통도가 구해진다는 것을 알 수 있다. 따라서 클러스터링은 개체들을 묶어서 한 개의 클러스터로 생성하는 기법이라는 것은 윗글의 내용과 일치하지 않는다.

② K-민즈 클러스터링 알고리즘의 첫 번째 과정 "1) 사전에 K개로 정한 클러스터 중심점을 임의의 위치에 배치하여 초기화한다."로부터 분할법에서 초기 중심점은 클러스터링 수행자가 정확한 계산을 통해 찾아내는 것이 아니라는 것을 알 수 있다.

③ 제시문 세 번째 단락 "분할법은 전체 데이터 개체를 사전에 정한 개수의 클러스터로 구분하는 기법으로, 모든 개체는 생성된 클러스터 가운데 어느 하나에 속한다."로부터 분할법에서는 한 개체가 중복하여 여러 클러스터에 속할 수 없음을 알 수 있다.

⑤ 제시문 여섯 번째 단락 "… 개체들을 거리가 가까운 것들부터 차근차근 집단으로 묶어서 모든 개체가 하나로 묶일 때까지 추상화 수준을 높여가는 상향식으로 알고리즘이 진행되어 계통도를 산출한다. … 계통도에서 점선으로 표시된 수평선을 아래위로 이동해 가면서 클러스터링의 추상화 수준을 변경할 수 있다."로부터 계층법의 계통도에서 수평선을 아래로 내릴 경우 추상화 수준이 낮아진다는 것을 알 수 있다.

17.

K-민즈 클러스터링 에 대해 추론한 것으로 적절하지 <u>않은</u> 것은?

① 특성이 유사한 두 개체가 서로 다른 클러스터에 배치될 수 있다.
② 초기 중심점의 배치 위치에 따라 클러스터링의 품질이 달라질 수 있다.
③ 클러스터 개수를 감소시키면 클러스터링 결과의 품질 지표 값은 증가한다.
④ 초기화를 다르게 하면서 알고리즘을 여러 번 수행하면 전체 최적해가 결정된다.
⑤ K를 정하여 알고리즘을 진행하면 각 클러스터의 중심점은 결국 고정된 점에 도달한다.

문항 성격	문항유형 : 정보의 추론과 해석
	내용영역 : 과학기술
평가 목표	이 문항은 K-민즈 클러스터링 알고리즘의 구체적 과정과 품질 지표 개념을 이해하고, 이로부터 좋은 클러스터링 결과를 얻기 위한 방법을 적절하게 추론할 수 있는지를 확인하는 문항이다.
문제 풀이	정답 : ④

K-민즈 클러스터링은 K개의 클러스터로 개체들을 구분하는 기법으로, 이때 K는 사전에 정해진다. 이러한 방식이 한계 및 관련된 쟁점을 종합적으로 이해하여 각각의 선택지가 적절한지 여부를 판단할 수 있어야 한다.

정답 해설 ④ 제시문 다섯 번째 단락 "K-민즈 클러스터링에서 K가 정해졌을 때 개체와 해당 중심점 간 거리의 평균을 최소화하는 '전체 최적해'는 확정적으로 보장되지 않는다. … 따라서 전체 최적해를 얻을 확률을 높이기 위해, 서로 다른 초기화를 시작으로 클러스터링 알고리즘을 여러 번 수행하여 나온 결과 중에 좋은 해를 찾는 방법이 흔히 사용된다."로부터 초기화를 다르게 하면서 알고리즘을 여러 번 수행하더라도 전체 최적해의 도출이 확정적으로 보장되지는 않는다는 것을 알 수 있다.

오답 해설 ① 제시문 네 번째 단락으로부터 특성이 유사하여 서로 가까운 위치에 있는 개체들이라 하더라도 자신과 가장 가까운 중심점이 서로 다르면 각기 다른 클러스터에 배치된다는 것을 알 수 있다.

② 제시문 다섯 번째 단락 "클러스터링이 잘 수행되었는지 확인하려면 클러스터링 결과를 평가하는 품질 지표가 필요하다. K-민즈 클러스터링의 경우 품질 지표는 개체와 그 개체가 해당하는 클러스터의 중심점 간 거리의 평균이다. … 알고리즘의 첫 번째 단계인 초기화를 어떻게 하느냐에 따라 클러스터링 결과가 달라질 수 있으며, 경우에 따라 좋은 결과를 찾는 데 실패할 수도 있다."로부터 초기 중심점을 어디로 설정하느냐에 따라 클러스터링의 품질이 달라질 수 있음을 알 수 있다.

③ 제시문 다섯 번째 단락 "K가 커질수록 각 개체와 해당 중심점 간 거리의 평균은 감소한다."로부터 거꾸로 K가 작아질수록 각 개체와 해당 중심점 간 거리의 평균, 즉 품질 지표는 증가한다는 것을 추론할 수 있다. 따라서 클러스터 개수를 감소시키면 클러스터링 결과의 품질 지표 값은 증가한다.

⑤ K-민즈 클러스터링 알고리즘의 네 번째 과정 "4) 2)와 3)의 과정을 반복해서 수행하여 더 이상 변화가 없는 상태에 도달하면 알고리즘이 종료된다."로부터 2)와 3)의 과정이 해가 수렴하여 더 이상 중심점이 이동하지 않을 때까지 반복된다는 것을 알 수 있다. 따라서 K를 정하여 알고리즘을 진행하면 각 클러스터의 중심점은 결국 고정된 점에 도달한다.

18.

〈보기〉의 사례에 클러스터링을 적용할 때 적절하지 <u>않은</u> 것은?

> **보기**
>
> ○○기업에서는 표적 시장을 선정하여 마케팅을 실행하기 위해 전체 시장을 세분화하고자 한다. 시장 세분화를 위해 특성이 유사한 고객을 묶는 기계학습 기법 도입을 검토 중이다. 이 기업에서는 고객의 거주지, 성별, 나이, 소득 수준 등 인구통계학적인 정보와 라이프 스타일에 관한 정보 등을 보유하고 있다.

① 고객 정보에는 수치형이 아닌 것도 있어 특성의 유형 변환이 요구된다.
② 고객 특성은 세분화 과정을 통해 계통도로 표현 가능하므로 계층법이 효과적이다.
③ K-민즈 클러스터링 알고리즘을 실행하려면 세분화할 시장의 개수를 먼저 정해야 한다.
④ 나이와 소득 수준과 같이 단위가 다른 특성을 기준으로 시장을 세분화할 경우 정규화가 필요하다.

⑤ 모든 고객을 별도의 세분화된 시장들로 구분하여 1:1 마케팅을 할 경우 K–민즈 클러스터링의 품질 지표 값은 0이다.

<table>
<tr><td>문항 성격</td><td>문항유형 : 정보의 평가와 적용</td></tr>
<tr><td></td><td>내용영역 : 과학기술</td></tr>
<tr><td>평가 목표</td><td>이 문항은 〈보기〉로 주어진 사례에 클러스터링 기법을 적용할 때 고려해야 할 사항을 정확이 이해하고 있는지 평가하는 문항이다.</td></tr>
<tr><td>문제 풀이</td><td>정답 : ②</td></tr>
</table>

〈보기〉는 고객 특성의 유사성을 기준으로 고객을 클러스터링하여 전체 시장을 세분화하고자 하는 상황이다. 따라서 클러스터링 기법의 특징은 물론, 개체의 특성을 이해하여 이를 〈보기〉의 사례에 적용하되 특히 클러스터링의 목적(여기서는 시장의 세분화)이라는 관점에서 각각의 선택지가 적절한지 여부를 판단할 수 있어야 한다.

정답 해설 ② 제시문의 여섯 번째 단락 "… 개체들을 거리가 가까운 것들부터 차근차근 집단으로 묶어서 모든 개체가 하나로 묶일 때까지 추상화 수준을 높여가는 상향식으로 알고리즘이 진행되어 계통도를 산출한다. 따라서 계층법은 개체들 간에 위계 관계가 있는 경우에 효과적으로 적용될 수 있다."로부터 계층법에서 계통도를 산출하는 과정은 특성을 세분화하는 것이 아니라 특성을 기준으로 개체들을 상향식으로 묶어가는 과정이고, 계층법이 효과적인 경우는 개체들 간에 게능 관계가 있는 경우라는 것을 알 수 있다. 따라서 고객 특성은 세분화 과정을 통해 계통도로 표현 가능하므로 계층법이 효과적이라는 것은 적절한 진술이 아니다.

오답 해설 ① 제시문의 두 번째 단락에 따르면 "범주형 특성에 거리 개념을 적용하려면 이를 수치형 특성으로 변환해야 한다." 〈보기〉에서 제시된 고객 정보에는 거주지, 성별, 라이프 스타일 등 범주형 특성이 포함되어 있다. 따라서 이들 범주형 특성의 유형 변환이 요구된다.

③ 제시문 세 번째 단락 "분할법은 전체 데이터 개체를 사전에 정한 개수의 클러스터로 구분하는 기법으로, … 1) 사전에 K개로 정한 클러스터 중심점을 임의의 위치에 배치하여 초기화한다."로부터 K–민즈 클러스터링 알고리즘을 실행하려면 세분화할 시장의 개수인 K를 먼저 정해야 함을 알 수 있다.

④ 제시문 두 번째 단락에 따르면 "클러스터링은 분할법과 계층법으로 나뉘는데, 이 둘은 모두 거리 개념에 기초하고 있다. … 거리를 계산할 때 특성들의 단위가 서로 다른 경우가 많은데, 이런 경우 특성 값을 정규화할 필요가 있다." 따라서 나이와 소득 수준과 같이 단위가 다른 특성을 기준으로 시장을 세분화할 경우 정규화가 필요하다.

⑤ 제시문 다섯 번째 단락에 따르면 "극단적으로 모든 개체를 클러스터로 구분할 경우 개체가 곧 중심점이므로 이들 사이의 거리의 평균값은 0으로 최소화"된다. 모든 고객을 별도의 세분화된 시장들로 구분하여 1 : 1 마케팅을 하는 경우는 모든 개체를 클러스터로 구분하는 경우이다. 따라서 K-민즈 클러스터링의 품질 지표 값은 0이 된다.

[19~21] 다음 글을 읽고 물음에 답하시오.

오늘날 교과서적 견해에서 '소유와 지배의 분리'라는 개념은 전문 경영인 체제의 확립을 가리키지만 그로 인한 주주와 경영자 사이의 이해 상충을 내포한다. 다시 말해 주식 소유의 분산으로 인해 창업자 가족이나 대주주의 영향력이 약해져 경영자들이 회사 이윤에 대한 유일한 청구권자인 주주의 이익보다 자신들의 이익을 앞세우는 문제의 심각성을 강조하는 개념이다. 그러나 ⊙벌리가 이 개념을 처음 만들었을 때 그 의미는 달랐다. 그는 '회사체제'라는 현대 사회의 재산권적 특징을 포착하고자 이 개념을 고안했다. 그에게 있어서 '소유', '지배', '경영'은 각각 (1) 사업체에 대한 이익을 갖는 기능, (2) 사업체에 대한 권력을 갖는 기능, (3) 사업체에 대한 행위를 하는 기능을 지칭하는 개념이지 각 기능의 담당 주체를 지칭하는 것이 아니다.

벌리에 따르면 산업혁명 이전에는 이 세 기능이 통합된 경우가 일반적이었는데 19세기에 많은 사업체들에서 소유자가 (1)과 (2)를 수행하고 고용된 경영자들이 (3)을 수행하는 방식으로 분리가 일어났다. 20세기 회사체제에서는 많은 사업체들에서 (2)가 (1)에서 분리되었다. 이제 (1)은 사업체의 소유권을 나타내는 증표인 주식을 소유하는 것, 즉 비활동적 재산의 점유가 되었고, (2)는 물적 자산과 사람들로 조직된 살아 움직이는 사업체를 어떻게 사용할지를 결정하는 것, 즉 활동적 재산의 점유가 되었다. 주식 소유가 다수에게 분산된 회사에서 (2)는 창업자나 그 후손, 대주주, 경영자, 혹은 모회사나 지주회사의 지배자 등 이사를 선출할 힘을 가진 다양한 주체에 의해 수행될 수 있다. 사기업에서는 통합되어 있던 위험 부담 기능과 회사 지배 기능이 분리되어 주주와 지배자에게 각각 배치됨으로써 회사라는 생산 도구는 전통적인 사유재산으로서의 의미를 잃게 되었다. 이런 의미에서 벌리는 소유와 지배가 분리된 현대 회사를 준공공회사라고 불렀다.

소유와 지배가 분리된 회사는 누구를 위해 운영되어야 하는가? 벌리는 이 질문에 대해 가능한 세 가지 답을 검토한다. 첫째, 재산권을 불가침의 권리로 간주하는 전통적인 법학의 논리에 입각한다면 회사가 오로지 주주의 이익을 위해서만 운영되어야 한다는 견해가 도출될 수밖에 없다. 그러나 자신의 재산에 대한 지배를 수행하는 소유자가 그 재산으로부터 나오는 이익을 전적으로 수취하는 것이 보호되어야 한다고 해서, 자신의 재산에 대한 지배를 포기한 소유자도 마찬가지로 이익의 유일한 청구권자가 되어야 한다는 결론을 도출하는 것은 잘못이다.

둘째, 전통적인 경제학의 논리에 입각하면 회사는 지배자를 위해 운영되어야 한다는 견해가 도출될 수밖에 없다. 왜냐하면 경제학은 전통적인 법학과 달리 재산권의 보호 자체를 목적으로 보는 것이 아니라 재산권의 보호를 사회적으로 바람직한 목적을 위한 수단으로 보기 때문이다. 재산권을 보호하는 이유가 재산의 보장 자체가 아니라 부를 얻으려는 노력을 유발하는 사회적 기능 때문이라면, 회사가 유용하게 사용되도록 하기 위해서는 회사를 어떻게 사용할지를 결정하는 지배자의 이익을 위해 회사가 운영되어야 한다. 그러나 위험을 부담하지 않는 지배자를 위해 회사가 운영되는 것은 최악의 결과를 낳는다.

셋째, 이처럼 법학과 경제학의 전통적인 논리를 소유와 지배가 분리된 회사체제에 그대로 적용했을 때 서로 다른 그릇된 결론들이 도출된다는 것은 두 학문의 전통적인 논리들이 전제하고 있는 19세기의 자유방임 질서가 회사체제에 더 이상 타당하지 않음을 보여준다. 자유방임 질서가 기초하고 있던 사회가 회사체제 사회로 변화된 상황에서는, 회사가 '지배자를 위해 운영되어야 한다'는 견해는 최악의 대안이고 '주주를 위해 운영되어야 한다'는 견해는 차악의 현실적인 대안일 뿐이다. 결국 회사체제에서 회사는 공동체의 이익을 위해 운영되어야 한다는 것이 벌리의 결론이다.

하지만 이를 뒷받침할 법적 근거가 마련되지 않거나, 이를 실현할 합리적인 계획들을 공동체가 받아들일 준비가 안 된 상황에서는, 회사법 영역에서 경영자의 신인의무의 대상, 즉 회사를 자신에게 믿고 맡긴 사람의 이익을 자신의 이익보다 우선해야 하는 의무의 대상을 주주가 아닌 다른 이해 관계자들로 확장해서는 안 된다고 벌리는 주장했다. 이 때문에 그는 회사가 주주를 위해 운영되어야 한다는 견해를 지지했던 것으로 흔히 오해된다. 그러나 회사법에서 주주 이외에 주인을 인정하지 않아야 한다고 그가 주장한 이유는 주인이 여럿이면 경영자들이 누구도 섬기지 않게 되고 회사가 경제적 내전에 빠지게 될 것이며 경제력이 집중된 회사 지배자들의 사회적 권력을 키워주는 결과를 낳을 것이라고 보았기 때문이다. 그는 회사법 영역에서 주주에 대한 신인의무를 경영자뿐 아니라 지배자에게도 부과하여 지배에 의한 회사의 약탈로부터 비활동적 재산권을 보호하는 것이 회사가 공동체의 이익을 위해 운영되도록 하기 위한 출발점이라고 보았다. 그리고 소득세법이나 노동법, 소비자보호법, 환경법 등과 같은 회사법 바깥의 영역에서 공동체에 대한 회사의 의무를 이행하도록 하는 현실적인 시스템을 마련하고 정착시킴으로써 사회의 이익에 비활동적 재산권이 자리를 양보하도록 만들 수 있다고 보았다.

19.

윗글의 내용에 비추어 볼 때 적절하지 <u>않은</u> 것은?

① 소유와 지배의 분리에 대한 오늘날 교과서적 견해는 전통적인 법학 논리에 입각한 견해를 받아들이고 있다.

② 벌리는 회사법에서 회사의 사회적 책임을 강조할 경우 회사 지배자들의 권력을 키워주는 결과를 낳는다고 보았다.

③ 전통적인 경제학의 논리에 따르면 사회적으로 가장 좋은 결과를 낳을 수 있도록 재산권이 인정되는 것이 바람직하다.

④ 벌리에 따르면 주주가 회사 이윤에 대한 유일한 청구권자가 아니기 때문에 경영자의 신인의무 대상을 주주로 한정해서는 안 된다.

⑤ 벌리와 달리 오늘날 교과서적 견해에 따르면 대주주의 영향력이 강해지는 것이 소유와 지배의 분리에 따른 문제를 해결하는 데 도움이 될 수 있다.

문항 성격	문항유형 : 정보의 추론과 해석
	내용영역 : 사회
평가 목표	이 문항은 회사의 재산권과 관련한 다양한 입장들을 이해하고 있는지 확인하는 문항이다.
문제 풀이	정답 : ④

소유와 지배가 분리된 현대 회사가 누구를 위해 운영되어야 하는지에 대한 벌리의 견해와 오늘날 교과서적 견해를 이해하고, 이 견해들이 전통적인 법학 논리 및 경제학 논리와 어떤 관계를 갖는지 정확히 파악하도록 한다.

| 정답 해설 | ④ 제시문 세 번째 단락 "… 자신의 재산에 대한 지배를 포기한 소유자도 마찬가지로 이익의 유일한 청구권자가 되어야 한다는 결론을 도출하는 것은 잘못이다." |

로부터 벌리는 주주가 회사 이윤에 대한 유일한 청구권자가 아니라고 보았음을 알 수 있다. 그러나 여섯 번째 단락 "… 회사법 영역에서 경영자의 신인의무의 대상, 즉 회사를 자신에게 믿고 맡긴 사람의 이익을 자신의 이익보다 우선해야 하는 의무의 대상을 주주가 아닌 다른 이해 관계자들로 확장해서는 안 된다고 벌리는 주장했다."로부터 벌리가 경영자의 신인의무 대상을 주주로 한정해야 한다고 주장했음을 알 수 있다.

오답 해설 ① 제시문 첫 번째 단락 "오늘날 교과서적 견해에서 '소유와 지배의 분리'라는 개념은 전문 경영인 체제의 확립을 가리키지만 그로 인한 주주와 경영자 사이의 이해 상충을 내포한다. 다시 말해 주식 소유의 분산으로 인해 창업자 가족이나 대주주의 영향력이 약해져 경영자들이 회사 이윤에 대한 유일한 청구권자인 주주의 이익보다 자신들의 이익을 앞세우는 문제의 심각성을 강조하는 개념이다."로부터 오늘날 교과서적 견해는 경영자들이 회사 이윤에 대한 유일한 청구권자인 주주의 이익을 우선해야 한다는 것임을 알 수 있다. 그리고 세 번째 단락 "… 재산권을 불가침의 권리로 간주하는 전통적인 법학의 논리에 입각한다면 회사가 오로지 주주의 이익을 위해서만 운영되어야 한다는 견해가 도출될 수밖에 없다."로부터 전통적인 법학 논리는 회사 이윤에 대한 유일한 청구권자인 주주의 이익을 위해 회사가 운영되어야 한다는 결론을 함의한다는 것을 알 수 있다. 따라서 소유와 지배의 분리에 대한 오늘날 교과서적 견해는 전통적인 법학 논리에 입각한 견해를 받아들이고 있다.

② 제시문 다섯 번째 단락 "결국 회사체제에서 회사는 공동체의 이익을 위해 운영되어야 한다는 것이 벌리의 결론이다."와 여섯 번째 단락 "그러나 회사법에서 주주 이외에 주인을 인정하지 않아야 한다고 그가 주장한 이유는 주인이 여럿이면 경영자들이 누구도 섬기지 않게 되고 회사가 경제적 내전에 빠지게 될 것이며 경제력이 집중된 회사 지배자들의 사회적 권력을 키워주는 결과를 낳을 것이라고 보았기 때문이다."로부터 벌리는 회사의 사회적 책임을 인정했지만 회사법에서 이를 강조할 경우 회사 지배자들의 권력을 키워 주는 결과를 낳는다고 보았음을 알 수 있다.

③ 제시문 네 번째 단락 "… 전통적인 경제학의 논리에 입각하면 회사는 지배자를 위해 운영되어야 한다는 견해가 도출될 수밖에 없다. 왜냐하면 경제학은 전통적인 법학과 달리 재산권의 보호 자체를 목적으로 보는 것이 아니라 재산권의 보호를 사회적으로 바람직한 목적을 위한 수단으로 보기 때문이다."로부터 이 선택지는 적절하다는 것을 바로 알 수 있다.

⑤ 제시문 첫 번째 단락 "오늘날 교과서적 견해에서 '소유와 지배의 분리'라는 개념은 전문 경영인 체제의 확립을 가리키지만 그로 인한 주주와 경영자 사이의 이해 상충을 내포한다. 다시 말해 주식 소유의 분산으로 인해 창업자 가족이나 대주주의 영향력이 약해져 경영자들이 회사 이윤에 대한 유일한 청구권자인 주주의 이익보다 자신들의 이익을 앞세우는 문제의 심각성을 강조하는 개념이다."로부터 오늘날 교과서적 견해에 따르면 대주주의 영향력이 강해지는 것이 소유와 지배의 분리에 따른 주주와 경영자 사이의 이해 상충 문제를 해결하는 데 도움이 될 수 있다는 것을 알 수 있다. 그리고 두 번째 단락 내용으로부터 벌리에 따르면 대주주가 지배의 기능을 담당하는 주체일 수 있음을 알 수 있는데, 네 번째 단락 "그러나 위험을 부담하지 않는 지배자를 위해 회사가 운영되는 것은 최악의 결과를 낳는다."로부터 벌리가 대주주의 영향력이 강해지는 것이 소유와 지배의 분리에 따른 위험 부담 기능과 회사 지배 기능의 분리를 해결하는 데 도움이 된다고 생각하지 않았을 것임을 알 수 있다. 따라서 "벌리와 달리 오늘날 교과서적 견해에 따르면 대주주의 영향력이 강해지는 것이 소유와 지배의 분리에 따른 문제를 해결하는 데 도움이 될 수 있다."는 진술은 적절하다.

20.

지배 에 대한 ㉠의 생각으로 적절하지 않은 것은?

① 준공공회사에서는 공동체의 이익을 위해 수행되는 기능이다.
② 전통적인 의미의 사유재산에서는 소유자가 수행하는 기능이다.
③ 회사체제의 회사에서 이 기능의 담당자는 위험을 부담하지 않는다.
④ 회사체제의 회사에서는 활동적 재산을 점유한 자가 수행하는 기능이다.
⑤ '경영'의 담당자에 의해 수행될 수도 있다고 인정하지만 '경영'과 동일시하지 않는다.

문항 성격 문항유형 : 주제, 구조, 관점 파악
          내용영역 : 사회
평가 목표 이 문항은 제시문의 주요 개념인 '지배'에 대한 벌리의 생각을 제시문의 독해와 제시문으로부터의 추론을 통해 정확하게 파악할 수 있는지 확인하는 문항이다.

정답 : ①

이 문항에서 요구하는 바는 지배에 대한 설명으로 적절하지 않은 것을 고르라는 것이 아니라 지배에 대한 '벌리의 생각'으로 적절하지 않은 것을 고르라는 것이다. 벌리에 따르면, 회사체제의 회사에서는 위험 부담 기능과 회사 지배 기능이 분리되어 주주와 지배자에게 각각 배치되었다고 하였다.

정답 해설 ① 제시문 두 번째 단락 "사기업에서는 통합되어 있던 위험 부담 기능과 회사 지배 기능이 분리되어 주주와 지배자에게 각각 배치됨으로써 회사라는 생산 도구는 전통적인 사유재산으로서의 의미를 잃게 되었다. 벌리는 소유와 지배가 분리된 현대 회사를 준공공회사라고 불렀다."로부터 벌리는 준공공회사에서 지배는 지배자가 담당하게 되었다고 생각했음을 알 수 있다. 회사가 공동체의 이익을 위해 수행되어야 한다는 것은 소유와 지배가 분리된 현대 회사가 그렇게 되도록 해야 한다는 벌리의 주장이지 소유와 지배가 분리된 현대 회사가 그렇다는 벌리의 생각은 아니다.

오답 해설 ② 제시문 두 번째 단락 "20세기 회사체제에서는 많은 사업체들에서 (2)가 (1)에서 분리되었다."와 "사기업에서는 통합되어 있던 위험 부담 기능과 회사 지배 기능이 분리되어 주주와 지배자에게 각각 배치됨으로써 회사라는 생산 도구는 전통적인 사유재산으로서의 의미를 잃게 되었다."로부터 벌리는 전통적인 의미의 사유재산에서는 소유와 지배가 통합되어 있었고 둘 다 소유자에 의해 수행되는 기능이었다고 생각했음을 알 수 있다.

③ 제시문 두 번째 단락 "사기업에서 통합되어 있던 위험 부담 기능과 회사 지배 기능이 분리되어 주주와 지배자에게 각각 배치됨으로써 회사라는 생산 도구는 전통적인 사유재산으로서의 의미를 잃게 되었다."와 네 번째 단락 "위험을 부담하지 않는 지배자를 위해 회사가 운영되는 것은 최악의 결과를 낳는다.", 그리고 다섯 번째 단락 "… 사회가 회사체제 사회로 변화된 상황에서는, 회사가 '지배자를 위해 운영되어야 한다'는 견해는 최악의 대안이고 … "로부터 벌리는 소유와 지배가 분리된 회사체제의 회사에서 지배자가 위험을 부담하지 않는다고 생각했기 때문에 지배자를 위해 회사가 운영되어서는 안 된다고 주장했음을 알 수 있다. 따라서 이 선택지는 '벌리의 생각'으로 적절하다.

④ 제시문 두 번째 단락 "… (2)는 물적 자산과 사람들로 조직된 살아 움직이는 사업체를 어떻게 사용할지를 결정하는 것, 즉 활동적 재산의 점유가 되었다."로부터 벌리가 회사체제의 회사에서는 활동적 재산을 점유한 자가 지배 기능을 수행한다고 생각했음을 알 수 있다.

⑤ 제시문 두 번째 단락 "주식 소유가 다수에게 분산된 회사에서 ⑵는 창업자나 그 후손, 대주주, 경영자, 혹은 모회사나 지주회사의 지배자 등 이사를 선출할 힘을 가진 다양한 주체에 의해 수행될 수 있다."로부터 지배가 경영자에 의해 수행될 수도 있다고 인정했음을 알 수 있다. 그리고 첫 번째 단락과 두 번째 단락의 내용으로부터 벌리가 '지배'를 '경영'과 구분하여 동일시하지 않았음을 알 수 있다.

참고

지배자의 위험 부담에 대한 벌리의 견해

회사 주식의 1%도 안 되는 지분을 소유한 지배자가 존재하는 경우는 흔하며 대기업의 경우에는 대주주의 지분율도 매우 낮은 것이 일반적이다. 예컨대 회사 주식의 1% 지분을 소유한 지배자가 회사에는 100억 원의 손실을 초래하지만 자신에게는 50억 원의 이득을 가져다주는 의사결정을 한다고 하자. 주주가 회사 이윤의 유일한 청구권자라고 할 때 이 지배자가 주주로서 잃게 되는 손실은 1억 원이고 지배자로서 얻게 되는 이득은 50억 원이다. 이 상황에서 지배자가 위험을 부담한다고 할 수 있는가? 위험 부담 기능과 회사 지배 기능이 분리되어 주주와 지배자에게 각각 배치된다는 것은 이런 상황을 가리키는 것이고 이 경우에 지배자는 위험을 부담하지 않는다고 벌리는 생각한 것이다.

21.

〈보기〉의 '뉴딜'에 대해 ㉠이 보일 반응으로 적절하지 <u>않은</u> 것은?

보기

금융개혁에 초점을 맞춘 1차 뉴딜은 경영자들과 지배자들에게 주주에 대한 신인의무를 부과함으로써 주주의 재산권을 엄격하게 보호하는 원칙을 확립했다. 노사관계와 사회보장 등의 분야로 개혁을 확장했던 2차 뉴딜은 노동조합을 통한 노동자들의 제반 권리를 합법화했고 실업수당의 보장 수준과 기간을 강화했으며 사회보장제도를 확립했다. 이러한 1차 뉴딜과 2차 뉴딜의 차이점 때문에 뉴딜은 흔히 체계적인 청사진 없이 임기응변식으로 마련된 일관성 없는 정책들의 연속이었다고 평가받는다.

① 1차 뉴딜은 지배에 의해 회사가 약탈되는 것을 막기 위한 회사법 영역의 개혁이라고 볼 수 있다.

② 1차 뉴딜은 주주의 이익을 위해 회사가 운영되도록 하는 원칙을 확립한 개혁이라고 볼 수 있다.

③ 2차 뉴딜은 주주의 재산권이 사회의 이익에 자리를 양보하도록 만드는 개혁이라고 볼 수 있다.

④ 2차 뉴딜은 회사가 공동체의 이익을 위해 운영되도록 하기 위한 회사법 바깥 영역의 개혁이라고 볼 수 있다.

⑤ 1차 뉴딜과 2차 뉴딜은 준공공회사로의 변화를 추구한다는 점에서 일관성이 있다고 볼 수 있다.

문항 성격	문항유형 : 정보의 평가와 적용
	내용영역 : 사회
평가 목표	이 문항은 '소유와 지배가 분리된 회사는 누구를 위해 운영되어야 하는가?'에 대한 벌리의 주장과 이를 위해 어떤 노력이 필요한지에 대한 벌리의 생각을 정확하게 이해하고 있는지를 〈보기〉에 대한 적용을 통해 평가하는 문항이다.
문제 풀이	정답 : ⑤

제시문을 통해 '소유와 지배의 분리'라는 현상의 재산권적 의미와 '소유와 지배가 분리된 회사는 누구를 위해 운영되어야 하는가?'에 대한 답, 그리고 그 답이 실현되도록 하기 위해 어떤 노력이 필요한지에 대한 벌리의 생각을 파악한다. 이를 바탕으로 〈보기〉에서 주어진 뉴딜에 대한 설명에 대해 벌리가 어떤 반응을 보일지 합리적으로 추론하도록 한다.

| 정답 해설 | ⑤ 제시문 여섯 번째 단락 "그는 회사법 영역에서 주주에 대한 신인의무를 경영자뿐 아니라 지배자에게도 부과하여 지배에 의한 회사의 약탈로부터 비활동적 재산권을 보호하는 것이 회사가 공동체의 이익을 위해 운영되도록 하기 위한 출발점이라고 보았다."로부터 벌리에 따르면, 1차 뉴딜과 2차 뉴딜은 회사가 공동체의 이익을 위해 운영되도록 하기 위한 회사법 영역과 회사법 바깥 영역의 노력이라는 점에서 일관성이 있다고 볼 수 있다. 그런데 제시문 두 번째 단락 "벌리는 소유와 지배가 분리된 현대 회사를 준공공회사라고 불렀다."로부터 벌리에 따르면 준공공회사란 곧 소유와 지배가 분리된 현대 회사임을 알 수 있다. 따라서 이 선택지에서 "준공공회사로의 변화를 추구한다는 점에서"라는 표현이 적절하지 않다. |
| 오답 해설 | ① 〈보기〉 "… 1차 뉴딜은 경영자들과 지배자들에게 주주에 대한 신인의무를 부과함으로써 주주의 재산권을 엄격하게 보호하는 원칙을 확립했다."와 제시문 여섯 |

번째 단락 "그는 회사법 영역에서 주주에 대한 신인의무를 경영자뿐 아니라 지배자에게도 부과하여 지배에 의한 회사의 약탈로부터 비활동적 재산권을 보호하는 것이 회사가 공동체의 이익을 위해 운영되도록 하기 위한 출발점이라고 보았다."로부터 벌리에 따르면 1차 뉴딜은 지배에 의해 회사가 약탈되는 것을 막기 위한 회사법 영역의 개혁이라고 볼 수 있다는 것을 알 수 있다.

② 〈보기〉 "… 1차 뉴딜은 경영자들과 지배자들에게 주주에 대한 신인의무를 부과함으로써 주주의 재산권을 엄격하게 보호하는 원칙을 확립했다."와 제시문 여섯 번째 단락 "하지만 이를 뒷받침할 법적 근거가 마련되지 않거나, 이를 실현할 합리적인 계획들을 공동체가 받아들일 준비가 안 된 상황에서는, 회사법 영역에서 경영자의 신인의무의 대상, 즉 회사를 자신에게 믿고 맡긴 사람의 이익을 자신의 이익보다 우선해야 하는 의무의 대상을 주주가 아닌 다른 이해 관계자들로 확장해서는 안 된다고 벌리는 주장했다. 이 때문에 그는 회사가 주주를 위해 운영되어야 한다는 견해를 지지했던 것으로 흔히 오해된다."로부터 벌리에 따르면 1차 뉴딜은 주주의 이익을 위해 회사가 운영되도록 하는 원칙을 확립한 개혁이라고 볼 수 있다는 것을 알 수 있다. 다만 벌리는 이것이 최종 목표가 아니라 공동체의 이익을 위해 운영되도록 하는 최종 목표를 위한 출발점이라고 보았을 것이다.

③ 〈보기〉 "노사관계와 사회보장 등의 분야로 개혁을 확장했던 2차 뉴딜은 노동조합을 통한 노동자들의 제반 권리를 합법화했고 실업수당의 보장 수준과 기간을 강화했으며 사회보장제도를 확립했다."와 제시문 여섯 번째 단락 "그리고 소득세법이나 노동법, 소비자보호법, 환경법 등과 같은 회사법 바깥의 영역에서 공동체에 대한 회사의 의무를 이행하도록 하는 현실적인 시스템을 마련하고 정착시킴으로써 사회의 이익에 비활동적 재산권이 자리를 양보하도록 만들 수 있다고 보았다."로부터 벌리에 따르면 2차 뉴딜은 주주의 재산권이 사회의 이익에 자리를 양보하도록 만드는 개혁이라고 볼 수 있다는 것을 알 수 있다.

④ 〈보기〉 "노사관계와 사회보장 등의 분야로 개혁을 확장했던 2차 뉴딜은 노동조합을 통한 노동자들의 제반 권리를 합법화했고 실업수당의 보장 수준과 기간을 강화했으며 사회보장제도를 확립했다."와 제시문 여섯 번째 단락 "그리고 소득세법이나 노동법, 소비자보호법, 환경법 등과 같은 회사법 바깥의 영역에서 공동체에 대한 회사의 의무를 이행하도록 하는 현실적인 시스템을 마련하고 정착시킴으로써 사회의 이익에 비활동적 재산권이 자리를 양보하도록 만들 수 있다고 보았다."로부터 벌리에 따르면 2차 뉴딜은 회사가 공동체의 이익을 위해 운영되도록 하기 위한 회사법 바깥 영역의 개혁이라고 볼 수 있다는 것을 알 수 있다.

[22~24] 다음 글을 읽고 물음에 답하시오.

　미국 헌법은 권력 기관 간 견제와 균형의 원리에 기초한 대통령제를 규정하고 있다. 이는 특정 정치인이나 집단이 권력을 독식하거나 남용하지 못하도록 하여 민주주의를 지키도록 설계된 것이다. 이러한 제도 설계는 미국 역사에서 상당 기간 성공적으로 기능했다. 그러나 헌법이라는 보호 장치는 그 자체로 민주주의 정치 체제를 지키기에 충분치 않다. 여기에는 헌법이나 법률에 명문화되지 않은 민주주의 규범도 중요한 역할을 해왔다.

　민주주의 규범이 무너지면 민주주의도 위태로워진다. 민주주의 유지에 핵심적 역할을 하는 규범은 민주주의보다 오랜 전통을 가진 '상호 관용'과 '제도적 자제'이다. 상호 관용은 경쟁자가 권력을 차지할 권리를 나와 동등하게 가진다는 사실을 인정하는 것이다. 반면 상대를 위협적인 적으로 인식할 때는 모든 수단을 동원해 이기려 한다. 제도적 자제는 제도적으로 허용된 권력을 신중하게 행사하는 태도이다. 합법적 권력 행사라도 자제되지 않을 경우 기존 체제를 위태롭게 할 수 있다. 제도적 자제의 반대 개념은 '헌법적 권력의 공격적 활용'이다. 이는 규칙을 벗어나지 않으면서도 그것을 최대한 활용하여 경쟁자를 경쟁의 장 자체에서 제거하려는 태도를 의미한다.

　이 두 가지 규범은 상호 연관되어 있다. 상대를 경쟁자로 받아들일 때, 제도적 자제도 기꺼이 실천한다. 제도적 자제의 실천은 관용적인 집단이라는 이미지를 갖게 함으로써 선순환이 이뤄진다. 반면 서로를 적으로 간주할 때 상호 관용의 규범은 무너진다. 이러한 상황에서 정치인은 제도가 부여한 법적 권력을 최대한 활용하려 하며, 이는 상호 관용의 규범을 잠식해 경쟁자가 적이라는 인식을 심화하는 악순환을 가져온다.

　민주주의 규범이 붕괴하면 견제와 균형에 기초한 민주주의는 두 가지 상황에서 위기를 맞게 된다. 첫 번째 상황은 야당이 입법부를 장악하면서 행정부 권력과 입법부 권력이 분열되었을 때이다. 이 경우 야당은 대통령을 공격하기 위해 헌법에서 부여한 권력을 최대한 휘두른다. 두 번째는 여당이 입법부를 장악함으로써 권력이 집중되는 상황이다. 여당은 민주주의 규범을 무시하고 대통령의 권력 강화를 위해 노력하며, 야당을 제거하기 위한 대통령의 탄압적 행위를 묵인하기도 한다.

　미국 민주주의는 건국 이후 두 번의 큰 위기를 겪는다. ⊙첫 번째 위기는 남북 전쟁으로 초래되었다. 노예제를 찬성한 남부의 백인 농장주들, 그리고 그들과 입장을 같이 한 민주당은 당시 노예제 폐지를 주장한 공화당을 심각한 위협으로 인식했다. 남부는 미국 연방에서 탈퇴했고 결국 내전이 일어났다. 민주주의 규범이 다시 형성되기 시작한 것은 북부의 공화당과 남부의 민주당이 인종 문제를 전후 협상 대상에서 제외하면서부터이다. 전쟁에서 승리한 북부는 연방의 유지 등 정치적 필요에 의해 남부에서 군대를 철수하고 흑인의 인권 보장 노력도 중단한다. 민주당은 남부에서 흑인 인권을 억누르면서 그 지역에서 일당 지배의 기반을 구축한다. 이러한 일련의 사건으로 공화당에 대한 민주당의 적대감은 완화되었고, 그 결과 상호 관용의 규범도 회복된다. 역설적이게도 남북 전쟁 이후의 민주주의 규범은 인종 차별을 묵인한 비민주적인 타협의 산물이었다. 그리고 오랜 기간 백인 중심으로 작동했던 민주주의를 유지하는 데 기여했다.

ⓒ두 번째 위기는 1960년대 이후 민주주의의 확대와 함께 일어났다. 흑인의 참정권이 제도적으로 보장되었고, 대규모 이민으로 다양한 민족과 인종이 정치 체제로 유입되었다. 공화당과 민주당은 각기 다른 집단의 이익과 가치를 대변하게 되었다. 이후 양당 간 경쟁은 '당파적 양극화'로 치달았다. 보수와 진보 간 정책적 차이뿐만 아니라 인종과 종교, 삶의 방식을 기준으로 첨예하게 나뉘어 정당 간 경쟁이 적대적 갈등으로까지 확대되었다. 이러한 상황에서 인종 차별에 의존한 기존의 민주주의 규범은 한계를 보이면서 붕괴했다. 따라서 미국 민주주의가 건강하게 작동하기 위해서는 새로운 민주주의 규범을 확립할 필요가 있다.

22.

윗글의 내용과 일치하는 것은?

① 상호 관용이 강화되면 제도적 자제는 약화되고 상호 관용이 약화되면 제도적 자제는 강화된다.
② 대통령과 입법부의 권력 행사가 합법적인 한, 민주주의 정치 체제 보호에 긍정적으로 작용한다.
③ 민주주의 규범은 민주주의 이념으로부터 탄생한 것으로 민주주의 제도의 확립을 통해 발전된다.
④ 민주주의 규범은 헌법이나 법률로 성문화될 때 민주주의 정치 체제를 보호하는 효과가 극대화된다.
⑤ 견제와 균형의 원리를 통해 민주주의를 보호하고자 한 헌법의 목적을 실현 가능하게 한 것은 민주주의 규범이다.

문항 성격	문항유형 : 주제, 구조, 관점 파악
	내용영역 : 규범
평가 목표	이 문항은 제시문의 주제인 민주주의 규범이 미국 역사에서 기여한 역할과 그 의의를
	이해하고 있는지 확인하는 문항이다.
문제 풀이	정답 : ⑤

미국 헌법에서 규정된 견제와 균형의 원리에 기초한 대통령제 민주주의가 미국 역사를 통해 유지된 것은 '상호 관용'과 '제도적 자제'라는 민주주의 규범 때문이라는 것을 파악하고, 이 둘의 상호 관계에 대해 이해하도록 한다. 세부적인 내용의 확인도 필요하지만, 그에 앞서 제시문 전체의 주제를 정리해 볼 필요가 있다.

정답 해설 ⑤ 제시문 첫 번째 단락으로부터 견제와 균형의 원리에 기초한 대통령제를 통해 민주주의를 보호하고자 한 헌법의 목적을 실현 가능하게 한 것은 민주주의 규범이라는 것을 알 수 있다. 이 선택지는 제시문 전체 내용을 아우르는 주제문이다.

오답 해설 ① 제시문 세 번째 단락으로부터 상호 관용이 강화되면 제도적 자제도 강화되고, 상호 관용이 약화되면 제도적 자제도 약화된다는 것을 알 수 있다.

② 제시문 두 번째 단락 "합법적 권력 행사라도 자제되지 않을 경우 기존 체제를 위태롭게 할 수 있다."로부터 대통령과 입법부의 권력 행사가 비록 합법적이라고 해도 자제되지 않을 경우 민주주의 정치 체제를 위태롭게 할 수 있다는 것을 알 수 있다.

③ 제시문 두 번째 단락 "민주주의 규범이 무너지면 민주주의도 위태로워진다. 민주주의 유지에 핵심적 역할을 하는 규범은 민주주의보다 오랜 전통을 가진 '상호 관용'과 '제도적 자제'이다."로부터 민주주의 규범이 민주주의 이념으로부터 탄생한 것이 아니라 그 이전부터 존재했던 규범이라는 것을 알 수 있다. 그리고 민주주의 규범이 민주주의 제도의 확립을 통해 발전되는 것이 아니라, 민주주의의 제도의 확립에 영향을 준다는 것 또한 알 수 있다.

④ 제시문 첫 번째 단락 "이러한 제도 설계는 미국 역사에서 상당 기간 성공적으로 기능했다. 그러나 헌법이라는 보호 장치는 그 자체로 민주주의 정치 체제를 지키기에 충분치 않다. 여기에는 헌법이나 법률에 명문화되지 않은 민주주의 규범도 중요한 역할을 해왔다."로부터 헌법이나 법률로 성문화되지 않은 민주주의 규범이 민주주의 정치 체제를 보호하는 역할을 하고 있음을 알 수 있다. 헌법과 같은 제도 자체만으로는 민주주의 정치 체제를 충분히 보호할 수 없으므로 민주주의 규범이 요구되는 것이다.

23.

㉠, ㉡에 대한 설명으로 가장 적절한 것은?

① ㉠을 거치면서 상호 관용과 제도적 자제의 규범이 건국 이후 처음으로 형성되었다.
② ㉠ 이후 형성된 민주주의 규범은 인종 차별적 특성으로 인해 정치 체제를 안정시키는 역할을 하지 못했다.
③ ㉡은 민주주의의 확대로 촉발된 당파적 양극화가 기존의 민주주의 규범을 붕괴시켰다는 데 그 원인이 있다.
④ ㉡은 다양한 집단의 정치 참여를 제도적으로 보장하는 방향으로 민주주의가 확대되면서 점차 완화되었다.
⑤ ㉠에서는 ㉡에서와는 달리 정당별 지지 집단이 뚜렷이 구분되는 현상이 나타났다.

문항 성격	문항유형 : 정보의 확인과 재구성
	내용영역 : 규범
평가 목표	이 문항은 제시문 후반부에서 설명된, 미국 민주주의가 겪은 두 번의 위기를 정확히 파악하고 있는지 확인하는 문항이다.
문제 풀이	정답 : ③

건국 이후 미국 민주주의가 겪은 첫 번째 위기는 남북 전쟁으로 인해 초래된 것으로, 이전에 확립되어 있던 민주주의 규범이 무너진 사건이다. 전후 남북 간 협상을 통해 민주주의 규범이 회복되었지만 이는 비민주적 타협의 산물이었다. 두 번째 위기는 1960년대 이후 민주주의 확대와 함께 발생하게 된 것으로, 정당 간 경쟁이 '당파적 양극화'로 치닫고 이로 인해 민주주의 규범이 붕괴된 것을 그 내용으로 한다.

정답 해설 ③ 제시문 여섯 번째 단락 "이후 양당 간 경쟁은 '당파적 양극화'로 치달았다. 보수와 진보 간 정책적 차이뿐만 아니라 인종과 종교, 삶의 방식을 기준으로 첨예하게 나뉘어 정당 간 경쟁이 적대적 갈등으로까지 확대되었다. 이러한 상황에서 인종 차별에 의존한 기존의 민주주의 규범은 한계를 보이면서 붕괴했다."로부터 1960년대 이후 민주주의의 확대로 양당 간 적대적 갈등이 일어남으로써 기존의 민주주의 규범이 붕괴되었다는 것을 알 수 있다.

오답 해설 ① 제시문 다섯 번째 단락 "민주주의 규범이 다시 형성되기 시작한 것은 북부의 공화당과 남부의 민주당이 인종 문제를 전후 협상 대상에서 제외하면서부터이다. … 이러한 일련의 사건으로 공화당에 대한 민주당의 적대감은 완화되었고, 그 결과 상호 관용의 규범도 회복된다."로부터 민주주의 규범이 첫 번째 위기를 거치면서 건국 이후 처음으로 형성된 것은 아님을 알 수 있다. 민주주의 규범은 오랜 전통을 가진 것으로 남북 전쟁 이전부터 이미 형성되어 있었다.

② 제시문 다섯 번째 단락 "역설적이게도 남북 전쟁 이후의 민주주의 규범은 인종 차별을 묵인한 비민주적인 타협의 산물이었다. 그리고 오랜 기간 백인 중심으로 작동했던 민주주의를 유지하는 데 기여했다."로부터 첫 번째 위기 이후 형성된 민주주의 규범은 인종 차별적 특성을 갖고 있음에도 불구하고 백인 중심의 민주주의 정치 체제를 안정적으로 유지하는 역할을 했다는 것을 알 수 있다.

④ 제시문 여섯 번째 단락 "두 번째 위기는 1960년대 이후 민주주의의 확대와 함께 일어났다. … 이러한 상황에서 인종 차별에 의존한 기존의 민주주의 규범은 한계를 보이면서 붕괴했다. 따라서 미국 민주주의가 건강하게 작동하기 위해서는 새로운 민주주의 규범을 확립할 필요가 있다."로부터 1960년대 이후 민주주의의 확대와 함께 정당 간 적대적 갈등이 심화되면서 기존의 민주주의 규범은 붕괴되었고 이로 인해 새로운 민주주의 규범의 확립이 요구된다는 것을 알 수 있다. 따라서 미국 민주주의의 두 번째 위기가 점차 완화되었던 것은 아니다.

⑤ 제시문 다섯 번째 단락 "노예제를 찬성한 남부의 백인 농장주들, 그들과 입장을 같이 한 민주당은 당시 노예제 폐지를 주장한 공화당을 심각한 위협으로 인식했다. … 민주당은 남부에서 흑인 인권을 억누르면서 그 지역에서 일당 지배의 기반을 구축한다."와 여섯 번째 단락 "공화당과 민주당은 각기 다른 집단의 이익과 가치를 대변하게 되었다. 이후 양당 간 경쟁은 '당파적 양극화'로 치달았다. 보수와 진보 간 정책적 차이뿐만 아니라 인종과 종교, 삶의 방식을 기준으로 첨예하게 나뉘어 정당 간 경쟁이 적대적 갈등으로까지 확대되었다."로부터 첫 번째 위기와 두 번째 위기 모두에서 정당별 지지 집단이 뚜렷이 구분되는 현상이 나타났다는 것을 알 수 있다.

24.

윗글을 바탕으로 〈보기〉에 대해 반응한 것으로 적절하지 <u>않은</u> 것은?

> **보 기**
>
> 칠레는 성공적인 대통령제 민주주의 국가였다. 좌파에서 우파에 이르기까지 다양한 정당이 있었지만, 20세기 초 이후 민주주의 규범이 자리 잡고 있었기 때문이다. 그러나 1960년대에 이념적 대립에 따른 ⓐ당파적 양극화가 심화되었다. ⓑ좌파와 우파 정당은 서로를 위협적인 적으로 인식했다. 대통령으로 선출된 좌파 정당의 아옌데는 사회주의 정책 추진을 위해 의회의 협조가 필요했으나 여당은 의회 과반 의석을 확보하지 못한 상태였다. ⓒ그는 의회를 우회하여 국민투표를 실시하고자 했다. 이에 ⓓ좌파 야당은 과반 의석을 바탕으로 불신임 결의안을 잇달아 통과시켜 장관들을 해임했다. 칠레 헌법은 의회가 불신임 결의를 극히 예외적인 상황에서만 사용하도록 규정하고 있었고, ⓔ1970년 이전까지 그것이 사용된 적은 거의 없었다. 결국 1973년 8월 칠레 의회는 아옌데 행정부가 헌법을 위반했다는 결의안을 통과시켰고, 곧이어 군부 쿠데타가 발생함으로써 칠레 민주주의는 붕괴했다.

① ⓐ는 좌·우 이념을 중심으로 심화되었다는 점에서 1960년대 이후 미국에서 심화된 당파적 양극화와 성격이 다르군.

② ⓑ로 인해 1960년대 이후 칠레에서는 상호 관용의 규범이 붕괴되는 과정이 일어났겠군.

③ ⓒ로 볼 때, 아옌데 대통령은 권력을 법의 테두리 내에서 행사함으로써 제도적 자제 규범을 실천하고자 했었군.

④ ⓓ로 볼 때, 민주주의 규범이 붕괴된 상황에서 대통령 소속 정당이 의회 소수당인 경우 야당이 헌법적 권력을 공격적으로 활용할 가능성이 높군.

⑤ ⓔ로 볼 때, 1970년 이전의 칠레 정치인들은 민주주의 규범을 존중함으로써 민주주의 정착에 기여했겠군.

문항 성격	문항유형 : 정보의 평가와 적용
	내용영역 : 규범
평가 목표	이 문항은 민주주의 규범에 관한 제시문 내용을 이해하여 이를 미국이 아닌 다른 나라의 역사에도 적절하게 적용할 수 있는지 평가하는 문항이다.
문제 풀이	정답 : ③

〈보기〉는 칠레에서 민주주의 규범이 붕괴하면서 이전에는 성공적으로 유지되던 대통령제 민주주

의 정치 체제가 무너지는 과정을 설명하고 있다. 제시문 내용을 정확히 이해한 상태에서 칠레와 미국 사례의 공통점과 차이점에 주목한다면 문제 해결은 크게 어렵지 않다.

정답 해설 ③ 제시문 두 번째 단락 "제도적 자제는 제도적으로 허용된 권력을 신중하게 행사하는 태도이다. 합법적 권력 행사라도 자제되지 않을 경우 기존 체제를 위태롭게 할 수 있다. 제도적 자제의 반대 개념은 '헌법적 권력의 공격적 활용'이다. 이는 규칙을 벗어나지 않으면서도 그것을 최대한 활용하여 경쟁자를 경쟁의 장 자체에서 제거하려는 태도를 의미한다."로부터 아옌데가 의회를 우회하여 국민투표를 실시하고자 한 것은 권력을 법의 테두리 내에서 행사한 것이기는 하나, 제도적 자제 규범을 실천한 것이 아니라 헌법적 권력을 공격적으로 활용한 것이라고 할 수 있다.

오답 해설 ① 〈보기〉에 따르면 1960년대 칠레에서의 당파적 양극화는 이념 중심으로 형성되었다. 반면 1960년대 이후 미국에서 형성된 당파적 양극화는 이념(보수와 진보)뿐 아니라 인종, 종교, 삶의 방식 등 다양한 기준을 중심으로 심화되었다.

② 제시문 두 번째 단락에 따르면 "상호 관용은 경쟁자가 권력을 차지할 권리를 나와 동등하게 가진다는 사실을 인정하는 것"이고, "반면 상대를 위협적인 적으로 인식할 때는 모든 수단을 동원해 이기려 한다."는 것이다. 1960년대에 칠레에서 좌파와 우파가 서로를 위협적인 적으로 인식했다는 사실로부터 이후 상호 관용의 규범이 붕괴되는 과정이 일어날 것으로 충분히 추측할 수 있다. 〈보기〉에서 제시된 칠레 정치사를 보면 실제로도 상호 관용의 규범이 붕괴되는 과정이 일어났음을 알 수 있다.

④ 칠레 입법부를 장악한 좌파 야당이 불신임 결의안 통과를 통해 장관들을 해임했다는 사례를 볼 때, 민주주의 규범이 붕괴된 상황에서 야당이 입법부를 장악하면서 행정부 권력과 입법부 권력이 분열되었을 경우 야당은 대통령을 공격하기 위해 헌법에서 부여한 권력을 최대한으로 휘두를 가능성, 즉 헌법적 권력을 공격적으로 활용할 가능성이 높다는 것을 알 수 있다. 이는 제시문 네 번째 단락에서 설명된 바 있는 내용이다.

⑤ 칠레 헌법은 의회가 불신임 결의를 극히 예외적인 상황에서만 사용하도록 규정하고 있었고, 1970년 이전까지 의회가 헌법이 부여한 이러한 권한을 거의 행사한 적이 없었다는 사실로부터 1970년 이전의 칠레 정치인들은 민주주의 규범을 존중하고 있었음을 알 수 있다. 민주주의 유지에 핵심적 역할을 하는 두 가지 규범 중 하나가 제도적 자제로 이것은 "제도적으로 허용된 권력을 신중하게 행사하는 태도"이기 때문이다.

알파고가 인간 바둑 최고수를 꺾은 사건은 자연 세계에서 인간의 특권적 지위를 문제 삼고, 윤리학의 인간 중심적 전통에 도전한다. 우리는 이제 인간과 같은 또는 더 뛰어난 지능을 지닌 인공 지능도 도덕적 고려의 대상으로 인정해야 하느냐는 물음에 직면하는 것이다. 이 물음에 선뜻 동의하지 못하는 사람들은 인간성의 핵심을 지적인 능력이 아니라 기쁨과 슬픔, 공포와 동정심 등의 감정적인 부분에서 찾으려 한다. 예컨대 알파고는 경쟁에서 이겨도 승리를 기뻐하지 못하며, 우리도 알파고를 축하하며 함께 축배를 들 수 없다. 인간의 특정 작업이 인공 지능을 갖춘 로봇에 의해 대체되더라도 인간의 감정을 읽고 인간과 상호작용하는 작업은 대체되지 못하리라는 것이다.

하지만 최근에는 감정을 가진 로봇, 곧 인공 감정을 제작하려는 열망이 뜨겁다. 인간의 돌봄과 치료 과정을 돕는 로봇은 사용자의 세밀한 필요에 더 잘 부응할 것이다. 사람들은 인간과 정서적 교감을 하는 로봇을 점점 가족 구성원처럼 여기게 될지도 모른다. 그러면 로봇은 인간과 같은 감정을 가지고 인간과 상호작용하는 존재가 될 것인가? 로봇을 도덕 공동체에 받아들여야 하는가? 이 물음에 답하려면 인간에게 감정의 핵심적인 역할은 무엇인지 생각해 보아야 한다. 인공 지능의 연구도 그렇지만, 인공 감정의 연구도 인간의 감정을 닮은 기계를 만들려는 시도이면서 동시에 감정 과정에 대한 계산 모형을 통해 인간의 감정을 더 깊이 이해하는 과정이기도 하다.

감정은 인지 과정과는 달리 적은 양의 정보로도 개체의 생존과 항상성 유지를 가능하게 해 주는 역할을 한다. 또 무엇을 추구하고 회피할지 판단하도록 하는 동기의 역할을 한다. 한편 우리는 사회적 상호작용에서 서로의 신체 반응이나 표정을 통해 미묘한 감정을 읽어내고 그에 적절히 반응하며, 그런 정서적 교감을 통해 공동체를 유지한다.

그러나 로봇이 정말로 이러한 감정 경험을 하는지 판단하기는 쉽지 않다. 철학자들은 인공 지능이 인간과 똑같은 인지적 과제를 수행했다고 하더라도 그것은 의미를 이해하지 못하기 때문에 진정한 지능이 아니라고 주장했다. 인공 감정에 대해서도 마찬가지로, 감정을 입력 자극에 대한 적절한 출력을 내놓는 행동들의 패턴이 아니라 내적인 감정 경험으로 이해한다면 인공 감정이 곧 인간의 감정이라고 말할 수 없다. 인간만 보더라도 행동의 동등성은 심성 상태의 동등성을 함축하지 않기 때문에, 동일한 행동을 하는 두 사람이 서로 다른 감정을 느낄 수 있고 그 역도 가능하다. 로봇의 경우에는 행동의 동등성이 곧 심성 상태의 존재성조차도 함축하지 않는다.

로봇이 감정을 가지기 위해서는 감정을 인식하고 표현하는 데 그쳐서는 안 되고 내적인 감정을 생성할 수 있어야 한다. 그러나 거기에는 현실적으로 상당히 어려운 전제 조건이 만족되어야 한다. 첫째, 감정을 가진 개체는 기본적인 충동이나 욕구를 가진다고 전제된다. 목마름, 배고픔, 피로감 등의 본능이나 성취욕, 탐구욕 등이 없다면 감정도 없다. 둘째, 인간과 사회적으로 상호작용하기 위해 인간이 가지는 것과 같은 감정을 가지려면, 로봇은 최소한 고등 동물 이상의 일반 지능을 가지고, 생명체들처럼 복잡하고 예측 불가능한 환경에 적응할 수 있어야 한다. 그런데 복잡한 환경에 적응하여 행위할 수 있는 일반 지능을 가진 인공 지능에 도달하는 길은 아직 멀다. 현재 인공 지능이 제한적인 영역에서 주어진 과제를 얼마나 효율적으로 산출하는지 이외의 문제들은 부차적인 것으로 치부되고 있기 때문이다. 그렇다면 ㉠진정한 감정이 없는 로봇을 도덕 공동체에 받아들일 이유는 없다.

25.

윗글에 대한 이해로 적절하지 <u>않은</u> 것은?

① 인공 지능과 인공 감정을 연구하면 인간의 지능과 감정까지 더 잘 알게 된다.
② 인공 지능에서 행동이 하는 역할은 인공 감정에서 내적인 감정 경험이 맡는다.
③ 인공 지능에 회의적인 철학자는 의미의 이해가 지능의 본질적 요소라고 생각한다.
④ 인간성의 핵심이 로봇에게도 있다면 로봇을 도덕적 고려의 대상으로 인정해야 한다.
⑤ 인공 감정은 현실적으로 만들기가 어렵고 만들어도 인간과 같은지 판단하기가 어렵다.

문항 성격	문항유형 : 정보의 확인과 재구성
	내용영역 : 인문
평가 목표	이 문항은 제시문에 등장하는 인공 지능 및 인공 감정과 관련한 다양한 주장들을 이해하고 있는지 확인하는 문항이다.
문제 풀이	정답 : ②

인공 지능과 인공 감정의 연구는 인간을 닮은 기계를 만들려는 시도이면서 동시에 인간을 더 깊이 이해하려는 연구이기도 하다. 인공 지능과 인공 감정에 대한 제시문 내용을 파악하여 각 선택지의 적절성 여부를 판단하도록 한다.

② 제시문 네 번째 단락 "철학자들은 인공 지능이 인간과 똑같은 인지적 과제를 수행했다고 하더라도 그것은 의미를 이해하지 못하기 때문에 진정한 지능이 아니라고 주장했다. 인공 감정에 대해서도 마찬가지로, 감정을 입력 자극에 대한 적절한 출력을 내놓는 행동들의 패턴이 아니라 내적인 감정 경험으로 이해한다면 인공 감정이 곧 인간의 감정이라고 말할 수 없다."로부터 인공 지능에 꼭 필요한 것이 '의미 이해'인 것처럼 인공 감정에 꼭 필요한 것은 '내적인 감정 경험'임을 알 수 있다. 따라서 인공 지능에서 '행동'이 아니라 '의미 이해'가 하는 역할을 인공 감정에서 내적인 감정 경험이 맡는다.

① 제시문 두 번째 단락 "인공 지능의 연구도 그렇지만, 인공 감정의 연구도 인간의 감정을 닮은 기계를 만들려는 시도이면서 동시에 감정 과정에 대한 계산 모형을 통해 인간의 감정을 더 깊이 이해하는 과정이기도 하다."로부터 인공 지능과 인공 감정을 연구하면 인간의 지능과 감정까지 더 잘 알게 된다는 것은 윗글에 대한 이해로 적절하다.

③ 제시문 네 번째 단락 "철학자들은 인공 지능이 인간과 똑같은 인지적 과제를 수행했다고 하더라도 그것은 의미를 이해하지 못하기 때문에 진정한 지능이 아니라고 주장했다."로부터 인공 지능에 회의적인 철학자는 의미의 이해가 지능의 본질적 요소라고 생각한다는 것은 윗글에 대한 이해로 적절하다.

④ 제시문 첫 번째 단락 "우리는 이제 인간과 같은 또는 더 뛰어난 지능을 지닌 인공 지능도 도덕적 고려의 대상으로 인정해야 하느냐는 물음에 직면하는 것이다. 이 물음에 선뜻 동의하지 못하는 사람들은 인간성의 핵심을 지적인 능력이 아니라 기쁨과 슬픔, 공포와 동정심 등의 감정적인 부분에서 찾으려 한다."로부터 인간성의 핵심이 로봇에게도 있다면 로봇을 도덕적 고려의 대상으로 인정해야 한다는 것은 윗글에 대한 이해로 적절하다.

⑤ 제시문 다섯 번째 단락에서 "로봇이 감정을 가지기 위해서는 … 현실적으로 상당히 어려운 전제 조건이 만족되어야" 하는데 그것이 어려운 두 가지 이유가 제시되고 있다. 그리고 네 번째 단락에서는 "로봇이 정말로 이러한 감정 경험을 하는지 판단하기는 쉽지 않다."라고 기술되어 있다. 따라서 인공 감정은 현실적으로 만들기가 어렵고 만들어도 인간과 같은지 판단하기가 어렵다는 것은 윗글에 대한 이해로 적절하다.

26.

윗글을 바탕으로 〈보기〉의 상황에 대해 추론한 것으로 적절하지 <u>않은</u> 것은?

> **보기**
>
> 로봇 A가 바둑에서 최고수를 꺾고 우승한 뒤 기뻐하는 모습을 보고 인간 B가 함께 기쁨을 표현했다.

① A에게 누군가를 이기려는 본능이 있다면 A의 기쁨이 진정한 감정일 가능성이 있겠군.
② A의 기쁨이 적절한 입력 자극과 출력에 의한 것이라면 A의 기쁨은 진정한 감정이라고 말할 수 있겠군.
③ A가 바둑 이외의 다양한 영역에서도 인간처럼 업무를 잘 수행한다면 A의 기쁨이 진정한 감정일 가능성이 있겠군.
④ A나 B 모두 기쁘지 않으면서도 겉으로는 기뻐하는 행동을 보일 수 있겠군.
⑤ B가 A의 기쁨을 알게 된 것은 A의 신체 반응이나 표정 때문이겠군.

문항 성격 문항유형 : 정보의 추론과 해석

내용영역 : 인문

평가 목표 이 문항은 제시문의 내용을 이해하고 이를 바탕으로 현재 혹은 미래에 있을 수 있는 사례에 대해 적절히 추론할 수 있는지 묻는 문항이다.

문제 풀이 정답 : ②

로봇이 감정을 갖는다고 하더라도 그것이 진정한 감정이 아니라는 비판이 제기될 수 있다. 감정을 갖는다고 아무도 의심하지 않는 인간의 경우조차 겉으로 드러난 감정이 진정한 감정을 드러내는 것인지 아니면 거짓 감정을 드러낸 것인지 의심할 수 있다. 로봇의 경우에는 이보다 더 나아가, 감정이 없는 데도 감정이 있는 척하는 것 아니냐는 의심도 받을 수 있다. 제시문 후반부의 이러한 내용을 〈보기〉의 상황에 적용하여 각 선택지의 적절성 여부를 판단하도록 한다.

정답 해설 ② 제시문 네 번째 단락 "감정을 입력 자극에 대한 적절한 출력을 내놓는 행동들의 패턴이 아니라 내적인 감정 경험으로 이해한다면 인공 감정이 곧 인간의 감정이라고 말할 수 없다."로부터 적절한 입력 자극과 출력에 의한 감정은 진정한 감정이라고 말할 수 없음을 알 수 있다.

① 제시문 다섯 번째 단락 "목마름, 배고픔, 피로감 등의 본능이나 성취욕, 탐구욕 등이 없다면 감정도 없다."로부터 거꾸로 로봇에게 이기려는 본능이 있으면 진정한 감정이 있을 가능성이 있음을 알 수 있다.

③ 제시문 다섯 번째 단락 "그런데 복잡한 환경에 적응하여 행위할 수 있는 일반 지능을 가진 인공 지능에 도달하는 길은 아직 멀다. 현재 인공 지능은 제한적인 영역에서 주어진 과제를 얼마나 효율적으로 산출하는지 이외의 문제들은 부차적인 것으로 치부되고 있기 때문이다."로부터 거꾸로 로봇이 바둑 이외의 다양한 영역에서도 인간처럼 업무를 잘 수행한다면 진정한 감정이 있을 가능성이 있음을 알 수 있다.

④ 제시문 네 번째 단락 "인간만 보더라도 행동의 동등성은 심성 상태의 동등성을 함축하지 않기 때문에, 동일한 상황에 직면한 두 사람이 서로 다른 감정을 느낄 수 있고 그 역도 가능하다. 로봇의 경우에는 행동의 동등성이 곧 심성 상태의 존재성조차도 함축하지 않는다."로부터 인간이나 로봇이나 자신의 진짜 감정과 겉으로 드러난 감정이 다를 수 있음을 알 수 있다.

⑤ 제시문 세 번째 단락 "우리는 사회적 상호작용에서 서로의 신체 반응이나 표정을 통해 미묘한 감정을 읽어내고 그에 적절히 반응하며, 그런 정서적 교감을 통해 공동체를 유지한다."로부터 인간은 다른 인간의 신체 반응이나 표정을 보고 그가 감정을 가짐을 알 수 있다는 것을 알 수 있다. 로봇의 경우에도 똑같이 신체 반응이나 표정(〈보기〉에서는 A가 기뻐하는 모습)을 보고 감정을 갖는다는 것을 알 수밖에 없을 것이다.

27.

㉠에 대해 문제를 제기한 것으로 가장 적절한 것은?

① 로봇이 감정에 휩싸인다면 복잡하고 예측 불가능한 환경에 잘 적응할 수 없지 않을까?
② 인간처럼 감정을 인식하고 표현하는 인공 감정 연구는 이미 상당한 수준에 올라 있지 않을까?
③ 인공 지능도 인간의 감정을 이해하고 배려한다면 인공 지능이 도덕적 고려를 할 수 있지 않을까?
④ 도덕 공동체에 있으면 내적 감정을 갖겠지만, 내적 감정을 갖는다고 해서 꼭 도덕 공동체에 포함해야 할까?

⑤ 비행기와 새의 비행 방식이 다르듯, 로봇은 인간과 다른 방식으로 감정의 핵심 역할을 수행할 수 있지 않을까?

| 문항 성격 | 문항유형 : 정보의 평가와 적용 |
내용영역 : 인문

평가 목표 이 문항은 로봇이 내적인 감정 경험을 할 수 없다는 주장에 대해 적절한 비판을 제기할 수 있는지 묻는 문항이다.

문제 풀이 정답 : ⑤

제시문에 따르면 인공 감정은 현실적으로 만들기가 어려울뿐더러 설사 만들 수 있다 해도 그것이 인간의 감정과 같은지 판단하기가 어렵다. 즉 인공 감정은 진정한 감정이라고 볼 수 없다는 것이다. 이런 주장에서 나오는 귀결 중 하나인 ㉠에 대해 논리적이고 설득력 있는 비판을 제시해 보도록 한다.

정답 해설 ⑤ 제시문 다섯 번째 단락에서는 "로봇이 감정을 가지기 위해서는 감정을 인식하고 표현하는 데 그쳐서는 안 되고 내적인 감정을 생성할 수 있어야" 하는데, "거기에는 현실적으로 상당히 어려운 전제 조건이 만족되어야 한다."라고 말하고 있다. 여기서 꼭 내적인 감정만이 감정의 핵심적인 역할을 수행할 수 있느냐는 근본적인 문제 제기를 할 수 있다. 인공물인 비행기가 비록 새와 방식은 다르더라도 비행이라는 기능을 수행하는 한 비행기가 '진정한 비행'을 하는 것이 아니라고 할 이유가 없다면, 이는 감정의 경우에도 마찬가지이기 때문이다. 즉 어떤 방식으로든 감정의 핵심 역할을 수행하는 한, 로봇의 감정 또한 '진정한 감정'인 것이다. 따라서 이 선택지는 적절한 문제 제기이다.

오답 해설 ① 이 선택지는 감정이 있는 로봇이라 해도 도덕 공동체에 받아들이기 주저되는 경우를 제시하는 것으로 볼 수 있다. 그러나 이것은 '진정한 감정'이 없는 로봇에 대한 주장인 ㉠과는 무관하다. 더군다나 로봇이 감정에 휩싸여 복잡하고 예측 불가능한 환경에 잘 적응할 수 없다면, 사실 그 로봇은 제시문 필자의 견해에 따를 때 '진정한 감정'을 갖고 있는 존재가 아니다. 감정을 갖기 위한 전제 조건을 만족하지 못하고 있기 때문이다. 따라서 제시문의 필자는 그러한 로봇은 당연히 도덕 공동체에 받아들일 이유가 없다는 원래의 주장을 견지할 것이다.

② 제시문 다섯 번째 단락에 따르면 "로봇이 감정을 가지기 위해서는 감정을 인식하고 표현하는 데 그쳐서는 안 되고 내적인 감정을 생성할 수 있어야 한다." 따라서 인간처럼 감정을 인식하고 표현하는 인공 감정 연구가 상당한 수준에 올라

있다는 것 자체만으로는 ⊙에 대한 적절한 문제 제기가 될 수 없다. 그러한 감정이 내적인 감정임을 보여야 그 감정을 소유하고 있는 로봇을 도덕 공동체에 받아들여야 한다고 비로소 주장할 수 있다.

③ ⊙은 만약 로봇이 진정한 감정을 갖는다면 도덕 공동체에 받아들이는 것을 고려해야 한다는 것을 함의한다. 따라서 ③은 제시문의 필자도 충분히 받아들일 만한 주장이다.

④ ⊙은 만약 로봇이 진정한 감정을 갖는다면 도덕 공동체에 받아들이는 것을 고려해야 한다는 것을 함의한다. 이에 반해 선택지는 로봇이 설사 내적 감정을 갖는다고 해도 반드시 도덕 공동체에 포함되어야 할 이유는 없다는 주장이다. 그런데 내적 감정, 즉 진정한 감정을 가진 존재를 단지 로봇이라는 이유만으로 도덕 공동체에 받아들일 수 없다는 주장이 설득력을 갖기 위해서는 그 근거를 추가적으로 제시할 필요가 있다. 왜냐하면 내적 감정을 가진 로봇이라면 "인간의 감정을 읽고 인간과 상호작용하는" 것이 가능할 것이기 때문이다.

[28~30] 다음 글을 읽고 물음에 답하시오.

윤리규범과 법규범은 인간에게 요구되는 행위가 무엇인지를 단순히 기술하는 것이 아니라 그러한 행위로 나아갈 것을 지시하는 규정적 성격을 지닌다는 점에서 유사하다. 하지만 보다 구체적인 측면에서는 양자가 서로 명확하게 구별되는 특징을 지니고 있는 것도 사실이다. 칸트는 이 점을 매우 분명한 형태로 지적하고 있다. 그의 설명에 따르면 법규범은 윤리규범과 달리 행위의 외적인 측면에 대해서만 관여할 뿐, 행위자가 어떤 심정에서 그러한 행위로 나아간 것인지에 대해서는 상관하지 않는다. 법은 결국 모든 사람이 공존하는 가운데 각자의 의지가 자유로이 표출될 수 있게 보장하기 위한 외적인 형식에 관심이 있을 뿐이다.

⊙칸트의 설명 체계에 의하면 법규범에 대하여 다음과 같은 세부 명제가 성립하게 된다. 첫째, 법규범은 사람들에게 무엇을 해야 하고 무엇을 하지 말아야 하는지를 지시해 주는 처방을 담고 있다는 규정성 명제, 둘째, 법규범은 사람들에게 오로지 외적으로 그것에 부합하게끔 행동할 것을 요구할 뿐, 그것을 따르는 것 자체가 행위의 이유가 될 것까지 요구하지는 않는다는 외면성 명제, 셋째, 법규범은 특정한 목적을 공유하는 사람만이 아니라 그 관할 아래 놓여 있는 모든 사람을 구속한다는 무조건성 명제가 바로 그것이다.

하지만 칸트의 설명 체계에서 외면성 명제는 심각한 역설을 유발하는 것으로 보인다는 지적이 있다. 이 점은 법규범이 어떤 종류의 명령으로 표현될 수 있을 것인지를 생각하는 과정에서 드러난다. 우선 법규범은 그것을 따르는 사람들의 실질적 목적이나 필요를 전제로 하지 않으며, 오로지 외적인 자유만을 전제로 한다는 점에서 무조건적이며 단적으로 효력을 지닌다. 따라서 일견 정언 명령만이 법규범을 표현할 수 있을 듯하다.

그런데 정언 명령에 복종하는 유일한 방식은 그것이 명령하고 있다는 이유에서 그것에 따르는 것이다. 명령이기 때문에 하는 행위와 그저 명령에 부합하는 행위는 구별되어야 한다. 가령 형벌의 두려움 때문에 어쩔 수 없이 정언 명령이 요구하는 행위로 나아갔다면, 이를 정언 명령에 복종한 것이라고 말할 수는 없다. 따라서 외면성 명제가 성립하는 한, 법규범이 정언 명령으로 표현된다는 것은 불가능할 것이다. 법규범은 그것을 따르는 내면의 동기까지 요구하지는 않는다는 점에서 윤리규범과 달라야 하기 때문이다.

그렇다면 법규범은 가언 명령으로 발하여질 것인가? 그렇지 않을 것이다. 가언 명령이란 "만일 당신이 강제와 형벌의 위험을 피하고자 한다면, 법이 지시하는 바를 행하라."와 같은 구조를 취하게 될 텐데, 이 경우 사실상 법규범은 강제와 형벌의 위험을 피하고자 하는 사람들에 대해서만 그것이 지시하는 바를 행하게 할 뿐이어서, 앞에서 살펴본 무조건성 명제에 반하게 되기 때문이다.

결국 윤리규범과 법규범에 대해 일견 통용되는 것으로 보이는 규정성 명제와 무조건성 명제 외에 법규범에 특유한 외면성 명제를 도입하는 순간, 법규범은 정언 명령으로도 가언 명령으로도 표현될 수 없게 됨으로써 종국적으로는 법규범에 한하여 규정성 명제를 인정할 수 없게 되는 역설적인 결과를 낳는다. 다시 말해서 법규범이 어떤 행위가 요구되고 어떤 행위가 금지되는지를 단순히 기술하는 수준에 머물지는 않는다 하더라도, 역설적이게도 그에 따라 행하도록 지시·명령·요구할 수는 없게 된다는 것이다.

하지만 윤리규범과 법규범의 차이를 오로지 법칙 수립 형식 내지 의무 강제 방식에서의 자율성과 타율성에서 찾는 칸트의 설명 체계에서 외면성 명제의 도입을 포기하기도 쉽지 않다. 그는 법칙 수립의 개념 자체를 규범과 동기라는 두 요소를 통해 정의하고 있기 때문에, 법규범에 관해서도 모종의 동기 자체는 제시될 수 있어야 한다. 그리고 그가 말하는 법규범에 어울리는 동기란 바로 타율적 강제라는 외적인 동기이다. 따라서 법규범은 윤리규범과 달리 누가 스스로 그것을 지키지 않을 때 그것을 지키도록 다른 사람이 강제할 수 있게 되는 것이다. 이렇듯 외면성이 법규범의 핵심적 징표를 이루고 있는 한, 칸트의 설명 체계에서 이를 무시하기는 어려울 것이며, 결국 외면성 명제의 도입에 따른 법적 명령의 역설도 쉽사리 해소될 수는 없을 것이다.

28.

[외면성 명제]에 관한 내용으로 적절하지 않은 것은?

① 외면성 명제는 윤리규범과 법규범의 차이를 나타내는 것이다.

② 외면성 명제가 법규범을 기술적 명제로 환원시키는 것은 아니다.

③ 외면성 명제와 규정성 명제를 유지하는 한 무조건성 명제를 유지하기 어렵다.

④ 외면성 명제와 무조건성 명제를 유지하는 한 규정성 명제를 유지하기 어렵다.

⑤ 외면성 명제에 따르면 법칙 수립 과정에서 윤리규범은 의무 강제와 결합하지 않게 된다.

문항 성격	문항유형 : 정보의 확인과 재구성
	내용영역 : 규범
평가 목표	이 문항은 외면성 명제의 의의와 그것이 도입됨으로써 발생하는 이론상의 문제점을 이해하고 있는지 확인하는 문항이다.
문제 풀이	정답 : ⑤

칸트는 윤리규범과 법규범의 차이를 기술하는 과정에서 외면성 명제를 도입하였다. 그러한 칸트의 시도가 자신의 설명 체계에서 발생시키는 이론적 문제점을 정확히 파악하도록 한다.

정답 해설 ⑤ 제시문 일곱 번째 단락으로부터 윤리규범이 법칙 수립 과정에는 자율적 의무 강제가, 법규범의 수립 과정에는 타율적 의무 강제가 규범과 결합하는 동기 요소가 됨을 알 수 있다.

오답 해설 ① 제시문 첫 번째 단락 "그의 설명에 따르면 법규범은 윤리규범과 달리 행위의 외적인 측면에 대해서만 관여할 뿐, 행위자가 어떤 심정에서 그러한 행위로 나아간 것인지에 대해서는 상관하지 않는다."와 두 번째 단락 "법규범은 사람들에게 오로지 외적으로 그것에 부합하게끔 행동할 것을 요구할 뿐, 그것을 따르는 것 자체가 행위의 이유가 될 것까지 요구하지는 않는다는 외면성 명제", 그리고 일곱 번째 단락 내용으로부터 외면성 명제는 윤리규범과 법규범의 차이를 나타내는 것이라 할 수 있다.

② 제시문 첫 번째 단락에 따르면, "법규범은 인간에게 요구되는 행위가 무엇인지를 단순히 기술하는 것이 아니라 그러한 행위로 나아갈 것을 지시하는 규정적 성격을 지닌다."와 여섯 번째 단락 "다시 말해서 법규범이 어떤 행위가 요구되고 어떤 행위가 금지되는지를 단순히 기술하는 수준에 머물지는 않는다 하더라

도, 역설적이게도 그에 따라 행하도록 지시·명령·요구할 수는 없게 된다는 것이다."로부터 외면성 명제가 역설적인 결과를 불러일으키긴 하나 그렇다고 법규범이 기술적 명제화하는 것은 아님을 알 수 있다.

③ 제시문 네 번째 단락 "외면성 명제가 성립하는 한, 법규범이 정언 명령으로 표현된다는 것은 불가능할 것이다. 법규범은 그것을 따르는 내면의 동기까지 요구하지는 않는다는 점에서 윤리규범과 달라야 하기 때문이다."와 다섯 번째 단락 "그렇다면 법규범은 가언 명령으로 발하여질 것인가? 그렇지 않을 것이다. 가언 명령이란 "만일 당신이 강제와 형벌의 위험을 피하고자 한다면, 법이 지시하는 바를 행하라."와 같은 구조를 취하게 될 텐데, 이 경우 사실상 법규범은 강제와 형벌의 위험을 피하고자 하는 사람들에 대해서만 그것이 지시하는 바를 행하게 할 뿐이어서, 앞에서 살펴본 무조건성 명제에 반하게 되기 때문이다."로부터 외면성 명제와 함께 규정성 명제를 고수하게 될 경우 무조건성 명제에 반하게 됨을 알 수 있다.

④ 제시문 여섯 번째 단락으로부터 외면성 명제와 함께 무조건성 명제를 고수하게 될 경우 규정성 명제에 반하게 됨을 알 수 있다.

29.

㉠에 대해 추론한 것으로 적절하지 <u>않은</u> 것은?

① 윤리규범과 법규범의 내용은 서로 동일할 수 있을 것이다.
② 규범의 규정적 성격은 명령의 형태로 표현되어야 할 것이다.
③ 정언 명령에 부합하는 행위를 아무 이유 없이 할 수는 없을 것이다.
④ 윤리적 이유가 아닌 다른 이유에서 법규범을 준수할 수 있어야 할 것이다.
⑤ 윤리규범과 법규범은 공동체의 모든 구성원에 대하여 효력을 지닐 것이다.

문항 성격 문항유형 : 정보의 추론과 해석
내용영역 : 규범
평가 목표 이 문항은 칸트의 설명 체계 전반에 대해 적절하게 추론할 수 있는지 묻는 문항이다.

칸트의 설명 체계는 윤리규범과 법규범의 유사성과 차이를 기초하는 칸트의 이론적 구성을 말한다. 제시문에서 주어진 칸트의 설명 체계에 관한 직접적 정보에 기초하여 제시문에서 직접적으로 주어지지는 않은 내용을 합리적으로 추론해 낼 수 있어야 한다.

정답 해설 ③ 제시문 네 번째 단락 "그런데 정언 명령에 복종하는 유일한 방식은 그것이 명령하고 있다는 이유에서 그것에 따르는 것이다. 명령이기 때문에 하는 행위와 그저 명령에 부합하는 행위는 구별되어야 한다. 가령 형벌의 두려움 때문에 어쩔 수 없이 정언 명령이 요구하는 행위로 나아갔다면, 이를 정언 명령에 복종한 것이라고 말할 수는 없다."로부터 정언 명령에 단순히 부합하는 행위이기 위해서는 특별한 이유를 요하지 않음을 알 수 있다.

오답 해설 ① 제시문 일곱 번째 단락 "윤리규범과 법규범의 차이를 오로지 법칙 수립 형식 내지 의무 강제 방식에서의 자율성과 타율성에서 찾는 칸트의 설명 체계"라는 기술을 보면 윤리규범과 법규범의 차이는 규범의 내용에 있는 것이 아니라, 일정한 내용의 규범을 어떠한 형식으로 입법하는가에 있다고 보는 것이 칸트의 설명 체계상 중요한 요소임을 알 수 있다.

② 제시문 첫 번째 단락 "윤리규범과 법규범은 인간에게 요구되는 행위가 무엇인지를 단순히 기술하는 것이 아니라 그러한 행위로 나아갈 것을 지시하는 규정적 성격을 지닌다는 점에서 유사하다."와 세 번째 단락 "이 점은 법규범이 어떤 종류의 명령으로 표현될 수 있을 것인지를 생각하는 과정에서 드러난다."로부터 규범의 규정적 성격은 명령의 형태로 표현되어야 할 것임을 알 수 있다.

④ 제시문 네 번째 단락 "정언 명령에 복종하는 유일한 방식은 그것이 명령하고 있다는 이유에서 그것에 따르는 것이다. 명령이기 때문에 하는 행위와 그저 명령에 부합하는 행위는 구별되어야 한다. … 법규범은 그것을 따르는 내면의 동기까지 요구하지는 않는다는 점에서 윤리규범과 달라야 하기 때문이다."로부터 법규범에서는 윤리적 이유가 아닌 다른 이유를 가질 수 있도록 하는 것이 필요함을 알 수 있다.

⑤ 제시문 두 번째 단락 "셋째, 법규범은 특정한 목적을 공유하는 사람만이 아니라 그 관할 아래 놓여 있는 모든 사람을 구속한다는 무조건성 명제"와 여섯 번째 단락 "결국 윤리규범과 법규범에 대해 일견 통용되는 것으로 보이는 규정성 명제와 무조건성 명제"라는 기술을 보면 윤리규범과 법규범 모두에서 무조건성 명제가 통용됨으로써 공동체의 모든 구성원에 대하여 효력을 지님을 알 수 있다.

30.

윗글을 바탕으로 〈보기〉를 설명한 것으로 가장 적절한 것은?

칸트는 외면성 명제를 현실 세계의 법규범에 관한 실용적 지식이 아니라 법규범의 개념에 내재한 필연성을 밝히는 분석적 진리로서 의도한 것이었지만, 이후의 전체주의 체제에 대한 역사적 경험에 비추어 볼 때, 그것은 정당한 국가 권력이 갖춰야 할 실질적 조건을 의미하는 것으로 드러났다.

① 칸트의 외면성 명제는 법적 명령의 역설을 초래함으로써 국가 권력의 정당성 기반을 약화시켰다.

② 칸트의 외면성 명제는 국가 권력이 사람들의 내면의 자유에 개입하려 해서는 안 된다는 것을 함의한다.

③ 칸트는 법규범의 독자성을 인정하고 이를 국가 권력의 정당성을 확보하기 위한 정치적 지도 원리로 삼고자 했다.

④ 칸트에 의거할 때 사람들이 법에 대한 심정적 지지 없이 단지 법에 부합하는 행위만을 할 때 전체주의 체제가 도래할 위험이 있다.

⑤ 칸트에 의거할 때 국가 권력의 행사는 사람들이 실제로 어떠한 이유에서 법을 순수하거나 위반하는지를 정확히 파악한 토대 위에서 이루어질 필요가 있다

문항 성격	문항유형 : 정보의 평가와 적용
	내용영역 : 규범
평가 목표	이 문항은 칸트의 외면성 명제가 가지는 실천적 의의를 역사적으로 확인하는 문맥에 대해 파악할 수 있는지 확인하는 문항이다.
문제 풀이	정답 : ②

칸트의 외면성 명제가 가지는 의의를 분석적 차원과 실천적 차원으로 나누어 볼 수 있다. 주로 분석적 차원의 의의가 설명된 제시문과는 달리 〈보기〉는 전체주의에 대한 인류의 역사 경험을 통해 외면성 명제가 실천적 차원에서도 의의가 있음을 보여주고 있다.

> 정답 해설   ② 〈보기〉는 칸트의 외면성 명제가 전체주의 체제의 경험 이후 국가 권력의 정당성 요건이기도 하다는 실천적 의의를 지님을 추가로 보이고 있다. 이는 제시문 두 번째 단락에서 주어진 외면성 명제의 정의에 비추어 볼 때, 칸트의 외면성 명제

는 국가 권력이 사람들의 내면의 자유에 개입하려 해서는 안 된다는 것을 의미한다는 것을 알 수 있다.

① 〈보기〉는 외면성 명제의 분석적 차원이 실천적 차원에서 부정적인 영향을 미친 것이 아니라 긍정적인 잣대가 되었던 점을 말하고 있으므로, 국가 권력의 정당성 기반을 약화한 것으로 볼 수 없다.

③ 〈보기〉는 칸트의 원래 의도가 실천적인 부분이라기보다는 분석적인 이론의 정립에 있었음을 말하고 있어서, 칸트가 외면성 명제를 정치적 지도 원리로 삼고자 했다는 선택지 내용은 적절하지 않다는 것을 알 수 있다.

④ 〈보기〉는 칸트의 외면성 명제가 전체주의 체제의 경험 이후 국가 권력의 정당성 요건이기도 하다는 실천적 의의를 지님을 추가로 보이고 있다. 이를 제시문 두 번째 단락에서 주어진 외면성 명제의 정의와 결합해서 이해할 때, 칸트의 외면성 명제가 말하는 내면에 대한 불간섭이나 개인의 법규범 준수 행위의 내면적 차원의 다양성 등이 전체주의 도래에 책임이 있는 것으로 말하는 것은 적절하지 않다는 것을 알 수 있다.

⑤ 〈보기〉는 칸트의 외면성 명제가 전체주의 체제의 경험 이후 국가 권력의 정당성 요건이기도 하다는 실천적 의의를 지님을 추가로 보이고 있다. 이를 제시문 두 번째 단락에서 주어진 외면성 명제의 정의와 결합해서 이해할 때, 법규범 준수의 이유와 관련한 개인의 내면에 대한 사전 파악이 국가 권력의 행사에 있어 필요하다는 논의로는 이어질 수 없음을 알 수 있다. 오히려 이러한 내면에 대한 주시는 그에 대한 개입으로 이어질 수 있다는 점에서 전체주의적 경향과 더 가까울 것이다.

법학적성시험
언어이해 영역

2021

2021학년도 언어이해 영역 출제 방향

1. 출제의 기본 방향

언어이해 영역은 법학전문대학원 입학자들의 원활한 수학을 위한 언어 소양과 통합적 언어 능력을 평가하는 것을 목표로 삼는다. 2021학년도 언어이해 영역은 여러 유형의 다층적이고 고차원적인 텍스트를 대상으로 사실 이해 및 추론·적용 능력을 점검하는 것에 출제의 기본 방향을 두었다. 이번 시험의 출제 원칙은 다음과 같다.

- 내용 및 표현에서 모범이 되는 제시문을 다양한 분야에서 개발한다.
- 제시문의 정보들을 이해하고, 제시문의 대의를 파악하며, 정보들 간의 유기적 관련성을 분석·종합하는 능력을 평가한다.
- 제시문의 정보를 바탕으로 합리적인 결론을 이끌어내고, 특정 정보를 문제 상황에 적용하는 능력을 평가한다.

2. 출제 범위

언어이해 영역에서는 여러 분야의 다층적이고 고차원적인 글을 읽는 능력, 글의 정보를 바탕으로 적절한 추론이나 비판을 이끌어 내는 능력, 글의 정보를 관련 상황에 적용하는 능력 등을 평가한다. 이를 위해 이번 시험에서는 다양한 학문 분야의 근본적 문제나 최신 연구 동향을 적극 반영하되, 각 학문의 전문적인 지식 배경 없이도 문제를 풀 수 있는 범위에서 출제하였다.

이번 시험의 출제는 다음 사항을 고려하여 진행하였다.

- 여러 학문 분야의 기본 개념이나 범주들을 활용하되, 최신 이론의 동향, 시의성 있는 상황 등을 중심으로 제시문을 선정한다.
- 표준화된 모델들을 기반으로 문항 세트를 설계함으로써 제시문에 사용된 개념이나 범주들을 제대로 이해했는지 평가한다.
- 특정 전공, 특히 법학 전공의 배경지식 없이 제시문을 통한 정보로 풀 수 있게 제시문과 문항을 구성한다.

3. 제시문 및 문항

언어이해 영역의 제시문은 가독성이 높고 논지가 분명하며 완결성 있어야 한다. 이번 출제에서는 제시문의 기본을 지키면서도 독해 및 사고 능력을 다각도로 측정하는 다양한 제시문들을 개발하였다. 문항은 '주제, 구조, 관점 파악', '정보의 확인과 재구성', '정보의 추론과 해석', '정보의 평가와 적용' 등 독해 활동을 균형 있게 평가하게 하였다. 특히 제시문과 〈보기〉를 연결하는 문항들을 다수 출제하여 비판 및 추론, 적용 능력을 입체적으로 평가하고자 하였다.

이번 시험의 내용 영역은 '인문', '사회', '과학기술', '규범'의 4개 영역이며, 문항은 각 세트당 3문항, 총 10세트 30문항이다. 각 내용 영역별로 제시문의 주안점을 제시하면 다음과 같다.

'인문' 분야에서는 먼저 '풍경의 발견과 풍경 속의 불안'을 통해 문학 예술에서의 인식틀 문제를 다루었으며, '이슬람 수피즘의 항쟁'을 통해 열강과의 오랜 전쟁을 치렀던 이슬람 권역의 상황을 이해해 보았다. 그리고 '귀신론에 대한 조선 성리학의 대응'을 통해 조선 성리학의 다양한 귀신 이해를 비교 분석하였다.

'사회' 분야에서는 먼저 '근대국가에서의 권리와 권력의 관계'를 통해 민주주의 원칙에 대해 살펴보았으며, '가난한 나라의 빈곤 해결 방향'을 통해 빈곤에 대한 경제학자들의 다양한 시각을 소개하였다.

'규범' 분야에서는 먼저 '평등'에 대한 이론적 시각의 비교를 통해 평등 개념 이해를 깊이 하였으며, '오형(五刑)의 변천'을 통해 동양 및 조선의 형벌이 지니는 유교적 함의를 파악해 보았다. 그리고 '법 해석의 철학적 논의'를 통해 법 해석의 철학적 기반을 심도 있게 소개하였다.

'과학기술' 분야에서는 먼저 '프로세스 마이닝'에 관한 지문을 통해 IT 기술과 경영의 연관성을 파악해 보았으며, 다음으로 '바르부르크 효과'에 관한 제시문을 통해 암세포의 대사 과정이 드러내는 특이성을 이해하도록 하였다.

이번 시험의 제시문들은 전반적으로 우리 사회와 세계에 대해 시의성 있으면서도 깊이 있는 이해를 유도하는 내용으로 구성되었으므로, 제시문을 읽는 것만으로도 수험생들에게 교육적 효과가 있을 것으로 기대한다.

4. 난이도 및 출제 시 유의점

2021학년도 언어이해 영역 시험에서는 2020학년도와 유사한 수준에서 적정 난이도를 확보하고자 하였다. 난삽한 제시문이나 모호한 문항을 통한 난이도 확보를 지양하고 실질적인 독해 능력을 측정하는 제시문과 문항을 출제하였다. 제시문의 가독성은 최대한 높이되, 제시문을 깊게 이해하고 새로운 상황에 적용하는 능력을 측정하는 방향으로 문항들을 설계하였다.

이번 시험에서 문항 출제 시의 유의점은 다음과 같다.

- 기출 문제나 사설 문제를 푼 경험으로는 풀리지 않게 하였으며, 특정 전공에 따른 유·불리 현상도 나타나지 않게 하였다.
- 출제의 의도를 감추거나 오해하게 하는 질문의 선택을 피하고, 평가하고자 하는 능력을 정확히 평가하게끔 간명한 형식을 취하였다.
- 다른 문항 및 답지 간의 간섭을 최소화하고, 답지 선택에서 능력에 따른 변별이 이루어지게 하였다.

비즈니스 프로세스는 고객 가치 창출을 위해 기업 또는 조직에서 업무를 처리하는 과정을 말한다. 업무 처리 과정을 업무흐름도로 도식화하는 과정을 프로세스 모델링이라 하며, 그 결과물을 프로세스 모델이라고 한다. 프로세스 모델은 업무 처리 활동 및 활동들 간의 경로로 구성된다. 프로세스 모델이 효율적으로 작동하고 있는지를 확인, 분석, 수정·보완, 개선하는 작업이 필요한데, 프로세스 마이닝은 그중 한 기법이다. 프로세스 마이닝은, 시뮬레이션처럼 실제 이벤트 로그 수집 이전에 정립한 프로세스 모델 중심 분석기법과, 데이터 마이닝처럼 프로세스를 고려하지 않는 데이터 중심 분석기법을 연결하는 역할을 한다.

프로세스 마이닝은 정보시스템을 통해 확보한 이벤트 로그에서 프로세스에 관련된 가치 있는 정보를 추출하는 것이다. 이벤트 로그란 정보시스템에 축적된 비즈니스 프로세스 수행 기록인데, 이것이 프로세스 마이닝의 출발점이 된다. 이벤트 로그는 행과 열로 표현되는 이차원 표 형태이다. 업무 활동으로 발생한 이벤트는 행으로 추가되며, 각 열에는 이벤트의 속성들이 기록된다. 이때 기록되는 속성으로 필수적인 것은 사례 ID, 활동명, 발생 시점이며, 다양한 분석을 위해 그 외 속성들도 추가될 수 있다. 이벤트 로그는 사용자에게 도움이 되는 정보를 직접 제공할 수 없는 원데이터이므로, 그것을 우리가 사용할 수 있는 정보로 변환해 주어야 한다. 프로세스 마이닝에는 프로세스 발견, 적합성 검증, 프로세스 향상의 세 가지 유형이 있다.

프로세스 발견이란 프로세스 분석가가 알고리즘을 통해 이벤트 로그로부터 프로세스 모델을 도출하는 것을 말하는데, 이때 분석가는 별다른 업무 지식 없이도 작업을 수행할 수 있다. 만일 도출된 프로세스 모델이 복잡하여 유의미한 분석이 곤란할 경우, 퍼지 마이닝이나 클러스터링 기법을 활용할 수 있다. 퍼지 마이닝은 실행 빈도가 낮은 활동을 제거 또는 병합하거나, 그 활동들 간의 경로를 제거함으로써 프로세스 모델을 단순화해 주는 기법이다. 이때 프로세스 모델에 나타난 활동과 경로에 대한 임곗값을 설정하여 모델의 복잡도를 조절할 수 있다. 클러스터링은 특성이 유사한 사례들을 같은 그룹으로 묶어주는 기법이다. 전체 이벤트 로그를 대상으로 프로세스를 도출할 때 복잡한 프로세스 모델이 도출될 경우, 이 기법을 적용하여 이벤트 로그를 여러 개로 나눌 수 있다. 이렇게 세분화된 이벤트 로그에 프로세스 발견 기법을 적용하면, 프로세스 모델의 복잡도가 줄어든다.

적합성 검증이란 기존의 프로세스 모델과 이벤트 로그 분석에서 도출된 결과를 비교하여 어느 정도 일치하는지를 확인하는 것이다. 이때 기존의 프로세스 모델과 이벤트 로그에서 도출된 결과물이 불일치하는 경우가 발생하는데, 먼저 기존의 프로세스 모델이 적절함에도 불구하고 업무 담당자가 이를 준수하지 않는 경우를 들 수 있다. 이 경우에는 현실 세계의 실제 업무 수행 실태를 교정해야 한다. 이와 달리 이벤트 로그의 분석 결과물이 더 적절한 것으로 판단되는 경우에는 기존의 프로세스 모델을 수정할 필요가 있다.

프로세스 향상에는 두 유형이 있다. 하나는 기존의 프로세스 모델을 '수정'하는 것이며, 다른 하나는 업무 수행 시간 및 담당자 등 이벤트 로그 분석에서 얻은 부가적 정보를 추가하여 발견된 프로세스 모델을 '확장'하는 것이다. 확장의 예로는 이벤트 로그로부터 도출된 프로세스 모델에 프로세스 내 병목지점과 재작업 흐름을 시각화하는 것을 들 수 있다.

프로세스 마이닝은 데이터 과학에 근거를 두고 프로세스 분석가가 업무 전문가와 협업하여 기업이 수행하는 비즈니스 프로세스에 대한 문제점을 진단하고 개선 방안을 도출하는 데 기여할 수 있다.

01.

윗글과 일치하는 것은?

① 이벤트 로그는 프로세스 마이닝의 출발점이지만 그 자체로는 유용한 정보라 할 수 없다.
② 업무 전문가의 충분한 지식 없이 이벤트 로그로부터 프로세스 모델을 도출하기는 어렵다.
③ 프로세스 발견은 프로세스에 내재된 업무 관련 규정을 이벤트 로그로부터 도출하는 것이다.
④ 클러스터링은 복잡한 프로세스 모델을 여러 개의 세부 프로세스 모델로 구분해 주는 기법이다.
⑤ 이벤트 로그에서 업무 담당자를 파악하여 기존의 프로세스 모델에 활동과 경로를 추가하는 것은 프로세스 수정이다.

문항 성격	문항유형 : 정보의 확인과 재구성
	내용영역 : 과학기술
평가 목표	이 문항은 제시문의 주요 개념들을 정확하게 이해하고 있는지 확인하는 문항이다.
문제 풀이	정답 : ①

이벤트 로그, 프로세스 발견과 클러스터링, 프로세스 수정 및 확장에 대한 제시문 내용을 확인하여 각 선택지의 진위 여부를 판단하도록 한다.

정답 해설 ① 제시문 두 번째 단락 "이벤트 로그란 정보시스템에 축적된 비즈니스 프로세스 수행 기록인데, 이것이 프로세스 마이닝의 출발점이 된다."와 "이벤트 로그는 사용자에게 도움이 되는 정보를 직접 제공할 수 없는 원데이터이므로, 그것을 우리가 사용할 수 있는 정보로 변환해 주어야 한다."로부터, 이벤트 로그는 프로세스 마이닝의 출발점이지만 그 자체로는 유용한 정보라 할 수 없다는 것이 윗글과 일치함을 알 수 있다.

오답 해설 ② 제시문 세 번째 단락 "프로세스 발견이란 프로세스 분석가가 알고리즘을 통해 이벤트 로그로부터 프로세스 모델을 도출하는 것을 말하는데, 이때 분석가는 별다른 업무 지식 없이도 작업을 수행할 수 있다."로부터, 업무 전문가의 충분한 지식 없이도 프로세스 모델을 도출할 수 있음을 알 수 있다.

③ 제시문 세 번째 단락 "프로세스 발견이란 프로세스 분석가가 알고리즘을 통해 이벤트 로그로부터 프로세스 모델을 도출하는 것을 말하는데,"로부터, 프로세스 발견은 프로세스에 내재된 업무 규정이 아니라 프로세스 모델을 도출하는 것임을 알 수 있다.

④ 제시문 세 번째 단락 "클러스터링은 특성이 유사한 사례들을 같은 그룹으로 묶어주는 기법이다. 전체 이벤트 로그를 대상으로 프로세스를 도출할 때 복잡한 프로세스 모델이 도출될 경우, 이 기법을 적용하여 이벤트 로그를 여러 개로 나눌 수 있다."로부터, 클러스터링은 프로세스 모델을 여러 개의 세부 프로세스 모델로 구분해 주는 것이 아니라 사례의 특성을 기준으로 이벤트 로그를 세분화하는 것임을 알 수 있다.

⑤ 제시문 다섯 번째 단락에 따르면, 이벤트 로그에서 업무 담당자를 파악하여 기존의 프로세스 모델에 활동과 경로를 추가하는 것은 프로세스 수정이 아니라 프로세스 확장이다.

02.

'프로세스 마이닝'에 대해 추론한 것으로 적절하지 <u>않은</u> 것은?

① 프로세스 마이닝을 도입하면 내부 규정의 준수 여부에 대한 감독이 용이해진다.

② 프로세스 마이닝을 통해 기존의 프로세스 모델이 실제로 어떻게 수행되는가를 파악할 수 있다.

③ 프로세스 마이닝은 판에 박힌 단순한 업무뿐 아니라 비정형적인 업무 처리 과정의 분석에도 활용된다.

④ 프로세스 마이닝은 예상된 이벤트 로그에 적용할 프로세스 모델 중심의 업무 성과 분석 및 개선 기법이다.

⑤ 프로세스 마이닝은 기존의 프로세스 모델뿐 아니라 발견으로 도출된 프로세스 모델을 향상하는 데에도 활용된다.

<table>
<tr><td>문항 성격</td><td>문항유형 : 정보의 추론과 해석
내용영역 : 과학기술</td></tr>
<tr><td>평가 목표</td><td>이 문항은 제시문에 주어진 정보들을 이용하여 글의 주제인 프로세스 마이닝에 대해 적절하게 추론할 수 있는지 확인하는 문항이다.</td></tr>
<tr><td>문제 풀이</td><td>정답 : ④</td></tr>
</table>

프로세스 마이닝의 역할과 과정, 유형에 대한 제시문 내용을 숙지한 후 이로부터 적절하게 추론할 수 있는 선택지와 그렇지 않은 선택지를 분별하도록 한다.

정답 해설 ④ 제시문 첫 번째 단락으로부터, 프로세스 마이닝은 프로세스 모델 중심의 분석기법이라기보다는 프로세스 모델 중심 분석기법과 프로세스를 고려하지 않는 데이터 중심 분석기법을 연결하는 역할을 한다는 것을 알 수 있다. 또 두 번째 단락 "이벤트 로그란 정보시스템에 축적된 비즈니스 프로세스 수행 기록인데,"에서 이벤트 로그란 예상되는 것이 아니라 실제로 비즈니스 프로세스를 수행하는 과정에서 발생한 이벤트를 기록해 둔 것임을 파악할 수 있다. 따라서 프로세스 마이닝이 예상된 이벤트 로그에 적용할 프로세스 모델 중심의 업무 성과 분석 및 개선 기법이라는 것은 적절한 추론이 아니다.

오답 해설 ① 제시문 네 번째 단락 "적합성 검증이란 기존의 프로세스 모델과 이벤트 로그 분석에서 도출된 결과를 비교하여 어느 정도 일치하는지를 확인하는 것이다. 이때 기존의 프로세스 모델과 이벤트 로그에서 도출된 결과물이 불일치하는 경우가 발생하는데, 먼저 기존의 프로세스 모델이 적절함에도 불구하고 업무 담당자가 이를 준수하지 않는 경우를 들 수 있다."로부터, 적합성 검증을 통해 기존의 프로세스 모델에 내재하는 기업의 내부 규정이 실제로 지켜지고 있는지 확인 가능함을 알 수 있다. 그러므로 프로세스 마이닝을 통해 내부 규정의 준수 여부를 보다 용이하게 감독할 수 있다는 것은 적절한 추론이다.

② 제시문 두 번째 단락 "이벤트 로그란 정보시스템에 축적된 비즈니스 프로세스 수행 기록인데, 이것이 프로세스 마이닝의 출발점이 된다."로부터, 기존의 프로세스 모델이 실제로 어떻게 수행되고 있는지가 이벤트 로그에 기록된다는 것을

알 수 있다. 세 번째 단락 "프로세스 발견이란 프로세스 분석가가 알고리즘을 통해 이벤트 로그로부터 프로세스 모델을 도출하는 것을 말하는데,"에서 이벤트 로그로부터 기업이 보유한 기존의 프로세스 모델이 실제로 어떻게 수행되고 있는지 도출할 수 있음을 알 수 있다. 따라서 프로세스 마이닝을 통해 기존의 프로세스 모델이 실제로 어떻게 수행되는가를 파악할 수 있다는 것은 적절한 추론이다.

③ 제시문 세 번째 단락 "만일 도출된 프로세스 모델이 복잡하여 유의미한 분석이 곤란할 경우, 퍼지 마이닝이나 클러스터링 기법을 활용할 수 있다."로부터, 도출된 프로세스 모델이 복잡한 경우에도 분석이 가능함을 알 수 있다. 프로세스의 형태가 미리 확정되지 않는 비정형적인 업무는 정해진 절차대로 수행되는 것이 아니므로 대부분 복잡한 과정으로 업무가 진행된다. 따라서 프로세스 마이닝이 판에 박힌 단순한 업무뿐 아니라 비정형적인 업무 처리 과정의 분석에도 활용된다는 것은 적절한 추론이다.

⑤ 제시문 다섯 번째 단락 "프로세스 향상에는 두 유형이 있다. 하나는 기존의 프로세스 모델을 '수정'하는 것이며, 다른 하나는 … 발견된 프로세스 모델을 '확장'하는 것이다."로부터, 기존의 프로세스 모델을 수정하는 것과 발견된 프로세스 모델을 확장하는 것 모두 프로세스 향상임을 알 수 있다. 프로세스 향상은 프로세스 마이닝의 한 유형이므로, 프로세스 마이닝이 기존의 프로세스 모델뿐 아니라 발견으로 도출된 프로세스 모델을 향상하는 데에도 활용된다는 것은 적절한 추론이다.

03.

〈보기〉의 사례에 프로세스 마이닝을 적용할 때 가장 적절한 것은?

보 기

○○병원에서는 외래 환자의 과도한 대기 시간을 줄이고 의료 서비스의 품질을 개선하기 위해 외래 환자 진료 프로세스를 분석하고자 한다. 이 병원에서는 질환별로 진행해야 하는 표준 진료 프로세스를 임상진료 지침으로 수립해 두고 있다. 프로세스 마이닝 도구를 사용하여 프로세스 모델을 도출하였더니 지나치게 복잡한 프로세스 모델이 도출되어 분석이 곤란한 상황이다. 또한 환자의 민감한 개인 의료정보가 저장된 이벤트 로그를 프로세스 분석가에게 제공할 경우 정보 보호 및 프라이버시 이슈가 존재하고, 병원의 기밀이 유출될 우려가 제기되어 이를 해결하고자 한다.

① 복잡도 문제를 해결하기 위해 연령 및 질환을 기준으로 이벤트 로그의 사례를 클러스터링 하려면 필수적 속성만 이벤트 로그에 있어도 된다.

② 적합성 검증 결과 기존의 프로세스 모델과 이벤트 로그 분석 결과가 불일치하면 의료진에 대한 제재 조치나 지침 재교육이 필수적이다.

③ 이벤트 속성의 임곗값을 조절하여 빈번하게 수행되는 진료 프로세스 수행 패턴을 파악할 수 있다.

④ 환자의 개인정보 보호를 위해 사례 ID를 제외하고 이벤트 로그를 작성해야 한다.

⑤ 외래 환자의 대기 시간 분석을 위해서는 프로세스 확장이 필요하다.

문항 성격　문항유형 : 정보의 평가와 적용
　　　　　　　내용영역 : 과학기술

평가 목표　이 문항은 프로세스 마이닝 개념을 적용하여 〈보기〉에 제시된 병원의 진료 프로세스를 평가하고자 할 때 제기되는 이슈와 고려해야 할 사항을 정확하게 파악하고 있는지 알아보는 문항이다.

문제 풀이　정답 : ⑤

적합성 검증 결과 불일치가 발생할 때에 두 가지 경우가 있다는 점과 환자의 과도한 대기 시간을 줄이기 위해서는 시간과 관련한 부가적 정보의 도출이 필요하다는 점에 특히 유의하여 선택지들의 적절성을 판단하도록 한다.

정답 해설　⑤ 〈보기〉에서는 외래 환자의 과도한 대기 시간을 줄여야만 하는 상황이 제시되고 있다. 제시문 다섯 번째 단락 "다른 하나는 업무 수행 시간 및 담당자 등 이벤트 로그 분석에서 얻은 부가적 정보를 추가하여 발견된 프로세스 모델을 '확장'하는 것이다. 확장의 예로는 이벤트 로그로부터 도출된 프로세스 모델에 프로세스 내 병목지점과 재작업 흐름을 시각화하는 것을 들 수 있다."로부터, 이벤트 로그를 분석하여 획득한 시간 측면의 부가적 정보를 프로세스 모델에 추가함으로써 병목지점과 재작업 흐름의 양상을 파악할 수 있음을 알 수 있다. 따라서 외래 환자의 대기 시간 분석을 위해서 프로세스 확장이 필요하다는 것은 적절하다.

오답 해설　① 연령 및 질환을 기준으로 이벤트 로그의 사례를 클러스터링 하려면 이와 관련한 속성이 이벤트 로그에 포함되어 있어야 한다. 그런데 제시문 두 번째 단락 "이때 기록되는 속성으로 필수적인 것은 사례 ID, 활동명, 발생 시점이며, 다양한 분석을 위해 그 외 속성들도 추가될 수 있다."에서 연령 및 질환 관련 속성은 필수적 속성이 아님을 알 수 있다. 따라서 연령 및 질환을 기준으로 이벤트 로그의 사례를 클러스터링 하려면 필수적 속성만 이벤트 로그에 있어도 된다는 것은 적절하지 않다.

② 제시문 네 번째 단락에 따르면, 적합성 검증 결과 기존의 프로세스 모델과 이벤트 로그 분석 결과가 불일치할 때 "기존의 프로세스 모델이 적절함에도 불구하고 업무 담당자가 이를 준수하지 않는 경우"일 수도 있고, "이벤트 로그의 분석 결과물이 더 적절한 것으로 판단되는 경우"일 수도 있다. 후자의 경우라면, "현실 세계의 실제 업무 수행 실태를 교정"하는 대신, "기존의 프로세스 모델을 수정할 필요가 있다." 따라서 적합성 검증 결과 기존의 프로세스 모델과 이벤트 로그 분석 결과가 불일치하면 의료진에 대한 제재 조치나 지침 재교육이 필수적이라는 것은 적절하지 않다.

③ 제시문 세 번째 단락 "퍼지 마이닝은 … 프로세스 모델을 단순화해 주는 기법이다. 이때 프로세스 모델에 나타난 활동과 경로에 대한 임곗값을 설정하여 모델의 복잡도를 조절할 수 있다."로부터, 임곗값을 설정하는 것은 이미 도출된 프로세스 모델의 복잡도를 조절하기 위해서임을 알 수 있다. 따라서 이벤트 속성의 임곗값을 조절하여 빈번하게 수행되는 진료 프로세스 수행 패턴을 파악할 수 있다는 것은 적절하지 않다.

④ 환자의 개인정보 보호를 위해서는 개인정보에 대한 비식별화가 필요한 것이지, 사례 ID를 제외하고 이벤트 로그를 작성해야 하는 것은 아니다. 제시문 두 번째 단락 "이때 기록되는 속성으로 필수적인 것은 사례 ID, 활동명, 발생 시점이며, 다양한 분석을 위해 그 외 속성들도 추가될 수 있다."로부터, 사례 ID는 필수적 속성이므로 제외할 수 없다는 것을 알 수 있다. 따라서 환자의 개인정보 보호를 위해 사례 ID를 제외하고 이벤트 로그를 작성해야 한다는 것은 적절하지 않다.

[04~06] 다음 글을 읽고 물음에 답하시오.

15세기 초 브루넬레스키가 제안한 선원근법은 서양의 풍경화에 큰 변화를 가져왔다. 고정된 한 시점에서 대상을 통일적으로 배치하는 기하학적 투시도법으로 인간의 눈에 보이는 대로 자연을 화폭에 담을 수 있게 된 것이다. 문학 비평가 가라타니 고진은 이러한 풍경화의 원리를 재해석한 '풍경론'을 통해 특정 문학 사조를 추종하는 문단의 관행을 비판했다.

고진에 따르면, 풍경이란 고정된 시점을 가진 한 사람에 의해 통일적으로 파악되는 대상이다. 내 눈 앞에 펼쳐진 풍경은 있는 그대로 존재하는 자연이 아니라 내가 보았기 때문에 여기 있는 것이며, 그런 점에서 모든 풍경은 내가 새롭게 발견한 대상이 된다. '풍경'은 단순히 외부에 존재해서가 아니라 주관에 의해 지각될 때 비로소 풍경이 된다.

고진은 이러한 과정을 '풍경의 발견'이라 부르고, 이를 근대인의 고독한 내면과 연결시켰다. 가령, 작가 구니키다 돗포의 소설에는 외로움을 느끼지만 정작 자기 주변의 이웃과 사귀지 않고 산책길에 만난 이름 모를 사람들이나 이제는 만날 일이 없는 추억 속의 존재들을 회상하며 그들에게 자신의 감정을 일방적으로 투사하는 주인공이 등장한다. 죽어갈 운명이라는 점에서는 모두가 동일하다면서, 주인공은 인간이란 누구든 다 친근한 존재들이라 말한다. 실제 이웃과의 관계 맺기를 기피한 채, 주인공은 현실적으로 아무 상관이 없는 사람들과 하나의 세계를 이루어 살고 있다. 고진은 인간마저도 하나의 풍경으로 취급해 버리는 주인공으로부터, 전도(顚倒)된 시선을 통해 풍경을 발견하는 '내적 인간'의 전형을 읽는다. 이로부터 고진은 "풍경은 오히려 외부를 보지 않는 자에 의해 발견된 것"이라는 결론을 얻는다.

고진의 풍경론은 한쪽에서는 내면성이나 자아라는 관점을, 다른 한쪽에서는 대상의 사실적 묘사라는 관점을 내세우며 대립하는 문단의 세태를 비판하기 위해 제시되었다. 주관의 재현과 객관의 재현을 내세우기에 마치 상반된 듯 보이지만 사실 두 관점은 서로 얽혀 있다는 것이다. 이미 풍경에 익숙해진 사람은 주관에 의해 배열된 세계를 벗어나지 못하고, 눈에 보이는 것이 본래적인 세계의 모습이라 믿는다. 풍경의 안에 놓여 있으면서도 풍경의 밖에 서 있다고 믿는 것이다. 고진은 만일 이러한 믿음에서 나온 외부 세계의 모사(模寫)를 리얼리즘이라 부른다면 그것이 곧 전도된 시선에서 비롯된 것임을 알아야 한다고 말한다. 리얼리즘의 본질을 '낯설게 하기'에서 찾는 러시아 형식주의의 견해 또한 마찬가지이다. 너무 익숙해서 실은 보고 있지 않은 것을 보게 만들어야 한다는 이 견해를 따른다면, 리얼리즘은 항상 새로운 풍경을 창출해야 한다. 따라서 리얼리스트는 언제나 '내적 인간'일 수밖에 없다.

물론 자신이 풍경 안에 갇혀 있다는 사실을 자각하는 이가 있을 수도 있다. 작가 나쓰메 소세키는 '문학이란 무엇인가'라는 질문을 던졌을 때, 자신이 참고해 온 문학책들이 자신의 통념을 만들고 강화했을 뿐이라는 사실을 깨닫고는 책들을 전부 가방에 넣어 버렸다. "문학 서적을 읽고 문학이 무엇인가를 알려고 하는 것은 피로 피를 씻는 일이나 마찬가지라고 생각했기 때문"이다. 고진은 소세키야말로 자신이 풍경에 갇혀 있다는 사실을 자각했던 것이라 본다. 일단 고정된 시점이 생기면 그에 포착된 모든 것은 좌표에 따라 배치되며 이윽고 객관적 세계의 형상을 취한다. 이 세계를 의심하기 위해서는 결국 자신의 고정된 시점 자체에 질문을 던지며 회의할 수밖에 없다. 이른바 '풍경 속의 불안'이 시작되는 것이다.

그렇다면 만일 선원근법에 의존하지 않는 풍경화, 예컨대 서양의 풍경화가 아닌 동양의 산수화를 고려한다면 고진의 풍경론은 달리 해석될까. 기하학적 투시도법을 따르지 않은 산수화에는 그야말로 자연이 있는 그대로 재현된 것처럼 보이니 말이다. 그러나 산수화의 소나무조차도 화가의 머릿속에 있는 소나무라는 관념을 묘사한 것이지 특정 시공간에 실재하는 소나무가 아니다. 요컨대 질문을 던지며 회의한들 그 외의 방식으로는 세계와 대면하는 방법을 알지 못하기에 막연한 불안이 생기는 사태를 막을 수는 없다. 그럼에도 불구하고 문학을 다루는 사람은 자신의 전도된 시선을 의심하는 일에 게을러서는 안 된다. 전도된 시선의 기만적 구도는 풍경 속의 불안을 느끼는 이들에 의해서만 감지될 수 있다. 이 미묘한 앞뒷면을 동시에 살피려는 시도가 없다면, 우리는 풍경의 발견이라는 상황을 보지 못할 뿐 아니라 단지 풍경의 눈으로 본 문학만을 쓰고 해석하게 될 것이다.

04.

윗글과 일치하지 <u>않는</u> 것은?

① 브루넬레스키의 선원근법은 풍경화에 사실감을 부여했다.
② 러시아 형식주의자들은 익숙한 세계를 새롭게 인식해야 한다고 주장했다.
③ 산수화와 풍경화는 기하학적 투시도법의 적용 여부에 따라 대상의 재현 양상이 대비된다.
④ 나쓰메 소세키는 문학 서적을 통해서 문학을 연구하는 작업이 자기 반복이라고 보았다.
⑤ 구니키다 돗포는 공식 관계를 기피하고 사적 관계에 몰두하는 인물을 소설의 주인공으로 삼았다.

문항 성격	문항유형 : 정보의 확인과 재구성
	내용영역 : 인문
평가 목표	이 문항은 제시문에 나온 여러 사례들을 정확하게 이해하고 있는지 묻는 문항이다.
문제 풀이	정답 : ⑤

선원근법에 의한 '풍경의 발견', '내적 인간', '풍경 속의 불안' 등 제시문의 주요 개념을 파악하기 위해서는 도입된 사례들의 원리를 맥락 속에서 정확하게 이해해야 한다.

정답 해설	⑤ 제시문 세 번째 단락 "구니키다 돗포의 소설에는 외로움을 느끼지만 정작 자기 주변의 이웃과 사귀지 않고 산책길에 만난 이름 모를 사람들이나 이제는 만날 일이 없는 추억 속의 존재들을 회상하며 그들에게 자신의 감정을 일방적으로

투사하는 주인공이 등장한다. 죽어갈 운명이라는 점에서는 모두가 동일하다면서, 주인공은 인간이란 누구든 다 친근한 존재들이라 말한다. 실제 이웃과의 관계 맺기를 기피한 채, 주인공은 현실적으로 아무 상관이 없는 사람들과 하나의 세계를 이루어 살고 있다."로부터, 소설의 주인공이 현실에서 교류하는 대상과의 관계 맺기를 기피하고 실제로는 교류가 없는 대상에게 일방적으로 감정을 투사하면서 공동체적 관계를 맺고 있다고 착각함을 알 수 있다. "산책길에 만난 이름 모를 사람들"까지 포함하여 동일시한다는 점에서, 주인공이 공적/사적 관계를 기준으로 관계 맺기에 몰두하는 것이 아니라는 점을 확인할 수 있다.

오답 해설 ① 제시문 첫 번째 단락 "고정된 한 시점에서 대상을 통일적으로 배치하는 기하학적 투시도법으로 인간의 눈에 보이는 대로 자연을 화폭에 담을 수 있게 된 것이다."로부터, 윗글과 일치하는 진술임을 알 수 있다. 선택지는 제시문의 '인간의 눈에 보이는 대로'라는 표현을 '거짓이 아니라 참'이라는 느낌이 들도록 바꾸어 진술한 것이다.

② 제시문 네 번째 단락 "너무 익숙해서 실은 보고 있지 않은 것을 보게 만들어야 한다는 이 견해를 따른다면, 리얼리즘은 항상 새로운 풍경을 창출해야 한다."를 통해, 익숙해서 못 보는 것을 보도록 해야 하며, 이를 위해 주관에 의해 익숙한 대상을 지각되도록 만드는 방편을 고안하자는 것이 러시아 형식주의자들의 주장임을 알 수 있다.

③ 제시문 첫 번째 단락 "고정된 한 시점에서 대상을 통일적으로 배치하는 기하학적 투시도법 덕분에 인간의 눈에 보이는 대로 자연을 화폭에 담을 수 있게 된 것이다."와 여섯 번째 단락 "기하학적 투시도법을 따르지 않은 산수화에는 그야말로 자연이 있는 그대로 재현된 것처럼 보이니 말이다."로부터, 윗글과 일치하는 진술임을 알 수 있다.

④ 제시문 다섯 번째 단락 "문학 서적을 읽고 문학이 무엇인가를 알려고 하는 것은 피로 피를 씻는 일이나 마찬가지라고 생각했기 때문"을 통해, 윗글과 일치하는 진술임을 알 수 있다.

05.

'전도된 시선'을 설명한 것으로 가장 적절한 것은?

① 세계의 미묘한 앞뒷면을 동시에 살피는 것이다.
② 내면의 세계를 외부자의 시선으로 발견하는 것이다.
③ 현실을 취사선택하여 비현실적 세계를 만드는 것이다.
④ 실재로서 존재했지만 아무도 보지 못했던 풍경을 보는 것이다.
⑤ 주관적 시각을 통해 구성된 세계를 객관적 현실이라 믿는 것이다.

문항 성격	문항유형 : 정보의 추론과 해석
	내용영역 : 인문
평가 목표	이 문항은 제시문의 핵심적인 개념과 그 원리를 정확하게 이해하고 추론할 수 있는지 확인하는 문항이다.
문제 풀이	정답 : ⑤

'전도된 시선'에서 '전도'의 의미를 문맥에서 '거꾸로 뒤바뀜'으로 파악할 수 있어야 한다.

정답 해설 ⑤ 제시문 네 번째 단락 "이미 풍경에 익숙해진 사람은 주관에 의해 배열된 세계를 벗어나지 못하고, 눈에 보이는 것이 본래적인 세계의 모습이라 믿는다."와 다섯 번째 단락 "일단 고정된 시전이 생기면 그에 포착된 모든 것은 최표에 띠라 배치되며 이윽고 객관적 세계의 형상을 취한다. 이 세계를 의심하기 위해서는 결국 자신의 고정된 시점 자체에 질문을 던지며 회의할 수밖에 없다."로부터, 자신의 관념을 통해 형성된 세계를 실제 세계라 믿는 인식 틀의 역전이 일어남을 확인할 수 있다.

오답 해설 ① 제시문 여섯 번째 단락 "전도된 시선의 기만적 구도는 풍경 속의 불안을 느끼는 이들에 의해서만 감지될 수 있다. 이 미묘한 앞뒷면을 동시에 살피려는 시도가 없다면"을 참조할 때, 전도된 시선이란 자기 내면에 갇힌 양상이기에 앞뒷면을 동시에 살피는 일이 불가능하다.

② 내면의 세계를 외부자의 시선으로 발견하는 것은 '낯설게 하기'의 원리, 즉 익숙한 것을 낯선 것으로 바라볼 수 있게 하는 원리에 해당한다. '전도된 시선'이란, 외부 세계에 자기 관념을 덧씌우는 것 혹은 외부의 세계를 내면의 시선으로 발견하는 것이다. 제시문상 세 번째 단락의 표현에 따르면, "풍경은 오히려 외부를 보지 않는 자에 의해 발견된 것"이다.

③ 제시문 다섯 번째 단락 "일단 고정된 시점이 생기면 그에 포착된 모든 것은 좌표에 따라 배치되며 이윽고 객관적 세계의 형상을 취한다."의 '객관적 세계의 형상'이라는 표현에서 비현실적 세계를 만드는 것이 아님을 확인할 수 있다.

④ "실재로서 존재했지만 아무도 보지 못했던 풍경을 보는 것"은 러시아 형식주의에 대한 설명이다. '전도된 시선'이란 주관이 만들어 낸 세계에 몰두하는 것이다. '실재로서 존재'는 '주관에 의해 배열된 세계'라는 제시문 표현(네 번째 단락)과 어긋난다.

06.

윗글에 따를 때 고진의 관점에서 〈보기〉에 나타난 최재서의 입장을 해석한 것으로 가장 적절한 것은?

보 기

최재서는 내면성과 자아의 실험적 표현을 추구하는 이상의 소설을 사실적 묘사라는 관점에서 '리얼리즘의 심화'라고 비평한 바 있다. 이상의 「날개」에는 돈을 사용하는 법도 모르고 친구를 사귀지도 않으며 자신의 작은 방을 벗어나지 않는 주인공이 등장한다. 최재서에 따르면, 자폐적으로 자기 세계에 갇혀 지내는 사내의 심리에 주목한 「날개」는 특성 대상의 내면까지도 '주관의 막을 제거한 카메라'를 들이대어 투명하게 조망한 시례이다. 대상에 따라 관점은 이동할 수 있다는 것, 문학 작품의 해석에 미리 확정된 관점이나 범주란 없다는 것이 최재서의 결론이다.

① 대상에 따라 관점이 이동할 수 있다는 의견은, 고진에게는 작가의 머릿속에 있는 관념이 서양 풍경화의 방식으로 재현되는 것이라 해석되겠군.

② 작품 해석에서 미리 확정된 범주란 없다는 의견은, 고진에게는 주관이 외부를 적극적으로 파악하여 풍경 속의 불안을 벗어난 것이라 해석되겠군.

③ 내면성과 자아의 실험적 표현을 추구하는 작품도 리얼리즘에 속할 수 있다는 의견은, 고진에게는 풍경 안에 갇혀 있음을 자각한 것이라 해석되겠군.

④ 「날개」가 대상의 내면에 '주관의 막을 제거한 카메라'를 들이댔다는 의견은, 고진에게는 주관의 재현과 객관의 재현을 내세우며 대립하는 것이라 해석되겠군.

⑤ 이상이 「날개」에서 자폐적으로 자기 세계에 갇혀 지내는 사내를 그렸다는 의견은, 고진에게는 풍경을 지각하지 못하는 '내적 인간'의 전형을 그린 것이라 해석되겠군.

문항 성격	문항유형 : 정보의 평가와 적용
	내용영역 : 인문
평가 목표	이 문항은 〈보기〉의 사례를 제시문 논지에 따라 정확하게 이해하고 해석할 수 있는지 확인하기 위한 문항이다.
문제 풀이	정답 : ③

〈보기〉에서 최재서는 모더니즘 문학의 대표 작가인 이상의 「날개」를 리얼리즘 문학의 관점으로 비평하면서, 문학 비평에는 정해진 관점이나 범주란 없다고 주장한다. 이러한 태도는 제시문에서 고진이 주장한 '풍경 속의 불안'을 느끼는 자의 태도와 같다.

정답 해설	③ 내면과 자아를 다룬 작품에 대해 사실적 묘사를 중시하는 리얼리즘의 관점을 도입한 것은 자기 주관의 일방향성을 경계하는 태도에서 비롯된다. 고진은 이를 일컬어 풍경 안에 있음을 자각한다고 말하고 있다. 즉 이것은 '풍경 속의 불안'을 느끼는 자의 태도인 것이다.
오답 해설	① 서양 풍경화는 기하학적 투시도법을 따른다. 즉 관점을 고정한 채 대상을 재배치하는 것이다. 따라서 대상에 따라 관점이 이동할 수 있다는 의견은, 고진에게 작가의 머릿속에 있는 관념이 서양 풍경화의 방식으로 재현된다고 해석될 수 없다. 작가의 머릿속에 있는 관념이 재현되는 것은 동양의 산수화에 해당한다.
	② 제시문 여섯 번째 단락에 따르면, 질문과 회의를 통해서도 "세계와 대면하는 방법을 알지 못하기에 막연한 불안이 생겨나는 사태를 막을 수는 없다." 즉 풍경의 불안을 벗어나기란 불가능하다.
	④ 최재서의 평가는 「날개」가 최대한 객관적인 태도를 유지하며 개인의 내면을 사실적으로 묘사하려고 시도한다는 점을 강조한 것이다. 이는 주관을 객관적으로 재현한다는 의도를 실현하기 위한 것으로, 주관의 재현과 객관의 재현이 서로 다른 관점이라며 대립하는 태도와는 상반된다.
	⑤ 풍경은 단순히 외부에 존재해서가 아니라 주관에 의해서 지각될 때 비로소 풍경이 된다는 점에서 '내적 인간'은 풍경을 지각한 이후에야 성립할 수 있는 개념이다.

　　평등은 자유와 더불어 근대 사회의 핵심 이념으로 자리 잡고 있다. 인간은 가령 인종이나 성별과 상관없이 누구나 평등하다고 생각한다. 모든 인간은 평등하다고 말하는데, 이 말은 무슨 뜻일까? 그리고 그 근거는 무엇인가? 일단 이 말을 모든 인간을 모든 측면에서 똑같이 대우하는 절대적 평등으로 생각하는 이는 없다. 인간은 저마다 다르게 가지고 태어난 능력과 소질을 똑같게 만들 수 없기 때문이다. 절대적 평등은 개인의 개성이나 자율성 등의 가치와 충돌하기도 한다.

　　평등에 대한 요구는 모든 불평등을 악으로 보는 것이 아니라 충분한 이유가 제시되지 않은 불평등을 제거하는 데 목표를 두고 있다. '이유 없는 차별 금지'라는 조건적 평등 원칙은 차별 대우를 할 때는 이유를 제시할 것을 요구하고 있다. 이것은 어떤 이유가 제시된다면 특정한 부류에 속하는 사람들에게는 평등한 대우를, 그 부류에 속하지 않는 사람들에게는 차별적 대우를 하는 것을 허용한다. 그렇다면 사람들을 특정한 부류로 구분하는 기준은 무엇인가? 이것은 바로 평등의 근거에 대한 물음이다.

　　근대의 여러 인권 선언에 나타난 평등 개념은 개인들 사이의 평등성을 타고난 자연적 권리로 간주하였다. 하지만 이러한 자연권 이론은 무엇이 자연적 권리이고 권리의 존재가 자명한 이유가 무엇인지 등의 문제에 부딪히게 된다. 그래서 롤스는 기존의 자연권 사상에 의존하지 않는 방식으로 인간 평등의 근거를 마련하려고 한다. 그는 어떤 규칙이 공평하고 일관되게 운영되며, 그 규칙에 따라 유사한 경우는 유사하게 취급된다면 형식적 정의는 실현된다고 본다. 하지만 롤스는 형식적 정의에 따라 규칙을 준수하는 것만으로는 정의를 담보할 수 없다고 생각한다. 그 규칙이 더 높은 도덕적 권위를 지닌 다른 이념과 충돌할 수 있기에, 실질적 정의가 보장되기 위해서는 규칙의 내용이 중요한 것이다.

　　롤스는 인간 평등의 근거를 설명하면서 영역 성질(range property) 개념을 도입한다. 예를 들어 어떤 원의 내부에 있는 점들은 그 위치가 서로 다르지만 원의 내부에 있다는 점에서 동일한 영역 성질을 갖는다. 반면에 원의 내부에 있는 점과 원의 외부에 있는 점은 원의 경계선을 기준으로 서로 다른 영역 성질을 갖는다. 그는 평등한 대우를 받기 위한 영역 성질로서 '도덕적 인격'을 제시한다. 도덕적 인격이란 도덕적 호소가 가능하고 그런 호소에 관심을 기울이는 능력이 있다는 것인데, 이 능력을 최소치만 갖고 있다면 평등한 대우에 대한 권한을 갖게 된다. 도덕적 인격이라고 해서 도덕적으로 훌륭하다는 뜻이 아니라 도덕과 무관하다는 말과 대비되는 뜻으로 쓰고 있다. 그런데 어린 아이는 인격체로서의 최소한의 기준을 충족하고 있는지가 논란이 될 수 있다. 이에 대해 롤스는 도덕적 인격을 규정하는 최소한의 요구 조건은 잠재적 능력이지 그것의 실현 여부가 아니기에 어린 아이도 평등한 존재라고 말한다.

싱어는 위와 같은 롤스의 시도를 비판한다. 도덕에 대한 민감성의 수준은 사람에 따라 다르다. 그래서 도덕적 인격의 능력이 그렇게 중요하다면 그것을 갖춘 정도에 따라 도덕적 위계를 다르게 하지 말아야 할 이유가 분명하지 않다고 말한다. 그리고 평등한 권리를 갖는 존재가 되기 위한 최소한의 경계선을 어디에 그어야 하는지도 문제로 남는다고 본다. 한편 롤스에서는 도덕적인 능력을 태어날 때부터 가지고 있지 않거나 영구적으로 상실한 사람은 도덕적 지위를 가지고 있지 못하게 되는데, 이는 통상적인 평등 개념과 어긋난다. 그래서 싱어는 평등의 근거로 '이익 평등 고려의 원칙'을 내세운다. 그에 따르면 어떤 존재가 이익, 즉 이해관계를 갖기 위해서는 기본적으로 고통과 쾌락을 느낄 수 있는 능력을 갖고 있어야 한다. 그리고 그 능력을 가진 존재는 이해관계를 가진 존재이기 때문에 평등한 도덕적 고려의 대상이 된다. 이때 이해관계가 강한 존재를 더 대우하는 것이 가능하다. 반면에 그 능력을 갖지 못한 존재는 아무런 선호나 이익도 갖지 않기 때문에 평등한 도덕적 고려의 대상이 되지 않는다.

07.

'평등'을 설명한 것으로 가장 적절한 것은?

① 형식적 정의에서는 차별적 대우가 허용되지 않는다
② 조건적 평등과 달리 절대적 평등은 결과적인 평등을 가져온다.
③ 불평등은 충분한 이유가 있더라도 평등의 이념에 부합하지 않는다.
④ 규칙에 따라 유사한 경우는 유사하게 취급해도 결과는 불평등할 수 있다.
⑤ 인간의 능력은 절대적으로 평등하게 만들 수 있지만 자율성에 어긋날 수 있다.

문항 성격	문항유형 : 주제, 구조, 관점 파악
	내용영역 : 규범
평가 목표	이 문항은 제시문의 핵심어인 평등의 개념을 이해하고 있는지 묻는 문항이다.
문제 풀이	정답 : ④

제시문 첫 번째 단락부터 세 번째 단락까지 평등의 근거를 묻게 되는 배경에 대해 설명하고 있다. 첫 번째 단락은 평등 개념이 절대적 평등이 아님을, 두 번째 단락은 평등이라고 하더라도 충분한 이유가 제시된 차별은 허용함을, 세 번째 단락은 형식적 정의와 실질적 정의의 차이를 설명한다.

④ 제시문 세 번째 단락에서 "규칙에 따라 유사한 경우는 유사하게 취급된다면 형식적 정의는 실현된다고 본다."라고 말하고 있다. 그런데 유사한 경우는 유사하게 취급된다는 것은 유사하지 않은 경우는 유사하게 취급되지 않는다는 것이니 그 결과는 불평등할 수 있다. 따라서 "규칙에 따라 유사한 경우는 유사하게 취급해도 결과는 불평등할 수 있다."라는 것은 적절하다.

① 제시문 세 번째 단락에 따르면, "규칙에 따라 유사한 경우는 유사하게 취급된다면 형식적 정의는 실현된다." 유사한 경우는 유사하게 취급된다는 것은 유사하지 않은 경우는 유사하게 취급되지 않는다는 것이다. 두 번째 단락에 따르면, "특정한 … 부류에 속하지 않는 사람들에게" 하는 것이 '차별적 대우'이다. 따라서 "형식적 정의에서는 차별적 대우가 허용되지 않는다."라는 것은 적절하지 않다.

② 제시문 첫 번째 단락에 따르면, "모든 인간을 모든 측면에서 똑같이 대우하는" 것이 '절대적 평등'인데 "인간은 저마다 다르게 가지고 태어난 능력과 소질을 똑같게 만들 수 없기 때문에". "조건적 평등과 달리 절대적 평등은 결과적인 평등을 가져온다."라는 것은 적절하지 않다.

③ 제시문 두 번째 단락에서 "평등에 대한 요구는 모든 불평등을 악으로 보는 것이 아니라 충분한 이유가 제시되지 않은 불평등을 제거하는 데 목표를 두고 있다."라고 말하고 있다. 이것은 충분한 "이유가 제시된다면 … 차별적 대우를 하는 것을 허용한다."라는 뜻이다. 따라서 "불평등은 충분한 이유가 있더라도 평등의 이념에 부합하지 않는다."라는 것은 적절하지 않다.

⑤ 제시문 첫 번째 단락에 따르면, "인간은 저마다 다르게 가지고 태어난 능력과 소질을 똑같게 만들 수 없"다. 따라서 "인간의 능력은 절대적으로 평등하게 만들 수 있지만 자율성에 어긋날 수 있다."라는 것은 적절하지 않다.

08.

롤스와 싱어를 이해한 것으로 적절하지 <u>않은</u> 것은?

① 롤스에서 평등의 근거가 되는 특성을 가지지 못한 존재는 부도덕하다.
② 롤스에서 영역 성질은 정도의 차를 감안하지 않는 동일함을 가리킨다.
③ 싱어에서는 인간이 아닌 존재가 느끼는 고통과 쾌락도 도덕적으로 고려해야 한다.
④ 싱어에서는 도덕적으로 평등하다고 인정받는 사람들도 차별적 대우를 받을 수 있다.
⑤ 롤스와 싱어는 도덕에 대한 민감성이 사람마다 다름을 인정한다.

문항유형 : 정보의 추론과 해석

내용영역 : 규범

이 문항은 평등의 근거에 대한 롤스와 싱어의 견해를 이해하고 있는지 묻는 문항이다.

정답 : ①

제시문 네 번째 단락과 다섯 번째 단락에서는 평등의 근거에 대해 각각 롤스와 싱어의 견해를 소개하고 있다. 이로부터 적절하게 도출할 수 있는 선택지와 그렇지 않은 선택지를 분별하도록 한다.

정답 해설 ① 제시문 네 번째 단락에서 "도덕적 인격이라고 해서 도덕적으로 훌륭하다는 뜻이 아니라 도덕과 무관하다는 말과 대비되는 뜻으로 쓰고 있다."라고 말하고 있다. 즉 도덕적 인격이 아닌 존재는 도덕과 무관할 뿐이지 부도덕한 것은 아니다. 따라서 "롤스에서 평등의 근거가 되는 특성을 가지지 못한 존재는 부도덕하다."라는 것은 적절하지 않다.

오답 해설 ② 제시문 네 번째 단락에서 "어떤 원의 내부에 들어 있는 점들은 그 위치가 서로 다르지만 원의 내부에 있다는 점에서 동일한 영역 성질을 갖는다."라고 말하고 있다. 따라서 "롤스에서 영역 성질은 정도의 차를 감안하지 않는 동일함을 가리킨다."라는 것은 적절하다.

③ 제시문 다섯 번째 단락에서 싱어에 따르면, "어떤 존재가 … 고통과 쾌락을 느낄 수 있는 능력을 … 가진 존재는 이해관계를 가진 존재이기 때문에 평등한 도덕적 고려의 대상이 된다." 따라서 "싱어에서는 인간이 아닌 존재가 느끼는 고통과 쾌락도 도덕적으로 고려해야 한다."는 것은 적절하다.

④ 제시문 다섯 번째 단락에서 "이해관계가 강한 존재를 더 대우하는 것이 가능하다."라고 말하고 있다. 그리고 두 번째 단락에서 "어떤 이유가 제시된다면 특정한 부류에 … 속하지 않은 사람에게는 차별적 대우를 하는 것을 허용한다."라고 말하고 있다. 따라서 "싱어에서는 도덕적으로 평등하다고 인정받는 사람들도 차별적 대우를 받을 수 있다."라는 것은 적절하다.

⑤ 제시문 네 번째 단락 "어린 아이는 인격체로서의 최소한의 기준을 충족하고 있는지가 논란이 될 수 있다"로부터, 롤스는 도덕에 대한 민감성이 사람마다 다름을 인정한다는 것을 알 수 있다. 그리고 다섯 번째 단락 "도덕에 대한 민감성의 수준은 사람에 따라 다르다."로부터, 싱어도 도덕에 대한 민감성이 사람마다 다름을 인정한다는 것을 알 수 있다. 따라서 "롤스와 싱어는 도덕에 대한 민감성이 사람마다 다름을 인정한다."라는 것은 적절하다.

09.

〈보기〉에 대한 반응으로 적절하지 <u>않은</u> 것은?

보 기

- 갑은 고통을 느끼는 능력과 도덕적 능력을 회복 불가능하게 상실하였다.
- 을은 도덕적 능력을 선천적으로 결여했지만 고통을 느낄 수 있다.
- 병은 질병으로 인해 일시적으로 도덕적 능력을 상실하였다.

① 갑에 대해 싱어는 도덕적 고려의 대상이 아니라고 보겠군.
② 을이 도덕적 능력이 있는 사람보다 더 고통을 느낀다면 싱어는 더 대우를 받아야 한다고 생각하겠군.
③ 을이 도덕적 고려의 대상임을 설명할 수 있다는 점에서 싱어는 자신의 설명이 통상적인 평등 개념에 부합한다고 생각하겠군.
④ 병에 대해 롤스는 그 질병에 걸리지 않은 사람과 달리 평등하지 않게 생각하겠군.
⑤ 갑과 을에 대해 싱어는 롤스가 도덕적 인격임을 설명하지 못할 것이라고 보겠군.

문항 성격	문항유형 : 정보의 평가와 적용
	내용영역 : 규범
평가 목표	이 문항은 롤스의 '도덕적 인격'과 싱어의 '이익 평등 고려의 원칙'을 실제 사례에 적용할 수 있는지 알아보는 문항이다.
문제 풀이	정답 : ④

제시문 네 번째 단락과 다섯 번째 단락에서는 각각 롤스의 '도덕적 인격'과 싱어의 '이익 평등 고려의 원칙'을 소개하고 있다. 〈보기〉의 갑, 을, 병에 대해 이것을 적용할 경우에 적절한 반응과 그렇지 않은 반응을 분별하도록 한다.

> **정답 해설** ④ 제시문 네 번째 단락에서 "롤스는 도덕적 인격을 규정하는 최소한의 요구 조건은 잠재적 능력이지 그것의 실현 여부가 아니"라고 말하고 있다. 그렇다면 "도덕적 능력을 일시적으로 상실"한 병은 롤스에게 도덕적 인격체임을 알 수 있다. 따라서 "병에 대해 롤스는 그 질병에 걸리지 않은 사람과 달리 평등하지 않게 생각하겠군."이라는 것은 적절하지 않다.

> **오답 해설** ① 제시문 다섯 번째 단락에서 싱어에 따르면, "어떤 존재가 이익, 즉 이해관계를 갖기 위해서는 기본적으로 고통과 쾌락을 느낄 수 있는 능력을 갖고 있어야 한다.

그리고 그 능력을 가진 존재는 이해관계를 가진 존재이기 때문에 평등한 도덕적 고려의 대상이 된다." 그렇다면 고통을 느끼는 능력을 회복 불가능하게 상실한 갑은 싱어에게 도덕적 고려의 대상이 아니다. 따라서 "갑에 대해 싱어는 도덕적 고려의 대상이 아니라고 보겠군."이라는 것은 적절하다.

② 제시문 다섯 번째 단락에 따르면, 싱어는 "이해관계가 강한 존재를 더 대우하는 것이 가능하다"라고 보고 있다. 이때 이해관계는 고통과 쾌락을 느낄 수 있는 능력에 기반하고 있다. 따라서 "을이 도덕적 능력이 있는 사람보다 더 고통을 느낀다면 싱어는 더 대우를 받아야 한다고 생각하겠군."이라는 것은 적절하다.

③ 제시문 다섯 번째 단락에서 싱어는 "롤스에서는 도덕적인 능력을 태어날 때부터 가지고 있지 않거나 영구적으로 상실한 사람은 도덕적 지위를 가지고 있지 못하게 되는데, 이는 통상적인 평등 개념과 어긋난다."라고 말하고 있다. 그런데 싱어 자신은 "어떤 존재가 이익, 즉 이해관계를 갖기 위해서는 기본적으로 고통과 쾌락을 느낄 수 있는 능력을 갖고 있어야 한다."라고 생각하는데, 을은 고통을 느끼고 있으므로 이 기준에 해당한다. 따라서 "을이 도덕적 고려의 대상임을 설명할 수 있다는 점에서 싱어는 자신의 설명이 통상적인 평등 개념에 부합한다고 생각하겠군."이라는 것은 적절하다.

⑤ 제시문 다섯 번째 단락에서 싱어는 "롤스에서는 도덕적인 능력을 태어날 때부터 가지고 있지 않거나 영구적으로 상실한 사람은 도덕적 지위를 가지고 있지 못하게 되는데, 이는 통상적인 평등 개념과 어긋난다."라고 말하고 있다. 갑은 도덕적인 능력을 영구적으로 상실한 사람이고, 을은 도덕적인 능력을 태어날 때부터 가지고 있지 않은 사람이다. 따라서 "갑과 을에 대해 싱어는 롤스가 도덕적 인격임을 설명하지 못할 것이라고 보겠군."이라는 것은 적절하다.

[10~12] 다음 글을 읽고 물음에 답하시오.

살펴보건대, ㉠상고 시대 법에서 오형(五刑)은 중죄인에 대하여 이마에 글자를 새기고(묵형) 코나 팔꿈치, 생식기를 베어 내고(의형, 비형, 궁형), 죽이는(대벽) 형벌이었다. 다만 정상이 애처롭거나 신분과 공로가 높은 경우에는 예외적으로 오형 대신 유배형을 적용하였다. 나머지 경죄는 채찍이나 회초리를 쳤는데 따져볼 여지가 있는 경우에는 돈으로 대속할 수 있도록, 곧 속전(贖錢)할 수 있도록 하였다. 또 과실로 저지른 행위는 유배나 속전 할 것 없이 처벌하지 않았다. 그러나 배경을 믿고 범행을 저질렀거나 재범한 경우에는 유배나 속전 할 사유에 해당하더라도 형을 집행하였다.

형법은 선왕들이 통치에서 전적으로 믿고 의지하는 도구는 아니었지만 교화를 돕는 수단이었고, 백성들이 그른 짓을 하지 않도록 역할을 해 왔다. 그렇다면 신체를 상하게 하여 악을 징계한 것도 당시에는 고심 끝에 차마 어쩔 수 없이 행하는 하나의 통치였던 것이다. ⓒ지금의 법을 보면, 유배형과 노역형이 간악한 이를 효과적으로 막지 못하고 있다. 그렇다고 해서 그보다 더 무거운 형벌로 과도하게 적용하면 죽지 않아도 될 범죄자를 죽일 수 있어 적당하지 않다. 따라서 예전처럼 의형, 비형을 적용한다면, 신체는 다쳐도 목숨은 보전될 뿐만 아니라 뒷사람에게 경계도 되니 선왕의 뜻과 시의에 알맞은 일이다.

지금은 살인과 상해에 대하여도 속전할 수 있도록 하여, 재물 있는 이들이 사람을 죽이거나 다치게 하도록 만드니, 무고한 피해자에게는 이보다 더 큰 불행이 있겠는가? 그리고 살인자가 마을에서 편안히 살고 있으면, 부모의 원수를 갚으려는 효자가 어떻게 그대로 보겠는가? 변방으로의 유배를 그대로 집행하는 것이 양쪽을 모두 보전하는 일이다. 선왕들이 중죄인에 대하여 죽이거나 베면서 조금도 용서하지 않은 것은 그 죄인도 또한 피해자에게 잔혹히 했기 때문이니, 그 형벌의 시행이 매우 참혹해 보이지만 실상은 마땅히 해야 할 일을 집행한 것이다.

어떤 이가 말하기를, 신체에 가하는 형벌인 육형(肉刑)으로 오형만 있었던 상고 시대에 순임금이 그 참혹함을 차마 볼 수 없어서 유배, 속전, 채찍, 회초리의 형벌을 만들었다고 한다. 그렇다고 하면 요임금 때까지는 채찍이나 회초리에 해당하는 죄에도 묵형이나 의형을 집행했다는 말인가? 그러니 오형에 처하던 것을 순임금이 법을 바로잡아 속전할 수 있도록 하였다는 말은 옳지 않다. 의심스럽다든가 해서 죄를 속전할 수 있도록 한다면, 부자들은 처벌은 면하고 가난한 이들만 형벌을 받을 것이다.

지금의 사법기관은 응보에 따라 화복(禍福)이 이루어진다는 말을 잘못 알고서, 죄의 적용을 자의적으로 하여 복된 보답을 구하려는 경향이 있다. 죄 없는 이가 억울함을 풀지 못하고 죄 지은 자가 되려 풀려나게 하는 것은 악을 행하는 일일 뿐이니 무슨 복을 받겠는가? 지금의 사법관들은 죄수를 신중히 살핀다는 흠휼(欽恤)을 잘못 이해하여서, 사람의 죄를 관대하게 다루어 법 적용을 벗어나도록 해 주는 것으로 안다. 그리하여 죽여야 할 이들을 여러 구실을 들어 대부분 감형되도록 한다. 참형에 해당하는 것이 유배형이 되고, 유배될 것이 노역형이 되고, 노역할 것이 곤장형이 되고, 곤장 맞을 것이 회초리로 맞게 되니, 이는 뇌물을 받아 법을 가지고 논 것이지 어찌 흠휼이겠는가?

인명은 지극히 중한 것이다. 만약 무고한 사람이 살해되었다면, 법관은 마땅히 자세히 살피고 분명히 조사하여 더는 의심의 여지가 없게 해야 할 것이다. 그리고 이렇게 한 뒤에는 반드시 목숨으로 갚도록 해야 한다. 이로써 죽은 자의 원통한 혼령을 위로할 뿐 아니라, 과부와 고아가 된 이가 원수 갚고자 하는 마음을 위로할 수 있으며, 또한 천리를 밝히고 나라의 기강을 떨치는 일이

268

다. 보는 이들의 마음을 통쾌하게 할 뿐 아니라 후대의 징계도 되니, 또한 좋지 않겠는가.

　　지금은 교화가 쇠퇴하여 인심이 거짓을 일삼으며, 저마다 자신의 잇속만 챙기면서 풍속도 모두 무너졌다. 극악한 죄인은 죄를 받지 않고, 선량한 백성들은 자의적인 형벌의 적용을 면치 못하기도 한다. 또 강자에게는 법을 적용하지 않고 약자에게는 잔인하게 적용한다. 권문세가에는 너그럽고 한미한 집에는 각박하다. 똑같은 일에 법을 달리하고 똑같은 죄에 논의를 달리하여, 간사한 관리들이 법조문을 농락하고 기회를 잡아 장사하니, 그것은 단지 살인자를 죽이지 않고 형법을 방기하는 잘못에 그치는 일이 아니다. 이 통탄스러움을 이루 말로 다할 수 있겠는가.

— 윤기, 「논형법(論刑法)」 —

10.

글쓴이의 입장과 일치하는 것은?

① 교화를 중시하고 형벌의 과도한 적용을 삼가야 한다고 생각한다.
② 살인을 저지른 중죄인이 유배되는 일은 없어야 한다고 주장한다.
③ 인명이 소중하므로 사형과 같은 참혹한 형벌의 폐지에 찬성한다.
④ 형벌로 보복을 대신하려고 하는 응보적인 경향에 대해 반대한다.
⑤ 부고아세 살해된 피해자를 고려하면 의형은 합당한 저벌이라고 본다.

문항 성격	문항유형 : 주제, 구조, 관점 파악
	내용영역 : 규범
평가 목표	이 문항은 제시문에 나타난 여러 주장에 대한 이해를 바탕으로 글쓴이의 입장 혹은 태도를 파악할 수 있는지 알아보는 문항이다.
문제 풀이	정답 : ①

형벌의 과도한 적용을 반대하면서도, 사형을 받아야 할 죄인이 그 벌을 벗어나도록 관용하는 것에는 또한 반대한다는 것이 글쓴이의 주된 견해임을 파악할 수 있어야 한다.

정답 해설	① 제시문 두 번째 단락에서 형법에 대하여 "교화를 돕는 수단이었고, 백성들이 그른 짓을 하지 않도록 역할을 해 왔다."는 점을 말하면서 "유배형과 노역형이 간악한 이를 효과적으로 막지 못하고 있다. 그렇다고 해서 그보다 더 무거운 형벌로 과도하게 적용하면 죽이지 않아도 될 범죄자를 죽일 수 있어 적당하지 않다."

고 하여, 형벌이 과도하게 집행되어서는 안 된다는 점도 지적한다. 그러므로 "교화를 중시하고 형벌의 과도한 적용을 삼가야 한다고 생각한다."는 글쓴이의 입장과 일치한다.

② 제시문 세 번째 단락에서 살인과 상해에 대하여도 속전이 이루어지는 데 대하여 비판하면서, 살인자에 대하여 속전하도록 하는 것보다는 유배를 보내는 쪽이 타당하다고 주장한다. 따라서 "살인을 저지른 중죄인이 유배되는 일은 없어야 한다고 주장한다."는 글쓴이의 입장과 일치하지 않는다.

③ 인명이 중하다고 말하는 것은 피해자의 입장에서 말하는 것으로서, 그렇기 때문에 가해자는 사형에 처해져야 한다는 것이 글쓴이의 입장이어서, "인명이 소중하므로 사형과 같은 참혹한 형벌의 폐지에 찬성한다."는 글쓴이의 입장과 일치하지 않는다.

④ 제시문 여섯 번째 단락에서 글쓴이는 "반드시 목숨으로 갚도록 해야 한다. 이로써 죽은 자의 원통한 혼령을 위로할 뿐 아니라, 과부와 고아가 된 이가 원수 갚고자 하는 마음을 위로할 수 있"다고 말한다. 즉 글쓴이는 형벌로 보복을 대신하려고 하는 데 찬성하며, 그렇지 못한 당시의 경향에 대해서는 비판하는 입장이다.

⑤ 제시문 여섯 번째 단락에서 글쓴이는 피해자의 처지를 생각하여 사형을 집행해야 한다고 했다. "만약 무고한 사람이 살해되었다면, 법관은 마땅히 자세히 살피고 분명히 조사하여 더는 의심의 여지가 없게 해야 할 것이다. 그리고 이렇게 한 뒤에는 반드시 목숨으로 갚도록 해야 한다." 물론 두 번째 단락에서는 사형보다는 의형이나 비형이 신체는 상해도 죽지 않으니 낫지 않은가 하고 밀하고 있으나, 이는 어디까지나 가해자의 입장을 헤아린 경우이다. "무고하게 살해된 피해자를 고려하면 의형은 합당한 처벌이라고 본다."는 글쓴이의 입장과 일치하지 않는다.

11.

윗글에 따라 ㉠, ㉡을 설명한 것으로 가장 적절한 것은?

① ㉠에서는 경미한 죄에도 오형을 적용하도록 되어 있었다.
② ㉠에서는 중죄에 대한 형벌을 육형으로 하는 것이 원칙이었다.
③ ㉡에서는 유배형도 정식의 형벌이므로 속전의 대상이 되지 않는다.
④ ㉠에서 오형에 해당하지 않는 형벌은 ㉡에서도 집행하지 않는다.
⑤ ㉠에서의 오형은 잔혹한 형벌이라 하여 ㉡에서는 모두 사라지게 되었다.

평가 목표   이 문항은 상고 시대의 오형과 당대의 법에 대한 글쓴이의 이해를 파악하고 있는지 평가하는 문항이다.

문제 풀이   정답 : ②

글쓴이는 상고 시대의 육형인 오형에 대한 이해를 바탕으로 현행 사법 실태에 대한 비판적인 견해를 피력하고 있다. 그 내용과 부합하는 선택지를 골라야 한다.

정답 해설   ② 제시문 네 번째 단락에 신체에 가하는 형벌이 육형이며 중죄에 적용하는 오형이 여기에 해당한다는 내용이 있고, 첫 번째 단락에서 상고 시대 법에서는 나머지 경죄에 대한 형벌도 채찍이나 회초리로 치는 것이라 하여 신체에 가하는 형벌이 었음을 알 수 있다. 유배형은 예외적으로 적용하는 형벌이었다. 이렇게 볼 때 원칙적으로 중죄와 그 나머지 경죄에 적용하는 형벌이 모두 육형으로 되어 있음을 알 수 있다. 따라서 "중죄에 대한 형벌을 육형으로 하는 것이 원칙이었다."는 적절하다.

오답 해설   ① 상고 시대 법에서 경죄에 대하여는 채찍이나 회초리를 친다고 하였고, 당시에 오형만 있었다는 견해에 대하여는 옳지 않다고 비판하고 있으므로, "경미한 죄에도 오형을 적용하도록 되어 있었다."는 적절하지 않다.

③ 제시문 세 번째 단락에서 "지금은 살인과 상해에 대하여도 속전할 수 있도록 하여, 재물 있는 이들이 사람을 죽이거나 다치게 해도를 만드니, 무고한 피해자에게는 이보다 더 큰 불행이 있겠는가? 그리고 살인자가 마을에서 편안히 살고 있으면, 부모의 원수를 갚으려는 효자가 어떻게 그대로 보겠는가? 변방으로의 유배를 그대로 집행하는 것이 양쪽을 모두 보전하는 일이다."라고 하여, 유배형이 속전되는 폐해를 지적하고 있다. 따라서 유배형이 속전의 대상이 되지 않는다는 것은 적절하지 않다.

④ 제시문 다섯 번째 단락에서 "참형에 해당하는 것이 유배형이 되고, 유배될 것이 노역형이 되고, 노역할 것이 곤장형이 되고, 곤장 맞을 것을 회초리로 맞게 되니"라 하고 있어, 오형에 해당하지 않지만 상고 시대의 법에는 있었던 회초리의 형벌을 확인할 수 있다. 따라서 오형에 해당하지 않던 형벌은 글쓴이 당대에 집행하지 않는다는 것은 적절하지 않다.

⑤ 오형 가운데 대벽은 사형이다. 글쓴이 당대의 형벌에도 사형이 있으므로 오형에 해당하는 것이 있다.

12.

윗글과 〈보기〉를 비교 평가한 것으로 적절하지 <u>않은</u> 것은?

보기

　　상고 시대에 유배형은 육형을 가해서는 안 되는 관료에게 베푸는 관용의 수단으로서 공식적인 형벌이 아니라 임시방편과 같은 것이었다. 또 속전은 의심스러운 경우에 적용한 것이지 꼭 가벼운 형벌에만 해당했던 것도 아니었다. 여기서 속은 잇는다[續]는 데서 따다가 대속한다[贖]는 의미로 된 것이니, 육형으로 끊어진 팔꿈치를 다시 붙일 수 없는 참혹함을 받아들이지 못하는 어진 정치에서 비롯한 것임을 알 수 있다. 지금의 법에서 속전은 정황이 의심스럽거나 사면에 해당하는 경우에만 비로소 허용된다. 그에 해당하는 경우가 아니라면 부유함으로 처벌을 요행히 면해서는 안 되며, 해당하는 경우이면 가난뱅이는 속전도 필요 없다. 죽여야 할 사람을 끝없이 살리려고만 한다면 어찌 덕이 되겠는가. 흠휼은 한 사람이라도 죄 없는 자를 죽이지 않으려는 것이지 살리기만 좋아하는 것이 아니다.

① 법을 엄격하게 집행해야 한다고 보는 점은 두 글이 같은 태도이다.

② 속전의 남용에 대해 흠휼을 오해한 소치로 보는 점은 두 글이 같은 태도이다.

③ 상고 시대에 중죄를 속전할 수 있었는지에 대해서는 두 글이 서로 달리 보고 있다.

④ 중죄에 대한 속전이 부자들의 전유물이므로 폐지하자는 것에 대해서는 두 글이 다른 태도를 보일 것이다.

⑤ 유배의 효과가 없을 때 의형이나 비형을 되살릴 수 있다는 것에 대해서는 두 글이 같은 태도를 보일 것이다.

문항 성격	문항유형 : 정보의 평가와 적용
	내용영역 : 규범
평가 목표	이 문항은 상고 시대의 유배형과 속전, 당대의 속전, 흠휼에 대한 제시문과 〈보기〉의 해석을 정확히 비교하여 평가할 수 있는지 알아보기 위한 문항이다.
문제 풀이	정답 : ⑤

상고 시대의 유배형과 속전에 대한 제시문, 〈보기〉 간 해석 차이를 파악하여야 한다. 〈보기〉는 속전의 근거에 대한 견해도 제시하고, 속전의 집행과 흠휼의 관계에 대해서도 논한다.

⑤ 제시문(두 번째 단락)은 "지금의 법을 보면, 유배형과 노역형이 간악한 이를 효과적으로 막지 못하고 있다."고 평가하고 "따라서 예전처럼 의형, 비형을 적용한다면, 신체는 다쳐도 목숨은 보전될 뿐만 아니라 뒷사람에게 경계도 되니 선왕의 뜻과 시의에 알맞은 일이다."라고 하여, 유배형이나 노역형이 효과적이지 못하므로 상고 시대의 오형을 부활할 필요가 있다고 보고 있다. 반면에 〈보기〉는 속전이 "육형으로 끊어진 팔꿈치를 다시 붙일 수 없는 참혹함을 받아들이지 못하는 어진 정치에서 비롯한 것"이라는 입장이다. 즉 신체를 잘라내는 형벌은, 인정할 수 없는 어질지 못한 정치의 모습으로 보고 있다. 따라서 의형이나 비형의 부활에 대하여 두 글이 같은 태도를 보일 것이라는 평가는 적절하지 않다.

① 제시문(다섯 번째 단락)은 "지금의 사법기관은 응보에 따라 화복(禍福)이 이루어진다는 말을 잘못 알고서, 죄의 적용을 자의적으로 하여 복된 보답을 구하려는 경향이 있다. 죄 없는 이가 억울함을 풀지 못하고 죄 지은 자가 되려 풀려나게 하는 것은 악을 행하는 일일 뿐이니 무슨 복을 받겠는가?"라고 하여, 엄격하지 못한 법 적용을 비판한다. 〈보기〉는 "속전은 정황이 의심스럽거나 사면에 해당하는 경우에만 비로소 허용된다. 그에 해당하는 경우가 아니라면 부유함으로 처벌을 요행히 면해서는 안 되며"라고 하여, 속전을 사유에 해당할 때만 엄격히 적용할 것을 요구한다. 따라서 "법을 엄격하게 집행해야 한다고 보는 점은 두 글이 같은 태도이다."라는 평가는 적절하다.

② 제시문(다섯 번째 단락)은 "지금의 사법관들은 죄수를 신중히 살핀다는 흠휼(欽恤)을 잘못 이해하여서, 사람의 죄를 관대하게 다루어 법 적용을 벗어나도록 해주는 것으로 안다."고 하고, 〈보기〉는 "죽여야 할 사람을 끝없이 살리려고만 한다면 어찌 덕이 되겠는가. 흠휼은 한 사람이라도 죄 없는 자를 죽이지 않으려는 것이지 살리기만 좋아하는 것이 아니다."라고 하여, 속전의 남용 같은 지나친 관용적 법 적용에 대하여는 흠휼의 의미를 잘못 이해한 것으로 보고 있다. 따라서 "속전의 남용에 대해 흠휼을 오해한 소치로 보는 점은 두 글이 같은 태도이다."라는 평가는 적절하다.

③ 제시문(첫 번째 단락)은 "다만 정상이 애처롭거나 신분과 공로가 높은 경우에는 예외적으로 오형 대신 유배형을 적용하였다."고 하고, "나머지 경죄는 채찍이나 회초리를 쳤는데 따져볼 여지가 있는 경우에는 돈으로 대속할 수 있도록, 곧 속전(贖錢)할 수 있도록 하였다."고 하여, 경죄에 대하여 속전이 이루어졌다고 보지만, 〈보기〉는 "속전은 의심스러운 경우에 적용한 것이지 꼭 가벼운 형벌에만 해당했던 것도 아니었다."고 전제하고 "육형으로 끊어진 팔꿈치를 다시 붙일 수 없는 참혹함을 받아들이지 못하는 어진 정치에서 비롯한 것"이라고 하여, 오히

려 중죄에 적용하는 오형에 대한 관용으로 속전이 등장하게 되었다고 보고 있다. 따라서 "상고 시대에 중죄를 속전할 수 있었는지에 대해서는 두 글이 서로 달리 보고 있다."라는 평가는 적절하다.

④ 제시문(네 번째 단락)은 "의심스럽다든가 해서 중죄를 속전할 수 있도록 한다면, 부자들은 처벌을 면하고 가난한 이들만 형벌을 받을 것이다."라고 보고 있는 반면, 〈보기〉는 "지금의 법에서 속전은 정황이 의심스럽거나 사면에 해당하는 경우에만 비로소 허용된다. 그에 해당하는 경우가 아니라면 부유함으로 처벌을 요행히 면해서는 안 되며, 해당하는 경우이면 가난뱅이는 속전도 필요 없다."라고 하고 있다. 따라서 중죄에 대한 속전이 부자들의 전유물이므로 폐지하자는 것에 대해 제시문은 찬성할 것이지만, 〈보기〉는 정황이 의심스러운 경우라면 부자들에 대해서도 속전이 필요하다고 할 것이다. 〈보기〉는 기본적으로 속전을 어진 정치의 발로로 보는 태도를 견지하고 있다.

[13~15] 다음 글을 읽고 물음에 답하시오.

68혁명 이후 구조에서 차이로, 착취에서 자유나 배제로 문제 설정이 변화하고, 신자유주의적 반(反)정치의 경향이 강화되었던 1980년대에 르포르 는 '정치적인 것'의 활성화를 제기하였다. 그에 앞서 아렌트가 고대 이데니의 시민적 덕성의 복원을 통한 정치적인 것의 활성화를 제기했다면, 르포르는 근대 민주주의 자체의 긴장에 주목하면서 '인권의 정치'를 통한 정치적인 것의 부활을 시도하였다. 그는 인권을 공적 공간의 구성 요소로 파악하면서 개인에 내재된 자연권으로 보거나 개인의 이해관계에 기반한 소유권적 관점에서 파악하려는 자유주의적 입장을 거부한다. 르포르는 자유주의가 인간의 권리를 개인의 권리로 환원시킴으로써 사회적 실체에 접근하지 못하고, 결국 민주주의를 개인과 국가의 표상관계를 통해 개인들의 이익의 총합으로서 국가의 단일성을 확보하기 위한 수단으로 볼 뿐이라고 비판한다.

르포르는 1789년 「인권선언」의 조항들이 '개인적 자유'보다 '관계의 자유'를 의미한다고 본다. 선언의 제4조에서 언급한 '타인에게 해를 끼치지 않는 모든 것을 할 수 있는 자유'는 사회적 공간이 권력에 대해 권리들의 자율성을 향유한다는 의미이자, 어떤 것도 그 공간을 지배할 수 없다는 의미이다. 그리고 제11조에서 언급한 '생각과 의견의 자유로운 소통의 자유' 역시 근대 사회의 시민이 자신의 생명과 재산에 대한 위협을 느끼지 않고 의견을 표현할 수 있는 권리를 의미한다. 르포르는 이러한 권리가 개인과 개인의 존엄성에 대한 보호라기보다는 개인들끼리의 공존 형태,

특히 권력의 전능으로 인해 인간 간의 관계가 침탈될 우려에서 비롯된 특정한 공존 형태에 대한 정치적 개념이라고 본다.

르포르는 ㉠권리와 권력의 관계에 주목한다. 18세기에 형성된 인간의 권리는 사회 위에 군림하는 권력의 표상을 붕괴시키는 자유의 요구로부터 출현했다. 근대에 '인간의 권리'는 '시민의 권리'로서 존재해 왔다. 인간은 특정 국민국가의 성원으로서 국가권력에 의해 인정될 때, 즉 이방인이었던 아렌트가 포착했던 '권리들을 가질 수 있는 권리'가 전제될 때 비로소 권리를 향유할 수 있다. 하지만 르포르가 제기하는 것은 권력이 권리에 순응해야 한다는 점이다. 특히 저항권은 시민 고유의 것이지 결코 국가에게 그것의 보장을 요구할 수 없는 것이다. 그것은 권력에 대한 권리의 선차성이며, 권력이 권리에 어떤 영향도 미칠 수 없다는 것을 의미한다.

하지만 그의 비판자들은 권리가 권력을 통해서만 존재해 온 역사를 르포르가 간과하고 있다고 지적한다. 인권의 정치를 통한 권리의 확장은 권력의 동시적인 확장, 나아가 전체주의적 권력의 등장을 가져올 수 있다는 것이다. 근대 민주주의의 속성인 인민과 대표의 동일시에 따른 대표의 절대화를 통해 '하나로서의 인민'과 '사회적인 것의 총체로서의 당'에 대한 표상의 일치, 당과 국가의 일치, 결국 '일인' 통치로 귀결된 전체주의가 그 예라고 르포르를 비판한다.

물론 르포르도 새로운 권리의 발생이 국가권력을 강화시킬 수 있음을 인정한다. 따라서 국가권력에 대한 제어와 감시가 필요하며, 억압에 대한 저항으로서 정치적 자유가 강조된다. 공적 영역에서 실현되는 정치적 자유는, 시민들의 관계를 표현하는 장치이자 권력에 대한 통제 수단으로서 정치적인 것의 활성화를 통해 공론장과 같은 민주적 공간을 구성한다. 그러한 민주적 공간을 구성하는 권리로부터 법률이 형성된다. 따라서 권리의 근원은 그 누구에 의해서도 독점되지 않는 권력이어야 한다. 국가권력은 상징적으로는 단일하지만 실제적으로는 민주적으로 공유되어야 함에도, 이를 오해한 것이 전체주의이다.

결국 르포르는 권력이 제어할 수 있는 틀을 넘어 쟁의가 발생하는 장소로서 민주주의 국가를 제시함으로써 법이 인정하는 한에서 권리를 사유하는 자유주의적 법치국가의 한계를 넘어서고자 하며, 역사적으로 다양한 권리들이 권력이 정한 경계를 넘어서 생성되어 왔다는 점을 강조한다. 이때 인권의 정치는 차별과 배제에 대한 저항과 새로운 주체들의 자유를 위한 무기가 된다. 나아가 '권리들을 가질 수 있는 권리'라는 관념은 인간의 권리의 실현 조건으로서 국가권력이라는 틀 자체를 거부하면서, 자신이 거주하는 곳에서 권리의 실현을 요구하는 급진적 흐름으로서 세계시민주의의 가능성을 보여준다.

13.

윗글과 일치하지 <u>않는</u> 것은?

① 아렌트는 시민적 덕성의 복원을 통해, 르포르는 인권의 정치를 통해 공적 공간의 민주
화에 대해 사유한다.

② 르포르는 근대 국가권력의 상징적 측면에서, 자유주의자들은 개인과 국가의 표상관계
를 통해 권력의 단일성을 이해한다.

③ 자유주의자들은 자연권 혹은 소유권적 관점에서 개인의 권리를 파악하면서 민주주의
를 개인의 권리들의 관계가 만들어 내는 쟁의의 공간으로 이해한다.

④ 전체주의는 근대 민주주의가 피통치자로서의 인민과 통치자로서의 대표를 동일시하는
경향이 극단화될 때 나타난다.

⑤ 세계시민주의는 인간의 권리가 실현되는 조건으로 국민국가의 성원이라는 전제를 거
부할 필요가 있음을 주장한다.

문항 성격	문항유형 : 주제, 구조, 관점 파악
	내용영역 : 사회
평가 목표	이 문항은 제시문에 등장하는 다양한 입장들을 정확히 이해하고 있는지를 묻는 문항이다. 특히 각각의 입장을 르포르가 어떻게 비판하면서 자신의 견해를 제시하고 있는지를 파악해야 한다는 점에서 이 문항은 글의 주제를 묻는 문항이기도 하다.
문제 풀이	정답 : ③

정치적인 것의 문제, 인권의 정치, 근대국가 권력의 특성 및 민주주의, 전체주의 등에 대한 다양
한 입장들과 그들의 견해를 이해하고 필요시 제시문에서 재확인하도록 한다.

정답 해설	③ 자유주의자들의 경우 자연권 혹은 소유권적 관점에서 개인의 권리를 파악한다는 것은 옳지만, 민주주의를 권리의 관계가 만들어 내는 쟁의의 공간으로 이해한다는 진술은 르포르의 것이다. 자유주의자들은 민주주의를 개인과 국가의 표상관계를 통해 개인들의 이익의 총합으로서 국가의 단일성을 확보하는 수단으로 보고 있다.
오답 해설	① 아렌트는 고대 아테네의 시민적 덕성의 복원을 통해, 르포르는 인권의 정치를 통해 정치적인 것의 활성화를 시도한다. 이후 정치적인 것의 활성화를 통해 공론장과 같은 민주적 공간으로서 국가권력을 이해한다는 것으로 이어진다.

② 르포르는 근대 국가권력의 상징적 단일성을 강조하고, 자유주의자들은 개인과 국가의 표상관계를 통해 권력의 단일성을 확보하고자 한다.

④ 전체주의는 근대 민주주의의 속성인 인민과 대표의 일치가 극단적으로 나타날 때 등장한다.

⑤ 세계시민주의는 근대 국민국가에서 성원으로 인정되는 것을 시민 권리의 실현을 위한 조건으로 제시하고 있다는 점을 거부함으로써 인간의 권리를 확장하고자 한다.

14.

윗글에 따를 때 ㉠에 대한 르포르의 관점을 이해한 것으로 적절하지 <u>않은</u> 것은?

① 국가권력이 보장할 수 없는 시민 고유의 권리가 존재할 수 있다고 본다.

② 근대의 민주적 권력은 상징적 및 실제적 권력의 단일성에 근거하여 권리를 확장시켜 왔다고 본다.

③ 근대국가에서는 국가권력이 개인을 국민이라는 성원으로 인정하는 한에서 권리를 부여해 왔다고 본다.

④ 국가권력이 설정한 권리의 한계를 극복하면서 국민국가 초기에 인정되지 않았던 권리들이 인정받았다고 본다.

⑤ 권리를 사회적 관계의 산물로 이해함으로써 권리는 누구도 독점할 수 없는 민주적 공간을 구성하는 동력이 된다고 본다.

문항 성격	문항유형 : 정보의 추론과 해석
	내용영역 : 사회
평가 목표	이 문항은 르포르가 이해하고 있는 권리와 권력의 관계를 정확히 파악하고 있는지 확인하는 문항이다.
문제 풀이	정답 : ②

근대국가의 특징인 권리와 권력의 관계, 특히 권리의 선차적 요구와 그에 대한 권력의 민주주의적 과정을 통한 인정이라는 특성을 이해하도록 한다.

② 르포르는 근대 국민국가의 특성을 상징적 권력의 단일성과 실제적 권력의 민주
주의적 공유라는 차원에서 민주적 공간으로 이해한다. 그리고 그러한 권력에 의
한 권리의 확장을 주장한다. 따라서 "근대의 민주적 권력은 상징적 및 실제적 권
력의 단일성에 근거하여 권리를 확장시켜 왔다."라는 것은 실제적 권력의 단일
성을 언급하고 있다는 점에서 적절하지 않다.

① 르포르는 권력에 대한 권리의 선차성을 주장하면서 권력이 보장할 수 없는 시민
고유의 권리인 저항권이 존재하며, 그것은 권력에 인정을 요구할 수 없다고 주
장한다.

③ 근대국가에서 개인들의 권리는 국가권력으로부터 원칙적으로 성원으로 인정될
때 향유할 수 있다. 르포르 역시 권리와 권력 관계 속에서 그것을 인정한다.

④ 르포르는 근대에서 권리의 권력에 대한 선차성의 차원에서 근대 국민국가 초기
인정되지 않았던 권리들은 시간의 흐름 속에서 국가가 설정한 경계를 넘어서 생
성되어 왔다는 점을 강조한다.

⑤ 르포르는 권리를 자연권 혹은 소유권적 관점에서 이해하는 것을 비판하면서 권
리를 사회적 관계의 산물로 이해하여, 그러한 권리들을 통해 정치적인 것이 활
성화되며 그것을 통해 공론장과 같은 민주적 공간을 구성한다고 주장한다.

15.

[르포르]와 〈보기〉의 [푸코]를 비교한 것으로 가장 적절한 것은?

> **보기**
>
> [푸코]는 개인의 삶 자체가 위험이라는 인식하에서 국가가 출생에서 죽음에 이르기까
> 지의 개인의 삶 전체를 관리하는 '생명관리권력의 시대'가 등장하였다고 주장한다. 근대
> 에 개인의 권리의 확대는 개인을 위험으로부터 보호하려는 문제의식에서 비롯되었지
> 만, 그것은 동시에 국가가 더 깊이 개인의 삶에 침투하는 권력으로 전환되는 역설을 낳
> 았다. 개인이 권력의 시선, 즉 규율을 내면화함으로써 권력이 만들어 낸 주체가 되어간
> 다는 점에서, 근대의 자율적 주체는 사라져 버렸다. 푸코는 개인에 대한 억압을 강조했
> 던 기존의 권력 관념을 대신하여 국가권력이 생산적 권력임을 강조한다.

① 르포르는 권리에 대한 권력의 종속을 비판했다면, 푸코는 개인의 삶에 침투하는 권력
의 특성에 주목했다.

② 르포르는 인권의 정치를 통해 민주주의의 확장을 주장했다면, 푸코는 권리에 대한 요구를 통해 권력을 제한하려 했다.

③ 르포르는 권리의 확장이 가져올 수 있는 권력의 비대화 및 독점화를 우려했다면, 푸코는 자율적 주체에 의한 권리의 확장을 주장했다.

④ 르포르는 권력이 설정한 경계를 넘어 권리의 주체를 형성할 것을 주장했다면, 푸코는 국가권력이 권력의 시선을 내면화하는 주체를 생산하고 관리한다는 점에 주목했다.

⑤ 르포르는 전체주의가 될 위험에서 벗어나기 위한 해결책을 근대 민주주의 내에서 찾으려 했다면, 푸코는 권력으로부터 개인의 안전을 확보하기 위한 해결책을 권력 내에서 찾으려 했다.

문항 성격	문항유형 : 정보의 평가와 적용
	내용영역 : 사회
평가 목표	이 문항은 〈보기〉로 주어진 새로운 정보인 푸코의 입장을 제시문의 르포르의 입장에 적용하여 적절히 비교할 수 있는지 확인하는 문항이다.
문제 풀이	정답 : ④

르포르는 권력에 대한 권리의 선차성을 언급하면서 권리의 주체에 대해 제안을 하고 있다면, 푸코는 권력에 의한 주체의 생산과 관리를 주장하고 있다. 르포르와 푸코가 권리와 권력의 관계를 사유하는 방식의 차이, 그에 따른 주체의 문제에 대한 관점의 차이를 파악하도록 한다.

정답 해설	④ 르포르는 권력에 대한 권리의 선차성을 수상하면서 권력이 설정한 경계를 넘어 권리의 정치를 통한 주체의 형성을 주장했다. 반면 푸코는 국가권력이 권력의 시선, 즉 규율을 내면화한 주체를 생산하고 관리한다는 점에 주목했다.
오답 해설	① 르포르는 원칙적으로 권력에 대한 권리의 우선성을 주장한다는 점에서 권리에 대한 권력의 종속을 비판했다는 것은 적절하지 않다. 권력과 권리를 종속관계로 파악하는 것 역시 오류이다. 르포르가 비판하는 지점은 권력의 독점이다.
	② 푸코는 권리에 대한 요구로 권력을 제한하려 했다기보다는 권력이 권리를 부여함을 통해 주체들을 만들고 생산한다는 점에 주목했다.
	③ 푸코는 개인의 권리의 확대로 인해 국가가 더 깊이 개인의 삶에 침투하는 권력으로 전환되는 역설을 낳았다고 보았다. 이로 인해 근대의 자율적 주체는 사라져 버렸다.
	⑤ 푸코는 권력으로부터 개인의 안전을 확보하기 위한 해결책을 찾으려 했던 것이 아니라, 사회 속에 개인의 삶이 가진 위험으로부터 개인을 보호하기 위해 권력이 작동한다는 점에 주목했다.

　　18세기 후반 이후, 이슬람 세계는 제국주의 침략을 받기 시작했고, 이슬람 신자들은 그에 맞서 저항하였다. 그중 눈에 띄는 것은 수피 종단들이 여러 지역에서 군사적 저항을 주도했다는 점이다. 대표적인 것이 알제리, 리비아, 수단에서의 항쟁이었다. 어떻게 이들이 상당한 기간 동안 열강에 맞서 저항할 수 있었을까?

　　수피즘은 신과의 영적 합일을 통한 개인적 구원을 추구한다. 수피즘을 따르는 이들인 수피는 속세의 욕심에서 벗어나 모든 것을 신께 의탁하며, 금욕적으로 살고자 했다. 8세기 초에 수피즘이 싹텄고, 9세기에는 독특한 신비주의 의식이 나타났다. 수피가 걷는 개인적인 영적 도정은 길을 잃을 수도, 자아도취에 빠져 버릴 수도 있었기에 위험하기도 했다. 그 때문에 그들은 영적 선배들을 스승으로 모시게 되었고, 거의 맹목적으로 스승을 따라야 했다. 10세기 말 수피들은 종단을 구성하기 시작했다. 수피 종단은 지역과 시기에 따라 성쇠를 거듭했지만, 점차 많은 동조자를 얻었다.

　　북아프리카의 경우, 수피 종단들은 한동안 쇠락하다가 18세기 이후 강력하게 재조직되어 선교와 교육기관의 역할도 담당했고, 지역 밀착을 통해 생활 공동체를 형성하는 구심점이 되면서 항쟁에 필요한 기반을 이미 갖추고 있었다. 이 지역에서 수피즘 지도자들이 외세에 맞서 부족들 간 이견을 봉합하고 결집시킬 수 있었던 요인 중 하나는 종교적 권위였다. 특히 알제리 항쟁을 이끌었던 압드 알 카디르와 리비아 항쟁 지도자였던 아흐마드 알 샤리프가 성인으로 존경받은 것은 정치적 권위를 확보하는 데 큰 도움이 되었다.

　　수니파에서 가장 엄격한 와하비즘은 성인을 인정하지 않고, 심지어 은사를 받기 위해 예언자 무하마드의 묘소에서 기도하는 것도 알라 외의 신성을 인정하는 것이라고 보아 배격했다. 하지만 수피즘에서는 성인의 존재를 인정했다. 성인은 왈리라고 불리는데, 질병과 불임을 치료하고 액운을 막는 등의 이적을 행할 수 있다는 것이다. 성인들의 묘소는 순례의 대상이 되었고, 이를 중심으로 설립된 수피즘 수도원은 지역 공동체의 중심이 되는 경우가 많았다.

　　한편 북서 아프리카의 수피즘 신자들은 혈통을 중시하는 베르베르 토속 신앙의 영향을 짙게 받아 무라비트를 성인으로 숭배했다. 무라비트는 코란 학자, 종교 교사 등을 통칭하는 용어였지만, 이 지역에서는 특정 수피 종단을 이끄는 왈리를 가리킨다. 무라비트는 신의 은총인 바라카를 가졌다고 여겨져 존경을 받았다. 무라비트는 특정 가문 출신 중 영적으로 선택된 소수만이 될 수 있었는데, 대표적으로는 예언자 무하마드의 후손인 샤리프 가문이 있다. 압드 알 카디르와 아흐마드 알 샤리프는 모두 이 가문 출신의 무라비트였다.

　　북동 아프리카에서 일어난 수단 항쟁의 주역인 무함마드 아흐마드의 경우는 달랐다. 그는 성인 가문 출신은 아니었지만, 당시 만연한 마흐디 의 도래에 대한 기대감을 충족시켜 종교적 권위를 얻고 이를 다시 정치적 권위로 전환시킴으로써 항쟁의 중심이 되었다. 이슬람교에서 마흐디란 종말의 순간 인류를 올바른 길로 인도하고 정의와 평화의 시대를 가져오는 구원자이다. 또한 마흐디는 부정의를 제거하고 신정주의 국가를 건설하는 개혁적 지도자이기도 하다. 마흐디 사상은 민간 신앙에서 출발하여 퍼진 것이었고, 특히 토속 신앙의 영향을 많이 받았던 수피들은 종단 지도자를 마흐디로 쉽게 받아들였다. 1881년, 무함마드 아흐마드는 자신이 예언자 무하마드의 생애와 사건을 재현하는 존재인 마흐디라고 선언했고, 이를 통해 여러 수피 종단과 부족 간의 갈등을 수습하여 외세에 맞서는 결속력을 만들었다.

더불어 수피즘의 의식에 참여한 이들 간에 생기는 형제애는 초국가적 조직망의 형성과 상호 협조를 가능하게 했다. 항쟁의 중심이었던 수피 종단들은 여러 나라에 수도원 중심의 조직을 가지고 있었다. 이들은 정보 교환, 물자 조달, 은신처 제공을 통해 항쟁을 뒷받침했다. 이처럼 영적 권위와 물질적 기반이 어우러져 비폭력 평화주의를 지향하던 종교 집단이 열강에 맞서 오랜 동안 저항할 수 있었던 것이다.

16.

윗글과 일치하지 <u>않는</u> 것은?

① 수피 종단들이 행했던 선교 활동은 알제리와 리비아, 수단에서 성공을 거두었다.
② 와하비즘 신봉자들은 예언자 무하마드를 특별한 존재로 받들면 일신교적 원칙을 어긴다고 보았다.
③ 수피들은 고유한 영적 의식의 참여를 통해 만들어진 연대 의식을 바탕으로 국제적 조직망을 구성했다.
④ 수피즘은 세속을 떠나 신에게 모든 것을 맡기는 삶을 추구하면서도 지역 공동체와의 협조를 중시했다.
⑤ 개인적 구원의 희구와 지도자에 대한 추종 간의 모순은 수피즘의 결과적 쇠락을 초래한 주요 원인이었다.

문항 성격	문항유형 : 정보의 확인과 재구성
	내용영역 : 인문
평가 목표	이 문항은 제시문 정보를 정확히 파악할 수 있고, 필요시 이를 재구성할 수 있는지 알아보기 위한 문항이다.

제시문 첫 번째 단락에서 수피 종단들의 항쟁 가능 이유를 물은 후, 두 번째 단락에서는 수피즘과 수피 종단에 대해서 내용 및 성립 시기 등을 설명하고 있다. 세 번째 단락에서는 북아프리카에서 수피 종단이 가진 위상과 역할을 설명하고, 네 번째 단락에서는 수피즘에서 성자로 추앙하는 왈리의 능력과 그에 대한 믿음을 소개한다. 다섯 번째 단락에서는 북서 아프리카에서 특별히 추앙되는 왈리인 무라비트에 대해 설명하고, 알제리와 리비아의 항쟁 지도자인 압드 알 카디르와 아흐마드 알 샤리프가 무라비트였음을 설명한다. 여섯 번째 단락에서는 수단의 지도자인 무함마드 아흐마드가 구원자로 여겨지는 마흐디라고 선언하여 결속력을 만들어 항쟁을 주도하는 과정을 설명한다. 일곱 번째 단락은 마무리로서 전반적인 설명을 축약하여 제시하고 있으므로 이 단락들의 독해를 통해 각 선택지의 진위 여부를 확인하도록 한다.

정답 해설 ⑤ 제시문 두 번째 단락 "수피 종단은 지역과 시기에 따라 성쇠를 거듭했지만, 점차 많은 동조자를 얻었다."로부터, 수피즘이 결과적으로 쇠락한 것이 아니라 성공적으로 신자를 늘려갔음을 알 수 있다.

오답 해설 ① 제시문 세 번째 단락 "북아프리카의 경우, 수피 종단들은 한동안 쇠락하다가 18세기 이후 강력하게 재조직되어 선교와 교육기관의 역할"을 했음을 알 수 있다. 같은 단락 "북아프리카의 경우, … 알제리 항쟁을 이끌었던, … 리비아 항쟁" 및 여섯 번째 단락 "북동 아프리카에서 일어난 수단 항쟁"을 통해 알제리, 리비아, 수단은 모두 북아프리카에 속함을 알 수 있다. 따라서 윗글과 일치한다.

② 제시문 네 번째 단락이 "와하비즘은 성인을 인정하지 않고, 심지어 은시를 받기 위해 예언자 무하마드의 묘소에서 기도하는 것도 알라 외의 신성을 인정하는 것이라고 보아 배격했다."라는 것은, 알라만을 섬기는 일신교적 원칙에 집착한다는 뜻이다. 따라서 윗글과 일치한다.

③ 제시문 두 번째 단락 "수피즘은 신과의 영적 합일을 통한 개인적 구원을 추구한다. … 9세기에는 독특한 신비주의 의식이 나타났다."로부터, 수피즘에 고유한 영적 의식이 있었음을 알 수 있고, 일곱 번째 단락 "수피즘의 의식에 참여한 이들 간에 생기는 형제애는 초국가적 조직망의 형성과 상호 협조를 가능하게 했다."로부터, 영적 의식 참여로 생성된 연대감이 국제적 조직망 구성을 가능하게 했음을 알 수 있다. 따라서 윗글과 일치한다.

④ 제시문 두 번째 단락에 따르면, "수피즘을 따르는 이들인 수피는 속세의 욕심에서 벗어나 모든 것을 신께 의탁하며, 금욕적으로 살고자 했다." 세 번째 단락에 따르면, "북아프리카의 경우, 수피 종단들은 … 선교와 교육기관의 역할도 담당했고, 지역 밀착을 통해 생활 공동체를 형성하는 구심점"이 되었다. 따라서 윗글과 일치한다.

17.

마흐디 에 대한 이해로 가장 적절한 것은?

① 수단의 수피즘에서 마흐디는 무하마드의 후손으로 받아들여지는 구원자를 의미했다.

② 마흐디는 신비주의적 의식을 통해 알라와 하나가 되는 경지에 이르렀을 때 완성된다.

③ 탁월한 군사적 능력을 지녀 외세를 막아 내는 국가 지도자로 존경받는 인물이 마흐디 이다.

④ 마흐디가 신정주의 국가를 건설할 것이라는 개혁적 개념은 이슬람 경전에서 그 기원을 찾을 수 있다.

⑤ 무함마드 아흐마드가 마흐디로 인정받은 것은 당시가 종말의 시대로 여겨지고 있었음 을 알려준다.

문항 성격	문항유형 : 정보의 추론과 해석
	내용영역 : 인문
평가 목표	이 문항은 마흐디를 제대로 이해하고 있는지 알아보는 문항이다.
문제 풀이	정답 : ⑤

이슬람에서 최후의 심판일에 도래한다고 믿는 마흐디의 개념과 역할, 수단에서의 사례를 파악하도록 한다.

정답 해설 ⑤ 제시문 여섯 번째 단락에 따르면, "이슬람교에서 마흐디란 종말의 순간 인류를 올바른 길로 인도하고 정의와 평화의 시대를 가져오는 구원자이다." "수단 항쟁의 주역인 무함마드 아흐마드의 경우는 달랐다. 그는 성인 가문 출신은 아니었지만, 당시 만연한 마흐디의 도래에 대한 기대감을 충족시켜 종교적 권위를 얻고 이를 다시 정치적 권위로 전환시킴으로써 항쟁의 중심이 되었다."

오답 해설 ① 제시문 다섯 번째 단락 "무라비트는 특정 가문 출신 중 영적으로 선택된 소수만이 될 수 있었는데, 대표적으로는 예언자 무하마드의 후손인 샤리프 가문이 있다."와 여섯 번째 단락 "수단 항쟁의 주역인 무함마드 아흐마드 … 는 성인 가문 출신은 아니었지만,"으로부터, 무함마드 아흐마드가 예언자 무하마드의 후손이 아님을 알 수 있고, 그럼에도 그가 마흐디로 인정되었음을 "수단 항쟁의 주역인 무함마드 아흐마드 … 는 … 마흐디의 도래에 대한 기대감을 충족시켜 종교적 권위를 얻 … 었다. … 특히 토속 신앙의 영향을 많이 받았던 수피들은 종단 지도자를 마흐디로 쉽게 받아들였다."로부터 알 수 있다. 따라서 "수단의 수피즘에

서 마흐디는 무하마드의 후손으로 받아들여지는 구원자를 의미했다."라는 것은
적절하지 않다.

② 제시문 여섯 번째 단락에 따르면, 마흐디는 "종말의 순간 인류를 올바른 길로 인
도하고 정의와 평화의 시대를 가져오는 구원자"이므로 적절하지 않다. 두 번째
단락에 따르면, 신비주의적 의식을 통해 알라와 하나가 되는 경지를 추구하는
것은 수피이다.

③ 제시문 여섯 번째 단락에 따르면, "마흐디란 종말의 순간 인류를 올바른 길로 인
도하고 정의와 평화의 시대를 가져오는 구원자"이므로 탁월한 군사적 능력을 지
닐 필요가 없고, 또 어느 한 국가가 아닌 인류 전체의 구원자이자 지도자이다.

④ 제시문 여섯 번째 단락에 따르면, "마흐디 사상은 민간 신앙에서 출발하여 퍼진
것"이므로 이슬람 경전인 코란에서 나온 것이 아님을 알 수 있다.

18.

〈보기〉를 바탕으로 윗글에 관해 추론한 것으로 적절하지 <u>않은</u> 것은?

보기

"창조주시여, 당신은 현세와 내세에서 나의 반려자이십니다."라는 코란의 구절을 바
탕으로 '알리의 반려자'라는 뜻의 왈리를 추앙하는 사상인 윌라야가 나타났다. 성인은
인류와 알라를 가로막는 욕망에서 초탈한 인물이어서 알라와 인류의 중재자로서 권능
을 지닌다고 여겨졌고, 사후에도 권위가 남아 있었다. 묘소는 중립 지대였으며, 적대적
부족들도 함께 모이는 장터 역할도 했다. 일부 사람들은 최후의 심판일에 예언자 무하
마드가 중재자로서 신도들을 구원할 것이라고 믿었다. 그가 예언자이면서 왈리라고 생
각한 것이다.

① 초월적 능력은 지니지 않아도 무라비트가 될 수 있는 것은 예언자 무하마드의 혈통을
지녔기 때문일 것이다.

② 왈리가 특별한 능력을 시현한다고 믿어졌던 것은 윌라야에 의거해 신과 인간 사이에
중재자가 있다고 믿었기 때문일 것이다.

③ 왈리의 묘소를 중심으로 설립된 수피즘 수도원이 종종 지역 공동체의 중심이 된 것은
사후에도 권위가 남았기 때문일 것이다.

④ 압드 알 카디르가 부족 간의 이견을 봉합하고 결집할 수 있었던 것은 그가 욕망에서

초탈한 인물이라고 여겨졌기 때문일 것이다.

⑤ 샤리프 가문이 바라카를 지닐 수 있다고 인정되는 가문이 된 것은 예언자 무하마드가 최후의 심판에서 맡을 역할 때문일 것이다.

문항 성격	문항유형 : 정보의 평가와 적용
	내용영역 : 인문
평가 목표	이 문항은 왈리를 추앙하는 사상인 윌라야의 기원, 왈리의 능력과 그들에 대한 믿음을 설명하는 〈보기〉를 제시문과 연결하여 이해하고 추론할 수 있는지 알아보는 문항이다.
문제 풀이	정답 : ①

〈보기〉를 통해 윌라야 사상과 예언자 무하마드를 이해하고, 이를 제시문에 나타난 구체적 상황에 적용해 보도록 한다.

정답 해설	① 제시문 다섯 번째 단락에 따르면, "무라비트는 특정 가문 출신 중 영적으로 선택된 소수만이 될 수 있었"고, "신의 은총인 바라카를 가졌다고 여겨져 존경을 받았다." 결국 "무라비트는 … 특정 수피 종단을 이끄는 왈리를 가리킨다." 제시문 네 번째 단락에서 "성인은 왈리라고 불리는데, 질병과 불임을 치료하고 액운을 막는 등의 이적을 행할 수 있다는 것이다."라고 했으므로, 초월적 능력을 지니지 않은 이는 무라비트가 될 수 없어서 적절하지 않다.
오답 해설	② 제시문 네 번째 단락에서 "성인은 왈리라고 불리는데, 질병과 불임을 치료하고 액운을 막는 등의 이적을 행할 수 있다는 것이다."라고 했고, 〈보기〉에서는 "왈리를 추앙하는 사상인 윌라야가 나타났다. 성인은 인류와 알라를 가로막는 욕망에서 초탈한 인물이어서 알라와 인류의 중재자로서 권능을 지닌다고 여겨졌"다고 했으므로 적절하다.
	③ 제시문 네 번째 단락에서 "성인들의 묘소는 순례의 대상이 되었고, 이를 중심으로 설립된 수피즘 수도원은 지역 공동체의 중심이 되는 경우가 많았다."라고 했고, 〈보기〉에서는 "성인은 … 사후에도 권위가 남아 있었다. 묘소는 중립 지대였으며, 적대적 부족들도 함께 모이는 장터 역할도 했다."라고 했으므로 적절하다.
	④ 제시문 세 번째 단락에 따르면, 압드 알 카디르는 성인으로 존경받았고 "부족들 간 이견을 봉합하고 결집시킬 수 있었"다. 〈보기〉에서 "성인은 인류와 알라를 가로막는 욕망에서 초탈한 인물"이라고 했으므로 적절하다.
	⑤ 제시문 다섯 번째 단락에서 "무라비트는 신의 은총인 바라카를 가졌다고 여겨

저 존경을 받았다. 무라비트는 특정 가문 출신 중 영적으로 선택된 소수만이 될 수 있었는데, 대표적으로는 예언자 무하마드의 후손인 샤리프 가문이 있다."라고 했고, 〈보기〉에서는 "최후의 심판일에 예언자 무하마드가 중재자로서 신도들을 구원할 것이라고 믿었다. 그가 예언자이면서 왈리라고 생각한 것이다."라고 했으므로 적절하다.

[19~21] 다음 글을 읽고 물음에 답하시오.

조선 시대를 관통하여 제례는 왕실부터 민간에 이르기까지 폭넓게 시행되었으며, 그 중심에는 유학자들이 있었다. 그런 만큼 유학자들에게 제사의 대상이 되는 귀신은 주요 논제일 수밖에 없었고, 이들의 귀신 논의는 성리학의 자연철학적 귀신 개념에 유의하여 유학의 합리성과 윤리성의 범위 안에서 제례의 근거를 마련하는 데 비중을 두었다.

성리학의 논의가 본격화되기 전에는 대체적으로 귀신을 인간의 화복과 관련된 신령한 존재로 여겼다. 하지만 15세기 후반 남효온은 귀신이란 리(理)와 기(氣)로 이루어진 자연의 변화 현상으로서 근원적 존재의 차원에 있지는 않지만 천지자연 속에 실재하며 스스로 변화를 일으키는 존재라고 설명하여, 성리학의 자연철학적 입장에서 귀신을 재해석하였다. 이에 따라 귀신은 본체와 현상, 유와 무 사이를 오가는 존재로 이해되었고, 이 개념은 인간의 일에 적용되어 인간의 탄생과 죽음에 결부되었다. 성리학의 일반론에 따르면, 인간의 몸은 다른 사물과 마찬가지로 기로 이루어져 있고, 생명을 다하면 그 몸을 이루고 있던 기가 흩어져 사라진다. 기의 소멸은 곧바로 이루어지지 않고 일정한 시간을 두고 진행된다. 흩어지는 과정에 있는 것이 귀신이므로 귀신의 존재는 유한할 수밖에 없었고, 이는 조상의 제사를 4대로 한정하는 근거가 되었다.

기의 유한성에 근거한 성리학의 귀신 이해는 먼 조상에 대한 제사와 관련하여 문제의 소지를 안고 있었기에 귀신의 영원성에 대한 근거 마련이 필요했다. 이와 관련하여 ㉠서경덕은 기의 항구성을 근거로 귀신의 영원성을 주장하였다. 모든 만물은 기의 작용에 의해 생성 소멸한다고 전제한 그는 삶과 죽음 사이에는 형체를 이루는 기가 취산(聚散)하는 차이가 있을 뿐 그 기의 순수한 본질은 유무의 구분을 넘어 영원히 존재한다고 설명하였다. 기를 취산하는 형백(形魄)과 그렇지 않은 담일청허(湛一淸虛)로 구분한 그는 기에 유무가 없는 것은 담일청허가 한결같기 때문이라 주장하였다. 나아가 담일청허와 관계하여 인간의 정신이나 지각의 영원성도 주장하였다. 이 같은 서경덕의 기 개념은 우주자연의 보편 원리이자 도덕법칙인 불변하는 리와, 존재를 구성하는 질료이자 에너지인 가변적인 기라는 성리학의 이원적 요소를 포용한 것이었으며, 물질성과 생명성도 포괄한 것이었다.

ⓒ이이는 현상 세계의 모든 존재는 리와 기가 서로 의존하여 생겨난다는 입장을 분명히 하는 한편, 귀신이라는 존재가 지나치게 강조되면 불교의 윤회설로 흐를 수 있고, 귀신의 존재를 무시하면 제사의 의의를 잃을 수 있다는 점에 주목하였다. 그는 불교에서 윤회한다는 마음은 다른 존재와 마찬가지로 리와 기가 합쳐져 일신(一身)의 주재자가 된다고 규정하였다. 마음의 작용인 지각은 몸을 이루는 기의 작용이기 때문에 그 기가 한 번 흩어지면 더 이상의 지각 작용은 있을 수 없다고 지적하여 윤회 가능성을 부정하였다. 아울러 그는 성리학의 일반론을 수용하여 가까운 조상은 그 기가 흩어졌더라도 자손들이 지극한 정성으로 제사를 받들면 일시적으로 그 기가 모이고 귀신이 감통의 능력으로 제사를 흠향할 수 있다고 보았다. 기가 완전히 소멸된 먼 조상에 대해서는 서로 감통할 수 있는 기는 없지만 영원한 리가 있기 때문에 자손과 감통이 있을 수 있다고 주장하였다. 하지만 감통을 일으키는 것이 리라는 그의 주장은 작위 능력이 배제된 리가 감통을 일으킨다는 논리로 이해될 수 있어 논란의 소지가 있는 것이었다.

이이의 계승자인 낙론계 유학자들 은 귀신을 리와 기 어느 쪽으로 해석하는 것이 옳은가라는 문제의식으로 논의를 전개하였다. 김원행은 귀신이 리와 기 어느 것 하나로 설명될 수 없으며, 리와 기가 틈이 없이 합쳐진 묘처(妙處), 즉 양능(良能)에서 그 의미를 찾아야 한다고 주장하였다. 그는 양능이란 기의 기능 혹은 속성이지만 기 자체의 무질서한 작용이 아니라 기에 원래 자재(自在)하여 움직이지 않는 리에 따라 발현하는 것이라 설명하여 귀신을 리나 기로 지목하더라도 상충되는 것이 아니라고 보았다. 김원행이 동문인 송명흠도 모든 존재는 리와 기가 혼융한 것이라고 전제하고, 귀신을 리이면서 기인 것, 즉 형이상에 속하고 동시에 형이하에 속하는 것이라고 설명하였다. 그는 사람들이 귀신을 리로 보지 않는 이유는 양능을 기로만 간주하였기 때문이라 비판하고, 제사 때 귀신이 강림할 수 있는 것은 기 때문이지만 제사 주관자의 마음과 감통하는 주체는 리라고 설명하였다. 이처럼 기의 취산으로 귀신을 설명하면서도 리의 존재를 깊이 의식한 것은 조상의 귀신을 섬기는 의례 속에서 항구적인 도덕적 가치에 대한 의식을 강화하고자 한 것이었다.

19.

윗글에 대한 이해로 적절하지 <u>않은</u> 것은?

① 성리학적 귀신론은 신령으로서의 귀신 이해를 대체하는 것이었다.
② 조선 성리학자들은 먼 조상에 대한 제사가 단순한 추념이 아니라고 보았다.

③ 생성 소멸하는 기를 통해 귀신을 이해하는 것은 윤회설을 반박하는 논거였다.

④ 귀신의 기가 항구적인 감통의 능력을 가진다는 것은 제사를 지내는 근거였다.

⑤ 조선 성리학자들은 귀신이 자연 현상과 관계된 것이라는 공통적인 인식을 가졌다.

문항 성격	문항유형 : 정보의 확인과 재구성
	내용영역 : 인문
평가 목표	이 문항은 귀신에 대한 조선 성리학자들의 이해를 바르게 파악하고 있는지 묻는 문항이다.
문제 풀이	정답 : ④

제시문 첫 번째 단락에서 조선 성리학자들이 귀신에 대한 논의를 전개한 이유를 제시한 후, 두 번째와 세 번째 단락에서 기존의 신령적 존재로 이해된 귀신을 남효온으로부터 본격적으로 성리학의 자연철학적 귀신 이해가 이루어졌으나 기로 이해된 귀신이 기의 유한성으로 인해 먼 조상에 대한 제사의 근거가 없음을 지적하였다. 이어 귀신의 영원성을 서경덕이 기에 대한 새로운 이해를 통해 제시하였음을 설명한 후, 네 번째 단락에서 서경덕과 달리 리 개념을 적용하여 이해한 이이의 귀신론을 제시하였다. 다섯 번째 단락에서는 서경덕과 이이의 귀신론에서 드러난 문제점을 극복하고자 한 낙론계 유학자들의 귀신론을 설명하여 조선 성리학에서의 귀신에 대한 논의를 제의와 연관하여 그 합리성과 윤리성을 제시하였다. 이러한 조선 성리학자들의 귀신론에 대한 전반적인 내용을 여러 각도에서 제대로 이해하고 있어야 한다.

정답 해설 ④ 제시문 네 번째 단락 "기가 완전히 소멸된 먼 조상에 대해서는 서로 감통할 수 있는 기는 없지만 영원한 리가 있기 때문에 자손과 감통이 있을 수 있다고 주장하였다."를 통해 조상의 귀신은 기가 사라지기 때문에 감통의 능력을 가질 수 없고, 리를 통해 자손과 감통할 수 있다는 것을 확인할 수 있다.

오답 해설 ① 제시문 두 번째 단락에 따르면, "성리학의 논의가 본격화되기 전에는 대체적으로 귀신을 인간의 화복과 관련된 신령한 존재로 여겼다." 15세기 후반 남효온이 "성리학의 자연철학적 입장에서 귀신을 재해석하였다. 이에 따라 귀신은 본체와 현상, 유와 무 사이를 오가는 존재로 이해되었"다.

② 제시문 세 번째 단락에 따르면, "성리학의 귀신 이해는 먼 조상에 대한 제사와 관련하여 문제의 소지를 안고 있었기에 귀신의 영원성에 대한 근거 마련이 필요했다." 이에 따라 서경덕, 이이, 낙론계 유학자들 모두 먼 조상의 귀신의 실재를 구명하려는 논의를 전개한 점에서 "조선 성리학자들은 먼 조상에 대한 제사가 단순한 추념이 아니라고 보았다."라는 것은 적절하다.

③ 제시문 네 번째 단락에 따르면, "불교에서 윤회한다는 마음은 다른 존재와 마찬

가지로 리와 기가 합쳐져 일신(一身)의 주재자가 된다고 규정하였다. 마음의 작용인 지각은 몸을 이루는 기의 작용이기 때문에 그 기가 한 번 흩어지면 더 이상의 지각 작용은 있을 수 없다고 지적하여 윤회 가능성을 부정하였다."

⑤ 남효온, 서경덕, 이이, 낙론계 학자들은 모두 자연 현상을 설명하는 리와 기를 통해 귀신을 설명하려 했다.

20.

㉠, ㉡에 대한 설명으로 가장 적절한 것은?

① ㉠은 형체의 존재 여부를 기의 취산으로 설명하면서 본질적인 기는 유와 무를 관통한다고 보았다.

② ㉠은 기를 형백과 담일청허로 이원화하여 삶과 죽음에 각각 대응시켜 인간과 자연을 일원적으로 구조화하였다.

③ ㉡은 생명이 다하면 기는 결국 흩어져 사라지기 때문에 제사의 주관자라 하더라도 결국에는 조상과 감통할 수 없게 된다고 보았다.

④ ㉡은 인간의 지각은 리에 근거한 기이지만 기는 소멸하더라도 리는 존재하기 때문에 지각 자체는 사라지지 않는다고 파악하였다.

⑤ ㉠과 ㉡은 모두 기의 취산을 통해 삶과 죽음의 영역을 구분하였기 때문에 귀신의 영원성에 대한 근거를 물질성을 지닌 근원적 존재에서 찾았다.

문항 성격 문항유형 : 정보의 추론과 해석
내용영역 : 인문

평가 목표 이 문항은 서경덕의 기 중심의 귀신론과 이이의 리와 기를 모두 포함하는 귀신론에 대해 적절하게 이해하고 있는지, 양자의 공통점은 무엇인지 추론할 수 있는지 알아보는 문항이다.

문제 풀이 정답 : ①

서경덕은 기를 취산하는 기와 취산하지 않는 기, 즉 현상과 본체로 구분하여 후자를 근거로 귀신의 영원성을 제시하였고, 이이는 리와 기라는 이원적인 근원적 존재를 근거로 귀신을 설명하였다. 특히 그는 기의 생멸성과 리의 영원성을 근거로 불교의 윤회설을 비판하였으며, 귀신과의 영원한 감통을 리를 근거로 제시하였다.

정답 해설 ① 제시문 세 번째 단락에서 서경덕은 "삶과 죽음 사이에는 형체를 이루는 기가 취산(聚散)하는 차이가 있을 뿐"이라 말하여 형체의 존재 여부를 기의 취산으로 설명하였다. 같은 단락의 "그 기의 순수한 본질은 유무의 구분을 넘어 영원히 존재한다고 설명하였다."를 통해, 그는 본질적인 기는 유와 무를 관통한다고 보았다는 것을 확인할 수 있다.

② 제시문 세 번째 단락에서 서경덕은 "기를 취산하는 형백(形魄)과 그렇지 않은 담일청허(湛一淸虛)로 구분"한 것을 확인할 수 있지만, "삶과 죽음 사이에는 형체를 이루는 기가 취산(聚散)하는 차이가 있을 뿐"이라는 표현으로 볼 때, 기를 형백과 담일청허로 이원화하여 각각 삶과 죽음에 대응시켰다고 해석할 수는 없다. 서경덕에 따르면 삶과 죽음은 모두 담일청허가 배제된 형백과 관련된 것이다.

③ 제시문 네 번째 단락의 "기가 완전히 소멸된 먼 조상에 대해서는 서로 감통할 수 있는 기는 없지만 영원한 리가 있기 때문에 자손과 감통이 있을 수 있다고 주장하였다."로부터, 제사 주관자와 귀신이 감통할 수 있고 그 근거는 기가 아닌 리임을 확인할 수 있다.

④ 제시문 네 번째 단락 "마음의 작용인 지각은 몸을 이루는 기의 작용이기 때문에 그 기가 한 번 흩어지면 더 이상의 지각 작용은 있을 수 없다고 지적하여 윤회 가능성을 부정하였다."로부터, 기의 소멸에 따라 지각도 사라짐을 알 수 있다.

⑤ 제시문 세 번째 단락에서 서경덕은 기의 취산을 통해 삶과 죽음의 영역을 구분했고 "기의 항구성을 근거로 귀신의 영원성을 주장하였다"는 것을 알 수 있다. 그러나 네 번째 단락 "기가 완전히 소멸된 먼 조상에 대해서는 서로 감통할 수 있는 기는 없지만 영원한 리가 있기 때문에 자손과 감통이 있을 수 있다고 주장하였다."로부터, 이이는 서경덕과 달리 귀신의 영원성의 근거를 물질적 존재가 아닌 원리인 리에서 찾았음을 확인할 수 있다.

21.

낙론계 유학자들 의 입장과 부합하는 진술을 〈보기〉에서 고른 것은?

보기

ㄱ. 귀신을 기의 유행으로 말하면 형이하에 속하고, 리가 실린 것으로 말하면 형이상에 속하는 것이다.

ㄴ. 리가 있으면 기가 있고 기가 있으면 리가 있으니 어찌 혼용하여 떨어지지 않는 지극한 것이 아니겠는가.

ㄷ. 기가 오고 가며 굽고 펼치는 것은 기가 스스로 그러한 것이니 귀신이 없음에 어찌 의심이 있을 수 있겠는가.

ㄹ. 제사 때 능히 강림할 수 있게 하는 것은 리이고, 강림하는 것은 기이니, 귀신의 강림은 기의 강림이라 할 수 있지 않겠는가.

① ㄱ, ㄴ   ② ㄱ, ㄷ   ③ ㄴ, ㄷ

④ ㄴ, ㄹ   ⑤ ㄷ, ㄹ

문항 성격   문항유형 : 정보의 평가와 적용

내용영역 : 인문

평가 목표   이 문항은 낙론계 유학자들이 전개한 귀신에 대한 논의를 〈보기〉에 주어진 각각의 진술에 적용하여 적절히 평가할 수 있는지 확인하는 문항이다.

문제 풀이   정답 : ①

제시문 다섯 번째 단락에서 확인할 수 있듯, 낙론계 유학자들은 기 혹은 리와 기를 통해 귀신을 이해했던 전 시대의 귀신 이해 중 어느 것이 옳은가라는 문제의식하에서 리와 기가 합쳐진 묘처를 중심으로 귀신을 이해하였다.

〈보기〉해설   ㄱ. 낙론계 유학자 김원행은 "기 자체의 무질서한 작용이 아니라 기에 원래 자재(自在)하여 움직이지 않는 리에 따라 발현하는 것"이라고 하여 기는 구체적인 작용을 하는 것, 리는 기에 실려 움직이지 않는 것으로 규정하였다. 그리고 송명흠은 귀신을 "리이면서 기인 것, 즉 형이상에 속하고 동시에 형이하에 속하는 것이라고 설명하였다." 이러한 점에서 귀신의 구체적인 형이하의 특성은 기에, 형이상의 특성은 리에 각각 해당하는 것임을 확인할 수 있다. 따라서 "귀신을 기의 유행으로 말하면 형이하에 속하고, 리가 실린 것으로 말하면 형이상에 속하는 것이다."라는 것은 낙론계 유학자들의 입장과 부합한다.

ㄴ. 낙론계 유학자들은 귀신이 리와 기 어느 것 하나로 설명될 수 없다고 하며, "리와 기가 틈이 없이 합쳐진 묘처(妙處)"에 유의하였다. 다시 말해 리와 기의 불가분리성을 제시한 것이다. 따라서 "리가 있으면 기가 있고 기가 있으면 리가 있으니 어찌 혼용하여 떨어지지 않는 지극한 것이 아니겠는가."라는 것은 낙론계 유학자들의 입장과 부합한다.

ㄷ. "기 자체의 무질서한 작용이 아니라 기에 원래 자재(自在)하여 움직이지 않는

리에 따라 발현하는 것"으로부터, 기의 운동 변화가 리에 근거한 것임을 확인할 수 있다. 따라서 "기가 오고 가며 굽고 펼치는 것은 기가 스스로 그러한 것이니 귀신이 없음에 어찌 의심이 있을 수 있겠는가."라는 것은 낙론계 유학자들의 입장과 부합하지 않는다.

ㄹ. 낙론계 유학자인 송명흠은 "제사 때 귀신이 강림할 수 있는 것은 기 때문이지만 제사 주관자의 마음과 감통하는 주체는 리라고 설명하였다." 따라서 "제사 때 능히 강림할 수 있게 하는 것은 리이고, 강림하는 것은 기이니, 귀신의 강림은 기의 강림이라 할 수 있지 않겠는가."라는 것은 낙론계 유학자의 입장과 부합하지 않는다.

[22~24] 다음 글을 읽고 물음에 답하시오.

빈곤 퇴치와 경제성장에 관해 다양한 견해가 제시되고 있다. 빈곤의 원인으로 지리적 요인을 강조하는 삭스는 가난한 나라의 사람들이 '빈곤의 덫'에서 빠져나오기 위해 외국의 원조에 기초한 초기 지원과 투자가 필요하다고 주장한다. 그가 보기에 대부분의 가난한 나라들은 열대 지역에 위치하고 말라리아가 극심하여 사람들의 건강과 노동성과가 나쁘다. 이들은 소득 수준이 너무 낮아 영양 섭취나 위생, 의료, 교육에 쓸 돈이 부족하고 개량종자나 비료를 살 수 없어서 소득을 늘릴 수 없다. 이런 상황에서는, 초기 지원과 투자로 가난한 사람들이 빈곤의 덫에서 벗어나도록 해주어야만 생산성 향상이나 저축과 투자의 증대가 가능해져 소득이 늘 수 있다. 그런데 가난한 나라는 초기 지원과 투자를 위한 자금을 조달할 능력이 없기 때문에 외국의 원조가 필요하다는 것이다.

제도의 역할을 강조하는 경제학자들의 견해는 삭스와 다르다. 이스털리는 정부의 지원과 외국의 원조가 성장에 도움이 되지 않는다고 본다. 그는 '빈곤의 덫' 같은 것은 없으며, 빈곤을 해결하기 위해 경제가 성장하려면 자유로운 시장이 잘 작동해야 한다고 본다. 가난한 사람들이 필요를 느끼지 않는 상태에서 교육이나 의료에 정부가 지원한다고 해서 결과가 달라지지 않으며 개인들이 스스로 필요한 것을 선택하도록 해야 한다고 보기 때문이다. 마찬가지 이유로 이스털리는 외국의 원조에 대해서도 회의적인데, 특히 정부가 부패할 경우에 원조는 가난한 사람들의 처지를 개선하지는 못하고 부패를 더욱 악화시키는 결과만 초래한다고 본다. 이에 대해 삭스는 가난한 나라 사람들의 소득을 지원해 빈곤의 덫에서 빠져나오도록 해야 생활수준이 높아져 시민사회가 강화되고 법치주의가 확립될 수 있다고 주장한다.

빈곤의 원인이 나쁜 제도라고 생각하는 애쓰모글루도 외국의 원조에 대해 회의적이지만, 자유로운 시장에 맡겨 둔다고 나쁜 제도가 저절로 사라지는 것도 아니라고 본다. 그는 가난한 나라에서 경제성장에 적합한 좋은 경제제도가 채택되지 않는 이유가 정치제도 때문이라고 본다. 어떤 제도든 이득을 얻는 자와 손실을 보는 자를 낳으므로 제도의 채택 여부는 사회 전체의 이득이 아니라 정치권력을 가진 세력의 이득에 따라 결정된다는 것이다. 따라서 그는 지속적인 성장을 위해서는 사회 전체의 이익에 부합하는 경제제도가 채택될 수 있도록 정치제도가 먼저 변화해야 한다고 주장한다.

제도의 중요성을 강조한 나머지 외국의 역할과 관련해 극단적인 견해를 내놓는 경제학자들도 있다. 로머는 외부에서 변화를 수입해 나쁜 제도의 악순환을 끊는 하나의 방법으로 불모지를 외국인들에게 내주고 좋은 제도를 갖춘 새로운 도시로 개발하도록 하는 프로젝트를 제안한다. 콜리어는 경제 마비 상태에 이른 빈곤국들이 나쁜 경제제도와 정치제도의 악순환에 갇혀 있으므로 좋은 제도를 가진 외국이 군사 개입을 해서라도 그 악순환을 해소해야 한다고 주장한다.

배너지와 뒤플로 는 일반적인 해답의 모색 대신 "모든 문제에는 저마다 고유한 해답이 있다."는 관점에서 빈곤 문제에 접근해야 한다고 주장하고 구체적인 현실에 대한 올바른 이해에 기초한 정책을 강조한다. 두 사람은 나쁜 제도가 존재하는 상황에서도 제도와 정책을 개선할 여지는 많다고 본다. 이들은 현재 소득과 미래 소득 사이의 관계를 나타내는 곡선의 모양으로 빈곤의 덫에 대한 견해들을 설명한다. 덫이 없다는 견해는 이 곡선이 가파르게 올라가다가 완만해지는 '뒤집어진 L자 모양'이라고 생각함에 비해, 덫이 있다는 견해는 완만하다가 가파르게 오른 다음 다시 완만해지는 'S자 모양'이라고 생각한다는 것이다. 현실 세계가 뒤집어진 L자 모양의 곡선에 해당한다면 아무리 가난한 사람이라도 시간이 갈수록 점점 부유해진다. 이들을 지원하면 도달에 걸리는 시간을 조금 줄일 수 있을지 몰라도 결국 도달점은 지원하지 않는 경우와 같기 때문에 도움이 필요하다고 보기 어렵다. 그러나 S자 곡선의 경우, 소득 수준이 낮은 영역에 속하는 사람은 시간이 갈수록 소득 수준이 '낮은 균형'으로 수렴하므로 지원이 필요하다. 배너지와 뒤플로는 가난한 사람들이 빈곤의 덫에 갇혀 있는 경우도 있고 아닌 경우도 있으며, 덫에 갇히는 이유도 다양하다고 본다. 따라서 빈곤의 덫이 있는지 없는지 단정하지 말고, 특정 처방 이외에는 특성들이 동일한 복수의 표본집단을 구성함으로써 처방의 효과에 대한 엄격한 비교 분석을 수행하고, 지역과 처방을 달리하여 분석을 반복함으로써 이들이 어떻게 살아가는지, 도움이 필요한지, 처방에 대한 이들의 수요는 어떠한지 등을 파악해야 빈곤 퇴치에 도움이 되는 지식을 얻을 수 있다고 본다. 빈곤을 퇴치하지 못하는 원인이 빈곤에 대한 경제학 지식의 빈곤이라고 생각하는 것이다.

22.

윗글과 일치하지 <u>않는</u> 것은?

① 지리적 요인의 역할을 강조하는 경제학자라면 외국의 원조에 대해 긍정적이다.
② 제도의 역할을 강조하는 경제학자라 하더라도 자유로운 시장의 역할을 중시하는 경우도 있다.
③ 제도의 역할을 강조하는 경제학자라면 정치제도 변화가 경제성장을 위한 전제조건이라고 생각한다.
④ 제도의 역할을 강조하는 경제학자라 하더라도 외국이 성장에 미치는 역할을 중시하지 않는 경우도 있다.
⑤ 지리적 요인의 역할을 강조하는 경제학자만이 빈곤의 덫에서 빠져나오려면 초기 지원이 필요하다고 생각하는 것은 아니다.

문항 성격	문항유형 : 정보의 확인과 재구성
	내용영역 : 사회
평가 목표	이 문항은 제시문에 소개된 주장들을 정확하게 이해하고 있는지 확인하는 문항이다.
문제 풀이	정답 : ③

제시문에 소개된 다양한 견해들이 빈곤과 성장의 원인과 해법에 대해 어떤 입장을 취하고 있는지 이해하고 이들 사이의 공통점과 차이점이 무엇인지 파악하도록 한다.

정답 해설	③ 경제성장의 해법으로 제도의 역할과 함께 자유로운 시장의 작동을 강조한 이스털리는 정치제도의 변화에 대해 언급하지 않았다. 더구나 이스털리에 이어 소개된 애쓰모글루의 주장, 즉 정치제도의 변화가 경제성장의 전제조건이고, 자유로운 시장에 맡겨 둔다고 나쁜 제도가 저절로 사라지는 것은 아니라는 주장은 이스털리에 대한 비판으로 이해해야 한다. 따라서 제도의 역할을 강조하는 경제학자라 하더라도 정치제도의 변화가 경제성장을 위한 전제조건이라고 반드시 생각하는 것은 아니다.
오답 해설	① 제시문에서 지리적 요인의 역할을 강조하는 경제학자는 삭스뿐인데, 그는 빈곤 문제의 해결을 위해 외국의 원조가 필요하다고 주장한다.
	② 이스털리가 그러한 사례에 해당한다.
	④ 이스털리가 그러한 사례에 해당한다.
	⑤ 지리적 요인의 역할을 강조하는 경제학자라고 단정할 수 없는 배너지와 뒤플로

는 '빈곤의 덫'이 존재할 경우 지원이 필요하다고 생각한다는 것을 제시문 다섯 번째 단락에서 확인할 수 있다.

23.

[배너지와 뒤플로]의 입장을 설명한 것으로 가장 적절한 것은?

① 제도보다 정책을 중시한다는 점에서 애쓰모글루에 동의한다.
② 가난한 사람들의 수요를 중시한다는 점에서 이스털리에 동의한다.
③ 거대한 문제를 우선해서는 안 된다고 보는 점에서 콜리어에 동의한다.
④ 정부가 부패해도 정책이 성과를 낼 수 있다고 보는 점에서 삭스에 반대한다.
⑤ 빈곤 문제를 해결하는 일반적인 해답이 있다고 보는 점에서 로머에 동의한다.

문항 성격 문항유형 : 정보의 추론과 해석

내용영역 : 사회

평가 목표 이 문항은 배너지와 뒤플로의 입장과 다른 입장들의 공통점과 차이점을 정확히 파악하고 있는지 확인하는 문항이다.

문제 풀이 정답 · ②

배너지와 뒤플로의 견해가 가진 다양한 측면을 이해하고 각 측면과 관련하여 다른 견해에 동의하는지 혹은 반대하는지 따져보도록 한다.

정답 해설 ② 제시문 다섯 번째 단락에서 배너지와 뒤플로가 가난한 사람들의 수요를 중시한다는 것을 확인할 수 있고, 두 번째 단락에서 이스털리도 사람들의 필요를 중시한다는 것을 확인할 수 있다.

오답 해설 ① 배너지와 뒤플로는 제도보다 "구체적인 현실에 대한 올바른 이해에 기초한 정책을 강조한다." 반면 애쓰모글루는 "지속적인 성장을 위해서는 사회 전체의 이익에 부합하는 경제제도가 채택될 수 있도록 정치제도가 먼저 변화해야 한다고 주장한다."

③ 배너지와 뒤플로는 "나쁜 제도가 존재하는 상황에서도 제도와 정책을 개선할 여지는 많다"고 보고 있으므로, 거대한 문제의 해결을 우선하는 입장이라고 할 수 없다. 반면 콜리어는 "제도의 중요성을 강조한 나머지 외국의 역할과 관련해 극단적인 견해를 내놓는"다는 점에서 거대한 문제를 우선한다는 것을 알 수 있다.

④ 배너지와 뒤플로는 "나쁜 제도가 존재하는 상황에서도 제도와 정책을 개선할 여지는 많다"고 보고, "모든 문제에는 저마다 고유의 해답이 있"음을 강조하며 구체적인 정책의 내용을 중시한다. 제시문 두 번째 단락에 따르면, 정부가 부패할 경우 원조에 대해 회의적인 이스털리에 대해, "삭스는 가난한 나라 사람들의 소득을 지원해 빈곤의 덫에서 빠져나오도록 해야 생활수준이 높아져 시민사회가 강화되고 법치주의가 확립될 수 있다고 주장한다." 따라서 배너지와 뒤플로가 "정부가 부패해도 정책이 성과를 낼 수 있다고 보는 점에서 삭스에 반대한다."라는 것은 적절하지 않다.

⑤ 배너지와 뒤플로는 "일반적인 해답의 모색 대신 "모든 문제에는 저마다 고유의 해답이 있다."는 관점에서 빈곤 문제에 접근해야 한다고 주장"한다.

24.

윗글을 바탕으로 〈보기〉를 이해한 것으로 적절하지 <u>않은</u> 것은?

보기

　아래 그래프에서 S자 곡선은 현재 소득과 미래 소득의 관계를 표시한 것이다(45°선은 현재 소득과 미래 소득이 같은 상태를 나타낸다). 특정 시기 t의 소득이 a1이라면 t+1 시기의 소득은 a2이고, t+2 시기의 소득은 a3임을 알 수 있다. S자 곡선에서는 복수의 균형이 존재한다. 여기서 '균형'이란 한 번 도달하면 거기서 벗어나지 않을 상태를 말한다. 물론 외부적 힘이 가해질 경우에는 균형에서 벗어날 수도 있다.

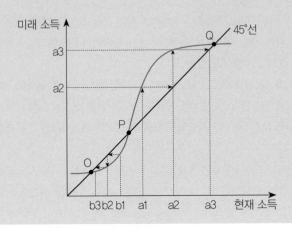

① 배너지와 뒤플로는 점 O를 '낮은 균형'이라고 보겠군.

② 삭스라면 지원으로 소득을 b3에서 b1으로 이동하도록 해야 한다고 보겠군.

③ 삭스라면 지원이 없을 경우에는 b3에서는 생산성이 향상되지 않는다고 보겠군.

④ 이스털리라면 점 P의 왼쪽 영역이 없는 세계를 상정하므로 점 P가 원점이라고 보겠군.

⑤ 이스털리라면 a1에서 지원이 이루어진다 해도 균형 상태의 소득 수준은 변하지 않는다고 보겠군.

문항 성격 문항유형 : 정보의 평가와 적용
내용영역 : 사회

평가 목표 이 문항은 제시문의 견해들을 S자 곡선의 그래프와 연결하여 적절하게 이해할 수 있는지 알아보는 문항이다.

문제 풀이 정답 : ②

그래프에서 S자 곡선이 45°선보다 아래에 있을 경우 현재보다 미래에 더 가난해지고, 45°선보다 위에 있을 경우 현재보다 미래에 더 부유해진다는 것을 파악하고, 점 P의 왼쪽 영역과 오른쪽 영역에서 각각 점 O와 점 Q로 수렴한다는 것을 이해해야 한다.

정답 해설 ② 삭스는 빈곤의 덫에서 빠져나오도록 하는 지원이 필요하다고 주장하므로 그래프에서 점 P 수준보다 더 낮은 소득 수준에서 더 높은 소득 수준으로 이동하도록 해야 한다고 주장하는 것이다. b1은 점 P 수준보다 더 낮은 소득 수준이므로 적절하지 않다.

오답 해설 ① 배너지와 뒤플로가 말하는 '낮은 균형'이 그래프에서 점 O임을 알 수 있다.

③ 삭스는 빈곤의 덫에서 벗어나야 생산성 향상이 가능해진다고 생각하므로, 점 O에서 점 P 사이에 해당하는 b3에서는 생산성이 향상되지 않는다고 볼 것이다.

④ 이스털리는 빈곤의 덫이 없다고 본다. 제시문 다섯 번째 단락에서 빈곤의 덫이 없다는 견해는 '뒤집어진 L자 모양'의 곡선을 상정한다는 것을 알 수 있다. 따라서 적절하다.

⑤ 제시문 다섯 번째 단락에 따르면, "현실 세계가 뒤집어진 L자 모양의 곡선에 해당한다면 아무리 가난한 사람이라도 시간이 갈수록 점점 부유해진다. 이들을 지원하면 도달에 걸리는 시간을 조금 줄일 수 있을지 몰라도 결국 도달점은 지원하지 않는 경우와 같기 때문에" 이스털리라면 a1에서 지원이 이루어진다 해도 균형 상태의 소득 수준은 변하지 않는다고 볼 것이다.

암세포의 대사 과정은 정상 세포와 다른 것으로 알려져 있다. 오토 바르부르크가 발표한 '바르부르크 효과'에 따르면 암세포는 '해당작용'을 주된 에너지 획득 기전으로 수행하고 또 다른 에너지 획득 방법인 '산화적 인산화'는 억제한다.

세포는 영양분으로 섭취한 큰 분자를 작은 분자로 쪼개는 과정을 통해 ATP를 생성하는데 이 과정을 '이화작용'이라고 한다. 또한 ATP와 같은 고에너지 분자의 에너지를 이용하여 세포의 성장과 분열을 위해 작은 분자로부터 단백질, 핵산과 같은 거대 분자를 합성하는 과정을 '동화작용'이라고 한다. 이화작용을 통해 ATP를 생산하기 위해 세포는 영양 물질을 내부로 수송하는데, 가장 대표적인 영양 물질인 포도당은 세포 내부로 이동하여 해당작용과 산화적 인산화를 통해 작은 분자로 분해된다. 이론적으로 포도당 1개가 가지고 있는 에너지가 전부 ATP로 전환될 경우 36개 또는 38개의 ATP가 만들어진다. 이 중 2개의 ATP는 세포질에서 일어나는 해당작용을 통해, 나머지는 미토콘드리아에서 대부분 산화적 인산화를 통해 만들어진다.

해당작용과 산화적 인산화는 수행되는 장소도 다르지만 요구 조건도 다르다. 해당작용에는 산소가 필요하지 않지만, 산화적 인산화에는 필수적이다. 세포 내부에 산소가 부족하면 산화적 인산화는 일어나지 못하고 해당작용만 진행되며, 이 경우에는 해당작용의 최종 산물인 피루브산이 젖산으로 바뀌는 젖산 발효가 일어난다. 심폐 기능에 비해 과격한 운동을 하였을 때 근육 세포에서 생성된 젖산이 근육에 축적된다. 젖산 발효 과정은 해당작용에 필요한 조효소 NAD$^+$의 재생산을 위해 필수적이다. NAD$^+$로부터 해당작용의 또 다른 생성물인 조효소 NADH가 생성되기 때문이다. 해당작용에서 포도당 1개가 2개의 피루브산으로 분해될 때 NADH가 2개 만들어지고, NADH 1개당 3개의 ATP를 산화적 인산화를 통해 만들 수 있는데, 젖산 발효를 하는 세포는 NADH를 에너지가 낮은 상태인 NAD$^+$로 전환하는 손해를 감수한다.

바르부르크 효과는 산소가 있어도 해당작용을 산화적 인산화에 비해 선호하는 암세포 특이적 대사 과정인 '유산소 해당작용'을 뜻한다. 암세포가 더 빨리 분열하는 악성 암세포로 변하면 산화적 인산화에 대한 의존을 줄이고 해당작용에 대한 의존이 증가한다. 약물 처리 등으로 그 반대의 경우가 되면, 해당작용에 대한 의존이 줄고 산화적 인산화에 대한 의존이 증가한다. 유산소 해당작용을 수행하는 암세포는 포도당 1개당 ATP 2개만을 생산하는 효율이 떨어지는 해당작용에 에너지 생산을 대부분 의존하므로 정상 세포에 비해 포도당을 더 많이 세포 내부로 수송하고 젖산을 생산한다.

바르부르크 효과의 원인에 대해 다음 세 가지 설명이 있다. 첫 번째는 암세포의 빠른 성장 때문에 세포의 성장에 필요한 거대 분자를 동화작용을 통해 만들기 위해 해당작용의 중간 생성 물질을 동화작용의 재료로 사용하려고 해당작용에 집중한다는 것이다. 두 번째는 체내에서 암세포의 분열로 암 조직의 부피가 커져서 산소가 그 내부까지 충분히 공급되지 못하기 때문에 암세포가 산소가 없는 환경에 적응하도록 진화했다는 것이다. 세 번째는 미토콘드리아의 기능을 암세포가 억제하여 미토콘드리아에 의해 유발되는 세포 자살 프로그램의 실행을 방해함으로써 스스로의 사멸을 막으려 한다는 이론이다. 바르부르크는 이러한 암세포 특이적 대사 과정의 변이를 발암의 원인으로 설명하였다. 그러나 최근의 연구에서는 발암 유전자의 활성화와 암 억제 유전자에 생기는 돌연변이가 주된 발암 원인이고, 바르부르크 효과는 암의 원인이라기보다는 그러한 돌연변이에 의한 결과로 발생하는 것으로 밝혀졌다.

25.

윗글과 일치하는 것은?

① 해당작용의 산물 중 NADH는 미토콘드리아에서 ATP를 추가로 생산하는 데 사용되지 않는다.
② 해당과정 중 소비되는 NADH의 재생산은 해당작용의 지속적 수행에 필수적이다.
③ 심폐기능에 비해 과격한 운동을 하면 근육에서 젖산은 늘어나고 NAD^+는 줄어든다.
④ 동화작용에서 거대 분자를 만들 때 해당작용의 중간 생성물이 사용된다.
⑤ 바르부르크 효과에 의해 암 억제 유전자의 돌연변이가 유발된다.

문항 성격	문항유형 : 정보의 확인과 재구성
	내용영역 : 과학기술
평가 목표	이 문항은 제시문의 주요 개념인 해당작용, 산화적 인산화, 그리고 암세포에 대해 정확히 이해하고 있는지 확인하는 문항이다.
문제 풀이	정답 : ④

동화작용과 이화작용의 차이, 해당작용과 산화적 인산화의 차이를 이해하고 그 기전을 파악해야 한다. 또한 암세포와 정상 세포의 대사 과정의 차이가 암 유발의 원인인지 또는 결과인지 제시문에서 조회할 수 있어야 한다.

정답 해설 ④ 제시문 다섯 번째 단락 "세포의 성장에 필요한 거대 분자를 동화작용을 통해 만들기 위해 해당작용의 중간 생성 물질을 동화작용의 재료로 사용하려고 해당작용에 집중한다는 것이다."로부터, 해당작용의 중간 생성물이 동화작용에 사용된다는 것을 알 수 있다.

오답 해설 ① 제시문 세 번째 단락 "해당작용에서 포도당 1개가 2개의 피루브산으로 분해될 때 NADH가 2개 만들어지고, NADH 1개당 3개의 ATP를 산화적 인산화를 통해 만들 수 있는데,"로부터, 해당작용에서 생성되는 NADH는 미토콘드리아에서 수행되는 산화적 인산화를 통해 ATP를 생산하는 데 사용된다는 것을 알 수 있다.

② 제시문 세 번째 단락 "젖산 발효 과정은 해당작용에 필요한 조효소 NAD$^+$의 재생산을 위해 필수적이다. NAD$^+$로부터 해당작용의 또 다른 생성물인 조효소 NADH가 생성되기 때문이다."로부터, 해당작용의 지속적 수행에는 NAD$^+$의 재생산이 필요하다는 것을 알 수 있다. NADH는 해당작용의 산물이다.

③ 제시문 세 번째 단락 "심폐 기능에 비해 과격한 운동을 하였을 때 근육 세포에서 생성된 젖산이 근육에 축적된다. 젖산 발효 과정은 해당작용에 필요한 조효소 NAD$^+$의 재생산을 위해 필수적이다."로부터, 과격한 운동으로 인한 젖산 발효 과정에서 NAD$^+$가 늘어나는 것을 알 수 있다.

⑤ 제시문 다섯 번째 단락 "바르부르크 효과는 암의 원인이라기보다는 그러한 돌연변이에 의한 결과로 발생하는 것으로 밝혀졌다."로부터, 바르부르크 효과는 암 억제 유전자 돌연변이의 원인이 아니라 결과라는 것을 알 수 있다.

26.

윗글에서 추론한 것으로 적절하지 <u>않은</u> 것은?

① 미토콘드리아의 기능이 상실되면 NADH로부터 ATP를 만들지 못한다.

② 유산소 해당작용을 수행하는 암세포는 산소가 충분히 존재할 때에도 해당과정의 산물을 NAD$^+$와 젖산으로 전환시킨다.

③ 포도당 1개가 가지고 있는 에너지가 전부 ATP로 전환될 때 미토콘드리아에서 34개 또는 36개의 ATP가 만들어진다.

④ 포도당 1개가 피루브산 2개로 분해되었고 이때 생성된 조효소의 에너지도 모두 미토콘드리아에서 ATP로 전환되었다면, 이 과정에서 생성된 ATP는 모두 8개이다.

⑤ 암세포의 유산소 해당작용 과정 중 포도당 1개당 생산되는 ATP의 개수는 정상 세포의 산소가 있을 때 수행되는 해당작용의 과정 중 포도당 1개당 생산되는 NADH의 개수보다 많다.

문항유형 : 정보의 추론과 해석

내용영역 : 과학기술

이 문항은 제시문에 제공된 개념과 원리를 정확하게 이해하고 이로부터 정밀하고 복잡한 추론을 수행할 수 있는지 평가하는 문항이다.

정답 : ⑤

주어진 선택지가 적절한지 여부를 판단하기 위해 필요한 정보들을 제시문에서 정확하게 다시 조회하고 필요시 간단한 계산을 수행하도록 한다.

정답 해설 ⑤ 제시문 두 번째 단락 "이 중 2개의 ATP는 세포질에서 일어나는 해당작용을 통해, 나머지는 미토콘드리아에서 대부분 산화적 인산화를 통해 만들어진다."로부터, 해당작용 과정 중 포도당 1개당 생산되는 ATP는 2개인 것을 알 수 있고, 세 번째 단락 "해당작용에서 포도당 1개가 2개의 피루브산으로 분해될 때 NADH가 2개 만들어지고"로부터, 해당작용 과정 중 포도당 1개당 생산되는 NADH는 2개 라는 것을 알 수 있다. 그러므로 ATP가 생산되는 개수와 NADH가 생산되는 개수는 같다.

오답 해설 ① 제시문 두 번째 단락 "나머지는 미토콘드리아에서 대부분 산화적 인산화를 통해 만들어진다."와 세 번째 단락 "NADH 1개당 3개의 ATP를 산화적 인산화를 통해 만들 수 있는데,"로부터, 미토콘드리아의 정상적인 기능을 통해 NADH로부터 ATP를 만들 수 있다는 것을 추론할 수 있다.

② 제시문 세 번째 단락 "해당작용의 최종 산물인 피루브산이 젖산으로 바뀌는 젖산 발효가 일어난다. … 젖산 발효 과정은 해당작용에 필요한 조효소 NAD$^+$의 재생산을 위해 필수적이다."와 네 번째 단락 "유산소 해당작용을 수행하는 암세포는 … 해당작용에 에너지 생산을 대부분 의존하므로"로부터, 암세포의 유산소 해당작용 과정에서 젖산 발효 과정과 마찬가지로 해당작용의 진행을 위해 필요한 NAD$^+$의 생산이 늘어나고 이때 젖산의 생산이 동반된다는 것을 추론할 수 있다.

③ 제시문 두 번째 단락 "포도당 1개가 가지고 있는 에너지가 전부 ATP로 전환될 경우 36개 또는 38개의 ATP가 만들어진다. 이 중 2개의 ATP는 세포질에서 일어나는 해당작용을 통해, 나머지는 미토콘드리아에서 대부분 산화적 인산화를 통해 만들어진다."로부터, 포도당 1개당 34(=36−2)개, 또는 36(=38−2)개의 ATP가 미토콘드리아에서 만들어진다는 것을 추론할 수 있다.

④ 제시문 두 번째 단락 "이 중 2개의 ATP는 세포질에서 일어나는 해당작용을 통해"로부터, 해당작용 과정 중 포도당 1개당 생산되는 ATP는 2개인 것을 알 수 있고, 세 번째 단락 "해당작용에서 포도당 1개가 2개의 피루브산으로 분해될 때

NADH가 2개 만들어지고, NADH 1개당 3개의 ATP를 산화적 인산화를 통해 만들 수 있는데,"로부터, 해당작용에서 생기는 2개의 NADH가 6개의 ATP로 전환된다는 것을 알 수 있다. 해당작용에서 생기는 2개의 ATP와 NADH로부터 생산되는 6개의 ATP를 합치면 ATP는 모두 8개라는 것을 추론할 수 있다.

27.

윗글과 〈보기〉를 바탕으로 한 설명으로 가장 적절한 것은?

보기

암을 진단하기 위해 사용되는 PET(양전자 방출 단층촬영)는 방사성 포도당 유도체를 이용하는 핵의학 검사법이다. 방사성 포도당 유도체는 포도당과 구조적으로 유사하여 암 조직과 같은 포도당의 흡수가 많은 신체 부위에 수송되어 축적되므로 단층촬영을 통해 체내에서 양전자를 방출하는 방사성 포도당 유도체의 분포를 추적할 수 있다.

① 피루브산이 젖산으로 전환되는 양이 증가하면 방사성 포도당 유도체의 축적이 줄어들 것이다.

② 포도당이 피루브산으로 전환되는 양이 감소하면 방사성 포도당 유도체의 축적이 늘어날 것이다.

③ 세포 내부의 산소가 줄어들어도 동일한 양의 ATP를 생성하려면 방사성 포도당 유도체의 축적이 늘어날 것이다.

④ ATP의 생성을 해당작용에 좀 더 의존하도록 대사 과정의 변화가 일어난다면 방사성 포도당 유도체의 축적이 줄어들 것이다.

⑤ ATP의 생성을 산화적 인산화에 좀 더 의존하도록 대사 과정의 변화가 일어난다면 방사성 포도당 유도체의 축적이 늘어날 것이다.

문항 성격 문항유형 : 정보의 평가와 적용
　　　　　　내용영역 : 과학기술
평가 목표 이 문항은 암세포 진단 기술인 PET의 원리를 설명한 〈보기〉를 제시문과 연결하여 종합적으로 이해할 수 있는 능력을 평가하는 문항이다.

방사성 포도당 유도체 또한 포도당의 흡수가 많은 신체 부위에 수송되어 축적된다는 점을 〈보기〉에서 착안하도록 한다.

정답 해설　③ 제시문 네 번째 단락 "암세포는 … 해당작용에 에너지 생산을 대부분 의존하므로 정상 세포에 비해 포도당을 더 많이 세포 내부로 수송하고 젖산을 생산한다."와 다섯 번째 단락 "산소가 그 내부까지 충분히 공급되지 못하기 때문에 암세포가 산소가 없는 환경에 적응하도록 진화했다는 것이다."로부터, 세포 내부의 산소가 줄어들게 되면 효율이 낮은 해당작용만을 통해 ATP를 만들어야 하므로 더 많은 포도당 유도체가 세포 내로 유입되어야 함을 알 수 있다.

오답 해설　① 제시문 세 번째 단락 "… 해당작용만 진행되며, 이 경우에는 해당작용의 최종 산물인 피루브산이 젖산으로 바뀌는 젖산 발효가 일어난다."로부터, 피루브산이 젖산으로 바뀌는 양이 증가한다는 것은 해당작용이 더 많이 일어난다는 것을 의미함을 알 수 있다. 그러므로 피루브산이 젖산으로 전환되는 양이 증가하면 방사성 포도당 유도체의 축적이 늘어날 것이다.

② 제시문 세 번째 단락 "해당작용의 최종 산물인 피루브산이 젖산으로 바뀌는 젖산 발효"로부터, 포도당이 피루브산으로 전환되는 양이 감소한다는 것은 해당작용이 감소한다는 것을 의미함을 알 수 있다. 그러므로 포도당이 피루브산으로 전환되는 양이 감소하면 방사성 포도당 유도체의 축적이 줄어들 것이다.

④ 제시문 네 번째 단락 "약물 처리 등으로 그 반대의 경우가 되면, 해당작용에 대한 의존이 줄고 산화적 인산화에 대한 의존이 증가한다."와 "… 효율이 떨어지는 해당작용에 에너지 생산을 대부분 의존하므로 정상 세포에 비해 포도당을 더 많이 세포 내부로 수송하고 젖산을 생산한다."로부터, ATP의 생성을 해당작용에 좀 더 의존하도록 대사 과정의 변화가 일어난다면 방사성 포도당 유도체의 축적이 늘어날 것이다.

⑤ 제시문 네 번째 단락 "약물 처리 등으로 그 반대의 경우가 되면 해당작용에 대한 의존이 줄고 산화적 인산화에 대한 의존이 증가한다."와 "… 효율이 떨어지는 해당작용에 에너지 생산을 대부분 의존하므로 정상 세포에 비해 포도당을 더 많이 세포 내부로 수송하고 젖산을 생산한다."로부터, ATP의 생성을 산화적 인산화에 좀 더 의존하도록 대사 과정의 변화가 일어난다면 ATP를 보다 효율적으로 생성할 수 있으므로 방사성 포도당 유도체의 축적이 줄어들 것이다.

[28~30] 다음 글을 읽고 물음에 답하시오.

법을 해석할 때 반드시 그 문언에 엄격히 구속되어야 하는가를 놓고 오랫동안 논란이 있어 왔다. 한편에서는 법의 제정과 해석이 구별되어야 함을 이유로 이를 긍정하지만, 다른 한편에서는 애초에 법의 제정 자체가 완벽할 수 없는 이상, 사안에 따라서는 문언에 구애되지 않는 편이 더 바람직하다고 본다.

전통적인 법학방법론은 이 문제를 법률 문언의 한계 내에서 이루어지는 해석 외에 '법률의 문언을 넘은 해석'이나 '법률의 문언에 반하는 해석'을 인정할지 여부와 관련지어 다루고 있다. 학설에 따라서는 이들을 각각 '법률내재적 법형성'과 '초법률적 법형성'이라 부르며, 전자를 특정 법률의 본래적 구상 범위 내에서 흠결 보충을 위해 시도되는 것으로, 후자를 전체 법질서 및 그 지도 원리의 관점에서 수행되는 것으로 파악하기도 한다. 하지만 이러한 설명이 완전히 만족스러운 것은 아니다. 형식상 드러나지 않는 법률적 결함에 대처하는 것도 일견 흠결 보충이라 할 수 있지만, 이는 또한 법률이 제시하는 결론을 전체 법질서의 입장에서 뒤집는 것과 별반 다르지 않기 때문이다.

한편 종래 법철학적 논의에서는 문언을 이루고 있는 언어의 불확정성에 주목하는 경향이 두드러졌다. 단어는 언어적으로 확정적인 의미의 중심부와 불확정적인 의미의 주변부를 지니며, 중심부의 사안에서는 문언에 엄격히 구속되어야 하지만 주변부의 사안에서는 해석자의 재량이 인정될 수밖에 없다고 보는 견해가 대표적이다. 가령 ㉠주택가에서 야생동물을 길러서는 안 된다는 규칙이 있을 때, 초원의 사자가 '야생동물'에 해당한다는 점에 대해서는 의문이 없지만, 들개나 길고양이, 혹은 여러 종류의 야생동물의 유전자를 조합하여 실험실에서 창조한 동물이 그에 해당하는지는 판단하기 어렵기 때문에 결국 해석자가 재량껏 결정해야 한다는 것이다.

[A] 그러나 이러한 견해에 대해서는 주변부의 사안을 해석자의 재량에 맡기기보다는 규칙의 목적에 구속되게 해야 할 뿐 아니라, 심지어 중심부의 사안에서조차 규칙의 목적에 대한 조회 없이는 문언이 해석자를 온전히 구속할 수 없다는 반론이 제기되고 있다. 인근에서 잡힌 희귀한 개구리를 연구·보호하기 위해 발견 장소와 가장 유사한 환경의 주택가 시설에 둘 수 있을까? 이를 긍정하는 경우에도 그러한 개구리가 의미상 '야생동물'에 해당한다는 점 자체를 부인할 수는 없을 것이다.

최근에는 기존의 법학방법론적 논의와 법철학적 논의를 하나의 연결된 구성으로 제시함으로써 각각의 논의에서 드러났던 난점을 극복하려는 시도가 이루어지고 있다. 이에 따르면 문언이 합당한 답을 제공하는 표준적 사안 외에 아무런 답을 제공하지 않는 사안이나 부적절한 답을 제공하는 사안도 있을 수 있는데, 이들이 바로 각각 문언을 넘은 해석과 문언에 반하는 해석이 시도되는 경우라 할 수 있다. 양자는 모두 이른바 판단하기 어려운 사안 이라는 점에서는 공통적이지만, 전자를 판단하기 어려운 까닭은 문언의 언어적 불확정성에 기인하는 것인 반면, 후자는 문언이 언어적 확정성을 갖추었음에도 불구하고 그것이 제공하는 답을 올바른 것으로 받아들일 수 없어 보이는 탓에 판단하기 어려운 것이라는 점에서 서로 구별되어야 한다.

그렇다면 판단하기 어려운 사안에서는 더 이상 문언을 신경 쓰지 않아도 되는 것일까? 그렇지는 않다. 문언이 답을 제공하지 않기 때문에 해석을 통한 보충이 필요한 경우라 하더라도 규칙의 언어 그 자체가 해석자로 하여금 규칙의 목적을 가늠하도록 인도해 줄 수 있으며, 문언이 제공하는 답이 부적절하고 어리석게 느껴질 경우라 하더라도 그러한 평가 자체가 어디까지나 해석자의 주관이라는 한계 속에서 이루어지는 것임을 부정할 수 없기 때문이다. 뻔히 부적절한 결과가 예상되는 경우에도 문언에 구속될 것을 요구하는 것은 일견 합리적이지 않아 보일 수 있다. 그럼에도 불구하고 문언을 강조하는 입장은 '재량'이 연상시키는 '사람의 지배'에 대한 우려와, 민주주의의 본질에 대한 성찰을 배경으로 하는 것임을 이해할 필요가 있다. 법률은 시민의 대표들이 지난한 타협의 과정 끝에 도출해 낸 결과물이다. 엄밀히 말해 오로지 법률의 문언 그 자체만이 민주적으로 결정된 것이며, 그 너머의 것에 대해서는, 심지어 입법 의도나 법률의 목적이라 해도 동등한 권위를 인정할 수 없다. 이러한 입장에서는 법률 적용의 결과가 부적절한지 여부보다 그것이 부적절하다고 결정할 수 있는 권한을 특정인에게 부여할 것인지 여부가 더 중요한 문제일 수 있다. 요컨대 해석자에게 그러한 권한을 부여하는 것이 바람직하지 않다고 생각하는 한, 비록 부적절한 결과가 예상되는 경우라 하더라도 여전히 문언에 구속될 것을 요구하는 편이 오히려 합리적일 수도 있는 것이다.

28.
윗글과 일치하는 것은?

① 전통적인 법학방법론 학설의 입장에서는 결국 문언을 넘은 해석과 문언에 반하는 해석을 구별하지 않는다.
② 종래의 법철학 학설 중 의미의 중심부와 주변부의 구별을 강조하는 입장에서는 해석에 있어 법률의 목적보다 문언에 주목한다.
③ 민주주의의 본질을 강조하는 입장에서는 비록 법률의 적용에 따른 것이라도 실질적으로 부적절한 결과를 인정할 수는 없다고 본다.

④ 법률 적용 결과의 합당성을 강조하는 입장에서는 문언이 제공하는 답이 부적절한지 여부는 해석자의 주관에 따라 달라질 수 있다고 주장한다.

⑤ 법학방법론과 법철학의 논의를 하나의 연결된 구성으로 제시하는 입장에서는 언어적 불확정성으로 인해 법률이 부적절한 답을 제공하는 사안에 주목한다.

문항 성격	문항유형 : 정보의 확인과 재구성
	내용영역 : 규범
평가 목표	이 문항은 제시문에 등장하는 법해석과 관련한 다양한 입장들을 이해하고 있는지 묻는 문항이다.
문제 풀이	정답 : ②

전통적인 법학방법론과 기존의 법철학 이론, 그리고 각각의 논의를 하나의 연결된 구성으로 제시하는 최근의 학설들에서 보여주는 법해석의 특징과 난점을 이해하고, 법률의 문언을 강조하는 입장과 법률 적용 결과의 합당성을 강조하는 입장의 기본적 주장을 정확히 파악하도록 한다.

정답 해설 ② 제시문 세 번째 단락의 "한편 종래 법철학적 논의에서는 문언을 이루고 있는 언어의 불확정성에 주목하는 경향이 두드러졌다. 단어는 언어적으로 확정적인 의미의 중심부와 불확정적인 의미의 주변부를 지니며, 중심부의 사안에서는 문언에 엄격히 구속되어야 하지만 주변부의 사안에서는 해석자의 재량이 인정될 수밖에 없다고 보는 견해가 대표적이다."와 이를 비판하면서 법률의 목적을 강조하는 네 번째 단락의 "그러나 이러한 견해에 대해서는 주변부의 사안을 해석자의 재량에 맡기기보다는 규칙의 목적에 구속되게 해야 할 뿐 아니라, 심지어 중심부의 사안에서조차 규칙의 목적에 대한 조회 없이는 문언이 해석자를 온전히 구속할 수 없다는 반론이 제기되고 있다."를 통해, 의미의 중심부와 주변부의 구별을 강조하는 입장에서는 법률의 목적보다 문언에 주목하고 있음을 알 수 있다.

오답 해설 ① 제시문 두 번째 단락 "전통적인 법학방법론은 이 문제를 법률 문언의 한계 내에서 이루어지는 해석 외에 '법률의 문언을 넘은 해석'이나 '법률의 문언에 반하는 해석'을 인정할지 여부와 관련지어 다루고 있다. 학설에 따라서는 이들을 각각 '법률내재적 법형성'과 '초법률적 법형성'이라 부르며, 전자를 특정 법률의 본래적 구상 범위 내에서 흠결 보충을 위해 시도되는 것으로, 후자를 전체 법질서 및 그 지도 원리의 관점에서 수행되는 것으로 파악하기도 한다."로부터, 이 입장이 문언을 넘은 해석과 문언에 반하는 해석을 각각 법률내재적 법형성과 초법률적 법형성으로 구별하여 파악하는 입장임을 알 수 있다. 같은 단락의 "하지만 이러한 설명이 완전히 만족스러운 것은 아니다. 형식상 드러나지 않는 법률적 결함에 대처하는 것도 일견 흠결 보충이라 할 수 있지만, 이는 또한 법률이 제시하는 결론을 전체 법질서의 입장에서 뒤집는 것과 별반 다르지 않기 때문이다."에도 불구하고 그것이 말하는 것은 법률의 흠결 중의 한 유형인 이른바 '형식상 드러나지 않는 법률적 결함'을 법률내재적 법형성과 초법률적 법형성의 개념 틀로 제대로 분류하지는 못하고 있다는 것일 뿐이며, 흠결 보충 전체를 대상으로 볼 때 문언을 넘은 해석(흠결 보충)과 문언에 반하는 해석을 구별하지 않는 것이라고는 할 수 없다.

③ 제시문 여섯 번째 단락의 "문언을 강조하는 입장은 '재량'이 연상시키는 '사람의 지배'에 대한 우려와, 민주주의의 본질에 대한 성찰을 배경으로 하는 것임을 이해할 필요가 있다."와 "비록 부적절한 결과가 예상되는 경우라 하더라도 여전히 문언에 구속될 것을 요구하는 편이 오히려 합리적일 수도 있는 것이다."로부터, 실질적으로 부적절한 결과가 발생해도 인정하고 넘어갈 것임을 알 수 있다.

④ 제시문 여섯 번째 단락의 "문언이 제공하는 답이 부적절하고 어리석게 느껴질 경우라 하더라도 그러한 평가 자체가 어디까지나 해석자의 주관이라는 한계 속에서 이루어지는 것임을 부정할 수 없기 때문이다."에서 결과의 합당성을 강조하는 입장의 주장이 아니라 그에 대한 비판임을 알 수 있다.

⑤ 제시문 다섯 번째 단락의 "전자를 판단하기 어려운 까닭은 문언의 언어적 불확정성에 기인하는 것인 반면, 후자는 문언이 언어적 확정성을 갖추었음에도 불구하고 그것이 제공하는 답을 올바른 것으로 받아들일 수 없어 보이는 탓에 판단하기 어려운 것"이라는 기술을 보면 '언어적 불확정성으로 인해 법률이 부적절한 답을 제공하는 사안'이라는 범주는 등장하지 않는다.

29.

판단하기 어려운 사안 에 대한 진술로 가장 적절한 것은?

① 법률의 문언이 극도로 명확한 경우에는 판단하기 어려운 사안이 발생하지 않는다.
② 판단하기 어려운 사안의 해석을 위해 법률의 목적에 구속되어야 하는 것은 아니다.
③ 문언을 넘은 해석은 문언이 해석자를 전혀 이끌어 주지 못할 때 비로소 시도될 수 있다.
④ 문언에 반하는 해석은 법률의 흠결이 있을 때 이를 보충하기 위한 것인 한 정당화될 수 있다.

⑤ 형식상 드러나 있는 법률의 흠결을 보충하기 위해서도 해당 법률의 본래적 구상보다는 전체 법질서를 고려한 해석이 필요하다.

문항 성격 문항유형 : 정보의 추론과 해석
내용영역 : 규범

평가 목표 이 문항은 '판단하기 어려운 사안'의 개념에 관한 정보를 정확히 해석하고 있는지를 묻는 문항이다.

문제 풀이 정답 : ②

판단하기 어려운 사안은 전통적인 법학방법론의 용어로는 문언을 넘은 해석 내지 법률내재적 법 형성과 문언에 반하는 해석 내지 초법률적 법형성에 해당하는 사안이며, 종래의 법철학 학설의 용어로는 단어의 의미의 주변부에 속하는 사안과 관련이 있고, 최근의 논의 경향에 의하면 문언 이 아무런 답을 제공하지 않는 경우와 문언이 답을 제공하지만 올바른 답으로 받아들일 수 없을 것 같은 경우에 해당하고, 이는 각각 언어적 불확정성이 있는 경우 및 그렇지 않은 경우와 연결되 는 사안이라 할 수 있다.

정답 해설 ② 제시문 세 번째 단락의 "판단하기 어렵기 때문에 결국 해석자가 재량껏 결정해 야 한다는 것이다."로부터, 판단하기 어려운 사안의 해석을 법률의 목적에 대한 구속이 아니라, '재량'의 인정을 통해 해결하려는 입장도 있을 수 있고, 여섯 번 째 단락의 "비록 부적전한 견과가 예상되는 경우라 하더라도 어쩐히 문언에 구 속될 것을 요구하는 편이 오히려 합리적일 수도 있는 것이다."로부터, 법률의 목 적이 아니라 '문언'에 구속될 것을 요할 수도 있음을 알 수 있다.

오답 해설 ① 제시문 네 번째 단락의 "심지어 중심부의 사안에서조차 규칙의 목적에 대한 조 회 없는 문언이 해석자를 온전히 구속할 수 없다는 반론이 제기되고 있다. 인 근에서 잡힌 희귀한 개구리를 연구·보호하기 위해 발견 장소와 가장 유사한 환 경의 주택가 시설에 둘 수 있을까? 이를 긍정하는 경우에도 그러한 개구리가 의 미상 '야생동물'에 해당한다는 점 자체를 부인할 수는 없을 것이다."로부터, 문언 의 의미가 명확한 중심부의 사안에 해당한다 해도 판단하기 어려운 사안이 발생 함을 알 수 있다.

③ 제시문 여섯 번째 단락의 "문언이 답을 제공하지 않기 때문에 해석을 통한 보충 이 필요한 경우라 하더라도 규칙의 언어 그 자체가 해석자로 하여금 규칙의 목 적을 가늠하도록 인도해 줄 수 있으며"로부터, 문언이 해석자를 전혀 이끌어 주 지 못하는 때란 존재하지 않으며, 법률의 문언을 넘은 해석이 시도될 때에도 이 러한 문언의 인도를 받음을 알 수 있다.

④ 제시문 두 번째 단락의 "전통적인 법학방법론은 이 문제를 법률 문언의 한계 내에서 이루어지는 해석 외에 '법률의 문언을 넘은 해석'이나 '법률의 문언에 반하는 해석'을 인정할지 여부와 관련지어 다루고 있다. 학설에 따라서는 이들을 각각 '법률내재적 법형성'과 '초법률적 법형성'이라 부르며, 전자를 특정 법률의 본래적 구상 범위 내에서 흠결 보충을 위해 시도되는 것으로, 후자를 전체 법질서 및 그 지도 원리의 관점에서 수행되는 것으로 파악하기도 한다."에서 흠결 보충은 법률의 문언을 넘은 해석에 관한 것임을 알 수 있다.

⑤ 제시문 두 번째 단락의 "전통적인 법학방법론은 이 문제를 법률 문언의 한계 내에서 이루어지는 해석 외에 '법률의 문언을 넘은 해석'이나 '법률의 문언에 반하는 해석'을 인정할지 여부와 관련지어 다루고 있다. 학설에 따라서는 이들을 각각 '법률내재적 법형성'과 '초법률적 법형성'이라 부르며, 전자를 특정 법률의 본래적 구상 범위 내에서 흠결 보충을 위해 시도되는 것으로, 후자를 전체 법질서 및 그 지도 원리의 관점에서 수행되는 것으로 파악하기도 한다." 및 "형식상 드러나지 않는 법률적 결함에 대처하는 것도 일견 흠결 보충이라 할 수 있지만, 이는 또한 법률이 제시하는 결론을 전체 법질서의 입장에서 뒤집는 것과 별반 다르지 않기 때문이다."로부터, 형식상 드러나지 않는 흠결의 경우처럼 논란이 일지 않는 경우, 즉 형식상 드러나 있는 흠결의 보충에서는 법률의 본래적 구상이 기준이 됨을 알 수 있다.

30.

[A]의 입장에서 ㉠을 해석한 것으로 가장 적절한 것은?

① 규칙의 목적이 야생의 생물 다양성을 보존하기 위한 것이라면, 멸종 위기 품종의 길고양이를 입양하는 것이 허용될 것이다.

② 야성을 잃어버린 채 평생을 사람과 함께 산 사자가 '야생동물'의 언어적 의미에 부합한다면, 그것을 기르는 것도 허용되지 않을 것이다.

③ 규칙의 목적이 주민의 안전을 확보하는 것이라면, 길들여지지 않는 야수의 공격성을 지닌 들개를 기르는 것이 금지될 수도 있을 것이다.

④ 인근에서 잡힌 희귀한 개구리를 관상용으로 키우는 것이 허용되었다면, '야생동물'의 언어적 의미를 주거에 두고 감상하기에 적합하지 않은 동물로 한정했을 것이다.

⑤ 여러 종류의 야생동물의 유전자를 조합하여 실험실에서 창조한 동물을 기르는 것이 금

지되었다면, '야생동물'의 언어적 의미를 자연에서 태어나 살아가는 동물로 한정했을 것이다.

문항 성격	문항유형 : 정보의 평가와 적용
	내용영역 : 규범
평가 목표	이 문항은 법해석에 관한 특정한 입장을 특정 규칙의 해석과 적용에 적절히 활용할 수 있는지 확인하는 문항이다.
문제 풀이	정답 : ③

[A]는 법의 해석에 있어 문언을 이루는 단어의 의미보다는 규범의 목적에 대한 고려를 중시하는 입장인데, 이를 ㉠주택가에서 야생동물을 길러서는 안 된다는 규칙에 적용하여, 들개, 길고양이, 유전자 조합 동물, 야성을 잃고 노쇠한 사자, 야생 개구리를 기르는 상황을 평가해 보도록 한다.

정답 해설 ③ 비록 들개가 전형적인 야생동물에 속하지는 않는다 해도, ㉠의 목적이 주민의 안전 보호에 있다면, 위험한 공격성을 지니고 있는 들개도 전형적인 야생동물과 마찬가지로 그것을 기르는 것이 금지될 수 있을 것이다.

오답 해설 ① 비록 길고양이가 전형적인 야생동물에 속하지는 않는다 해도, ㉠의 목적이 야생의 생물 다양성을 보존하는 데 있다면, 멸종 위기 품종인 길고양이도 전형적인 야생동물과 마찬가지로 그것을 기르는 것이 금지될 수 있을 것이다.

② [A]이 입장에서는 사자가 야성을 잃고 평생을 사람과 함께 살았어도 일단 사자인 한 '야생동물'의 언어적 의미에 해당한다 하더라도, 그 점에 근거하여 사안을 결정하지는 않을 것이다. 오히려 규칙의 목적을 고려하여 (주민 안전도 위협하지 않고, 딱히 야생의 생물 다양성 보존에 기여할 수도 없을 것 같은) 이미 야성을 잃어버린 노쇠한 사자를 기르는 것을 허용할 수도 있을 것이다.

④ [A]의 "주변부의 사안을 해석자의 재량에 맡기기보다는 규칙의 목적에 구속되게 해야 할 뿐 아니라, 심지어 중심부의 사안에서조차 규칙의 목적에 대한 조회 없이는 문언이 해석자를 온전히 구속할 수 없다"로부터, [A]의 입장에서는 문언의 언어적 의미를 기준으로 판단하는 것이 아님을 알 수 있다.

⑤ [A]의 입장에서는 문언의 언어적 의미를 기준으로 판단하는 것이 아니다. 설령 언어적 의미를 기준으로 한다 하더라도 유전자 조합 동물을 기르는 것이 금지되었다면, 이는 그것을 '야생동물'에 포함시켰기 때문이라고 봐야 한다.

법학적성시험
언어이해 영역

2020

2020학년도 언어이해 영역 출제 방향

1. 출제의 기본 방향

언어이해 영역은 법률 관련 전문가 및 법학전문대학원 입학자들에게 필요한 기본적인 언어 소양과 통합적 언어 능력을 평가하는 것을 시험의 기본 방향으로 삼는다. 특히 법학전문대학원에서 원활하게 수학하려면 학부 전공과 상관없이 공적 가치 판단이 요구되는 전문적인 글들을 독해하고 평가할 수 있는 능력이 요구된다. 이를 중요하게 고려하여 2020학년도 법학적성시험의 언어이해 영역은 수험생이 텍스트를 능동적으로 이해하고 비판적으로 대하며 텍스트에 담긴 정보를 문제 상황에 적용할 수 있는 능력을 갖추고 있는지를 점검하는 데 출제의 기본 방향을 두었다. 이번 시험의 구체적인 출제 원칙은 다음과 같다.

- 통합적이며 심층적인 독해 및 사고 능력을 평가한다.
- 내용 및 표현 면에서 모범이 될 수 있는 제시문을 다양한 분야에서 선정 또는 개발한다.
- 제시문의 핵심 정보나 주요 세부 정보들을 이해하고, 제시문의 대의를 파악하며, 정보들 간의 유기적 관련성을 분석·종합하는 능력을 평가한다.
- 제시문에서 획득한 정보를 바탕으로 제시문에 없는 사항을 추론하거나, 그 정보를 문제 상황에 적용하여 그 적실성을 판단하는 능력을 평가한다.

2. 출제 범위

언어이해 영역은 언어 이해 능력을 텍스트를 기반으로 평가하기 위한 영역이다. 따라서 언어이해 영역은 주제나 표현, 텍스트 형식 등이 상이하며, 다층적이고 고차원적 사고가 담긴 다양한 학문 분야의 텍스트들을 제한된 시간 내에 정확히 읽어 내는 능력, 그 텍스트를 바탕으로 적절한 추론이나 비판을 이끌어 낼 수 있는 능력, 제시문의 정보를 관련 상황에 적용하는 능력 등을 두루 평가하고자 한다. 이를 위해 이번 시험에서는 다양한 전문 분야에서 제시문의 소재를 구하되, 중요한 공적 가치를 지닌 주제들을 우선적으로 선정하였고, 언어이해 영역의 평가 목표들을 균형 있게 다룰 수 있는 문항을 제작하였다.

　이번 시험에서 제시문을 선정할 때 고려한 사항은 다음과 같다.

　첫째, 대학 교양 교육의 충실한 이수를 유도한다. 여러 학문 분야에 두루 사용되는 기본 개념이나 범주들을 중심으로 하되, 각 학문 분야의 최신 이론이나 연구 동향 또는 시의성 있는 문제 상황을 반영한 주제 등을 중심으로 제시문을 선정하였다.

　둘째, 문항 세트를 원리적 모델들을 기반으로 설계한다. 이 설계를 통해 제시문에 사용된 개념이나 범주들을 제대로 이해했는지 평가할 수 있게 하였다.

　셋째, 법학의 배경지식을 요구하는 제시문을 배제한다. 다양한 학문 분야에 걸쳐 학제적 내용 분야와 각 주제들을 연계함으로써 통합적 사고력과 문제 해결 능력을 평가할 수 있게 하였다.

　넷째, 다양한 학문 분야들이 법적 문제들과 간학문적으로 연관됨을 보여 주는 제시문을 선정한다. 이를 통해 법의 이론적·현실적 연관성, 즉 법이 다른 학문 분야와 소통하는 양상이나 일상생활과 관련되는 양상 등에 대해 새로운 관점에서 사고하게 하였다.

　다섯째, 최근의 시사, 학문적 관심과 동향을 반영하여 제시문 독해만으로도 교육적 효과를 얻을 수 있게 하였다.

3. 제시분 및 문항

　언어이해 영역의 시험은 단순 지식이 아니라 사고 능력을 측정하는 데 주요한 목표가 있다. 따라서 언어이해 영역의 출제에서는 가독성이 뛰어나고 논지가 분명하며 완결성이 높은 제시문을 선정하고 개발하는 것이 중요하다. 이번 시험 역시 앞서 정립되었던 출제 목표와 기본 원칙을 충실하게 이어받아 수험생의 고차원적인 독해 능력 및 사고 능력을 측정하는 데 중점을 두었다.

　이번 시험에서는 '인문', '사회', '과학기술', '규범'의 4개 내용 영역에서 10개 문항 세트(총 30문항)를 출제하였다. 각각의 문항 세트는 '주제, 구조, 관점 파악', '정보의 확인과 재구성', '정보의 추론과 해석', '정보의 평가와 적용' 등 독해와 관련된 4개 인지 활동을 균형 있게 평가하도록 문항 유형을 설계하였다.

　특히 이번 시험에서는 기존의 출제 경향대로, 제시문의 다양한 정보들과 〈보기〉의 형태로 제시되는 정보들을 연결하여 해결하는 문항들을 다수 출제하였다. 종합적

인 판단 및 추론 능력, 비판 및 적용 능력을 측정하기 위한 것이다. 이 문항들은 고차
원적인 사고 능력을 요구하는 것으로서, 수험생들의 논리력과 분석력, 종합적 판단
력을 두루 점검할 수 있도록 설계한 것이다.

각 분야별로 제시문 선택의 주안점을 제시하면 다음과 같다.

'인문' 분야에서는 먼저 식민지 시대 최고의 리얼리스트로 꼽히는 소설가 채만식
의 작품 『탁류』를 심도 있게 분석한 비평문을 선택하였다. 식민지 근대화의 논리와
개인의 운명 간에 존재하는 상동성을 추적하는 가운데 새로운 인간과 모럴의 가능성
을 천착하는 이 비평문은 법률가로서 갖추어야 할 인간과 삶에 대한 이해, 인문적 교
양을 되돌아보는 데 도움을 줄 것이다. 이어 각종 사료를 재구성하여 조선 시대의 성
리학적 가족 윤리를 반추하는 글을 제시문으로 선택하였다. 특히 중혼(重婚) 문제와
관련하여 제기되었던 여러 법적 논의들을 비교하면서 거대 서사가 아닌 미시 서사로
서 우리의 역사 문제를 되돌아보는 계기가 될 것으로 기대한다. 다음으로 논리학의
차원에서 시간여행에 대해 제기되는 문제 상황들을 성찰하는 글을 제시문으로 택하
였다. 이 글을 통해 시간에 대한 다양한 표상들을 이해하고 존재의 문제를 형이상학
적으로 성찰해 보게 하였다.

'사회' 분야에서, 먼저 지식인의 개념과 사회적 역할에 대한 다양한 논의들을 소개
하는 글을 제시문으로 택하였다. 근대 초기부터 탈근대에 이르기까지 시대 변화, 정
치 변동, 문화 교체에 따라 지식인의 위상과 사회적 역할에 대해 다양한 이론가늘이
제기한 주장들을 소개하여 우리 사회에서 지식인이 지향해야 할 가치가 무엇인가
를 비판적으로 성찰할 기회를 주었다. 다음으로 헨리 조지와 그 계승자들의 '토지가
치세론'이 지니고 있는 경제적·정책적 함의를 다룬 글을 제시문으로 택하였다. 특히
경제 활동과 세제 간의 상관관계, 소득불평등의 심화와 그 해결책 등에 대해 분석하
는 이 글을 통해 수험생들은 우리 사회의 경제 현상을 보다 깊이 이해하는 기회를 얻
게 될 것이다.

'규범' 분야에서는 먼저 '도덕적 행위란 무엇인가'의 문제를 다룬 글을 제시문으로
택하였다. 인간의 삶에서 제기되는 다양한 도덕적 상황들을 윤리의 차원에서 비판적
으로 성찰하고 바람직한 행동의 방법과 원리에 대해 되돌아볼 기회를 제공하려고 하
였다. 이어 언어학의 형태소 개념을 가지고 법률 언어의 의미 변동 문제를 분석하는
글을 택하였다. 법문의 의미 해석과 적용에서 제기되는 다양한 실천적 문제들을 해

결하는 데 인접 학문의 관점이 유용하게 활용될 수 있음을 인식하는 계기가 될 것이다. 다음으로 연륜연대학이 법적 문제 해결에서 지니는 유용성을 소개하는 글을 택하였다. 나이테 분석이 법적 문제의 해결에 적용된 사례와 그 원리를 소개하는 이 글은 법의 문제를 간학문적 관점에서 이해함으로써 교양을 확대하는 데 도움을 줄 것으로 기대한다.

'과학기술' 분야에서는 먼저 우주선의 운동과 궤도 문제를 설명하는 글을 제시문으로 택하였다. 우주선이 궤도상에서 다른 로켓과 랑데부할 때 나타나는 여러 물리적 현상을 추적하여 역학적 에너지를 재미있게 설명해 주는 이 글은 인문사회 계열 출신의 수험생들도 과학적 내용이 담긴 글에 흥미를 느끼는 계기가 될 것이다. 이어 생명과학의 한 주제인 '오믹스'에 대해 소개하는 글을 제시문으로 택하였다. DNA와 RNA, 단백질의 관계들을 설명하고, 암세포를 분별하는 데 동원되는 단백질 분석의 기법을 소개하는 이 글은 생명과학에 대해 새로운 흥미를 이끌어 낼 수 있을 것으로 기대한다.

4. 난이도

2020학년도 언어이해 영역 시험에서는 난이도의 항상성을 유지하고자 했다. 따라서 고차원적 사고 능력을 평가하기에 적합한 적정 난이도를 확보했던 2019학년도와 유사한 수준에서 적정 난이도를 확보하는 데 주안점을 두었다. 특히 평가 자체만을 목적으로 논리나 사고를 의도적으로 비틀어서 복잡하게 구성하는 난삽한 제시문을 원천적으로 배제하고자 했다. 제시문 자체만을 통한 난이도 확보를 지양하고 실질적인 독해 능력을 측정하는 문항을 통한 난이도 확보가 이루어질 때, 비로소 바람직한 평가가 가능하다고 보았기 때문이다. 또한 고난도의 문항과 다소 평이한 문항을 골고루 배치하는 문항 구성을 통해 실질적인 변별력 확보를 시도하였다.

이를 위해 제시문의 가독성은 최대한 높이되, 제시문을 비판적 관점에서 심도 깊게 이해하고 새로운 상황에 적용하는 능력을 세밀하게 측정하는 방향으로 문항들을 설계하였다. 특히 추론과 적용 영역에서 단순한 추론이나 적용을 묻는 것이 아니라, 제시문의 정보들을 종합적으로 연결하여 추론하거나 적용·비판하는 문항을 다수 제시함으로써 실질적인 독해 능력과 사고력 측정이 이루어지도록 하였다.

한편 기출 문제나 사설 문제집을 푼 경험, 사교육의 경험으로 문제를 쉽게 푸는 경우도 최대한 방지하였다. 그리하여 친숙한 소재나 제재가 담긴 제시문이라도 수험생이 단순 지식을 통해 제시문에 접근하지 못하도록 제시문의 정보를 분석적·비판적으로 재구성하고, 새로운 상황에 적용하여 의미를 낯설게 하는 방식을 채택했다. 또한 문항 구성도 유사한 제시문이나 기출 문제를 접했던 경험에 의존해서는 절대 정답에 도달할 수 없도록 묻는 방식을 조정하였다. 그리하여 기출 문제나 사설 문제집을 중심으로 한 편협한 학습이 이번 시험을 보는 데 유리한 영향을 미칠 수 없도록 하였다. 고차원의 사고 능력을 갖추기 위해서는 결국 대학의 교양 교육을 정상적으로 이수하고 평소에 풍부한 독서 경험을 쌓아야 함을 재차 확인하는 계기가 될 것으로 기대한다.

아울러 특정 전공에 유리한 경우가 없게 하는 데에도 이번 출제진은 세심한 노력을 기울였다. 해당 전공 학생이 아니라 하더라도 제시문을 이해할 수 있도록 필요한 관련 정보를 빠짐없이 제공하여 문제를 푸는 데 어려움이 없게 하였다.

5. 문항 출제 시의 유의점 및 강조점

- 언어이해 영역에서 평가하고자 하는 능력이 주로 통합적 이해력과 심층 분석력이라는 점을 고려하여 제시문 분량과 세부 문항 설계 방식에 융통성을 두었다.
- 제시문의 내용과 문항 구성에 있어서 기존 문제나 사설 문제집을 푼 경험에 의존해서는 풀리지 않도록 하였으며, 특정 전공에 따른 유·불리 문제가 나타나지 않도록 하였다.
- 출제의 의도를 감추거나 오해하게 하는 질문의 선택을 피하고, 평가하고자 하는 능력을 정확히 평가할 수 있도록 간명한 형식을 취하였다.
- 문항 및 선택지 간의 간섭을 최소화하고, 선택지 선택에서 능력에 따른 변별이 이루어질 수 있도록 하였다.

[01~03] 다음 글을 읽고 물음에 답하시오.

　법률은 언어로 기술되어 있다. 따라서 법조문의 의미도 원칙적으로 그 사회의 언어 문법에 따라 이해되어야 한다. 하지만 필요에 따라 법조문의 문법 단위들은 일반적 의미를 넘어서는 개념으로 나아가기도 한다. '-물(物)'은 물건이나 물질이라는 사전적 의미를 갖는 형태소인데, '창문(窓門)'의 '창'이나 '문'같이 독자적으로 쓰일 수 있는 자립형태소가 아니라 '동화(童話)'의 '동'과 '화'처럼 다른 어근과 결합할 필요가 있는 의존형태소이다. 이 '물'의 의미가 학설과 판례에서 그리고 입법에서도 새롭게 규정되어 가는 모습을 법의 세계에서 발견할 수 있다.

　형사소송법은 압수의 대상을 "증거물 또는 몰수할 것으로 사료되는 물건"으로 정하고 "압수물"이라는 표현도 사용하고 있어서, 전통적으로 압수란 유체물(有體物)에 대해서만 가능한 것으로 이해되었다. 그런데 디지털 증거가 등장하고 그 중요성이 날로 높아짐에 따라 변화가 일게 되었다. 디지털 증거는 유체물인 저장 매체가 아니라, 그에 담겨 있으면서 그와 구별되는 무형의 정보 자체가 핵심이다. 또한 저장 매체 속에는 특정 범죄 사실에 관련된 정보 외에 온갖 사생활의 비밀까지 담긴 일도 많다. 그리하여 정보 그 자체를 압수해야 한다는 인식이 생겨났고, 마침내 출력이나 복사도 압수 방식으로 형사소송법에 규정되었다. 민사소송에서 증거조사의 대상이 되는 문서는 문자나 기호, 부호로써 작성자의 일정한 사상을 표현한 유형물이라 이해된다. 이 때문에 문자 정보를 담고 있는 자기 디스크 등을 문서로 볼 수 있는지에 대한 논쟁이 일었다. 이를 해결하기 위해 민사소송법 제374조에 "정보를 담기 위하여 만들어진 물건"에 대한 규정을 두게 되었지만, 여전히 매체 중심의 태도를 유지하고 있어서, 일찍이 정보 자체를 문서로 인정한 다른 여러 법률들과 대비된다. 최근에 제정된 법률에서는 위 조항에 대한 특칙을 두어 정보 자체를 문서로서 증거조사할 수 있는 근거도 마련되었다.

　형법은 문서, 필름 등 물건의 형태를 취하는 음란물의 제조와 유포를 처벌하도록 하고 있다. 판례는 음란한 영상을 수록한 디지털 파일 그 자체는 유체물이 아니므로 음란물로 볼 수 없다고 보았다. 하지만 사회 문제로 대두된 아동 포르노그래피의 유포를 차단하기 위해 신설된 법령에서는 필름·비디오물·게임물 외에 통신망 내의 음란 영상에 대하여도 '아동·청소년 이용 음란물'로 규제한다. 비디오물과 게임물의 개념도 변화를 겪어 왔다. 과거에 게임 관계 법령에서 비디오물은 "영상이 고정되어 있는 테이프나 디스크 등의 물체"로 정의되었고, 게임물은 이에 포함되었다. 이후에 게임 산업이 발전하면서 새로운 법률을 제정하여 게임물에 대한 독자적 정의를 마련할 때, 유체물에 고정되어 있는지를 따지지 않는 영상물로 규정하기 시작하였다. 이 과정에서 게임물과 개념적으로 분리된 비디오물은 종전처럼 다루어질 수밖에 없었다. 하지만 곧이어 관련 법령이 정비되어 이 또한 "연속적인 영상이 디지털 매체나 장치에 담긴 저작물"이라 정의하게 되었다.

판례는 또한 재산 범죄인 장물죄에서 유통이 금지된 장물의 개념을 재물, 곧 취득한 물건 그 자체로 본다. 그러면서 전기와 같이 '관리할 수 있는 동력'은 장물이 될 수 있다고 한다. 그런데 동력에 대하여 재물로 간주하는 형법 제346조를 절도와 강도의 죄, 사기와 공갈의 죄, 횡령과 배임의 죄, 손괴죄에서는 준용하고 있지만, 장물죄에서는 그렇지 않다. 판례는 위 조문이 주의를 불러일으키는 기능을 할 뿐이라 보는 것이다. 그런데 재물을 팔아서 얻은 무언가는 이미 동일성을 상실한 탓에 더 이상 장물이 아니라 하였다. 또한 물건이 아닌 재산상 가치인 것을 취득했다고 해도 그 역시 장물은 아니라고 보았는데, 이에 대해서는 ㉠비판이 있다. 오늘날 금융 거래 환경에서 금전이 이체된 예금계좌상의 가치가 유체물인 현금과 본질적으로 다르지 않다는 것이다. 언어의 의미는 사전에 쓰인 정의대로 고정되어 있기만 한 것이 아니라, 사람들이 그것을 사용하기에 따라 항상 새롭게 규정되는 것이며, 언어를 통해 비로소 인식되는 법의 의미도 마찬가지라 할 수 있다.

01.

윗글의 내용과 일치하는 것은?

① 디지털 정보는 그것을 담고 있는 매체와 결합되어 있다는 특성 때문에 저장 장치를 압수하는 방식으로 압수 절차가 이루어져야 한다는 한계가 있다.
② 전자적 형태의 문자 정보는 문자나 기호로 되어 있지 않는 문서이기 때문에 정보 자체만을 증거조사의 대상으로 삼을 수 없다.
③ 형법상 음란물은 유체물인 반면에 아동·청소년 이용 음란물은 무체물이란 점에서 양자의 차이가 있다.
④ 비디오물은 영상이 매체나 장치에 담긴 저작물이라 정의되면서 유체물에 고정되어 있는지를 따질 필요가 없게 되었다.
⑤ 게임물에 관한 입법의 변천 과정은 규제의 중심이 콘텐츠에서 매체로 옮겨갔음을 보여준다.

문항 성격	문항유형 : 정보의 확인과 재구성
	내용영역 : 규범
평가 목표	이 문항은 제시문에서 설명하는 여러 개념들을 정확하게 이해하고 있는지 평가하는 문항이다.

제시문 첫 번째 단락에서 '-물'이라는 형태소에 대하여 설명한 뒤 이후부터는 법령에서 그것이 들어간 낱말들이 갖는 의미의 차이나 변화들을 사회적 맥락과 함께 다루고 있다. 이런 의미, 개념들에 대한 이해를 바탕으로 각 선택지의 진위를 확인한다.

정답 해설 ④ 제시문 세 번째 단락 "게임물에 대한 독자적 정의를 마련할 때, 유체물에 고정되어 있는지를 따지지 않는 영상물로 규정하기 시작하였다."와 "비디오물은 종전처럼 다루어질 수밖에 없었다. 하지만 곧이어 관련 법령이 정비되어 이 또한 "연속적인 영상이 디지털 매체나 장치에 담긴 저작물"이라 정의하게 되었다."로부터 비디오물에 대해서도 유체물에 고정되어 있는지를 따질 필요가 없게 되었음을 알 수 있다.

오답 해설 ① 제시문 두 번째 단락 "디지털 증거는 … 무형의 정보 자체가 핵심이다. … 그리하여 정보 그 자체를 압수해야 한다는 인식이 생겨났고, 마침내 출력이나 복사도 압수 방식으로 형사소송법에 규정되었다."로부터, 디지털 정보의 압수가 저장 장치를 압수하는 방식으로 이루어질 필요가 없게 되었음을 확인할 수 있다.

② 제시문 두 번째 단락 "문자 정보를 담고 있는 자기 디스크 등을 문서로 볼 수 있는지에 대한 논쟁이 일었다. … 특칙을 두어 정보 자체를 문서로서 증거조사할 수 있는 근거도 마련되었다."로부터, 전자적 형태의 문자 정보 자체만을 증거조사의 대상으로 삼을 수 있게 되었음을 확인할 수 있다.

③ 제시문 세 번째 단락 "필름·비디오물·게임물 외에 통신망 내의 음란 영상에 대하여도 '아동·청소년 이용 음란물'로 규제한다."로부터, 유체물과 무체물 모두 '아동·청소년 이용 음란물'이 될 수 있다는 점을 알 수 있다.

⑤ 제시문 세 번째 단락 "비디오물과 게임물의 개념도 변화를 겪어 왔다. 과거에 게임 관계 법령에서 비디오물은 "영상이 고정되어 있는 테이프나 디스크 등의 물체"로 정의되었고, 게임물은 이에 포함되었다. 이후에 … 게임물에 대한 독자적 정의를 마련할 때, 유체물에 고정되어 있는지를 따지지 않는 영상물로 규정하기 시작하였다."로부터, 규제의 중심이 매체에서 콘텐츠로 옮겨갔음을 확인할 수 있다.

02.

㉠의 대상으로 가장 적절한 것은?

① 장물을 팔아서 생긴 현금을 장물죄의 적용 대상으로 보지 않는다는 태도
② 장물의 개념을 범죄로 취득한 물건 그 자체로 한정하여서는 안 된다는 태도
③ 관리할 수 있는 전기도 현행 형법상 장물죄에서 규율하는 재물로 인정한다는 태도
④ 은행 계정에 기록된 자산 가치에 대해서 장물죄의 규정을 적용하지 않는다는 태도
⑤ 장물죄에서 형법 제346조의 준용이 없더라도 그 죄에서 규정하는 재물에는 동력이 포함된다는 태도

문항 성격	문항유형 : 정보의 추론과 해석
	내용영역 : 규범
평가 목표	이 문항은 제시문에서 '장물'에 대하여 설명하는 내용을 중심으로 판례의 태도와 그에 대한 비판의 맥락을 정확하게 추론하고 있는지 평가하는 문항이다.
문제 풀이	정답 : ④

제시문 네 번째 단락에서 '장물'에서 '−물'이 갖는 의미에 대하여 판례의 태도를 살펴보고 그에 대한 검토를 하고 있다. "물건이 아닌 재산상 가치인 것을 취득했다고 해도 그 역시 장물은 아니라고 보았는데, 이에 대해서는 비판이 있다. 오늘날 금융 거래 환경에서 금전이 이체된 예금계좌상의 가치가 유체물인 현금과 본질적으로 다르지 않다는 것이다."에서, 비판의 대상이 되는 부분과 그 근거로 제시된 내용을 바탕으로 하여, 각 선택지의 진위를 확인한다.

정답 해설	④ ㉠의 근거는 "오늘날 금융 거래 환경에서 금전이 이체된 예금계좌상의 가치가 유체물인 현금과 본질적으로 다르지 않다는 것"이므로, 은행 계정에 기록된 자산 가치, 즉 예금계좌상의 가치에 대하여 장물죄의 규정을 적용하지 않는 태도는 비판의 대상이라 할 수 있다.
오답 해설	① 장물을 팔아서 생긴 현금은 "재물을 팔아서 얻은 무언가"이므로, 이를 장물죄의 적용 대상으로 보지 않는 것은 "이미 동일성을 상실한 탓에 더 이상 장물이 아니라"고 보기 때문이다. 따라서 비판 대상인 판례의 태도가 아니다.
	② 장물의 개념을 범죄로 취득한 물건 그 자체로 한정하여서는 안 된다는 태도는 결국 물건이 아닌 예금계좌상의 가치와 물건인 현금을 구별하지 않으려는 ㉠과 같은 입장이다.

③ 관리할 수 있는 전기도 현행 형법상 장물죄에서 규율하는 재물로 인정하는 판례의 태도는 비판의 대상이 아니라, 오히려 비판 대상인 판례와 대비되고 있다.

⑤ 장물죄에서 형법 제346조의 준용이 없더라도 그 죄에서 규정하는 재물에는 동력이 포함된다는 것은 판례에서 ③의 근거로 제시된 것이므로, 이것 또한 비판의 대상이 아니다.

03.

윗글을 바탕으로 〈보기〉를 설명할 때, 가장 적절한 것은?

보기

　　형법 제129조 제1항은 "공무원 또는 중재인이 그 직무에 관하여 뇌물을 수수, 요구 또는 약속한 때에는 5년 이하의 징역 또는 10년 이하의 자격정지에 처한다."라고 규정한다. 이에 대한 근래의 판결에 "뇌물죄에서 뇌물(賂物)의 내용인 이익이라 함은 금전, 물품 기타의 재산적 이익뿐만 아니라 사람의 수요·욕망을 충족시키기에 족한 일체의 유형·무형의 이익을 포함하며, 제공된 것이 성적 욕구의 충족이라고 하여 달리 볼 것이 아니다."라는 판시가 있었다.

① '뇌물'에서의 '물'은 사전적 의미로나 축소된 개념으로 해석되는 분법 난위이다.

② '뇌물'과 '장물'에서의 '물'은 자립형태소와 결합하지 않았다는 점에서, '증거물'에서의 '물'과 차이가 있다.

③ '게임물'에서의 '물'은 물건에 한정되는 개념으로 변화함으로써 '뇌물'에서의 '물'보다 좁은 의미를 갖게 되었다.

④ '뇌물'로 보는 대상에는 재물뿐 아니라 광범위한 이익까지 인정되므로, '뇌물'에서의 '물'과 '장물'에서의 '물'은 동일한 의미를 가진다.

⑤ '압수물'의 개념 변화는 압수 방식을 새롭게 해석한 결과라는 점에서, '뇌물'에서 '물'의 의미 변화가 입법으로 규정한 결과라는 것과 차이가 있다.

문항 성격	문항유형 : 정보의 평가와 적용
	내용영역 : 규범
평가 목표	이 문항은 제시문에서 설명하는 형태소 '–물'을 이해하고 법조문에서의 의미를 정확
	하게 파악하였는지를 '뇌물'의 개념으로써 평가하는 문항이다.
문제 풀이	정답 : ②

제시문 첫 번째 단락에서 '–물'이라는 형태소에 대하여 설명한 뒤 이후부터는 법령에서 그것이 들어간 낱말들이 갖는 의미의 차이나 변화들을 사회적 맥락과 함께 다루고 있다. 문법적 의미와 법적 개념을 이해하고 이를 '뇌물'이라는 다른 개념에 적용함으로써 각 선택지의 진위를 확인한다.

정답 해설　② '뇌물'과 '장물'에서의 '뇌'와 '장'은 독자적으로 쓰일 수 없는 의존형태소이다. 반면에 '증거물'에서의 '증거'는 독자적으로 쓰일 수 있는 자립형태소이다. 따라서 '뇌물'과 '장물'에서의 '물'은 자립형태소와 결합하지 않았고, '증거물'에서의 '물'은 자립형태소와 결합한 것이다.

오답 해설　① 〈보기〉에 따르면 '뇌물'은 물건을 포함한 "재산적 이익뿐만 아니라 사람의 수요·욕망을 충족시키기에 족한 일체의 유형·무형의 이익을 포함하"기 때문에, '뇌물'에서의 '물'은 제시문 첫 번째 단락의 "물건이나 물질이라는 사전적 의미"보다 더 넓은 개념이라 할 수 있다.

③ 제시문 세 번째 단락에서 게임물이 유체물에 한정되는 개념이었다가 "유체물에 고정되어 있는지를 따지지 않는 영상물"로 변화하는 내용을 설명하고 있으므로, '게임물'에서 '물'의 개념이 물건에 한정되는 개념으로 변화하였다고 평가하는 것은 타당하지 않다.

④ 제시문 네 번째 단락 "장물의 개념을 재물, 곧 취득한 물건 그 자체로 본다."로부터, '장물'에서의 '물'은 재물 외에 광범위한 이익까지도 포함하는 '뇌물'에서의 '물'과 동일한 의미를 가진다고 할 수 없음을 알 수 있다.

⑤ 제시문 두 번째 단락 "출력이나 복사도 압수 방식으로 형사소송법에 규정되었다."로부터, '압수물'의 개념 변화가 압수 방식을 새롭게 해석한 결과가 아니라 입법으로 규정한 결과임을 알 수 있다. 반대로 '뇌물'에서 '물'의 의미 변화는 입법으로 규정한 결과가 아니라 판결에서 해석의 결과임을 〈보기〉로부터 알 수 있다.

고려 말에는 관료들이 동시에 여러 처를 두는 경우나 처와 첩의 구분이 모호한 경우가 많았다. 이 때문에 토지나 봉작(封爵) 등을 누가 받을 것인가를 두고 친족 사이에 소송이 빈번하였다. 이러한 분쟁을 해결하고 성리학적 가족 윤리를 확립하기 위해 조선 태종 때부터 본격적으로 중혼 규제 방침을 정하였다.

1413년(태종 13)에 사헌부에서는, "부부는 인륜의 근본이니 적처와 첩의 분수를 어지럽히면 안 됩니다. 전 왕조 말에 이러한 기강이 무너졌으니 이제라도 바로잡아야 합니다. 앞으로는 혼서(婚書)의 유무와 혼례식 여부로 처와 첩을 구분하고, 처와 첩의 지위를 바꾼 경우에는 처벌 후 원래대로 바꾸며, 처가 있는데도 다시 처를 취한 자는 처벌 후 후처를 이혼시키십시오. 만약 당사자가 이미 죽어 바꾸거나 이혼할 수 없는 경우에는 선처(先妻)를 적처로 삼아 봉작하고 토지를 지급해야 할 것입니다."라고 아뢰었다. 이것이 받아들여져 ㉠규제가 시작되었다.

그런데 다음 해인 1414년(태종 14)에 대사헌 유헌 등은 위 규제를 기본으로 다음과 같이 몇 가지 ㉡수정 보완 기준을 제시하였다. "세월이 많이 지나 증빙 자료가 많지 않습니다. 이제 은의(恩義)가 깊고 얕음과 동거 여부를 고려하여, 선처와는 은의가 약하고 후처와 종신토록 같이 살았다면, 후처라도 작첩(爵牒)과 수신전(守信田)을 주고 노비는 자식에게 균분(均分)하게 하십시오. 만약 처첩의 자식들 사이에 적통을 다투는 경우에는 신분, 혼서 및 혼례를 조사하여 판결하며, 처인지 첩인지에 따라 그 자식에게 노비를 차등 분급하게 하고, 세 명의 처를 둔 경우에는 선후를 논하지 말고, 그중 종신토록 같이 산 자에게 작첩과 수신전을 주되 노비는 세 처의 자식에게 균분하게 하십시오. 영락 11년(태종 13) 3월 11일 이후부터 처가 있는데 또 처를 얻은 자는 엄히 징계하여 후처와 이혼시키되, 그중 드러나지 않다가 아버지가 죽은 후 자손들이 적통을 다투면 선처를 적통으로 삼으십시오."

이상의 기준은 이후 「육전등록」에도 수록되어 실시되었다. 그런데 이제 자식이 아버지의 다른 처와 어떤 관계로 설정되어야 하는지에 논란이 발생하였다. 세종 때 이담 아들의 사례가 대표적이었다. 이담은 백 씨와 혼인한 상태에서 다시 이 씨에게 장가들었다. 이는 태종 13년 이전의 일이어서 처벌의 대상은 아니었으나, 1448년(세종 30) 이 씨가 사망하면서 새로운 문제가 발생하였다. 백 씨의 아들인 이효손이 이 씨를 위한 상복을 입지 않자, 이 씨의 아들인 이성손이 사헌부에 고발한 것이다. 이효손이 상복을 어떻게 입어야 하는지를 두고 다음과 같이 조정 관료들의 의견이 갈렸다.

ⓐ집현전에서 아뢰기를, "예에는 두 명의 처를 두지 않는 것이 정도(正道)이지만, 전 왕조 말에 여러 명의 처를 두는 것이 너무 일반적이었으므로 한시적으로 모두 적처로 인정하였습니다. 「육

전등록」에서 이미 여러 처를 인정하였으니 이효손은 이 씨를 위해서도 상복을 3년 입어야 합니다."라고 하였다.

ⓑ예조에서 아뢰기를, "「육전등록」에서 여러 처를 모두 인정하기는 하였으나 국가에서 주는 작첩과 수신전은 한 사람에게 그쳤습니다. 이는 국가가 정도를 지향하였음을 보여주는 것입니다. 백 씨는 선처이고 이담과 평생 동거하였으니 그 의리가 이 씨와 같지 않습니다. 이효손이 이 씨를 위해 친모와 똑같이 한다면 친모를 내치는 꼴이 될 것이므로 상복은 1년 입어야 합니다. 이렇게 한다고 해서 이 씨를 첩모로 대우하는 것에 이르지는 않을 것입니다."라고 하였다.

ⓒ이조판서 정인지는 아뢰기를, "예에는 두 명의 처를 두지 않는데, 「육전등록」에서 은의와 동거 여부를 고려함으로써 문란함을 방기하게 되었습니다. 이를 항구적인 법식으로는 삼을 수는 없으니, 두 아내의 아들들은 각각 자기 어머니에 대해서만 상복을 입게 해야 할 것입니다."라고 하였다.

ⓓ경창부윤 정척은 아뢰기를, "이 씨가 이효손에게 계모가 되는 것은 아니지만, 「육전등록」 상 선처·후처의 법에 의거해서 이를 계모에 견주어 상복을 3년 입고, 훗날 백 씨의 상에는 이성손이 3년을 입게 하는 것이 좋겠습니다."라고 하였다.

ⓔ어떤 이는 "이제라도 이 씨를 강등하여 첩모로 대우하여 첩모를 위한 상복을 입는 것이 마땅합니다."라고 하였다.

04.

윗글의 내용과 일치하는 것은?

① ㉠에서는 처와 첩을 구분할 때 생사 여부를 기준으로 하였다.
② ㉡에서는 처인지 첩인지에 따라 그 자식들에게 노비를 차등 분급하였다.
③ ㉠과 달리 ㉡에서는 처를 첩으로 바꾸거나 첩을 처로 바꾸면 처벌을 받았다.
④ ㉡과 달리 ㉠에서는 다치일 경우 모든 처와 이혼해야 하였다.
⑤ ㉠과 ㉡ 모두에서 영락 11년 3월 11일 이후부터 은의와 동거 여부를 중혼 허용의 기준으로 삼았다.

문항 성격 문항유형 : 정보의 확인과 재구성
         내용영역 : 인문

이 문항은 1413년(㉠)과 1414년(㉡)의 규제안의 내용을 이해하고 있는지 평가하는 문항이다.

정답 : ②

㉠이 있는 제시문 두 번째 단락에는 1413년 방안이 서술되어 있고, ㉡이 있는 세 번째 단락에는 1414년 방안이 서술되어 있다. 1414년 방안은 1413년 방안을 기본으로 하되 일부를 수정하고 부족한 내용을 보완한 것이다. ㉠과 ㉡에서 공통적으로 인정되고 있는 점과 차이점을 파악하였는지를 확인하는 문제이다.

정답 해설 ② 제시문 세 번째 단락에 "처인지 첩인지에 따라 그 자식에게 노비를 차등 분급하게"한다는 규정이 제시되어 있다.

오답 해설 ① 제시문 두 번째 단락에 "혼서의 유무와 혼례식 여부로 처와 첩을 구분"한다는 규정이 제시되어 있다.

③ 제시문 두 번째 단락 "처와 첩의 지위를 바꾼 경우에는 처벌"은 ㉠의 내용이기도 하다.

④ 제시문 두 번째 단락 "처가 있는데도 다시 처를 취한 자는 처벌 후 후처를 이혼시키십시오."로부터, 다처인 경우에는 모두와 이혼하는 것이 아니라 후처와 이혼해야 하는 것임을 알 수 있다. 이는 ㉡에서도 수정되지 않았다.

⑤ 제시문 세 번째 단락 "영락 11년 3월 11일 이후부터 처가 있는데 또 처를 얻은 자는 엄히 징계하여 후처와 이혼시키되"로부터, 영락 11년 3월 11일 이후로는 중혼이 아예 허용되지 않았음을 알 수 있다. ㉠과 ㉡ 어디에서도 영락 11년 3월 11일 이후 중혼을 허용한다는 내용이 없으며, 은의와 동서 여부는 ㉡에서 규제 전 중혼에 대하여 작첩과 수신전을 어느 처에게 줄 것인가를 정하는 기준으로 정해진 것이다.

05.

ⓐ~ⓔ에 대한 설명으로 적절하지 <u>않은</u> 것은?

① ⓐ의 논리에 따르면 이성손은 백 씨 사후에 백 씨를 위해 3년간 상복을 입어야 한다.

② ⓑ의 논리에 따르면 아버지의 적처라도 경우에 따라 어머니로서의 대우에 대한 판단이 달라야 한다.

③ ⓑ와 ⓒ 중 어느 쪽의 논리를 따르더라도 백 씨와 이 씨는 모두 적처로 인정된다.

④ ⓒ와 ⓓ 중 어느 쪽의 논리를 따르는지에 따라 이효손이 이 씨를 위해 상복을 입는 여부가 달라진다.

⑤ ⓓ와 ⓔ 중 어느 쪽의 논리에 따르더라도 이효손은 이 씨를 위해 상복을 입지 않아도 된다.

문항 성격	문항유형 : 정보의 추론과 해석
	내용영역 : 인문
평가 목표	이 문항은 ⓐ~ⓔ의 논리를 제대로 파악하여 각 입장에서 가능한 주장이나 전제를 올바르게 추론할 수 있는지를 평가하는 문항이다.
문제 풀이	정답 : ⑤

이담 아들의 사례는 태종 13년 이전의 중혼이었기 때문에 이담이 백 씨와 이 씨를 처로 두고 있다고 해서 처벌받거나 이혼해야 할 필요는 없었다. 그러나 각각의 아들들이 백 씨와 이 씨를 어머니로서 어떻게 대우해야 하는지에 대한 논쟁이 벌어진 것으로서, 약간씩 다른 다섯 가지 입장의 논리를 이해하고 이를 바탕으로 추론한다.

정답 해설 ⑤ ⓓ의 논리는 각 아들이 자신의 친모가 아닌 아버지의 다른 처를 계모로 설정하여 3년의 상복을 입으라는 것이다. 이럴 경우 이효손은 이 씨를 위해 3년의 상복을 입어야 한다. ⓔ는 이 씨를 첩모로 대우하라고 하므로 이효손은 첩모를 위한 상복을 입어야 한다. ⓓ와 ⓔ 어느 쪽 논리를 따르더라도 이효손은 이 씨를 위해 상복을 입어야 하고, 기간의 차이가 있을 뿐이다.

오답 해설 ① ⓐ는 「육전등록」에서 백 씨와 이 씨를 모두 적처로 인정한 이상 친모와 똑같은 상복을 입어야 한다는 입장이다. 따라서 백 씨의 아들인 이효손이 이 씨를 위해 3년간 상복을 입어야 할 뿐 아니라 이 씨의 아들인 이성손도 향후 백 씨의 상이 있을 때 백 씨를 위해 3년간 상복을 입어야 한다.

② ⓑ는 「육전등록」에서 백 씨와 이 씨를 모두 적처로 인정하였음은 인정하지만 "이효손이 이 씨를 위해 친모와 똑같이 한다면 친모를 내치는 꼴이 될 것이"라고 하여 상복의 기간을 1년으로 할 것을 주장하였다. 따라서 백 씨와 이 씨를 어머니로서는 각각 다르게 대해야 한다고 판단하였음을 알 수 있다.

③ 제시문 네 번째 단락 "이상의 기준은 이후 「육전등록」에도 수록되어 실시되었다. 그런데 이제 자식이 아버지의 다른 처와 어떤 관계로 설정되어야 하는지에 논란이 발생하였다."로부터, 적처 문제는 일단락되었음을 확인할 수 있다. ⓑ는 「육전등록」 규정의 문제점을 지적하기는 하지만 이를 수정해야 한다는 내용이 없으며

다만 친모 백 씨와 이 씨의 어머니로서의 대우만 달라야 한다는 내용이다. ⓒ 역시 「육전등록」 규정의 문제점을 지적하고 있지만 항구적인 법식으로 삼을 수는 없다고만 하고 있을 뿐 이 사안에 있어서 백 씨와 이 씨의 적처 여부를 바꾸어야 한다는 의견을 밝히고 있지는 않다. ⓒ의 논리는 이담과 이 씨는 이효손에게 아버지와 그의 적처의 관계로 인정되기는 하지만 그렇다고 해서 이 씨와 이효손이 어머니–자식 관계로 성립되는 것은 아니라는 것이다. 따라서 ⓑ와 ⓒ 두 논리 모두 백 씨와 이 씨를 적처로 인정한다는 점에서는 변화가 없다. ⓐ~ⓔ 중 「육전등록」의 기준에 의하여 적처로 인정된 이 씨를 적처로 인정할 수 없다는 의견은 ⓔ뿐이다.

④ ⓒ는 아들들이 각각 자기 어머니에 대해서만 상복을 입게 하라고 하였으므로 이 경우 이효손은 이 씨를 위해 상복을 입지 않아도 되며, ⓓ는 계모에 견주어 상복을 입게 하라고 하였으므로 이 경우 이효손은 이 씨를 위해 3년간 상복을 입어야 한다.

06.

윗글을 바탕으로 〈보기〉에 대해 추론할 때, 적절하지 <u>않은</u> 것은?

보기

1415년(태종 15) 박일룡은 자신의 어머니를 적처로 인정하고 자신을 적자로 인정해 달라며 소(訴)를 제기하였다. 그의 아버지 박길동은 이조판서를 지낸 인물로, 1390년(고려 공양왕 2) 상인(商人) 노덕만의 서녀(庶女)인 노 씨를 혼례 없이 들여 박일룡을 낳았다. 이후 박길동은 1395년(태조 4) 현감 김거정의 딸인 김 씨와 혼서를 교환하고 혼례를 거친 후 그 사이에 박이룡을 낳았다. 한편 김 씨와 혼인한 상태에서 1402년 대사헌 허생의 딸인 허 씨와 혼서를 교환하고 혼례를 거친 후 그 사이에 박삼룡을 낳았다. 김 씨는 친정인 창녕에 거주하였으며, 박길동은 허 씨와 한양에서 평생 동거하였다. 박이룡과 박삼룡 모두 어려서, 집안의 큰일은 첫아들인 박일룡이 실질적으로 도맡았다. 1413년 5월 박길동이 죽었는데, 이때에 이르러 박일룡이 소를 제기한 것이었다.

① 박길동 사망 직후에 소가 제기되어 그 해에 판결되었다면, 작첩과 수신전은 김 씨에게 주어졌을 것이다.

② 박길동이 소가 제기될 당시까지 생존해 있었다고 해도 중혼에 대해 처벌받지는 않았을 것이다.

③ 박일룡이 집안의 일을 주관하는 아들이라는 점은 판결에 영향을 주지 않았을 것이다.

④ 이 소송에서 작첩과 수신전은 은의나 동거 여부를 따져 허 씨에게 주어졌을 것이다.

⑤ 이 소송에서는 세 명의 처를 둔 경우의 규정을 적용하여 판결이 내려졌을 것이다.

문항 성격	문항유형 : 정보의 평가와 적용
	내용영역 : 인문
평가 목표	이 문항은 1413년 규제안과 1414년의 수정 보완 기준을 이해하여 구체적인 사례에 적용할 수 있는지를 평가하는 문항이다.
문제 풀이	정답 : ⑤

〈보기〉의 박길동이 아내를 둔 시점은 1390년, 1395년, 1402년이어서 모두 1413년 이전이다. 이중 노 씨는 상인의 서녀이므로 신분이 양반인 박길동보다 낮을 뿐만 아니라 혼례 없이 들였다고 하므로 첩에 해당함을 알 수 있다. 따라서 그 아들인 박일룡도 첩자에 해당한다. 그에 비해 김 씨와 허 씨는 각각 현감과 대사헌의 딸이어서 박길동과 신분이 동등하고 혼서 교환과 혼례를 거쳤기 때문에 처에 해당하며, 1414년 기준에 따라 둘 다 적처로 인정된다. 따라서 그 아들들인 박이룡과 박삼룡 모두 적자가 된다. 허씨는 가장 마지막에 혼인하였지만 박길동이 평생 동거하였으므로, 은의가 깊고 동거한 처가 된다. 박길동의 사망 시점은 1413년 5월이어서 1413년 규정이 적용될 수 있으나 소가 제기된 시점은 1415년이므로 1414년의 수정 보완 기준이 적용된다.

정답 해설	⑤ 〈보기〉는 1명의 첩(노 씨)과 2명의 처(김 씨와 허 씨)를 둔 규정을 적용해야 한다.
오답 해설	① 박길동 사망 직후라면 1413년 5월이며 그 해에 판결되었다면 1414년 수정 보완 기준이 나오기 전이다. 따라서 이는 1413년 규정에 따라 판결된다. 이 경우 제시문 두 번째 단락 "이미 죽어 바꾸거나 이혼할 수 없는 경우에는 선처를 적처로 삼아 봉작하고 토지를 지급해야 할 것입니다."가 적용되어, 선처인 김 씨가 작첩과 수신전을 받는다.
	② 박길동의 중혼은 1413년 이전 사례이므로 이에 대해서 처벌받지 않는다.
	③ 1413년의 규제안과 1414년의 수정 보완 기준 어느 것에서도 아들의 집안일 주관 여부는 판단의 기준이 되지 않는다.
	④ 소가 제기된 1415년은 1414년의 수정 보완 기준을 적용하여 판결을 하게 되므로, 후처라도 평생 동거한 허 씨가 작첩과 수신전을 받는다.

328

[07~09] 다음 글을 읽고 물음에 답하시오.

현대 생명과학의 핵심적인 키워드들 중 하나는 오믹스(omics)이다. 단일 유전자, 단일 단백질의 기능과 구조 분석에 집중하였던 과거의 생명과학과 달리, 오믹스는 거시적인 관점에서 한 개체, 혹은 하나의 세포가 가지고 있는 유전자 전체의 집합인 '유전체'를 연구하는 유전체학, RNA 전체 즉 '전사체'에 대한 연구인 전사체학, 단백질 전체의 집합인 '단백질체'를 연구하는 단백질체학 등의 연구를 통칭한다.

분자생물학 이론에 따르면 DNA가 가지고 있는 유전자 정보의 일부만이 전사 과정을 통해 RNA로 옮겨진다. 그리고 RNA 중의 일부만이 번역 과정을 통해 단백질로 만들어진다. 어떠한 생물 개체나 어떠한 세포와 같은 특정 생명 시스템의 유전체는 그 시스템이 수행 가능한 모든 기능에 대한 유전 정보를 총괄하여 가지고 있다. 한 인간이라는 시스템과 그 인간의 간(肝)세포라는 또 다른 시스템의 유전체는 동일한 정보를 가지고 있지만, 인간의 간세포와 생쥐의 간세포의 유전체는 각각 서로 다른 정보를 가지고 있다. 한편 전사체는 유전체 정보의 일부분 즉 유전체 정보들 중 현재 수행 중일 가능성이 큰 기능에 대한 정보를 가지고 있고, 단백질체는 전사체의 일부분 즉 실제로 수행 중인 기능에 대한 정보를 담고 있다. ㉠생명체에서 생화학 반응의 촉매 작용과 같은 필수적인 '일'을 직접 수행하는 물질은 단백질체를 이루는 단백질들이다.

인간에게는 2만 종 이상의 단백질이 있고, 인체의 세포들은 종류에 따라 전체 단백질 중 일부를 서로 다른 조합으로 가지고 있다. 즉 피부 세포, 신경 세포, 근육 세포 등에서 공통으로 발견되는 단백질도 있고, 한 종류의 세포에서만 발견되는 단백질도 있다. 세포는 외부의 자극이나 내재된 프로그램에 의해 한 종류에서 다른 종류의 세포로 변화하는 과정을 겪는데, 이러한 현상을 '분화'라고 한다. 분화를 통해 다른 세포로 변하게 되면 가지고 있는 단백질의 조합도 달라진다. 세포의 분화는 개체 발생 과정에서 주로 관찰되지만, 정상 세포가 암세포로 바뀌는 과정도 분화 과정이라 할 수 있다.

어떤 환자의 암세포와 정상 세포를 대상으로 단백질체학 응용 연구를 수행하는 경우를 생각해 보자. 암세포의 단백질체와 정상 세포의 단백질체를 서로 비교해 보면, 정상 세포에 비하여 암세포에서 양이 변화되어 있는 단백질을 발견할 수 있다. 과학자들은 이러한 단백질을 새로운 암 치료 표적 단백질 후보로 찾아내어 연구를 진행한다. ㉡암세포에서 정상 세포보다 양이 늘어나 있는 단백질은 발암 단백질의 후보가 될 수 있고, 암세포에서 정상 세포보다 양이 줄어든 단백질은 암 억제 단백질의 후보가 될 수 있다.

그렇다면 이렇게 찾아낸 단백질이 2만 종 이상의 단백질 중 어느 것인지 알아내는 과정은 어떻게 진행될까? 단백질은 20종류의 아미노산이 일렬로 연결된 형태를 가지며, 단백질 하나의 아미노산 개수는 평균 500개 정도이다. 서로 다른 단백질은 서로 다른 아미노산 서열을 가지기 때문에 특정 단백질의 아미노산 서열을 알면 그 단백질이 어떤 단백질인지 알아낼 수 있다.

단백질의 아미노산 서열을 알기 위한 실험 방법은 여러 가지가 있는데, 그중의 하나가 펩타이드의 분자량 분석이다. 미지의 단백질에 트립신을 가하여 평균 10개 정도의 아미노산으로 이루어진 조각인 펩타이드로 자른 후 분자량을 측정한다. 트립신은 특정 아미노산을 인지하여 자르므로 어떤 아미노산과 아미노산 사이가 잘릴 것인지 예측할 수 있다. 실제로 단백질체를 분석한 데이터는 펩타이드의 분자량 값과 펩타이드들 간의 상대적인 양을 숫자로 표현한 값으로 나타난다. 모든 인간 단백질의 아미노산 서열, 아미노산의 분자량이 이미 알려져 있으므로, 암세포 단백질체와 정상 세포 단백질체에 트립신을 가하여 얻은 ⓒ펩타이드의 분자량 분석을 통해 치료용 표적 후보 단백질을 알아낼 수 있다.

07.

윗글의 내용과 일치하는 것은?

① 신경 세포의 모든 RNA는 단백질로 번역된다.
② 인간 간세포의 유전체 정보는 인간 간세포의 단백질체 정보의 일부이다.
③ 인간 간세포의 단백질체 정보는 생쥐 간세포의 단백질체 정보와 동일하다.
④ 암세포는 피부나 근육의 세포와 달리 정상 세포에서 분화한 것이 아니다.
⑤ 암세포의 단백질체 정보는 정상 세포의 단백질체 정보와 동일하지 않다.

문항 성격 문항유형 : 정보의 확인과 재구성
　　　　　　内용영역 : 과학기술
평가 목표 이 문항은 제시문의 소재 중 하나인 단백질체와 유전체의 개념을 이해하고 있는지 평가하는 문항이다.
문제 풀이 정답 : ⑤

제시문 첫 번째 단락에서 오믹스에 대한 정의를 내린 후, 두 번째 단락에서 오믹스의 연구 대상인 유전체, 전사체와 단백질체 간의 상호 관계와 생체 내에서의 기능을 설명하고 있다. 세 번째, 네 번째 단락에서 세포의 분화 과정 중 일어나는 현상, 그리고 암세포화에 따른 단백질체의 변화를 기술하고 있으므로 이 단락들의 독해를 통해 각 선택지의 진위를 확인한다.

⑤ 제시문 세 번째 단락 "분화를 통해 다른 세포로 변하게 되면 가지고 있는 단백 질의 조합도 달라진다. … 정상 세포가 암세포로 바뀌는 과정도 분화 과정이라 할 수 있다."와 네 번째 단락 "암세포의 단백질체와 정상 세포의 단백질체를 서 로 비교해 보면, 정상 세포에 비하여 암세포에서 양이 변화되어 있는 단백질을 발견할 수 있다."로부터, 암세포의 단백질체 정보는 정상 세포의 단백질체 정보 와 동일하지 않다는 것을 알 수 있다.

① 제시문 두 번째 단락 "RNA 중의 일부만이 번역 과정을 통해 단백질로 만들어진 다."로부터, 신경 세포의 RNA 중 일부만 단백질로 번역된다는 것을 알 수 있다.

② 제시문 두 번째 단락 "전사체는 유전체 정보의 일부분 즉 유전체 정보들 중 현 재 수행 중일 가능성이 큰 기능에 대한 정보를 가지고 있고, 단백질체는 전사체 의 일부분 즉 실제로 수행 중인 기능에 대한 정보를 담고 있다."로부터, 단백질 체 정보가 유전체 정보의 일부임을 알 수 있다.

③ 단백질체 정보는 유전체 정보의 일부라는 것(② 참조)과 제시문 두 번째 단락 "인간의 간세포와 생쥐의 간세포의 유전체는 각각 서로 다른 정보를 가지고 있 다."로부터, 인간 간세포의 단백질체 정보와 생쥐 간세포의 단백질체 정보는 서 로 다르다는 사실을 추론할 수 있다.

④ 제시문 세 번째 단락 "정상 세포가 암세포로 바뀌는 과정도 분화 과정이라 할 수 있다."로부터, 암세포도 정상 세포에서 분화한 것임을 알 수 있다.

08.

윗글에서 추론한 내용으로 적절하지 <u>않은</u> 것은?

① 세포의 분화 과정 동안 세포의 유전체 정보는 변화하지 않는다.
② 어떤 단백질에 트립신을 첨가한 후에 생성되는 펩타이드들의 아미노산 서열은 동일 하다.
③ 인간의 신경 세포와 근육 세포의 기능이 서로 다른 이유는 단백질체 정보가 서로 다르 기 때문이다.
④ 어떤 단백질의 아미노산 서열을 알면 트립신 처리 후 그 단백질에서 생성될 펩타이드 들의 분자량을 예측할 수 있다.
⑤ 어떤 단백질에서 유래한 특정 펩타이드의 양이 정상 세포에서 보다 암세포에서 더 많 다면 그 단백질은 발암 단백질의 후보이다.

문항 성격	문항유형 : 정보의 추론과 해석
	내용영역 : 과학기술
평가 목표	이 문항은 유전체와 단백질체의 개념을 이해하는지 여부와 암 치료용 표적 단백질의 동정(同定, identification) 과정에 대하여 추론할 수 있는지를 평가하는 문항이다.
문제 풀이	정답 : ②

세포의 분화 과정 중 유전체 정보와 단백질체 정보의 변화에 대하여 정확히 이해하고 트립신 처리 후 생성되는 펩타이드의 분자량 분석을 통하여 미지의 단백질을 동정하는 방법을 이해하여, 이를 바탕으로 추론한다.

정답 해설 ② 제시문 다섯 번째 단락 "단백질은 20종류의 아미노산이 일렬로 연결된 형태를 가지며, 단백질 하나의 아미노산 개수는 평균 500개 정도이다."와 여섯 번째 단락 "미지의 단백질에 트립신을 가하여 평균 10개 정도의 아미노산으로 이루어진 조각인 펩타이드로 자른 후 분자량을 측정한다."로부터, 어떠한 단백질에 트립신을 첨가한 후에 생성되는 펩타이드들의 아미노산 서열이 동일하다고 추론하는 것은 적절하지 않음을 알 수 있다.

오답 해설 ① 제시문 두 번째 단락 "한 인간이라는 시스템과 그 인간의 간세포라는 또 다른 시스템의 유전체는 동일한 정보를 가지고 있지만,"으로부터, 세포의 분화 과정을 통해 다른 세포로 바뀌어도 유전체 정보는 변하지 않는다는 것을 추론할 수 있다.

③ 제시문 두 번째 단락 "전사체는 유전체 정보의 일부분 즉 유전체 정보들 중 현재 수행 중일 가능성이 큰 기능에 대한 정보를 가지고 있고, 단백질체는 전사체의 일부분 즉 실제로 수행 중인 기능에 대한 정보를 담고 있다."와 세 번째 단락 "피부 세포, 신경 세포, 근육 세포 등에서 … 한 종류의 세포에서만 발견되는 단백질도 있다."로부터, 피부 세포, 신경 세포, 근육 세포의 기능이 서로 다른 것은 서로 다른 단백질을 가지고 있기 때문이라는 사실을 추론할 수 있다.

④ 제시문 여섯 번째 단락 "트립신은 특정 아미노산을 인지하여 자르므로 어떤 아미노산과 아미노산 사이가 잘릴 것인지 예측할 수 있다."로부터, 단백질의 아미노산 서열을 알면 트립신 처리 후 생성되는 펩타이드들을 구성하는 아미노산들을 예측하는 것이 가능함을 알 수 있고, "아미노산의 분자량이 이미 알려져 있으므로,"로부터, 펩타이드를 구성하는 아미노산들을 알면 그 펩타이드의 분자량을 계산하는 것이 가능함을 알 수 있다. 따라서 어떤 단백질의 아미노산 서열에 관한 정보가 있으면 트립신 처리 후 생성되는 펩타이드들의 분자량을 예측하는 것이 가능함을 알 수 있다.

⑤ 제시문 여섯 번째 단락의 단백질 트립신 분해를 통해 펩타이드를 만드는 과정으로부터, 어떤 단백질에서 유래한 특정 펩타이드의 양이 많은 세포는 그 단백질의 양이 많은 세포라는 것을 추론할 수 있다. 이러한 추론과 제시문 네 번째 단락 "암세포에서 정상 세포보다 양이 늘어나 있는 단백질은 발암 단백질의 후보가 될 수 있고,"로부터, 어떤 단백질에서 유래한 특정 펩타이드의 양이 암세포에서 정상 세포보다 많다면 그 단백질은 발암 단백질의 후보가 될 것임을 알아낼 수 있다.

09.

㉠~㉢에 대한 〈보기〉의 설명 중 적절한 것만을 있는 대로 고른 것은?

보 기

ㄱ. 최초의 생명체가 DNA나 단백질을 가지고 있지 않고 RNA만 가지고 있었다면, ㉠의 설득력은 약화된다.

ㄴ. 양이 많아지면 덩어리를 이루어 오히려 기능이 비활성화되는 단백질이 있다면, ㉡의 설득력은 약화된다.

ㄷ. 트립신을 첨가한 서로 다른 단백질에서 같은 분자량을 지닌 펩타이드가 생성된다면, ㉢의 설득력은 강화된다.

① ㄱ   ② ㄷ   ③ ㄱ, ㄴ
④ ㄴ, ㄷ   ⑤ ㄱ, ㄴ, ㄷ

문항 성격	문항유형 : 정보의 평가와 적용
	내용영역 : 과학기술
평가 목표	이 문항은 생명체 내에서의 유전 정보의 흐름을 이해하는지, 단백질의 양과 기능의 상관관계를 본문으로부터 추론할 수 있는지, 그리고 미지의 단백질 동정을 위한 펩타이드 분자량 측정 과정의 원리를 이해하는지 평가하는 문항이다.
문제 풀이	정답 : ③

분자생물학의 핵심 원리를 이해하고, 트립신 처리 후 생성되는 펩타이드의 분자량 분석을 통하여 미지의 단백질을 동정하는 방법을 이해하여, 이를 새로운 상황에 응용한다.

ㄱ. 최초의 생명체가 RNA만 가지고 있었다면 그 생명체가 수행해야 할 생명 활동
   은 RNA에 의하여 이루어졌을 것이므로, 세포 내에서 직접 생명 활동을 수행하
   는 물질은 RNA나 DNA가 아니고 단백질이라는 ㉠의 설득력은 약화된다.

ㄴ. 양이 많아지면 비활성화되는 단백질이 있다면 특정 단백질의 양과 그 단백질의
   기능 사이의 연관성은 약해지므로, 그러한 연관성을 전제로 하는 ㉡의 설득력은
   약화된다.

ㄷ. 서로 다른 단백질 A와 B에서 같은 분자량을 지닌 펩타이드가 생성된다면 그 펩
   타이드가 단백질 A에서 만들어진 것인지 단백질 B에서 만들어진 것인지 알 수
   없으므로, 펩타이드 분자량 분석으로 치료용 표적 후보 단백질을 알아낼 수 있
   다는 ㉢의 설득력은 약화된다.

〈보기〉의 ㄱ과 ㄴ만이 적절한 설명이므로 ③이 정답이다.

[10~12] 다음 글을 읽고 물음에 답하시오.

채만식의 소설 「탁류」는 1935년에서 1937년에 이르는 2년간의 이야기로, 궁핍화가 극에 달해
연명에 관심을 가질 수밖에 없었던 조선인의 현실을 중요한 문제로 삼은 작품이다. 그런데 채만
식이 「탁류」에서 현실을 대하는 태도에는 식민지 근대화 과정에 대한 작가의 민감한 시선이 들어
있었다. 그는 전 지구적 자본주의 시스템과 토착적 시스템의 갈등에 의해서 만들어진, 게다가 식
민지적 상황 때문에 더욱더 굴곡진 수많은 우여곡절에 주목하였다. 채만식의 민감한 시선은 「탁
류」에서 집중적으로 그려진 '초봉'의 몰락 과정 에서도 구체적으로 드러난다. 그것은 인간과 사
물을 환금의 가능성으로만 파악하는 자본주의의 기제가 인간의 순수한 영혼을 잠식해 들어가고,
그러면서 그 이윤 추구의 원리를 확대 재생산하는 과정을 보여 준다.

소설의 앞부분에서 초봉은 경제적 어려움에 시달리는 가족을 위해서라면 자기희생을 마다하지
않는 순수한 영혼의 소유자로 등장한다. 태수는 그런 초봉에게 끊임없이 베풀면서 초봉을 그녀
의 ㉠고유한 영토로부터 끌어낸다. 그런 베풂을 순수 증여라고 해도 될까. 아니, 꽤나 검은 의도
를 숨기고 행한 증여이니 그것은 사악한 증여라고 해야 할 터이다. 하여간 태수는 끊임없이 증여
하고 선물하면서 초봉의 고유한 모럴, 그러니까 노동을 통해 조금씩 무언가를 축적해 가는 삶의
방식을 회의에 빠뜨린다. 그리고 그 증여 행위를 집요하게 반복함으로써 초봉의 호의적인 시선을
얻어낸다. 하지만 그 순간이란 ㉡하나의 변곡점과도 같은 것이었다. 그때부터 그는 초봉에게 증
여한 것의 대가로 무언가를 요구함으로써 초봉을 타락한 교환가치의 세계 속으로 끌어들인다.

초봉이 교환의 정치경제학에 익숙해질 무렵, 제호가 초봉에게 접근한다. 제호는 객관적인 지표를 가지고 초봉의 육체를 돈으로 측량하고 그와의 거래를 제안한다. 초봉 또한 제호가 자신의 상품성을 그만치 높게 봐 주자 이 거래를 흔쾌하게 받아들인다. 비록 그 교환이 서로 간의 의지가 관철된 것이었어도 이 거래 이후로 초봉은 상품으로 전락하게 된다. 그리고 그런 초봉에게 형보가 나타나 초봉과 송희 모녀의 호강을 구실로 가학성을 노골적으로 드러내면서 잉여의 성적 착취를 반복한다. 형보는 이 타락한 사회에 동화된 초봉이 어떠한 고통을 겪게 될지라도 이 세계 바깥으로 나갈 용기를 낼 수 없을 것이라고 확신하고 있었기에 초봉의 거부감을 아랑곳하지 않았다.

'초봉의 몰락'은 이렇듯 초봉이 교환의 정치경제학을 자기화함으로써 ⓒ영혼이 없는 자동인형으로 전락하는 것으로 귀결되었다. 그리고 그 과정에서 초봉은 아버지 정주사가 미두*로 일확천금을 꿈꾸듯 자신의 인격을 버리고 스스로를 상품으로 만들어 나갔다. 자신에 대한 착취에 강렬한 거부감을 가지기도 하였지만 결국에는 모든 것을 상품화하는, 특히 여성의 몸을 상품화하는 자본주의 기제의 ⓓ노회함과 집요함 앞에 굴복하고 말았다. 그렇다면 「탁류」에는 추악한 세상의 탁류에서 벗어날 가능성이 전혀 없는 것일까? 채만식은 「탁류」에서 그 특유의 냉정한 태도로 한편으로는 부정적인 삶의 양태들을 냉소하고 풍자하는가 하면, 다른 한편으로는 보다 의미 있는 삶의 형식 혹은 보다 나은 미래를 가능케 할 잠재적 가능성이나 가치들을 끈질기게 탐색해 내었다.

"위험이 있는 곳에 구원의 힘도 함께 자란다."라는 ⓔ횔덜린의 말을 좀 뒤집어 말하자면, 「탁류」가 세상을 위험이 가득한 곳으로 묘사할 수 있었던 것은 아마도 그 위험 속에 같이 자라는 구원의 힘을 어느 정도 감지했기 때문이리라. 그 구원의 가능성은 소설의 결말 부분에서 초봉이 형보를 죽였다는 점으로만 한정되지는 않는다. 「탁류」에는 개념의 위계를 갖춰 계기가 제시되는 것은 아니나 타락한 교환의 질서 바깥으로 나갈 수 있는 여러 계기들이 곳곳에 흩어져 있다. 딸 송희를 낳으면서 초봉이 어머니 마음을 갖게 되는 것도, 자유주의자이자 냉소주의자인 계봉이 일하는 만큼의 대가를 얻어야 한다는 철칙을 지니고 살아가는 것도, 승재가 남에게 그저 베풀려고 하는 것도 모두 그에 해당하는 것들이다. 이것들 중에서도 초봉과 승재의 삶에서 드러나는 증여의 삶은 「탁류」가 타락한 세계를 넘어설 수 있는 길로 제시하는 것이며, 이를 우리는 '증여의 윤리'라고 부를 수 있을 터이다.

*미두(米荳) : 미곡의 시세를 이용하여 약속으로만 거래하는 일종의 투기 행위

10.

윗글에 대한 설명으로 가장 적절한 것은?

① 시대의 특수성을 고려하여 삶의 양태에 대한 소설가의 비판적 인식을 추적한다.
② 인물의 내면 심리에 대한 세밀한 분석을 통해 소설가의 내면 심리를 천착한다.
③ 궁핍으로 인한 연명의 문제보다 윤리의 문제를 중시한 소설가의 인식을 비판한다.
④ 인간의 존재론적 모순에 대한 소설가의 염세적 시선에 주목하여 삶의 의미를 반추한다.
⑤ 현실을 대하는 소설가의 이중적 태도를 인물들이 표방하는 이념의 분석을 통해 통찰한다.

문항 성격	문항유형 : 주제, 구조, 관점 파악
	내용영역 : 인문
평가 목표	이 문항은 「탁류」에 나타나는 작가 채만식의 현실 인식에 대한 필자의 태도를 이해할 수 있는지를 평가하는 문항이다.
문제 풀이	정답 : ①

필자가 채만식의 현실 인식을 어떻게 해석하는가가 제시문의 중심 내용으로, 첫 번째 단락에 요약적으로 제시되고 두 번째 단락부터 구체적으로 전개된다.

정답 해설 ① 제시문 첫 번째 단락 "채만식이 「탁류」에서 현실을 대하는 태도에는 식민지 근대화 과정에 대한 작가의 민감한 시선이 들어 있었다. 그는 전 지구적 자본주의 시스템과 토착적 시스템의 갈등에 의해서 만들어진, 게다가 식민지적 상황 때문에 더욱더 굴곡진 수많은 우여곡절에 주목하였다."로부터, 필자가 「탁류」의 시대적 배경이 지닌 특수한 상황과 관련된 채만식의 시선을 중시하고 있음을 알 수 있다. 또 "인간과 사물을 환금의 가능성으로만 파악하는 자본주의의 기제가 인간의 순수한 영혼을 잠식해 들어가고, 그러면서 그 이윤 추구의 원리를 확대 재생산하는 과정을 보여 준다."로부터, 필자는 채만식이 당시의 삶의 양태들을 냉소하고 풍자한 것으로 파악하고 있음을 확인할 수 있다. 두 번째 단락부터 필자는 채만식의 "민감한 시선"의 대상이 된 시대적 특수성을 고려하여, 당시의 삶의 양태들에 대한 채만식의 냉소적·풍자적·비판적 인식을 구체적으로 분석하고 있다.

② 제시문에서 필자는 인물의 심리에 대한 세밀한 분석을 통해 인물의 심리를 언급
하고 있지는 않으며, 작가 채만식의 내면 심리를 파헤치고 있지도 않다.

③ 제시문에서 필자는 작가 채만식이 궁핍으로 인한 연명의 문제보다 윤리의 문제
를 중시한다고 여기지 않는다. 따라서 이에 대한 필자의 비판도 있을 수 없다.

④ 제시문에서 필자는 「탁류」를 채만식이 부정적 삶의 양태를 냉소하고 풍자한 작
품으로 여기지, 인간의 존재론적 모순을 염세적 시선에서 바라본 것으로 여기지
는 않는다.

⑤ 제시문에서 필자는 현실을 대하는 소설가의 이중적 태도를 인물들이 표방하는
이념에 대한 분석이 아니라 인물들이 보여 주는 삶의 양상들에 대한 분석을 통
해 통찰한다.

11.

'초봉'의 몰락 과정 과 관련하여 ㉠~㉤을 이해할 때, 적절하지 않은 것은?

① ㉠은 자본주의 기제로부터 영향을 받기 이전에 가족에 대한 증여자로서 '초봉'이 지녔
던 순수한 영혼을 환기한다.

② ㉡은 '초봉'이 노동에 의해 빈곤에서 벗어날 수 있다는 믿음을 되찾으면서 교환의 정치
경제학이라는 틀 속에 빠져들기 시작한다는 점을 알려준다.

③ ㉢은 '초봉'이 물신주의적 가치관을 수용하게 됨으로써 인간과 사물을 환금의 가능성
으로만 파악하게 되었음을 나타낸다.

④ ㉣은 '초봉'의 몰락 과정이 순진성의 세계를 끈덕지고도 교활하게 파괴하는 식민지 근
대화 과정과 상통함을 보여 준다.

⑤ ㉤은 구원의 힘이 역설적 방식으로 존재함을 강조하는 것으로, 왜곡된 자본주의 논리
를 벗어날 힘이 '초봉'의 몰락 과정에서 생성되어 가기도 함을 시사해 준다.

문항유형 : 정보의 추론과 해석
내용영역 : 인문
이 문항은 제시문에 드러난 필자의 관점이나 입장을 고려하여 제시문의 특정 어구들
이 가지는 의미를 파악할 수 있는지를 평가하는 문항이다.

정답 : ②

필자의 분석에 따르면, 소설의 앞부분에서 순수한 영혼의 소유자로 등장한 초봉은 점점 교환의 정치경제학에 익숙해지면서 타락한 교환가치의 세계로 들어가게 된다. 그러나 필자는 초봉이 이렇게 '몰락'해 가는 과정에서 역설적으로 구원의 가능성을 찾아내고 있다.

정답 해설 ② ㉡은 "노동을 통해 조금씩 무언가를 축적해 가는 삶의 방식"을 지닌 초봉이 태수에 의해 교환가치의 세계로 끌려들어 가게 되었음을 나타내는 것이다. 이 변화는 초봉이 노동에 의해 빈곤에서 벗어날 수 있다는 믿음을 상실해 가는 것을 의미한다.

오답 해설 ① ㉠은 초봉이 교환가치의 세계로 진입하기 이전의 상황을 나타내는 것이다. 이 상황에서 초봉은 가족에 대한 증여자이자 순수한 영혼의 소유자로 제시된다.

③ ㉢은 타락한 교환가치의 세계로 진입한 초봉이 인간과 사물을 오로지 환금의 가능성으로만 파악하게 되었음을 나타내는 것이다. '영혼이 없는 자동인형'은 더 이상 생각을 하지 않고, 자신의 몸을 화폐와 기계적으로 교환할 따름이다.

④ ㉣은 타락한 자본주의의 기제가 초봉이 지녔던 순진성의 세계를 파괴하는 양상을 나타내는 것이다. 「탁류」가 담아낸 우여곡절이 "전 지구적 자본주의 시스템과 토착적 시스템의 갈등에 의해서 만들어진, 게다가 식민지적 상황 때문에 더욱더 굴곡진" 것이라는 필자의 관점에서 보면, 초봉이 지녔던 이러한 순진성의 세계는 식민지 근대화 과정 이전 조선의 그것이기도 하다고 할 수 있다.

⑤ ㉤은 구원의 힘이 역설적 방식으로 존재함을 강조한 것이다. 필자는 이 '구원의 힘'이 존재하는 방식에 주목하여 「탁류」에 들어 있는 구원의 가능성을 포착해 낸다. 필자는 구원의 가능성, 즉 "타락한 교환의 질서 바깥으로 나갈 수 있는" 또는 "타락한 세계를 넘어설 수 있는" 가능성은 초봉의 몰락 과정에서 초봉이 어머니 마음을 갖게 되면서도 생성될 수 있음을 「탁류」가 제시한다고 이해한다.

12.

윗글을 바탕으로 〈보기〉를 감상할 때, 적절하지 <u>않은</u> 것은?

계봉이는 승재가 오늘도 아침에 밥을 못 하는 눈치를 알고 가서, 더구나 방세가 밀리기는커녕 이달 오월 치까지 지나간 사월달에 들여왔는데, 또 이렇게 돈을 내놓는 것인 줄 잘 알고 있다.

계봉이는 승재의 그렇듯 근경 있는 마음자리가 고맙고, 고마울 뿐 아니라 이상스럽게 기뻤다. 그러나 그러면서도 한편으로는 얼굴이 꼿꼿하게 들려지지 않을 것같이 무색하기도 했다.

"이게 어인 돈이고?"

계봉이는 돈을 받는 대신 뒷짐을 지고 서서 준절히 묻는다.

"그냥 거저……."

"그냥 거저라니? 방세가 이대지 많을 리는 없을 것이고……."

"방세구 무엇이구 거저, 옹색하신데 쓰시라구……."

계봉이는 인제 알았다는 듯이 고개를 두어 번 까댁까댁하더니,

"나는 이 돈 받을 수 없소."

하고는 입술을 꽉 다문다. 장난엣말로 듣기에는 음성이 너무 강경했다.

승재는 의아해서 계봉이의 얼굴을 짯짯이 건너다본다. 미상불, 여전한 장난꾸러기 얼굴 그대로는 그대로지만, 그러한 중에도 어디라 없이 기색이 달라진 게, 일종 오만한 빛이 드러났음을 볼 수가 있었다.

승재는 분명히 단정하기는 어려우나, 혹시 나의 뜻을 무슨 불순한 사심인 줄 오해나 받은 것이 아닌가 하는 생각도 들었다. 그렇게 생각하고 보니, 비록 마음이야 담담하지만 일이 좀 창피한 것도 같았다. (중략)

계봉이는 문제된 오 원짜리 지전을 내려다본다. 아무리 웃고 말았다고는 하지만 그대로 집어 들고 들어가기가 좀 안되었다. 그러나 그렇다고 종시 안 가지고 가기는 더 안되었다. 잠깐 망설이다가 할 수 없이 그는 돈을 집어 든다.

－채만식, 「탁류」－

① 초봉을 전락시킨 돈은 이윤 추구 원리의 작동을, 승재가 계봉에게 건네는 '돈'은 순수 증여를 표상하는 것으로 볼 수 있겠군.

② 제호는 속물주의적 논리를 통해 자신의 의지를 관철하고, 승재는 '마음'의 가치를 통하여 자신의 선의를 드러낸다고 볼 수 있겠군.

③ 형보는 돈의 위력을 믿고 초봉의 고통을 아랑곳하지 않고, 계봉은 자존심 때문에 '근경 있는 마음자리'에 대해 양가적인 태도를 보인다고 볼 수 있겠군.

④ 태수의 과잉 증여와는 달리, 승재의 증여는 대가를 바라는 '불순한 사심'을 지니지 않은 것이기에 타락한 교환 세계에서 벗어날 희망의 표지로 볼 수 있겠군.

⑤ 교환의 정치경제학을 무의식적으로 자기화한 초봉과는 달리, '입술'을 꽉 다무는 계봉의 모습은 '증여의 윤리'를 의식적으로 수용하려는 태도를 나타낸 것으로 볼 수 있겠군.

문항 성격	문항유형 : 정보의 평가와 적용
	내용영역 : 인문
평가 목표	이 문항은 제시문에서 초봉의 몰락 과정과 '증여의 윤리'를 대하는 필자의 관점을 적용하여 소설 「탁류」를 감상할 수 있는지를 평가하는 문항이다.
문제 풀이	정답 : ⑤

제시문 전반에서 초봉이 몰락하게 되는 과정을 알 수 있다. 그리고 두 번째 단락에서 태수가 교환의 정치경제학의 관점에서 어떠한 사람인지를 알 수 있으며, 세 번째 단락에서 제호와 형보가 교환의 정치경제학의 관점에서 어떠한 사람들인지를 알 수 있다. 그리고 마지막 단락 "계봉이 일하는 만큼의 대가를 얻어야 한다는 철칙을 지니고 살아가는 것도, 승재가 남에게 그저 베풀려고 하는 것도"로부터, 계봉과 승재가 어떤 사람인지, 그리고 승재의 증여가 어떤 성격의 것인지 알 수 있다.

정답 해설	⑤ 제시문 네 번째 단락 "교환의 정치경제학을 자기화(하는) … 과정에서 초봉은 … 자신의 인격을 버리고 스스로를 상품으로 만들어 나갔다."로부터, 초봉이 교환의 정치경제학을 자기화한 것은 의식적으로 이루어진 행위였다고 평가할 수 있다. 그리고 〈보기〉에서 계봉이 입술을 꽉 다무는 모습은 승재가 건네는 돈을 의식적으로 거부하는 태도를 드러내므로, 제시문의 '증여의 윤리'를 의식적으로 수용하는 것으로 보기 어렵다.
오답 해설	① 제시문에서 초봉을 전락시킨 돈은 타락한 자본주의의 기제를 표상하는 것이기에 이윤 추구 원리의 작동을 표상한다고 할 수 있다. 반면에 〈보기〉에서 승재가 계봉에게 건네는 돈은 제시문 마지막 단락 "승재가 남에게 그저 베풀려고 하는 것"에 따르면 순수 증여를 표상하는 것이라고 볼 수 있다.
	② 제시문 세 번째 단락에 보이는 제호가 초봉과 성(性)을 거래하는 과정은 속물주의적 논리를 통해 자신의 의지를 관철시키는 것이라고 할 수 있다. 반면에 〈보기〉에서 승재는 계봉의 가정 형편을 생각해서 조건 없는 돈을 계봉에게 건네므로, 마음의 가치를 통해 자신의 선의를 드러내는 것으로 이해할 수 있다.

③ 제시문 세 번째 단락에 따르면 형보는 초봉과 그 딸의 호강을 구실로 가학성을 노골적으로 드러내므로, 이는 형보가 돈의 위력을 믿고 초봉의 고통을 아랑곳하지 않는 것이라고 할 수 있다. 그리고 제시문 마지막 단락 "계봉이 일하는 만큼의 대가를 얻어야 한다는 철칙을 지니고 살아가는 것"에 따르면, 〈보기〉에서 계봉이 승재의 '근경 있는 마음자리'를 양가적으로 대하는 것은 노동의 가치를 중시하는 계봉의 자존심 때문이라고 할 수 있다.

④ 제시문 두 번째 단락에 따르면 초봉에 대한 태수의 과잉 증여는 초봉의 호의적인 시선을 얻어내어 결국에는 증여의 대가를 요구하기 위한 것으로, 순수한 것이 아니라 "꽤나 검은 의도를 숨기고 행한 증여"이다. 그러나 〈보기〉에서 계봉에게 돈을 건네는 승재의 증여는 제시문 마지막 단락 "승재가 남에게 그저 베풀려고 하는 것"에 따르면 불순한 사심을 지니지 않은, 달리 말해 마음의 가치를 중시하는 증여에 해당하는 것이다. 그러므로 이를 타락한 교환 세계에서 벗어날 희망의 표지로 이해할 수 있는 것이다.

[13~15] 다음 글을 읽고 물음에 답하시오.

'좋은 세금'의 기준과 관련하여 조세 이론은 공정성과 효율성을 거론하고 있다. 경제주체들이 경제적 능력 혹은 자신이 받는 편익에 따라 세금을 부담하는 경우 공정한 세금이라는 것이다. 또한 조세는 경제주체들의 의사 결정을 왜곡하여 조세 외에 추가로 부담해야 하는 각종 손실 또는 비용, 즉 초과 부담이라는 비효율을 초래할 수 있는데 이러한 왜곡을 최소화하는 세금이 효율적이라는 것이다.

19세기 말 ⊙헨리 조지가 제안했던 토지가치세는 이러한 기준에 잘 부합하는 세금으로 평가되고 있다. 그는 토지 소유자의 임대소득 중에 자신의 노력이나 기여와는 무관한 불로소득이 많다면, 토지가치세를 통해 이를 환수하는 것이 바람직하다고 주장했다. 토지에 대한 소유권은 사용권과 처분권 그리고 수익권으로 구성되는데, 사용권과 처분권은 개인의 자유로운 의사에 맡기고 수익권 중 토지 개량의 수익을 제외한 나머지는 정부가 환수하여 사회 전체를 위해 사용하자는 것이 토지가치세의 기본 취지이다. 조지는 토지가치세가 시행되면 다른 세금들을 없애도 될 정도로 충분한 세수를 올려줄 것이라고 기대했다. 토지가치세가 토지단일세라고도 지칭된 것은 이 때문이다. 그는 토지단일세가 다른 세금들을 대체하여 초과 부담을 제거함으로써 경제 활성화에 크게 기여할 것으로 보았다. 토지단일세는 토지를 제외한 나머지 경제 영역에서는 자유 시장을 옹호했던 조지의 신념에 잘 부합하는 발상이었다.

토지가치세는 불로소득에 대한 과세라는 점에서 공정성에 부합하는 세금이다. 조세 이론은 수요자와 공급자 중 탄력도가 낮은 쪽에서 많은 납세 부담을 지게 된다고 설명한다. 토지는 세금이 부과되지 않는 곳으로 옮길 수 없다는 점에서 비탄력적이며 따라서 납세 부담은 임차인에게 전가되지 않고 토지 소유자가 고스란히 떠안게 된다는 점에서 토지가치세는 공정한 세금이 된다. 한편 토지가치세는 초과 부담을 최소화한다는 점에서 효율적이기도 하다. 통상 어떤 재화나 생산요소에 대한 과세는 거래량 감소, 가격 상승과 함께 초과 부담을 유발한다. 예를 들어 자동차에 과세하면 자동차 거래가 감소하고 부동산에 과세하면 지역 개발과 건축업을 위축시켜, 초과 부담이 발생하게 된다. 그러나 토지가치세는 토지 공급을 줄이지 않아 초과 부담을 발생시키지 않는다. 토지가치세 도입에 따른 여타 세금의 축소가 초과 부담을 줄여 경제를 활성화한다는 G7 대상 연구에 따르면, 이러한 세제 개편으로 인한 초과 부담의 감소 정도가 GDP의 14~50%에 이른다.

하지만 토지가치세는 일부 국가를 제외하고는 현실화되지 못했는데, 여기에는 몇 가지 이유가 있다. 토지가치세는 이론적인 면에서 호소력이 있으나 현실에서는 복잡한 문제가 발생한다. 토지에 대한 세금이 가공되지 않은 자연 그대로의 토지에 대한 세금이어야 하나 이러한 토지는 현실적으로 찾기 어렵다. 토지 가치 상승분과 건물 가치 상승분의 구분이 쉽지 않다는 것도 어려움을 가중한다. 토지를 건물까지 포함하는 부동산으로 취급하여 그에 과세하는 국가에서는 부동산 거래에서 건물을 제외한 토지의 가격이 별도로 인지되는 것이 아니므로, 건물을 제외한 토지의 가치 평가가 어렵다. 조세 지향도 문제가 된다. 재산권 침해라는 비판이 거세지면 토지가치세를 도입하더라도 세율을 낮게 유지할 수밖에 없어, 충분한 세수가 확보되지 않을 수 있다. 토지가치세는 빈곤과 불평등 문제에 대한 조지의 이상을 실현하는 데에도 적절한 해법이 되지 못한다는 비판에 직면하고 있다. 백 년 전에는 부의 불평등이 토지에서 비롯되는 부분이 컸지만, 오늘날 전체 부에서 토지가 차지하는 비중이 19세기 말에 비해 크게 감소했다. 토지 소유의 집중도 또한 조지의 시대에 비해 낮다. 따라서 토지가치세의 소득 불평등 해소 능력에도 의문이 제기된다.

오늘날 토지가치세는 새롭게 주목받고 있는데, 이는 '외부 효과'와 관련이 깊다. 첨단산업 분야의 대기업들이 자리를 잡은 지역 주변에는 인구가 유입되고 일자리가 늘어난다. 하지만 임대료가 급등하고 혼잡도 또한 커진다. 이 과정에서 해당 지역의 부동산 소유자들은 막대한 이익을 사유화하는 반면, 임대료 상승이나 혼잡비용 같은 손실은 지역민 전체에게 전가된다. 이러한 상황에서 높은 세율의 토지가치세가 본격적으로 실행에 옮겨질 수 있다면 불로소득에 대한 과세를 통해 외부 효과로 인한 피해를 보상하는 방안이 될 수 있다.

13.

㉠에 대한 설명으로 가장 적절한 것은?

① 개량되지 않은 토지에서 나오는 임대료 수입은 불로소득으로 여겼다.
② 토지가치세로는 재정에 필요한 조세 수입을 확보할 수 없다고 보았다.
③ 토지의 처분권은 보장하되 사용권과 수익권에는 제약을 두자고 주장하였다.
④ 토지가치세는 경제적 효율성 제고를 통하여 공정성을 높이는 방안이라고 보았다.
⑤ 모든 경제 영역에서 시장 원리를 사회적 가치에 부합하게 규제해야 한다고 주장하였다.

<table>
<tr><td>문항 성격</td><td>문항유형 : 정보의 확인과 재구성
내용영역 : 사회</td></tr>
<tr><td>평가 목표</td><td>이 문항은 제시문에 나타난 헨리 조지의 주장을 정확하게 이해하고 있는지 평가하는 문항이다.</td></tr>
<tr><td>문제 풀이</td><td>정답 : ①</td></tr>
</table>

제시문 두 번째 단락에 헨리 조지가 제안한 토지가치세가 어떤 내용을 담고 있는가가 서술되어 있다.

정답 해설 ① 제시문 두 번째 단락 "그는 토지 소유자의 임대소득 중에 자신이 노력이나 기여 외는 무관한 불로소득이 많다면, 토지가치세를 통해 이를 환수하는 것이 바람직하다고 주장했다."와 "토지 개량의 수익을 제외한 나머지는 정부가 환수하 … 자는 것이 토지가치세의 기본 취지이다."로부터, 개량되지 않은 토지에서 나오는 수입은 환수해야 하는 불로소득이라는 것이 헨리 조지의 주장이었음을 확인할 수 있다.

오답 해설 ② 제시문 두 번째 단락 "조지는 토지가치세가 시행되면 다른 세금들을 없애도 될 정도로 충분한 세수를 올려줄 것이라고 기대했다."로부터, 토지가치세만으로도 재정에 필요한 조세 수입을 충분히 확보할 수 있다는 것이 헨리 조지의 생각이었음을 확인할 수 있다.

③ 제시문 두 번째 단락 "사용권과 처분권은 개인의 자유로운 의사에 맡기고 수익권 중 토지 개량의 수익을 제외한 나머지는 정부가 환수하 … 자는 것이 토지가치세의 기본 취지이다."로부터, 헨리 조지가 토지의 사용권에는 제약을 두지 말자고 주장하였음을 확인할 수 있다.

④ 제시문 두 번째 단락의 앞부분은 토지가치세의 공정성에 관한 설명이고, 뒷부분은 토지가치세의 효율성에 관한 설명이다. 공정성과 효율성이 병렬적으로 서술되고 있으므로, 효율성 제고가 공정성 제고의 수단이라는 것은 헨리 조지의 주장이 아니었음을 확인할 수 있다.

⑤ 제시문 두 번째 단락 "토지를 제외한 나머지 경제 영역에서는 자유 시장을 옹호했던 조지의 신념"으로부터, 헨리 조지는 대부분의 경제 영역에서 시장 원리를 그대로 적용해야 한다고 주장하였음을 확인할 수 있다.

14.

윗글에서 추론한 내용으로 적절하지 <u>않은</u> 것은?

① 정부가 높은 세율의 토지가치세를 도입한다면, 외부 효과로 발생한 이익의 사유화를 완화할 수 있을 것이다.

② 자동차세의 인상이 자동차 소비자들의 의사 결정에 영향을 미치지 않는다면, 자동차세는 세수 증대에 효과적일 것이다.

③ 토지가치세가 단일세가 되어 누진세인 근로소득세가 폐지된다면, 고임금 근로자가 저임금 근로자보다 더 많은 혜택을 얻게 될 것이다.

④ 조지의 이론을 계승하는 학자라면, 부가가치 생산에 기여한 부분에 대해서는 세금을 부과하지 않는 것이 바람직하다고 보았을 것이다.

⑤ 부동산에 대해 토지와 건물을 구분하여 과세할 수 있다면, 토지가치세의 도입으로 토지의 공급 감소와 가격 상승 문제가 해소되어 조세 저항이 줄어들 것이다.

문항 성격	문항유형 : 정보의 추론과 해석
	내용영역 : 사회
평가 목표	이 문항은 제시문의 내용을 바탕으로 적절하게 추론할 수 있는지 평가하는 문항이다.
문제 풀이	정답 : ⑤

국가적 규모의 간척 사업이나 영토 확장을 제외하면 토지 공급(임대)은 가격이나 세금에 대하여 비탄력적이다. 제시문 세 번째 단락의 과세로 인한 자동차 거래 감소나 건축업 위축은 초과 부담을 발생시키므로, 과세 때문에 의사 결정의 왜곡이 있었던 것이다.

⑤ 제시문 세 번째 단락 "토지는 세금이 부과되지 않는 곳으로 옮길 수 없다"에서 확인할 수 있듯이 토지 공급은 세금과 무관하게 고정되어 있으므로, 토지가치세 도입으로 토지 공급 감소 문제가 해소되지 않는다. 또 네 번째 단락에 토치가치세의 도입이 조세 저항을 초래한다고 서술되어 있다.

① 제시문 다섯 번째 단락 "높은 세율의 토지가치세가 … 불로소득에 대한 과세를 통해 외부 효과로 인한 피해를 보상하는 방안이 될 수 있다."로부터 높은 세율의 토지가치세 도입이 부동산 소유자들의 이익 사유화와 지역민 전체에의 손실 전가라는 문제에 대한 방안이 될 수 있음을 추론할 수 있다.

② 제시문 세 번째 단락 "자동차에 과세하면 자동차 거래가 감소하고"와 "토지가치세는 토지 공급을 줄이지 않아"로부터, 자동차세 인상이 자동차 소비자들의 의사 결정에 영향을 미치지 않는다면 자동차 거래가 줄어들지 않음을 추론할 수 있다. 세금이 인상되었는데 자동차 거래가 줄지 않으면 세수는 증대된다.

③ 제시문 네 번째 단락 "토지가치세는 빈곤과 불평등 문제에 대한 조지의 이상을 실현하는 데에도 적절한 해법이 되지 못한다는 비판에 직면하고 있다. … 오늘날 전체 부에서 토지가 차지하는 비중이 19세기 말에 비해 크게 감소했다."와 소득이 많을수록 세율이 높아지는 누진세의 특성으로부터, 토지단일세로 인한 누진적 근로소득세의 폐지로 고임금 근로자가 더 많은 혜택을 얻게 될 것임을 추론할 수 있다.

④ 제시문 두 번째 단락에 토지가치세는 불로소득에 대한 과세이고 토지 소유자의 노력이니 기여로 받은 수익은 과세 대상이 아니라고 하였으므로, 이 이론을 계승하는 학자는 (토지 개량의 수익과 마찬가지로) 부가가치 생산에의 기여로 얻은 소득에는 세금을 부과하지 않는 것이 바람직하다고 보았을 것이다.

15.

윗글을 바탕으로 〈보기〉의 사례를 평가할 때, 적절하지 <u>않은</u> 것은?

> **보기**
>
> • X국은 요트 구매자에게 높은 세금을 부과하는 사치세를 도입하여 부유층의 납세 부담을 늘리려고 하였다. 그러나 부자들은 요트 구매를 줄이고 지출의 대상을 바꾸었다. 반면 요트 생산 시설은 다른 시설로 바꾸기 어려웠고 요트 공장에서 일하던 근로자들은 대량 해고되었다. 아울러 X국은 근로소득세를 인상해서 부족한 세수를 보충하였다.
>
> • Y국은 국민의 건강 증진을 위해 담배 소비를 줄이려는 목표로 담배세를 인상하였다. 그러나 담배세 인상으로 인한 담배 가격 상승에도 불구하고 담배 소비는 거의 감소하지 않았다. 정부의 조세 수입은 크게 증가하였지만 소비자들의 불만이 고조되었다.

① 공급자에게 부과되는 토지가치세와 달리, X국의 '사치세' 및 Y국의 '담배세'는 소비자에게 부과되고 있군.

② 초과 부담을 발생시키는 X국의 '사치세'와는 달리, Y국의 '담배세' 및 토지가치세는 초과 부담을 거의 발생시키지 않는군.

③ 과세 대상자 이외의 타인에게 납세 부담이 추가되는 X국의 '사치세'와 달리, Y국의 '담배세'와 토지가치세에서는 납세 부담이 과세 대상자에게 집중되는군.

④ 탄력도가 낮은 쪽에서 납세 부담을 지게 만들 수 있는 토지가치세와 달리, X국의 '사치세' 및 Y국의 '담배세'는 탄력도가 높은 쪽에서 납세 부담을 지게 하는군.

⑤ 조세 개편의 정책 목표를 달성하지 못한 X국의 '사치세' 및 Y국의 '담배세'와 달리, 토지가치세는 도입할 때 거둘 수 있는 경제 활성화 효과가 최근 연구에서 확인되고 있군.

문항 성격	문항유형 : 정보의 평가와 적용
	내용영역 : 사회
평가 목표	이 문항은 제시문의 내용을 〈보기〉의 사례에 적용하고 토지가치세의 상황과 비교할 수 있는지 평가하는 문항이다.

조세 이론에 따르면, 정부의 과세로 경제주체들이 지게 되는 납세 부담은 공급자와 수요자 중 탄력도가 낮은 쪽에서 많이 지게 된다. 제시문 세 번째 단락에 설명된 것과 같이, 토지의 경우 공급의 탄력도가 수요의 탄력도보다 낮기 때문에, 토지 소유자는 임차인에게 납세 부담을 전가하지 못하고 소유자 자신이 지게 된다. 그러나 납세자가 공급자이고 공급의 탄력도가 수요의 탄력도보다 높은 경우 또는 납세자가 수요자이고 수요의 탄력도가 공급의 탄력도보다 높은 경우에는 납세자는 자신의 납세 부담을 다른 경제주체에게 전가할 수 있다.

정답 해설　④ 〈보기〉에서 사치세의 경우 탄력도가 높은 요트 구매자는 납세 부담을 지지 않으며, 담배세의 경우 탄력도가 낮은 담배 소비자가 납세 부담을 진다는 점을 확인할 수 있다.

오답 해설　① 제시문 두 번째 단락에서 토지가치세는 불로소득을 올리는 토지 소유자, 즉 토지 공급자에게 부과된다는 것을 확인할 수 있고, 〈보기〉에서 사치세와 담배세는 각각 요트 소비자와 담배 소비자에게 부과된다는 것을 확인할 수 있다.

② 제시문 첫 번째 단락에 초과 부담을 "경제주체들의 의사 결정을 왜곡하여 조세 외에 추가로 부담해야 하는 각종 손실 또는 비용"이라고 정의하였다. 제시문과 〈보기〉로부터 경제주체들의 의사 결정을 왜곡하는 세금은 사치세뿐임을 확인할 수 있고, 또 사치세가 요트 공장 근로자들에게 대량 해고라는 손실 또는 비용을 부담하게 하였음을 확인할 수 있다.

③ 제시문 세 번째 단락 "납세 부담은 임차인에게 전가되지 않고 토지 소유자가 고스란히 떠안게 된다"로부터, 토지가치세의 납세 부담이 과세 대상자에게 집중됨을 확인할 수 있고, 〈보기〉로부터 사치세로 인한 납세 부담은 사치세 과세 대상자가 아닌 일반 근로자에게 추가되었지만 담배세로 인한 납세 부담은 담배세 과세 대상자만 지게 되었음을 확인할 수 있다.

⑤ 제시문 세 번째 단락 "토지가치세 도입에 따른 여타 세금의 축소가 초과 부담을 줄여 경제를 활성화한다는 G7 대상 연구에 따르면, 이러한 세제 개편으로 인한 초과 부담의 감소 정도가 GDP의 14~50%에 이른다."로부터, 토지가치세 도입이 경제를 활성화한다는 연구를 확인할 수 있다. 또 〈보기〉로부터 사치세는 부유층의 납세 부담 증가라는 정책 목표를 달성하지 못하고 담배세는 담배 소비 감소라는 정책 목표를 달성하지 못하였음을 확인할 수 있다.

[16~18] 다음 글을 읽고 물음에 답하시오.

　　20세기 초 프랑스에서 발생한 드레퓌스 사건은 지식인이라는 집단을 조명하고, 억압적 권력에 저항하는 비판적 지식인이라는 이상을 부각하는 계기가 되었다. 신학을 중심으로 지식이 축적되고 수도원의 사제들이 권력을 행사하는 전문가 지식인으로 존재했던 중세에도 아벨라르와 같은 비판적 지식인이 존재했다. 계몽주의 시대에는 특정 분야를 깊이 파고들지 못하더라도 모든 분야를 두루 섭렵할 수 있는 능력을 지닌 사람을 지식인으로 정의하기도 했다. 한 예로 18세기의 백과전서파는 근대적 분류 체계로 지식을 생산해 개인이 시각 매체에 의존하여 지식을 소비하는 문자 문화시대의 지평을 열었다. 이런 과정에서 지식 권력은 지식의 표준 장악을 둘러싸고 중앙 집중화되었다.

　　드레퓌스 사건은 근대적 지식인상에 대한 논쟁을 불러일으켰다. ㉠만하임은 지식인 가운데도 출신, 직업, 재산, 정치적·사회적 지위 등에 차이가 있는 경우가 많기에 지식인을 단일 계급으로 간주할 수 없으며, 지식인은 보편성에 입각해 사회의 다양한 계급적 이해들을 역동적으로 종합하여 최선의 길을 모색해야 한다고 보았다. 반면 ㉡그람시는 계급으로부터 독립적인 지식인이란 신화에 불과하다고 지적하면서 계급의 이해에 유기적으로 결합하여 그것을 당파적으로 대변하는 유기적 지식인을 대안으로 제시하였다. 이때 소외 계급의 해방을 위한 과제는 역사적 보편성을 지니며, 지식인은 소외 계급에게 혁명적 자의식을 불어넣고 조직하는 역할을 자임한다. ㉢사르트르는 만하임과 그람시의 지식인 개념 사이에서 긴장을 유지했다. 부르주아 계급에 속한 지식인은 지배 계급이 요구하는 당파적 이해와 지식인이 추구해야 할 보편적 지식 간의 모순을 발견하고, 보편성에 입각하여 소외 계급의 해방을 추구해야 한다. 하지만 그 지식인은 결코 유기적 지식인이 될 수 없는 존재이다. 결국 소외 계급에서 출현한 전문가가 유기적 지식인이 되도록 계급의식을 일깨우는 계몽적 역할이 지식인에게 부여되는 것이다.

　　오늘날 인터넷의 발달로 가상공간이 열려 탈근대적 지식 문화 와 사회 공간이 창조되면서 지식의 개념도 변하고 있다. 또한 디지털화된 다양한 정보들이 연쇄적으로 재조합되면서 하이퍼텍스트 형태를 띠게 된다. 정해진 시작과 끝이 없고 미로나 뿌리줄기같이 얽혀 있어 독자의 입장에서 어떤 길을 선택하느냐에 따라 텍스트의 복수성이 무한해졌다. 그 결과 지식 생산자에 해당하는 저자의 권위는 사라지고 지식 권력은 탈중심화된다. 하이퍼텍스트와 새로운 독자의 탄생은 집단적이고 감정이입적인 구술 문화가 지녔던 특성들을 지식 문화에서 재활성화한다. 특히 가상공간에서 정보와 지식이 공유와 논박을 거쳐 소멸 또는 확산되는 과정은 새로운 지식을 생산해 내는 기제로서 집단 지성을 출현시킨다. 집단 지성은 엘리트 집단으로부터 지식 권력을 회수하고 새로운 민주주의의 가능성을 열어놓기도 한다. 그러나 이는 대중의 자율성에 기초한 참여와 협업을 전제할 때 가능하며, 참여와 협업이 결여될 때 순응주의가 등장하고 집단 지성은 군중심리로 전락할 수도 있다.

하이퍼텍스트 시대에 집단 지성이 출현함에 따라 기존의 지식인상은 재조명될 필요가 있다. 특히 프랑스 68혁명 이후 등장했던 이론가들을 소환할 만하다. 예를 들어 ⓓ푸코는 대중의 대변자로서의 지식인이 불필요한 시대에서도 여전히 대중의 지식 및 담론을 금지하고 봉쇄하는 권력 체계와 이 권력 체계의 대리인 역할을 자임하는 고전적 지식인의 존재에 주목했다. 푸코는 이들을 보편적 지식인으로 규정한 후 이를 대체할 새로운 지식인상으로 특수적 지식인을 제시했다. 그가 말하는 특수적 지식인은 거대한 세계관이 아니라 특정한 분야에서 전문인인 지식을 지니고 있는 존재이다. 그리고 자신의 분야에 해당하는 구체적인 사안에 정치적으로 개입하면서 일상적 공간에서 투쟁한다. 푸코에 따르면 진실한 담론은 지식과 미시권력 간의 관계에서 발견될 뿐이다.

한편 지식인상의 탈근대적 모색에 있어 근대론적 시각을 더하려는 시도도 있다. ⓔ부르디외에 따르면, 지식인은 사회 총자본의 관점에서 볼 때에는 지배 계급에 속하지만, 경제 자본보다 문화 자본의 비중이 더 큰 문화생산자적 속성을 지니며, 시장의 기제에 따라 부르주아지에 의해 지배받는다. 이런 점에서 볼 때 지식인은 피지배 분파에 속한다. 따라서 이 문화생산자들은 각자의 특수한 영역에 대한 상징적 권위를 가지고 지식인의 자율성을 위협하는 권력에 저항하며 사회 전체에 보편적인 가치를 전파해 나가는 투쟁을 전개할 때에만 비로소 지식인의 범주에 들 수 있다. 부르디외는 이 과정에서 역사적인 따라서 한시적인 보편을 개념화한다. 그리고 지식인은 정치활동을 통하여 권력이 보편적인 것처럼 제시하는 특수성들을 역사화하는 역할과, 보편적인 것, 예컨대 과학·철학·문학·법 등에 접근하는 조건들을 보편화하는 역할을 함께 수행한다.

16.

윗글의 내용과 일치하는 것은?

① 권력에 대한 비판적 지식인은 드레퓌스 사건과 함께 비로소 출현했다.

② 계몽주의 시대의 지식인은 특정 분야의 전문가라는 특권적 위상을 지녔다.

③ 근대의 지식인은 개개인의 차이에도 불구하고 보편성을 추구해야 하는 존재로 인식되었다.

④ 탈근대의 지식인은 자신의 전문 분야에서 제기되는 문제의 정치적 특성을 인정하지 않으려는 존재이다.

⑤ 탈근대의 대중은 자율적인 참여와 협업에 기초하여 권력에 대한 순응주의로부터 벗어났다.

문항 성격	문항유형 : 정보의 확인과 재구성
	내용영역 : 사회
평가 목표	이 문항은 지식인의 역할의 역사적 변천 과정에 대한 서술을 제대로 파악했는지 평가하는 문항이다.
문제 풀이	정답 : ③

제시문 첫 번째 단락에서 중세와 계몽주의 시대의 지식인의 정의를 서술하였고, 두 번째 단락에서는 근대 지식인의 개념과 역할을 만하임, 그람시, 사르트르의 이론을 통해 살펴보았으며, 세 번째 단락에서는 가상공간과 함께 나타난 지식의 개념의 변화 양상을 서술하였다. 네 번째 단락과 다섯 번째 단락에서는 탈근대 하이퍼텍스트의 등장과 함께 출현한 집단 지성 사회에서 지식인의 역할 변화를 푸코와 부르디외의 이론을 통해 살펴보았다.

정답 해설 ③ 제시문 두 번째 단락에 따르면, "지식인 가운데도 출신, 직업, 재산, 정치적·사회적 지위 등에 차이가 있는 경우가 많기에 지식인을 단일 계급으로 간주할 수 없"다는 만하임의 견해를 그람시나 사르트르도 옳은 것으로 전제하고서 논의를 전개하였다. 그리고 "만하임은 … 지식인은 보편성에 입각해 … 최선의 길을 모색해야 한다고 보았다."와 "그람시는 … 유기적 지식인을 대안으로 제시하였다. 이때 소외 계급의 해방을 위한 과제는 역사적 보편성을 지니며, 지식인은 소외 계급에게 혁명적 자의식을 불어넣고 조직하는 역할을 자임한다." 및 "사르트르는 만하임과 그람시의 지식인 개념 사이에서 긴장을 유지했다. 부르주아 계급에 속한 지식인은 … 보편성에 입각하여 소외 계급의 해방을 추구해야 한다. … 소외 계급에서 출현한 전문가가 유기적 지식인이 되도록 계급의식을 일깨우는 계몽적 역할이 지식인에게 부여되는 것이다."로부터, 세 사람 모두 지식인은 보편성에 입각하여 행동해야 한다고 주장하였음을 확인할 수 있다.

오답 해설 ① 제시문 첫 번째 단락 "수도원의 사제들이 권력을 행사하는 전문가 지식인으로 존재했던 중세에도 아벨라르와 같은 비판적 지식인이 존재했다."로부터, 드레퓌스 사건 이전에도 권력에 대한 비판적 지식인이 존재했음을 알 수 있다. 드레퓌스 사건은 비판적 지식인을 부각시키는 계기가 되었을 뿐이다.

② 제시문 첫 번째 단락 "계몽주의 시대에는 특정 분야를 깊이 파고들지 못하더라도 모든 분야를 두루 섭렵할 수 있는 능력을 지닌 사람을 지식인으로 정의하기도 했다."로부터, 계몽주의 시대 지식인은 특정 분야의 전문가가 아니었음을 알 수 있다.

④ 제시문 네 번째 단락에 따르면 푸코는 탈근대 지식인의 역할은 자신의 전문 분야에서 미시권력에 저항하는 것이라 하였고, 다섯 번째 단락에 따르면 부르디외

는 탈근대 지식인의 역할은 전문 분야에서 투쟁하며 보편적 가치를 전파하는 것이라고 하였다.

⑤ 제시문 세 번째 단락 "집단 지성은 엘리트 집단으로부터 지식 권력을 회수하고 새로운 민주주의의 가능성을 열어놓기도 한다. 그러나 이는 대중의 자율성에 기초한 참여와 협업을 전제할 때 가능하며, 참여와 협업이 결여될 때 순응주의가 등장하고 집단 지성은 군중심리로 전락할 수도 있다."로부터, 탈근대의 대중은 참여와 협업의 유무에 따라 권력에 대한 순응주의에서 벗어날 수도 있고 순응주의로 빠질 수도 있음을 알 수 있다.

17.

탈근대적 지식 문화에 관한 설명으로 가장 적절한 것은?

① 구술 문화적 특성을 공유하는 다양한 텍스트들이 형성되고 지식이 전파된다.
② 지식의 표준을 장악하려는 경쟁을 통해 중앙 집중적 지식 권력의 영향력이 커진다.
③ 사회적 지식의 형성에서 지식을 처음 생산한 자의 권위가 이전 시대보다 강화된다.
④ 문화생산자적 속성을 지닌 지식인의 사회적 지위가 부르주아 계급에서 피지배 계급으로 전락한다.
⑤ 집단 지성이 엘리트로부터 지식 권력을 회수하여 대중의 지식 및 담론을 규제하는 새로운 권력 체계를 형성한다.

문항 성격	문항유형 : 주제, 구조, 관점 파악
	내용영역 : 사회
평가 목표	이 문항은 제시문 세 번째 단락의 주제로서 네 번째, 다섯 번째 단락의 서술을 위한 전제가 되는 '탈근대적 지식 문화'를 정확히 이해하고 있는지 평가하는 문항이다.
문제 풀이	정답 : ①

가상공간의 등장과 함께 발달한 탈근대적 지식 문화는 하이퍼텍스트 형태를 띠고 집단적·감정이입적인 논쟁을 통해 복수의 텍스트가 지식으로 전파되며, 이 과정에서 저자의 권위는 사라지고 중앙 집중적 권력은 탈중심화된다. 아울러 집단 지성은 지식인으로부터 지식 권력을 회수하며, 새로운 민주주의의 가능성을 열어놓기도 한다. 그러나 여전히 대중적 지식 및 담론을 금지하고 봉쇄하는 권력 체계와 이의 대리인 역할을 자임하는 지식인이 존재하고 있다. 따라서 지식인의 역할은 자신의 전문 분야에서 이 권력 체계에 저항하는 일이다.

정답 해설 ① 제시문 세 번째 단락 "정해진 시작과 끝이 없고 미로나 뿌리줄기같이 얽혀 있
어 독자의 입장에서 어떤 길을 선택하느냐에 따라 텍스트의 복수성이 무한해졌
다. … 하이퍼텍스트 … 의 탄생은 집단적이고 감정이입적인 구술 문화가 지녔
던 특성들을 지식 문화에서 재활성화한다."로부터, 구술 문화적 특성이 무한히
다양한 텍스트에서 활성화되면서 지식이 전파됨을 알 수 있다.

오답 해설 ② 제시문 첫 번째 단락으로부터 "지식 권력은 지식의 표준 장악을 둘러싸고 중앙
집중화되었다."는 계몽주의 시대 이후 탈근대 이전의 현상이었음을 알 수 있다.
세 번째 단락 "독자의 입장에서 어떤 길을 선택하느냐에 따라 텍스트의 복수성
이 무한해졌다. 그 결과 지식 생산자에 해당하는 저자의 권위는 사라지고 지식
권력은 탈중심화된다."로부터, 탈근대적 지식 문화는 반대로 중앙 집중적 지식
권력의 영향력에서 벗어났음을 알 수 있다.

③ 제시문 세 번째 단락 "지식 생산자에 해당하는 저자의 권위는 사라지고 지식 권
력은 탈중심화된다."로부터, 지식을 처음 생산한 저자의 권위가 이전 시대보다
약해졌음을 알 수 있다.

④ 제시문 다섯 번째 단락 "지식인은 … 지배 계급에 속하지만, … 문화생산자적 속
성을 지니며, 시장의 기제에 따라 부르주아지에 의해 지배받는다. 이런 점에서
볼 때 지식인은 피지배 분파에 속한다."로부터, 지식인이 부르주아 계급에 속하
지는 않지만 피지배 계급이 아니라 지배 계급에 속함을 알 수 있다. 다만 그 안
에서 피지배 분파에 속할 뿐이다.

⑤ 제시문 세 번째 단락으로부터 "집단 지성은 엘리트 집단으로부터 지식 권력을
회수하"였음을 알 수 있으나, 이것이 대중의 담론 및 지식을 규제하는 새로운 권
력 체계의 등장으로 이어지는 것은 아님을 제시문 네 번째 단락 "푸코는 … 여
전히 대중의 지식 및 담론을 금지하고 봉쇄하는 권력 체계 … 의 존재에 주목했
다."로부터 확인할 수 있다.

18.

㉠~㉤에 대한 이해로 가장 적절한 것은?

① ㉠은 지식인이 전문 지식과 보편적 지식의 종합을 통해 동질적인 계급으로 형성될 수
있는 존재라고 여겼을 것이다.

② ㉡은 지식인이 계급적 이해관계와 이성적 사유 사이의 모순으로부터 출발하여 보편성

을 향해 부단히 나아가야 하는 불안정한 존재라고 여겼을 것이다.

③ ⓒ은 지식인이 서로 적대 관계에 있는 계급들 중 어느 쪽과 제휴해 있어도 개별 계급의 한계를 딛고 계급적 이해들을 종합할 수 있는 존재라고 여겼을 것이다.

④ ⓔ은 지식인이 자신의 특수 분야와 관계된 미시권력에 저항해 보편적 지식을 전파하는 운동을 전개해야 하는 존재라고 여겼을 것이다.

⑤ ⓜ은 지식인이 범주의 측면에서 보편적 지식인과 특수적 지식인으로 명확하게 구분할 수 없는 존재라고 여겼을 것이다.

문항 성격	문항유형 : 정보의 추론과 해석
	내용영역 : 사회
평가 목표	이 문항은 제시문에 소개된 이론가들의 지식인의 역할에 대한 서술을 정확하게 이해하고 이를 바탕으로 적절한 추론을 할 수 있는지 평가하는 문항이다.
문제 풀이	정답 : ⑤

근대 및 탈근대 지식인의 속성 및 역할에 대한 만하임, 그람시, 사르트르, 푸코, 부르디외의 이론을 이해하여 각 선택지의 추론의 적절성을 판단한다.

정답 해설 ⑤ 제시문 다섯 번째 단락 "부르디외에 따르면, 지식인은 … 문화생산자적 속성을 지니며, … 이 문화생산자들은 각사의 특수한 영역에 대한 상징적 권위를 가지고 지식인의 자율성을 위협하는 권력에 저항하며 사회 전체에 부편적인 가치를 전파해 나가는 투쟁을 전개할 때에만 비로소 지식인의 범주에 들 수 있다."로부터, 푸코가 말한 특수적 지식인과 보편적 지식인을 부르디외는 구분한 것이 아니라 결합하였다고 추론할 수 있다.

오답 해설 ① 제시문 두 번째 단락 "만하임은 지식인 가운데도 출신, 직업, 재산, 정치적·사회적 지위 등에 차이가 있는 경우가 많기에 지식인을 단일 계급으로 간주할 수 없으며, 지식인은 보편성에 입각해 사회의 다양한 계급적 이해들을 역동적으로 종합하여 최선의 길을 모색해야 한다고 보았다."로부터, 만하임은 지식인을 동질적인 계급으로 형성될 수 있는 존재로 보지 않았음을 추론할 수 있다.

② 제시문 두 번째 단락 "그람시는 계급으로부터 독립적인 지식인이란 신화에 불과하다고 지적하면서 계급의 이해에 유기적으로 결합하여 그것을 당파적으로 대변하는 유기적 지식인을 대안으로 제시하였다. 이때 소외 계급의 해방을 위한 과제는 역사적 보편성을 지니며, 지식인은 소외 계급에게 혁명적 자의식을 불어넣고 조직하는 역할을 자임한다."로부터, 그람시는 지식인을 자신의 부르주아

계급적 존재와 역사적 보편성 사이에서 모순을 느끼는 불안정한 존재로 보지 않
았다고 추론할 수 있다.

③ 제시문 두 번째 단락 "사르트르는 만하임과 그람시의 지식인 개념 사이에서 긴
장을 유지했다. 부르주아 계급에 속한 지식인은 지배 계급이 요구하는 당파적
이해와 지식인이 추구해야 할 보편적 지식 간의 모순을 발견하고, 보편성에 입
각하여 소외 계급의 해방을 추구해야 한다."로부터, 사르트르는 지식인이 소외
계급의 해방이라는 역사적 보편성을 부단히 실천하는 존재일 뿐 계급적 이해의
종합과는 무관한 존재인 것으로 보았다고 추론할 수 있다.

④ 제시문 네 번째 단락 "푸코는 이들을 보편적 지식인으로 규정한 후 이를 대체할
새로운 지식인상으로 특수적 지식인을 제시했다. 그가 말하는 특수적 지식인은
거대한 세계관이 아니라 특정한 분야에서 전문적인 지식을 지니고 있는 존재이
다. 그리고 자신의 분야에 해당하는 구체적인 사안에 정치적으로 개입하면서 일
상적 공간에서 투쟁한다."로부터, 푸코가 제시한 특수적 지식인은 보편적 지식
을 전파하는 역할을 하는 존재가 아님을 추론할 수 있다.

[19~21] 다음 글을 읽고 물음에 답하시오.

세상은 변화를 겪는다. 사람이 그렇게 여기는 이유는 시간이 흐른다고 생각하기 때문이다. 그
런데 4차원주의자는 시간이 흐르지 않는다고 주장한다. 시간이 흐르지 않는다면, 과거, 현재, 미
래는 똑같이 존재할 것이다. 이러한 견해를 가진 사람을 ㉠영원주의자라고 한다. 시간의 흐름 여
부에 대한 인식의 차이는 과거, 현재, 미래에 대한 개념 혹은 표상의 차이를 가져 온다. 영원주의
자들에게 매 순간은 시간의 퍼즐을 이루는 하나의 조각처럼 이미 주어져 있다. 영원주의자에게
시제는 특별한 의미를 가지지 않으며, 과거, 현재, 미래 사이에는 앞 또는 뒤라는 관계만이 존재
한다. 현재는 과거의 뒤이고 동시에 미래의 앞일 뿐이다. 영원주의 세계에서 한 사람은 각 시간
단계를 가지는데, 그 사람이 없던 수염을 기르면 이는 시간의 흐름에 따른 변화가 아니다. 외모의
차이는 단지 그 사람의 서로 다른 단계 사이의 차이일 뿐이다. 반면에 3차원주의자는 시간이 흐
른다는 견해를 내세운다. 시간이 흐른다면, 과거, 현재, 미래 시제는 모두 다른 의미나 표상을 지
닌다. 이러한 생각을 지니는 이들 중에 오직 현재만이 존재한다고 보는 사람이 바로 현재주의자
이다. 그들에게는 이미 지나간 과거와 아직 도래하지 않은 미래는 존재하지 않으므로, 지금 주어
진 현재만이 존재한다.

시간여행은 시간에 관한 견해가 첨예하게 대립하는 주제이다. 현재주의자에 따르면, 현재에서 과거, 미래의 특정 시점을 찾아가는 것은 영원주의자의 생각처럼 시간 퍼즐의 여러 조각 중 하나를 찾아가는 것이 아니다. ⓒ현재주의자 중에 다수는 시간여행이 불가능하다고 주장한다. 누군가가 시간여행을 하려면 과거나 미래로 이동할 수 있어야 하지만, 이미 흘러간 과거와 아직 오지 않은 미래는 실재하지 않는다. 이를 도착지 비존재의 문제라고 할 수 있다.

현재주의자 중에도 시간여행이 가능하다고 보는 사람이 있다. 과거로의 시간여행을 시작하는 현재 시점 T_n에서 과거의 특정 시점 T_{n-1}은 실재가 아니다. 그러나 시간여행자가 T_{n-1}에 도착할 때 그 시점은 그에게 현재가 되어 존재하지 않을까? 하지만 이는 과거를 마치 현재인 양 여기게 하는 속임수라고 보는 사람도 있다. 과거 시점 T_{n-1}에 도착한다면, 과거는 이제 현재가 된다. 그러나 시간여행의 가능성을 따질 때 우리가 관심을 가지는 현재는 애초에 출발하는 시점인 T_n이지 과거의 도착지인 T_{n-1}이 아니다. 만일 T_{n-1}이 현재가 된다는 것이 중요하다면, T_{n-1}에 도착한 사람에게 T_n은 이제 미래가 된다는 것 역시 중요하다. 그런데 현재주의자는 미래의 비존재를 주장하므로, T_{n-1}에 도착한 시간여행자는 존재하지 않는 미래에서 출발하여 현재에 도착한 셈이다. 이것이 바로 출발지 비존재의 문제이다. 결국 3차원주의 세계에서 시간여행이 가능하다는 점을 보여주려면 출발지 비존재의 문제를 해소해야 한다.

시간여행의 가능성을 믿는 3차원주의자는 '출발지 비존재'를 '출발지 미결정'으로 보게 되면 문제가 해소된다고 주장할 수 있다. 시간여행지가 과거 T_{n-1}에 도착하는 순간, 그는 실재하지 않는 미래로부터 현재로 이동한 것이 아니라 미결정된 미래로부터 현재로 이동한 것이 된다. 그렇다고 하더라도 출발지 비존재의 문제와 마찬가지로, 미래는 아직 존재하지 않기에 전혀 결정되지 않았으며 아직 결정되지 않은 것이 다른 어떤 것의 원인이 될 수 없으므로 시간여행은 여전히 불가능하다는 비판에 직면할 수 있다. 그러나 T_{n-1}에 도착하는 사건의 원인이 T_n에서의 출발이라는 점을 고려한다면, T_{n-1}에 도착하는 순간 미래 사건이 되는 시간여행은 도착 시점에서 이미 결정된 사건으로 여겨질 수 있다. 즉 미래는 계속 미결정된 것이 아니라, 시간여행 여부에 따라 미결정되었다고도 할 수 있고 결정되었다고도 할 수 있다. 이에 ⓒ조건부 결정론자는 출발지 미결정의 문제가 해소되어 시간여행에 걸림돌이 없다고 주장한다. 그러나 시간여행이 3차원주의와 양립할 수 없음을 고수하는 이들은 출발지 비존재의 문제를 출발지 미결정의 문제로 대체하여 이를 해소하는 전략을 받아들이지 않을 것이다.

19.

⊙~ⓒ에 관한 설명으로 가장 적절한 것은?

① ⊙과 ⓛ은 모두 미래가 이미 결정되어 있는 시간이라고 본다.
② ⊙과 ⓛ은 모두 시간여행에서 과거에 도착하는 순간 출발지는 더 이상 존재하지 않는다고 본다.
③ ⊙과 ⓒ은 모두 과거로 출발하는 시간여행이 가능하다고 본다.
④ ⓛ과 달리 ⓒ은 시제가 특별한 의미를 가지지 않는다고 본다.
⑤ ⓒ과 달리 ⓛ은 시간여행에 필요한 도착지가 존재한다고 본다.

문항 성격	문항유형 : 주제, 구조, 관점 파악
	내용영역 : 인문
평가 목표	이 문항은 제시문에 설명된 여러 견해와 주장을 정확하게 이해했는지 평가하는 문항이다.
문제 풀이	정답 : ③

대표적인 시간 이론, 즉 영원주의와 현재주의에 관한 설명이 제시문 첫 번째 단락에 나온 후, 다음 단락부터 시간 이론의 여러 측면이 시간여행, 특히 과거로의 시간여행의 논리적 가능성에 관해 적용된다. 이 과정에서 현재주의자(또는 3차원주의자)의 두 견해가 대립한다. 각 견해를 정확하게 이해한 후, 시간여행에서 발생하는 여러 논리적 문제와 해결책을 확인한다.

정답 해설 ③ 제시문 첫 번째 단락 "시간이 흐르지 않는다면, 과거, 현재, 미래는 똑같이 존재할 것이다. 이러한 견해를 가진 사람을 영원주의자라고 한다. … 영원주의자들에게 매 순간은 시간의 퍼즐을 이루는 하나의 조각처럼 이미 주어져 있다."와 두 번째 단락 "현재주의자에 따르면, 현재에서 과거, 미래의 특정 시점을 찾아가는 것은 영원주의자의 생각처럼 시간 퍼즐의 여러 조각 중 하나를 찾아가는 것이 아니다."로부터, ⊙은 ⓛ과 달리 시간여행의 가능성을 긍정한다는 것을 알 수 있다. 그리고 네 번째 단락 "이에 조건부 결정론자는 출발지 미결정의 문제가 해소되어 시간여행에 걸림돌이 없다고 주장한다."로부터, ⓒ은 시간여행이 가능하다고 본다는 것을 알 수 있다.

오답 해설 ① 제시문 네 번째 단락 "그렇다고 하더라도 출발지 비존재의 문제와 마찬가지로, 미래는 아직 존재하지 않기에 전혀 결정되지 않았으며 아직 결정되지 않은 것이 다른 어떤 것의 원인이 될 수 없으므로 시간여행은 여전히 불가능하다는 비판"과 "그러나 시간여행이 3차원주의와 양립할 수 없음을 고수하는 이들은 출발지 비존재의 문제를 출발지 미결정의 문제로 대체하여 이를 해소하는 전략을 받아들이지 않을 것이다."로부터, ⓒ은 미래가 아직 결정되어 있지 않다고 생각한다는 것을 확인할 수 있다. 반면에 ㉠은 제시문 첫 번째 단락 "영원주의자들에게 매 순간은 시간의 퍼즐을 이루는 하나의 조각처럼 이미 주어져 있다."로부터 알 수 있듯이 미래가 이미 결정되어 있다고 생각한다.

② 제시문 세 번째 단락 "현재주의자는 미래의 비존재를 주장하므로, Tₙ₋₁에 도착한 시간여행자는 존재하지 않는 미래에서 출발하여 현재에 도착한 셈이다. 이것이 바로 출발지 비존재의 문제이다."로부터, ⓒ은 시간여행자가 과거에 도착하는 순간 출발지(Tₙ)는 더 이상 존재하지 않는다고 본다는 것을 확인할 수 있다. 그러나 과거, 현재, 미래가 똑같이 존재한다고 생각하는 ㉠에게는 도착지 비존재나 출발지 비존재가 개념적으로 불가능하다.

④ 제시문 첫 번째 단락 "영원주의자에게 시제는 특별한 의미를 가지지 않으며,"와 "반면에 3차원주의자는 시간이 흐른다는 견해를 내세운다. 시간이 흐른다면, 과거, 현재, 미래 시제는 모두 다른 의미나 표상을 지닌다."로부터, ⓒ과 ⓒ 모두 시제가 특별한 의미를 가진다고 본다는 것을 확인할 수 있다.

⑤ 제시문 두 번째 단락 "현재주의자 중에 다수는 시간여행이 불가능하다고 주장한다. 누군가가 시간여행을 하려면 과거나 미래로 이동할 수 있어야 하지만, 이미 흘러간 과거와 아직 오지 않은 미래는 실재하지 않는다. 이를 도착지 비존재의 문제라고 할 수 있다."로부터, ⓒ은 시간여행에 필요한 도착지가 존재하지 않는다고 본다는 것을 확인할 수 있다.

20.

윗글에서 추론한 내용으로 적절하지 <u>않은</u> 것은?

① 3차원주의자 중에는 과거를 거슬러 올라갈 수 없는 시간으로 여기는 사람이 있을 것이다.

② 현재주의자는 누군가의 외모가 변한 것을 보면 이는 시간이 흘렀기 때문이라고 생각할 것이다.

③ 4차원주의자는 도래하지 않은 시간으로부터 이미 지나간 시간으로 시간의 흐름을 거슬러 올라갈 수 있다고 생각할 것이다.

④ 시간여행이 가능하다고 믿는 3차원주의자는 출발지 미결정의 문제가 해결되면 출발지

비존재의 문제가 해소된다고 생각할 것이다.

⑤ 시간여행의 가능성을 부인하는 3차원주의자는 우리가 미래에 도착하는 순간 도착지가 생겨난다는 주장에 대해, 그 경우에도 출발지 비존재의 문제가 남아 있다고 비판할 것이다.

문항 성격	문항유형 : 정보의 추론과 해석
	내용영역 : 인문
평가 목표	이 문항은 제시문에 설명된 여러 견해와 논증을 정확하게 이해한 후 이에 관해 논리적으로 추론할 수 있는지 평가하는 문항이다.
문제 풀이	정답 : ③

제시문에는 세상의 변화와 시간여행의 가능성에 관하여 세 가지 견해가 소개되어 있다. 시간이 흐르지 않는다고 생각하는 4차원주의자, 시간은 흐르는 것이기 때문에 시간여행이 불가능하다고 보는 3차원주의자 또는 시간은 흐르는 것이지만 그럼에도 시간여행은 가능하다고 믿는 3차원주의자의 입장에서 각 선택지의 추론의 적절성을 판단한다.

정답 해설	③ 제시문 첫 번째 단락 "그런데 4차원주의자는 시간이 흐르지 않는다고 주장한다. 시간이 흐르지 않는다면, 과거, 현재, 미래는 똑같이 존재할 것이다."로부터. 4차원주의자는 시간의 흐름을 부인한다는 것을 알 수 있다. 따라서 4차원주의자는 시간의 흐름을 거슬러 올라갈 수 있다는 생각을 할 수 없다.

오답 해설	① 제시문 첫 번째 단락 "3차원주의자는 시간이 흐른다는 견해를 내세운다. 시간이 흐른다면, 과거, 현재, 미래 시제는 모두 다른 의미나 표상을 지닌다. 이러한 생각을 지니는 이들 중에 오직 현재만이 존재한다고 보는 사람이 바로 현재주의자이다."와 두 번째 단락 "현재주의자 중에 다수는 시간여행이 불가능하다고 주장한다. 누군가가 시간여행을 하려면 과거나 미래로 이동할 수 있어야 하지만, 이미 흘러간 과거와 아직 오지 않은 미래는 실재하지 않는다."로부터, 3차원주의자 중에는 과거는 이미 흘러가서 존재하지 않기 때문에 거슬러 올라갈 수도 없다고 여기는 사람이 있다는 것을 추론할 수 있다.
	② 제시문 첫 번째 단락 "세상은 변화를 겪는다. 사람이 그렇게 여기는 이유는 시간이 흐른다고 생각하기 때문이다."와 "3차원주의자는 시간이 흐른다는 견해를 내세운다."로부터, 3차원주의자에 속하는 현재주의자는 사람의 외모 변화는 시간이 흘렀기 때문이라고 생각할 것으로 추론할 수 있다.
	④ 제시문 네 번째 단락 "시간여행의 가능성을 믿는 3차원주의자는 '출발지 비존재'

를 '출발지 미결정'으로 보게 되면 문제가 해소된다고 주장할 수 있다."와 "조건부 결정론자는 출발지 미결정의 문제가 해소되어 시간여행에 걸림돌이 없다고 주장한다. 그러나 시간여행이 3차원주의와 양립할 수 없음을 고수하는 이들은 출발지 비존재의 문제를 출발지 미결정의 문제로 대체하여 이를 해소하는 전략을 받아들이지 않을 것이다."로부터, 시간여행이 가능하다고 믿는 3차원주의자는 출발지 미결정의 문제가 해소되면 출발지 비존재의 문제도 해소된다고 생각할 것으로 추론할 수 있다.

⑤ 제시문 세 번째 단락 "그러나 시간여행자가 T_{n-1}에 도착할 때 그 시점은 그에게 현재가 되어 존재하지 않을까? 하지만 이는 과거를 마치 현재인 양 여기게 하는 속임수라고 보는 사람도 있다."와 "결국 3차원주의 세계에서 시간여행이 가능하다는 점을 보여주려면 출발지 비존재의 문제를 해소해야 한다."는 과거로 가는 것에 관한 설명이지만, 미래로 가는 것에도 똑같이 적용될 수 있다. 즉 시간여행이 불가능하다고 믿는 3차원주의자는 시간여행자가 미래의 특정 시점에 도착할 때 그 시점(=도착지)이 현재가 되어 존재한다는 주장은 속임수이기 때문에 여전히 출발지 비존재의 문제가 남아 있다고 비판할 것이다.

21.

윗글을 바탕으로 〈보기〉를 설명할 때, 적절하지 **않은** 것은?

> **보기**
>
> 밴드 결성 전, 존 레논은 자신이 유명한 가수가 될 것이라는 예언을 듣는다. 자신의 미래가 궁금해진 레논은 마침 타임머신 실험 소식을 듣고 10년 후의 미래로 가고자 자원하였다. 10년 후, 그의 밴드는 유명해지고 데뷔 이전 머리가 짧았던 그는 긴 머리를 가지게 된다. 만일 10년 후로의 시간여행이 가능하다면, 미래를 방문한 무명의 레논은 장발의 록 스타인 자신을 직접 보게 될 것이다. 그러나 이는 '동일한 것은 서로 구별될 수 없다.'라는 @원리에 위배된다. 즉 '동일한 사람이 무명이면서 동시에 스타이다.'라는 ⓑ논리적 모순이 발생하는 것이다. 이 문제가 해소되지 않으면 레논은 10년 후로 시간여행을 할 수 없다.

① 시간여행의 도착지가 존재하지 않는다는 논리에 따를 경우, @에 위배되는 사건은 아예 일어나지 않겠군.

② 레논의 서로 다른 단계 중에 현재 단계가 뒤의 단계를 방문할 수 있다고 가정하면, 영원주의자에게 ⓑ는 문제가 되지 않겠군.

③ 조건부 결정론자의 논리에 따를 경우, 레논이 미래에 도착하면 자신의 10년 후 모습을 직접 보기 이전이라도 도착 순간에 이미 출발지 비존재의 문제가 해소되겠군.

④ 미래에 도착하는 시점의 레논과 미래에 있던 레논이 동일한 외모를 가질 수 있다고 가정하면, 현재주의자는 ⓐ에 위배되는 일이 발생하지 않았다고 주장할 수 있겠군.

⑤ 두 사람이 만나는 시간은 제3의 관찰자가 볼 때는 동시인 것처럼 보이지만 각자의 시간 흐름에서는 동시가 아니라고 가정하면, 현재주의자 중에는 ⓑ가 해소될 수 있다고 보는 사람도 있겠군.

문항 성격 문항유형 : 정보의 평가와 적용
내용영역 : 인문

평가 목표 이 문항은 제시문에 설명된 여러 견해와 논증을 정확하게 이해한 후, 새로운 상황에 논리적으로 적용하여 발생하는 문제와 해결책을 평가할 수 있는지 평가하는 문항이다.

문제 풀이 정답 : ④

제시문의 각 견해는 과거로의 시간여행에서 발생하는 여러 논리적 문제에 대한 해결책을 내놓고 있다. 미래로의 시간여행에서 발생하는 〈보기〉의 문제에 이 해결책을 적용하면 어떠한 결론을 도출할 수 있을시 생각해 본다.

정답 해설 ④ 〈보기〉 "이는 '동일한 것은 서로 구별될 수 없다.'라는 원리에 위배된다. 즉 '동일한 사람이 무명이면서 동시에 스타이다.'라는 논리적 모순이 발생하는 것이다."로부터, 둘의 외모에 차이가 없다고 하더라도 논리적 모순의 구체적인 내용 즉 '무명이면서 동시에 스타임'이 그대로 남기 때문에 ⓐ에 위배되는 상황은 여전히 발생한다는 것을 알 수 있다.

오답 해설 ① 제시문 두 번째 단락 "누군가가 시간여행을 하려면 과거나 미래로 이동할 수 있어야 하지만, 이미 흘러간 과거와 아직 오지 않은 미래는 실재하지 않는다. 이를 도착지 비존재의 문제라고 할 수 있다."로부터, 도착지가 없으면 시간여행을 할 수 없다는 것을 알 수 있다. 〈보기〉에서 ⓐ에 위배되는 상황은 (10년 후로의) 시간여행이 가능하다는 것을 전제로 하고 있으므로, 도착지가 없어서 시간여행이 불가능하다면 ⓐ에 위배되는 사건도 발생할 수 없다.

② 제시문 첫 번째 단락 "영원주의 세계에서 한 사람은 각 시간 단계를 가지는데, 그 사람이 없던 수염을 기르면 이는 시간의 흐름에 따른 변화가 아니다. 외모의 차이는 단지 그 사람의 서로 다른 단계 사이의 차이일 뿐이다."로부터, 영원주의자에게는 레논의 현재 단계가 뒤의 단계를 방문할 수 있다는 가정이 가능함을 알 수 있다. 그렇게 가정할 경우 동일한 사람이 아닌 한 사람의 두 단계가 존재하는 것이므로 ⓑ가 해소된다.

③ 제시문 네 번째 단락 "시간여행의 가능성을 믿는 3차원주의자는 '출발지 비존재'를 '출발지 미결정'으로 보게 되면 문제가 해소된다고 주장할 수 있다."와 "조건부 결정론자는 출발지 미결정의 문제가 해소되어 시간여행에 걸림돌이 없다고 주장한다."로부터, 조건부 결정론자는 출발지 비존재의 문제가 해소될 수 있다는 논리를 제시한다는 점을 알 수 있다. 이 논리는 제시문의 과거로의 시간여행뿐만 아니라 〈보기〉의 미래로의 시간여행에도 동일한 구조로 적용될 수 있다.

⑤ 제시문 세 번째, 네 번째 단락의 현재주의자 중에 시간여행이 가능하다고 보는 사람이 있다는 내용으로부터, 현재주의자는 시간여행을 떠난 현재의 레논과 미래의 레논이 만나는 시간은 제3의 관찰자가 볼 때는 동시인 것처럼 보이지만 각자의 시간 흐름에서는 동시가 아니라고 가정할 수 있음을 알 수 있다. 현재주의자가 이러한 가정을 한다면, 〈보기〉의 "즉 '동일한 사람이 무명이면서 동시에 스타이다.'라는 논리적 모순이 발생하는 것이다."에서 '동시에'의 문제가 해소될 수 있다.

[22~24] 다음 글을 읽고 물음에 답하시오.

　우리 행위의 가치를 평가할 때 언제나 우선적이어서 여타의 모든 가치들의 조건을 이루는 선의지라는 개념이 있다. 이 선의지 개념을 발전시키기 위해, 먼저 도덕적 의무라는 개념에 대해 생각해 보자. '의무에 어긋나는' 것으로 인식된 모든 비도덕적인 행위에 대해서는 비록 그런 행위들이 이런저런 의도에는 유용하다고 할지라도 여기서는 고려하지 않겠다. 이런 행위는 의무와 충돌하므로, 과연 그 행위들이 '의무에서 비롯하는' 것일 수 있느냐는 물음이 이 행위 자체에서 아예 발생할 수 없기 때문이다. 의무에서 비롯하는 행위는 어떤 조건도 없이 오로지 당위(當爲)에 의거한 행위이다. 의무에 어긋나는 행위를 의무에서 비롯하는 행위와 구별하는 것은 쉽다. 이와 달리 '의무에 맞는' 행위를 의무에서 비롯하는 행위와 구별하는 것은 어렵다. 의무에 맞는 행위를 유발하는 동인은 다양해서, 어떤 것은 행위자의 이해관계에서 출발하기도 하고, 다른 어떤 것은 사랑이나 동정심 등의 감정에 의해 나타나기도 한다.

　예컨대 자신의 이득이 우선인 ⊙의사가 수입을 늘리기 위해 최선을 다해 진료한다면, 그의 행위는 의무에 맞는 일이다. 하지만 환자가 정당하게 대우받는 것처럼 보인다고 해서 이 행위가 의무에서 비롯하여 행해졌다고 말할 수는 없다. 한편 공감 능력이 뛰어나 이웃의 불행에 발 벗고 나서서 돕는 ⓒ사람이 있다. 그의 행위는 의무에 부합하며 매우 칭찬받을 만하지만 아무런 도덕적 가치를 갖지 못하며 단지 성격적 특성이 발현된 것일 뿐이다. 공감하는 행위가 의무에 맞고 칭찬과 격려를 받을 만하더라도 도덕적 존경의 대상은 아니다. 하지만 이 박애주의자가 뇌 손상으로 공감 능력을 상실하고도 다만 의무로 인식하여 타인을 돕는 경우라면, 그 행위는 비로소 진정한 도덕적 가치를 갖게 된다.

　의무에서 비롯하는 행위는 그 도덕적 가치를 행위에서 기대되는 결과에 의존하지 않으며 대신에 행위를 결정하는 동기인 의지에서 구한다. 결과는 다른 원인으로 성취될 수도 있으며, 이성적 존재자의 의지가 요구되지도 않는다. 반면에 무조건적인 최고선은 이성적 존재자의 의지에서 만날 수 있을 뿐이다. 이런 연유로 오직 법칙에 대한 표상, 즉 법칙 자체에 대한 생각만이 우리가 도덕적이라고 부르는 탁월한 선을 이룬다. 물론 기대된 결과가 아닌 법칙의 표상이 의지를 규정하는 근거가 되는 한, 이 표상은 이성적 존재자에게서만 발생한다. 이 탁월한 선은 이미 법칙에 따라 행동하는 인격 자체에 있으므로 우리는 결과에서 이 선을 기대해서는 안 된다. 이러한 탁월한 선에 따르면, ⓒ거짓 약속을 하는 사람의 주관적 원리는 모든 사람을 위한 보편적 법칙이 될 수 없다. 거짓 약속을 하는 행위를 보편적 법칙으로 삼고자 한다면, 그 어떤 약속도 있을 수 없는 모순이 발생한다. 즉 행위자의 주관적 원리는 보편적 법칙이 되자마자 자기 파괴를 겪게 된다.

　행위를 규정하는 의지를 단적으로 그리고 제한 없이 선하다고 할 수 있으려면 법칙을 표상할 때 이로부터 기대되는 결과를 고려하지 않고 표상하는 것이 의지를 규정해야만 한다. 어떤 법칙을 준수할 때 의지에서 일어날 수 있는 모든 충동을 의지에서 빼앗는다면, 이제 남아 있는 것이라곤 행위 일반의 보편적 합법칙성뿐이므로, 이것만을 의지를 일으키는 원리로 사용해야 한다. 다시 말해 나는 내 주관적 원리가 보편적 법칙이 되어야 한다고 바랄 수 있도록 오로지 그렇게만 행위를 해야 한다.

22.

윗글의 내용과 일치하는 것은?

① 결과가 이성적 존재자의 공감을 얻는다면 그 행위는 도덕적이다.
② 도덕적 가치 판단은 동기인 의지와 품성인 덕을 모두 고려해야 한다.
③ 어떤 행위가 만인의 보편적 이익을 지향한다면 그 행위는 도덕적이다.
④ 감정에서 우러나는 자발적 행위라야 진정한 도덕적 가치를 가진다.
⑤ 이타적인 동기에서 유발되는 행위 자체는 도덕적 존경의 대상이 될 수 없다.

문항 성격 문항유형 : 정보의 확인과 재구성
내용영역 : 규범

평가 목표 이 문항은 진정한 도덕적 가치를 지니는 행위가 어떤 것인가를 이해하고, 동기(의무에서 비롯하는)와 결과(의무에 맞는) 각각의 관점에서 동일한 행위가 다른 가치를 지닐 수 있다는 점을 대비적으로 파악할 수 있는지 평가하는 문항이다.

문제 풀이 정답 : ⑤

제시문 첫 번째 단락에서 '의무에 어긋나는' 행위, '의무에서 비롯하는' 행위, '의무에 맞는' 행위가 구별된다고 논한 후, 두 번째 단락에서 구체적 사례를 통하여 그러한 행위들이 정확히 어떻게 구별되는지 설명하고 있다. 세 번째, 네 번째 단락에서는 의무에서 비롯하는 행위의 도덕적 가치의 근거가 되는 선의지에 관하여 논한다.

정답 해설 ⑤ 제시문 두 번째 단락 "공감 능력이 뛰어나 이웃의 불행에 발 벗고 나서서 돕는 … 행위는 의무에 부합하며 매우 칭찬받을 만하지만 아무런 도덕적 가치를 갖지 못하며 … 도덕적 존경의 대상은 아니다."로부터, 이타적인 동기에서 유발되는 행위가 도덕적 존경의 대상이 될 수 없다는 것을 확인할 수 있다.

오답 해설 ① 제시문 두 번째 단락 "공감 능력이 뛰어나 이웃의 불행에 발 벗고 나서서 돕는 … 행위는 … 아무런 도덕적 가치를 갖지 못하며 … 공감하는 행위가 의무에 맞고 칭찬과 격려를 받을 만하더라도 도덕적 존경의 대상은 아니다."로부터, 이웃의 불행을 치유한다는 결과가 이성적 존재자인 행위자의 공감을 얻는 경우에도 그 행위가 도덕적인 것은 아닐 수 있음을 확인할 수 있다. 공감의 유무로 도덕적 행위 여부를 따질 수는 없다.

② 제시문 첫 번째, 두 번째 단락에 따르면 의무에서 비롯하는 행위만 도덕적 가치를 가진다. 그러므로 세 번째 단락 "의무에서 비롯하는 행위는 그 도덕적 가치를 행위에서 기대되는 결과에 의존하지 않으며 대신에 행위를 결정하는 동기인 의지에서 구한다."로부터, 도덕적 가치 판단에서 품성인 덕은 고려할 요소가 아님을 확인할 수 있다.

③ 제시문 첫 번째, 두 번째 단락에 따르면 의무에서 비롯하는 행위만 도덕적 가치를 가진다. 그러므로 세 번째 단락 "의무에서 비롯하는 행위는 그 도덕적 가치를 행위에서 기대되는 결과에 의존하지 않으며 대신에 행위를 결정하는 동기인 의지에서 구한다."로부터, '만인의 보편적 이익'이라는 결과가 행위에서 기대된다 할지라도 그것만으로 그 행위가 도덕적이라고 할 수는 없다는 것을 확인할 수 있다. 행위의 결과가 아니라 행위의 동기가 도덕적 가치 판단의 기준이다.

④ 제시문 두 번째 단락 "공감 능력이 뛰어나 이웃의 불행에 발 벗고 나서서 돕는 … 행위는 의무에 부합하며 매우 칭찬받을 만하지만 아무런 도덕적 가치를 갖지 못하며"로부터, 감정에서 우러나는 자발적 행위가 전혀 도덕적 가치를 갖지 못하는 경우가 있다는 것을 확인할 수 있다.

23.

윗글에 대한 이해로 적절하지 <u>않은</u> 것은?

① '의무에 맞는' 행위는 '의무에 어긋나는' 행위가 될 수도 있다.
② '의무에 맞는' 행위는 '의무에서 비롯하는' 행위가 아닐 수도 있다.
③ '의무에서 비롯하는' 행위는 '의무에 맞는' 행위가 될 수밖에 없다.
④ '의무에 어긋나는' 행위는 '의무에 맞는' 행위와 유발 동인이 동일할 수도 있다.
⑤ '의무에서 비롯하는' 행위는 '의무에 어긋나는' 행위와 달리 이성적 존재자의 선의지에 따른다.

문항 성격	문항유형 : 주제, 구조, 관점 파악
	내용영역 : 규범
평가 목표	이 문항은 '의무에 어긋나는' 행위, '의무에서 비롯하는' 행위, '의무에 맞는' 행위의 의미를 정확히 이해하고, 이 세 종류 행위의 관계를 정확하게 파악할 수 있는지 평가하는 문항이다.

'의무에 어긋나는' 행위는 '의무에서 비롯하는' 행위와 쉽게 구분되지만, '의무에 맞는' 행위는 '의무에서 비롯하는' 행위와 쉽게 구분되지 않는다. 왜냐하면 '의무에 맞는' 행위 중에는 '의무에서 비롯하는' 행위도 있지만 그렇지 않은 행위도 있기 때문이다. 이 세 종류 행위 사이의 관계를 정확히 파악하여 각 선택지의 진위를 확인한다.

정답 해설 ① 제시문 첫 번째 단락으로부터 의무에 어긋나는 행위는 의무에서 비롯하는 행위와 분명하게 구분되는 반면, 의무에 맞는 행위는 의무에서 비롯하는 행위와 구분하기가 어렵다는 것을 알 수 있다. 의무에 맞는 행위는 결과의 측면에서 도덕적인 행위처럼 보이기 때문이다. 그러나 의무에 맞는 행위와 의무에 어긋나는 행위는 결과의 측면에서 분명하게 구분되는 서로 다른 행위이다. 따라서 의무에 맞는 행위는 의무에 어긋나는 행위가 될 수 없다.

오답 해설 ② 제시문 두 번째 단락의 수입을 늘리기 위해 최선을 다해 환자를 진료하는 의사의 사례와 공감 능력이 뛰어나 타인을 돕는 사람의 사례는 의무에 맞는 행위가 의무에서 비롯하는 행위가 아닐 수도 있음을 보여 준다.

③ 제시문 네 번째 단락 "행위를 규정하는 의지를 단적으로 그리고 제한 없이 선하다고 할 수 있으려면 법칙을 표상할 때 이로부터 기대되는 결과를 고려하지 않고 표상하는 것이 의지를 규정해야만 한다."에 설명된 도덕적인 동기에 의해 유발된 행위는 도덕적인 행위이므로, 도덕적인 행위로 보일 수밖에 없다. 도덕적인 동기에 의해 유발된 행위는 '의무에서 비롯하는' 행위이고, 도덕적인 것으로 보이는 행위는 '의무에 맞는' 행위이다.

④ 제시문 두 번째 단락 사례의 의사가 수입의 증가라는 유발 동인에 의하여 행위를 할 때, 한편으로 환자의 진료에 최선을 다하는 '의무에 맞는' 행위를 할 수도 있지만, 다른 한편으로 환자를 수단시하는 '의무에 어긋나는' 행위를 할 수도 있다. 이처럼 의무에 맞는 행위와 의무에 어긋나는 행위의 유발 동인이 동일할 수도 있다.

⑤ 제시문 세 번째 단락 "의무에서 비롯하는 행위는 그 도덕적 가치를 … 행위를 결정하는 동기인 의지에서 구한다. … 무조건적인 최고선은 이성적 존재자의 의지에서 만날 수 있을 뿐이다."로부터, 의무에서 비롯하는 행위는 이성적 존재자의 선의지에 따른다는 것을 알 수 있다. 이와 달리 의무에 어긋나는 행위는 이러한 선의지와 전혀 상관이 없다.

24.

윗글의 입장에서 ㉠~㉢을 평가할 때, 가장 적절한 것은?

① ㉠이 자신의 평판을 위해서일지라도 모든 환자를 똑같이 대우한다면, 그의 행위는 탁월한 선이 발현된 것으로서 도덕적으로 정당하다.

② ㉡이 법칙에 대한 표상만으로 자신의 의지를 규정하여 이웃을 돕는다면, 그의 행위는 도덕적으로 정당하다.

③ ㉡이 보편적 합법칙성에 부합하도록 인격의 탁월성을 극대화할 수 있다면, 그의 행위는 도덕적으로 정당하다.

④ ㉢의 주관적 원리가 보편적 법칙과 최고선 사이의 모순을 극복할 수 있다면, 그의 행위는 도덕적으로 정당할 수 있다.

⑤ ㉢이 친구를 도우려는 선한 의도에서 자신의 이익에 대한 고려를 완전히 배제할 수 있다면, 그의 행위는 도덕적으로 정당할 수 있다.

문항 성격	문항유형 : 정보의 평가와 적용
	내용영역 : 규범
평가 목표	이 문항은 제시문에 대한 이해를 바탕으로 제시문에 등장하는 사례들을 적절하게 판단할 수 있는지 평가하는 문항이다.
문제 풀이	정답 : ②

제시문 각 단락의 내용을 정확하게 이해한 후, 이를 사례에 적용하여 판단할 수 있어야 한다. 이를 위해서는 도덕적 가치와 관련하여 제시문이 크게 두 가지 입장에서 논증을 펼치고 있다는 점을 먼저 정확히 이해해야 한다. 첫 번째 논증은 첫 번째 단락과 두 번째 단락에 해당하며, 진정한 도덕적 가치는 의무에서 비롯하는 행위에만 있고 의무에 맞는 행위들 중 어떤 것은 의무에서 비롯하는 행위가 아니라는 점에 집중하고 있다. 동기의 측면에 이해관계가 얽혀 있거나, 사랑이나 동정심과 같은 감정이 동기로 작용할 때 그것은 진정으로 도덕적 가치를 가지지 못한다는 것이다. 두 번째 논증은 세 번째 단락과 네 번째 단락에 해당하는데, 행위 주체의 주관적 원리가 예외 없이 보편화 가능해야 한다는 점에 집중하고 있다. 여기서 사례로 든 거짓 약속은 주관적 원리가 보편화될 때 주관적 원리 자신을 스스로 파괴하게 되므로 도덕적으로 정당화될 수 없음을 보여준다. 이 두 논증에 입각하여, 자기 이익을 추구하는 의사, 공감 능력이 뛰어난 사람, 거짓 약속을 하는 사람이 각기 어떤 조건에서 도덕적으로 정당한지를 평가한다.

> **정답 해설** ② 제시문 네 번째 단락 "행위를 규정하는 의지를 단적으로 그리고 제한 없이 선하다고 할 수 있으려면 법칙을 표상할 때 이로부터 기대되는 결과를 고려하지 않

고 표상하는 것이 의지를 규정해야만 한다."로부터, 박애주의자가 공감 능력이 뛰어나 이웃을 도우려고 하는 것은 도덕적으로 유의미한 조건이 아니며, 법칙에 대한 표상으로 자신의 의지를 규정하는지 여부만이 도덕적 평가의 기준이 된다는 것을 알 수 있다. 따라서 그가 법칙에 대한 표상만으로 자신의 의지를 규정하였다면, 그 의지에 따른 행위는 도덕적으로 정당하다.

오답 해설 ① 자신의 이익이 우선인 의사가 모든 환자를 똑같이 대우함에 있어서, 행위의 '동기'는 자기 이익이며 행위의 '결과'는 공평한 환자 치료이다. 제시문 네 번째 단락 "행위를 규정하는 의지를 단적으로 그리고 제한 없이 선하다고 할 수 있으려면 법칙을 표상할 때 이로부터 기대되는 결과를 고려하지 않고 표상하는 것이 의지를 규정해야 한다."로부터, 결과와 도덕은 전혀 상관없다는 것을 알 수 있으므로, 설사 결과가 도덕적인 것처럼 보인다 할지라도 이 행위는 도덕적으로 정당하다고 할 수 없다.

③ 제시문 네 번째 단락 "남아 있는 것이라곤 행위 일반의 보편적 합법칙성뿐이므로, 이것만을 의지를 일으키는 원리로 사용해야 한다. 다시 말해 나는 내 주관적 원리가 보편적 법칙이 되어야 한다고 바랄 수 있도록 오로지 그렇게만 행위를 해야 한다."로부터, 도덕적으로 정당한 행위는 보편적 합법칙성에 부합하는 행위가 아니라, 보편적 법칙이 될 수 있는 자신의 주관적 원리에 따르는 행위임을 알 수 있다. 또 제시문 세 번째 단락 "이 탁월한 선은 이미 법칙에 따라 행동하는 인격 자체에 있으므로 우리는 결과에서 이 선을 기대해서는 안 된다."에서의 인격은 법칙의 표상을 갖고 법칙에 따르는 인격을 의미하며, 극내화할 수 있는 탁월성과 관련된 것은 아니다.

④ 제시문 세 번째 단락 "거짓 약속을 하는 사람의 주관적 원리는 모든 사람을 위한 보편적 법칙이 될 수 없다. 거짓 약속을 하는 행위를 보편적 법칙으로 삼고자 한다면, 그 어떤 약속도 있을 수 없는 모순이 발생한다. 즉 행위자의 주관적 원리는 보편적 법칙이 되자마자 자기 파괴를 겪게 된다."로부터, 거짓 약속을 하는 자의 주관적 원리는 이것에 어떠한 조건이 추가된다 할지라도 결코 보편적 법칙이 될 수 없음을 알 수 있다. 그리고 제시문 네 번째 단락 "나는 내 주관적 원리가 보편적 법칙이 되어야 한다고 바랄 수 있도록 오로지 그렇게만 행위를 해야 한다."로부터, 자신의 주관적 원리가 보편적 법칙이 되어야 한다고 바라는 것이 불가능한 경우에는 그의 행위가 도덕적으로 정당화될 수 없음을 알 수 있다. 한편으로 보편적 법칙과 최고선은 동일한 것이기 때문에 이 사이의 모순이란 있을 수 없다. 따라서 거짓 약속을 하는 행위는 어떠한 경우에도 도덕적으로 정당할 수 없음을 알 수 있다.

⑤ 거짓 약속을 하는 자의 주관적 원리는 이것에 어떠한 조건이 추가된다 할지라도 결코 보편적 법칙이 될 수 없고, 그의 행위는 도덕적으로 정당화될 수 없다. 또한 친구를 도우려는 선한 의도에 따른 행위는 친구가 아닌 사람에게 불리하게 작용하는 결과를 발생시킬 수 있으므로, 결코 도덕적으로 정당한 것이 될 수 없다.

[25~27] 다음 글을 읽고 물음에 답하시오.

1965년 제미니 4호 우주선은 지구 주위를 도는 궤도에서 최초의 우주 랑데부를 시도했다. 궤도에 진입하여 중력만으로 운동 중이던 우주선은 같은 궤도상 전방에 있는 타이탄 로켓과 랑데부하기 위해 접근하고자 했다. 조종사는 속력을 높이기 위해 우주선을 목표물에 향하게 하고 후방 노즐을 통하여 일시적으로 연료를 분사하였다. 하지만 이 후방 분사를 반복할수록 목표물과의 거리는 점점 더 멀어졌고 연료만 소모하자 랑데부 시도를 포기했다.

연료를 분사하면 우주선은 분사 방향의 반대쪽으로 추진력을 받는다. 이는 뉴턴의 제3법칙인 '두 물체가 서로에게 작용하는 힘은 항상 크기가 같고, 방향은 반대이다.'로 설명할 수 있다. 질량이 큰 바위를 밀면, 내가 바위를 미는 힘이 작용이고, 바위가 나를 반대 방향으로 미는 힘이 반작용이다. 똑같은 크기의 힘을 주고받았는데 내 몸만 움직이는 이유는 뉴턴의 제2법칙인 '같은 크기의 힘을 물체에 가했을 때, 물체의 질량과 가속도는 반비례한다.'로 설명할 수 있다. 연료를 연소해 기체를 분사하는 힘은 작용이고, 그 반대 방향으로 우주선에 작용하는 추진력은 반작용이다. 우주선에 비해 연료 기체의 질량은 작더라도 연료 기체를 고속 분사하면 우주선은 충분한 가속도를 얻는다.

지구 궤도를 도는 우주선은 우주에 자유롭게 떠 있는 것 같지만, 기체 분사에 의한 힘 외에 중력이 작용하고 있어서 그 영향을 고려해야 한다. 우주선은 지구의 중력을 받으며 원 또는 타원 궤도를 빠르게 돈다. 이때 궤도를 한 바퀴 도는 데 걸리는 시간인 주기는 궤도의 지름이 클수록 더 길다. 우주선은 속력과 관련된 운동 에너지(K)와 중력에 관련된 중력 위치 에너지(U)를 가진다.

$$K = \frac{1}{2}mv^2, \ U = -\frac{GMm}{r}.$$

G : 만유인력 상수, M : 지구의 질량, m : 우주선의 질량,
r : 지구중심과 우주선의 거리, v : 우주선의 속력.

운동 에너지는 우주선 속력의 제곱에 비례한다. 우주선의 중력 위치 에너지는 우주선이 지구에서 무한대 거리에 있으면 0으로 정의되고, 지구에 가까워지면 그 값은 작아지므로 음수이다. 즉, 우주선이 지구에 가까울수록 중력 위치 에너지는 작아지고, 멀수록 중력 위치 에너지는 커진

다. 운동 에너지와 중력 위치 에너지의 합인 역학적 에너지(E)는 $E=K+U$로 표현된다. 지구의 중력만 작용할 때, 궤도 운동하는 우주선의 역학적 에너지는 크기가 일정하게 보존된다. 역학적 에너지가 보존될 때, 궤도 운동하는 우주선이 지구 중심에서 멀어지면 속력이 느려지고 가까워지면 속력이 빠르게 된다. 또한 원 궤도에서 작용하는 중력의 크기가 클수록 속력이 빨라진다. 우주선의 궤도는 연료 분사로 속력을 조절해 〈그림〉과 같이 바뀔 수 있다. 우주선이 운동하는 방향을 전방, 반대 방향을 후방이라 하자. 〈그림〉의 원 궤도에 있는 우주선이 궤도의 접선 방향으로 후방 분사하여 운동 에너지를 증가시키면, 그만큼 역학적 에너지도 증가하여 우주선은 기존의 원 궤도보다 지구로부터 더 멀리 도달할 수 있는 〈그림〉의 큰 타원 궤도로 진입한다. 하지만 전방 분사하면, 운동 에너지가 감소하고 〈그림〉의 작은 타원 궤도로 진입하여 우주선은 기존보다 지구에 더 가까워진다.

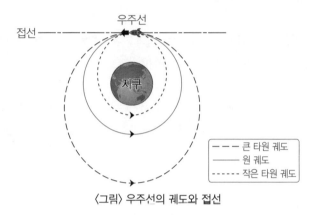

〈그림〉 우주선의 궤도와 접선

목표물과 우주선이 같은 원 궤도에서 같은 방향으로 운동할 때, 목표물이 전방에 있는 경우, 우주선이 후방 분사를 하면 궤도의 접선 방향으로 우주선의 속력이 빨라져서 큰 타원 궤도로 진입하게 된다. 따라서 분사가 끝나면, 속력이 주기적으로 변화하고 목표물과의 거리가 더 멀어진다. 반대로, 목표물이 후방에 있는 경우 전방 분사를 하면 〈그림〉의 작은 타원 궤도로 진입한 우주선의 속력은 원 궤도에서보다 더 느려진 진입 속력과 더 빨라진 최대 속력 사이에서 변화한다. 이때 목표물과의 거리는 더 멀어진다.

랑데부에 성공하려면 우주선을 우리의 직관과 반대로 조종해야 한다. 우주선과 목표물이 같은 원 궤도에서 같은 운동 방향일 때 목표물이 전방에 있다고 하자. 이때 우주선이 일시적으로 전방 분사하면 속력이 느려지고, 기존보다 더 작은 타원 궤도로 진입해서 목표물보다 더 빠른 속력으로 운동할 수 있다. 하지만 궤도가 달라서, 진입한 타원 궤도의 주기가 기존 원 궤도의 주기보다 더 짧다는 것을 이용하여 한 주기 혹은 여러 주기 후 같은 위치에서 만나도록 속력을 조절한다. 목표물보다 낮은 위치에서 충분히 가까워지면, 우주선이 접근하여 랑데부한다.

25.

윗글의 내용과 일치하지 <u>않는</u> 것은?

① 뉴턴의 제3법칙은 우주선 추진의 원리 중 하나이다.
② 원 궤도의 지름이 클수록 우주선의 속력이 더 빨라진다.
③ 타원 궤도 운동 중인 우주선은 역학적 에너지가 보존된다.
④ 우주선이 분사하는 연료 기체는 우주선보다 가속도가 크다.
⑤ 원 궤도에 있는 우주선이 속력을 늦추면 회전 주기가 짧아진다.

문항 성격	문항유형 : 정보의 확인과 재구성
	내용영역 : 과학기술
평가 목표	이 문항은 제시문에서 설명하는 물리학의 기본 법칙들과 랑데부를 위한 우주선의 움직임을 이해하고 있는지 평가하는 문항이다.
문제 풀이	정답 : ②

제시문 두 번째 단락에서 우주선이 추진력을 받는 원리를 뉴턴의 제3법칙과 제2법칙으로 설명하고, 네 번째 단락부터는 이 추진력을 이용하여 우주선이 궤도를 수정해 가면서 랑데부하는 방법을 설명한다.

정답 해설	② 제시문 네 번째 단락 "궤도 운동하는 우주선이 지구 중심에서 멀어지면 속력이 느려지고 가까워지면 속력이 빠르게 된다."로부터, 원 궤도의 지름이 클수록 우주선이 지구 중심에서 멀어지므로 속력이 느려진다는 것을 알 수 있다.
오답 해설	① 제시문 두 번째 단락 "연료를 분사하면 우주선은 분사 방향의 반대쪽으로 추진력을 받는다. 이는 뉴턴의 제3법칙인 '두 물체가 서로에게 작용하는 힘은 항상 크기가 같고, 방향은 반대이다.'로 설명할 수 있다."로부터, 뉴턴의 제3법칙이 우주선이 추진력을 받는 것에 관한 주된 원리임을 알 수 있다.
	③ 제시문 네 번째 단락 "지구의 중력만 작용할 때, 궤도 운동하는 우주선의 역학적 에너지는 크기가 일정하게 보존된다."로부터, 지구의 중력을 받으며 타원 궤도를 돌고 있는 우주선의 역학적 에너지가 보존된다는 것을 알 수 있다.
	④ 제시문 두 번째 단락 "뉴턴의 제2법칙인 '같은 크기의 힘을 물체에 가했을 때, 물체의 질량과 가속도는 반비례한다.' … 우주선에 비해 연료 기체의 질량은 작더라도"로부터, 우주선에 비해 연료 기체의 가속도가 크다는 것을 알 수 있다.

⑤ 제시문 여섯 번째 단락 "우주선이 일시적으로 전방 분사하면 속력이 느려지고, 기존보다 더 작은 타원 궤도로 진입해서 … 진입한 타원 궤도의 주기가 기존 원 궤도의 주기보다 더 짧다"로부터, 원 궤도의 우주선이 속력을 늦추면 더 작은 타원 궤도로 진입하여 회전 주기가 짧아진다는 것을 알 수 있다. 참고로 진입한 타원 궤도의 주기가 기존 원 궤도의 주기보다 짧은 이유는 세 번째 단락 "궤도를 한 바퀴 도는 데 걸리는 시간인 주기는 궤도의 지름이 클수록 더 길다."로부터 알 수 있다.

26.
윗글을 바탕으로 추론할 때, 〈보기〉에서 적절한 것만을 있는 대로 고른 것은?

> **보 기**
>
> ㄱ. 제미니 4호가 원 궤도상에서 후방 분사를 한 경우라면, 후방 분사 이후의 궤도는 지구로부터 더 멀어질 수 있다.
> ㄴ. 타원 궤도에 있는 우주선의 운동 에너지 크기와 중력 위치 에너지 크기는 일정하게 유지된다.
> ㄷ. 원 궤도에 있는 우주선이 궤도의 접선 방향 분사로 역학적 에너지를 증가시키면, 진입한 궤도에서 우주선의 최대 중력 위치 에너지는 커진다.

① ㄱ   ② ㄴ   ③ ㄱ, ㄷ
④ ㄴ, ㄷ   ⑤ ㄱ, ㄴ, ㄷ

문항 성격	문항유형 : 정보의 추론과 해석
	내용영역 : 과학기술
평가 목표	이 문항은 제시문에 주어진 정보를 통해 우주선의 움직임과 에너지 변화를 추정할 수 있는지 평가하는 문항이다.
문제 풀이	정답 : ③

제시문의 정보를 조합하여 우주선의 분사 이후 움직임을 예상하고, 이를 에너지의 관점에서도 파악해 본다.

〈보기〉 해설   ㄱ. 제시문 네 번째 단락 "〈그림〉의 원 궤도에 있는 우주선이 궤도의 접선 방향으로 후방 분사하여 운동 에너지를 증가시키면, 그만큼 역학적 에너지도 증가하여 우주선은 기존의 원 궤도보다 지구로부터 더 멀리 도달할 수 있는 〈그림〉의 큰 타원 궤도로 진입한다."로부터, 제미니 4호가 원 궤도상에서 후방 분사한 후의 궤도는 〈그림〉의 큰 타원 궤도가 되어 지구 중심으로부터 더 멀어지게 될 것을 예상할 수 있다.

ㄴ. 원 궤도 운동 중인 우주선과 달리, 타원 궤도 운동 중인 우주선은 지구와의 거리가 계속 달라지는 것을 〈그림〉에서 확인할 수 있다. 제시문 네 번째 단락 "우주선이 지구에 가까울수록 중력 위치 에너지는 작아지고, 멀수록 중력 위치 에너지는 커진다. 운동 에너지와 중력 위치 에너지의 합인 역학적 에너지(E)는 $E=K+U$로 표현된다. 지구의 중력만 작용할 때, 궤도 운동하는 우주선의 역학적 에너지는 크기가 일정하게 보존된다."로부터, 운동 에너지와 중력 위치 에너지의 합의 크기는 일정하게 유지되지만 우주선과 지구의 거리에 따라 운동 에너지와 중력 위치 에너지 각각의 크기는 커지거나 작아짐을 알 수 있다. 따라서 타원 궤도 운동 중인 우주선의 운동 에너지 크기와 중력 위치 에너지 크기는 지속적으로 변한다는 것을 추론할 수 있다.

ㄷ. 제시문 네 번째 단락 "〈그림〉의 원 궤도에 있는 우주선이 궤도의 접선 방향으로 후방 분사하여 운동 에너지를 증가시키면, 그만큼 역학적 에너지도 증가하여 우주선은 기존의 원 궤도보다 지구로부터 더 멀리 도달할 수 있는 〈그림〉의 큰 타원 궤도로 진입한다. 하지만 전방 분사하면, 운동 에너지가 감소하고 〈그림〉이 작은 타원 궤도로 진입하여 우주선은 기존보다 지구에 더 가까워진다."로부터, 원 궤도에 있는 우주선이 궤도의 접선 방향 분사로 역학적 에너지를 증가시켰다면 우주선이 후방 분사한 것임을 추론할 수 있고, 이 경우 큰 타원 궤도로 진입하게 된다는 것을 다섯 번째 단락 "목표물과 우주선이 같은 원 궤도에서 같은 방향으로 운동할 때, 목표물이 전방에 있는 경우, 우주선이 후방 분사를 하면 궤도의 접선 방향으로 우주선의 속력이 빨라져서 큰 타원 궤도로 진입하게 된다."로부터 알 수 있다. 큰 타원 궤도에서는 우주선과 지구 사이의 최대 거리가 원 궤도에서보다 멀 것이므로, 네 번째 단락 "우주선이 지구에 가까울수록 중력 위치 에너지는 작아지고, 멀수록 중력 위치 에너지는 커진다."로부터, 우주선이 진입한 궤도인 큰 타원 궤도에서 우주선의 최대 중력 위치 에너지는 원 궤도에 있었을 때보다 커질 것임을 추론할 수 있다.

〈보기〉의 ㄱ과 ㄷ만이 적절한 추론이므로 ③이 정답이다.

27.

윗글을 바탕으로 〈보기〉를 이해할 때, 적절하지 <u>않은</u> 것은?

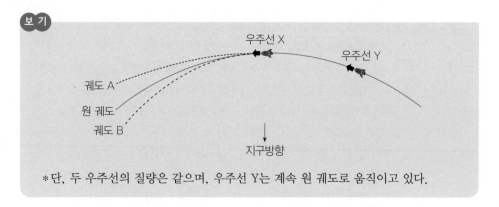

보 기

*단, 두 우주선의 질량은 같으며, 우주선 Y는 계속 원 궤도로 움직이고 있다.

① 전방 분사한 우주선 X가 진입한 궤도에서 가지는 최대 운동 에너지는 우주선 Y보다 더 크다.

② 우주선 X는 궤도 A에서의 최소 중력 위치 에너지가 궤도 B에서의 최소 중력 위치 에너지보다 크다.

③ 후방 분사한 이후의 우주선 X의 중력 위치 에너지의 최솟값은 우주선 Y의 중력 위치 에너지와 같다.

④ 우주선 X가 궤도 A로 진입한 경우, 지구를 한 바퀴 도는 동안 우주선 Y와 같은 운동 에너지를 가지는 궤도상의 지점은 하나이다.

⑤ 우주선 X와 우주선 Y의 가능한 거리 중 최댓값은 우주선 X가 궤도 B로 진입한 경우가 궤도 A로 진입한 경우보다 작다.

문항 성격   문항유형 : 정보의 평가와 적용
               내용영역 : 과학기술

평가 목표   이 문항은 제시문에서 설명하는 물리학의 기본 법칙들과 우주선의 움직임을 바탕으로 궤도 운동에서 우주선의 물리량들 사이의 차이나 관계를 이해할 수 있는지 평가하는 문항이다.

문제 풀이   정답 : ④

제시문 네 번째 단락으로부터, 지구에서 멀수록 중력 위치 에너지는 크고 운동 에너지는 작다는 것을 알 수 있다. 그리고 〈보기〉의 궤도 A와 궤도 B는 각각 제시문 〈그림〉의 큰 타원 궤도와 작은

타원 궤도에 해당한다. 즉 〈보기〉의 우주선 X는 제시문 〈그림〉의 원 궤도를 돌다가 연료 분사 후 큰 타원 궤도 또는 작은 타원 궤도로 진입하고, 우주선 Y는 계속해서 제시문 〈그림〉의 원 궤도를 도는 것으로 이해하면 된다.

정답 해설 ④ 제시문 다섯 번째 단락 "전방 분사를 하면 〈그림〉의 작은 타원 궤도로 진입한 우주선의 속력은 원 궤도에서보다 더 느려진 진입 속력과 더 빨라진 최대 속력 사이에서 변화한다."는 우주선 X가 〈보기〉의 궤도 B로 진입한 경우에 관한 설명이다. 이를 궤도 A로 진입한 경우에 적용하면 '후방 분사를 하면 〈그림〉의 큰 타원 궤도로 진입한 우주선의 속력은 원 궤도에서보다 더 빨라진 진입 속력과 더 느려진 최소 속력 사이에서 변화한다.'가 될 것이다. 즉 궤도 A로 진입한 우주선 X의 진입 당시 속력은 〈보기〉의 원 궤도에서보다 빠르지만, 이후 점점 느려져 최소 속력은 〈보기〉의 원 궤도에서의 속력보다 느려지며, 이후 다시 빨라져서 궤도 A 진입 지점으로 돌아올 때에는 궤도 A 진입 당시의 속력이 되는데 이것이 최대 속력이다. 궤도 A에서 우주선 X의 속력은 이 최대 속력과 최소 속력 사이에서 변하게 된다. 반면 우주선 X와 질량이 같고 〈보기〉의 원 궤도를 도는 우주선 Y는 우주선 X가 〈보기〉의 원 궤도를 돌던 속력과 같은 속력으로 움직이고 있으므로, 우주선 X가 궤도 A에서 지구를 한 바퀴 도는 동안 두 지점에서 우주선 Y와 속력이 같아지게 될 것이다(최대 속력인 지점에서 출발하여 우주선 Y와 속력이 같은 지점을 거쳐 최소 속력인 지점에 도달하고 다시 우주선 Y와 속력이 같은 지점을 거쳐 최대 속력인 지점에 도달함으로써 지구를 한 바퀴 돌게 된다). 두 우주선의 질량이 같고 운동 에너지는 속력의 제곱에 비례하므로, 우주선 X가 궤도 A에서 지구를 한 바퀴 도는 동안 두 지점에서 우주선 Y와 운동 에너지가 같아지게 될 것이다.

오답 해설 ① 제시문 네 번째 단락 "〈그림〉의 원 궤도에 있는 우주선이 궤도의 접선 방향으로 … 전방 분사하면, 운동 에너지가 감소하고 〈그림〉의 작은 타원 궤도로 진입하여 우주선은 기존보다 지구에 더 가까워진다."로부터, 전방 분사 후 우주선 X는 〈그림〉의 작은 타원 궤도에 해당하는 〈보기〉의 궤도 B로 진입하여 기존보다 지구에 가까워진다는 것을 알 수 있으므로, 네 번째 단락 "궤도 운동하는 우주선이 지구 중심에서 멀어지면 속력이 느려지고 가까워지면 속력이 빠르게 된다."로부터, 우주선 X의 속력이 원 궤도에 있는 우주선 Y보다 빨라질 것임을 추론할 수 있다. 두 우주선의 질량은 같으므로, 제시문의 식 $K=\frac{1}{2}mv^2$으로부터 우주선 X의 최대 운동 에너지가 우주선 Y보다 크다는 결론이 도출된다.

② 제시문 네 번째 단락 "우주선이 지구에 가까울수록 중력 위치 에너지는 작아지고, 멀수록 중력 위치 에너지는 커진다."로부터, 〈그림〉의 큰 타원 궤도에 해당하는 〈보기〉의 궤도 A에서 우주선 X의 중력 위치 에너지는 원 궤도와 접하는 지점에서 최소이고 이외의 지점에서는 이보다 크며, 〈그림〉의 작은 타원 궤도에 해당하는 〈보기〉의 궤도 B에서 우주선 X의 중력 위치 에너지는 원 궤도와 접하는 지점에서 최대이고 이외의 지점에서는 이보다 작다는 것을 추론할 수 있다. 즉 우주선 X의 궤도 A에서의 최소 중력 위치 에너지는 궤도 B에서의 최대 중력 위치 에너지와 같다.

③ 제시문 네 번째 단락 "〈그림〉의 원 궤도에 있는 우주선이 궤도의 접선 방향으로 후방 분사하여 운동 에너지를 증가시키면, … 우주선은 기존의 원 궤도보다 지구로부터 더 멀리 도달할 수 있는 〈그림〉의 큰 타원 궤도로 진입한다."로부터, 후방 분사 후 우주선 X는 〈그림〉의 큰 타원 궤도에 해당하는 〈보기〉의 궤도 A로 진입한다는 것을 알 수 있다. 또 네 번째 단락 "우주선이 지구에 가까울수록 중력 위치 에너지는 작아지고, 멀수록 중력 위치 에너지는 커진다."로부터, 〈그림〉의 큰 타원 궤도에 해당하는 〈보기〉의 궤도 A로 진입한 후 우주선 X의 중력 위치 에너지는 원 궤도와 접하는 지점에서 최소라는 것을 추론할 수 있는데, 원 궤도와 접하는 지점에서이므로 이 최솟값은 원 궤도를 도는 우주선 Y의 중력 위치 에너지와 같다.

⑤ 제시문 〈그림〉을 보면, 작은 타원 궤도를 도는 우주선과 원 궤도를 도는 우주선의 가능한 거리 중 최댓값(원 궤도의 지름)이 큰 타원 궤도를 도는 우주선과 원 궤도를 도는 우주선의 가능한 거리 중 최댓값(큰 타원 궤도의 긴 지름)보다 작다는 것을 확인할 수 있다. 따라서 두 우주선의 가능한 거리 중 최댓값은 우주선 X가 〈그림〉의 작은 타원 궤도에 해당하는 〈보기〉의 궤도 B로 진입한 경우가 〈그림〉의 큰 타원 궤도에 해당하는 〈보기〉의 궤도 A로 진입한 경우보다 작다.

　　과학 기술이 발달하고 일상의 삶에 미치는 영향이 점점 커짐에 따라 법정에서 과학 기술 전문가의 지식을 필요로 하는 사례도 늘고 있다. 유전자 감식에 의한 친자 확인, 디지털 포렌식을 통한 범죄 수사 등은 이미 낯설지 않고, 최근에는 연륜연대학에 기초한 과학적 증거의 활용도 새롭게 관심을 끌고 있다.

　　연륜연대학이란, 나이테를 분석하여 나무의 역사를 재구성하는 과학이다. 온대림에서 자라는 대부분의 수목은 매년 나이테를 하나씩 만들어 내는데, 그것의 폭, 형태, 화학적 성질 등은 수목이 노출되어 있는 환경의 영향을 받는다. 예를 들어 나이테의 폭은 강수량이 많았던 해에는 넓게, 가물었던 해에는 좁게 형성된다. 따라서 연속된 나이테가 보여 주는 지문과도 같은 패턴은 나무의 생육 연대를 정확히 추산하기 위한 단서가 된다.

[A]
> 　　2005년에 400개의 나이테를 가진 400년 된 수목을 베어 냈는데, 그 단면에서 1643년부터 거슬러 1628년까지 16년 동안 넓은 나이테 5개, 좁은 나이테 5개, 넓은 나이테 6개 순으로 연속된 특이 패턴이 보였다고 하자. 한편 인근의 역사 유적에 대들보로 사용된 오래된 목재는 나무의 중심부와 그것을 둘러싼 332개의 나이테를 보여 주지만 베어진 시기를 알 수 없었는데, 만일 그 가장자리 나이테에서 7개째부터 앞서의 수목과 동일한 패턴이 발견된다면 그 목재로 사용된 나무는 1650년경에 베어졌고 1318년경부터 자란 것이라는 결론을 내릴 수 있다. 나아가 그 목재를 유적의 기둥 목재와 비슷한 방식으로 비교하여, 나이테 기록을 보다 먼 과거까지 소급할 수 있다.

　　이와 같이 나이테를 통한 비교 연대 측정은 예술 작품이나 문화재 등의 제작·건립 시기를 추정하는 과학적 기법을 제공하기도 하지만, 종종 법률적 사안의 해결에 도움을 주기도 한다. 수목으로 소유지 경계를 표시하던 과거에는 수목의 나이를 확인하는 것이 분쟁 해결에 중요한 역할을 담당하였다. 형사 사건에서도 나이테 분석을 활용한 적이 있다. 1932년 린드버그의 아기를 납치·살해한 범인을 수목 과학자인 콜러가 밝혀낸 일화는 잘 알려져 있다. 그는 범행 현장에 남겨진 수제 사다리의 목재를 분석함으로써, 그것이 언제 어느 제재소에서 가공되어 범행 지역 인근의 목재 저장소로 운반되었는지를 추적하는 한편, 용의자의 다락방 마루와 수제 사다리의 일부가 본래 하나의 목재였다는 사실도 입증해 냈다.

　　나이테 분석의 활용 잠재성이 가장 큰 영역은 아마도 환경 소송 분야일 것이다. 과학자들은 나이테에 담긴 환경 정보의 종단 연구를 통해 기후 변동의 역사를 고증하고, 미래의 기후 변화를 예측하는 데 주로 관심을 기울여 왔다. 하지만 나이테에 담긴 환경 정보에는 비단 강수량이나 수목 질병만이 아니라 중금속이나 방사성 오염 물질, 기타 유해 화학 물질에 대한 노출 여부도 포함되므로 이를 분석하면 특정 유해 물질이 어느 지역에 언제부터 배출되었는지를 확인할 수 있을 것이다. 넓은 의미의 연륜연대학 중에서 이처럼 수목의 화학적 성질에 초점을 맞춘 연구만을 따로 연륜화학이라 부르기도 한다.

한편 과학 기술 전문가의 견해가 법정에서 실제로 유의미하게 활용되기 위해서는 일정한 기준을 충족해야 하는데, 이 점은 나이테 분석도 마찬가지다. 법원으로서는 전문가의 편견 및 오류 가능성이나 특정 이론의 사이비 과학 여부 등에도 신경을 쓸 수밖에 없기 때문이다. [B] 나이테 분석을 통한 환경오염의 해석은 분명 물리적 환경 변화의 해석에서보다 고려해야 할 변수도 많고, 아직 그 역사도 상당히 짧다. 하지만 이 같은 해석 기법이 환경 소송을 주재할 법원의 요구에 부응할 수 있는 과학 기술적 토대를 갖추었다고 평가하는 견해가 점차 늘어나고 있다.

28.

윗글로 보아 적절하지 <u>않은</u> 것은?

① 나이테 분석이 이미 생성된 나이테만을 대상으로 할 수밖에 없다면, 아직 발생하지 않은 변동을 예측하는 데는 사용되지 못할 것이다.

② 특정 수목이 수유지 경계 획정 시 성목(成木)으로 심은 것이라면, 그 나이테의 개수가 경계 획정 시기까지 소급한 햇수보다 적지 않을 것이다.

③ 발생 연도가 확실한 사건에 대한 지식이 추가되면, 비교할 다른 나무가 없어도 특정 수목의 생육 연대를 비교적 정확하게 추산하는 것이 가능하다.

④ 배후지의 나무와 달리 차로변의 가로수만 특정 나이테 층에서 납 성분이 발견되었다면, 그 시기에는 납을 함유한 자동차 연료가 사용되었다고 추정하는 것이 가능하다.

⑤ 가장자리 나이테 층뿐 아니라 심부로도 수분과 양분이 공급되는 종류의 나무라면, 나이테 분석을 통해 유해 화학 물질의 배출 시기를 추산할 때 오차가 발생할 것이다.

문항 성격　문항유형 : 주제, 구조, 관점 파악
　　　　　　 내용영역 : 규범
평가 목표　이 문항은 연륜연대학에 관한 제시문의 주요 내용을 이해하고 있는지 평가하는 문항이다.

제시문 두 번째 단락에서 연륜연대학의 개념과 기본적인 방법론을 소개하고, 세 번째 단락([A] 부분)에서 가상의 사례를 들어 다른 나무의 나이테와 비교하는 방법을 설명한다. 네 번째 단락에서는 연륜연대학이 법적 사안의 해결에 어떻게 도움을 주었는지를 소개하고, 다섯 번째 단락과 여섯 번째 단락([B] 부분)에서는 연륜연대학의 한 분야인 연륜화학이 환경 소송에서 유용하게 쓰일 가능성 및 그 전제 조건과 한계를 논한다.

정답 해설 ① 제시문 다섯 번째 단락 "과학자들은 나이테에 담긴 환경 정보의 종단 연구를 통해 기후 변동의 역사를 고증하고, 미래의 기후 변화를 예측하는 데 주로 관심을 기울여 왔다."로부터, 이미 생성된 나이테의 분석만으로도 미래의 변화를 예측하는 것이 가능함을 알 수 있다.

오답 해설 ② 제시문 세 번째 단락으로부터 나이테는 1년에 1개씩 생긴다는 것을 알 수 있다. 또 경계 획정 시 성목으로 심은 것이라면, 그 나무의 나이가 경계 획정 시기까지 소급한 햇수보다 많거나 같을 것이다. 따라서 나이테의 개수도 경계 획정 시기까지 소급한 햇수보다 적지 않을 것이다. 네 번째 단락 "수목으로 소유지 경계를 표시하던 과거에는 수목의 나이를 확인하는 것이 분쟁 해결에 중요한 역할을 담당하였다."도 이것이 전제되었기 때문에 가능하였다.

③ 제시문 다섯 번째 단락 "나이테에 담긴 환경 정보에는 비단 강수량이나 수목 질병만이 아니라 중금속이나 방사성 오염 물질, 기타 유해 화학 물질에 대한 노출 여부도 포함되므로 이를 분석하면 특정 유해 물질이 어느 지역에 언제부터 배출되었는지를 확인할 수 있을 것이다."로부터, 대홍수나 긴 가뭄, 공장의 오염 물질 배출과 같은 사건의 발생 연도가 확실하다면 한 나무의 나이테만 분석하여도 생육 연대를 비교적 정확히 추산하는 것이 가능함을 알 수 있다. 사건 발생 연도에 생성된 나이테가 강수량이나 유해 물질에 대한 노출 등의 정보를 반영하기 때문이다.

④ 제시문 다섯 번째 단락 "나이테에 담긴 환경 정보에는 … 중금속 … 에 대한 노출 여부도 포함되므로 이를 분석하면 특정 유해 물질이 어느 지역에 언제부터 배출되었는지를 확인할 수 있을 것이다."로부터, 배후지 나무에서는 납 성분이 발견되지 않고 차로변 나무의 특정 나이테 층에서만 납 성분이 발견된 것은 차로변의 나무만 특정 시기에 납에 노출되었기 때문이라는 결론을 내릴 수 있다. 따라서 그 시기에 납을 함유한 자동차 연료가 사용되었다고 추정하는 것이 가능하다.

⑤ 제시문 다섯 번째 단락 "나이테에 담긴 환경 정보에는 … 유해 화학 물질에 대한 노출 여부도 포함되므로 이를 분석하면 특정 유해 물질이 어느 지역에 언제부터 배출되었는지를 확인할 수 있을 것이다."는 새 나이테가 형성되는 가장자리만 유해 화학 물질의 영향을 받음을 전제로 하는 것이다. 그러나 심부로도 수분과 양분이 공급된다면 유해 화학 물질 또한 심부로 유입될 것이므로, 나이테 분석의 전제가 맞지 않게 되어 유해 물질의 배출 시기를 정확하게 추산할 수 없게 된다.

29.

[A]에 대해 추론한 내용으로 옳지 <u>않은</u> 것은?

① 2005년에 베어 낸 수목은 1605년경부터 자랐을 것이다.
② 대들보로 사용된 목재의 가장자리에서 10번째 나이테는 폭이 넓을 것이다.
③ 대들보로 사용된 목재의 가장자리에서 20번째 나이테는 폭이 좁을 것이다.
④ 대들보로 사용된 목재의 가장자리에서 15번째 나이테는 1635년경에 생겼을 것이다.
⑤ 대들보로 사용된 목재와 기둥 목재의 나이테 패턴 비교 구간은 1318년경에서 1650년경 사이에 있을 것이다.

문항 성격	문항유형 : 정보의 추론과 해석
	내용영역 : 규범
평가 목표	이 문항은 심은 시기가 확실한 나무와 그렇지 않은 나무의 나이테를 비교하는 방법의 목적과 효과를 이해하고 있는지 평가하는 문항이다.
문제 풀이	정답 : ③

가장자리 나이테에서 7개째부터 보이는 "앞서의 수목과 동일한 패턴"은 "1643년부터 거슬러 1628년까지 16년 동안 넓은 나이테 5개, 좁은 나이테 5개, 넓은 나이테 6개 순으로 연속된 특이 패턴"을 가리키므로, 가장자리에서 7개째의 나이테가 1643년의 나이테이며 7개째부터 22개째까지 16개의 나이테가 위 특이 패턴을 보인다는 것을 추론할 수 있다.

정답 해설	③ 가장자리에서 7개째 나이테부터 앞서의 수목과 동일한 패턴, 즉 "넓은 나이테 5개, 좁은 나이테 5개, 넓은 나이테 6개 순으로 연속된 특이 패턴"이므로, 가장자리에서 7개째부터 11개째까지는 넓은 나이테, 12개째부터 16개째까지는 좁은 나

이테, 17개째부터 22개째까지는 넓은 나이테이다. 따라서 가장자리에서 20개째는 폭이 넓은 나이테일 것이다.

오답 해설 ① 2005년에 베어 냈고 400년 된 나무이므로 1605년경부터 자랐다고 추론할 수 있다.

② 가장자리에서 7개째 나이테부터 앞서의 수목과 동일한 패턴, 즉 "넓은 나이테 5개, 좁은 나이테 5개, 넓은 나이테 6개 순으로 연속된 특이 패턴"이므로, 가장자리에서 7개째부터 11개째까지는 넓은 나이테이다. 따라서 가장자리에서 10개째 나이테는 폭이 넓은 나이테일 것이다.

④ 가장자리 나이테에서 7개째부터 보이는 "1643년부터 거슬러 1628년까지 16년 동안 넓은 나이테 5개, 좁은 나이테 5개, 넓은 나이테 6개 순으로 연속된 특이 패턴"과 동일한 패턴을 바탕으로, 가장자리에서 7개째 나이테는 1643년의 나이테라는 것을 추론할 수 있다. 이에 근거하여 역산(逆算)하면 가장자리에서 15개째 나이테는 1635년의 나이테라는 결론이 도출된다.

⑤ "그 목재로 사용된 나무는 … 1318년경부터 자란 것이라는 결론을 내릴 수 있다. 나아가 그 목재를 유적의 기둥 목재와 비슷한 방식으로 비교하여, 나이테 기록을 보다 먼 과거까지 소급할 수 있다."로부터, 유적의 기둥 목재에 보이는 나이테가 1318년보다 먼 과거의 정보를 기록하고 있다는 것을 추론할 수 있고, 이는 이 기둥 목재로 사용된 나무가 1318년보다 먼 과거에서부터 자랐다는 뜻이다. 또 대들보 목재와 기둥 목재는 동일한 유적에 쓰인 목재이므로 비슷한 시기에 베어 셨을 것으로 추정할 수 있다. 따라서 두 목재의 나이테 패턴 비교 구간은 1318년경에서 1650년경 사이에 있음을 추론할 수 있다.

30.

[B]를 참조하여 〈보기〉의 입장들을 설명할 때, 적절하지 <u>않은</u> 것은?

> **보 기**
>
> X국에는 과학적 연구 자료를 법적으로 활용하는 기준에 대하여 다음과 같은 입장들이 있다. 각각의 입장에서 전문가의 '나이테 분석에 근거한 연구 결과'가 어떻게 이용될지 생각해 보자.
>
> A : 관련 분야 전문가들의 일반적 승인을 얻은 것만을 증거로 활용한다.

B : 사안에 대한 관련성이 인정되는 한 모두 증거로 활용하되, 전문가의 편견 개입 가능성이나 쟁점 혼란 또는 소송 지연 등의 사유가 있을 경우에는 활용하지 않는다.

C : 사안에 대한 관련성이 인정되고, 일정한 신뢰성 요건(검증 가능성, 적정 범위 내의 오차율 등)을 갖춘 것은 모두 증거로 활용한다.

① A를 따르는 법원이 수목의 병충해 피해 보상을 판단할 때 해당 연구 결과를 유의미하게 활용한다면, 나이테를 통한 비교 연대 측정 방법은 대체로 인정된다고 추정할 수 있군.

② A를 따르는 법원이 공장의 유해 물질 배출로 인한 피해의 배상을 판단할 때 해당 연구 결과를 유의미하게 활용한다면, 연륜화학의 방법은 대체로 인정된다고 추정할 수 있군.

③ B를 따르는 법원이 방사능 피해 보상 문제에서 해당 연구 결과를 유의미하게 활용한다면, 그 연구의 수행자가 피해 당사자의 입장을 적극 대변하는 인물이라고 추정할 수 있군.

④ C를 따르는 법원이 장기간의 가뭄으로 인한 농가 피해의 보상을 판단할 때 해당 연구 결과를 유의미하게 활용한다면, 나이테 분석은 사이비 과학이 아니라고 추정할 수 있군.

⑤ C를 따르는 법원이 홍수로 인한 농가 피해의 보상을 판단할 때 해당 연구 결과를 유의미하게 활용하지 않는다면, 연륜연대학의 방법이 일정한 신뢰성의 요건을 충족하지 못한다고 추정할 수 있군.

문항 성격	문항유형 : 정보의 평가와 적용
	내용영역 : 규범
평가 목표	이 문항은 과학 기술 전문가의 연구 결과가 법정에서 유의미하게 활용되기 위하여 충족해야 하는 기준에 관한 여러 입장을 정확하게 이해하여 구체적인 사안에 적용할 수 있는지 평가하는 문항이다.
문제 풀이	정답 : ③

과학 기술 전문가의 연구 결과가 법정에서 유의미하게 활용되기 위하여 충족해야 하는 기준에 관하여 A~C의 세 입장이 있다. A는 관련 분야 전문가들의 일반적 승인을 요구하고, B는 사안에 대한 관련성만 인정되면 된다고 하면서도 일정한 경우에는 연구 결과를 활용해선 안 된다는 입장이다. C는 사안에 대한 관련성과 일정한 신뢰성 요건을 요구한다. 제시문 두 번째 단락 "연륜연대학이란, 나이테를 분석하여 나무의 역사를 재구성하는 과학이다. 온대림에서 자라는 대부분의 수목

은 매년 나이테를 하나씩 만들어 내는데, 그것의 폭, 형태, 화학적 성질 등은 수목이 노출되어 있는 환경의 영향을 받는다. 예를 들어 나이테의 폭은 강수량이 많았던 해에는 넓게, 가물었던 해에는 좁게 형성된다."와 다섯 번째 단락 "나이테에 담긴 환경 정보에는 비단 강수량이나 수목 질병만이 아니라 중금속이나 방사성 오염 물질, 기타 유해 화학 물질에 대한 노출 여부도 포함되므로 이를 분석하면 특정 유해 물질이 어느 지역에 언제부터 배출되었는지를 확인할 수 있을 것이다. 넓은 의미의 연륜연대학 중에서 이처럼 수목의 화학적 성질에 초점을 맞춘 연구만을 따로 연륜화학이라 부르기도 한다."로부터, 선택지 ①~⑤의 수목의 병충해 피해, 공장의 유해 물질 배출로 인한 피해, 방사능 피해, 장기간의 가뭄으로 인한 농가 피해, 홍수로 인한 농가 피해는 모두 연륜연대학 또는 연륜화학이 활용될 수 있는 영역임을 알 수 있다. 즉 선택지 ①~⑤에서 법원이 유의미하게 활용하거나 유의미하게 활용하지 않는 연륜연대학적/연륜화학적 연구 결과는 모두 사안에 대한 관련성이 인정된다.

정답 해설 ③ 입장 B는 "… 전문가의 편견 개입 가능성 … 의 사유가 있을 경우에는 (과학적 연구 자료를 증거로) 활용하지 않는다."이므로, 이 입장을 따르는 법원이 연륜연대학적 연구 결과를 유의미하게 활용한다면 연구 수행자가 편견을 가지고 있을 가능성이 없다고 보는 것이다. 그러나 피해 당사자의 입장을 적극 대변하는 것은 편견을 가지고 있음을 의미한다.

오답 해설 ① 입장 A는 "관련 분야 전문가들의 일반적 승인을 얻은 것만을 증거로 활용한다." 이므로, 이 입장을 따르는 법원이 연륜연대학적 연구 결과를 유의미하게 활용한다면 연륜연대학적 연구(=나이테를 통한 비교 연대 측정)가 관련 분야에서 대체로 인정된다고 보는 것이다.

② 입장 A는 "관련 분야 전문가들의 일반적 승인을 얻은 것만을 증거로 활용한다." 이므로, 이 입장을 따르는 법원이 연륜화학적 연구 결과를 유의미하게 활용한다면 연륜화학이 관련 분야에서 대체로 인정된다고 보는 것이다.

④ 입장 C는 "일정한 신뢰성 요건(검증 가능성, …)을 갖춘 것은 모두 증거로 활용한다."이므로, 이 입장을 따르는 법원이 연륜연대학적 연구 결과를 유의미하게 활용한다면 연륜연대학적 연구(=나이테 분석)가 검증 가능성이라는 신뢰성 요건을 갖추었다고, 즉 사이비 과학이 아니라고 보는 것이다.

⑤ 입장 C는 "사안에 대한 관련성이 인정되고, 일정한 신뢰성 요건(…)을 갖춘 것은 모두 증거로 활용한다."이므로, 이 입장을 따르는 법원이 사안에 대한 관련성이 인정되는 연륜연대학적 연구 결과를 유의미하게 활용하지 않는다면 그 연구 결과가 일정한 신뢰성 요건을 갖추지 못하였다고 보는 것이다.

부록 법학적성시험
논술 영역

2024학년도 논술 영역 출제 방향

1. 출제의 기본 방향

2024학년도 법학적성시험 논술 영역은 공지된 출제 방향에 따라 다음과 같이 출제하였다. 첫째, 2개 문항 모두 사례형으로 출제하였다. 둘째, 제시된 사례를 적절하게 분석하고 쟁점을 정확하게 도출하는 능력을 평가하려고 하였다. 셋째, 쟁점에 관해 자신의 견해를 제시하고 그 근거를 논증적으로 서술하는 글쓰기 능력을 평가하려고 하였다.

2. 출제 범위

논술 영역에서는 법적 분쟁을 해결하는 데 법조인에게 기본적으로 필요한 사례 분석, 쟁점 도출, 쟁점 평가 및 논증과 같은 능력을 평가할 수 있는 문제를 출제하였다. 두 문항은 주어진 입장이나 의견 등을 활용하여 사례를 해결하도록 요구한다. 따라서 분석력과 판단력 및 논증 능력을 갖춘 수험생이라면 전공에 상관없이 일반적으로 풀 수 있도록 문항을 구성하였다.

3. 문항 구성

1번 문항은 복합적인 1개의 사례와 2개의 아직 완성되지 않은 주장, 그리고 2개의 입장으로 구성된다. 1번 문항은 이번에 새롭게 시도되는 문제 형식이다. 사례에서는 공공장소에 전시된 미술품을 소유하는 국가기관이 작가의 사전 협의나 동의를 구하지 않은 채 철거 및 제거하는 행위가 작품에 관한 작가의 인격권을 침해하는지, 이에 따라 정신적 손해에 대한 배상을 청구할 수 있는지가 문제된다. 〈입장〉은 이 사례에 관해 서로 다른 2개의 입장을 제시한다. 〈주장〉은 이 사례에 관해 서로 다른 2개의 아직 완성되지 않은 주장을 보여준다. 이 문항에서는 다음과 같은 과제를 수행해야한다. 첫째, 사례에서 갑과 을 사이에 무엇이 문제가 되는지 파악해야 한다. 특히 미술 작품의 소유권이 작가로부터 매수인에게 양도된 이후에도 작가가 작품에 관여할수 있는지가 쟁점이 된다. 둘째, 아직 완성되지 않은 병과 정의 주장 가운데 어느 하나를 선택하여 〈입장〉을 참고해 그리고 독창적인 논거를 활용하여 주장을 논증적으로 완성해야 한다.

2번 문항은 2개의 사례와 8개의 의견으로 구성된다. 2개의 사례 가운데 첫 번째 사례는 전 세계적으로 유행한 신종 독감 문제를 선제적으로 해결하기 위해 전면적 행위 제한 조치를 취한 A국 정부 정책의 타당성이 문제가 된다. 두 번째 사례는 신종 독감 문제를 성공적으로 해결한 A국 정부가 이후 새롭게 이슈로 떠오른 사이버 보안 침해 상황에 선제적·예방적으로 대응하기 위해 전면적 행위 제한 조치와 유사한 조치를 보안 영역에 적용하는 게 타당한지가 문제된다. 이 문항에서는 다음과 같은 과제를 수행해야 한다. 첫째, 두 사례의 유사점과 차이점을 밝혀야 한다. 둘째, 두 사례에서 문제가 된 A국 정부의 정책을 논평하고 이에 자신의 견해를 밝혀야 한다. 셋째, 자신의 견해를 밝힐 때 〈의견〉을 4개 이상 적절하게 활용해야 한다.

4. 난이도

논술 영역은 수험생이 제시문에 대한 분석과 쟁점 파악을 기반으로 하여 논증적 글쓰기를 할 수 있는지를 측정하려고 한다. 이 목적을 달성하기 위해 간결하고 함축적인 사례, 입장, 의견 등을 제시하였다. 난이도는 예년과 유사하게 설정하였다.

5. 출제 시 유의점

- 1, 2번 문항의 배점을 동일하게 50점으로 배분하였다.
- 수험생은 문제의 취지를 정확하게 파악한 후 〈조건〉에 따라 문제를 풀 수 있어야 한다. 이때 주어진 입장이나 의견을 단순히 기계적으로 나열하는 것은 지양해야 한다.

01.

〈사례〉를 읽고 병이나 정의 주장 중 하나를 택하여 〈조건〉에 따라 주장을 완성하시오. (900~1200자, 50점)

〈조건〉
---

1. 병의 주장을 택할 경우
   가. 제시되어 있는 병의 주장을 먼저 요약할 것
   나. 을의 입장을 반박하고 갑의 입장을 강화하는 새로운 논거를 제시할 것
2. 정의 주장을 택할 경우
   가. 제시되어 있는 정의 주장을 먼저 요약할 것
   나. 갑의 입장을 반박하고 을의 입장을 강화하는 새로운 논거를 제시할 것

〈사례〉

30년 이상 대학 교수 등으로 활동하여 온 저명한 미술가 갑은 특히 대중에게 개방된 장소에 전시하는 벽화 제작에 특별한 관심을 가지고 작품 활동을 해 왔다. 국가 기관인 을은 대중들이 많이 왕래하는 도심 한가운데에 시민들을 위한 가족 공원을 조성하면서 갑에게 공공장소의 이미지에 맞는 벽화 제작을 의뢰하였다. 갑과 을은 남자아이가 아버지, 할아버지와 함께 뛰어가는 모습을 표현한 미술품을 제작하여 설치하는 내용의 계약을 체결하였고, 이 계약은 을이 실시한 외부 인사를 통한 사전 검사를 통과하였다. 이에 따라 갑은 가족 공원의 담벼락과 기둥에 폭 2.8m, 길이 20m가량의 벽화를 제작하여 설치하였다. 갑은 가족 공원이 완성됨에 따라 제작 대금을 모두 받았으며 벽화의 소유권은 을에 넘어갔다. 그런데 1년 후 을은 벽화의 등장인물이 모두 남자라서 가족 공원의 이미지에 맞지 않는다는 이유로 철거하기로 결정하였다. 을은 갑에게 사전 협의나 동의를 구하지 않은 채 임의로 벽화에 물을 분사하여 원래의 규격보다 작게 절단한 후 벽체

에서 분리하는 방법으로 철거를 완료하였으며, 그 과정에서 벽화를 크게 손상시켰다. 그 후 을은 벽화를 가족 공원의 어느 공간에 방치하다가 인근 공터에서 소각하였다.

문학이나 음악 등 보통의 작품은 책이나 음반 등 복제물의 형태로 유통되므로, 그러한 복제본을 파손 또는 폐기하더라도 그것은 소유하는 자의 권리에 해당할 뿐 특별히 창작자의 이익을 해치지 않는다. 그러나 원본을 특정 장소에 전시하는 것 자체가 큰 의미가 있는 미술 작품의 경우에는 소유자가 창작자의 동의 없이 이를 훼손, 철거 또는 폐기할 수 있는가에 관해 의견이 대립한다.

───── 〈입장〉 ─────

갑 : 작가는 예술 작품의 종류와 성격 등에 따라 자기의 예술 작품이 공공장소에 전시·보존될 것이라는 점에 관해 창작자로서의 정당한 이익을 가질 수 있다. 이 사안에서는 작품의 종류와 성격, 이용의 목적 및 형태, 작품 설치 장소의 개방성과 공공성의 정도, 국가가 이를 선정하여 설치하게 된 경위, 폐기의 이유와 폐기 결정에 이른 과정 및 폐기 방법 등을 종합적으로 고려하여 볼 때 국가 기관인 을이 해당 작품을 폐기한 행위는 현저하게 불합리하고 작가로서의 명예 감정 및 사회적 신용과 명성 등을 침해하는 방식으로 이루어졌다. 따라서 을의 벽화 파괴 행위는 헌법이 보장하는 예술의 자유 또는 인격권을 침해하는 행위로서 커다란 정신적 고통을 겪게 하였으므로, 정신적 손해에 대한 배상을 청구할 수 있다.

을 : 소유권의 내용에는 자기가 소유하는 예술 작품을 파괴할 권리도 포함되며, 벽화의 철거, 절단 등은 폐기 과정의 일부일 뿐이다. 또한 갑의 작품 창작 활동에 간섭하거나 작품의 표현 자체를 금지한 적이 없기에 갑의 예술의 자유를 침해하지 않았다. 단순히 갑의 주관적 명예 감정을 침해한 것만으로는 인격권 침해가 되지 않는다. 소유자가 예술 작품을 완전히 파괴하는 경우라면, 일반적으로 그 파괴 행위가 예술가의 이익을 침해한다고 볼 수는 없다. 왜냐하면 통상 자신이 창작한 작품에 대한 소유권을 양도하고 대가를 받은 예술가라면 이후 자기 작품의 운명을 소유자의 손에 맡겼다고 보는 게 타당하기 때문이다. 따라서 취향 변화 등 어떠한 이유로든 미술 작품에 싫증이 났다면 소유자가 해당 작품을 양도·교환·증여하거나, 자신이 거주하는 공간에서 제거하여 자신 또는 다른 사람이 감상하지 못하도록 하는 것이 소유권의 부당한 행사라고 볼 수 없다.

───── 〈주장〉 ─────

병 : 예술가는 자기 작품의 동일성 유지와 온전한 보존에 관한 이익이 있다. 왜냐하면 작품에 대한 외부적 평가는 예술가 자신의 사상, 노력, 명성, 명예 등 인격적 이익과 밀접하게 연관되

어 있기 때문이다. 또한 문학이나 음악 작품과 달리 미술 작품은 원본이 파괴되면 더 이상 이 세상에 존재하지 않게 되므로 작가는 작품 원본의 소유권을 넘긴 후에도 계속해서 자신의 이익을 보유할 수 있다(…)

정 : 작품의 동일성을 유지한 채 부분적으로 바꾸는 것이 아니라 작품을 완전히 파괴하는 경우에는 해당 작품에 대한 외부적 평가 자체가 사라지기에 병이 주장하는 예술가의 이익이 침해되었다고 보기 힘들다. 또한 원본 작품의 작가가 소유권을 넘긴 후에도 계속 자신의 이익을 주장한다면, 해당 작품의 소유자는 그 보유로 인해 예측할 수 없는 과도한 부담을 갖게 되어 오히려 예술 작품의 원활한 유통이 저해된다. 그 결과 작가의 이익도 침해될 수 있다(…)

02.

〈사례〉를 읽고 〈조건〉에 따라 논술하시오. (900~1200자, 50점)

──────── 〈조건〉 ────────

1. 〈사례 1〉과 〈사례 2〉의 유사점과 차이점을 제시하시오.
2. 〈의견〉을 활용하여 〈사례 1〉과 〈사례 2〉를 논평하고 이에 대한 자신의 견해를 밝히시오.
3. 〈의견〉은 4개 이상 활용하시오.
4. 〈의견〉을 활용할 때는 의견①, 의견④와 같은 방식으로 명시하시오.

──────── 〈사례〉 ────────

〈사례 1〉

　　바이러스를 통해 공기 중으로 감염이 되는 신종 독감이 A국을 비롯한 전 세계에 유행하였다. 이 신종 독감은 전파 및 감염이 잘 될뿐더러 치명률도 높았다. 이에 전 세계적으로 팬데믹(pandemic)이 선언되었고, A국 역시 이에 발맞추어 대응해야 했다. A국 정부는 신종 독감에 선제적으로 대응하기 위해 법률에 따라 전면적 행위 제한 조치(lock-down)를 시행하였다. 이의 일환으로 모든 국민에게 외출금지 명령을 내리고, 불가피하게 외출하는 경우에는 반드시 마스크를 착용하도록 하였다. 이를 위반할 때는 법으로 제재하였다. 동시에 전면적 행위 제한에 필요한 생필품과 손실 보상금도 충분히 지급하였다. 다행히 A국 국민은 기본적으로 정부의 전면적 행위 제한 조치에 적극적으로 호응하였다. 국민 대부분이 외출 금지 및 마스크 착용에 협조하였다. 그 덕분에 A국은 다른 나라보다 먼저 신종 독감 유행문제를 해결할 수 있었다.

〈사례 2〉

　사회의 거의 모든 영역이 인터넷으로 연결되는 초연결 사회가 도래하면서 사회 전체적으로 여러 편익이 증대하였다. 동시에 사이버 공격으로 인한 사이버 보안 침해도 늘어났다. 특히 A국의 경우 전면적 행위 제한 조치의 일환으로 온라인 재택근무가 시행되면서 사이버 보안 문제가 중요한 이슈로 떠올랐다. 재택근무를 하기 위해 자신이 보유한 개인 기기로 회사의 내부 인터넷에 접속하는 경우가 늘어났는데, 기기의 보안 조치가 취약해 이를 통한 사이버 보안 침해가 급증하였다. 메타버스를 활용해 회사 업무를 진행하는 경우에도 유사한 문제가 발생하였다. 이 과정에서 회사가 보유한 최첨단 기술의 데이터가 적대국이나 경쟁 기업으로 유출되거나, 인터넷 이용자의 개인 정보가 침해되는 사고가 빈번하게 발생하였다. 사회의 초연결로 사고의 피해는 손쉽게 사회 전체로 확산되었다. A국 정부는 이 문제에 대응하기 위해 새로운 사이버 보안 모델을 제시하였다. 전면적 행위 제한 조치와 유사한 원칙을 법률에 따라 사이버 보안에 적용하는 것이다. 이에 따르면 인터넷과 같은 사이버 공간에 접속하고자 하는 사람은 그가 누구든 상관없이 정부가 요구하는 보안 조치를 취해야 한다. 보안 조치의 핵심은 보안 프로그램의 강제적 업그레이드와 철저한 본인 확인 제도이다. 그리고 이를 위반한 경우에는 법으로 제재하기로 하였다. 반면 재정적 지원은 고려하지 않았다.

──────── 〈의견〉 ────────

① 안전은 공익이자 생명, 자유, 재산처럼 매우 중요한 권리이다. 안전이 보장되어야 비로소 인간은 생명과 자유, 재산을 온전하게 보호받을 수 있다.

② 인간은 자유롭게 태어났다. 자유는 인간에게 가장 중요한 권리로 생명이나 재산, 안전보다 우선한다. 최대한의 자유는 그 어떤 공간에서도 보장되어야 한다.

③ 사이버 보안 침해는 독감 유행보다 사회 전체에 더 치명적인 결과를 낳을 수 있다. 예를 들어 B국에서는 핵심 송유관 회사가 사이버 공격을 받아 원유 공급이 한동안 중단되어 큰 경제적 손실이 발생하였고, 상수도 관리 회사가 사이버 침해로 상수원에 독극물이 유출될 위험에 처하기도 하였다.

④ 새로운 사이버 보안 정책은 신종 독감 상황에서 성공을 거둔 전면적 행위 제한 조치를 보안 영역에 적용한 것이다. 사이버 보안도 신종 독감 예방처럼 국민의 권익과 안전에 직결되기에 필요하다.

⑤ 인터넷은 그 어떤 공간보다 자유로운 공간이다. 인터넷 공간의 자유를 누리기 위해서는 인터넷에 자유롭고 평등하게 접근할 수 있는 권리가 최대한 보장되어야 한다. 이에 대한 제약은 최소한에 그쳐야 한다.

⑥ 현대 초연결 사회에서는 내부자와 외부자, 사업자와 이용자를 구별하는 경계 중심적 보안 모델은 더 이상 유효하지 않다. 이에 대응하려면 인터넷에서는 그 누구도 신뢰해서는 안 된다는 제로 트러스트(zero trust) 모델을 수용해야 한다.

⑦ 정부가 요구하는 보안 조치를 그대로 따르기 위해서는 이에 상응한 기기를 갖추어야 한다. 그러나 이는 경제적 약자에게 큰 부담이 될 수 있다. 국가는 디지털 포용(digital inclusion)이라는 견지에서 모든 국민이 평등하게 인터넷에 접속할 권리를 보장해야 한다.

⑧ 사이버 보안은 보안 기술을 발전시킴으로써만 완전하게 구현할 수 있다. 이는 국가 주도로 이루어지는 게 아니다. 민간이 주도해야만 보안 기술 향상도, 사이버 보안 구현도 달성할 수 있다.

2023학년도 논술 영역 출제 방향

1. 출제의 기본 방향

2023학년도 논술 영역은 공지된 출제 방향에 따라 다음과 같이 출제하였다. 첫째, 2개 문항 모두 사례형으로 출제하였다. 둘째, 제시된 사례를 적절하게 분석하고 쟁점을 정확하게 도출하는 능력을 평가하려고 하였다. 셋째, 쟁점에 대한 자신의 견해를 제시하고 그 근거를 논증 형식으로 서술하는 글쓰기 능력을 평가하려고 하였다.

2. 출제 범위

논술 영역에서는 법조인에게 기본적으로 필요한 사안 분석, 쟁점 도출, 쟁점 평가 등의 능력을 평가할 수 있는 문제를 출제하였다. 두 문항은 주어진 자료 및 관점을 활용하여 사례를 해결하도록 요구하고 있어, 분석력과 판단력을 갖춘 수험생이라면 전공에 상관없이 일반적으로 풀 수 있도록 문항을 구성하였다.

3. 문항 구성

1번 문항은 복합적인 하나의 사례와 10개의 여론으로 구성되어 있다. 사례는 환경보호를 위해 사람의 배설물을 에너지원으로 바꾸는 신기술 장치에 관한 내용과 변환된 에너지원을 활용한 가상화폐에 관한 내용, 그리고 이로 인해 발생한 사회문제에 대한 당국의 규제 정책에 관한 내용 등을 담고 있으며, 10개의 여론은 당국의 규제 정책에 대한 다양한 의견들로 구성하였다. 이 문항에서는 다음과 같은 과제를 수행해야 한다. 첫째, 사례의 함의를 파악하고 규제의 타당성에 관한 주요 쟁점을 도출하여야 한다. 둘째, 규제의 타당성에 대한 본인의 견해를 명확하게 주장하고 여론을 활용하여 그 이유를 제시하여야 한다.

2번 문항은 2개의 사례와 4개의 관점으로 구성된다. 2개의 사례는 서로 비슷하지만 차이점도 있어서, 주어진 상황에서 개인의 권리 행사가 적절한지를 평가할 수 있는 내용으로 구성되어 있다. 4개의 관점은 개인의 권리와 공익의 관계에 대한 입장 및 개인의 권리 행사에 대한 입장을 반영하고 있다. 이 문항에서는 다음과 같은 과제를 수행해야 한다. 첫째, 두 사례의 유사점과 차이점을 밝혀야 한다. 둘째, 사례에 나타난 공통되는 논점을 제시하고, 자신의 견해를 밝혀야 한다. 셋째, 자신의 견해를 밝힐 때 관점을 적절히 활용하여야 한다.

4. 난이도

논술 영역은 제시문에 대한 분석과 쟁점 파악을 기반으로 수험생이 논증적 글쓰기를 할 수 있는지를 측정하려고 한다. 이 목적을 달성하기 위해 간결하고 함축적인 사례, 자료, 관점 등을 제시하였다. 난이도는 예년과 거의 유사하게 구성되었다.

5. 출제 시 유의점

- 1, 2번 문항의 배점을 동일하게 50점으로 배분하였다.
- 수험생은 문제의 취지를 정확하게 파악한 후 쟁점에 대한 본인의 견해를 제시할 수 있어야 하며, 단순히 주어진 자료나 관점을 기계적으로 활용하는 것은 지양하여야 한다.

01.

〈사례〉를 읽고 〈조건〉에 따라 논술하시오.(900~1200자, 50점)

──────── 〈조건〉 ────────

(1) 〈여론〉을 활용하여 A국 당국의 '리오' 규제에 대한 자신의 견해를 밝히시오.

(2) 자신의 견해를 밝힐 때 5개 이상의 〈여론〉을 지지하거나 반박하시오.

(3) 〈여론〉을 활용할 때는 여론①, 여론⑩과 같은 방식으로 명시하시오.

──────── 〈사례〉 ────────

A국에서는 환경보호를 위해 사람의 배설물을 에너지원으로 바꾸는 획기적인 신기술 장치를 개발하였다. A국에서는 이 신기술 장치를 공공화상실은 굴론 케인 주거에도 무상으로 설치해 주었다. 처음에는 신기술 장치를 반신반의하던 A국 시민들은 자신의 배설물이 에너지원으로 변환되는 것을 직접 확인하면서 신기술 장치를 적극적으로 이용하기 시작하였다. 이에 더하여 A국 유명 컴퓨터 공학자는 신기술 장치를 통해 변환된 에너지원을 가상화폐로 전환하는 공개 프로그램을 만들어 인터넷에 무료로 배포하였다. A국 시민들은 신기술 장치와 공개 프로그램을 이용해 자신의 배설물을 에너지원으로, 그리고 가상화폐로 전환하여 물건을 사고팔거나 교환하기 시작하였다. 이렇게 만들어진 가상화폐를 A국 시민들은 기존 법정화폐 '오(O)'와 구분하여 '리오(ReO)'라고 불렀다.

이렇게 '리오'가 널리 사용되자 A국에서는 새로운 사회문제가 발생하였다. 배설물을 통해 에너지를 절약한다는 본래 취지와 달리 '리오'를 더 많이 확보하려는 욕심에 시민들은 식사 시간을 과도하게 늘리면서 과식을 하였고 그로 인해 비만 인구가 늘어났다. 또한 '리오'의 보유와 이를 통한 거래에 대해서는 당국의 감독이나 과세가 없다는 점이 알려지면서 시민들은 '오'보다 '리오'의 사용을 선호하였다. 그에 따라 '오'와 동일하던 '리오'의 가치가 상승하였고 '오'의 법정화폐로서 지위가 흔들리기 시작하였다.

이에 A국 당국은 '리오'에 대해 규제를 시행하기로 하였다. 주요 내용은 시민 1인당 발행할 수 있는 '리오'의 총량을 제한하고, '리오'에 세금을 부과하는 것이었다. 이러한 규제 발표가 있자, '리오'를 둘러싼 사회문제가 어느 정도 해결될 것을 기대한 A국 당국의 예상과는 달리 오히려 여론이 들끓었다.

〈여론〉

① 누구든지 행복을 추구할 자유가 있어. 조금 과식하더라도 더 많은 '리오'를 얻어서 풍족하게 살고 싶다는 시민들의 의견도 존중해야 해. 조금 더 일하고 성과급을 더 받는 것과 차이가 없다고 생각해.

② 신기술 장치를 개발해서 보급한 것은 시민들을 위한 것이었지만, 지금은 다른 사회문제를 낳고 있잖아. 완벽한 정책은 없다고 봐. 이럴 때 당국이 아무것도 하지 않는다면 정책 실패를 감추려고 하는 것으로밖에 안 보여.

③ '리오'를 사용해서 물건을 사고팔고 있기는 하지만, 규제 발표 이후 '리오'는 가치 등락이 너무 심해. 그래서 최근에는 '오'로 '리오'를 사고팔면서 큰 차익을 남기기도 하잖아. 그런 점에서 '리오'는 화폐보다 자산으로 보는 것이 맞아.

④ 당국이 신기술 장치를 무상으로 설치해 주었잖아. 그런데 환경보호를 지속하기 위해서는 신기술 장치를 관리하고 개선할 필요가 있어. 그런 점에서 '리오'에 세금을 부과하는 것이 맞다고 생각해.

⑤ '리오'의 1인당 발행 총량을 제한한다고 하지만 효과가 있을까? 사람마다 배설물 양에도 차이가 있을 거고, 자신의 배설물을 다른 가족에게 주어도 잘 알 수가 없잖아. 자신의 배설물을 아예 다른 사람에게 파는 경우도 생길 거야.

⑥ '리오'를 많이 가지고 있다는 것만으로 세금을 부과하는 것은 부당해. 새로운 소득이 없는데 '리오'의 가치가 올라간다는 사실만으로 세금을 부과하는 것은 더욱 그래. '리오'의 가치가 폭락하면 당국이 손실을 보전해 주는 것도 아니잖아.

⑦ 애초에 신기술 장치는 환경보호를 위한 것이었어. 그런데 비만이라는 사회문제가 발생한 것도 사실이잖아. 그런 예상치 못한 사회문제를 해결하려면 세금을 부과해서 비용을 마련하는 것이 필요해.

⑧ 사람들은 유혹에 약해. 이럴 때는 윤리나 종교가 큰 역할을 하지. 그런데 때로는 윤리나 종교로도 해결하지 못하는 문제가 발생할 수 있어. 이때 당국이 적절히 개입하지 않으면 스스로 역할을 포기하는 것이야.

⑨ 화폐의 기본 기능은 지불 수단이야. 이 기능을 갖추었다면 화폐로 보아야 한다고 생각해. '리오'의 가치가 등락이 있지만, '오'의 가치도 외환시장에서는 등락을 거듭하잖아. 그런 점에서 '리오'도 똑같은 화폐로 봐야 해.

⑩ 신기술 장치를 통해 변환된 에너지원에는 세금을 부과하지 않았잖아. '리오'는 그 에너지원이 전환된 것뿐인데 과세한다는 것은 앞뒤가 맞지 않아. '리오' 때문에 신기술 장치 이용이 활성화되면서 환경이 더 보호되었는데도 말이야.

02.

〈사례〉를 읽고 〈조건〉에 따라 논술하시오. (900~1200자, 50점)

——— 〈조건〉 ———

(1) 〈사례1〉과 〈사례2〉의 유사점과 차이점을 제시하시오.

(2) 〈사례1〉과 〈사례2〉에서 공통되는 논점을 제시하고, 〈관점〉을 활용하여 B와 C의 주장에 대한 자신의 견해를 밝히시오.

(3) 〈관점〉을 활용할 때는 관점①, 관점④와 같은 방식으로 명시하시오.

——— 〈사례〉 ———

〈사례1〉

　A가스회사는 가스 공급을 원활하게 하기 위하여 법률이 정하는 보상 절차를 통해 B가 소유하는 개발제한구역 내의 토지 위에 가스 공급기지를 건설하였다. 그런데 그 과정에서 A가스회사의 실수로 B에게 보상금을 제대로 지급하지 않은 사실이 밝혀졌다. 그러자 B는 보상 절차에 흠이 있었고, 그 토지는 자신의 소유이므로 공급기지는 철거되어야 한다고 주장하였다. 이에 대해 A가스회사는 공급기지를 철거하면 가스 공급 중단으로 10만 가구의 인근 주민에게 큰 불편이 초래되며, 대체 부지를 확보한다고 하더라도 공급기지를 신축하는 데는 상당한 기간과 큰 비용이 소요된다며 철거에 난색을 표하였다. 그러면서 A가스회사는 시세의 2배 가격으로 토지를 매수하겠다고 제안했지만, B는 그 제안을 거절하고 공급기지의 철거만을 요구하고 있다.

〈사례2〉

　C는 10년 전에 농지를 구입하여 농사를 짓고 있는데, 구입 당시부터 설치되어 있던 D통신회사의 중계탑 때문에 불편을 겪고 있었다. 예를 들어 중계탑에 모여든 새 떼가 농작물을 훼손하거나, 중계탑에

서 소음이 발생하는 등의 문제가 있었다. 그런데 D통신회사는 처음 중계탑을 설치할 때 농지에 대한 적법한 사용권을 취득하거나 손실을 보상하지 않았다. 한편, C의 농지가 포함된 지역을 주택단지로 개발한다는 지방자치단체의 계획이 발표되었는데, C는 이 계획이 확정되면 그 땅에 집을 지으려고 생각하고 있다. 이런 이유로 C는 D통신회사를 상대로 중계탑을 철거하라고 요구하였다. 이에 대해 D통신회사는 C가 애초에 농지를 구입할 때 이미 중계탑이 설치된 것을 알았는데 지금에 와서 이를 철거하라고 하는 것은 부당하며, C가 겪고 있는 불편도 중계탑을 철거할 만큼 심각한 것이 아니라고 반박하였다.

〈관점〉

① 개인도 사회의 구성원인 이상 자신의 이해만을 따져서는 안 되고, 사회 전체에 이익이 크다면 개인의 불이익은 감수하는 것이 바람직하다. 사회적으로 최선의 결과를 산출하는 행위를 한다면 개인 자신도 궁극적으로 이익을 보게 될 것이다. 개인의 권리를 인정해 줄 때도 사회 전체의 이해관계와 조화를 고려해야 한다.

② 자유는 인격의 본질적인 부분이고 권리는 자유를 실현하는 수단이다. 그러므로 소유권은 최대한 존중되어야 하고 공익을 위해 제한하더라도 극히 예외적인 경우로 한정하여야 한다. 또한 소유권 침해 여부가 재산 가치의 경중에 따라 달라질 수는 없으므로, 아무리 사소한 침해라도 소유자가 받아들이지 않는 한 정당하다고 할 수 없다.

③ 권리를 행사할 때는 상대방을 고려해야 한다. 만일 권리를 행사하여 얻게 되는 이익은 매우 작지만, 상대방에게 끼치게 되는 불이익이나 피해가 막대하다면 그러한 권리 행사는 제한될 수 있다. 그리고 권리 행사의 목적이 오직 상대방에게 고통을 주고 손해를 입히려는 데 있을 뿐인 경우에도 그러한 권리 행사는 허용될 수 없다.

④ 어떠한 내용을 권리로 인정할 것인지 여부는 여러 상황을 종합해서 판단해야 한다. 권리를 행사하여 달성하고자 하는 내용은 확정할 수 있어야 하며, 실현 가능하지 않은 경우에는 권리로 인정할 수 없다. 또한 권리의 목적이 사회의 일반적 가치에 어긋나거나 법질서에 위반되는 것을 내용으로 하는 경우에도 권리로 인정할 수 없다.

2022학년도 논술 영역 출제 방향

1. 출제의 기본 방향

2022학년도 법학적성시험 논술 영역은 공지된 출제 방향에 따라 다음과 같이 출제하였다. 첫째, 2개 문항 모두 사례형으로 출제하였다. 둘째, 제시된 사례를 적절히 분석하고 쟁점을 도출하는 능력을 평가하려고 하였다. 셋째, 분석된 쟁점을 평가하고 이를 논증 형식으로 서술하는 글쓰기 능력을 평가하려고 하였다.

2. 출제 범위

논술 영역에서는 법조인에게 기본적으로 필요한 사안 분석, 쟁점 도출, 쟁점 평가 등의 능력을 평가할 수 있는 문제를 출제하였다. 두 문항은 주어진 자료 및 관점을 활용하여 사례를 해결하도록 요구하고 있어, 분석력과 판단력을 갖춘 수험생이라면 전공에 상관없이 일반적으로 풀 수 있도록 문항을 구성하였다.

3. 문항 구성

1번 문항은 2개의 사례와 8개의 자료로 구성된다. 사례는 데이터 불평등을 해소하기 위한 두 가지 정책 대안에 관한 것이며, 8개의 자료는 각 정책 대안을 지지할 수 있는 내용을 담고 있다. 이 문항에서는 다음과 같은 과제를 수행해야 한다. 첫째, 두 가지 정책의 함의를 파악하고 쟁점을 도출하여야 한다. 둘째, 본인이 타당하다고 생각하는 정책을 선택하고 그 이유를 제시하여야 한다. 셋째, 자료의 내용을 파악하고 이유를 제시할 때 적절하게 활용하여야 한다.

2번 문항은 2개의 사례와 3개의 관점으로 구성된다. 사례는 법을 문구대로 엄격하게 적용한 결과 부적절한 결과가 발생하는 상황을 제시하고 있다. 관점은 이 경우 어떻게 대처하는 것이 올바른 것인가에 대한 다양한 입장을 제시하고 있다. 이 문항에서는 다음과 같은 과제를 수행해야 한다. 첫째, 두 사례의 유사점과 차이점을 밝혀야 한다. 둘째, 사례에 나타난 수문장 및 배심원들의 판단을 평가하고 그 이유를 밝히되, 유사점 및 차이점과 주어진 관점을 활용해 근거를 제시하여야 한다.

4. 난이도 및 출제 시 유의점

논술 영역은 제시문에 대한 분석과 쟁점 파악을 기반으로 수험생이 논증적 글쓰기를 할 수 있는지를 측정하려고 한다. 이 목적을 달성하기 위해 간결하고 함축적인 사례, 자료, 관점 등을 제시하였다. 난이도는 예년과 거의 유사하게 구성되었다.

이번 시험에서 문항 출제 시 유의점은 다음과 같다.

- 1, 2번 문항의 배점을 동일하게 50점으로 배분하였다.
- 수험생은 문제의 취지를 정확하게 파악한 후 본인의 주장을 제시할 수 있어야 하며, 단순히 주어진 자료나 관점을 기계적으로 활용하는 것은 지양하여야 한다.

01.

〈사례〉를 읽고 〈조건〉에 따라 논술하시오. (900~1200자, 50점)

─────── 〈조건〉 ───────

(1) 〈A국 정책〉과 〈B국 정책〉 가운데 어느 쪽이 타당한지 주장하고 이유를 제시하시오.

(2) 이유를 제시할 때 지지 또는 반박의 근거로 〈자료〉를 활용하시오.

(3) 최소 3개 이상의 자료를 활용하시오.

(4) 자료의 출처를 표시할 때는 ①, ②와 같은 방식으로 명시하시오.

─────── 〈사례〉 ───────

　세계가 인터넷으로 연결되고 사회의 거의 모든 영역에 디지털 전환(digital transformation)이 진행되면서 다양하고 엄청난 양의 데이터(data)가 형성 및 축적된다. 더불어 플랫폼(platform) 기업처럼 데이터를 활용하여 막대한 이익을 창출하는 경우가 늘어나면서 데이터가 혁신 성장을 위한 중요한 자원으로 취급된다. 이에 많은 기업들이 양질의 데이터를 가능한 한 많이 확보하기 위해 노력한다. 데이터를 둘러싼 경쟁 및 불평등 문제도 심화된다. 예를 들어 데이터 생산 및 보유에 관해 대기업과 중소기업, 기존 플랫폼 기업과 신생 스타트업(start-up) 기업 사이의 격차가 심화된다. 이러한 문제를 해결하기 위해 다양한 방안이 검토된다.

〈A국 정책〉

　A국은 두 가지 방안을 도입하기로 하였다. 첫째는 '데이터 강제 매수'이다. 특정한 기업이 중요한 데이터를 독점하는 경우, 국가가 데이터를 강제로 매수하여 이를 데이터가 필요한 중소기업이나 스타트업 기업에 무상으로 제공하는 것이다. 둘째는 '데이터 세(稅)'를 신설하고 데이터를 보유하는 양에 비례하여 누진적으로 세금을 부과하는 것이다. 다만 이에 대한 반발을 최소화하

기 위해 데이터를 보유한 기업이 데이터를 다른 기업들과 공유하는 경우에는 그만큼 세금을 감면하기로 하였다.

〈B국 정책〉

B국은 두 가지 방안을 도입하기로 하였다. 첫째는 '데이터 시장 활성화'이다. 데이터 거래를 촉진하여 자율적인 시장 질서에 의해 데이터 보유를 둘러싼 불평등을 해소하는 것이다. 둘째는 '공공 데이터 풀(pool)' 조성이다. 공공 단체가 데이터를 보유한 기업이나 개인들로부터 데이터를 기부 받아 자율적으로 공공 데이터 풀을 조성하도록 하는 것이다. 공공 데이터 풀을 조성한 후 데이터를 필요로 하는 모든 기업에게 무상으로 제공하여 데이터 공유를 장려하고자 한다.

〈자료〉

① 어떤 이들은 다른 이들보다 본래부터 탁월한 능력을 가진다. 이런 경우에는 탁월한 능력으로 획득한 결과에 세금을 부과하여 사회적 약자에게 도움이 되도록 사용하는 것이 정의에 합치한다.

② 물건과 데이터는 엄연히 구별된다. 데이터는 환경과 비슷한 측면이 있다. 환경이 우리 모두를 위한, 모든 세대를 위한 자산이 되는 것처럼 데이터 역시 공공재로서 어느 일방이 독점할 수 없다.

③ 시장은 합리적인 체계이다. 단기적으로 시장이 무질서하고 때로는 혼란스럽게 보일지라도 장기적으로 시장은 가장 합리적인 판단을 한다.

④ 자신의 의지와 노동으로 획득한 결과물은 자기 생명처럼 자신의 소유물이 된다. 이러한 소유물에 세금을 매기는 것은 강제 노동을 부과하는 것과 같다.

⑤ 인간이 존엄한 이유는 자율성을 갖춘 존재이기 때문이다. 모든 면에서 자율성이 최대한 보장될 때 인간은 존엄해질 수 있다. 공동체의 목적을 달성하기 위해 자율성을 억압하면 인간은 단순한 수단으로 전락하고 말 것이다.

⑥ 혁신이 이루어지려면 자연계의 진화처럼 다양성이 전제되어야 한다. 독점으로 다양한 신생 기업들이 시장에 진출하지 못하면 혁신은 실현될 수 없다.

⑦ 오늘날 데이터는 물건처럼 소유, 이용, 거래의 대상이 될 수 있다. 따라서 소유권 존중 원칙은 데이터에도 적용되어야 한다.

⑧ 시장에 참여하는 주체는 인간이다. 인간은 이성적인 존재이지만 동시에 감정을 지닌 존재이다. 때로 감정은 인간의 눈을 멀게 하고 극단적인 경우에는 시장을 광기의 늪으로 몰아넣는다.

02.

〈사례〉를 읽고 〈조건〉에 따라 논술하시오. (900~1200자, 50점)

─── 〈조건〉 ───

(1) 〈사례 1〉과 〈사례 2〉의 유사점과 차이점을 밝히시오.
(2) 〈사례 1〉의 수문장 및 〈사례 2〉의 배심원들의 판단을 평가하고 그 이유를 밝히시오. 이때 (1)의 유사점과 차이점 및 〈관점〉을 활용하여 근거를 제시하시오.
(3) 관점의 출처를 표시할 때는 ㉮, ㉯, ㉰와 같은 방식으로 명시하시오.

─── 〈사례〉 ───

〈사례 1〉

도적 떼가 들끓는 무법천지의 시대에 한 도시가 큰 고통을 받고 있다. 도시는 도적들의 살육과 약탈, 방화 등을 피하기 위해 새 법을 만들었다. 도적들이 가까이 접근하고 있다는 소식이 전해지면 성문을 지키는 수문장은 도적들이 도시에 진입할 수 없도록 즉시 성문을 닫아야 하고, 도적들이 물러간 것이 확인될 때까지 계속 닫아 두어야 한다는 것이다. 도시의 일부 시민들이 성 밖에 나갔다가 도적들이 접근하고 있다는 소식을 듣고 급히 도시로 돌아왔다. 하지만 이미 소식이 성 안에 전달된 후였고, 성문은 굳게 닫혀 있었다. 도적들에게 희생될 것을 두려워한 시민들이 수문장에게 성문을 열라고 소리쳤다. 하지만 도적들이 도시 부근까지 가까이 접근한 것을 육안으로 확인한 수문장은 새 법을 그대로 따라야 한다며 시민들의 요구를 거부한다.

〈사례 2〉

경제 활동이 융성해진 상공업 시대를 맞아 한 도시가 재산 범죄를 특히 무겁게 처벌하는 법을 새로 만들었다. 새 법은 높아진 개인의 소유권 존중 의식을 반영하여 피해액이 10만 원을 초과하는 절도 범죄를 저지른 자는 사형에 처하도록 했다. 도시의 마을 주변에는 미개척 토지들이 방치되어 있었는데, 마을 사람들은 오래전부터 그곳에서 땔감과 열매, 야생동물 등 생활에 필요한 자원을 얻었다. 그 토지를 소유한 도시의 몇몇 시민들이 토지를 개발하려고 마을 사람들의 출입과 이용을 막았다. 그러자 가난한 사람들이 새 법에 따라 기소되는 일이 자주 일어났다. 재판에 참여한 배심원들은 이들을 불쌍히 여겨 재판 과정에서 토지 소유자에게 발생한 피해액이 사실은 10만 원을 초과하는 경우에도 그에 못 미치게 낮추어 인정하는 방법으로 이들이 사형을 선고받는 것을 모면하게 했다.

㉮ 입법자는 일반적으로 일어나는 사태를 염두에 두고 법을 만든다. 입법자라도 미래에 일어날 일을 모두 예견하고 법을 만들 수는 없기 때문에 법을 그대로 적용해서는 적절한 결과를 도출하지 못하는 경우도 생길 수 있다. 법이 그대로 적용된 결과가 불합리한 때는 이를 바로잡는 것이 마땅하다. 이때는 입법자가 간과하거나 지나친 부분을 알았다면 어떻게 입법했을지 생각해보고 법이 추구하려고 했던 궁극적인 정의를 이루도록 법의 문구를 바로잡아야 한다.

㉯ 입법 단계에서는 여러 법들을 놓고 비평할 수 있어도, 일단 법이 만들어진 후에는 법을 교정한다는 명목으로 법의 문구에 이의를 제기하는 것은 옳지 않다. 이 세상에서 진정한 정의를 구현하는 것은 불가능한 이상에 불과하다. 더 중요한 것은 질서와 평화를 확보하는 것이다. 시민의 품성을 고양할 목적으로 법을 만드는 것보다 무질서와 폭력을 방지하는 법을 만드는 것이 훨씬 가치 있다. 전자의 경우 법의 불완전함은 곧바로 드러날 것이지만, 후자의 경우 법의 엄격한 집행만으로도 세상에 평화를 가져올 것이다.

㉰ 법의 궁극적인 목적은 공동체 전체의 유익이다. 입법에서는 물론 법의 해석 및 집행에서도 공동선이 최고의 가치로 작용한다. 법은 그 자체가 목적이 아니라 도구에 불과하므로 법의 협소한 시각으로 사람을 수단으로 보아서는 안 된다. 한 사람이라도 부당하게 취급되지 않도록 대우하는 것이 정의이다. 그러나 누구든 자기 판단에 따라 법의 문구에 반하여 행위하는 것은 허용될 수 없다. 이러한 행위가 허용되려면 두 가지 요건을 충족해야 한다. 첫째, 법을 문구대로 적용하는 것이 명백하게 공동선에 큰 해악이 되어야 한다. 둘째, 긴급한 필요가 있거나 현저한 부정의를 피하기 위한 행위이어야 한다.

2021학년도 논술 영역 출제 방향

1. 출제의 기본 방향

2021학년도 법학적성시험 논술 영역은 공지된 출제 방향에 따라 다음과 같이 출제하였다. 첫째, 2개 문항 모두 사례형으로 출제하였다. 둘째, 이러한 사례형 제시문에 대한 이해 및 분석 능력과 논증적 글쓰기 능력을 평가하고자 하였다.

2. 출제 범위

논술 영역에서는 법조인에게 기본적으로 필요한 사안 분석 및 해법 제시 능력을 평가하는 데 적합한 문제를 출제하였다. 두 문항은 주어진 관점과 의견을 활용하여 사례를 해결할 것을 요구하는 것으로, 분석적이고 종합적인 사고 능력을 갖춘 수험생이라면 전공에 상관없이 일반적으로 풀 수 있도록 문항을 선정 및 구성하였다.

3. 문항 구성

1번 문항은 한 개의 사례와 세 개의 관점으로 구성된다. 사례는 과거 청산에 관한 문제로서 구체적으로는 부패 공직자 및 부정 축재자를 어떻게 설정해야 하는지가 문제된다. 세 개의 관점은 과거 청산의 방향을 어떻게 설정해야 하는지에 관한 것이다. 이 문항에서는 다음과 같은 과제를 수행해야 한다. 첫째, 사례의 쟁점을 파악하는 것이다. 둘째, 관점을 어떻게 활용할 것인지를 논증해야 한다. 셋째, 관점에 따라 사례에서 문제되는 입법안을 평가하고 필요한 경우에는 수정안을 제시하는 것이다. 특히 세 번째 과제를 수행할 때는 분석적 사고 능력뿐만 아니라 창의적인 사고 능력을 보여줄 필요가 있다.

2번 문항은 한 개의 사례와 세 개의 관점 및 여섯 개의 의견으로 구성된다. 사례에서는 중세의 가상 국가 A국에서 발생한 타인사칭 사건이 문제된다. 이에 대한 유무죄를 판단하는 것이 사례가 묻는 문제이다. 세 개의 관점은 타인사칭 사건의 유무죄를 판단할 때 무엇을 우선시해야 하는지를 보여준다. 여섯 개의 의견은 세 개의 관점을 뒷받침하는 논거에 해당한다. 이 문항에서는 다음과 같은 과제를 수행해야 한다.

첫째, 사례에서 무엇이 쟁점인지 파악해야 한다. 둘째, 사례를 해결하는 데 적합한 관점을 한 개 선택한 후 나머지 관점을 반박해야 한다. 이를 통해 자신이 선택한 관점의 타당성을 논증해야 한다. 셋째, 관점과 의견을 활용하여 타인사칭 사건에 대한 유무죄를 판단해야 한다. 이때 중요한 점은 여섯 개의 의견을 모두 활용해야 한다는 것이다. 더불어 유무죄를 판단할 때 사례 및 의견에 주어진 다양한 상황을 섬세하고 치밀하게 분석 및 평가할 필요가 있다.

4. 난이도

논술 영역은 수험생의 논증적 글쓰기 능력을 측정하는 것을 목적으로 한다. 따라서 간결하면서 함축적인 사례를 제시함으로써 수험생이 글쓰기에 더 많은 시간을 할애할 수 있게 하였다. 또한 2018학년도부터 도입한 사례형 문항 유형이 안착될 수 있도록 올해도 모두 사례형 문항으로 출제하였다.

5. 출제 시 유의점 및 강조점

• 1, 2번 문항의 배점을 동일하게 50점으로 배분하였다.
• 수험생은 문제의 취지를 정확하게 파악한 후, 체계적이고 정합적인 답안을 작성하는 데 더욱 힘을 써야 할 것이다.

01.

〈사례〉를 읽고 〈관점〉을 고려하여 〈조건〉에 따라 글을 작성하시오.

(900~1200자, 50점)

───── 〈조건〉 ─────

1. 입법안에 대한 자신의 의견서를 작성할 것
2. 입법안에 대한 평가를 포함하고 수정이 필요하다면 제시할 것
3. 입법안을 활용할 때는 가①, 나②와 같은 방식으로 표시할 것
4. 소급입법 문제는 판단하지 말 것

───── 〈사례〉 ─────

A국에서는 10년 넘게 폭정을 일삼아 온 독재 정권이 시민혁명으로 무너지고, 시민 다수의 지지를 받는 새로운 의회정부가 들어서게 되었다. 새로운 의회정부는 과거 독재 정권이 유지될 수 있었던 원인을 부패한 공직자 및 권력과 결탁하여 부정하게 재산을 축적한 자들로 보고 이들을 척결하기 위한 특별법을 제정하려 한다. 특별법 제정에서 가장 문제가 된 부분은 부패 공직자와 부정 축재자의 범위를 정하는 것이었다. 이를 두고 1년 넘게 지지부진한 논의만 계속되었다. 이에 더 이상 과거 청산을 늦출 수 없었던 의회정부는 논의를 종결하기 위해 시민들의 여론 조사를 토대로 하여 다음과 같은 입법안을 제시하였다.

가. 이 법에서 부패 공직자는 다음을 대상으로 한다.

① 독재 정권에서 임명된 장·차관 중 재임기간이 1년 이상이었던 사람

② 독재 정권에서 선출된 여당 국회의원 중 재선 이상이었던 사람

③ 독재 정권에서 임명된 재판관 중 각급 재판소의 장이었던 사람

나. 이 법에서 부정 축재자는 다음을 대상으로 한다.

　① 독재 정권에서 부동산 취득액이 10억 원 이상이었던 사람

　② 독재 정권에서 주식 취득액이 5억 원 이상이었던 사람

　③ 독재 정권에서 세금 포탈액이 1억 원 이상이었던 사람

　그런데 막상 입법안이 발표되자 기준이 너무 높다는 의견, 기준이 너무 낮다는 의견, 기준을 더 구체화해야 한다는 의견, 기준을 여론 조사로 정하면 안 된다는 의견, 기준을 정하지 말고 개별적으로 판단하자는 의견 등 다양한 반대 의견이 제기되었다. 이에 A국 의회정부 책임자들 사이에서는 입법안을 그대로 고수해야 한다는 의견과 더욱 가다듬을 필요가 있다는 의견이 대립하였다.

──── 〈관점〉 ────

1. 과거 청산 과정에서 억울한 대상자가 발생하면 안 된다. 시민들의 분노를 잠재운다는 명목으로 부패 공직자와 부정 축재자를 일률적으로 정하고 대상자를 공개하거나 처벌 범위를 과도하게 넓히는 것은 지양해야 한다.

2. 과거 청산은 신속하게 미래 지향적으로 이루어져야 한다. 고통스러운 과거에 얽매여 있는 것은 사회 발전에 도움이 되지 않는다. 주요 대상자로 한정하여 진상 규명 및 책임자 처벌을 수행한 후 화해와 상생으로 나아가야 한다.

3. 과거 청산은 진실에 근거하여 철저하게 이루어져야 한다. 독재 정권의 희생자와 시민혁명의 주체들을 기리고 정의로운 사회로 이행하기 위해서는 부패 공직자와 부정 축재자를 남김없이 찾아내어 강력하게 처벌해야 한다.

02.

〈조건〉에 따라 〈사례〉를 해결하시오. (900~1200자, 50점)

〈조건〉

1. 〈관점〉 가운데 하나를 선택하고 다른 〈관점〉을 모두 반박할 것
2. 〈의견〉을 모두 활용하여 논변할 것
3. 〈관점〉을 활용할 때는 X, Y, Z로 표시할 것
4. 〈의견〉을 활용할 때는 ①, ②와 같은 방식으로 표시할 것

〈사례〉

　중세 A국에서는 다음과 같은 사건이 발생했다. 가족 및 이웃과 지속적인 불화를 겪던 젊은 농민 갑은 아내를 버려둔 채 가출했다. 몇 년 후 전쟁이 발발하여 징병되었다는 소문을 끝으로 연락이 두절된 그가 십수 년이 지나 돌연히 귀향했다. 돌아온 갑은 예전에 비해 건장해지고 성실해졌으며 가출 전과 달리 아내에게 매우 다정해졌다. 둘 사이에는 자녀가 태어나기도 했다. 마을 사람들 또한 갑이 외지에서 배워 전파한 농작 기법 덕분에 마을의 수확량이 늘어난 데 기뻐했다. 그런데 재산이 늘어나면서 동업 관계에 있던 갑과 숙부 을 사이에 재산 다툼이 발생했다. 이 과정에서 을과 일부 친척들은 타인사칭 혐의로 갑을 고소하였다. 당시에는 다른 사람을 사칭하여 재산을 빼앗는 범죄가 자주 발생했기 때문에 A국 형법은 타인사칭을 중한 범죄로 규정하고 있었다. 지방 재판소는 선례에 따라 마을 사람들을 광장에 모이게 하여 갑이 신짜인지 가짜인지 이견을 물었다. 그리고 다수의 의견에 따라 무죄로 판단하였다. 을은 재판 방식 및 결과에 불복하여 상소하였다. 중앙 재판소는 마을 사람들 중 여섯을 신짜히어 〈의견〉을 청취하였다. 이를 모두 들은 재판관 3인은 각자의 〈관점〉을 피력하고 갑의 유무죄를 판단하기로 했다.

〈관점〉

재판관 X : 선례와 공동체의 이익을 고려하여 유무죄를 판단해야 한다.

재판관 Y : 모든 증거가 유죄임을 증명할 수 없다면 무죄로 판단해야 한다.

재판관 Z : 중한 범죄의 경우 개연적인 유죄 증거가 있다면 유죄로 판단해야 한다.

〈의견〉

① 재단사 : 저는 이 마을에서 수십 년간 옷을 만들어 왔습니다. 가출 전에 갑이 수선을 맡겨놓고 찾아가지 않은 바지를 돌려준 적이 있는데 얼마 전 새로 주문한 바지는 이보다 두 치수 더 작았습니다. 제가 평생 보아온 바에 따르면 사람의 키가 커지는 경우는 있어도 작아지는 경우는 없었습니다.

② 갑의 누이 : 타인사칭을 주장하는 이들은 을로부터 돈을 받거나 협박을 받은 자들입니다. 재단사의 경우도 처남이 을의 소작농이라 그의 말을 믿기 어렵습니다. 설령 그의 말대로 치수가 줄었다 해도 긴 타지 생활로 몸이 변할 수 있습니다. 저는 갑의 동생으로, 누구보다 오빠를 잘 압니다. 거짓된 말들로 섣불리 판단하지 마십시오.

③ 촌장 : 저는 을의 의도가 조카에 대한 애정이 아닌 재산 욕심이라는 것을 분명히 밝히고자 이 자리에 섰습니다. 그로 인해 마을 사람들이 갈라지고 불신이 팽배해진 상황이 개탄스럽습니다. 만에 하나 그가 가짜라 해도 진짜는 이미 전쟁터에서 사망했을 텐데 을의 불순한 의도 때문에 마을 사람들이 반목하는 것은 옳지 않다고 생각합니다.

④ 제빵사 : 갑이 전쟁 이전과 많이 달라진 것은 사실입니다. 그렇지만 충분히 그럴 수 있다고 생각합니다. 저도 징병으로 전장에 나가서 싸웠던 경험이 있습니다. 그 참혹한 현장을 보고서는 사랑하는 가족을 다시 만날 수 있을까 하는 생각에 절로 눈물이 났었습니다. 전쟁에 갔다 오면 사람은 변할 수밖에 없습니다.

⑤ 을의 부인 : 저는 갑이 어렸을 때 거의 매일 돌보아 주었습니다. 그런데 돌아온 그를 지켜보며 의심스러운 점이 한둘이 아니었습니다. 사실 마을 사람 상당수가 의심을 품고 있을 텐데 지금 상황이 득이 되어서 모른 체하는 걸로 짐작됩니다. 갑의 누이와 아내 역시 가짜임을 알고 있으면서도 제 남편의 재산을 빼앗기 위해 진실을 은폐하고 있는 것입니다.

⑥ 원로 : 저희 마을에서는 심한 다툼이 발생할 때마다 마을 사람들 모두 광장에 모여 토론을 벌인 후 다수결에 따라 판단을 내려왔습니다. 마을에서 발생한 사건과 그 결과에 직접 영향 받는 사람들은 그곳에서 나고 자라 평생을 살아가는 저희이기 때문입니다. 지방 재판소는 이를 잘 알고 있기에 선례를 존중해준 것이라 생각됩니다.

2020학년도 논술 영역 출제 방향

1. 출제의 기본 방향

2020학년도 법학적성시험 논술 영역은 공지된 출제 방향에 따라 출제하였다. 첫째, 2개 문항 모두 사례형으로 줄제하였고, 둘째, 평가의 방향도 제시문에 대한 이해 및 분석 능력과 논증적 글쓰기 능력을 측정하고자 하였다.

2. 출제 범위

논술 영역은 법조인의 기본 조건으로서 사안 분석 및 해법 제시의 능력을 평가하는 데 적합한 문제를 출제하였다. 2개 문항은 규범 해석과 규제 원칙에 관한 것으로서 분석적이고 종합적인 사고 능력을 갖춘 수험생이라면 전공에 상관없이 일반적으로 풀 수 있는 문제를 선정하였다.

3. 문항 구성

1번 문항에는 두 개의 사례와 세 개의 관점이 주어져 있고, 그중 하나의 관점을 선택하여 사례를 평가하도록 하였다. 첫 번째 사례는 중세의 한 국가에서 새로운 사태에 대한 기존 법의 유추적용에 관한 것이고, 두 번째 사례는 종교국가에서 도박의 개념을 둘러싼 해석에 관한 것이다. 이 문항에서 수행해야 할 과제는 세 가지이다. 첫째, 두 사례의 기본적인 쟁점을 파악하는 것이다. 둘째, 세 관점 중에서 선택한 관점에 입각하여 다른 관점들을 반박하는 것이다. 셋째, 두 사례의 법적 판단을 정합적으로 평가하는 것이다.

2번 문항에는 두 개의 사례와 규제 형식, 그리고 규제 지침이 주어져 있다. 첫 번째 사례는 네거티브 규제가 문제되는 경우이고, 두 번째 사례는 포지티브 규제가 문제되는 경우이다. 이로 인해 각 사례에서 어떤 문제가 나타나고 있는지, 이를 해결하기 위해서는 어떤 규제 형식을 선택해야 하는지가 주된 논점이다. 이때 규제 지침을 다양하게 활용하여 자신이 선택한 규제 형식을 논변하도록 하였다.

4. 난이도

논술 영역의 목적은 논증적 글쓰기 능력을 측정하는 데 있기 때문에, 간결하면서 함축적인 사례들을 제시함으로써 수험생이 글쓰기에 더 많은 시간을 안배할 수 있게 하였다. 또한 2018학년도부터 도입한 사례형 문항 유형을 안착시키기 위해, 올해 출제한 2개 문항을 통해 각각 사례를 평가하고 해결하는 능력을 중점적으로 측정하고자 하였다.

5. 유의점 및 강조점

- 1, 2번 문항의 배점을 동일하게 50점으로 배분하였다.
- 수험생은 문제의 취지를 정확하게 파악한 후, 체계적이고 정합적인 답안을 작성하는 데 더욱 힘을 써야 할 것이다.

2020학년도 법학적성시험 논술 영역

01.

제시된 〈조건〉에 따라 〈사례〉를 논평하시오. (900~1200자, 50점)

─── 〈조건〉 ───

1. 아래 〈관점〉 중에서 하나를 선택하고, 다른 〈관점〉을 모두 반박할 것
2. 각 〈사례〉에 나타난 쟁점을 발견하고, 선택한 〈관점〉에 따라 각 〈사례〉의 법적 판단을 평가할 것
3. 〈관점〉을 활용할 때는 ㉮, ㉯, ㉰와 같은 방식으로 표시할 것

─── 〈사례〉 ───

〈사례 1〉

중세 말 X국은 최고 법전인 치국대전(治國大典)에서 형법의 개정을 금지하고, 대신 형법전에 '마땅히 처벌할 만한 행위에는 유사한 조문을 적용할 수 있다'는 원칙을 규정하고 있었다. X국 사람인 甲은 화약을 사사로이 제조하여 화적패에게 팔아넘기려다 발각되었다. X국의 형법전에는 사인(私人)이 화약을 제조하는 행위를 처벌하는 조문이 없었다. X국 병기창이 화약 제조에 관한 신기술을 외국에서 수입하였던 까닭에 개인이 화약을 밀조하는 상황을 형법은 예상하지 못했던 것이다. 법원은 논의 끝에 형법전 상 동전 또는 달력 위조죄를 이 사건에 적용하기로 하였다. X국에서 동전의 주조나 달력의 제작은 국가가 독점해 왔다. 경제적 신용 수단으로서 화폐의 공급은 국가의 전권에 속하기 때문에 조폐창에서 동전의 주조를 전담하도록 하였고, 달력은 농사 일정에 관련되어 정확한 정보가 요구되기 때문에 일기청에서만 제작하도록 하였다. 법원은 화약을 사사로이 제조하는 행위를 동전 또는 달력의 위조와 같이 국가의 전권에 도전하는 행위로 보고 甲에게 유죄를 선고하였다.

〈사례 2〉

Y국 사람인 乙은 돈을 걸고 전통적인 카드 게임을 하다가 종교법 위반으로 체포되었다. Y국의 헌법에 의하면 법원은 종교법 사건에서 종교법 위원회의 판단을 따르도록 되어 있다. Y국 종교법에는 '화살 던지기 내기'만 명시적으로 금지되어 있었다. 화살 던지기는 일곱 걸음 거리에서 통에 화살을 던져 넣어 승패를 결정하는 게임을 의미한다. 그러나 당시 널리 알려진 도박 행위의 하나였던 화살 던지기 내기는 세월이 흐르면서 도박의 대명사가 되었다. 乙은 종교법이 금지하는 내기는 화살 던지기뿐이므로 카드 게임은 여기에 해당하지 않는다고 항의하였다. 또한 카드 게임의 승패는 화살 던지기와 달리 실력과 훈련에 따라 결정된다고 주장하였다. 법제정 당시의 기록을 검토한 종교법 위원회는 종교법이 내기를 금지한 이유가 불필요한 금전적 손실의 위험으로부터 사람을 보호하는 데에 있으며, 따라서 그러한 위험이 있는 모든 내기는 금지된다고 판단하였다. 법원은 이러한 판단에 따라 乙에게 유죄를 선고하였다.

────────── 〈관점〉 ──────────

〈관점 ㉮〉

입법자가 모든 사례를 고려할 수는 없어. 처음부터 완벽한 법이란 존재하기 어려워. 그런 까닭에 다양한 역사적 자료나 유사한 입법례를 통해 입법자의 본래 의도를 발견해서 법을 해석하고 적용하는 것이 옳다고 생각해.

〈관점 ㉯〉

법의 해석과 적용에 있어서는 언어의 사전적(辭典的) 의미가 가장 중요해. 사람들은 통상 그런 의미로 법을 이해하거든. 그런 점에서 언어의 객관적인 의미에 따라 법을 해석하고 적용하는 것이 옳다고 생각해.

〈관점 ㉰〉

사회적 상황이나 판단은 변할 수 있기 때문에 법을 사전적 의미로 한정하는 것은 지나치게 좁은 해석이야. 그리고 법의 제정 시점보다 법의 적용 시점에서 합당한 것으로 수용된 견해에 따라 법을 해석하고 적용하는 것이 옳다고 생각해.

02.

〈사례〉에서 나타난 문제점을 분석하고 〈규제 형식〉 중 하나를 선택하여 〈조건〉에 따라 〈사례〉를 해결하시오. (900~1200자, 50점)

─── 〈조건〉 ───

1. 자신이 선택한 〈규제 형식〉을 두 〈사례〉에 일관되게 적용할 것
2. 자신이 선택하지 않은 〈규제 형식〉을 반박할 것
3. 〈규제 지침〉을 활용하여 논변할 것
4. 〈규제 지침〉을 활용할 때는 ㉮, ㉯, ㉰와 같은 방식으로 표시할 것

─── 〈사례〉 ───

〈사례 1〉

최근 개나 고양이 이외에도 파충류나 야생 포유류 등 다양한 동물을 키우는 사람이 늘고 있다. 그러나 관련 법은 국제적 멸종 위기종에 해당하는 동물을 개인이 키우는 것을 금지할 뿐 그 밖의 동물을 개인이 키우거나 거래하는 것에 별도의 규제를 마련하고 있지 않다. 이로 인해 멸종 위기종에 해당하지 않는 뱀, 거북이, 악어, 북극여우 등과 같은 야생동물이 인터넷에서 제한 없이 거래되고 있다. 이에 동물 보호 단체 P는 충분한 정보나 지식 없이 개인이 야생동물을 키우게 되면 공중 보건 위해, 질병 및 상해 위험, 생태계 위협 등 각종 문제가 발생할 수 있을 뿐만 아니라, 해당 동물의 건강과 복지에도 나쁜 영향을 미칠 수 있다고 경고한다. 실제로 외국에서는 키우던 뱀의 공격을 받아 사망한 사고도 있었음을 강조한다. P는 보건 당국이 지정한 동물만을 개인이 반려 동물로 키울 수 있도록 법으로 규제해야 한다고 주장한다.

〈사례 2〉

스타트업(start-up) 기업 Q는 이용자가 현재 있는 곳에서 가까운 주차장의 위치와 주차 요금을 알려 주는 주차 공유 서비스 사업을 시작하려 한다. 서비스의 핵심 기능은 현재 활용되지 않는 주차 공간을 다른 사람이 쓸 수 있게 함으로써 도심지의 주차난을 해소하려는 것이다. Q는 사업을 위해 관할 지방 자치단체에 사업허가를 신청하였다. 그러나 담당 공무원은 관련 법에는 주차 공유를 금지하는 규정도 없지만 이를 허용하는 규정도 없으므로 기존의 조례를 개정하여 법령상 근거를 마련하지 않는 한 사업을 허가해 줄 수 없다고 하였다. 이에 Q는 사업의 신속한 시행을 위해 관할 지방자치단체에 조례의 개정을 여러 차례 요구하였지만 수년 동안 개정 작업은 진척되지 않고 있다. Q는 스타트업 기업이 새로운 상품이나 서비스를 개발해도 각종 규제 때문에 신속하게 시장에 진출하는 데 어려움을 겪고 있다고 토로한다.

―――― 〈규제 형식〉 ――――

(1) 포지티브 규제(positive regulation) : 허용되는 것만을 규정하고 나머지는 원칙적으로 금지하는 규제 형식

(2) 네거티브 규제(negative regulation) : 금지되는 것만을 규정하고 나머지는 원칙적으로 허용하는 규제 형식

―――― 〈규제 지침〉 ――――

㉮ 규제는 사회가 요구하는 바를 정확하게 포착하여 이에 응답해야 한다.

㉯ 규제는 인간의 자유와 권리를 최대한 보장하는 데 역점을 두어야 한다.

㉰ 규제는 행위를 제한하는 것을 넘어 특정한 정책이나 가치를 형성하고 조정해야 한다.

㉱ 규제는 사회 및 시장이 스스로 문제를 해결할 수 있으므로 가능한 한 적게 해야 한다.

㉲ 규제는 인간과 자연의 지속 가능한 공존을 추구해야 한다.

㉳ 규제는 사회의 공리를 극대화하는 데 이바지해야 한다.

㉴ 규제는 사회에 해악이 되는 행위를 예방하고 금지해야 한다.

언어이해 영역 정답표

홀수형

문항번호	정 답	문항번호	정 답	문항번호	정 답
1	③	11	①	21	①
2	④	12	③	22	④
3	③	13	①	23	②
4	②	14	④	24	②
5	⑤	15	③	25	⑤
6	③	16	③	26	④
7	⑤	17	②	27	①
8	②	18	①	28	②
9	⑤	19	⑤	29	②
10	④	20	④	30	④

2024학년도
법학적성시험 답안지

① 교시 언 어 이 해

성 명

수험번호

문제유형 표기란
○ 홀수형
○ 짝수형

※ 수험번호 끝자리가 홀수인 응시자는 반드시 홀수형 문제지를, 짝수인 응시자는 반드시 짝수형 문제지를 풀어야 함.

※ 결시자 표기 및 감독관 날인란

결시자 표기	컴퓨터용 사인펜으로 수험번호와 옆란 표기	○
감독관 날인	본인확인 및 수험번호와 정확한 표기 확인	
	수험번호 끝자리와 문제유형 동일 확인	

답안 작성시 반드시 지켜야 하는 사항

1. 본 답안지의 모든 작성은 반드시 컴퓨터용 사인펜을 사용하여야 합니다.

2. 답란은 〈보기〉와 같이 올바르게 표기하여야 합니다.
〈보기〉올바른 표기: ●
잘못된 표기: ⊖ ⊗ ◑ ⊕ 등

3. 답안지의 답란에 연필, 볼펜 등으로 가표기를 한 경우 인식될 수 있으며, 가표기로 인한 모든 불이익의 책임은 응시자에게 있습니다.

4. 수정테이프를 이용하여 답란 수정은 가능하나, 수정테이프가 떨어지는 등 불완전한 수정처리로 인해 발생되는 모든 책임은 응시자에게 있으니 주의 바랍니다.

문번	답 란
1	① ② ③ ④ ⑤
2	① ② ③ ④ ⑤
3	① ② ③ ④ ⑤
4	① ② ③ ④ ⑤
5	① ② ③ ④ ⑤
6	① ② ③ ④ ⑤
7	① ② ③ ④ ⑤
8	① ② ③ ④ ⑤
9	① ② ③ ④ ⑤
10	① ② ③ ④ ⑤
11	① ② ③ ④ ⑤
12	① ② ③ ④ ⑤
13	① ② ③ ④ ⑤
14	① ② ③ ④ ⑤
15	① ② ③ ④ ⑤
16	① ② ③ ④ ⑤
17	① ② ③ ④ ⑤
18	① ② ③ ④ ⑤
19	① ② ③ ④ ⑤
20	① ② ③ ④ ⑤
21	① ② ③ ④ ⑤
22	① ② ③ ④ ⑤
23	① ② ③ ④ ⑤
24	① ② ③ ④ ⑤
25	① ② ③ ④ ⑤
26	① ② ③ ④ ⑤
27	① ② ③ ④ ⑤
28	① ② ③ ④ ⑤
29	① ② ③ ④ ⑤
30	① ② ③ ④ ⑤

※ 아래 문구를 '필적확인란'의 빈칸에 정자로 기재하시오.

법학전문대학원은 여러분을 기다리고 있습니다.

필 적
확인란

위 사항을 지키지 않아 발생하는 불이익의 책임은 응시자에게 있습니다.

법학전문대학원협의회
THE ASSOCIATION OF KOREAN LAW SCHOOLS